한국천주교회사의 연구

A History of the Korean Catholic Church

Copyright ⓒ 2008 by Noh Yongpil
All Rights Reserved.

저작권법에 의해 한국 내에서 보호받는 저작물이므로 무단 전재와 무단 복제를 금합니다.

韓國史學研究叢書 8

韓國天主敎會史의 研究

盧鏞弼 著

韓國史學

일러두기

1. 이 책에 실려 있는 글의 출처는 아래와 같다.

　제1부 수용 편
　　제1장 :「조선후기 천주교의 수용과 마테오 리치의 '교우론'」, 『길현익교수 정년기념논총』, 발간위원회, 1996. 일부 수정·보완.
　　제2장 :「정약종의 '쥬교요지'와 이류사의 '주교요지' 비교 연구」, 『한국사상사학』 19, 한국사상사학회, 2002.
　　제3장 :「남회인의 '교요서론' 수용 및 한글본 '교요서론' 유포와 조선후기 천주교의 성장」, 새로운 원고, 미발표.

　제2부 전개 편
　　제1장 :「자발적으로 최초의 교회를 세우다―정조(1776-1800) 때―」, 『한국천주교회사교실』, 순교자 현양 천주학당, 천주교 서울대교구 순교자현양회, 2001. 일부 보완.
　　제2장 :「순교와 배교의 여울목에서 헤쳐 나오다―순조(1800-1834)·헌종(1834-1849) 때―」, 새로운 원고, 미발표.
　　제3장 :「민중과 더불어 커가는 교회―철종(1849-1863) 때―」, 『한국천주교회사교실』, 순교자 현양 천주학당, 천주교 서울대교구 순교자현양회, 2001.
　　제4장 :「운현궁에도 성모송이 울려 퍼지다―고종(1863-1907) 때―」, 새로운 원고, 미발표.

　제3부 영향 편
　　제1장 :「천주교가 동학에 끼친 영향」, 『부산교회사보』 34, 부산교회사연구소, 2001.
　　제2장 :「개화기 과부의 재가와 천주교」, 『한국사상사학』 22, 한국사상사학회, 2004.
　　제3장 :「1910년대 임성구의 신극 운동과 천주교」, 『교회사연구』 21, 한국교회사연구소, 2003.
　　제4장 :「1930년대 '한국사회에 미친 천주교의 영향' 논의―주요 일간지의 보도 내용을 중심으로―」, 『한국근현대사연구』 27, 한국근현대사학회, 2003.

2. 본문에서 사용한 약호는 다음과 같다.
　　· 단행본 : 『　』
　　· 논문, 편명 : 「　」
　　· 인용, 대화 : "　"
　　· 짧은 인용, 강조 : '　'

책머리에

이 책은 저자著者가 지난 20년 동안 한국천주교회사에 관해 공부해오면서 학술지에 발표한 논문들에다가, 간행을 준비하며 새로이 완성한 3편의 논문을 함께 모아 펴내는 것이다. 지금껏 지녀온 관심 분야별로 나누어 전체적으로는 제1부 수용 편, 제2부 전개 편, 제3부 영향 편으로 구성하는 바, 천주교가 중국을 통해 한국에 언제 왜 수용되었으며, 그래서 한국천주교회사가 어떻게 전개되었으며, 그것이 또한 한국의 역사 전체에 어떤 영향을 끼쳤는가를 나름대로 조망眺望하고자 하였다. 그리고 이 모두를 아우를 수 있도록 하면서도 기왕에 나온 다른 학자들의 그것들과 중복되지 않게 하느라, 다소 거창하지만 서명書名을 『한국천주교회사의 연구』라 정하였다.

제1부 수용 편에는 중국中國에서 서양인 신부들에 의해 한문漢文으로 저술된 천주교 교리서, 이른바 서학서西學書 가운데 오늘날의 우리는 잘 모르는 것이지만 꼼꼼히 살펴보면 우리 역사에 적지 않은 영향을 주었음을 인정하지 않을 수 없는 마테오 리치

Matteo Ricci(이마두利瑪竇, 1552-1610)의 『교우론交友論』, 루이지 뷜리오Luigi Buglio(이류사利類思, 1601-1682)의 『주교요지主敎要旨』, 페르디난트 페르비스트Ferdinand Verbiest(남회인南懷仁, 1623-1688)의 『교요서론敎要序論』 등을 분석한 논문들을 실었다. 이 서학서들이 각각 한국에 언제 어떻게 왜 수용되었는지를 살펴서, 특히 이류사의 『주교요지』는 서명書名이 동일하다는 점에서 한동안 같은 책의 번역이라는 오해를 사기도 했었던 정약종丁若鍾(1760-1801)의 한글교서 『쥬교요지』 저술에 얼마나 영향을 주었는지 그리고 남회인의 『교요서론』 역시 어찌 수용되어 종내에는 한글본 『교요셔론』으로 무슨 이유에서 번역飜譯되고 결국에는 필사筆寫되어 널리 유포되게 되었는지 등등에 대해 저자著者 스스로 지니게 되었던 의문을 집중적으로 밝혀보려고 한 것이다.

아직도 한국에서는 천주교회사를 전문적으로 연구하는 학자들조차도 한국 천주교에 영향을 끼친 서학서라고 하면 의례히 마테오·리치의 『천주실의天主實義』만을 떠올리는 게 다반사茶飯事라는 사실은 학술 토론회 석상 등에서 수차에 걸쳐 체험적으로 느낀 바이지만, 이러한 한계를 넘어서서 제대로 된 한국천주교회사 연구 나아가 한국의 근·현대사 서술이 사실대로 온전하게 이루어지기 위해서라도, 이마두利瑪竇의 뒤를 이어 70년 이상의 시차時差를 두고 천주교가 중국에 뿌리내릴 수 있도록 힘썼던 남회인南懷仁·이류사利類思 등의 저술들에 대한 연구도 이마두의 그것에 대한 것 못지않게 요긴하다고 믿어 왔다. 명나라 말기인 1600년대에 이루어진 이마두의 저술들이 제1세대의 기초적·원론적인 것으로서 요즘의 표현을 빌어 구舊 버전version이었다고 할 수 있다면, 강희제康熙帝가 재위하며 청나라의 국력이 승승장구하던 1670년대에 남회인의 그것은 제2세대의 심층적·현실적인 것으로서 그 이후의 사람들에게는 중국인과 조선인을 막론하고 신新 버전이어서 읽기에도 편하고 이해하기도 쉬운 것으로 여겨졌던 것이라고 비유해서 좋지 않나 생각한다. 다만 저자著者로서는 지금까지 어느 누구도 본격적으로 시도해본 적이 거의 없는 이 분야에 자그마한 초석礎石 하나를 간신히 마련해 놓은 데에 불과하므로, 한중韓中 혹은 동서東西 문화교류사文化交流史라는 측면에서 이 분야에 대한 연구가 앞으로 많이 진척되기를 바랄 뿐이다.

제2부 전개 편에서는 천주교가 수용된 정조正祖 때부터 1백년 가까운 박해기迫害期를 거쳐 신앙 및 선교의 자유를 획득하게 되는 고종高宗 때까지의 한국천주교회사의 전체적인 전개 과정을 전문적인 연구 성과들을 토대로 해서 개설槪說로 정리한 것이다. 역사에 관심이 있는 시민市民이 쉽게 이해할 수 있도록 하기 위해, 각 시기별로 나누어 상황의 특징을 드러내고자 각 제목도 '자발적으로 최초의 교회를 세우다'(제1장)→'순교와 배교의 여울목을 헤쳐 나오다'(제2장)→'민중과 더불어 커가는 교회'(제3장)→'운현궁에서 성모송이 울려 퍼지다'(제4장)로 설정하였다. 그럼으로써 저자著者로서는 한국사의 큰 흐름 속에서 천주교의 역사에 대한 이해가 천주교 신자이거나 아니거나 상관이 없이 세계 어느 나라의 시민이건 건전한 상식을 가진 이라면 누구에게나 올바로 이루어지기만을 바라는 것이다.

아울러 서술에 있어서는 당시의 생생한 기록들을 제시하며 옛날 얘기를 나누듯이 담론談論의 양식을 취하였는데, 여기의 이 '담론'이란, 이미 저자의 다른 저술 『한국현대사담론』에서도 반영했던 바로서, 바로 그때의 일을 직접 경험한 이들의 이야기 즉 담화談話를 통해 그 역사적 의미를 논의論議하자는 의도로, 당시 사람들의 말 가운데 가장 상징적인 것을 빌어서 있었던 그대로 당시의 역사적 사실을 드러내려는 것이다. 그래서 세부적으로 각

장의 머리말과 맺음말로서 각각 '해진 대바구니로 소금을 긁어 담기' — '우리는 장차 어디로 가는 것입니까?'(제1장), '씨도 남김없이 모두 쳐 없앨 것' — '마치 요원의 불길과도 같다'(제2장), '전쟁도 평화도 진정한 의미의 박해도 평온도 아니다' — '안으로는 사주구령, 밖으로 좋은 표양 세우기'(제3장), '아들이 왕위에 오른 것에 대한 감사미사를 드려 달라' — '천주교의 사상은 궁중에까지 전파되어'(제4장) 등을 내세웠다. 그릇된 종교적 편견이나 선입견이 없이 한국의 역사 자체에 진정으로 관심이 깊다면, 처음부터 끝까지 꼭 읽어주기를, 그래서 '한국사, 시민과 공유하기'에 서로서로 동참하여 함께 호흡하기를 희망한다.

제3부 영향 편에는 천주교가 수용된 이후 그것이 한국 사회의 사상·사회·문화 등의 여러 분야에서 어떤 영향을 어떻게 끼쳤는가를 구체적으로 살펴서, 지금까지 전혀 간과되었던 점들을 밝혀 보려고 시도한 논문들을 게재하였다. 처음의 두 편은 개화기 이전의 문제를 다루었는데, 앞의 것은 천주교가 동학東學에 끼친 영향에 대하여 분석하였고, 뒤의 것은 과부寡婦의 재가再嫁에 대해 천주교가 취한 입장에 대해서 검토하였다. 그래서 천주교가 최제우崔濟愚의 동학 창도부터 교세 확장 과정에 이르기까지 여러 면면에 적지 않은 영향을 주었다는 결론을 도출해냈으며, 또한 천주교에서는 홀몸이라는 이유로 사회적 약자였던 과부들이 온갖 악행의 대상이 되고 있는 현실을 바로 잡기 위해 1857년 베르뇌(한국식 성명, 장경일張敬一) 주교主敎의 명의로 된 문서를 통해 놀랍게도 이들의 재가를 대단히 적극적으로 권유하고 있다는 사실도 적시摘示하였다. 이러한 점들은 사회사상사社會思想史나 여성사女性史 분야와도 직결되는 것이니만치, 앞으로의 심도 있는 논의에 물꼬를 트는 계기가 되었으면 한다.

나중의 두 편은 일제日帝 치하의 침울한 역사 속에서 천주교가 신극新劇 운동을 비롯해서 한국사회에 미친 사상적, 종교적, 문화적 그리고 사회적 영향을 조목조목 주요 일간지의 보도내용을 중심으로 해서 밝히려고 시도한 것이다. 그 결과 신극 운동의 선구자였던 임성구林聖九의 여러 활동상에는 천주교의 영향이 깊었다는 점을 지적하면서, 그가 권선징악과 미신타파를 부르짖었던 것이라든가 지방 순회공연을 거듭하면서 자선 행위로서 걸인乞人 잔치를 빠뜨리지 않은 것이라든가 하는 측면이 바로 그런 것이었다고 하였다. 그리고 1930년대의 주요일간지 『동아일보東亞日報』와 『조선일보朝鮮日報』의 보도 기사에 대한 분석을 통해서, 천주교의 수용이 사상적으로나 종교적으로 우리나라에 공헌하였음은 물론, 사회적인 측면에 있어서도 천주교가 제사 폐지, 사회적 악폐 제거 그리고 계급 타파 등에 크게 앞장섰다는 점이 당시에 이미 널리 인식되고 있었음을 제시하였다. 한국천주교회사의 이런 측면에 관한 저자著者의 접근 시도가 하나의 사례事例가 되어 앞으로 더욱 다양한 분야에서 구체적으로 많은 연구가 이루어지는 촉매가 되기를 기대한다.

끝으로 이 책 가운데 「남회인南懷仁의 '교요서론教要序論' 수용 및 한글본 '교요서론' 유포와 조선후기 천주교의 성장」은 거의 10년에 걸쳐서 실마리를 찾아 간신히 완성하여 여기에 포함시킨 글이라 각별히 애착이 가기도 하지만, 저자著者에게는 앞으로도 끝내 벗어버릴 수 없는 회한悔恨의 산물임을 고백하고자 한다. 애초에 연구 대상으로 삼은 서학서西學書 중 특히 이류사利類思의 것은 로마에 유학 중인 몇몇 분의 커다란 도움으로 자료를 전달받아 국내에 앉아서 논문을 작성할 수 있는 편의를 누렸으나, 남회인의 것마저도 차마 그럴 수가 없어 로마의 예수회 본부 고문서고古文書庫에 직접 가서 확인하고 조사하는 과정을 반드시 밟고 싶었으므로 2004년 2월 중순 열흘 넘게 로마를 다녀왔다.

그런데 바로 그 기간 동안 이기백李基白 선생님께서 선생님의 저서著書 출간을 위한 원고 정리를 확인하시고자 저자를 몇 차례 찾았다는 사실을 귀국한 다음 날 전화를 드렸을 때 직접 말씀을 듣고서야 알 수 있었다. 건강이 상당히 위중해 지셔서 그런 줄은 느낌으로 금방 알았지만, 선생님의 한국사학논집韓國史學論集이 완성되는 그날까지는 틀림없이 건재하시리라 믿었고, 한편으로는 혹 그걸 늦춰서라도 선생님을 이 세상에 더 계시게 붙들고 싶었다. 그래서 그 날 이후에도 몇 차례 전화만 드렸을 뿐인데... 더 이상 이 세상에서는 선생님을 영영 뵐 수가 없게 되었으며, 선생님의 원고도 결국 유저遺著들로 정리될 수밖에 없게 되었던 것이다. 이 책을 상재上梓함에 이르러, 비로소 이 사실을 적으면서 선생님의 영원한 천상天上 안식安息을 간구懇求하고자 할 따름이다.

2008년 성탄절에
저자著者 씀

차례

책머리에

제1부 수용 편

제1장 조선후기 천주교의 수용과 마테오 리치의 『교우론』
제1절 머리말 ... 18
제2절 『교우론』의 편찬 배경 ... 22
제3절 『교우론』의 내용 ... 29
제4절 『교우론』의 간행과 중국 양명학자들의 수용 ... 35
제5절 조선후기 천주교의 수용과 『교우론』 ... 46
제6절 맺는 말 ... 57
〈부록〉 『교우론』 번역 ... 60

제2장 정약종의 『쥬교요지』와 이류사의 『주교요지』 비교 연구
제1절 머리말 ... 80
제2절 기왕의 연구 성과에 대한 검토 ... 84
제3절 이류사의 『주교요지』 저술과 그것의 조선 수용 여부 ... 90
제4절 정약종의 『쥬교요지』와 이류사의 『주교요지』의 목차 비교 ... 105
제5절 이류사의 『주교요지』와 내용 비교를 통해 본 정약종 『쥬교요지』 저술의 특징 ... 112
제6절 맺는 말 ... 127

제3장 남회인의 『교요서론』 수용 및 한글본 『교요셔론』 유포와 조선후기 천주교의 성장
제1절 머리말 ... 132
제2절 중국에서의 남회인의 활약과 천주교 전교에 끼친 영향 ... 141
제3절 남회인의 『교요서론』 저술·간행과 그 내용상의 특징 ... 155

제4절 조선후기 한문본 『교요서론』 수용 및
　　　 한글본 『교요서론』 유포와 천주교의 성장　171
제5절 맺는 말 : 한글 필사본 교리서의 유포와
　　　 　　　　　 평민층 신자의 증가　190

제2부 전개 편

제1장 자발적으로 최초의 교회를 세우다
―정조(1776-1800) 때―

제1절 천주교 전파에 대한 박해론자의 한탄 :
　　　 '해진 대바구니로 소금을 긁어 담기'　218
제2절 천주교의 수용 : 자발성의 구현　221
제3절 이승훈의 입교(1784)와 을사박해(1785) :
　　　 　　　　　 적극성의 발휘　229
제4절 신자교계제도의 운용(1786-1788)과
　　　 　　　　 선교사 초빙 노력(1789·1790)　235
　　　 : 독자성의 추구와 보편성과의 일치 지향
제5절 진산 사건(1791)과 정약종의 한글 교리서
　　　 『쥬교요지』 저술 : 진실성의 구현　243
제6절 주문모 신부의 입국(1794)과 교세의 확장 :
　　　 　　　　　 보편성의 확보　250
제7절 한 박해론자의 과장된 위기감 :
　　　 '우리는 장차 어디로 가는 것입니까'　255

제2장 순교와 배교의 여울목에서 헤쳐 나오다
―순조(1800-1834)·헌종(1834-1849) 때―

제1절 박해의 상징 오가작통법의 시행 :
　　　 '씨도 남김없이 모두 쳐 없앨 것'　260
제2절 신유박해(1801)와 『황사영백서』　265
제3절 양반 신자의 증가와 왕족 신자의 대두　272
제4절 『교회 재건 운동과 조선 교구의 설정(1831)　278
제5절 기해박해(1839)와 정하상의 『상재상서』　284
제6절 조선인 사제의 배출과 병오박해(1845)　290
제7절 배교에서 순교로 : 박해론자들의 인식
　　　 '마치 요원의 불길과도 같다'　296

제3장 민중과 더불어 커가는 교회
—철종(1849-1863) 때—

제1절 철종대 교회의 실상 : '전쟁도 평화도 아니고 진정한 의미의 박해도 평온도 아니다' ……… 302

제2절 철종대 민란의 발생과 확산 ……… 306

제3절 철종대 교회 활동의 확대 ……… 317

제4절 철종 말 고종 초 서북지방 교우들의 신앙 목표 : '안으로는 사주구령, 밖으로 좋은 표양 세우기' ……… 330

제4장 운현궁에서도 성모송이 울려 퍼지다
—고종(1863-1907) 때—

제1절 고종의 생모·흥선대원군의 부인 부대부인 민씨의 간청 : '아들이 왕위에 오른 것에 대한 감사 미사를 드려 달라' ……… 338

제2절 고종 때 천주교 신앙 자유 획득 및 선교 자유 확립의 시기별 추이와 그 특징 ……… 342

제3절 부대부인 민씨의 입교 과정과 뮈텔 주교의 영세·견진 성사 집전 ……… 364

제4절 부대부인 민 마리아의 임종과 그녀의 천주교 신앙생활에 대한 흥선대원군·고종의 태도 ……… 371

제5절 고종 때 천주교의 성장에 대한 후대의 평가 : '천주교 사상은 궁중에까지 전파되어' ……… 379

제3부 영향 편

제1장 천주교가 동학에 끼친 영향

제1절 머리말 ……… 388

제2절 기왕의 연구 성과에 대한 정리 ……… 391

제3절 최제우의 동학 창도와 교리 형성에 끼친 천주교의 영향 ……… 404

제4절 동학 교단의 성립과 교세 확장 과정에 끼친 천주교의 영향 ……… 411

제5절 맺는 말 : 개설서의 동학사상 관련 서술 부분에 대한 검토 ……… 422

제2장 개화기 과부의 재가와 천주교

제1절 머리말 : 개화기 과부의 재가 허용에 관한 기존의 학설 검토 … 430
제2절 동학군의 「폐정개혁안 12개조」와 갑오개혁 「의안」의 과부 재가 허용 내용 분석 … 441
제3절 천주교의 과부 실태 파악과 이들의 재가에 대한 적극적인 권유 표명 … 448
제4절 개화기 외국인들의 눈에 비친 과부 재가의 실상 … 461
제5절 맺는 말 … 467

제3장 1910년대 임성구의 신극 운동과 천주교

제1절 머리말 … 474
제2절 임성구의 출신 및 성장 배경 … 478
제3절 혁신단의 결성과 임성구의 신극 운동 … 487
제4절 천주교가 임성구의 신극 활동에 미친 영향 … 498
제5절 맺는 말 … 504

제4장 1930년대 '한국사회에 미친 천주교의 영향' 논의 —주요 일간지의 보도내용을 중심으로—

제1절 머리말 … 508
제2절 1930년대 주요 일간지의 천주교의 역사적 공헌에 대한 보도의 배경과 천주교회의 입장 … 510
제3절 천주교의 사상적 및 종교적 공헌에 대한 주요 일간지의 인식 … 517
제4절 천주교의 문화적 공헌에 대한 주요 일간지의 인식 … 523
제5절 천주교의 사회적 공헌에 대한 주요 일간지의 인식 … 532
제6절 맺는 말 … 543

찾아보기 … 545

제1부 수용 편

제1장
조선후기 천주교의 수용과 마테오 리치의 『교우론』

제1절 머리말

조선朝鮮에 천주교天主敎가 처음으로 전해진 것은, 광해군光海君 때 이수광李睟光(1563-1628)이 그의 저술 『지봉유설芝峰類說』에서 Matteo Ricci이마두利瑪竇(1552-1610)가 지은 『천주실의天主實義』를 소개하면서부터였다고 함은 익히 알려져 있다. 그런데, 실제로 이수광의 『지봉유설』에서 마테오 리치의 『천주실의』에 관해 언급하고 있는 대목에서, 그것 외에도 또 한 권의 책에 대하여 다음과 같이 특기特記하고 있음이 눈에 띈다.

(1-①)구라파국歐羅巴國을 대서국大西國이라고 이름하기도 한다. 이마두利瑪竇라는 자가 있어서, 8년 동안이나 바다에 떠서 8만 리의 풍랑을 넘어 돌월東粵에 와서 십여 년이나 살았다. 그가 저술한 『천주실의天主實義』 2권이 있다. 첫머리에 천주가 처음으로 천지를 창조하고 편안히 기르는 도를 주재主宰한다는 것을 논하고, 다음으로 사람의 영혼은 불멸不滅의 것으로 금수禽獸와는 크게 다르다는 것을 논하였으며, 다음에는 6도윤회설六道輪廻說의 잘못과 천당·지옥·선악의 응보應報를 변론하고, 끝

으로 人性은 본래 善하다는 것과, 천주天主를 존경해 받드는 뜻을 논하고 있다. 그 풍속에는 임금을 교화황敎化皇이라고 일컬으며, 혼인하는 일이 없기 때문에 교황의 지위를 승습承襲하는 아들은 없고, 어진이를 선택하여 세운다. 또 그 풍속은 우의友誼를 소중히 여기며 사사로운 저축을 하지 않는다. 그는 『중우론重友論』을 저술하였다. 초횡焦竑이 말하기를, "서역西域 사람인 이마두군이, '찬우는 제2의 나'라고 하였는데, 이 말은 매우 기이하다"고 하였다. 이 일은 『속이담續耳譚』에 자세히 나온다.[1]

이를 보면 마테오 리치 즉 이마두利瑪竇가 『천주실의』 2권말고도 또 『중우론重友論』을 저술하였는데, 초횡焦竑이란 이가 서역이군西域利君 즉 서역西域에서 온 이마두利瑪竇가 '친우는 제2의 나다'라고 한 말이 '매우 기이하다(기심숙甚)'하다고 했음을 알 수 있다. 따라서 당시에 조선朝鮮에 전해진 마테오 리치의 저술에는 『천주실의』뿐만이 아니라 『중우론』(원래의 책명冊名은 『교우론交友論』이므로, 이를 바로잡아 이하에서는 『교우론』으로 지칭하기로 한다)도 있었음이 분명하다.[2]

---

1) 李睟光, 諸國部 外國, 『芝峰類說』 2, 乙酉文化社, p.54. 원문은 다음이다.
歐羅巴國 亦名大西國 有利瑪竇者 泛海八年 越八萬里風濤 居東粤十餘年 所著天主實義二卷 首論天主始制天地 主宰安養之道 次論人魂不滅 大異禽獸 次辨輪廻六道之謬 天堂地獄善惡之報 末論人性本善而敬奉天主之意 其俗謂君曰敎化皇 不婚娶故無襲嗣 擇賢而立之 又其俗重友誼 不爲私蓄 著重友論 焦竑曰 西域利君以爲友者第二我 此言奇甚云 事詳見續耳譚
다만 이 기록에서 『交友論』에 관해서는 『續耳譚』에 자세히 보인다고 했는데, 山口正之, 「朝鮮に於ける 西學思想の東漸と其の發展」, 『小田先生頌壽紀念朝鮮論集』, 1934, pp.1012-1013에 인용되어 있는 『續耳譚』의 내용과 꼭 일치하는 것 같지는 않다.
2) 裵賢淑, 「17·8世紀에 傳來된 天主敎書籍」, 『敎會史硏究』 3, 韓國敎會史硏究所, 1981, pp.12-13. 이에서는 "芝峰이 續耳譚에 자세히 記錄되어 있다고 하였으나 芝峰의 紹介內容이 續耳譚의 內容과 正確하게 一致하지 않으므로 續耳譚을 통해서 안 것이 아니고 交友論을 直接보았다고 할 수

그러면 이수광이 『지봉유설芝峯類說』을 통해 이와 같이 처음으로 마테오 리치의 『천주실의天主實義』와 함께 『교우론交友論』을 소개한 이후 이에 대한 반응은 어떠하였으며, 그에 따라서 『교우론』이 조선의 천주교天主敎 수용受容에 어떤 영향을 미쳤을까가 궁금하다. 이러한 점들을 해명해 줄 실마리를 찾기 위해서는, 아무래도 마테오 리치가 이 책을 저술한 이유는 무엇이며, 그 내용의 특징은 어떠한지 그리고 중국中國에서는 어떠한 반응을 불러일으켰는지 등을 먼저 알아야 할 것이다. 그래서 이 논문에서는 이러한 점들을 살펴보려고 한다.

그런데 실제로 앞의 사료 1-①에서 거론된 초횡焦竑의 마테오 리치에 관해 언급한 대목을 보면 여기에 인용된 『지봉유설』과는 약간 다르게 서술되어 있는 대목이 찾아져서 주목된다. 비교를 위해 초횡의 글을 인용해 보이면 다음과 같다.

(1-②)서역 이군이 말하기를 친우는 곧 제2의 나다. 그 말은 매우 기이하며 또한 매우 마땅하다3)

초횡은, 마테오 리치가 '친우는 제2의 나다'라고 한 말이 '매우 기이하다' 하였을 뿐만 아니라 '또한 매우 마땅하다'고까지 하였던 것이다. 그러면 초횡은 이와 같이 교우交友 관계를 중시하는 마테오 리치의 말에 대해 왜 '마땅하다'고 하였을까. 이는

    있으나 書名은 續耳譚에 실린 그대로 重友論이라 한 데 대한 疑問은 가시지 않는다." 하였다. 한편 崔東熙, 「西學의 形成과 流入」, 『西學에 대한 韓國 實學의 反應』, 高麗大 民族文化研究所, 1988, p.22에서는 "그가 『天主實義』를 읽어보았다는 것은 거의 틀림없다. 그리고 그는 리치의 『交友論』(1595)에 대해서도 말하고 있다. 그러나 이 책은 그가 직접 읽어본 것이 아니라 『續耳譚』이라는 책을 통해 알게 되었을 뿐이다." 라고 하여 상반된 견해가 표명된 바가 있다.
3) 容肇祖, 『明李卓吾先生贅年譜』, 臺灣商務印書館, 1982, p.41. 원문은 이와 같다. 西域利君言 友者乃第二我也 其言甚奇 亦甚當

초횡焦竑이 당시에 어떤 사상思想을 지니며 어떠한 활동을 했던 인물人物인가를 밝히면 풀릴 문제라고 생각된다. 따라서 당시 중국의 사상계思想界의 동향에 대해서도 자연히 관심을 기울일 수밖에 없겠다.

제2절 『교우론』의 편찬 배경

　마테오 리치는 1582년 8월 중국의 마카오Macau에 도착하여 전 교傳敎를 시작한 이후 한역漢譯 서학서西學書만도 20여종을 남겼는 바, 그 자신의 생애 전체를 살펴보더라도 이 『교우론交友論』의 저 술이 지니는 의미가 적다고 할 수는 없는 것 같다. 왜냐하면 『교 우론』은 그가 『천주실의天主實義』의 저술에 앞서서 한문漢文으로 처음 본격적으로 쓴 책册이기 때문이다.
　마테오 리치가 『교우론』을 언제 어떤 이유에서 편찬編纂하였 던 것인가 하는 점을 알기 위해서는 먼저 다음과 같은 그 자신의 「서문序文」을 살펴봄이 좋을 듯하다.

　　(2)올해 봄, 산맥을 넘고 장강을 타고 금릉에 닿았습니다. …
　　배를 남포에 대고 … 머뭇머뭇 맴돌며 떠나지 못하다가 드디어
　　배에서 내려서 여관에 들었습니다. 그로 인해 건안왕建安王을

찾아 뵙고 옅지 않은 [은덕을] 입었습니다. 큰절을 올리는 것을 허락하였고, 좋은 음식을 차려서 손님으로 맞아 주며 매우 환대하였습니다. 왕이 곧 자리를 옮겨 와 내 손을 잡으며 말하였습니다. "무릇 덕행을 갖추신 군자가 제 영지에 와 주었을 때는 일찍이 벗이 되어 달라고 청하고 또 그를 공경하지 않은 적이 없었습니다. 서양의 나라는 도의를 [숭상하는] 나라라고 하니, 벗의 도리에 대해 어떻게 말씀하시는지를 듣고 싶습니다." 제가 물러나서 예전에 젊었을 때 들은 바를 서술하여 벗의 도리에 관한 책 한 부를 완성했으니, 삼가 그 내용을 다음과 같이 적어 보았습니다[4]

이에 따르면, 자신이 이 해 봄에 남포南浦에서 건안왕建安王을 만나게 되었는데 이 때 서양西洋의 우정友情에 대해 질문을 받자 이를 계기로 평소에 들었던 바를 서술하여 한 권의 책으로 만들었다고 한다. 여기에서 그 자신이 '이 해 봄'이라고 밝히고 있는 것은, 다음의 구여기瞿汝夔 등의 「서문序文」에서도 알 수 있듯이 1595년 봄을 지칭한다.

이 해에 마테오 리치는 마카오를 출발하여 처음으로 본격적인 전교 활동을 위해 수도인 북경北京을 향해 가다가 남창南昌에 머물게 되었던 것이다. 그러면서 그 곳에서 건안왕建安王과 밀접한 관계를 맺게 되면서부터 그가 자신에게 서양西洋도 과연 도의道義의 나라인지를 또 서양에선 우정友情에 대해서 어떻게 여기고 있

---

4) 利瑪竇, 「交友論序」, 吳相湘 主編, 『天學初函』 1, 1979, pp.291-292. 원문은 다음이다.
今年春時 度嶺浮江 抵於金陵 … 停舟南浦 … 抵回留之 不能去 遂捨舟就舍 因而赴見建安王 荷不鄙許之以長楫賓 序設醴驩甚 王乃移席握手而言曰 凡有德行之君子 辱臨吾地 未嘗不請而友且 敬之西邦 爲道義之邦 願聞其論友道何如 竇退 而從述囊少所聞 輯成友道一帙 敬陳於左
번역은 宋榮培 역주, 『교우론 외 2편』, 서울대학교 출판부, 2000, pp.5-7 참조.

는지를 궁금해 함을 알게 되고, 이에 따라 그가 『교우론』을 저술한 것이었다.

한편 이 같은 『교우론』의 편찬 배경은 마테오 리치 자신의 술회를 통해서 뿐만이 아니라 『교우론』의 편찬과 간행에 지대한 공헌을 한, 2명의 중국인 구여기瞿汝夔(태소泰素)와 풍응경馮應京이 쓴 다음의 「서문序文」을 통해서 보다 구체적으로 알 수가 있다.

> (3) [그는] 예장(즉 남창南昌)에 도착한 후 순무巡撫인 육중학陸仲鶴이 그를 남창에 머물게 하였다. 여가가 생겨 건안왕建安王 전하와 함께 벗의 도리에 대해 논하고 이를 한 편의 책으로 펴냈다. … 지금 마테오 리치 공은 하늘을 가득 채울 만한 자질을 갖추고 있으니, 다만 손님으로 [중국에] 온 것이 아니요, 성인의 교화를 익히려고 마음먹은 것이다. [또한 그는] 우리 중국말로 저들의 스승으로부터 전해 받은 [가르침을] 번역하였는데, 이러한 마음과 이러한 도리들은 [우리 중국인들의 마음에] 마치 부절符節처럼 꼭 합치하는 것이다. … 만력 기해년(1599) 1월 좋은 날 벗 구여기 서문을 씀5)
>
> (4) 비로소 임금의 일로 인하여 벗과의 정분을 두텁게 했다. '서태西泰'선생이 산으로 바다로 마음껏 다니면서 힘써 벗을 사귀는 것을 보고 유달리 많은 부끄러움을 느꼈다. 이리하여 그의 [교우]론을 음미해 보고 동양에서 서양까지 이 마음과 이 이치는 모두 같다는 것을 더욱 믿게 되었다. 출판에 붙여서, [이 책을] 보는 사람들이 내가 사귐의 도리를 중시한다는 것을 알게 하고 싶었다. [이 책이] 보고 버려지는 것을 차마 견딜 수가 없다! … 교우론은 모두 100 장인데 벗이 되어 줄 것을 부탁할 때 이것을 예물로 삼을 것이다. 명나라 만력 신축년(1601) 봄

---

5) 瞿汝夔,「序文」,『天學初函』1, pp.296-297. 원문은 다음이다.
抵豫章 撫臺仲鶴陸公留之駐南昌 暇與建安郡王 殿下論及友道 著成一編 … 今利公其彌天之資 匪徒來賓 腹習聖化 以我華文譯 譯彼師授 此心此理 若合契符 … 萬曆己亥 正月 穀旦 友人 瞿汝夔書
번역은 宋榮培 역주, 앞의 책, 2000, pp.404-406 참조.

1월 8일 우이 사람 풍응경 삼가 초얼사의 명덕당에서 씀6)

　이들의 서문에 따르면, 『교우론』은 중국어中國語 즉 한문漢文으로 쓰여 졌으며[사료 (3)], 그 구성은 100장章으로 되어 있음[사료 (4)]을 알 수 있다. 그런데 이 이전에는 어떠한 저술도 중국어로 한 적이 없기 때문에, 이『교우론』은 마테오 리치가 중국어로 저술한 최초의 저술인 것이다.7)
　그러면 이 당시에 마테오 리치가 건안왕建安王과 밀접한 교류를 맺고 또 그와의 만남을 계기로 교우交友에 힘쓰면서 서양에서도 동양에서와 마찬가지로 교우를 중시한다는 점[사료 (4)]을 강조하였던 까닭은 무엇일까. 먼저 건안왕이 어떤 인물이었으며, 왜 마테오 리치가 그와의 교류에 심혈을 기울였던가에 대해서 알아보기로 하자.

　　(5)건안建安은 …강의왕康懿王으로 … 만력 원년에 세습하여 책봉되었다가 29년에 세상을 떠났다8)
　　(6)국왕國王의 중요한 친족親族은 누구라도 예禮를 다해서 마테오Matteo 신부를 방문하고 신부를 위해서 연석宴席을 베풀었다.

---

6) 馮應京,「序文」,『天學初函』 1, pp.292-293. 원문은 다음이다.
乃因王事 敦友誼 視西泰子 迢遙山海 以交友爲務 殊有餘愧 爰有味乎其論 而益信 東海西海 此心此理同也 付之剞劂 冀觀者知京重交道 勿忍見棄 … 交友論 凡百章藉 以爲求友之執 明萬曆辛丑春正月八日 盱眙馮應京 敬書于楚臬司之明德堂
번역은 宋榮培 역주, 같은 책, 2000, pp.408-410 참조.
7) Pasquale D'Elia, Il Trattato Sull'Amicicia di Matteo Ricci, S.J., Studia Missionalia, 1952, pp.425-515. 〈후기〉이 논문의 내용과 그 의미에 대해서는 이 논문을 작성하던 때인 1990년 가을, 서강대학교 철학과 소재의 연구실에서 예수회의 신성용 Christopher Spalatin S. J. 신부로부터 가르침을 받은 바가 크다. 신부님께 깊은 감사를 드린다.
8)『明史』 102 諸王世表 3. 원문은 다음과 같다.
建安 … 康懿王 多㷇 昭靖嫡一子 萬曆元年襲封 二十九年薨

그 외에 왕王이란 칭호를 가진, 이 땅에 거주하는 주요한 친족인 건안왕建安王과 낙안왕樂安王이란 인물은 신부와 대화해서 우인友人이 되기를 바랐다. … 이 역할을 최초로, 더구나 대단히 정중하게 해서 우정友情을 지닐 수 있었던 것은 건안왕이었다. 그는 명名을 건재乾齋라고 했다. … 건안왕은 깊은 애정을 표시해서 우리들과의 우정을 점점 강하게 했기 때문에 신부도 한자漢字로 기록한 지구의地球儀·천구의天球儀를 비롯해서 여러 종류의 그림·유리 제품製品·유럽의 품물品物을 선물했다9)

건앙왕建安王이란, 남창南昌에 거주하면서 그 곳을 중심으로 한 지역을 통치하고 있던 왕족王族으로서의 직책이었다(6). 이때의 건안왕은 앞의 인용한 기록 (5)에서도 헤아려지듯이 만력萬曆 원년元年(1573)에 이를 세습해서 실질적으로 이 지역의 통치를 관장하고 있던 강의왕康懿王을 지칭하는 것임에 틀림이 없을 것이다. 그런데 그는 마테오 리치가 지적한 바와 같이 국왕國王의 친족親族 중에서도 주요한 인물이었다. 건안왕 자신도 마테오 리치에 대해 호기심을 지닌 채 적극적으로 교류를 추진하지만, 마테오 리치 자신도 이는 마찬가지였다고 보인다.

그랬기 때문에 그는 건안왕에게 지구의地球儀 등 당시로서는 대단히 희귀한 물건들을 선사하였던 듯하다. 물론 마테오 리치의 이 같은 건안왕에 대한 호의는, 건안왕 자신에 대한 접근만을 위한 것이 아니라 궁극적으로는 왕실에 접근하기 위한 하나의 방편이었다. 이는 다음에서 알 수가 있다.

(7)명령을 받은 마테오Matteo 신부는 그에 따라서 즉각 국왕國

---

9) マッテ-オ·リッチ(이하 리치로 약함), 『中國キリスト敎布敎史』(이하 『布敎史』로 약함) 1, 岩波書店, 1982, pp.342-343; 劉俊餘·王玉川 合譯, 『利瑪竇中國傳敎史』(이하 『傳敎史』로 약함)(上), 『利瑪竇全集』 1, 光啓出版社·輔仁大學出版社, 臺北, 1986, pp.254-255.

王에게로 다시 나아가기 위해서 무엇이 좋은 방법일까를 깊이 궁리하기에 이르렀다. 그래서 국왕의 친족 중의 중요인물인 건안왕建安王을 통해서 무엇인가를 할 수 있는 것은 아닐까 해서 시험 삼아 그에게 시계時計랑 그 밖의 두 세개 물건을 보여 주었지만, 이윽고 이것은 제일 좋은 방법이 아니라는 것을 느끼게 되었다10)

마테오 리치는 즉, 국왕國王에게 접근하기 위해서 국왕의 친족 중의 중요 인물인 건안왕을 택했던 것이었다. 시계 등 당시에는 희귀한 물건을 건안왕에게 선사하여 환심을 산 뒤 그를 통해 국왕에 접근하려던 그의 계획은 용이치 않았던 것 같다. 그 선물을 건안왕이 남의 눈을 의식하여 선선히 받기를 꺼려할 뿐만이 아니라 뇌물을 받았다고 해서 말썽의 소지가 있게 되자, 이 물건들을 마테오 리치에게로 되돌려 보내었기 때문이었다.11)

이처럼 희귀한 선물을 통해 환심을 사서 소기의 목적을 이루려는 자신의 계획이 이루어지지 않게 되자, 마테오 리치는 중국인들과 빈번한 접촉을 통해 그 길을 모색하고자 했다. 그리하여 교회를 짓는 일 대신에 연회장을 마련하였다.12) 이런 결과 사료 (6)에서 보이듯이 왕족들도 리치를 자신들의 연회에 초청하여 교류 관계를 돈독히 하게 되었던 것이다.

이런 속에서 그는 자연 건안왕 등이 서양의 신기한 물건에도 관심이 깊지만, 서양에서의 교우 관계는 어떠한가 등에 지대한

---

10) 리치, 『布敎史』 1, p.363; 『傳敎史』 (下), pp.268-269.
11) 리치, 『布敎史』 1, p.363; 『傳敎史』 (下), p.269.
12) Tacchi Venturi, S. J., Opere Storiche del P.Matteo Ricci, Macerata, Italy, 1913, p.186 및 p.220 그리고 p..242.; Christopher Spalatin S. J., Matteo Ricci's Approach to 16th Century Confucian China, Internation Symposium on Chinese Western Cultural Interchange in commemoration of the 400th Anniversary of the Arrival of Matteo Ricci, S. J. in China, Taipei, Taiwan, 1983, p.662 참조

관심을 지니고 있음을 간파하고 우선 그들의 그런 궁금증을 해소시켜 주는 한편으로는 그를 통해 서양과 동양이 하나임을 강조하여 이들이 지니고 있는 자신 등에 대한 경계심을 불식시켜 나가려고 하였던 것 같다. 그를 위해 시도된 것이 『교우론交友論』의 편찬編纂이었으며, 이것의 저술은 중국中國에서의 마테오 리치의 전교傳敎 사업에 새로운 장을 열게 됨을 의미한다고 하겠다.[13]

---

13) Pasquale, 앞의 논문, 1952, pp.425-515.

제3절 『교우론』의 내용

　『교우론交友論』의 내용을 살핌에 있어 가장 우선 고려해야 할 점은, 그것에 대해 마테오 리치 자신은 무어라고 정리해 놓았는가 하는 사실일 듯하다. 자신의 『교우론』 저술 의도가 무엇인지를 그 자신이 써서 남긴 것이 있다면, 그것을 통해 가장 정확하게 그 내용의 핵심을 알아낼 수 있을 것이기 때문이다. 그가 남긴 서간書簡들 중에서 이와 관련하여서는 무엇보다도 다음과 같은 구절이 매우 중요하다고 생각한다.

　(8)또 하나의 책冊은 『교우론交友論』이라는 소논문小論文이었다. 그것은 이 왕이 유럽에서는 우정友情을 어떻게 생각하고 있는가를 신부에게 물었고, 신부는 우리들의 철학자哲學者, 성인聖人, 신구新舊의 모든 저작가著作家들로부터 가능한 한의 모든 것을 인용해서 왕에 답하는 체재體裁를 취한, 대화對話 형식形式의 책이었다. 이 책은 현재도 제일 이 왕국의 모든 사람들을 경탄시키는 작품作品이 되었다. 그것은 우리들의 말과 그들의 말로써

썼기 때문에14) 대단히 사랑받았다15)

이에 의하면 그는, 『교우론』에서 철학자, 성인 그리고 신구新舊의 모든 저술가들로부터 가능한 한 인용해서 왕王의 질문에 답한 대화체로, 교우交友 관계에 대해 찬술한 것임을 알게 된다. 실제로 『교우론』에서 인용된 어구語句들을 그 저술가별로 분석해 보면 Cicero 15회, Plutarch 14회, Augustine 11회, Aristotle 6회, Seneca 6회, Diogenes 5회, Erasmus 2회 등으로 집계가 된다.16) 하지만 서양西洋 고전古典등에서 직접 그 자신이 일일이 채록採錄한 것은 아니었고, Andreas d'Evera의 *Sententiae*에 들어있는 금언金言들을 이용한 것이었다.17) 그 금언들을 얼마간은 그대로 번역하고, 얼마간은 수정하여 또 의역意譯했으며 그리고 그 나머지 대부분은 그 자신이 지었는데, 이는 자신의 친구였던 중국인中國人 지식인知識人들의 지적知的 풍토風土에 맞추기 위함이었다.18)

그러면서도 『교우론』의 저술에서, 마테오 리치는 서양 세계의 이교도異敎徒들의 고전古典과 기독교 고전古典을 모두 이용하였는데, 기독교들의 그것보다는 이교도들의 것을 훨씬 더 비중있게 인용하였다.19) 그는 의도적으로 이런 옛날의 이교도異敎徒들의 고

---

14) 漢字를 중심으로 上段에는 이탈리아語로, 下段에는 프랑스語로 일일이 토를 달아 놓은 것을 가리킨다. 리치, 『布敎史』 1, p.345 註 (5) 참조.
15) 리치, 『布敎史』 1, pp.344-345 ; 『傳敎史』 (上), p.255.
16) 이 수치는 著者가 Pasquale M. D'Elia의 앞의 논문에 조사되어 있는 인용 저술가를 센 것이다.
17) Daul A. Rule, *Matteo Ricci : Jesuit interpretation of Confucianism, K'ung-tzu or Confucius*, Allen & Unwin, Sydney London, Boston, 1986, p.20.
18) Christopher Spalatin, 앞의 논문, 1983, pp.662-663.
19) Jonathan D. Spence, Matteo Ricci and the Ascent to Peking, Loyola Symposium, 1982, p.19 그리고 Spalatin의 앞의 논문, 1983, p.664 및 p.675 참조

전古典들을 선호하였는데, 이는 그것들이 중국의 고전과 대단히 그 내용이 유사하기 때문이었다.[20] 마테오 리치가 어느 정도로 한문에 능통하였으며 또 유교儒敎 경전經典에 대해 얼마만한 지식을 갖추고 있었는가는, 당시에 마테오 리치와 교류 관계를 맺고 있었던 이탁오李卓吾의 다음과 같은 지적에서 잘 알 수가 있다.

> (9)마테오 리치(이서태利西泰)에 관한 공의 질문을 받들어 올리자면, 그는 대서역大西域 사람입니다. … 남해南海와 조경肇慶에 거의 20년을 살았는데, 우리나라 책은 읽지 않은 것이 없더군요. 선배에게 부탁해 독음讀音을 바로 잡아달라 하였고, 사서四書에 담긴 인성과 천리에 밝은 자에 부탁해 그 대의大義를 풀이했으며, 또 육경六經의 소疏에 담긴 뜻을 환히 아는 자에게 부탁해 그 해설에 통달하였습니다. 지금은 우리 이곳의 말을 능숙하게 구사하고, 우리 문자로 글을 지으며, 이곳의 의례儀禮를 행하는 완벽한 교양인이 되었습니다[21]

이는 마테오 리치가 『교우론』을 저술한 직후인 만력萬曆 26년(1598)에 남경南京에서 그를 처음으로 만난 이지李贄 즉 이탁오李卓吾가 그에게 써준 글에서 찾아지는 대목인데[22], 여기에서 마테오 리치가 사서四書와 육경六經에 능통할 뿐만 아니라 한문漢文도 잘 쓴다고 높이 평하고 있음으로 보아 마테오 리치가 『교우론』을 저술할 때에 중국의 유교 경전을 충실히 활용하였을 것임을 알기 어

---

20) Spalatin, 앞의 논문, 1983, p.664.
21) 李贄,「與友人書」,『續焚書』卷1; 增井經夫 譯,『焚書―明代異端の書―』, 平凡社, 1969, p.538. 원문은 다음이다.
   承公問及利西泰 西泰大西域人也 … 住南海肇慶幾二十載 凡我國書籍無不讀 請先輩與訂音釋 請明於四書性理者 解其大義 又請明於六經疏義者 通其解說 今盡能言我此間之言 作此間之文字 行此間之儀禮 是一極標致人也
   한글 번역은 김혜경 옮김,『속분서』, 한길사, 2007, pp.146-147 참조.
22) 容肇祖,『明李卓吾先生贄年譜』, 臺灣商務印書館, 1982, p.30.

렵지 않다고 본다.

한편 그의 『교우론』의 내용의 세밀한 분석 역시 중요하다고 여겨, 이를 숙독하면서 우선 다음과 같은 구절들에 특히 주목해 봄 직하다.

(10) 나의 친구는 남이 아니다. 즉 나의 반이 곧 제2의 나다. 그러므로 마땅히 친구보기를 나와 같이 해야 한다[23]
(11) 친구와 나는 비록 몸이 둘이지만, 두 몸내에 그 마음은 하나일 뿐이다[24]

물론 이 두 항목은 『교우론』 전체 100항목 중에서 맨 처음 것이기 때문에 가장 마테오 리치가 하고 싶었던 얘기들 중에서도 원론적이고 핵심적인 것이라 할 수 있을 것이므로, 단순히 친구 관계에서의 서로에 대한 믿음을 강조하는 것이라고만 보아도 지당하다고 할 수 있을 것이다. 하지만 그렇더라도 이들을 다음 구절과 연결 지워 새겨보게 되면 더 그 의미를 잘 우러나게 할 수 있지 않나 한다.

(12) 55. 우리는 다른 사람에 대해 능히 방비할 수 있지만, 친구는 어찌 막을 수 있겠는가. 친구를 가벼이 의심하는 것은 곧 친구의 도리를 크게 침범하는 것이다[25]

친구를 가벼이 의심하는 것은 곧 친구의 도리를 크게 침범하는

---

23) 『天學初函』 1, p.300. 원문은 다음이다.
 1. 吾友非他 卽我之半 乃第二我也 故當視友如己焉
24) 『天學初函』 1, p.300. 원문은 다음이다.
 2. 友之與我 雖有二身 二身之內 其心一而已
25) 『天學初函』 1, p.309. 원문은 다음이다.
 55. 我能防備他人 友者安防之乎 聊疑友 卽大犯友之道矣

것이라는 그의 이런 논리는, 『교우론』에서 누누이 강조하고 있듯이 친구 사이의 우정友情을 해치지 않게 하기 위한 충고라는 일면 외에도 혹 당시의 마테오 리치 자신의 처지를 타개하기 위한 일면도 있지 않았나 싶은 것이다. 말하자면, 중국中國에 우의友誼를 가지고 있고 또 중국인들과 밀접한 관계를 맺으려는 자신에 대해 당시 중국인들이 지니고 있던 반감 내지는 경계심을 누그러뜨리기 위해 혼신의 정성을 쏟고 있는 자신을 가벼이 의심하지 말아달라고 당부하는 듯하다고 헤아려진다.

또 다른 한편으로는, 『교우론』에는 단순히 친구간의 우정에 대한 것 외에도 부분적으로 마테오 리치 자신의 중국에서의 활동의 궁극적인 목적인 천주교 전교를 위한 일면도 조심스럽게 가미시켜 놓았던 게 아닐까 여겨진다. 여기저기에 흩어져 편찬되어 있는 다음과 같은 항목들을 모아서 연결 지워 보면 더욱 그러하다 하겠다.

   (13)56. 상제上帝는 인간에게 두 눈, 두 귀, 두 손, 두 다리를 주어서, 두 친구가 서로 돕도록 하여 바야흐로 일이 이루어지도록 하였다26)
   (14)16. 각각의 사람이 모두 각각의 일을 잘할 수는 없다. 그러므로 상제上帝는 친구사귀기로써 서로간에 돕기를 명하였다. 만약에 세상에서 그 도를 제하면 인류는 반드시 멸망할 것이다27)
   (15)43. 친구보기를 자기같이 하면, 먼 사람은 가까워지고, 약한 자는 강해지고, 우환이 있는 자는 행복해지며, 병든 자는 낫게 되고 죽은 자는 살아나게 된다. 어찌 반드시 말이 더 필요하겠는가28)

---

26) 『天學初函』 1, p.309. 원문은 다음이다.
   56. 上帝給人雙目雙耳雙手雙足 欲兩友相助 方爲事有成矣
27) 『天學初函』 1, p.303. 원문은 다음이다.
   16. 各人不能全盡各事 故上帝命之交友以彼此胥助 若使除其道於世者 人類散壞也
28) 『天學初函』 1, p.307. 원문은 다음이다.

상제上帝의 존재를 빌어 비록 교우交友의 중요성을 설명하고 있는 것이긴 하지만, 사료 (13)과 (14)에서 상제가 인간 세상사에서 차지하는 역할을 강조하는 면도 다분히 내포되어 있다고 여겨지기 때문이다. 상제가 인간의 모든 신체를 만든 것으로 설명한다든가 [사료 (13)], 뿐더러 인간은 전지전능할 수 없지만 상제는 그러하여 인류의 파멸을 막을 수 있다고 풀이하는 것[사료 (14)] 등은, 은연중에 상제上帝 즉 천주天主가 전지전능한 권능을 가지고 있으니까 이를 신봉하면 인류의 파멸을 막을 수 있음을 드러내기 위한 것이 아니었을까 하는 생각인 것이다.29)

이러한 추정은 더욱이 사료 (15)를 보게 되면 일면 타당성이 있다고 수긍할 여지가 충분히 있다고 본다. 즉 약한 자는 강해지고 우환이 있는 자는 행복해지며 또 병든 사람은 낫게 되고 죽은 자는 살아나게 된다는 이 말은 마치 성경聖經에 점철되어 있는 구절들을 마주대하는 듯한 느낌을 받을 정도가 아닌가 한다. 특히 죽은 자가 살아나게 된다는 이 구절은 천주교의 중심 교리의 하나인 육신의 부활 문제를 설명하고 있는 것임에 틀립이 없을 것이다. 요컨대 마테오 리치의 『교우론』에는 단순히 교우에 관한 것만이 들어 있다기 보다는 그 자신의 궁극적인 목적이었던 천주교의 중국 전교를 이루어 나가기 위해 대단히 조심스러운 시도를 은연중에 펼치고 있는 면도 다소 있었다고 봄이 옳을 듯하다 하겠다.

---

43. 視友如己者 則遐者邇,弱者强,患者幸,病者愈 何必多言耶 死者猶生也
29) 이 무렵에 서양 선교사들에 의해 사용되던 上帝가 곧 天主를 의미한다고 함은 後藤基已,「明末儒教とカトリック傳道」,『白百合短期大學研究紀要』3, 1957;『明清思想とキリスト教』, 研文出版, 1979, pp.96-99 참조.

제4절 『교우론』의 간행과 중국 양명학자들의 수용

마테오 리치가 『교우론交友論』을 찬술하여 건안왕建安王에 제시한 이후 이는 중국인들에게 대단한 흥미를 자아냈던 것은 앞서 인용한 바 있는 사료 8) 등에서 '이 왕국의 모든 사람들을 경탄시'켰고 '대단히 사랑을 받았다'고 그 자신이 다소 과장되어 보일 정도로 흥기興起되어 서술하고 있는 데에서 가늠할 수는 있을 것이다. 특히 그 간행刊行 문제와 관련하여서는 다음이 주목된다.

(16)(그런데) 그 후 머지않아 신부神父의 우인友人인 장주지방漳州地方에 있는 도시都市의 지현知縣의 노릇을 하던 사람이 중국어中國語만으로 인쇄하였다. 후에는 북경北京에서도 절강浙江에서도 그 밖의 성省에서도 몇 번 판版을 거듭했고 모든 문인文人의 절찬絶讚하는 바가 되었다. 그래서 이윽고 극히 중요한 간행刊本에서도 인용引用되게끔 되었다30)

그 자신이 흥기되어 술회하고 있는 기록인 만치 문면文面 그대로 모두 신용할 수는 없다 할 수도 있겠으나, 매우 절찬리에 간행刊行 되고 있었던 것만은 틀림이 없는 것 같다. 현재까지의 연구 성과에 따르면, 『교우론』이 건안왕建安王에 1595년 증정된 이래로 1608년까지 약 10년 남짓한 기간 동안에 무려 4차례나 간행되었다고 하는데, 그 간행지刊行地가 제1차 강서성江西省 영도寧都, 제2차 남경南京, 제3차 북경北京, 제4차 절강성浙江省 등으로 다양한 것으로만 미루어 보더라도 이는 부인하기 어려운 사실인 것 같다.31)

이같이 마테오 리치의 『교우론』이 호평을 받으며 간행될 수 있었던 저변에는, 그가 중국 도착 이후 지속적으로 힘을 기울여 돈독히 교류해온 중국인 지식인들의 도움이 있었다. 그런 인물로는 『천학초함天學初函』 소재 『교우론』에 각기 서문序文을 쓴 구태소瞿太素와 풍응경馮應京을 우선 꼽을 수 있다. 특히 구태소瞿太素(구여기瞿汝夔)의 활약에 대해서는 마테오 리치 자신도 비교적 상세히 기록해 주고 있으므로 먼저 그 대목들을 뽑아 보이면 다음과 같다.

(17) 남경南京의 예부상서禮部尙書의 아들인 구태소瞿太素는 이 왕국王國 내內에서 우리들에 대한 신뢰와 지원을 주었다32)
(18) 우리들의 오랜 우인友人인 구태소瞿太素가 있었다. 이 사업의 초기에 신부神父들 모두가 광동廣東·강서江西·남경南京 등에서 신용을 얻을 수 있게 되었던 것은 그에 힘입은 바가 있었다33)

---

30) 리치, 『布敎史』 1, p.345; 『傳敎史』 (上), p.255.
31) 矢澤利彦, 『布敎史』 校註 (6), 『布敎史』 1, p.345.
32) 리치, 『布敎史』 1, p.235; 『布敎史』 (上), pp.178-179. 矢澤利彦, 「人名解題」, 『布敎史』 1, 1982, pp.604-606에 따르면, 瞿太素의 父 瞿敬淳은 吏部侍郎兼翰林學士에 이르러 관직을 사임하고 鄕里에서 세상을 떠났는데, 死後에 禮部尙書가 追贈되었다고 한다.
33) 리치, 『布敎史』 2, p.57; 『傳敎史』 (下), p.448. 한편 瞿太素 자신이 쓴 『交友論』序文에서도 '友人瞿汝夔序'라고 하였는데, 이에 보이는 '友人'이란 표현 역시 『交友論』에 연유하는 것이다. 方豪, 『中國天主敎人

(19) 우리들의 우인友人인 구태소瞿太素의 중개仲介로써 그 [새로운 지사知事가 문구門口에 붙인 실로 훌륭한 포고布告를 신부神父들에 하였기 때문이다. 포고 중에서 그는 우리들의 우인友人이자 보호자保護者라고 언명하였다34)

마테오 리치 자신이 써놓은 이러한 대목들로 보아 그의 활동에 구태소瞿太素가 크게 도움을 주었다고 보여지는데, 그는 명문 집안의 후손임에도 불구하고 음서蔭敍의 혜택을 입어 관직官職에 나아갈 수 있는 길을 마다하고 관계官界에 진출하지 않았던 인물이었다.35) 그 애초에 연금술鍊金術을 습득하기 위해서 서양 선교사들의 제자가 되기를 원했었고 또 불노불사약不老不死藥의 탐구에 힘을 기울이다가 천주교天主教에 입교入教하게 되었던 점으로 미루어서36) 오롯한 성리학 신봉자였던 것 같지는 않다. 오히려 그는 후술하는 바와 같이 양명학자陽明學者인 축세록祝世錄 등과 친했다고 함으로 보아 양명학陽明學에 심취했었을 가능성이 더 큰 게 아닌가 생각한다.

또한 그 외에도 마테오 리치에게 또 빼놓을 수 없는 중국인 친구는 풍응경馮應京(1555－1626)이었다. 그는 1592년에 진사進士가 되어 그 후 호부주사湖部主事 등을 거쳐 호광첨사湖廣僉事가 되어 무창武昌 등을 관장하였다가 탄핵되어 입감入監되었을 때, 그곳에서『천주실의天主實義』를 읽고 감명받아 그 이후 마테오 리치의 활동을 적극 도와준 인물이었다.37) 그런데 그는 명대明代의 황종

物傳』, 中華書局, 1988, p.275.
34) 리치,『布敎史』1, p.278;『傳敎史』(上), p.212.
35) 瞿太素에 대해서는 矢澤利彦,「中國讀書人キリスト敎受容」,『世界の歷史』11, 築摩書房, 1961, pp.237-238 및 Spalatin, 앞의 논문, 1983, pp.664-665.
36) 矢澤利彦, 앞의「人名解題」, 1982, p.605 참조.
37) 崔韶子,「明末·淸初 漢人士大夫의 西學認識」,『省谷論叢』12, 1981;『東西文化交流史硏究―明·淸時代 西學受容―』, 三英社, 1987, pp.93-95.

희黃宗羲가 『명유학안明儒學案』 권卷24 「강우왕문학안江右王門學案」 9에서 그에 대해 정리하면서 양명학陽明學 우파右派로 분류하고 있음으로 보아38), 양명학자임에 틀림이 없을 것이다. 따라서 『교우론交友論』의 간행은 구태소瞿太素와 풍응경馮應京에 의해서 이루어졌는데, 이들은 양명학에 심취한 이들이었음을 알겠다.

한편 이들 외에 마테오 리치가 『교우론』을 통해 절친하게 지낼 수 있었다고 스스로 술회하고 있는 예例는 다음과 같다.

(20) (남경南京의 과리科吏였던 축세록祝世祿의 경우) 그는 구태소瞿太素 등과 친했기 때문에 머지않아 신부神父와도 대단히 친하게 대화를 하게끔 되었고, 몹시 충실한 우인友人이 되었다. 신부神父가 쓴 『교우론交友論』을 그가 읽었기 때문이었다39)

(21) 이탁오李卓吾는 호광성湖廣省에 많은 제자弟子가 있었는데, 신부神父의 저서著書 『교우론交友論』을 손에 넣게 되자 여러 부의 사본을 만들어 호광湖廣의 제자들에 보냈다. 더구나 그는 그 작품과 그 문장을 격찬했다. 이런 데에까지 우리들의 명성名聲이, 알려지게 되었던 것은 이 고명高名한 문인文人의 덕분이었다40)

이러한 기록들로 보아 당시 그의 『교우론』이 간행된 상태로나 아니면 필사본筆寫本의 형태로 다양한 부류의 지식인들에게 전해져 읽혀지고 있었다고 하겠다. 특히 축세록祝世祿의 경우에는 『교우론』을 읽었음으로 해서 리치와 친해질 수 있었고, 이 경우 역으로 보면 마테오 리치는 그의 『교우론』을 통해 이런 부류의 지

---

38) 矢澤利彦, 앞의 「人名解題」, 1982, p.612 참조. 『明儒學案』 卷24 「江右王門學案」 9 「僉憲馮慕岡先生應京」, 世界書局, 1965, p.249에 보면 그는 鄒南皐에게 師事를 받았다고 하였는데, 鄒南皐는 바로 鄒元標로 그에 관해서는 同書 卷 23 「江右王門學案」 8 「忠介鄒南皐先生元標」, pp.228-229에 상세히 보인다.
39) 리치, 『布敎史』 1, pp.402-403; 『傳敎史』 (下), p.295.
40) 리치, 『布敎史』 1, p.421; 『傳敎史』 (下), p.307.

식인에 접근해 갈 수 있었다고 보아 좋을 것이라 생각된다. 더군다나 이탁오李卓吾의 경우에는 자신이 직접 그의 제자들에게 사본을 만들어 익히도록 함으로써 리치가 지적하고 있듯이 마테오 리치의 명성이 널리 퍼지도록 하는 데에 보탬이 되었던 것이다.

그런데 축세록祝世錄이나 이지李贄는 당대에 이름을 날리던 양명학 좌파左派였다는 점을 주목해야 하겠다. 축세록(1539-1610; 호는 무공武功)과 이지(1527-1602; 호는 탁오卓吾)는 당시의 양명학자들 중에서 가장 적극적인 좌파 사상가로서 인간의 소박한 성정性情을 중시하고 기골임협氣骨任俠을 숭상하여 명교名敎 즉 정리定理, 격식格式, 도리道理를 구속拘束으로 여겨 배격하는 소위 기골파氣骨派로 분류될 정도의 인물이었다.41)

그러면 이들은 왜 『교우론』에 많은 관심을 가지고 있었으며 많은 이들에게 전파하려고 하였을까. 이 점을 규명하는 것은, 곧 앞서 (머리말의 사료 1-①을 통해 제시하고) 언급한 바대로 이수광李睟光이 『지봉유설芝峰類說』에서 『교우론』에 대해 언급하면서 초횡焦竑이 '그 말이 매우 기이하다'고 언급한 바를 인용하고 있고, 또 초횡 스스로가 앞의 인용문 1-②에서 밝혔듯이 '매우 마땅하다'고 했는데, 초횡이 이렇게 말한 까닭이 무엇이었는가를 밝히는 것과 표리表裏를 이룰 수 있다고 생각된다.42)

이를 밝히기 위해서는 우선 초횡이 언제 어떤 이유에서 『교우론』을 접하게 되었는가를 살펴야 할 것이다. 초횡은 역시 당시의 대표적인 양명학자로 소위 태주학파泰州學派의 일원으로43), 탁오卓吾 이지李贄 즉 이탁오의 저서著書인 『분서焚書』와 『속분서續焚

---

41) 岡田武彦, 『王陽明と明末の儒學』, 明德出版社, 1970, pp.185-188 및 裵永東, 『明末淸初思想』, 民音社, 1992, pp.90-91.
42) 李睟光은 焦竑의 글을 통하여 陽明學에 대해 많은 이해를 지니게 된 듯하다. 『芝峰類說』卷5 儒道部 學問의 항목에 보면 焦竑의 글을 직접 인용하면서 '良知'에 대한 자신의 이해를 드러내고 있기 때문이다.
43) 黃宗羲, 「文端焦澹園先生竑」, 『明儒學案』卷35 泰州學派 4.

書』에 실린 「서답書答」의 거개가 초횡에게 보낸 것일 정도로 둘 사이에는 절친한 교우 관계를 맺고 있었다. 이 둘은 이탁오가 1570년 남경南京에서 관직을 지내게 될 때부터 조석朝夕으로 만나 양명학에 관한 대화를 나누기 시작했고[44], 이런 친밀함으로 연유해서 관직을 떠난 후 1598년 남경에 거처를 정할 때 초횡이 환영하여 정사精舍를 마련해 줄 정도였던 것이다.[45] 초횡焦竑의 경우 학파의 차이는 있었을지언정 역시 이탁오李卓吾의 학설을 깊이 공감하고 있었던 같다.[46] 이 점에 대해서는 황종희黃宗羲가 다음과 같이 밝혀두고 있음에서 알 수가 있겠다.

(22) 선생은 경천대耿天臺와 나근계羅近溪에게서 사사師事했으며, 또한 이탁오李卓吾의 학문을 굳게 믿었다[47]

이를 보면 그가 이탁오의 학문을 '독신篤信'하였다고 하였다. 그러므로 초횡이 이탁오와 사상적으로 일치되는 점을 많이 지니고 있었을 것인데, 이 둘은 특히 마테오 리치를 만나게 된 것도 거의 때를 같이 하고 있음이 주목된다. 이탁오가 1598년에 처음으로 리치를 만난 이래로 3차례나 접촉하고 있으며, 이때마다 초횡도 동행한 것으로 보인다.[48]

그런데 여기에서 하나 주목해볼 사실은 앞서 인용한 사료 1-②)의

---

44) 容肇祖, 『明李卓吾先生贄年譜』, 臺灣商務印書館, 1982, pp.6-7.
45) 容肇祖, 앞의 책, 1982, pp.38-39.
46) 焦竑과 李卓吾와의 관계에 대하여, 焦竑이 李卓吾의 '理解者'에 불과했다고 보는 견해(溝口雄三, 「明末を生きた李卓吾」, 『東洋文化硏究所紀要』 55, 1971 및 吳相勳, 「李卓吾의 交友觀과 死生觀」, 『全海宗博士華甲紀念史學論叢』, 一潮閣, 1979, p.329)가 있는 데에 반해, 容肇祖, 앞의 책, 1982, p.42에서는 '제1의 知己'라고 하였다.
47) 黃宗羲, 「文端焦澹園先生竑」, 『明儒學案』 卷35 泰州學派 4, 1965, p.361. 원문은 이와 같다. 先生師事耿天臺羅近溪 而又篤信卓吾之學
48) 容肇祖, 앞의 책, 1982, pp.40-41.

초횡이 『교우론』에 대해 언급한 원래의 글에는 '亦甚當'이라는 구절이 더 있다는 점이다. 즉 초횡이 마테오 리치의 '친우는 제2의 나다'라는 말에 대해 평하면서, '그 말이 매우 기이하며 또한 매우 마땅하다'고 하였던 것이다. 따라서 초횡은 마테오 리치의 이 같은 설명에 전적으로 동감을 표하고 있는 것임에 틀림이 없을 터인데, 그러면 초횡焦竑, 그는 왜 교우交友 관계를 중시하는 이 같은 마테오 리치의 『교우론』에 대해 전적으로 동감을 표한 것인가.

그것은 그 자신이 이탁오李卓吾와의 깊은 교우 관계의 유지에서 보여 주듯이, 교우의 중요성을 인식하고 있었기 때문이라고 하겠다. 더욱이 그가 이탁오의 학문을 '돈독히 신봉했다(독신篤信)'고 하는 앞의 사료 22)를 염두에 둘 때, 그 뿐만 아니라 이탁오도 그러하였기에 그 역시 『교우론』을 열심히 읽고 또 제자들에게까지 읽을 것을 권했다고 보여진다. 그러면 이들은 교우 관계에 대해 어떻게 여기고 있었을까. 이탁오와 초횡이 주고받은 글 등에 보이는 이들의 교우交友에 관한 견해를 살펴보기로 한다.

> (23) 무릇 천하에 진정한 벗이 존재하지 않은 지도 오래되었다. 그 까닭이 무엇일까? 온 세상이 죄다 눈앞의 이익만을 탐낼 뿐, 의리를 중시하는 자가 없어졌기 때문이다. … 지금 세상 사람들이 칭송하는 벗이란 하나같이 목숨은 살았더라도 죽은 시체나 마찬가지인 자들뿐이다. 이들은 다름 아닌 이익을 좋아하는 자들로 친구간의 우정을 중시하지 않는다. 지금까지 언제 이 세상에 친구간의 의리를 중시한 자가 있었던가! 기왕에 의리를 중시하는 벗이 존재하지 않았다면 '친구는 없다'라고 말해도 가할 것이다.49)

---

49) 李卓吾, 『焚書』 卷5 「朋友篇」; 增井經夫 譯, 『焚書―明代異端の書―』, 平凡社, 1969, p.423 및 吳相勳, 앞의 논문, 1979, p.312 참조. 원문은 다음이다. 夫天下無朋友矣 何也 擧世皆嗜利 無嗜義者 … 今天下之所稱友朋者 皆其生

(24)하지만 제가 중원에 살고 있는데 이 드넓은 나라 안에서 저를 알아줄 자가 하나도 없다면, 차라리 저 변방으로 나가 돌아다니다 죽은 뒤 오랑캐 땅의 해골이 되는 편이 낫다고 생각하고 있습니다. … 나보다 나은 벗이 있고 또 진정으로 나를 알아주는 사람이 있는 곳이야말로 제가 죽을 장소입니다. … 친구를 얻지 못하고 죽느니 차라리 뇌옥牢獄이나 전쟁터에서 죽는 것을 달게 여길 터인데, 형께서는 왜 저를 구제하지 못해 안달이신지요?50)

 이탁오李卓吾가 남긴 글에서는 교우交友 관계에 관해 언급한 대목이 흔히 찾아지는데, 인용문 23)에서는 붕우朋友의 의義를 강조하고 있다. 그리고 초횡焦竑과 주고 받은 글인 인용문 24)에서는 붕우朋友를 얻지 못하고 죽는 것보다는 감옥이나 전쟁터에서 죽는 게 달겠다고 까지 하고 있음을 볼 수 있다.
 그러면 이들이 이토록 교우 관계를 중시하였던 가장 핵심적인 이유는 무엇일까. 그것은 다름 아니라 양명학陽明學을 수용受容하여 새로운 질서를 구현함에 있어 그 구체적인 방안의 하나로서 수평질서水平秩序 즉 사회적社會的 신분身分의 평등平等에 대한 관심이 컸기 때문이라고 생각된다. 이탁오와 깊은 교우를 유지했고 또 이탁오가 예찬한 바가 있던 양명학 중 태주학파泰州學派의 하심은何心隱이 인간의 오륜五倫 중 나머지 사륜四倫보다 우월한

而猶死者也 此無他 嗜利者也 非嗜友朋也 今天下曷嘗有嗜友朋之義哉 旣未嘗有嗜義之友朋 則謂之曰無朋可也
 한글 번역은 김혜경 옮김, 『분서』 II, 한길사, 2004, p.277 참조.
50) 李卓吾, 『焚書』 卷2, 「與焦弱侯」; 增井經夫 譯, 앞의 책, 1969, p.139 및 吳相勳, 같은 논문, 1979, p.313 참조. 원문은 다음이다.
 然弟則以爲生在中國而不得中國牛箇知我之人 反不如出塞行行 死爲胡地之白骨也 … 有勝我之友 又眞能知我者 乃我死所也 … 與其不得朋友而死 則牢獄之死 戰場之死 固甘如飴也 兄何必救我也
 한글 번역은 김혜경 옮김, 앞의 책, 2004, p.251 참조.

지위를 차지하는 것이고 절대적인 것이 교우交友였다고 함에서 극명하게 잘 드러나듯이, 기존의 가족 내지 군신君臣 사이의 상하上下 수직적 보다 개개인의 수평적 결합으로서의 교우交友를 강조하는 경향이 분명하였는데, 이는 기존의 상하질서를 수평적으로 재구성하고자 하는 적극적인 논리였다.51)

또한 당시의 양명학자들이 자신들의 이상을 실현하기 위해 적극적으로 추진했던 하나의 방법이 강학활동講學活動이었다. 당시에 이루어졌던 강학講學의 목적을 잘 드러내주는 것이 당시 도장陶匠이었던 한악오韓樂吾가 행했던 그것의 예라고 여겨진다. 그 자신 도장으로서 살아가다가 양명학에 접하게 되면서 이에 기울어 열심으로 공부하기에 이르렀다. 그러다가 어느 날 다음과 같이 강학에 적극적으로 나서게 된다.

> (25)농공상고農工商賈로 그를 따르는 떠도는 자[유자遊者]들이 천여千餘였다. 추수가 끝나고 농한기면 무리를 모아 담학談學하였다. 한 촌村이 이미 마치면 또 한 촌村으로 가며, 앞에서는 노래하면 뒤에서는 답하였는데, 악기소리와 암송하는 소리가 얼음이 녹는 것 같았다52)

이 사료 25)에서 보이는 '담학談學' 즉 강학講學은 이 당시에 양명학자들이 흔히 취하고 있었고 또 대단히 대중적인 효과도 거둘 수가 있었다. 이탁오李卓吾의 경우도 역시 그러하였다. 그는 강학의 문호를 여성들에게까지 개방하는 태도를 취하기까지 하였는데, 이것이 당시의 명교名敎 사대부士大夫들에게는 그의 원래의 생각대로 받아들여지기는 어려운 일이었다.53) 그리고 이탁오의 이런 강

---

51) 吳相勳, 앞의 논문, 1979, pp.315-316.
52) 黃宗羲, 『明儒學案』 卷32 「泰西學案」 1, 世界書局, 1965, p.319. 이 기록에 보이는 '談學'을 講學으로 봄은 裵永東, 「陽明學 左派思想과 東林學派의 사상」, 『明末淸初思想』, 民音社, 1992, p.121 참조.
53) 吳相勳, 앞의 논문, 1979, p.327.

학에서는, 그가 제자들에게 『교우론』의 사본을 만들어 보내면서 사료 21)에 쓰여 있는 바대로 극찬하였다고 함에서 『교우론』도 다루어졌을 것임을 알기 어렵지 않다. 하지만 이러한 강학을 통하여 이탁오와 같은 양명학자들이 꾀하려고 했던 바는 앞의 사료 25)에서 보듯이 동지同志들의 규합 즉 자신들의 세력 확장이었음이 틀림이 없었고 또 실제로도 세력 확장이 이루어졌을 것이다.

그러므로 양명학이 초래한 결과로서 무엇보다도 강학이 중시되기에 이르렀으며, 이 강학은 혼자서 서재에 파묻혀 공부하는 방식을 반대하여 많은 학자들이 모여서 연구회, 토론회를 개최하는 것인데, 그것은 곧 '붕우朋友'의 중시였다. 그리고 이 같은 집단적인 강학을 통한 동지의식同志意識의 집착은 특히 양명학陽明學 좌파左派들에게 현저했던 것이다.54) 따라서 당시 양명학자들의 강학講學 활동은 결국 수평적 질서에 대한 그들의 주장과 교우관交友觀의 구현이었고 동지규합의 노력이었다.55)

이런 배경에서 이탁오가 앞의 인용 사료 (21)에서 찾아지듯이 『교우론』을 극찬하고 제자들에게 적극 권장하였던 것이며, 초횡焦竑이 마테오 리치가 『교우론』에서 '친우가 제2의 나다'라고 한 데에 대해 '매우 마땅하다'고 하였다고 보여진다. 요컨대 이탁오李卓吾를 위시해서 초횡焦竑·풍응경馮應京·축세록祝世錄·구태소瞿泰素 등 여러 인물들이 『교우론交友論』의 간행과 전파에 앞장선 것은, 『교우론』의 내용이 이들 양명학자陽明學者들이 교우交友 관계와 그를 실현하는 공부의 방편으로 강학講學을 중시하던 것과 사상적思想的으로 일맥상통하였기 때문이었다고 하겠다. 그리고 당시에 이단시될 정도였던 이탁오을 비롯하여, 초횡·풍응경·

---

54) 島田虔次, 『朱子學と陽明學』, 岩波書店, 1967; 김석근·이근우 옮김, 『朱子學과 陽明學』, 까치, 1986, pp.175-176.
55) 森紀子, 「何心隱論—名敎逸脫の構圖—」, 『史林』 60-5, 1977, p.59 및 吳相勳, 앞의 논문, 1979, p.317.

축세록·구태소 등 양명학자들이 이같이 『교우론』의 간행과 유포에 앞장선 것은 마테오 리치가 꾀하였던 지식인층으로부터의 하향식下向式 천주교天主敎 전교傳敎 방식56)이 적용된 최초의 구체적이고도 대표적인 예례라고 할 수 있을 것이다.

---

56) 崔韶子,「明末·淸初 漢人士大夫의 西學認識」, 앞의 책, 1987, p.94.

제5절 조선후기 천주교의 수용과 『교우론』

앞서 살펴보았듯이 조선에 천주교가 처음으로 전해진 것은, 이수광李睟光이 그의 저술『지봉유설芝峰類說』에서 마테오 리치의 『천주실의天主實義』와 『교우론交友論』을 소개하면서 부터였는데, 이후 천주교의 수용에 있어『교우론』은 어떤 영향을 끼쳤을까. 이제부터는 주로 여기에 대해 중점적으로 살펴보려고 한다.

이수광에 이어『교우론』을 조선에 소개한 것은 유몽인柳夢寅이었다. 하지만 그는 이수광에 비해 마테오 리치가 어떤 인물이었으며, 그 저술의 내용의 핵심이 무엇인지를 보다 자세히 알고 있었다. 다음의 기록에서 이런 면이 잘 보인다.

(26)천축天竺의 서쪽에 나라가 있어 '구라파歐羅巴'라고 하는데, 구라파란 그 지역 말로 '커다란 서쪽(대서大西)'이란 뜻이다. … (가)그 선비(수사修士)는 친구 간의 사귐을 중히 여기고, 대다수가 천문과 별자리에 정통하다. 만력萬曆 연간에 이마두利瑪竇라는 자가 있었는데, 구라파에서 태어나 8만 리를 두루 다니다가

남쪽 오문澳門(마카오)에서 10여 년을 머물렀다. 능히 천금의 재산을 모았는데 모두 다 버리고 중국에 들어가 (나)여러 서적과 성현의 글을 두루 보고 계묘년(1603)에 책을 저술했는데, 상하 8권으로 이루어졌다. … (다)중국의 『소창기小窓記』와 『속이담續耳譚』에 이마두에 관한 사적과 이마두가 지은 「우론友論」및 「동혼의銅渾儀」, 「곤의坤儀」, 「여도팔폭輿圖八幅」등이 모두 실려 있다57)

이 기록에 보면, 이마두利瑪竇 즉 마테오 리치를 '그 선비'라고 지칭하고는 그가 '붕우朋友의 교우交友를 중시하였다(가)'고 하였고, 그의 저술은 '성현제자聖賢諸子의 서書를 모두 보고(나)' 이루졌으며, 『우론友論』즉 『교우론交友論』도 그의 저술이라고 밝히고 있는(다) 것을 알 수 있다. 그러니까 이수광 보다는 유몽인이 훨씬 구체적으로 마테오 리치의 『교우론』을 이해하였다고 생각된다.58) 그 내용이 붕우朋友의 교우交友 관계를 중시한 것이며, 여러 성현聖賢과 제자諸子들의 저술著述에 보이는 바를 정리한 것으로 정확히 알고 있었음을 드러내고 있는 것이다. 바꾸어 말하자면 유몽인은 『교우론』의 내용에 대해서 지극히 호감을 지니고 소개하고 있는 것이라고 여겨진다.

하지만 그 이후 안정복安鼎福(1712-1791)과 이규경李圭景(1788

---

57) 柳夢寅, 『於于野談』2, 『韓國文獻說話全集』6, 東國大 韓國文學研究所 編, 1981, pp.106-107. 원문은 다음이다.
天竺之西 有歐邏巴 歐邏巴者 方言大西也 … (가)其士重朋友之交多精天文星衆 至萬歷中 有利瑪竇 生歐邏巴 周遊八萬里 留南奧十餘年 能致千金 盡棄而入中國 (나)盡觀聖賢諸子書 越癸卯歲 著書上下卷八編 … (다)及續耳譚 載利瑪竇事 及瑪竇所著友論
한글 번역은 신익철 (외) 옮김, 『어우야담於于野譚』, 돌베개, 2006, pp.214-216 참조.
58) 李睟光과 柳夢寅의 이런 차이점에 대해서는 崔東熙, 「西學의 形成과 流入」, 『西學에 대한 韓國 實學의 反應』, 高麗大 民族文化研究所, 1988, pp. 22-24 참조.

一?)도 『교우론』을 알고는 있었지만, 깊은 이해는 지니지 못하였던 것 같다. 다음의 기록들에서 알 수가 있다.

(27) 서양西洋의 글이 선조宣祖 말년부터 이미 우리나라에 들어와서 명경名卿석유碩儒들이 보지 않은 사람이 없었으나, 제자諸子나 도가道家 또는 불가佛家의 글 정도로 여겨서 서실書室의 구색으로 갖추었으며, 거기서 취택하는 것은 단지 상위象緯와 구고句股의 기술에 관한 것뿐이었다. 연래에 어떤 사인士人이 사행使行을 따라 연경燕京에 갔다가 그에 관한 책을 얻어 가지고 왔는데, 계묘년(1783, 정조 7)과 갑진년(이듬해) 여름에 재기才氣있는 젊은이들이 천학天學에 관한 설을 제창하여 마치 상제上帝가 친히 내려와서 일러주고 시키는 듯이 하였다.
　아아, 평생을 두고 중국 성인의 글을 읽어놓고 하루아침에 무리를 지어 이교異敎로 떨어져 버리고 마니, 이것이 어찌 '3년을 배우고 돌아와서 그 어머니 이름을 부른다'는 말과 다르겠는가. 참으로 안타까운 일이다. 그래서 지금 남아 있는 전기傳記를 취하여 「천학고天學考」를 만들어서 그들로 하여금 이 학문이 중국에 이른 것이 이미 오래고 우리나라에 들어온 지도 오래이며 지금에 시작된 것이 아니라는 것을 알게 하는 바이다. … 『지봉유설芝峯類說』에 말하기를, "대서국大西國에 마테오 리치란 자가 있었는데, … 자세한 것은 『속이담續耳譚』에 보인다"고 하였다59)
(28) 이지봉李芝峯 수광睟光의 『유설類說』에는 다음과 같은 말이 있다. "구라파국歐羅巴國은 태서국太西國이라고도 부른다. 이마두利瑪竇라는 사람이 있어 바다로 8년 동안에 8만 리의 풍도風濤

---

59) 安鼎福, 「天學考」, 『順庵集』 17; 『順庵全集』 1, 驪江出版社, 1984, pp. 374–376. 원문은 다음이다.
西洋書目 宣廟末年已來于東 名卿碩儒 無不見視之如諸子·道·佛之屬 以備書堂之玩 … 今取傳記之所存 爲天學考 使知此學之至中國已久 至東方亦久而非自今始也 … ○芝峰類說曰 大西國 有利瑪竇者 … 又其俗重友誼 不爲私畜 著重友論 焦竑曰 西域利君 以爲友者第二我 此言奇甚云 事詳見續耳譚

를 넘어 10여 년 간 을 동월東越(광동廣東)에 살았다.
그가 지은 『천주실의天主實義』는 2권인데, 그 책의 첫머리에 천주天主가 처음으로 천지를 창조하여 안양安養의 도道를 주재主宰함을 말하고, 다음으로 사람의 혼魂은 불멸하는 것이어서 금수禽獸와는 크게 다름을 말하고, 다음으로 윤회6도輪回六道의 그릇됨과 천당·지옥·선악의 응보應報를 변론하고, 끝으로 사람의 성性은 본래 착하므로 천주의 뜻을 공경히 받들어야 한다고 말하였다.
그 풍속은 임금을 교화황敎化皇이라 부르는데, 혼인을 하지 않기 때문에 후사後嗣가 없으므로 어진 이를 택하여 옹립한다. 그 풍속은 우의友誼를 중히 여기며 사사로이 저축하지 않는다. 그는 또 『중우론重友論』을 지었다. 초횡焦竑이 말하기를 "서역의 이군利君(이마두)이 '친우親友는 제2의 나다' 하였으니, '이 말이 참으로 기이하다' 하였다. 『속이담續耳譚』에 자세히 보인다" 이상이 중국 서적에서 상고할 수 있는 것들이다60)

안정복安鼎福과 이규경李圭景 모두 이 사료에서 보이는 바와 같이, 『교우론』이 이수광의 『지봉유설』에 나옴을 밝히면서 거의 그대로 인용하고 있는 수준에 불과하였다. 다만 그렇더라도 이들이 『교우론』에 대해 언급하면서 모두 마테오 리치가 『교우론』에서 우의友誼를 중시하였음에 대해서는 빼놓지 않은 것은 주목된다고 하겠다. 왜냐하면 안정복이 『교우론』을 언급하고 있는 이 글 「천학고天學考」가 다름이 아니라 바로 마테오 리치의 『천주실의

---

60) 李圭景, 「斥邪敎辨證說」, 『五洲衍文長箋散稿』 53; 『五洲衍文長箋散稿』 下, 東國文化社, 1959, p.705. 원문은 다음이다.
李芝峯睟光 類說 歐羅巴國 亦名大西國 有利瑪竇者 泛海八年 越八萬里風濤 居東奧十餘年 所著天主實義二卷 首論天主始制天地 主宰安泰之道 次論人魂不滅 大異禽獸 次辨輪回六道之謬 天堂地獄善惡之報 末論人性本善而敬奉天主之義 其俗君曰敎化皇 不婦女 故無襲嗣 擇賢而立之 其俗重友誼 不爲私蓄 著重友論 焦竑曰 西域利君以爲友者第二我 此言甚奇 詳見續耳譚 此中國書籍之可考者也

『天主實義』의 내용에 대해서도 비판을 가하고 있는 것이기 때문이다.61)

따라서 이러한 사실은, 안정복의 경우『교우론』에 대해서는 비교적 우호적인 평가를 하고 있었음을 드러내주는 게 아닐까 생각한다. 물론 그가 실제로『교우론』을 읽었을까 하는 의심도 들지만62),『천주실의』에 대한 비판적인 견해와는 대조적으로『교우론』에 대해서는 반감을 지니고 있지는 않았음을 반증해준다고 하겠다. 안정복의『교우론』에 대한 이러한 태도는 어디서 유래하는 것일까.

이 점은 두 가지 면에서 헤아려 볼 수 있지 않나 한다. 첫째로는 그 자신이 29세인 1740년에 쓴『하학지남下學指南』에「사우장師友章」을 편성하여 교우交友의 중요성을 이미 익히 강조하고 있었기 때문이었다.63) 자신이 교우 관계의 중요성을 누구 못지않게 인정하고 있음으로 해서『교우론』에 대해서도 인정하는 태도를 견지하였다고 해서 큰 잘못은 아닐 것 같다. 둘째로는 1746년 성호星湖 이익李瀷의 문인門人이 된 후에는, 안정복의 이러한『교우론』에 대한 인식에는 (후술할 바와 같이) 그의 스승 이익李瀷의 영향이 적지 않았다고 여겨진다.64)

---

61) 李元淳,「安鼎福의 天學論攷」,『李海南博士華甲紀念史學論叢』, 1970;『朝鮮西學史研究』, 一志社, 1986. 琴章泰,「안정복의 서학 비판」,『韓國儒教의 再照明』, 展望社, 1982. 崔東熙,「安鼎福의 西學批判」, 앞의 책, 1988 참조.
62) 후술하듯이 그의 스승 李瀷이 다음 사료 29)에 보이는 바대로 일찍이부터『交友論』을 집에 所藏하고 있었다고 밝히고 있는 데에서 安鼎福이「天學考」저술하기 이전에 이미 읽었을 가능성이 충분히 있었다고 헤아려진다.
63) 安鼎福,『下學指南』, 李采求 譯,『國譯 下學指南』, 信成文化社, 1991, pp.230-235에 보면, 孔子·孟子 등의 말을 인용하면서 交友 관계의 중요성을 역설하고 있는데, 마테오 리치의『交友論』과 흡사한 것이 적지 않다.
64)『交友論』과 직접 관련된 것은 아니지만, 安鼎福의 生涯와『下學指南』의 저술 그리고 李瀷의 영향에 대해서는 鄭求福,「安鼎福의 史學思想」,

『교우론』에 대해 조선朝鮮 후기後期의 실학자實學者이 보인 반응 중에서 어느 누구보다도 가장 특기할 만한 것은 이익李瀷(1682−1763)의 경우이다. 그는 일찍이 신후담愼後聃(1702−1761)·윤동규尹東奎(1695−1773)·안정복安鼎福 등의 후학을 양성하여 기호남인畿湖南人에 많은 영향을 주었는데, 양명학陽明學에 대해서도 배타적이지만은 않았고, 마테오 리치를 일러 '참으로 성인이다'라고 했다고 전할 정도로 천주교에 대해서도 호의적인 이해를 나타낸 경우도 많았다.65) 특히 그가 마테오 리치의 저술에 관해서 언급하면서 가장 높이 평가한 것은 다름 아닌 『교우론』에 대해서였다. 이와 관련된 기록은 다음과 같다.

(29)집에 1권의 외국서적「교우론」이라는 게 있는데, 거기에 있기를 '친구라는 것은 제2의 나다. 몸은 둘이나 마음은 하나다. 사귀어 가까이함의 맛은 잃은 후에 더욱 깨닫게 되며, 마음이 굽었을 때는 장차 잃게 되고, 이미 잃은 것은 오히려 굽은 것과 같다. 읽기를 모두 하니, 이는 뼈를 찌르는 이야기이다. … 그 책에 또 말하기를 '효자孝子가 부父의 교우交友를 잇는 것은 산업産業을 이어받는 것과 같다'고 했는데, 그 말은 진실되고 확실하니 가히 생각할만하다66)

『韓日近世社會의 政治와 文化』, 韓日交流協會, 1987. 韓永愚, 「安鼎福의 思想과 東史綱目」, 『韓國學報』 53, 1988 및 姜世求, 「東史綱目의 編纂」, 『東史綱目硏究』, 民族文化社, 1994, pp.36-43.
65) 車基眞, 「18세기 畿湖南人의 斥邪論과 그 성격」, 『朴秉國敎授停年紀念 史學論叢』, 刊行委員會, 公州, 1994, pp.384-385; 同改題「斥邪論의 형성과 公論化」, 『조선 후기의 西學과 斥邪論 연구』, 한국교회사연구소, 2002, pp.242-243.
66) 李瀷, 「答鄭玄老 甲戌」, 『星湖先生文集』 29권 13; 『星湖先生文集』 上, 景仁文化社, 1974, p.533. 원문은 다음이다.
家有一卷外邦書交友論者 有云 友者第二我也 身二而心一 交際之味 失之後 愈覺 其枉時將失 旣亡如猶枉 讀之儘 是刺骨之談也 居然再期 而杜門癃廢 無緣一哭靈席展 此區區俗情 奈奈何何 其書又云 孝子繼父之交 如承受産業

이를 보면 이익李瀷은, 교우交友 관계의 중요성에 대해서 쓴 마테오 리치의 이 글이 '뼈를 찌르는 듯한 이야기'라고 했을 뿐만 아니라 "그 책에 또 말하기를 '효자孝子가 부父의 교우交友를 잇는 것은 산업産業을 이어받는 것과 같다'고 했는데, 그 말은 진실되고 확실하니 가히 생각할만하다"고 평하였던 것이다.67) 그러므로 이익은 일찍부터 『교우론』을 소장所藏하고 그 내용을 면밀히 읽었음에 틀림이 없다. 실제로 이익이 높이 평가한 이 대목을 『교우론』에서 찾아보면 제4번째에 나오는 항목으로68), 마테오 리치가 강조한 바로 이를 이익이 곧바로 인용하고 있음은 그만큼 그가 『교우론』을 숙독하여 그 내용을 충분히 수용하고 있었음을 알려준다고 하겠다. 이러한 이익의 『교우론』에 대한 인식은 후학後學들에게 직접적인 영향을 주었으리라고 보여진다.

그렇기 때문에 앞서 살펴본 바와 같이 안정복安鼎福이 「천학고天學考」와 「천학문답天學問答」에서 천주교 교리에 대해서는 낱낱이 비판하면서도 『교우론』의 내용은 소개하며 인정하는 태도를 취하게 되는 게 아닐까 싶다. 한편 이익李瀷의 그런 영향은 다른 이들에게도 미쳐서 그의 제자들 중에서 권철신權哲身(1736-1801)을 위시하여 안정복安鼎福과는 견해를 전혀 달리하고 있었던 권일신權日身(?-1792)·이가환李家煥(1742-1801)·이벽李檗(1754-1786)·이승훈李承薰(1756-1801)·정약전丁若銓(1758-1816)·정약종丁若鍾(?-1801)·정약용丁若鏞(1762-1836) 등이 뒷날 천주교를 끝내 수용하기에 이르렀던 것이다. 특히 이들 중에서도 양명학에 관심을 기울이던 이들이 대체로 천주교의 수용에도 앞장섰던 것으로 여겨

其言亦實實可思
67) 安鼎福,「天學問答」附錄,『順庵集』卷17;『順庵全集』1, 驪江出版社, 1984, pp.386-387에 보면, 安鼎福은 李瀷이 '七克'에 대해 '刺骨之語'라 평한 것처럼 적고 있으나, 이는 잘못으로 李瀷이 이렇게 평한 것은 분명 앞의 史料 (29)에 적혀있는 바대로 『交友論』이었다.
68) 뒤의 〈부록〉『교우론』번역 참조.

진다.69)

따라서 이들이 주자학朱子學의 질곡으로부터 벗어나고자 하여 양명학陽明學에 관심을 가지며 모여서 공부하던 강학講學에서는, 자연히 그들의 스승인 이익李瀷이 극찬하였던 『교우론』은 적어도 다루었음직하다.70) 이는 앞서 살펴보았듯이 이미 명말明末·청초淸初의

---

69) 權哲身이 가장 대표적인 경우가 될 것이다. 權哲身과 관련한 근자의 연구로는 徐鍾泰,「鹿菴 權哲身의 陽明學 受容과 그 影響」,『國史館論叢』 34, 국사편찬위원회, 1992 및 車基眞,「鹿菴 權哲身의 학문과 西學」,『淸溪史學』 10, 한국정신문화연구원, 1993 참조.
한편 琴章泰,「천주교 전래와 한국 근세 사상」, 앞의 책, 1981, p.258에서는,"권철신은 양명학에 긍정적인 입장을 가졌고 그만큼 주자학에서 벗어났으며, 마침내 천주교 신앙에로 들어갔던 인물이다. 이러한 면에서 양명학도 유교의 이해를 다양화하고, 특히 정감적 입장을 통하여 천주교 교리를 수용하는 데 중요한 역할을 하였다고 하겠다. 정약용이 「대학」의 명덕(明德)과 친민(親民)에 대한 해석에서 양명학의 입장을 이끌어들이고 있는 것은 천주교 교리와 유교의 교량(橋梁)으로서 양명학을 이해하고 있는 것이 생각할 수 있다."라고 했음이 참고된다.
70) 기왕의 연구에서 權哲身이 중심이 되어 이루어졌던 天眞庵 走魚寺 講學에 대해서, 그 논의한 내용과 관련하여 儒敎에 관한 것만 다루어졌는가 혹은 天主敎에 대한 논의가 있었는가 여부에 대해 논란이 있다. 기왕의 연구 성과에 대한 정리는 車基眞, 앞의 논문, 1993 및 徐鍾泰,「天眞庵 走魚寺 講學과 陽明學」,『李基白先生古稀紀念 韓國史學論叢』(下), 一潮閣, 1994 참조. 그리고 徐鍾泰는 陽明學이 그 중심을 이룬다고 파악한 데에 반해 車基眞은 陽明學에서 西學으로 넘어가는 출발점이라고 하였다. 講學에서는 다양한 주제가 다루어졌을 것인데, 이와 관련하여서는 다음과 같은 丁若鏞의 경우를 참조함이 옳을 것같다.
"신은 소위 西洋邪說이라는 것에 대하여 일찍이 그 책을 보았습니다. … 신이 그 책을 보았던 것은 弱冠의 초기로 생각됩니다. 그리고 그 시절에는 본래 일종의 風氣가 있던 때여서 天文·曆象의 학설을 말할 수 있고, 農政水利의 기구나 測量推驗의 방법을 말할 수 있으면 流俗에서 서로 말하기를 멀리 알고 박식한 사람이라고 지목하였습니다. 신은 한창 어리고 어리석은 때여서 몰래 혼자서 그러한 일을 그리워했습니다. … 꼬부라지고 비틀리며 널리만 변설한 글들에 惶惑되어서는 우리 儒敎의 別派로 인정해버렸으며, 文壇에서 기이하게 감상할 만한 글로 보았습니

중국中國에서도 대동소이한 양상으로 양명학자陽明學者들이 중심이 되어 특히 『교우론交友論』의 간행刊行을 적극적으로 도왔으며 이탁오李卓吾와 같은 이들은 자신들의 세력 확장을 꾀하는 자리였던 강학講學에서 이를 주제로도 다루었던 선례先例가 있음에 비추어 돌연한 일은 아니었다고 하겠다.

그러므로 이익李瀷이 『교우론交友論』을 극찬하며 여러 문인門人들에게 숙독할 것을 권함으로써, 그의 제자들이 천주교에 대해 식견을 지니게 되는 계기가 되었다고 풀이되는데, 물론 이에는 분명히 한계가 있었음도 인정해야 할 것이다. 왜냐하면 『교우론』은 애초에 마테오 리치가 저술한 목적부터가 천주교의 교리를 본격적으로 알리려는 데에 있었던 게 아니라 가능한 한 기왕의 주자학朱子學 사상체계思想體系와 충돌을 피하면서 점진적인 전교傳敎를 꾀하기 위함이었으므로 그러하다고 하겠다.

그러나 마테오 리치의 『교우론』이 지니는 이 같은 한계가 당시의 상황에서는 오히려 하나의 장점이 될 수도 있었다고 보여진다. 천주교를 배척하는 이른바 척사론자斥邪論者들의 예리한 비판의 칼날을 피할 수 있는 유일한 피신처 구실을 이러한 측면이 도리어 하지 않았나 여겨지기 때문이다. 안정복安鼎福의 주도적 역할 이후 지속된 척사론斥邪論을 계승한 홍정하洪正河의 그것은 기호남인畿湖南人의 마지막 공론公論으로서 그 이전의 그것보다 논리적이고 폭

다. 그리하여 남들과 담론하면서 꺼리고 숨기는 바가 없었으며, 남들에게 꾸짖음과 배척을 당하면, 그들의 앎이 적고 비루하여 그러노라고 의심하였습니다. 그러나 저의 본래 뜻을 캐보면 대체로 색다른 것을 널리 알리는 생각이었습니다.…"(「辨謗辭同副承旨疏」, 『與猶堂全書』1, 卷9, pp. 191-193; 朴錫武 譯, 『茶山學報』6, 1984, pp.229-230).
이를 보면 丁若鏞은 여러 학자들과 담론하면서 天主敎에 관한 것도 다루었음을 알겠으며, 특히 이 글 중 "문단에서 기이하게 감상할 만한 글로 보았"다고 한 대목은 그의 스승인 李瀷이 극찬하였던 『交友論』을 同學들과 함께 읽어 보았음을 은연중에 드러내는 것이 아닌가 싶다.

이 넓어 이른바 공서파攻西派들에게 커다란 영향을 주었다고 평가되는데[71], 마테오 리치의 『교우론』은 유일무이하게 그 공격의 대상에서 빗겨나고 있음이, 바로 이러한 생각을 뒷받침해주는 증좌라 하겠다. 이와 관련된 홍정하洪正河의 글에서 주목되는 대목은 다음과 같다.

> (30)지금 나라를 떠나는 것은 임금을 버리는 것이요 부모와 이별하는 것은 어버이를 버리는 것이며, 형제와 이별하는 것은 동기를 버리는 것이다. 장가들지 않음은 부부를 버리는 것이며, 자식이 없으면 자식의 성을 버리는 것이다. 버리지 않는 바는 오직 이 붕우朋友 하나의 인륜人倫이다[72]

이를 보면 마테오 리치에 대해 낱낱이 비판하여, 국민으로서 자식으로서 형제로서 제 구실을 하지 못함을 지적하고 심지어는 신부神父로서 결혼을 하지 않아 자식을 낳지 않는 것까지 문제로 삼고 있지만, 다만 붕우朋友를 중시했다고 하는 것만은 인정하고 있는 것을 분명히 알 수 있다. 이러한 홍정하洪正河의 지적은 역설적으로, 마테오 리치가『교우론』에서 교우交友 관계를 중시함을 내세워 기왕의 사상체계와의 상충을 피하려고 했던 바가 이루어졌음을 보여준다고 해서 옳을 줄 안다.

결국『교우론』은 조선에 수용되어서도, 마테오 리치가 저술하면서 처음에 의도했던 바대로 그 영향을 미쳤다고 할 수 있겠다. 주자학朱子學의 질곡에서 벗어나 새로운 사상思想을 갈망하며 양명

---

71) 車基眞,「18세기 畿湖南人의 斥邪論과 그 성격」, 앞의 책, 1994, pp.406-412; 앞의 책, 2002, pp.269-275.
72) 洪正河,「眞道自證證疑」,『大東正路』 卷6;『大東正路』, 朝鮮事大·斥邪關係資料集 ⑥, 驪江出版社, 1985, p.468. 원문은 다음이다.
  今也離國 則去君矣 別父母 則去親矣 別兄弟 則去同氣矣 不娶 則去 夫婦矣 無後 則去子姓矣 所不去者 只是朋友一倫

학陽明學에 대해서 눈을 뜨고 있던, 이익李瀷의 여러 제자들에게 『교우론交友論』에서의 교우交友 관계의 중시는 공감을 불러 일으켜서 이를 통해서 자연히 천주교天主敎에 관심을 기울이게 하는 계기가 되었다. 그래서 그들은 종국에는 천주교를 수용受容하기에 이르렀던 것이다.

제6절 맺는 말

　이상의 검토를 통해 볼 때, 마테오 리치의 『교우론交友論』 편찬은 동서문화東西文化 교류사상交流史上에 두 문화 사이의 공통점을 발견하는 작업의 일환으로 시도되었으며 또 그런 면에서는 일면 성공에 가까운 성과를 내었던 하나의 예例로 들 수 있다고 생각한다. 즉 그는 이 『교우론』의 편찬編纂과 간행刊行을 통해, 물질物質 문명文明이 아닌 사상적思想的 공통성共通性을 강조함으로써, 비록 교우交友 관계의 중시라는 다소 부분적인 문제이랄 수 있는 것이긴 하더라도 상층 지식인들과의 교류를 열었던 것이라 하겠다.
　그는 『천주실의天主實義』를 저술하고 간행刊行하여 본격적인 천주교天主教 전파를 꾀하기 이전 단계로 그 기틀을 마련하는 작업을 이 『교우론』의 저술과 간행을 통해 조심스럽게 시도하였던 것이다. 이 점은 『교우론』의 내용을 구체적으로 분석해 보아도 잘 드러나는데, 주로 교우交友 관계의 중요성을 강조하는 한편으로는 거기에다가 천주교天主教의 육신 부활에 관한 교리教理라든가 천주

天主의 권능을 은연중에 설명하는 대목들을 의도적으로 넣었다고 생각된다.

마테오 리치가 『교우론』을 저술하고 간행하여 널리 유포하는 데에는 구태소瞿太素·풍응경馮應京·축세록祝世祿·이탁오李卓吾·초횡焦竑 등 여러 명의 중국中國 지식인知識人들의 도움을 받았다. 이들은 거의 예외 없이 양명학陽明學에 관심을 기울이고 있는 공통점이 있는데, 그 중에서도 특히 이탁오는 양명학의 소위 좌파左派로 분류되는 대표적인 인물이었다. 이런 인물이 『교우론』에 깊은 관심을 기울였던 것은, 그들 자신이 교우 관계를 중시하였기 때문이며 궁극적으로는 기존의 상하질서를 수평적으로 재구성해보려는 의도에서였다고 보여진다. 일례一例로 이탁오 같은 이는, 양명학자들이 자신들의 세력을 확장하기 위해 택했던 공부 방식인 집단적인 강학講學을 통해서 자신의 제자들에게 적극적으로 『교우론』을 권하여 읽혔을 정도였던 것이다.

마테오 리치의 『교우론』이 조선朝鮮에 처음으로 알려지기는 이수광李睟光에 의해서였지만, 그보다 깊이 있게 이를 읽고 그 핵심 내용을 이해하여 호감을 표하며 소개한 이는 유몽인柳夢寅이었다. 그 이후 『교우론』이 널리 유포되어 이익李瀷·안정복安鼎福·이규경李圭景 등이 이를 읽었지만, 안정복과 이규경은 깊은 이해를 지니지 못했고 이익만이 대단히 높이 평가하여 이를 수용하였다. 즉 그는 『교우론』이 '뼈를 찌르는 듯한 이야기'라고 하는 등의 극찬을 하면서 천주교에 우호적인 태도를 표명하고 제자들에게 이를 숙독하도록 권하였던 것이다. 그리하여 이에 적지 않은 영향을 받은 그의 제자들 권철신權哲身·권일신權日身·이벽李檗·이승훈李承薰·정약전丁若銓·정약종丁若鍾·정약용丁若鏞 등이 천주교를 끝내 수용하기에 이를 수 있었던 것이라 하겠다.

마테오 리치의 『교우론』 저술이 애초에 천주교의 교리를 본격적으로 알리려는 데에 있었던 게 아니라 가능한 한 기왕의 주자학朱子學 사상체계思想體系와의 충돌을 피하면서 점진적인 전교傳敎를 꾀하기 위함이었으므로 그 한계가 분명하였지만, 이 점이 당시의 상황에서는 오히려 장점이 되었다고 여겨진다. 척사론斥邪論의 전면에 서서 공서파攻西派들에게 커다란 영향을 주었던 홍정하洪正河의 『대동정로大東正路』에서조차도 마테오 리치의 저술 내용에 대해서 낱낱이 통박하면서도 붕우朋友를 중시했다는 점은 높이 인정하는 태도를 취하고 있음이 그 단적인 증거라고 생각된다.

결국 『교우론交友論』은 조선朝鮮에 수용受容되어서도 마테오 리치가 처음에 의도했던 바대로 교우交友 관계의 중시를 통해 당시의 지식인知識人들이 이에 대해 공감하도록 되었다. 그리고 당시에 주자학朱子學의 질곡에서 벗어나고자 하여 새로운 사상을 갈망하며 양명학陽明學에 눈뜨고 있던 기호남인畿湖南人인 이익李瀷의 제자들에게 『교우론』에서의 교우 관계의 중시는 공감을 크게 불러일으켰던 것이다. 그리하여 이들은 강학講學 등을 통하여 이를 읽고 천주교에 관심을 기울이게 되고, 종국에는 천주교를 수용하여 신앙생활을 하기에 이르게 되었던 것이라 하겠다.

〈부록〉『교우론』 번역

* 일 러 두 기 *

1. 저본底本은 오상주吳相湘 주편主編,『천학초함天學初函』1, 대만臺灣 학생서국學生書局, 1979, pp.291-320로 하였다.

2. 가급적 직역直譯에 충실하고자 하였으나, 경우에 따라서는 의역意譯도 하였다.

3. 번역문飜譯文 중에 사용된 기호 중 (　)은 원문상原文上에는 없지만, 한역상韓譯上으로는 있음으로 해서 의미 전달에 유익할 경우에, [　]은 이해를 돕기 위해 풀이한 경우 사용하였다.

4. 번역飜譯에는, 비록 원문原文의 영역본英譯本이긴하나 다음과 같은 것이 참조되었다.

・ On friendship, translated by Edward Malatesta,The World of English 영어세계英語世界 , 북경北京 상무인서국商務印書局, 1983-3 (전체 100개 중 20개항의 영역英譯)

・ 서강대西江大 철학과哲學科 신성용 신부神父(Christopher A. Spalatin, S.J.) 소장所藏 영역본英譯本 On friendship (전체 100개항 완역完譯)

* 번 역 문 *

1. 나의 친구는 남이 아니다. 즉 나의 반이 곧 제2의 나다. 그러므로 마땅히 친구보기를 나와 같이 해야 한다.

2. 친구와 나는 비록 몸이 둘이지만, 두 몸 내에 그 마음은 하나일 뿐이다.

3. 서로 기대고 서로 돕는 것이 친구를 맺는 동기가 된다.

4. 효자는, 아버지가 친구들과 교류한 바를 잇기를 아버지의 직업을 이어받는 것과 같이 한다.

5. 특히 평안히 거처하고 (일이) 무사할 때를 당해서는 친구가 진정한 친구인지 거짓된 친구인지를 가리키기가 어렵다. (하지만) 어려운 경우에 임하면 친구의 마음이 드러난다. 대개 일이 급박할 때 진정한 친구는 더욱 가까와지나 숨겨서 거짓되었던 친구는 더욱 소원해지고 흩어진다.

6. 행동하기를 군자와 같이 함이 있으면 달리 원수가 없을 것이며, 반드시 좋은 친구가 있다.

7. 친구를 사귀기에 앞서 마땅히 (그 친구가 과연 좋은 친구가 될지 여부를) 살펴야 하고, (친구를) 사귄 후에는 (그 친구를) 마땅히 믿어야 한다.

8.비록 지혜가 있는 자라도 또한 자기의 친구(의 숫자)를 잘못 헤아려, 실제보다는 많다고 여긴다.

9.친구가 친구에게 선물하면서 보답을 바라면 선물이 아니다. 시장에서 (물건을) 바꾸는 것과 같을 뿐이다.

10.친구와 원수는, 음악과 시끄러움과(의 관계와) 같다. 모두 화합을 이루느냐 아니냐로써 판별될 뿐이다. 그러므로 친구(의 관계)는 화합으로써 근본을 삼는다. 화합함으로써 미미한 사업도 커지고, 다툼으로써 큰 사업이 망해 없어지기도 한다.

11.화난에 (처해) 있을 때는 우리는 친구의 얼굴을 오직 보는 것(만이라)도 기뻐한다. 그러나 혹 환난에 있거나 행복하건 어느 때라도 친구가 유익함이 없겠는가. 걱정스러울 때는 걱정을 덜어주고 기쁠 때는 기쁨을 더해준다.

12.원수(사이)의 증오는, 원수를 해치는 것으로써 친구의 애정보다 깊다. 은혜로운 친구로써 어찌 세상이 선에 약하고 악에 강하다는 것을 증험하지 않는가.

13.사람의 사정을 측정할 수 없듯이 우의도 증빙하기 어렵다. 오늘의 친구가 후에는 혹 변해서 원수가 되기도 하고, 오늘의 원수가 또한 혹은 변해서 친구가 되기도 하니 (어찌) 공경하고 삼갈만하지 않겠는가.

14. 다만 내가 행복할 때 시험해보지 않으면 그 친구는 가히 믿기 어렵다.

15. 이미 죽은 친구는 내 생각에 걱정됨이 없다. 대개 (살아) 있을 때에 내게 (그 친구를) 잃게 되지나 않을까 걱정함이 있다. 이미 죽음에 미쳐서는, 생각하기를 오히려 (살아) 있는 것같이 한다.

16. 각각의 사람이 모두 각각의 일을 잘할 수는 없다. 그러므로 상제는 친구사귀기로써 서로간에 돕기를 명하였다. 만약에 세상에서 그 도를 제하면 인류는 반드시 멸망할 것이다.

17. 가히 더불어 내 마음을 다 드러내게 할 수 있으면, (그는) 비로소 자신을 아는 친구가 된다.

18. 덕德과 뜻[지志]이 서로 유사하면 그 친구(의 사이)는 비로소 굳어진다.

19. 바른 친구는 항상 (의견을 같이) 하지 않고, 순한 친구 역시 항상 같이 하지 않는다. 반대하는 친구라도 이치에 맞는 것이 있으면 순순히 따르는 것이요, 이치에 맞지 않으면 (그 뜻을) 거스리는 것이다. 그러므로 곧이 곧대로 말하는 것만이 오로지 친구의 책무이다.

20. 친구와 사귀는 것은 병을 치료하는 것과 같다. 그렇지만 의

사가 병자를 진실로 사랑한다면, (그는) 반드시 그 병을 미워할 것이다. 그가 병을 구제하려 한다면, 그 몸을 (낫게 하기 위해 수술등을 해서) 상하게 하고 그 입을 (몸에 좋은 쓴 약을 주어서) 고통스럽게 한다. 의사가 병자의 몸이 아파지는 것을 참지 못하는 것과 같이, 친구도 마땅히 친구의 악을 참을 수 있겠는가. 충고하고 충고하라. 어찌 그 귀가 (충고를 듣지 않고 그 뜻을) 거스름을 근심할 것인가. 어찌 그 이마가 찡그러지는 것을 두려워할 것인가.

21.친구의 칭찬과 원수의 비방은 모두 다 믿을 수는 없다.

22.친구는 친구에게 있어서 장소와 시간에 상관없이 하나일 뿐이다. 진실로 (둘 사이의 거리가) 가깝거나 멀거나 (혹은 위치가) 안에 있건 밖에 있건 (혹은) 얼굴을 마주 보고 있건 등을 대고 있건간에 다른 말과 다른 마음이 없어야 한다.

23.내게 좋게 하는 바가 없는 친구와, 내게 해되게 하는 바가 없는 원수는 같다.

24.친구가 과도하게 칭찬하는 해는, 원수가 과도하게 헐뜯는 해와 비교해서 오히려 더 크다.

25.(친구의) 재산의 위세를 보고 친구가 된 사람은 그 재산의 위세가 없어지면 곧 물러나 떠난다고 하는 말은 이미 처음에 친구가 될 수 있었던 까닭이 무엇인지를 살피지 않으면, 친구의 정

은 드디어 흩어진다는 것을 이르는 것이다.

26. 내가 일을 (어떻게 할지를) 정하지 못할 때에 정해주는 친구는 시험해 보면 가히 볼만하다.

27. 네가 나의 진정한 친구가 되려면, 나를 마음으로써 사랑하지 물건으로써 나를 사랑하지 말라.

28. 친구사귀기를 오로지 자기를 이롭게 하는 것을 알고자 하는 것(뿐)이고, 그 친구를 이롭게 하고자 하는 것을 생각하지 않는 자는, 상인일 뿐이지 친구라고 일컬을 수 없다.

29. (친구의) 물건은 모두 그 (친구) 와 나누어라.

30. 친구사귀기의 귀하고 천함은 사귀는 바의 뜻에 달려 있다. 특별히 서로 덕에 의거해서 친구가 되는 자가 오늘날에 몇이나 있겠는가.

31. 친구가 마땅히 서로를 용서해주는 바에는 한계가 있다.

32. 친구의 즐거움이 의로움보다 우세하여서는, (그) 친구(관계)는 오래될 수 없다.

33. 친구의 악을 참으면, 오로지 (친구의) 다른 악이 자기의 악이 된다.

34.내가 능히 할 수 있는 바는, 친구가 대신해주기를 바라서는 안된다.

35.예전의 높고 귀한 이름인 '친구'(라는 관계)가 지금 (세상에 나와서) 팔리는 것은 비교해보더라도 (시장에서의) 물건보다 훨씬 아깝다.

36.친구는 형제보다도 더욱 가깝다. 그러므로 친구는 서로 '형'이라고 부르고 형제보다 좋아서 친구가 된다.

37.우정은 재물보다도 크게 세상을 이롭게 한다. 사람이 재물을 사랑해서 재물이 될 수는 없지만, 친구를 사랑함이 있으면 특히 친구가 될 뿐이다.

38.오늘날에 친구는 이미 말을 다해서 (친구의 마음을) 떠보고 (말을) 꾸며서하는 자를 재주있는 사람이라고 하니, 오직 원수진 사람이 참말을 내게 들려줌이 있을 뿐이다.

39.설령 내가 친구로부터 해를 당했다고 해도, 다만 자기가 입은 피해를 한스럽게 여기지 말고 마침내 그 해가 친구로부터 나왔다는 것을 더욱 한스럽게 여긴다.

40.절친한 친구를 많이 갖고 있다는 것은, 절친한 친구가 없다는 것과 같다.

41.내가 항상 행복하고 재앙이 없다면 어찌 친구가 진정한 친구인지 아닌지를 식별할 수 있겠는가.

42.친구의 도는 광활하다. 비록 품격이 낮은 사람에 이르러서는 훔치는 것으로 일을 삼고 또한 반드시 친구(와 같은 관계)를 맺어서 당을 만들어서 바야흐로 능히 그 일을 행할지라도.

43.친구보기를 자기같이 하면, 먼 사람은 가까와지고, 약한 자는 강해지고 우환이 있는 자는 행복해지며, 병든 사람은 낫게 되고 죽은 자는 살아나게 된다. 어찌 반드시 말이 더 필요하겠는가.

44.내게 (내) 앞에서 서로 소송중인 두 친구가 있으면, 나는 (그 소송을) 들어 재판하고자 하지 않겠다. (그 둘 중의) 하나가 나의 원수가 될까 두려워서이다. 내게 (내) 앞에서 서로 소송중인 두 원수가 있으면 나는 오히려 들어서 재판하겠다. 반드시 (그 둘 중의) 하나는 (내 판결에 따라서 승소하게 되면) 내 친구가 될테니까.

45.원수에 대한 믿음은 오히려 잃을 수가 없다. 하물며 친구에게 있어서랴. 친구에 대한 믿음은 말할 바가 못된다.

46.친구로서의 직분은, 의에 이르러서야 그칠 뿐이다.

47.친구가 적으면, 내게 기쁨도 적고 또한 걱정도 적다.

48.오래된 친구가 좋은 친구라면 (그들을) 버려서는 안된다. 까닭이 없이 새 친구로써 옛친구를 바꾸면 오래지 않아 곧 후회하게 된다.

49.이미 맺은 친구와는 매사를 같이 의논해서 정하라. 그러나 먼저 모름지기 (그) 친구를 (친구로 삼을 것인지 어쩔 것인지를 꾀하여) 정하라.

50.친구는 친척보다도 오직 높다. 친척은 능히 서로 사랑함이 없으나 절친한 친구는 그렇지 않다. 대개 친척은 친척을 사랑함이 없다. 친척은 오히려 사랑을 제거함에 있는가. 친구에게는 그 친구의 도리가 있는가.

51.오로지 친구가 있으면 (그) 사업도 능히 일어난다.

52.친구의 친구를 친구로 삼고, 친구의 원수를 원수로 삼는 것이 친구(와의 관계)를 두텁게 함이 된다.

53.친구가 위급할 때 도와주지 않으면, 위급할 때를 당했을 때 도와주는 사람이 없다.

54.속된 친구는 같이 하면 기쁘고 즐거움이 보다 많지만, 떨어지면 걱정이 남고, 의리있는 친구는 모이면 즐겁고 기쁨이 보다 많지만 흩어져도 부끄러움이 없다.

55.우리는 다른 사람에 대해 능히 방비할 수 있지만, 친구는 어찌 막을 수 있겠는가. 친구를 가벼이 의심하는 것은 곧 친구의 도리를 크게 침범하는 것이다.

56.上帝는 인간에게 두눈, 두귀, 두손, 두다리를 주어서, 두 친구가 서로 돕도록 하여 바야흐로 일이 이루어지도록 하였다.

57.세상에 친구가 없다면 (어떤) 즐거움도 없다.

58.친구대하기를 거짓으로써 하면 처음에는 만약 총애를 받을지라도 오래되어 거짓이 드러나면 도리어 친구가 싫어해서 박대함이 된다. 친구대하기를 정성으로써 해서 처음에 오직 스스로 그 마음을 다하면 오래되어 정성이 드러나 더욱 친구의 존경과 감복함이 된다.

59.내가 처음에 가난하고 (신분이) 천했다가 뒤에 부유해지고 귀해지면, 오랫동안 사귄 것은 버릴 수 없고, 새로이 사귄 친구(사이)는 혹은 세력과 이익으로써 서로 기대려 한다. 내가 처음에 부유하고 귀했다가 뒤에 가난해지고 천해지면 오래된 사귐은 지속할 수 없고 새로이 사귄 친구(사이)는 혹은 도의로서 서로 합치된다. 친구가 처음에 가난하고 천했다가 뒤에 부유해지고 귀해지면 나는 마땅히 그 마음을 살펴서 나는 친구와 친하려 하나 친구가 혹 나를 소원하게 하지 않나를 두려워 한다. 친구가 처음에 부유하고 귀했다가 뒤에 가난해지고 천해지면 나는 마땅히 그 공경을 더해서 친구가 나를 막아 소원해지거나 내가 드디어 스스로

소원함에 처하지나 않을까 두려워 해야 한다.

60. 대저 때가 어떤 때인가. 순하게 하는 말은 친구를 낳고 직언은 원망을 낳는다.

61. 그 사람의 친구를 보아서 숲과 같이 (많다고) 보이면, 그 사람의 덕이 크다는 것을 알게 된다. 그 사람의 친구가, 떨어지는 아침별과 같으면, 그 덕이 얇다는 것을 알게 된다.

62. 군자와 친구로 사귀기는 어렵고 소인과의 친구로 사귀기는 쉽다. 어렵게 (화)합한 것은 흩어지기 어렵고, 쉽게 (화)합한 것은 쉽게 흩어진다.

63. 평상시에 좋게 교류하던 사람이 하루아침에 자그만한 이해(관계)로 인해서 원수와 적이 되니, (이는) 그 교류가 바른 데에서 나온 것이 아니라는 점에 말미암는다. 교류가 이미 바르면 이로움을 나누고 해는 같이 하게 된다.

64. 내가 영광스러울 때는 청해야 바야흐로 오고, 어려울 때는 청하지 않아도 스스로 오는 것이 대저 (진정한) 친구다.

65. (이) 세상 물건의 많은 것이 각각이면 쓸모가 없고, 같이 하면 비로소 유익함이 있게 된다. 사람이라고 어찌 홀로 이와 같지 않겠는가.

66.(도덕적으로) 좋은 친구와 서로 사귀는 재미는, (그 친구를) 잃은 후에 더욱 깨닫게 된다.

67.염색하는 (것을 주로 하는 시장) 거리에 살게 되면 염(료)에 눌려서 사람이 염색에 가깝게 되어 그 몸을 더럽히지 않음을 면하기 어렵다. 나쁜 사람과 친구를 맺어서 그 추악한 일을 항상 보고 들으면 반드시 그에 익숙해져서 (자신의 착한) 본심을 잊게 된다.

68.내가 우연히 현명한 친구를 겨우 악수 한 번 하는 동안이라도 만나면, 특별히 일찍이 조금이라도 도와서 모자람을 채움이 없지 않더라도 내가 착한 일을 하고자 하는 뜻을 흡족하게 한다.

69.친구를 사귀는 바는, 다른 데에 있는 것이 아니라 그에게 나보다 나은 장점이 있으면 내가 본받아 익히고 내가 그보다 나은 장점이 있으면 내가 (그를) 교화하는 데에 있다. 이것이 배우는 것이 곧 가르치는 것이요, 가르치는 것이 곧 배움이라는 것이다. 이 (배우고 가르치는) 양자는 서로 돕는 것이다. 만약 그의 선함이 족히 본받아 익힐 만하지 않거나 그가 선하지 않아서 변동시킬 수 없다면 어찌 유달리 날을 다 보내며 서로 더불어 어울려 놀아서 다만 어두운 그림자로 소비할 뿐이겠는가.

70.설령 혹은 이 도를 돈독하게 믿지 못하는 사람으로 하여금 또한 덕을 닦게 하여도 늘상 불안하다. (그의) 마음의 전율이 (채) 맺어지지 않으면, 좋은 것에서 나와 추한 것으로 들어가게

된다. 그 의문을 갈라서 풂으로써 그 덕을 안심하고 배양시켜, 그 장차의 (다가올지도 모르는) 실패를 피하는 데에는 좋은 친구를 사귀는 것보다 더좋은 것은 없다. 대개 내가 자주 들은 바와 본 바는 점점 가슴에 스며들어 환히 우리의 정성을 열어서, 마치 법을 활달하게 하여 나를 선하도록 권하여 질책하였다. 엄하다. 군자여. 엄하다. 군자여. 때로는 말로도 언급하지 못하고 화난 빛도 가미하지 않고 또한 (그 자신의) 덕성있는 위엄으로써 착하지 못한 일을 하고자 하는 것을 못하도록 막는다.

71. 네가 나를 친구로 삼을 수 없었다면 (우리는) 똑같이 (서로에게) 예쁘게 보이려고 했을 뿐이었을 것이대[아첨꾼이 되었을 것이다].

72. 친구는 서로 칭찬하는 예를 베풀기는 쉬우나, 대개 서로 (상대방의 잘못을 바로잡아 주는 고통을) 참고 힘쓰는 친구가 되는 것은 어렵다. 그러나 도대체 친구는 모두 자기를 칭송하는 명예에는 감격해 하면서도 어찌하여 자기를 위해 (잘못을 지적해 주고 하는 데에) 참고 애쓰는 친구의 덕은 잊어버리는가. 하내[자기를 칭찬해주는 것은 나의 장점을 드러내 주는 것이고, 하내[자기의 잘못을 애써 지적해주는 것은 나의 단점을 드러내는 것이기 때문이리라.

73. 한사람이라도 서로를 사랑하지 못하면 짝지어서 친구가 되지 못한다.

74. 당장 (친구의 도움을 요청하여) 쓸 때를 임하여, 문득 그가 친구가 아님을 깨달으면 (얼마나) 가여운가.

75. 새로운 친구가 사귀어 오기를 힘쓰려면, (우선) 옛 친구를 잊지 말라[세상의 입방아에 오르내리게 하지 마라].

76. 친구란 가난한 이를 위해서 재력이 되어야 하고, (힘이) 약한 이를 위해서는 힘이 되어야 하고, 병든 이를 위해서는 약이 되어야 한다.

77. 우리 집에 돈 금고가 없을 수는 있어도, 친구가 없을 수는 없다.

78. 원수가 보내준 선사일지라도, 친구가 준 따끔한 비판만 같지 못하다.

79. 세상에 친구가 없다는 것은 하늘에 태양이 없다는 것과 같고, 몸에 눈이 없는 것과 같다.

80. 친구라는 것은, 이미 오랜 동안 찾아서 이미 적게 얻어 이미 (그 관계를) 보존하기가 어려운 것이다. 혹 떨어져서 눈에 띄지 않으면 곧 마음속으로 염려하라.

81. 친구가 유익하다는 것을 알게 되면, 무릇 (집의) 문을 나가 사람들을 만나야 한다. 반드시 하나라도 새로운 친구와 친구 관

계를 맺은 연후에야 집에 돌아가고자 해야 한다.

82.아첨하는 친구는 친구가 아니라, 마침내 그 (친구의) 이름을 도적질하여 그것을 몰래 칭하는 [자신의 이득을 위해 쓰는] 도둑일 뿐이다.

83.내게 복이 있기 때문에(친구 관계에) 이르게 된 친구는, 반드시 재난을 당하여 화를 입게 되면 (나를) 피해 간다.

84.친구(관계)가 이미 맺어져 이루어졌으면, 하나라도 서로 우정이 끊어지지 않도록 조심하라. (우)정이 한번 끊어지면 잠시동안은 서로 달라붙을 수 있지만, 다시 (전과 같이) 온전해지기는 어렵다. 옥으로 만든 그릇은 달라붙은 것이 있으면, 보기는 흉해도 쉽게 떨어지지만 (차츰) 적게 쓰게 된다.

85.의사의 의도는 쓴 약으로써 사람의 병을 낫게 하는 것이며, 친구에게 아첨하면서 두는 생각은 달콤한 말로써 (다른) 사람들의 재물을 구하고자 하는 것이다.

86.능히 자기에게 친구가 될 수 없는 사람을 어찌 친구라고 하겠는가.

87.현명한 사람은 거짓된 친구로부터 떠나고자 하고, 또한 점점 그들을 피하며, 즉시는 (그들과의 친구관계를) 끊지 않는다.

88. 많은 사람들과 친구로 사귀기를 바라는 것은 매우 어렵다. 내가 끝내 원한이 있는 원수를 두지만 않으면 (그것으로써) 족할 뿐이다.

89. 그가 친구가 아닌데도 너를 신용하면, 너는 그를 속일 수는 없다. (만약에) 그를 속였다면, 이는 지극히 나쁜 짓을 했음을 드러내는 것이다.

90. 지속적인 덕은 영원한 우정의 좋은 미끼이다. 무릇 물건은 시간이 오래 되면 사람이 싫어하는 바가 되지 않음이 없다. 오직 덕은 오래되면 오래될수록 사람의 정을 감격시킨다. 덕이 원수진 사람에게 있을지라도 오히려 가히 사랑할만한데, 하물며 친구에게 있는 것은 오죽하랴.

91. 알렉산더대왕-옛날 서역(西域)의 제왕-은 일이 위급함에 이르자, 몸소 대규모 전쟁이 벌어지고 있는 곳으로 들어갔다. 보필하던 신하가 있어 (그를) 막으면서 말하기를 '일이 위험한데, 폐하께서 어찌하면 (당신의) 몸이 (위험해지는 데서) 피하실 수 있을는지요.' 하였다. 왕이 말하기를 '네가 나를 사기치는 친구들로부터 구해 주고 또한 원수를 드러내 주었으니, (나는) 스스로 능히 (명백한 적들을) 막아낼 수 있다.'고 하였다.

92. 알렉산더왕은 또한 제노(善諾Zeno)이라 이름하는 현명한 선비와 친구 관계를 맺기를 바래, 먼저 사람을 시켜서 수만금을 보냈다. 선락은 왈칵 화를 내며 말하기를 '왕이 이를 내게 주는 것

은 (왕이) 나를 어떻게 여기고 하는 짓이오.'하였다. 사자(使者)가 말하기를 '아닙니다. 왕이 선생님을 지극히 청렴한 분으로 알고 이를 드리는 것뿐입니다.'하였다. (이에) '그러면 마땅히 내가 청렴할 수 있도록 용납해주어야 한다'라고 하면서 거절하고 받지 않았다. 역사가가 단정하여 말하기를 '왕이란 자는 선비를 사서 친구로 삼으려 하지만, 선비는 그것을 팔지 않는다'고 하였다.

93. 알렉산더왕이 아직 왕위를 잇지 못했을 때 나라의 금고에 재산이 하나도 없었다. 무릇 획득한 재산 모두를 후하게 신하들에게 나누어 주었다. 적국의 왕은 재부가 풍성해져서 금고를 채우는 데에만 힘쓰고, 알렉산더왕을 비웃으면서 말하면서 '당신의 금고는 어느 곳에 있습니까?' 하였다. (이에) 답하기를 '친구의 마음에 있습니다'고 하였다.

94. 옛말에 친구들을 잘 대하고 풍요하게 베풀어서 끝내는 자기 집의 재산을 탕진한 사람이 있었다. 옆 사람들이 혹은 물어 말하기를 '재물을 모두 친구에게 나누어 주어버리면 자기에게는 무엇이 남는가?' 하였다. 이에 대답하여 말하기를 '친구들에게 베풀었다는 즐거움이 남는다'고 하였다.

95. 옛날에 두 사람이 동행하는데, 한 사람은 매우 부유했고 한 사람은 매우 가난했다. 어떤 사람이 말하기를 '두 사람은 지극히 밀접한 친구가 되었다'고 하였다. 데오프라스투스(豆法德Theophrastus)는 이를 듣고 말하기를 '그것이 사실이라면, 어찌해서 한 사람은 부

자가 되고, 한 사람은 가난뱅이가 되었습니까'하였다 (이 말은 친구의 물건은 모두 같이 함유해야 한다는 것이다).

96. 옛말에 어떤 사람이 친구(되기)를 구하기를 옳지 못한 일로써 하다가 같이 해주는 사람이 없음을 보고 말하기를 '다만 네게 내가 구하는 바를 주지 않는다면 어찌 다시 너를 친구라고 하겠는가'하였다. 다른 사람이 말하기를 '진실로 옳지 못한 일로써 나를 구한다면, 어찌 다시 너를 친구라고 하겠는가'하였다.

97. 서쪽 나라의 옛 왕이 일찍이 한 선비와 친구로 교제하여, 그를 수도 안에 모셔다가 지혜 있고 현명한 사람으로 대우하였다. (여러) 달이 지났는데도 (그 사람으로부터 어떤) 진정도 받지 못하였다. (이에) 곧 (그 왕은) 그를 사직시키면서 말하기를 '짐(朕)도 또한 인간이다. 잘못이 없을 수 없다. 네가 (나의 잘못을) 보지 못했다면 지혜로운 선비가 아니고, 보고도 진언하지 않았다면 현명한 친구가 아니다'고 하였다. 옛 왕이, 잘못을 진정한 것을 보지 못하기를 또한 이러하였다. 오늘날에 이르러서 (그들의) 잘못을 감추는 것에 대해서 마땅히 어떻게 해야 하겠는가.

98. 북방의 나라인 아국Scythia의 풍속에 따르면, 홀로 많은 친구를 얻은 사람을 일컬어서 부자라고 한다.

99. 서쪽나라의 왕인 그로에수스(客力所Croesus)는 평범한 사람으로써 큰 나라를 얻었다. 현명한 사람이 있어 나라를 얻어서 행하고자 하는 큰 목표가 무엇인지를 물었다. (그가) 답해 말하기를

'내 친구에게 베푸는 것과 내 원수에게 보복하는 것'이라 하였다. 현명한 사람이 말하기를 '친구에게 베푸는 것은, 은혜를 써서 원수로 하여금 친구가 되도록 함과 같지 않다.'고 하였다.

100.옛것을 듣고 (글로) 쓴 선비인 메가피투스(墨臥皮Megapitus)는 큰 석류를 잘라서 열었다. 어떤 사람이 묻기를 '선생이시여. 어떤 물건을 그 열매가 많은 것같이 많이 획득하기를 원하십니까' 하였다. (그가) 말하기를 '진심으로 사귄 벗입니다'고 하였다.

제2장
정약종의 『쥬교요지』와 이류사의 『주교요지』 비교 연구

제1절 머리말

한국韓國 천주교회사天主敎會史의 미진한 부분을 제대로 규명해 보기 위해 이에 대해서 관심을 기울여 공부를 해오면서 품게 된 궁금함은 여럿이 있었다. 이를 스스로 해결해 보려는 노력을 이리 저리 기울여 관련된 여러 문헌들을 뒤적여 보기도 하였는데, 그러면서 접했던 기록들 가운데서, 가장 이해가 가지 않고 궁금해서 여러 차례에 걸쳐 읽고 또 읽었지만 여전히 의문으로 남는 게 있었다. 그것은 다름 아닌, 모리스 꾸랑Mouris Courant의 『한국서지韓國書誌』에 보이는 다음과 같은 한 구절이었다.

(1) 2700.주교요지主敎要旨
쥬교요지
한글로 된 저술
… (중략) …
이 책은 1795년 서울 근교에서 태어나 1839년 박해 때 죽은 양반 천주교도인 정보록丁保祿에 의해 쓰여졌었다. 여러 해 동안 필사본이 유포되다가 1864년 마침내 다블뤼Daveluy주교에 의해 인쇄에 들어갔는데 원본은 사라진 것 같다.
이 책은 같은 제목으로 중국에서 간행된 부글리오Luigi Buglio 신부의 것인데 분명 정보록丁保祿이 영향을 받은 책이다[1]

이 글의 요지는, 정보록丁保祿 즉 정하상丁夏祥(바오로,1795-1839)이 한글로 된 『쥬교요지』를 저술로 남겼는데, 같은 제목으로 중국에서 간행된 부글리오 신부의 것에서 영향을 받은 책이라는 것이다. 여기에서 거론되는 뷜리오Luigi Buglio신부(1606-1682)는, 한글식 이름 표기는 뷜리오가 옳다고 하는데, 뒤에서 따로 상론할 바대로 이탈리아 태생의 예수회 소속으로 오랫동안 중국에서 활동하면서 많은 저서를 남겼으며 중국 이름은 이류사利類思였다. 그의 저술 중에 『주교요지主教要旨』가 있어, 정보록丁夏祥이 이에서 영향을 받았다고 꾸랑은 기술한 것이다.

하지만 한글로 저술된 최초의 천주교 교리서 『쥬교요지』는, 필사본 및 목판본이 남아 있고 이것에 의해 그의 저술이 아니라 그 자신의 부父 정약종丁若鍾(아우구스티노,1760-1801)이 저술한 것으로 널리 알려져 있다. 따라서 정약종丁若鍾 자신의 것이 아닌 자子 정하상丁夏祥의 것으로 기술한 이 글은 분명 잘못된 것임이 틀림이 없다.

하지만 이와 관련하여 그래도 남는 의문은, 과연 그렇다면 이 책에 기술되어 있는 바대로 정약종丁若鍾이 저술한 『쥬교요지』가 중국에서 이전에 간행된 뷜리오 신부의 같은 제목 책의 영향을 받았는가 하는 점이었고, 받았다면 구체적으로 어떤 점인가 하는 것이었다.[2]

---

1) 모리스 꾸랑, 李姬載 번역, 『韓國書誌—修訂飜譯版—』, 一潮閣, 1994, pp.677-678.
2) 이와 아울러 지니게 되는 의문의 하나는 丁保祿 즉 丁夏祥이 저술한 것은 『主教要旨』가 아니고 분명 『上宰相書』인데, 꾸랑이 『主教要旨』에 대한 서술 끝 부분에서 丁夏祥이 영향을 받았다고 했으므로, 이에는 뷜

그런데 이 의문을 풀기 위해 이런저런 책을 조사하다가, 여기에서는 분명 영향을 받았다고 했는데, 이를 인용하면서 전혀 다르게 소개한 경우가 있어 혼란은 더욱 가중되었다. 이원순李元淳의 연구에서 다음과 같이 언급한 대목이 그것이다.

> (2)모리스 꾸랑Maurice Courant은 이 책이 중국 야소회耶穌會 신부인 루지에르 뷔고Lugi'ere Buglio(이류사李類思)의 『주교요지主教要旨』를 번역하였다 하나 편목篇目과 내용에 이동異同이 있어 그 주장을 수긍할 수 없다3)

하고는 이에 대한 주석을 달기를, 꾸랑의 책을 제시한 후 더욱이, "이 책에 수록된 천주교天主教 관계 서적의 해제解題는 꾸랑Courant의 요청에 의하여 뮈텔Gustav Mutel(민덕효閔德孝)주교主教가 기초한 것으로 알려져 있다"고 언급하였던 것이다.

분명 꾸랑의 저술에서는 뷜리오의 책으로부터 정약종丁若鍾의 『쥬교요지』가 영향을 받았다고 했을 뿐인데, 이에서는 뷜리오의 저술을 번역하였다고 하였음은 명백한 오류라고 판단된다. 더욱이 이런 사실의 설명 부분을 뮈텔Mutel 주교가 기초를 하였다는 참으로 의외의 전언을 전하고 있는데, 그렇다면 조선교구朝鮮教區를 책임 맡았던 뮈텔 주교主教가 부父 정약종丁若鍾의 『쥬교요지』와 자子 정하상丁夏祥의 『상제상서上宰相書』도 서로 헷갈릴 정도로 분간하지 못하고 있었다고 보아야 하는데, 이는 과연 수긍할 수가 있겠는가 싶다. 이것도 역시 착오임에 틀림이 없다고 본다.

리오의 『主教要旨』가 영향을 끼친 바가 혹시 있었음을 의미하지 않았을까 하는 점이었다. 이 의문은 뷜리오의 『主教要旨』와 丁若鍾의 그것의 내용을 비교해가면서 아울러 이루어져야 할 것이므로, 이에 대한 구체적이고 상세한 언급은 일단 다음의 연구 과제로 접어 두기로 하였다.
3) 李元淳,「天主信仰의 受容과 定着」,『韓國아카데미叢書』3, 韓國크리스챤아카데미, 1975; 『韓國天主教會史』, 한국교회사연구소, 1986, p.114.

그러면 과연 정약종丁若鍾의 『쥬교요지』는 뷜리오의 그것의 번역인가 아니면 어느 정도 영향을 받은 것인가? 이를 명확히 규명하려 한다면 어떻게 해야 할 것인가, 생각 생각하다 결국 힘들겠지만 뷜리오의 『주교요지主敎要旨』 원문을 구하여 이를 정약종丁若鍾의 『쥬교요지』 와 대조해보고 나름대로의 의견을 제시해봐야겠다고 마음먹게 되었다. 수년 만에 주변의 여러 분들의 아낌없는 도움으로 로마 예수회 본부의 고문서고古文書庫에 보관 중인 뷜리오의 『주교요지主敎要旨』 원문[4]을 어렵게 구하여 이를 하나하나 검토해볼 수 있는 행운을 누리게 되었다. 그리하여 이 글을 초하기에 이르렀던 것이다.

---

[4] 원본 Testi Cinesi Jap. Sin. I, 88은 현재 Roma의 ARSI(Archivum Romanum Societatis Iesu)에 보관되어 있다.
이 자료를 구하는 데에는 2001년 당시 천주교 서울대교구 교구청 사목국 박규흠 신부님과 로마 유학 중이던 고준석 신부님의 도움이 컸다. 박 신부님과 고 신부님께 깊은 감사를 드린다.

제2절 기왕의 연구 성과에 대한 검토

정약종丁若鍾의 『쥬교요지』에 대한 기왕의 연구에서 이루어진 평가는 크게 나누어 3가지 방향에서였다고 정리할 수 있겠다. 첫째는 번역서로 보려는 경우, 둘째는 번역서로도 보면서 고유한 저서로도 보려는 경우, 셋째는 독창적인 저술로 보려는 경우가 그것이다. 여기에서는 서술의 편의상 각각을 번역설·절충설·독창설로 약하여 명명하고 하나하나를 살펴볼까 한다.

첫째, 번역설에는 앞서 거론한 바와 같은 이원순李元淳의 설이 있지만, 이는 꾸랑의 글을 분명 잘못 이해한 데에서 비롯한 것으로 여겨진다. 그런데 번역설을 논한 또 하나의 경우가 다음과 같이 더 있음이 주목된다.

> (3)(二十五) 『주교요지主教要旨』 …(중략)… 정보록丁保祿이 일찍이 이 책을 가지고 한글로 번역하였다[5]

여기서는 빌리오 저술의 25번째로 『주교요지主敎要旨』를 제시하면서, 정보록丁保祿 즉 정하상丁夏祥 바오로가 빌리오의 『주교요지主敎要旨』를 번역하였다고 하였다. 따라서 꾸랑이 『주교요지』를 그가 저술했다고 한 잘못을 그나마 다시 범하고 있지는 않은 것이다. 이외에도 최석우崔奭祐의 논문 가운데 다음의 대목에서 이런 번역설의 일단이 또 헤아려진다.

> (4)이 시기의 대표적인 번역서로 1790년대의 『성경직해』와 정약종丁若鍾의 『주교요지主敎要旨』를 들어야 할 것이다. 두 개가 다 한문서의 번역으로서, 『성경직해』는 같은 제목의 한문 『성경직해聖經直解』이고, 『주교요지主敎要旨』는 한문 교리서인 『천주실의天主實義』와 『성세추요盛世芻蕘』에서 간추려서 번역한 것이다. 『주교요지』는 고유한 저서로도 볼 수 있겠으나, 대부분이 위 두 저서에서 간추린 것이기 때문에 여기서는 번역서로 보았다. 저서로서의 특징은 아래에서 다시 언급될 것이다6)

이에 따르면 『주교요지』는 『천주실의』와 『성세추요』를 간추려서 번역한 것이라는 것이다. 이러한 견해가 어디에 근거한 것인지는 전혀 밝히고 있지 않아 알 도리가 없으나, 아마도 필자 자신의 자체적인 내용 분석에 입각한 것인 듯하다.

『쥬교요지』가 『주교요지主敎要旨』를 번역한 것이라는 번역설을 내세웠다고는 하지만, 이 견해 사이에도 차이가 있음이 주목된다. 이원순李元淳은, 정약종丁若鍾의 『쥬교요지』가 빌리오의 같은 제목의 책을 번역한 것으로 꾸랑이 파악하고 있었다고 잘못 이해하여 그렇게 쓴 것이었다. 이에 반해서, 최석우崔奭祐는 이와는 달리 『천주실의天主實義』와 『성세추요盛世芻蕘』를 간추려서 번역한 것이라

---

5) 費賴之 著, 馮承鈞 譯, 『在華耶蘇會士列傳及目』 上冊, 中華書局, 1995, p.247.
6) 崔奭祐, 「東亞細亞에서의 敎會의 土着化」, 『敎會史硏究』 7, 한국교회사연구소, 1990; 『韓國敎會史의 探究』 II, 한국교회사연구소, 1991, p.471.

고 파악하고 있는 것이다. 동일하게 번역설을 주장했다고는 하지만, 어떤 책을 번역한 것인가의 내용상으로는 커다란 차이를 보이고 있는 것이라 하겠다.

한편 최석우崔奭祐는 앞의 인용문 (4)에 드러나 있듯이 정약종丁若鍾의 『쥬교요지』는 저서로서의 특징도 있다고 다른 길을 열어 두고는 있다. 둘째는 그렇기에 절충설이라 할 수 있겠는데, 그는 그러면서도 동시에 정약종의 『쥬교요지』를 번역서로서도 저서로서도 보려는 입장인 것이다. 그는 다음과 같이 이어서 언급하고 있다.

> (5) 『주교요지』는 『천주실의天主實義』와 『성세추요盛世芻蕘』의 내용에서 간추려 종합한 것이다. 그러나 그 근본 입장은 바로 『천주실의』의 보유론적補儒論的인 입장이었다. 그러므로 우리는 위에서 그것을 단순한 번역서로 보았던 것인데, 여기서 고유한 저서로도 보려는 것은 거기에서 정약종丁若鍾이 구체적으로 한국적인 예를 적지 않게 삽입시키고 있기 때문이다.7)

이를 보면 정약종의 『쥬교요지』는 『천주실의』와 『성세추요』의 내용을 간추려 종합한 것인데, 구체적으로 한국적인 예를 적지 않게 삽입시켰기 때문에, 고유한 저서로도 보려고 한다는 것이다. 하지만 이 점 역시 과연 그런지는 의문이 아닐 수가 없다고 생각한다.

세째는 독창설로, 진작부터 최석우와 이원순이 제기한 바가 있다. 먼저 최석우는 교리서敎理書에 대한 변천을 정리하면서 이미 다음과 같이 정약종의 『쥬교요지』를 평한 바가 있다.

> (6) 무식한 부녀자와 어린이들까지도 포함하여 무엇보다도 우매한 대중을 대상으로 하고 있는데, 그것은 대중이 쉽게 읽을 수

---

7) 崔奭祐, 앞의 논문, 1990; 앞의 책, 1991, pp.474-475.

있는 언문을 사용한 점에서뿐만 아니라 이론을 전개하는 데 있어서도 인심人心 자체에서 천주의 존재를 증명하려고 하는 등 대중에게 적절한 방식을 쓰고 있다. 주교요지는 우리나라 사람이 우리말로 지은 최초의 교리서였다8)

또한 이원순은 앞서 거론하였듯이 뷜리오의 『주교요지』를 번역한 것이라고 했다는 꾸랑의 설을 인용하고 비판하면서, 앞의 인용문 (2) 끝 부분에서, '편목篇目과 내용에 이동異同이 있어 그 주장을 수긍할 수 없다'고 한 뒤에 이어서 다음과 같이 언급하였던 것이다.

(7)물론 그 서교사상西教思想과 천주교는 한역서학서에서 얻었으나 그것을 소화하여 자기의 생각과 전통적 신앙에 비추어 삼척동자마저도 이해할 수 있게끔 서술한 것이다. 그러나 그것은 천주교 신앙을 조속한 시일에 자기의 것으로 이해 파악한, 즉 소화 섭취한 증거적 문헌이었다9)

이에 따르면 정약종이 한역漢譯 서학서西學書에서 얻은 천주교 신앙을 자기 것으로 소화 섭취하여 『쥬교요지』를 저술하였다는 것이다. 위의 최석우와 이원순의 경우 한마디로 정약종이 한역서학서를 소화해 내어 독창적으로 저술해낸 교리서임을 강조하고 있다고 하겠다.

한편 원 헥톨Hector Diaz 신부는 이류사利類思의 『주교요지主教要旨』가 28장(56쪽)으로 되어 있는데, 정약종丁若鍾의 『주교요지』와 비교해보면 주제상으로도 차이가 남으로, 정약종의 『주교요지』가 이류사의 『주교요지』를 번역하거나 기본 모델로 삼은

---

8) 崔奭祐,「韓國教會 教理書의 變遷史」, 『韓國教會史의 探究』, 한국교회사연구소, 1982, pp.356-357.
9) 李元淳, 앞의 논문, 1975; 앞의 책, 1986, p.114.

책자는 아니었다고 하였다.10) 그리고 조광趙珖도 이 의견을 따르고 있다.11)

이후 최근에 한역漢譯 서학서西學書 가운데 하나인, 프랑스 예수회 선교사 풍병정馮秉正(P. Jos. - Fr. Moyriac de Mailla, 1669—1748)의 저술인 『성세추요盛世芻蕘』와 정약종丁若鍾의 『쥬교요지』를 비교한 원재연元載淵은, '정약종이 『쥬교요지』를 저술할 때 『성세추요』를 적절히 참고했을 가능성은 매우 높은 것으로 보인다'라든지, '『쥬교요지』의 저술에 『성세추요』가 상당한 정도로 직·간접적인 영향을 미치고 있다는 결론에 이르렀다(p.186)'라고 하면서도 다음과 같이 정리하고 있다.

> (8) 『쥬교요지』는 결코 『성세추요』의 단순 요약본이 아니며, 황사영이 『백서』에서 언급한 것처럼 『성세추요』 이외의 다른 많은 교리서의 내용들을 참고하고, 저자 정약종의 의견도 보태어서 완성되었으므로 나름대로의 독자성을 지닌 별도의 교리서라고 평가된다12)

요약하자면 정약종의 『쥬교요지』는 『성세추요』 등의 다른 많은 교리서들을 참고하고, 저자 자신의 의견도 보태어서 완성되었으므로 독창적인 교리서라는 견해를 피력한 것이다. 다만 정약종의 『쥬교요지』와 뷜리오의 『주교요지』를 함께 거론하며 언급한 점들은 면밀히 살펴보아야 할 대목들이 있다고 본다. '정약종이 부글리오 신부의 『주교요지』를 보고 이를 한글로 단순히 번역하여 『쥬교요지』를 저술하였을 가능성은 매우 희박하다고 할 수

---

10) 원혜 톨, 『한국신학—정약종의 주교요지를 중심으로—』, 원흥문화사, 1998, p.67.
11) 趙珖, 「丁若鍾과 初期 天主敎會」, 『韓國思想史學』 18집, 2002, pp.21-22.
12) 元載淵, 「丁若鍾 『쥬교요지』와 漢文西學書의 비교연구—『盛世芻蕘』와의 비교를 중심으로—」, 『韓國思想史學』 18, 2002, p.187.

있다13)'는 견해는, 앞서 거론한 창작설의 입장에서 보면 지극히 당연한 지적이며, 종래의 견해와 크게 다를 바가 없어 오히려 무리가 없어 보인다.

하지만 '정약종의 『쥬교요지』가 이류사利類思 신부의 『주교요지』를 모방하여 책이름을 지었을 가능성도 물론 완전히 배제할 수는 없지만, …(중략)… 일단 이류사 신부의 『주교요지』와 정약종의 『쥬교요지』의 상호 관련성은 비교적 낮다고 평가된다14)'고 하였는데, 이 점이 과연 그렇다고 할 수 있는지 여부는 지극히 의심스럽다. 이는 정약종의 『쥬교요지』와 이류사의 『주교요지主敎要旨』를 면밀히 검토한 연후에야 가능한 일이라 하겠다. 실제를 비교해봄도 없이 평가부터 예단한다는 것이 온당한 일이 아님이 분명하기 때문이다.

본격적으로 이 작업을 진척시키기 위한 기본적인 토대를 다지기 위해 먼저 이류사利類思의 『주교요지主敎要旨』 저술과 그것의 조선朝鮮 수용受容 여부與否에 관련된 여러 가지 점들을 살펴보기로 하자.

---

13) 원재연, 앞의 논문, 2002, p.169 주30.
14) 원재연, 같은 논문, 2002, p.168 주29.

제3절 이류사의 『주교요지』 저술과 그것의 조선 수용 여부

이류사利類思(뷜리오)의 『주교요지主教要旨』 저술과 관련된 사실들을 알아내기 위해 추적하면서 국내의 연구 성과 가운데 가장 중요한 길잡이로 붙들 수 있었던 것은, 최소자崔韶子의 것이 유일하였다. 특히 다음과 같은 대목에서 시사를 받은 바가 많았다.

(9)부글리오(L.Buglio 1637-1682)는 45년간 활동하였는데, 아담 샬, 로, 벨비스트 등 명말明末·청초淸初의 선교사宣教師들이 천문天文·역법曆法에 관계가 깊었던 것에 비하여 주로 기독교 전교傳敎에 주력하였다.
『초성학요超性學要』(St. Thomas의 신학서), 『주교요지主敎要旨』 저著(1668년), 일명一名 『성교요지聖敎要旨』, 『천주정교약징天主正敎約徵』 저著, 일명一名 『성교약징聖敎約徵』(인간人間이 만물萬物의 영장임을 논론함) …(중략)… 『서방기요西方紀要』(1669년)(서양西洋의 풍토風土·풍속風俗에 대한 것) 등이 있다.

부글리오는 지금까지의 다른 선교사들에 비하여 특징이라고 한다면 중국 활동 30여 년에 저著, 역술譯述을 시작하였으며 일부 천문·역법에 관한 것도 있지만 대부분이 천주교의 성서, 진교眞敎변호류, 특特히 사탁司鐸의 일과日課, 예규禮規, 경전經典 등 중국인 사제司祭에 필요한 것이며 부글리오만큼 전교傳敎를 위한 서학관계한문서西學關係漢文書에 주력한 인물도 없다고 할 수 있다15)

크게 두 가지 점에서 그러하였다. 첫째는 이류사利類思는 중국에서 활동하는 동안 다른 선교사들이 천문天文·역법曆法에 관계가 깊었던 것과는 달리 천주교 자체의 전교에 주력하였으며, 그것도 중국인 사제들의 전교를 위한 서학西學 관계 한문서漢文書의 저술에 힘 기울였음을 알 수 있었다. 둘째는 그의 저술 중에서 저자著者가 특히 관심을 가진 『주교요지主敎要旨』가 1668년에 저술되었는데, 이것이 『성교요지聖敎要旨』라고도 불리기도 하였다는 것 그리고 그와 내용상 적지 아니 유사함을 지닐 것으로 보여지는 『천주정교약징天主正敎約徵』도 그의 저술 가운데에 있으며 이 역시 『성교약징聖敎約徵』이라고 약칭略稱되기도 하였음을 알게 되었다.

굳이 이 연구에서는 꼭 집어 말한 것은 없었지만 『주교요지』와 『천주정교약징』 등이 분명 천주교 한문 교리서라는 점을 상식적으로 염두에 두고 보면, 최소자崔韶子의 이 글을 통해 저자著者가 얻은 지식 두 가지는 결코 별개가 아닌, 상통하는바 하나이다. 즉 이류사는 자신의 천주교 전교를 위함은 물론 중국인 사제들이 한문을 해독할 능력을 가진 이들—조선인들도 물론 포함되는 것임은 두말할 나위가 없겠다—에게 천주교의 교리를 정확히 알릴

---

15) 崔韶子, 「西學關係漢文書가 中國·朝鮮의 士大夫에게 미친 영향」, 『東西文化交流史硏究』, 三英社, 1987, pp.260-261.

수 있도록, 유사해 보이는 이러한 제목의 한문 교리서들을 저술하였다는 것이다.

그런데 비뢰지費賴之(Louis Pfister)가 조사해놓은 이류사利類思의 유저遺著 목록에 보면, 『주교요지』를 저술한 1668년을 전후로 하여 『주교요지』 자체와 제목이 유사하여 대동소이한 내용이었을 것으로 여겨지는 교리서들 몇몇을 편찬하고 있음이 주목된다. 이와 관련된 내용을 그대로 인용해 보이면 다음과 같다.

> (10)(九) 『성교요지聖教要旨』 1권卷, 1668년 북경北京 각본刻本
> (十) 『천주정교약징天主正教約徵』 1권, 1669년 각본, 이 편編과 제17호의 『서방요기西方要紀』와 함께 강희황제康熙皇帝에게 봉정奉呈하기 위한 책이다.
> (十一) 『성교간요聖教簡要』 1권, 1665년 각본, …(중략)… 이 편은 양광선楊光先의 『부득이不得已』에 대한 답편答辯을 위해 찬술되었으며, 일이 본전本傳에 갖추어져 있다.
> (十二) 『부득이변不得已辨』 1권, 1665년 북경에서 각각되었다.
> (十三) 『천학전개天學傳槪』 1권, 1662년 북경에서 각각되었는데, 대개 제1차로 양광선楊光先의 방서謗書에 대한 답변答辯의 편篇이다 …(중략)…
> (十七) 『서방요기西方要紀』 1권, 이류사利類思·안문사安文思·남회인南懷仁 3인이 함께 찬술한 것으로 1669년 북경에서 각각되었다. 이 본본은 제10호의 『천주정교약징』과 함께 강희황제에게 봉정하기 위한 책이다16)

이 가운데 (9)의 『성교요지聖教要旨』는, 앞서 이미 언급된 바와 같이 『주교요지主教要旨』 자체를 가리키는 것으로, 1668년에 이를 간행하기 전후하여 유사한 종류의 교리서教理書로서 각각 1665년에 『성교간요聖教簡要』와 1669년에 『천주정교약징天主正教

---

16) 費賴之, 馮承鈞 譯, 『在華耶蘇會士列傳及書目』 上册, 1995, pp.245-246.

約徵』을 간행해 내고 있음을 알 수 있다. 그런데 이들 중 『성교간요』는, 이에 밝혀져 있듯이 양광선楊光先의 『부득이不得已』에 대한 답변으로 찬술된 것이라 하였다. 그렇기 때문에 이 『성교간요聖敎簡要』는 천주교에 대해 극렬히 비판적인 태도를 취하고 있던 양광선의 논조에 대항하여 천주교의 핵심 교리를 정리하여 제시한 것임을 알기 어렵지 않은데, 이것 이전에도 양광선의 천주교에 대한 방서謗書 즉 『부득이不得已』에 대한 답변서는 이미 저술되었으니 그것은 3년 앞선 1662년에 찬술된 (13)의 『천학전개天學傳槪』였다.

이 『천학전개』는 서문序文 10쪽, 본문本文 14쪽 분량의 소책자로[17], 비뢰지費賴之Louis Pfister가 『천학진전天學眞銓』이라 표기했었다가[18], 후에 이렇게 바뀌어 불리게 된 것으로 원래는 이류사利類思Buglio와 그의 동료 안문사安文思Gabriel de Magalhaens의 저술인데 출간할 때 이조백李祖白 저著·허지점許之漸 서序라 하여 표면적으로 밝혀져 놓은 것이었다.[19] 양광선과 같은 이들의 공격을 집중적으로 받고 있던 당시의 상황에서는 자신들의 이름을 드러내기 보다는 이조백李祖白과 같은 한인漢人 학자의 주장으로 하는 것이 전교傳敎에 효과적이라고 생각하여 이류사利類思가 이렇게 하지 않았나 추측된다.[20]

하지만 양광선이 『부득이』 저술을 통해 『천학전개』에 대해 공격을 집중하여 천주교 비판의 각을 세우자, 이에 대한 재차 반격을 꾀하였는데, 그것이 다름 아닌 앞서 살핀 바 『성교간요』의 간행이었으며, 아울러 같은 시기에 간행된 또 하나가 『부득이

---

17) 吳相湘 主編, 『天主敎東傳文獻續編』 (2), 臺北 學生書局, 1966, pp.1045-1068.
18) 費賴之, 앞의 책, 1995, p.242.
19) 方豪, 「影印天學傳槪序」, 吳相湘 主編, 『天主敎東傳文獻續編』 (1), 臺北 學生書局, 1966, pp.41-42.
20) 張貞蘭, 「儒家의 반응:楊光先의 그리스도교 비판」, 『그리스도교의 中國 傳來와 東西文化의 對立』, 釜山敎會史硏究所, 1997, p.159.

변』이었다. 다만 『부득이변』은, 양광선이 『부득이』에서 주장한 바를 조목조목 비판하고 있어 내용이 상당한 양의 것으로 논리적이고 학문적인 것인데 비하여21), 『성교간요』은 제목 자체에서 풍기듯이 그 요점만을 간추려 내어 정리하여 일반인들에게 널리 읽히기 위한 대중적인 것으로 보아 틀림이 없을 것 같다. 그렇다고는 하지만 『성교간요』는 앞의 기록에 나타나 바대로 양광선의 공격에 대한 답변을 위해서 저술되었으므로 일반인들에게 천주교 교리의 진면목을 알리기에는 부족한 대목이 있다고 여겨져 이를 보완하여서, 1668년에는 『주교요지』 곧 『성교요지』란 제목으로 거듭하여 교리에 대한 정리 소개를 꾀하고 있는 듯하다.

이에 뒤이어 이듬해에도 재차, 지금까지의 『천학전개』·『성교간요』·『성교요지』 등을 토대로 삼아 천주교 교리의 핵심을 정리하여 간행한 것이 앞의 기록에 보이는 (10)『천주정교약징』이었는데, 이 책의 간행은, 당시의 강희제康熙帝에게 봉정하기 위하여 1669년에, (17)『서방요기』 1권과 같이 이루어졌음이 주목된다. 이 『서방요기』는 다름 아니라 강희 7년(1668)에 강희황제가 이들 즉 이류사·안문사 그리고 남회인Ferdinand Verbiest 3인을 불러 서양의 풍토와 인심에 대해 물었을 때 이에 대한 답변으로서 저술된 것이었다고 한다.22) 이를 강희제에게 봉정하면서 아울러 『천주정교약징』도 봉정하였으므로, 이것이 그들로서는 요령이 있게 압축적으로 정리하였으므로 가장 당당하게 내세울만한 한문 교리서라고 여겼을 법하며 이후의 천주교 전교에도 크게 보탬이 된 저술이었다고 보인다.

강희제에게 봉정된 이 책들 그리고 그에 앞서 저술된 천주교

---

21) 利類思, 『不得已辨』, 1665; 吳湘相 主編, 『天主敎東傳文獻』, 1966, pp.225-322.
22) 余三樂, 「同命相達的利類思和安文思」, 『早期西方傳敎士與北京』, 北京出版社, 2001, p.158.

교리서들은, 이들이 북경을 중심으로 전교 활동하면서 천주교에 관심을 표명하는 한문漢文을 해독할 수 있는 누구에게나 제공되었을 것이며, 더욱이 교리를 배우는 이들에게는 귀중하게 여겨져 영세 이후에도 여전히 소중히 지녔을 것임을 상상하기 어렵지 않다고 하겠다. 요컨대 이류사가 중심이 되고 동료 예수회 신부들이 힘을 합하여 찬술한『천학전개』·『성교간요』·『성교요지』(즉『주교요지』) 그리고『천주정교약징』(즉『성교약징』)등은 천주교 교리 소책자로서 당시에 뿐만 아니라 북경을 중심으로 한 같은 예수회 신부들의 천주교 전교에 있어 매우 요긴하게 활용되었을 것이다.

그런데 이 같은 예수회 신부들 가운데 이류사·안문사·남회인 3인은, 강희제에게 함께 불려갔을 정도로 공동으로 활동하면서 저술도 서로 돕고 있었다. 이 사실은『주교요지』의 첫머리에 '극서야소회이류사저極西耶蘇會利類思著 동회안문사남회인전정同會安文思南懷仁全訂'이라 밝혀 놓은 바에 의해서 극명하게 드러난다. 그렇기 때문에 이 3인은 서로 공동체적인 정신에 입각하여 서로의 저술 활동을 도우면서 함께 활동하고 있었다고 하겠다. 특히 이류사가 강희제의 도움을 받아 북경의 동천주교당東天主教堂 즉 동당東堂을 지었으므로23), 이를 중심으로 이들은 함께 활동하고 있었는데24), 여기를 드나드는 조선인朝鮮人에게 이들이 저술한 한문漢文 교리서教理書가 알려지고 그것이 이들에 의해 조선朝鮮에 전해졌을 법하다.

동당東堂과 이에 드나들던 조선인의 동향과 관련하여서는 다음의 기록들을 면밀히 살펴볼 필요가 있다고 본다. 중국을 직접 여

---

23) 利類思가 康熙皇帝의 건물 희사를 받아 東堂을 건립한 연대에 대해서는 1655년설과 1662년설이 있다고 한다. 費賴之, 앞의 책, 1995, pp.241-242.
24) 李元淳,「明·淸來 西學書의 韓國思想史的 意義」,『韓國天主教會史論文選集』1, 1976;『朝鮮西學史研究』, 一志社, 1986, pp.83-84.

행하고 남긴 홍대용洪大容의 『연기燕記』에 보이는 대목들인데, 당시에 북경北京 지역 천주교의 실상과 그 곳을 방문했던 조선인들의 동향을 잘 알려주는 기록이라 주목해고자 한다.

 (11-가)드디어 수레를 세내어 이덕성李德星과 더불어 한가지로 타고 동천주당으로 향했다. 북쪽 흑하교를 건너 궁장을 쫓아 백여 보를 가고, 다시 동쪽 골목으로 들어 큰 길로 나가 1,2리를 가서 천주당에 이르렀다. …(중략)… 한 사람이 나와 말하기를, "조선 사람이 가장 청수淸秀하여 다근 외국에 비하지 못할 것입니다." 하기에, 내가 대답하기를, "무슨 청수함이 있겠습니까? 우리를 조롱하는 말입니다." 라고 하니, 그 사람이 머리를 저으며 그렇지 않다고 하였다. 정양문이 잠겼기에 지키는 사람을 불러 오라 하였더니, 세팔이 한 소년을 데려왔다. 열쇠를 가져와 문을 여는데 또한 면피를 구하지 아니하고 인물이 극히 양순하였다. 그 성을 물었더니 왕가王哥라 하였고 연산역連山驛 사람인데, 몇 년 전에 조선 사신이 제 집에 여러 번 머물렀다고 했다. 문을 들어가니 북벽에 천주화상과 좌우에 벌인 집물이 대강 한 모양이었고, 바람벽에 가득한 그림이 더욱 이상하여 그 인물과 온갖 물상이 두어 걸음을 물러서면 아무리 보아도 그림인 줄을 깨닫지 못할 것 같았다. …(중략)… 왕가에게 그 곡절을 물으니 왕가가 이르기를, "이것은 천주가 죽은 모습을 그린 것입니다." 라고 하였다. 이밖에 괴상한 형상과 이상한 화격畵格이 무수하였지만 다 기록하지 못한다 (洪大容, 『乙丙燕行錄』)25)

 (11-나)성 안에 흠천欽天·관상觀象·관성觀星·천상天象 등 관측대가 네 곳이 있는데, 대마다 의기儀器들이 있어 구경꾼들이 더러 찾아가곤 한다. 지키는 사람은 왕王씨 성을 가진 연산역인 連山驛人이었다. 스스로 말하기를, "조선 사람들이 자기 집에 항상 주인을 정하므로 조선 사람을 보면 고향사람 같은 기분이

---

25) 홍대용 지음, 김태준·박성순 옮김, 「몽고관과 동천주당에 가다」, 『산해관 잠긴 문을 한 손으로 밀치도다』, 돌배개, 2001, pp.195-196.

든다." 했다. 조금도 어려워하는 기색이 없이 반겨 맞아 주었
다. 그렇다고 무든 생색을 내는 것도 아니었다. 안으로 들어가
보니 기물의 사치스런 점은 서당西堂만 못했으나 벽화의 신기
하고 교묘함은 보다 훌륭했다 (洪大容,「天象臺」,『燕記』)26)

(11-다)유송령劉松齡과 포우관鮑友官은 모두 서해西海 사람이다.
…(중략)… 강희康熙 말년 경에는 서양에서 건너온 이가 더욱
많았으므로 황제가 그들의 기술을 채집, 수리정온서數理精薀書라
는 것을 만들어 흠천감欽天監에 주었으니, 이는 참으로 역상曆象
에 있어서 심오한 근본이 된 것이었다. 성 안에 사당四堂(동당
·서당·남당·북당)을 지어 그들을 살게 하고 천상대天象臺라
불렀다. …(중략)… 강희 연간 이후로부터 우리나라 사신이 연
경燕京에 가면 더러 그들이 있는 집에 가서 관람하기를 청하면,
서양 사람들은 매우 기꺼이 맞아들이어 그 집 안에 설치된 특
이하게 그린 신상神像 및 기이한 기구器具들을 보여 주고, 또
서양에서 생산된 진이珍異한 물품들을 선물로 주었다. …(중
략)… 유송령과 포우관은 남당南堂에 거처하는데, 산학算學이 더
욱 뛰어났고, 궁실과 기용은 4당堂 중에서 으뜸이었는데, 우리
나라 사람이 항상 내왕하는 곳이었다 (洪大容,「劉鮑問答」,『燕
記』)27)

(가)에서는 조선인朝鮮人들이 이 동당東堂에 자주 드나들어 그
곳 관리자가 조선인 자체에 대해 매우 우호적인 태도를 지니고
있었음은 물론, 조선 사신使臣들이 여러 번 머물렀다는 대목이 보
인다. 그리고 동당의 내부에 들어가 천주교의 핵심 교리 내용을
그려놓은 벽화를 본 모습을 묘사해놓았는데, 이는 이류사利類思
자신이 서양화西洋畵의 기법을 중국인들에게 가르칠 정도로 회화
繪畵에 조예가 깊었던 사실28)과 관련이 있을 듯하다. 이와 같이

---

26) 홍대용,「천상대天象臺」『국역 담헌서』 IV, 민족문화추진회, 1974, p.262.
27) 홍대용,「유·포문답劉鮑問答」, 앞의『국역 담헌서』 IV, 1974, pp.38-40.
28) 余三樂, 앞의 책, 2001, p.158 및 費賴之, 앞의 책, 1995, pp.241-242.

홍대용洪大容이 묘사해서 전해주는 동당의 실제 모습은 중국인들 사이에서조차도 자못 진귀하게 여겨져 오늘날에도 여전히 인용되고 있다.29)

그런데 (나)와 (다)를 보면, 동당에는 천상대天象臺가 설치되어 천문을 관측할 수 있도록 마련되었는데, 관리인이 "조선 사람들이 자기 집에 항상 주인을 정하므로 조선 사람을 보면 고향사람 같은 기분이 든다"고 할 정도였다. 뿐만 아니라 강희康熙 연간 이후로부터 조선의 사신이 연경燕京에 갔을 때 더러 그들이 있는 집에 가서 관람하기를 청하면, 서양인들이 매우 기꺼이 맞아들이어 그 집 안에 설치된 특이하게 그린 신상神像 및 기이한 기구器具들을 보여 주고, 또 서양에서 생산된 진기珍異한 물품들을 선물로 주었다고 한다. 아울러 당시에 홍대용이 만난 유송령劉松齡과 포우관鮑友官이라는 서양인 역시 남당南堂에 거처하는 산학算學이 매우 뛰어난 인물이었는데, 그 남당의 궁실과 기용은 4당 중에서 으뜸으로 조선인이 항상 내왕하는 곳이었다고 하였다.

이런 사실에 비추어 당시 조선인 사신들이 연경에 가면 주로 동당과 남당을 드나들며 천문학天文學 등서양의 과학 기술에 대한 호기심으로 그 관련 서적을 많이 모아 가지고 돌아 왔으며, 또한 천주교 관련 서적들도 적지 아니 보았고 이를 소지하고 돌아오기도 했다고 보여진다. 여기에서 특히 동당과 남당은 모두 예수회 신부들이 짓고 관리하던 곳이었음이 주목된다. 일찍이 마테오 리치Matteo Ricci(이마두利瑪竇)에 의해 창건된 남당의 부설 도서관은 가장 오랜 역사를 가진 곳으로 수많은 서적이 비치되어 있었고, 또한 이류사利類思가 짓고 『주교요지主敎要旨』를 저술 간행했던 동당 역시 많은 서적이 있었다고 하는데 아담 샬Adam Schall

---

29) 黃時鑑, 『東西交流史論稿』, 上海古籍出版社, 1998, pp.416~417; 余三樂, 앞의 책, 2001, pp.156-157.

(탕약망湯若望)이 1651년 이전에 이미 3천 여 권의 개인 장서를 가지고 있었을 정도였던 것이다.30)

이런 서적들 가운데는 한문漢文으로 저술된 천주교天主教 교리서教理書들도 다수 포함되어 있어 조선에 파장을 몰고 오기도 했는데, 그 구체적인 예로는 마테오 리치의 『천주실의天主實義』 등도 이미 있었지만, 여기에서 특히 주목하고 싶은 것은 남회인南懷仁의 『교요서론教要序論』이다. 1801년 김건순金健淳이 체포되어 취조를 받는 가운데 이미 을유년己酉年 즉 1789년에 조선 내에서 이를 얻어 보았다고 진술하고 있기 때문이다.31) 이 책은 남회인이 북경北京의 동당東堂에서 이류사利類思를 위시해서 안문사安文思 등과 함께 활동하던 1670년에 저술한 것으로, 천주교의 교리에 대해 정리한 것이었다.32)

여기에서 또 하나 상기할 사실은, 앞서 살핀 바와 같이 1668년에 강희제康熙帝가 예수회 신부인 이 3인을 불러 서양의 풍토와 인심에 대해 물은 것에 대한 답변으로서, 같은 해에 이류사가 『주교요지』를 저술하였고, 이듬해 즉 1669년에 서양의 실상을 정리한 『서방요기西方要紀』와 천주교 교리서『천주정교약징天主正教約徵』을 아울러 저술하여 봉정하였다는 점이다. 그리고는 그 이듬해에 이 3인 중의 하나인 남회인이 저술한 것이 바로 『교요서론』인데, 남회인의 이 책 저술에는, 이미 그 직전에 이류사가 저술했고 그 자신과 동료 안문사가 전정全訂해 준 『주교요지』는 말할 것도 없고 3인이 공동으로 마련하여 강희제에게 봉정한 『천주정교약징』 역시 커다란 영향을 끼쳤을 것임은 의심의 여지가 없겠다. 그리고 이 책들은 간행된 후 머지않아, 사신으로 파견

---

30) 李元淳, 앞의 논문, 1976; 앞의 책, 1986, pp.83-86.
31) 「辛酉邪獄罪人李基讓等秋案」, 『秋案及鞫案』, 3월 17일 金健淳供招.
32) 崔韶子, 「西學關係漢文書가 中國·朝鮮의 士大夫에게 미친 영향」, 앞의 책, 1987, pp.258-259.

되어 북경의 동당과 북당에 들렸던 인물들에 의해 조선에까지 전해지기에 이르렀다고 보인다. 이러한 경우의 구체적인 예는 방금 본 남회인의 『교요서론』인데, 한문으로 저술된 천주교 교리서를 적극적으로 수용하려는 당시의 이런 분위기를 엿볼 수 있는 기록은, 중국 북경 현지에서 조선인으로서는 최초로 영세領洗를 받은 바 있는 이승훈李承薰 베드로(1756-1801)가 남긴 다음과 같은 편지의 한 대목에서 찾아진다.

(12)천주교 신자들은 서로가 서로에게 고해할 수 있는 방법에 대해 토의를 하고자 1786년 봄에 모임을 가졌습니다. 그리고 갑은 을에게, 을은 병에게 고해를 할 수 있지만, 갑과 을이 서로 혹은 을과 병이 서로 맞고해를 하는 일은 없도록 결정하였습니다. 천주교 신자들은 같은 해 가을에 다시 모임을 가졌습니다. 이 모임에서 그들은 미사를 집전하고 견진성사를 주는 일을 제가 맡아 하도록 결정하였습니다. … (중략) … 제가 독성죄를 지었다는 사실은 1786년에 가서야 알았습니다. <u>1786년 봄이었는데 사제직에 임명된 열 사람 가운데 한 사람이 자신이 사제직에 임명되자, 『청 까오 이바 야오』란 책을 열심히 그리고 아주 꼼꼼하게 읽었습니다.</u> 그러다가 바로 그 책에서 제가 어떤 죄에 떨어졌는가를 모두 알아내었던 것입니다. 그 사람은 즉시 거기에 대하여 충고해주기 위해서 저에게 편지를 썼습니다. 여기에 그 사람의 편지를 동봉해 드립니다. 이 얼마나 끔찍한 죄입니까? 저는 이로 인하여 뼈 속까지 부들부들 떨었습니다. 저는 부랴부랴 성사가 집행되고 있는 곳에서 모두 성사 집행하는 것을 중지하도록 한 다음, 모든 천주교 신자들에게 제가 독성죄를 지었다는 사실을 알려 주었습니다[33]

---

[33] 「이 베드로가 북당의 선교사들에게 보낸 편지」, 1789년 말 경; 윤민구 역주, 『한국 초기 교회에 관한 교황청 자료 모음집』, 가톨릭출판사, 2000, pp.35-36.

이 편지는 이승훈(베드로,1756-1801)이 1789년 말경에 작성하여 북경의 북당에 있던 프랑스 선교사들에게 보낸 것인데, 그는 일찍이 1783년에 동지사冬至使로 북경에 가게 된 부父 이동욱李東郁을 따라 그 곳에 갔다가 이듬해에 세례를 받고 귀국하였다. 이승훈이 영세를 받은 곳이 바로 이 북당으로, 예수회 소속의 신부 그라몽Jean-Joseph de Grammont(양동재梁棟材)이 그에게 영세를 줄 때에는 적어도 한문漢文 교리서敎理書를 활용하여 교리 지식을 어느 정도는 갖추게 한 뒤에 의식儀式을 행했을 것이며, 이 때에 적어도 이류사利類思와 같은 예수회 신부들이 저술한 한문 교리서가 이미 이승훈李承薰의 손에 들어왔을 것으로 보아도 좋을 듯하다.

　귀국 이후 이승훈은 1787년부터 이른바 가성직제도假聖職制度를 이끌고 있다가 바로 이 편지를 작성한 것이었다. 여기에서 가성직제도假聖職制度란, 조선의 천주교 신도들이 중국으로부터 사제司祭를 맞아올 수가 없게 되자, 앞의 인용문에서 보이듯이 자체적으로 역할을 분담하여 성사를 독자적으로 집행하던 것을 말하는 것으로 신자교계제도信者敎階制度라고도 할 수 있을 것인데[34], 이 제도의 시행이 잘못된 것임을 시행한지 얼마 되지 않은 1787년[35]에 곧 깨달아 집행을 중지하기로 결정하였다고 하였다.

　그런데 이 사실을 깨달은 것에 대해서 설명하는 가운데 주목할 바가 있다. 즉 이 인용문의 밑줄 친 부분대로, 사제직司祭職에 임명된 사람 가운데 한 사람이 『쳥 까오 이바 야오』란 책을 열심히 그리고 아주 꼼꼼하게 읽던 중에 바로 그 책에서 어떤 잘못

---

34) 노용필, 「자발적으로 교회를 세우다」, 『한국 천주교회사 교실』, 천주교 서울대교구 순교자 현양회 순교자 현양학당, 2001, pp.20-25; 이 책의 제2부 제4장.
35) 인용문에는 1786년이라 되어 있지만, 문맥상으로는 1787년이어야 맞는다. 윤민구 역주, 앞의 책, 2000, p.36.

을 지었는지를 알아내었다는 것이다. 이만큼 초기 조선의 천주교 신도들에게 있어『청 까오 이바 야오』라는 책은 매우 규범적인 교리서로서 여겨지고 있었다고 하겠다. 다만 이 불어佛語 표기로 옮겨져서 적혀진 책의 한문 이름이『성교○요聖敎○要』로, 불어로 표기된 '이바'에 해당하는 글자가 무엇인지 알 수 없게 되어 있다고 하는데36), 혹 불어佛語로 옮겨 필사하는 과정에서 생긴 잘못으로『성교간요聖敎簡要』자체를 지칭한 것이 아닐지 모르겠다.37)

꼬집어 이류사利類思의『성교간요』는 혹 아닐지 몰라도 당시 중국에서 한문漢文으로 저술되었던 교리서의 일종으로 보아 전혀 잘못이 있을 수 없겠다. 따라서『성교간요』를 위시하여 이유사의『성교요지聖敎要旨』(즉『주교요지主敎要旨』) 등 일련의 저술들을 포함한 한문 교리서들은 당시 조선에 이미 적지 않게 수용되어 있었음은 거의 틀림이 없을 것이다. 그리고 이러한 漢文 교리서들 가운데서 특히 남회인南懷仁의『교요서론敎要序論』등은 바로 이승훈이 전래한 것으로 보아도 무방할 듯하다.38)

이러한 한문 교리서들을 정약종丁若鍾 역시 다른 이들처럼 많이 지니고 있었다. 이 사실은 다음과 같은『황사영백서黃嗣永帛

---

36) 윤민구 역주, 앞의 책, 2000, p.36 주18)에서는 "유사한 서명으로 이탈리아 시칠리아 출신 예수회원 빌리오Louis Buglio(중국명 이유사利類思,1606-1682)의 저서 중 '성교간요(聖敎簡要)'가 있기는 한데 이것은 'Cheng-kia kyen-yao'라고 읽힌다."고 한 바가 있다.
37) 이와 관련하여서 崔奭祐는「이승훈 관계 서한 번역문」,『敎會史硏究』8집, 1992, p.173 註 8)에서, "'聖敎切要'로 쉽게 연상되지만,『성교절요』의 7성사 중 신품성사에 관해서는 매우 간략할 뿐더러 문제의 印號나 독성죄에 관한 언급이 나오지 않는다."고 지적한 바가 있다.
38) 車基眞,「蔓川 李承薰의 교회 활동과 정치적 입지」,『敎會史硏究』8, 한국교회사연구소, 1992, pp.41-42; 同改題「교회의 창설과 李承薰의 역할」,『조선후기의 西學과 斥邪論 연구』, 한국교회사연구소, 2002, pp.159-160.

書』에서 충분히 엿볼 수가 있다.

(13) 정약종丁若鍾 아우구스티노는 성품이 강직하고 의지가 굳세고 무엇에서나 자상하고 세밀한 것이 남보다 뛰어났습니다. … (중략) … 일찍이 그는 교우들 가운데 무식한 이들을 위해 우리나라의 한글로『주교요지』2권을 저술하였는데 (가)널리 성교聖敎의 여러 가지 책에서 인용하고 자기의 의견을 보태서 지극히 쉽고 분명하게 설명하여 어리석은 부녀자나 어린 아이들이라도 책을 펴 보기만 하면 환히 알 수 있고, 한 군데도 의심스럽거나 모호한 데가 없었습니다. … (중략) …그는 또 천주님의 모든 덕과 여러 가지 도리가 본래 크고 광활한데, (나)여러 가지 책에 흩어져 있어 온전히 논한 책이 없기 때문에, 읽는 사람이 요점을 이해하기가 어렵다 하여 장차 여러 책에서 뽑아 모아 부문별로 나누어 모아서 책이름을『성교전서聖敎全書』라 하였습니다. 뒤에 성교聖敎의 교리를 배우는 사람에게 남겨 주려고 하였는데, 초고가 반도 이루어지지 못한 채 박해를 당하여 완성하지 못하였습니다[39]

황사영黃嗣永이 정약종丁若鍾의 한글본『쥬교요지』2권 저술에 대해서 설명하면서, (가)에서 '널리 성교의 여러 가지 책에서 인용하고 자기의 의견을 보태서 지극히 쉽고 분명하게 설명하'였다고 하였음에서, 그 자신이 이전부터 여러 한문 교리서들을 수집해 가지고 있었으며 이를 인용하고 자기의 의견을 보탰음이 분명하다. 더욱이 (나)에서 '여러 가지 책에 흩어져 있어 온전히 논한 책이 없기 때문에, 읽는 사람이 요점을 이해하기가 어렵다 하여 장차 여러 책에서 뽑아 모아 부문별로 나누어 모아서 책이름을『성교전서』라 하였습니다. 뒤에 성교의 교리를 배우는 사

---

39) 黃嗣永,『黃嗣永帛書』;『황사영백서』, 김영수 번역, 성 황석두루가서원, 1998, pp.50-53.

람에게 남겨 주려고 하였'다고 했는데, 이 속에 남회인南懷仁의 『교요서론敎要序論』은 들어 있었을 것임이 자명하다. 그리고 이류사利類思의 『주교요지主敎要旨』 등을 비롯한 한문漢文 교리서敎理書들도 분명 포함되었을 것이라 보여진다.

제4절 정약종의 『쥬교요지』와 이류사의 『주교요지』의 목차 비교

　정약종丁若鍾의 『쥬교요지』와 이류사利類思의 『주교요지主敎要旨』가 과연 어떤 연관을 갖는 것인가를 규명하는 데에는, 두 책의 목차를 비교해보는 것도 하나의 방법일 수 있을 것이다. 다만 단순히 외형적인 목차구성만을 비교하는 게 아니라, 그 구성의 내용상 유사점과 차이점까지도 밝히는 작업을 통해서 이것을 제대로 밝힐 수 있을 것이라 생각한다.

　(가)목차 구성의 비교
　『쥬교요지』의 목차는 필사본·목판본·활판본 등에 따라 차이가 나지만[40], 정확한 검토를 위하여 1800년에 필사한 절두산소

---

40) 徐鍾泰,「丁若鍾의 '주교요지'에 대한 문헌학적 검토」,『韓國思想史學』 18집, 2002 참조.

장본과 1909년에 간행된 활판본의 목차를 곁들여 비교하여 제시한다.41) 거의 대동소이하지만 부분적으로 차이가 나는 대목도 있기 때문이다. 비교의 기준은 필사본으로 삼았고, 동일한 경우는 그대로 두었으며, 차이가 나는 부분만 별도로 표시하였다.

  (1)정약종 『쥬교요지』의 목차
  「샹편」
  1. 인심이스스로텬쥬계신쥬를아느니라
  2. 만물이스스로나지못ᄒᆞ느니라
  3. 만물이결노되지못ᄒᆞ느니라
  4. 하늘이움즉여도라감을보고텬쥬ㅣ계신줄을알지니라
  5. 사ᄅᆞᆷ이반ᄃᆞ시텬쥬로말ᄆᆡ암아나느니라
  6. 텬쥬ㅣ오직ᄒᆞ나히시니라
  7. 텬쥬ㅣ본딕계시고스스로계시니라
  8. 텬쥬ㅣ시작이업스시고ᄆᆞᄎᆞᆷ이업스시니라
  9. 텬쥬ㅣ지극히신령ᄒᆞ샤형샹이업스시니라
  10.텬쥬ㅣ아니계신곳이업느니라
  11.텬쥬ㅣ무궁히능ᄒᆞ시니라
  12.텬쥬ㅣ온젼히알으시느니라
  13.텬쥬ㅣ무궁히아름다오시고됴흐시니라
  14.텬쥬ㅣ셰위시오흔테시니라
  15.푸른하늘이텬쥬ㅣ아니니라
  16.텬디가스스로만물을능히내지못ᄒᆞ느니라
  17.옥황샹뎨라ᄒᆞᄂᆞᆫ말이그ᄅᆞ니라(옥황샹뎨라ᄒᆞᄂᆞᆫ말이허망ᄒᆞ니라)
  18.부쳐와보살이다텬쥬의내신사ᄅᆞᆷ이니라
  19.셕가여릭가스스로텬디간에홀노놉다ᄒᆞᆷ이지극히요망ᄒᆞ고망녕되니라(셕가여릭가스스로텬디간에홀노놉다ᄒᆞᆷ이지극히망녕되니라)
  20.불경말이다허망ᄒᆞ야밋을거시업느니라

---

41) 元載淵, 앞의 논문, 2002, pp.174-175 참조.

21. 믜와물과큰사히부쳐의ᄆᆞᆷ속으로삼겨낫단말이허망ᄒᆞ니라(※ 활판본에는 없음)
22. 사ᄅᆞ이젼생과후생이잇고사름이죽어즘생이되고즘생이또사름이된다말이허망ᄒᆞ니라
23. 불경의텬당디옥의즐거옴과고로움을의론홈이다모르고ᄒᆞᆫ말이니라
24. 불경의말이두가지로나니밋을거시업ᄂᆞ니라
25. 불도의샹벌말ᄒᆞᆫ법이샹리업ᄂᆞ니라(불도의샹벌마련ᄒᆞᆫ법이리에당치아니ᄒᆞ니라)
26. 득도ᄒᆞ여부쳐되엿다말이아조허망ᄒᆞ니라(득도ᄒᆞ야부쳐되엿다말이허망ᄒᆞ니라)
27. 부처의도가텬쥬의도와ᄀᆞᆺ지아니ᄒᆞ니라(부쳐의도ㅣ라ᄒᆞᄂᆞᆫ거시텬쥬교의도와ᄀᆞᆺ지아니ᄒᆞ니라)
28. 잡귀신위ᄒᆞᄂᆞᆫ거시시큰죄이라
29. 텬쥬ㅣ반드시착ᄒᆞᆫ이를샹주시고악ᄒᆞᆫ이를벌쥬시ᄂᆞ니라
30. 사름이죽은후의영혼이이셔샹벌을닙ᄂᆞ니라(사름이죽은후에령혼이잇서샹과벌을밧ᄂᆞ니라)
31. 령혼이반ᄃᆞ시즐거옴과고로옴을밧ᄂᆞ니라
32. 텬쥬세계를셔흘믄ᄃᆞᄅᆞ사름의션악을시험ᄒᆞ시고갑흐시ᄂᆞ니라(텬쥬ㅣ텬당디옥을두샤세샹사름의션악을시험ᄒᆞ야갑흐시ᄂᆞ니라)
(32. 디옥은텬당과마ᄌᆞᆫ짝이되ᄂᆞ니라)(※필사본에는 없음)

「하편」
1. 텬쥬계셔엿ᄉᆞㅣ에텬디만물을일우시니라(텬쥬ㅣ옛시에텬디만물을내시니라)
2. 셰샹이본ᄃᆡ됴터니쳐음조샹이텬쥬께득죄ᄒᆞ야됴텬셰샹이고로와지고셰샹사름이다그릇되엿ᄂᆞ니라(셰샹이본ᄃᆡ됴터니사름의처음조샹이텬쥬께득죄ᄒᆞ매됴텬셰샹이고로와지고착ᄒᆞᆫ뎐사름이그릇되엿ᄂᆞ니라)
3. 텬ᄌᆞ강생ᄒᆞ샤사름이되샤온셰샹을구ᄒᆞ시고사름의죄를다속ᄒᆞ야주시니라(텬쥬ㅣ강생ᄒᆞ야사름이되샤온셰샹사름의죄를 구ᄒᆞ시고속ᄒᆞ시니라)

4. 예수계셔다시살으셔하늘의올나가시니라(예수ㅣ다시살아나신후 스십일에하늘에올나가시니라)
5. 예수ㅣ하늘의오르시던발자최가잇느니라
6. 십즈가의신령흔자최가무궁무진ㅎ니라(십즈가의긔묘흔능과령이무궁무진ㅎ니라)
7. 셰샹이뭇츨때에텬쥬예수계셔다시느려오샤쳔하고금사름을다심판ㅎ시느니라
8. 텬쥬강생ㅎ신의심을밟힘미라
9. 텬하사름이다흔몸굿ㅎ야아당의죄를마민이무릅쓰고예수의공을만민이닙느니라(텬하사름이흔몸굿ㅎ야아담의죄를만민이다무들고 예수의공을만민이다가히닙을거시니라)
10. 텬쥬교를행ㅎ기어렵다고말을못홀지니라(텬쥬교행ㅎ기어렵다 말을못홀지니라)
11. 텬쥬교를드르면즉시드러올지니라(사름이텬쥬교를드르면즉시 밋어봉행홀지니라)

문구가 약간 바뀌거나 표현이 조금 달라진 경우가 대부분이었다. 차이가 난 것은 단지 2 항목뿐이었다. 상권의 21.「미와물과 큰ㅅ다히부쳐의ᄆᆞᆷ속으로삼겨낫단말이허망ㅎ니라」는 필사본에는 있지만, 활판본에는 없다. 반면에 상권의 32.「디옥은텬당과마즌짝이되느니라」는 필사본에는 없지만, 활판본에는 있다.

이러한 차이점이 있기는 하지만, 대체로 대동소이한 내용이므로 필사본·목판본·활판본 등에 구애를 받음이 없이 이류사利類思의 『주교요지主教要旨』의 목차와 비교해 볼 수가 있을 것이다. 그렇다고는 하지만 구체적으로 내용을 비교함에 있어서는 정확성을 기하기 위해 이런 차이점까지도 대조해볼 필요는 분명하다고 하겠다.

비교를 위해서 이류사의 『주교요지』 목차를 제시해 보이면 다음이다.

(2) 利類思의 『主敎要旨』 목차

（主敎要旨小引）
（主敎要旨目錄）
1. 物有造物者
2. 造物者惟一
3. 造物者宰物
4. 天主體一位三
5. 天地人祖原始
6. 天主降生
7. 靈魂不滅
8. 天堂地獄
9. 十誡
10. 領洗
11. 告解
12. 主敎治世徵

이 목차를 앞에 제시한 정약종丁若鍾의 『쥬교요지』의 그것과 대조해 보면, 외형상으로만 보아도 정약종의 『쥬교요지』가 이류사의 『주교요지』를 단순히 번역한 것만은 결코 아님을 알 수가 있겠다. 정약종의 『쥬교요지』가 상권의 32개 항목, 하권 11개 항목임에 비해, 이 이류사의 『주교요지』는 12 항목에 불과한 것이다.

그렇다고는 하지만 이 외형상의 목차 구성의 비교만으로, 정약종의 『쥬교요지』가 이류사의 『주교요지』를 번역한 것이 아니라고 단정짓기는 섣부른 감이 없지 않다. 왜냐하면 비록 정약종의 『쥬교요지』의 목차가 더 많다고 할지라도 이는 그야말로 외형상으로 일뿐, 그 구성의 내용상으로는 얼마든지 같거나 다른 점이 있을 수 있기 때문이다. 그래서 다음으로는 그 목차 구성의 내용에 대해 비교해 보기로 하였다.

(나)목차 구성의 내용상 유사점과 차이점

목차 내용상의 유사점과 차이점을 알아내기 위해, 두 책의 목차가 의미하는 바에 따라 분류해서 비교해 표로 작성하여 제시하면 아래와 같다.

〈표 1〉 목차 구성의 내용상 유사점과 차이점 비교표

항 목	『주교요지』	『主教要旨』
천지창조	상권 1~13, 15, 16	1.物有造物者 2.造物者惟一 3.造物者宰物
삼위일체	상권 14	4.天主體一位三
인류의 탄생	하권 1·2	5.天地人祖原始
천주강생	하권 3~9	6. 天主降生
영혼불멸	상권 28~30	7.靈魂不滅
천당지옥	상권 31~32	8.天堂地獄
십계	×	9.十戒
영세	×	10.領洗
고해	×	11.告解
천주교의 우월성	상권 17~27	12.主教治世徵
천주교 신앙 권유	하권 10~11	×

이를 보면, 보다 분명히 두 책의 유사점과 차이점을 알아볼 수가 있다. 유사한 내용을 담고 있는 목차들도 있지만, 적어도 3가지 부분에서 있어서는 차이가 확연하다.

첫째, 십계十戒·영세領洗·고해告解에 내해서 이류사의 『주교요지』에서는 상세히 거론하고 있는 데에 비해, 정약종의 『쥬교요지』에서는 목차 구성의 내용에 없는 것이다. 둘째, 천주교의 우월성에 대해, 적어도 목차 구성상으로 보아 정약종의 『쥬교요지』에는 없지만, 이류사의 『주교요지』에는 12.「주교치세징主教治世徵」이라 하여 번역하자면 「(천)주교가 세상을 다스릴 징조」라 할 수 있는 항목이 있는 것이다. 반면에 셋째, 천주교 신앙을 적극적으로 권유하는 항목이 정약종의 『쥬교요지』 하권에, 그것도 결론에 해당한다고도 할 수 있을 맨 끝 부분에 2개 항목이나 들어가 있는데 반해, 이류사의 『주교요지』에는 이런 항목이 목차 구성상에서는 전혀 없는 것이다.

그러므로, 이러한 차이점들로 해서 정약종의 『쥬교요지』가 이류사의 『주교요지』를 단지 번역하였다고는 결코 볼 수가 없기에 이른 것이다.[42] 목차 구성상으로 보아, 그렇지만 내용상으로는 얼마든지 그럴 수가 있을 수도 있기에 이를 알아보기 위해 구체적인 내용들을 비교해보는 일이 남은 것이다. 아울러 이 작업을 통해서 종국에는 정약종의 『쥬교요지』의 저술 특징도 자연히 알아보는 일이 될 것이다.

---

42) 원 헥톨, 『한국신학—정약종의 주교요지를 중심으로—』, 원흥문화사, 1998, p.67; 趙珖, 「丁若鍾과 初期 天主敎會」, 『韓國思想史學』 18집, 2002, p.22.

제5절 이류사의 『주교요지』와 내용 비교를 통해 본 정약종 『쥬교요지』 저술의 특징

    정약종丁若鍾의 『쥬교요지』는 전체적인 내용으로 볼 때, 상권에서는 자연신학의 호교적護敎的 이론을 전개하고, 하권에서는 상권의 이론을 전제로 하여 계시를 중심으로 한 구속론救贖論을 폈지만[43], 세부적으로 살피게 되면, 상권의 항목 1~13, 15, 16 등에서 특히 천주성天主性과 천지창조天地創造에 대한 것을 항목을 많이 할애하여 다루고 있음을 알 수 있다. 즉 정약종은 천주성과 천지창조에 대하여 1. 「인심이 스스로 천주 계신 것을 아나니라」, 2. 「만물이 스스로 나지 못하나니라」를 비롯하여 16. 「천지가 스스로 만물을 능히 내지 못하나니」 등등을 통해 설명식으로 때로는 문답식으로 다루면서 비중을 두었던 것이다. 이에 비하여, 이류사

---

43) 金徹, 「丁若鍾의 주교요지에 관한 硏究」, 가톨릭대학 석사논문, 1979; 李元淳, 앞의 논문, 1975; 앞의 책, 1986, p.114.

利類思의 『주교요지主教要旨』에서는 다른 부분보다도 천주강생天主降生이 가장 비중이 있게 서술되고 있음을 지적할 수 있다.

내용 비교를 위해 이와 유사한 내용을, 정약종의 『쥬교요지』와 이류사의 『주교요지』에서 골라 제시하면 아래와 같다.

(14-가)10. 「천주 아니 계신 곳이 없나니라」
천주의 형상 없으시고 영靈하신 체體 무한하시어 온전히 하늘에 계시고, 온전히 땅에 계시고, 온전히 만물에 계시고, 온전히 천지 밖에 무한한 데 계시니, 어찌하여 그런 줄을 알리오? 하늘을 만드실 제는 당신 체體 하늘에 계실 것이요 땅을 만드실 제는 땅에 계실 것이요 만물을 만드실 제는 만물에 계실 것이요 본체本體 무궁히 크시매, 천주 밖에 무궁한 데도 계시니라44)

(14-나)1. 「物有造物者」
…(상략)… 천주는 만들어짐을 받음이 없으시고 스스로 하나로 존재하셔서 항상 있음을 만물의 있음에 주시면서도 스스로는 있음을 받음이 없고 등급과 한계를 받음이 없으시고, 오직 하나로 아름다우시고 좋으시다. 항상 만물에게 각기 아름답고 좋음을 주시지만, 스스로는 등급을 받지 않으시는 까닭이다. 어찌하여 등급과 한계를 받지 않는다고 하는가? 오직 하나이시며 아름답고 좋아서 항상 만물에게 각기 아름답고 좋음을 주시지만 스스로는 등급을 받음이 없으시다 …(하략)…45)

이를 보면, 정약종의 『쥬교요지』의 이 부분들에서는 천주성天主性과 천지창조天地創造와 관련하여 설명하고 있는데, 이는 15개나 되는 목차의 항목 그 자체에서도 드러나듯이 설명 위주로, 세

---

44) 丁若鍾, 『主教要旨』 국역·영인판, 성·황석두루가서원, 1986, p.18.
45) 원문은 다음과 같다.
蓋天主無受造 惟一自有 恒授有於萬有 而自無受有 無受等限 惟一自美好 恒授等于萬美好 而自無受等故也 何謂無受等限 惟一自美好 恒授等于萬美好 而自無受等(『主教要旨』 1b)

분화해서 구체적으로 살피고 있는 것이 특징이라 할 수 있다. 이에 비해 이류사利類思의 『주교요지』에서는 전체적인 내용이 체계적으로 정리될 수 있도록 핵심적인 용어를 제시하면서 개념 위주로 살피고 있는 게 아닌가 판단된다.

그리고 이류사는 12개 항목 가운데 가장 많은 내용을 설명하고 있는 것이 6.「천주강생」이다. 물론 정약종의 『쥬교요지』에서도 이 천주강생에 대해서는 많은 분량을 설정하여 상세히 거론하고 있는데, 이 둘의 비교를 위해서 정약종의 『쥬교요지』에서 서술한 내용 가운데 천주강생과 관련된 부분과 이류사의 「천주강생」의 일부분을 함께 인용하여 보이면 다음과 같다.

(15-가)8.「천주 강생하신 의심을 밝힘이라」
한 사람이 묻되, "천주는 본디 비롯함이 없이 스스로 계신 자라 하는데, 어찌하여서 한漢 애제哀帝 원수元壽 2년을 당하여 유대아 지방에서 모친을 가리어 탄생하셨다 하느뇨?"
대답하여 가로되, "구세주救世主 예수는 한 위位에 두 성성性을 합하여 계시니, 하나는 천주성天主性이요, 하나는 인성人性이라. 성모 마리아 복중腹中에 나심은 오직 그 인성을 취하심이요, 그 천주성은 무시無始로부터 스스로 계신 것이니, 어찌 한漢 나라 때에 모친이 있어 비로소 낳았다 하리요? 예수의 천주성은 성모의 낳음이 아니요, 오직 예수의 인성만 성모의 낳으심이 됨을 이름이니라."…(하략)…46)
(15-나)6.「천주강생天主降生」
지금 세상 무리들이 의심하며 쾌히 여기지 않는 것으로 천주께서 강생한 일만 한 것이 없다. 혹은 그것이 마땅하지 않음을 의심하고 혹은 할 수 없음을 의심하고 혹은 그 형세를 의심한다. 각각 구구하게 밝히려 하나 천주의 전지·전능하며 온전히 선함은 미루어 헤아리기를 추측하기 힘드니, 강생의 오묘한 뜻

---

46) 丁若鍾, 앞의 책, 1986, pp.89-90.

에 청탁한 것이다. 옛날과 지금의 여러 해석이 그치지 않는 것 역시 천주께서 강생한 일만 한 것이 없다. 그 요점·세력·의미·효험 등을 게재한 것으로 서양에는 수많은 서적이 있으나 모두 번역됨에는 미치지 못하였다. 내가 예전에 저술한『초성학요超性學要』중에 강생의 진실한 의미가 있는데, 이에 그 요지의 3가지 단서를 취한 것이다. 첫째는, 강생의 뜻이요 둘째는, 강생의 설명이요 셋째는, 강생의 일이다. 그런 후에 그 의심스러운 것에 답하겠다 …(하략)…47)

천주강생天主降生에 관한 정약종丁若鍾의 설명은, 상권의 항목 3~9에 걸쳐 이어졌는데, 내용상의 특징은 철저히 효과적인 전교傳敎를 위해 현실적인 예를 들고 있다는 것이라 할 수 있다. 그 가운데서도 특히, 5.「예수 하늘에 오르시던 발자취가 있나니라」에서는, "예수가 하늘에 오르실 때에, 그 발로 밟으신 돌에 발자취가 있어 마치 새긴 듯하니, 만국 사람들이 매양 그 앞에 가 절하고 돌을 깎아 먹으면 백병百病이 나아 영적靈蹟이 많은지,…48)"라고 서술하고 있음이 대표적이라 하겠다. 이런 측면은 앞에 제시한 (15-가)의 8.「천주 강생하신 의심을 밝힘이라」에서도 엿볼 수가 있다.

이에 반해서 이류사利類思의『주교요지主敎要旨』에서는 보다 개념 위주로 설명하고 있다고 하겠다. 인용문 가운데서도 이 점은 잘 드러나고 있다고 여겨지는데, 밑줄 그은 부분에서, 자신이 "예전에 저술한『초성학요超性學要』중에 강생降生의 진실한 의미가

---

47) 원문은 다음과 같다.
　　今世群疑而不快者 莫如天主降生一事 或疑其不宜 或疑其無能 或疑其勢 各以區區之明 推測難量之天主全知·全能·全善 寓於降生之奧義也 古今群解而不已者 亦莫如天主降生一事 揭其要·其勢·其義·其效等 在西庠有百千典籍 未及悉譯 余昔所述超性學要中 降生實義 玆取其要旨三端 一曰降生之意 二曰降生之說 三曰降生之事 然後答其疑焉(『主敎要旨』 11a)
48) 丁若鍾, 앞의 책, 1986, p.80.

있"다고 하면서, "첫째는, 강생의 뜻이요 둘째는, 강생의 설명이요 셋째는, 강생의 일이다. 그런 후에 그 의심스러운 것에 답하겠다."고 하였던 것이다. 여기에서 그 자신이 저술했다는 『초성학요』의 경우는 성聖 토마스 아퀴나스St. Thomas Aquinatis의 저술을 한역漢譯한 것으로 30권에 달하고 목록도 4권이나 되는데, 이에 포함된 주된 내용은 『천주성체天主性體』 6권 · 『삼위일체三位一體』 3권 · 『만물원시萬物原始』 1권을 위시하여 『인영혼人靈魂』 6권 · 『인육신人肉身』 3권 외에도 『천주강생天主降生』 4권 등의 내용으로 구성되었다고 한다.49)

이의 내용에 대해 그 스스로가 「자서自序」에서 자신이 "역필譯筆한 것을 중국인의 힘을 빌어 윤문潤文하여 간행하였다"고 밝혀, 한역漢譯하여 정리한 것임을 알겠다.50) 이러한 토마스 아퀴나스의 업적은 그의 전집 『신학대전神學大全』에 포함되어 있는 것들로서, 그 자신의 신학 사상을 집약한 것이다.51) 이와 같이 토마스 아퀴나스의 업적을 번역한 자신의 『초성학요』를 인용해가면서까지 학문적인 용어에 대한 해설을 곁들이면서 개념 위주로 설명한 것이 바로 그의 『주교요지』인 것이다. 따라서 이류사의 『주교요지』는 한마디로, 교리에 대한 체계화를 위해 핵심적인 용어에 대한 개념 위주로 저술한 것이라 하여야 옳겠다.

이와 같이 이류사가 『주교요지』에서 이룬 강생에 관한 자세한 정리는, 정약종에게 적지 않은 영향을 끼쳐서 그의 『쥬교요지』에 반영되지 않았나 여겨진다. 이류사의 『주교요지』에서는 지금까지 살펴왔듯이 천주강생天主降生에 관해 자세한 정리가 있는 반

---

49) 費賴之, 앞의 책, 1995, pp.243-244.
50) 徐宗澤 編著, 『明淸間耶蘇會士譯著提要』, 臺北 中華書局, 1958, p.13. 이에 대한 번역은 李元淳, 앞의 논문, 1975; 앞의 책, 1986, p.83 참조.
51) F.C.코플스톤, 강성위 역, 『토마스 아퀴나스』, 성바오로출판사, 초판 1968, 2판 1993 참조.

면에, 그 이전인 1603년에 출판된 마테오 리치Matteo Ricci의
『천주실의天主實義』에서도, 그 이후인 1733년에 간행된 풍병정
馮秉正J.M.A.M de Mailla의 『성세추요盛世芻蕘』에서도 이에 대해
서는 명확히 설명하고 있지 않거나 언급이 없기 때문이다. 즉
『천주실의』에서는 예수의 강생구속降生救贖과 관련된 '십자가대
속十字架代贖'의 교리나 부활復活·승천昇天·재림再臨 등에 관한
언급이 전무하고, 『성세추요』에서는 예수의 승천과 재림에 관하
여 명확히 설명하고 있지 않다. 그런데 『주교요지』에서는 이러
한 항목을 독립적으로 설정하여 강생구속의 교리가 정확하고 상
세하며 빠짐없이 설명하고 있는 것이다.52) 이는 분명 정약종이
이류사의 『주교요지』를 참조하여 정리하였던 것으로 믿어진다.

한편 이러한 개념 위주의 그의 저술 태도는 삼위일체三位一體에
대한 설명에서도 예외가 아니었다. 역시 여기에서도 토마스 아퀴
나스의 신학 저술을 그 자신이 번역한 『초성학요』를 인용하면서
설명하고 있는 것이다. 아래에서 읽을 수 있다.

(16-가)4. 「천주체일위삼天主體一位三」
…(상략)… 이 오묘한 이치를 인성에 대략 비유하자면, 갑·을
·병 세 사람이 비록 많은 사람으로 나뉘어도 인성人性은 오직
하나여서 온전히 갑에게 있고 온전히 을에게 있고 온전히 병에
게 있는 것이다. 또 마치 사람의 영혼이 온전하게 온 몸에 있
고 온전하게 각 지체肢에 있는 것 같아 모두 크고 작음, 많고 적
음의 등급과 차별이 없다. 천주天主의 성성과 체體는 온전히 세
위位에 있으시니 온전히 각 위位에 있는 것이며, 역시 크고 작
음, 많고 적음의 등급과 차별이 없는 뜻이다. 그러나 비유로 들
은 것은 비슷할 뿐이고 천주天主의 오묘한 성性을 어찌 만듦을
받은 물物에 비유할 수 있으리요. 그러나 요약하여 밝히면 모름
지기 격물치지格物致知의 학으로 시작하여 잇기를 『초성超性의

---

52) 元載淵, 앞의 논문, 2002, pp.187-188.

학요學要』로써 하니, 그 책을 세밀히 열람하여 점차 통달함을 구하면 가할 것이다53)

(16-나)14.「천주 세 위시요 한 체이시니라」
…(상략)… 그림자와 빈 정이 다 잠깐이로되, 천주는 본디 무궁히 능하신 성性이시요, 체體시라. 그 밝으신 얼굴과 그 사랑하시는 정이 또한 그 체와 같이 생활하시고 진실하시어, 그 본체本體 하나이시요 그 얼굴이 하나이시요, 그 사랑하시는 정이 하나이신 고로, 세 위라 이르니, 세 위란 말은 천주가 셋이 아니라 위位는 비록 셋이나, 그 체體는 오직 하나이시라. 그 비치시는 얼굴이 곧 그 체시요, 그 사랑하시는 정이 곧 그 체시니, 세 위 한 가지로 한 체시요, 한 성性이신 고로, 세위 도무지 높고 낮음과 크고 작음과 먼저와 나중의 분별이 없나니라54)

이 두 부분들을 대조해 보면, 정약종丁若鍾의 『쥬교요지』와 이류사利類思의 『주교요지主敎要旨』에서 각각 삼위일체三位一體에 대해 설명하고 있는 바가 대단히 흡사함을 엿볼 수 있지만, 그렇지만 특히 설명을 위해 든 비유에 있어서는 매우 다름을 알 수 있다. 이류사는 여전히, "요약하여 밝히면 모름지기 격(물)치(지)의 학으로 시작하여 잇기를 『초성의 학(요)』로써 하니, 그 책을 세밀히 열람하여 점차 통달함을 구하면 가할 것이다."라고 하여서 이론적인 태도를 내세우는 동시에 개념적인 이해를 강조하면서, "천주의 성과 체는 온전히 세 위에 있으시니 온전히 각 위에 있는 것이며, 역시 크고 작음, 많고 적음의 등급과 차별이 없는 뜻

---

53) 원문은 다음과 같다.
此奧妙之理 畧比人性 甲乙丙三人 雖分多人 人性惟一 全在甲全在乙全在丙 又如人之靈魂 全在全身 全在各肢 幷無大小多寡等別 天主性體 全在三位 全在各位 亦無大小多寡等別之義也 然所擧譬特彷彿而已 天主妙性 豈受造之物可比哉 然畧明必須始以格致之學 繼以超性之學 細閱其書 漸求通達可也(『主敎要旨』 7b~8a)
54) 丁若鍾, 앞의 책, 1986, pp.20-21.

이"라는 설명을 취하고 있는 것이다. 이에 비해, 인용한 (16-나)14.「천주 세 위시요 한 체이시니라」에서 정약종은 누구나 알기 쉽게 삼위를 사람의 본체·얼굴·정에 비유하여, 현실적이면서도 구체적으로 설명하고 있다.

이러한 차이를 보이는 저술 방법은, 정약종은 『쥬교요지』에 서문을 남겨두지 않아 확연히 알기 어렵지만, 이류사는 『주교요지』에 서문序文을 써놓고 자신의 저술 방향을 정리해두었기에 보다 잘 알 수 있다. 그의 서문을 인용하면 다음이다.

(17)「주교요지소인主教要旨小引」
천주天主 성교聖教의 그 도道는 깊고 오묘하다. 그 뜻은 진실되고 요점이 있다. 요점은 어디에 있는가? 천주를 인식하는 것이 이것이다. 천주天主가 있음을 인식하면, 사람을 위하여 천지天地를 만들었음을 아는 것이다. 사람을 위하여 강생降生하셔서 고통을 받으셨음을 인식하면, 천당天堂과 지옥地獄이 있다는 것을 믿지 않을 수 없으며 사람의 영혼靈魂이 불멸不滅함을 믿지 않을 수 없다. 십계十戒를 정한 바, 힘써 행하고 힘써 지켜서 주主를 사랑하고 사람을 사랑하기를 구해야 한다. ①이것이『주교요지(主教)要旨』차례의 저술이 있게 된 바이다. ②대개 진실의 근원과 실제의 맥을 따라서 가르쳐 함께 보고 도道의 깊고 오묘한 것이 다 갖추어져 있으니, 사람들로 하여금 점차 세상의 더러움을 버리고 머리를 들어 법을 따르고, 크나크신 천주를 믿고 인식하게 하여, 사랑할 바가 여기 있고 저기에 없음을 안다면 나의 간절하여 그만둘 수 없는 마음이 혹 조금은 위안이 될 것이다55)

---

55) 원문은 다음과 같다.
「主教要旨小引」
天主聖教其道賾矣奧矣 其旨實要焉 要烏在認天主是也 認有主矣 則知其爲人而造天地萬物 爲人而降生受苦 則不能不信其有天堂地獄 不能不信人之靈魂不滅 又不能不信其所立禮規 所定十誡 力行力守 以求愛主與夫愛人 此所

이「서문」을 자세히 읽어보면, 그의『주교요지』목차 구성 내용을 압축하여 제시해 놓았음을 알기 어렵지 않다. 그 자신이 이 글의 중간 밑줄 그은 ①의 부분에서 분명히 밝히고 있듯이, "이것이『(주교)요지』차례의 저술이 있게 된 바"인 것이다.

그런데 그 다음의 부분에서, "대개 진실의 근원과 실제의 맥을 따라서 가르쳐 함께 보고 도의 깊고 오묘한 것이 다 갖추어져 있으니, 사람들로 하여금 점차 세상의 더러움을 버리고 머리를 들어 법을 따르고, 크나크신 천주를 믿고 인식하게"하려는 데에 이『주교요지』의 저술 목적이 있음을 밝히고 있는데, 여기에서도 보면 '도의 깊고 오묘한 것을 다 갖추어' '가르쳐' '천주를 믿고 인식하게' 하려 했음이 확연히 드러나 있다.

그만큼 개념 위주로 이론을 설명하여 가르치려고 하였음이 분명한 것이다. 따라서 앞에서도 이미 언급한 바 있듯이 이류사利類思의『주교요지主敎要旨』가 양광선楊光先과 같은 유학자儒學者들이 천주교에 대해 비판적으로『부득이不得已』와 같은 저술을 통해 공격하는 것에 대해서 천주교의 교리를 명확히 정리하여 제시하기 위함에서 저술되었기 때문에, 이런 태도를 취할 수밖에 없었다고 보여진다. 그만큼 천주교 교인들 자체에게 보이기 위한 것이라기보다는, 외부에서 천주교에 대해 그릇되게 설명하고 부당한 공격을 일삼는 이들을 상대로 오히려 대외적인 효용성을 높이기 위해 저술된 데에 따른 결과였다고 생각한다.

반면에 예시例示나 비유譬喩의 내용 등에 비추어 볼 때, 정약용丁若鍾의『쥬교요지』는, 황사영黃嗣永이 그의 백서帛書에서 이미 앞서 제시한 인용문 (13)에 서술하였듯이, "일찍이 그는 교우들 가운데 무식한 이들을 위해 우리나라의 한글로『주교요지』2권을

以有要旨次第之術也 蓋從眞根實脉指與共睹 而道之賾奧者該焉 使人人得稍捐世羶 仰首追維信認大主 知所愛在此而不在彼 則予惓惓無已之心或少慰云 康熙戊申(1668)菊月耶蘇會士利類思識(『主敎要旨』小引 a~b)

저술하였는데 널리 성교聖教의 여러 가지 책에서 인용하고 자기의 의견을 보태서 지극히 쉽고 분명하게 설명하여 어리석은 부녀자나 어린아이들이라도 책을 펴 보기만 하면 환히 알 수 있고, 한 군데도 의심스럽거나 모호한 데가 없었"다고 하는 점과 떼려고 해도 뗄 수 없는 관련을 지니고 있었다. 한마디로 비신자非信者들에게 천주교天主教를 전교傳教하기 위한 측면도 없지 않았지만, 인용한 부분에서도 명확히 나타난 바대로 '교우들 가운데 무식한 이들을 위해서' 저술한 것이라는 점을 간과해서 안 된다고 본다. 즉 명실공히 명도회明道會의 회장으로서56), 신자들 내부의 교육을 확실히 하기 위해서 정약종丁若鍾은 『쥬교요지』를 저술하였던 것이며, 그랬기 때문에 신자들 내부에서 대내적인 효용성이 더 중요시되었다고 여겨진다.

이러한 저술 목적의 차이에서 비롯된 것으로 볼 수 있는 대목으로서 또 하나들 수 있는 것은, 불교 및 도교에 대한 비판 부분이다. 정약종은 매우 구체적이고도 현실적인 문제들을 제시해 가며 상세히 이들의 비판에 힘을 기울인 반면에, 이류사利類思는 개념적·이론적인 측면을 원론적인 수준에서만 이들에 대해 언급하고 있는 차이점이 있는 것이다. 이런 측면을 알려주는 요긴한 부분들을 제시하면 다음이다.

(18-가)12.「주교치세징主教治世徵」
세상에 임하여 쫓는 자들은 헛되이 다스려지기를 원하는 마음이 있으나, 반드시 다스려지는 술책이 없는 것이 한이었다. 이에 거짓된 석씨釋氏와 도씨道氏 두 씨의 설로 이를 보충하였다. 그러

---

56) 車基眞,「丁若鍾의 교회 활동과 신앙」,『教會史研究』 제15집, 2000, pp.42-43. 이 연구에서 특히 丁若鍾의 『주교요지』 저술 시기를, "그가 하층민 신자들에게 교리를 가르치거나 지도층으로 부각되는 1797-1798년 이후 1799년 초 명도회장으로 임명된 후로 보아야 할 것 같다(p.42)"고 했음이 참조된다.

나 선궁仙宮과 불원佛院이 온 세상에 가득하고 세도世道와 인심人心이 날로 입만 쫓아가니 높은 이치에는 이르지 못하고 교敎를 세움에 인연을 삼는다. 한 두 개의 선한 일을 몰래 취해 보면 다른 의론들은 진실하지도 않고 확실하지도 않은 까닭이다.

석씨釋氏의 윤회정토輪廻淨土와 살인을 경계하고 감옥을 없애는 등은 모두 다 탄망誕妄하다. 만물萬物의 원시原始, 인류人類의 추향趣向, 영혼靈魂의 성정性情, 생사生死의 구궁究竟을 알지 못한다. 또한 진정 주主를 불佛의 밑에다 망령되이 굽히니 괴리와 오류가 매우 심하다. 이것은 성현聖賢들의 진정한 학문의 가르침과 더불어 어긋나는 것이다. 노장老莊의 가르침이라고 내거는 것은 어둡고 아득하여 마땅함이 없으니, 잡다한 부록符籙으로 이치를 어그러트린다. 곧 말하는 바를 들면, 신선神仙을 이루어 허공에 오르나 역시 오직 형체가 있고 속세에서 떠나지 않는다. 또 모든 것이 반드시 없는 일이니 ①하물며 옥황玉皇을 들어 하늘의 지극히 높은 황제皇帝로 삼음에 있어서랴. 도가道家에서는 천주天主에 대하여 사람이 그 이름을 훔치고, 불씨佛氏에서는 천주에 대해 사람이 그 위에 처하니, 하나도 마땅한 것이 없고 하나도 공손한 것이 없다. 모두 일을 밝히는 뜻에 합당하지 못하다.

또한 (석씨佛氏·도씨道氏) 두 씨의 가르침은 중국 땅에서 행해진지 이미 1,800년이다. 인심人心과 세도世道는 도리어 지금이 옛날과 같지 못하다. ②만약 불씨佛氏와 노씨老氏를 받드는 것처럼 천주를 받든다면, 화함에 흥하여 이치에 다다르게 되어 반드시 당우唐虞 삼대三代의 위로 나갈 것이다. 서방西方의 30 (보다) 많은 나라가 (천주)교를 받든 후, 1,600년에 크게 안정되고 길게 다스려졌다. 인심人心과 풍속風俗이 모두 선하고 모두 아름다우며, 위·아래가 서로 평안하고, 집 (마다) 지급되고 사람들이 풍족하여 다툼과 빼앗음이 없어 각각 본업을 즐겼다. 이는 바깥으로 (드러난) 다스려짐의 지극한 모습으로 족지지 못함으로 다름을 삼는 것과 같다57)

---

57) 원문은 다음과 같다.

(18-나)17. 「옥황상제라 하는 말이 허망하니라」
한漢 나라 때 장의라 하는 사람이 있어 상없는 신선도술을 하노라 하더니, 죽은 후에 그 제자들이 말하되, '스승이 신선이 되었다' 하고 거짓말을 지어낸지라. 그 후 송宋 나라 임금 휘종徽宗이 상없는 신선도술을 좋아하여 장의를 위하고 높여 옥황상제라 이름하여 봉封하였으니, 천하에 어찌 이런 흉패凶悖한 일이 다시 있으리요? 천지간에 천주天主 상제上帝 오직 하나이시니, 어찌 세상 사람을 상제라 이름하리요? 비컨대 한 나라에 임금이 오직 하나이어늘 만일 범인凡人을 가리켜 임금이라 하면, 그 죄악이 어찌 크지 아니하리요? 장의는 불과 한 사람이라. 그 죽은 후 천여 년에 옥황상제라 일컬으니, 이는 범인을 가리켜 임금이라 일컫는 죄보다 만 배나 더하니, 그런 고로 휘종이 생전에 천주께 벌을 받아 그 나라를 망하고 그 몸이 몹시 죽으니 어찌 후세의 징계할 바가 아니리요? 세속 사람이 그러한 줄을 모르고 옥황상제라 일컬음이 어찌 크게 그르지 아니하리요?58)

불교와 도교를 비판하면서 아울러 천주교의 우월성에 대해 언급하고 있는 것이, 이류사利類思의 『주교요지主教要旨』에서는 인용한 (18-가)12. 「주교치세징」의 이 부분이 전체로, 옥황상제玉皇上帝에 대해서도 ①과 같이 언급한 것이 전부일 뿐이다. 하지만 정약

任世追者 空有願治之心 恨無必治之術 于是假釋道二氏之說以輔之 然仙宮佛院 滿遍寰區 而世道人心 日趨日下 未臻上理 緣其立教也 竊取一二善事 其他議論不眞不確故也 釋氏輪廻淨土 戒殺破獄 種種誕妄 不知萬物之原始 人類之趨向 靈魂之性情 生死之究竟 且妄屈眞主于佛之下 乖謬殊甚 此與聖賢眞學之旨悖矣 衍老莊之旨者 涉幽邈而無當 雜符籙而悖理 即據所云 成仙登空 亦惟形體 不離塵俗 又萬萬必無之事 況奉玉皇爲皇天至尊 是道家于天主 以人竊其號 佛氏于天主 以人處其上 一不當 一不恭 皆無合于昭事之旨 且二氏之教行于中土 已千八百年矣 而人心世道 反今不如古 若以奉佛老者從奉天主 則興化致理 必出唐虞三代上矣 如西方三十多國奉教後 千六百年 大安長治 人心風俗盡善盡美 上下相安 家給人足 不爭不奪 各樂本業 此外治之至象 似不足爲異(『主教要旨』 25a~26b)

58) 丁若鍾, 앞의 책, 1986, pp.24-25.

종丁若鍾의 『쥬교요지』에서는, 상권의 항목 17~27에서 매우 구체적으로 상세히 불교와 도교의 문제점에 대해 거론하고 있는데, 이 (18-나)17.「옥황상제라 하는 말이 허망하니라」에서 여실히 드러나듯이 매우 구체적이면서도 현실적인 내용을 가지고 비판하고 있는 것이다.

이런 점은, 그 항목 중 27.「잡귀신을 위하는 것이 큰 죄니라」에서 특히 극명하게 드러난다고 보여진다. "이제 천지간에 한 임자가 계신 줄을 이미 알고, 또 일변으로 잡귀신을 위하여 소위 군왕君王과 말명과 제장諸將과 제석帝釋과 성주成柱와 영등과 성황城隍 등 물을 섬기어, 굿도 하고 제(祭)도 하여 복을 빌고 화를 면하고자 하는 사람이 어찌 두 임금을 섬기는 죄를 당하지 아니하리요?59)"라고 했음이 그것이다. 이 대목에서, "이제 천지간에 한 임자가 계신 줄을 이미 알고, 또 일변으로 잡귀신을 위하여" 여러 행위를 행하는 것은, 기왕에 천주교 신자로 이미 입교한 이들 가운데 성황당에 가서 빌기도 하고 굿도 서슴지 않은 행위 등에 빠진 경우를 꼬집어 말하고 있는 것임에 틀림이 없다.

이와 같이 정약종은, 이미 입교해서 천주교 신자가 되었지만, 신앙생활을 제대로 하지 못하는 이들을 바른 길로 이끌기 위해 『쥬교요지』를 저술하였음이 자명한 데, 배교背敎를 했거나 혹은 신자로서의 생활을 유보하고 있는 이들에게도 즉시 봉행의 길로 들어설 것을 권유하고 있다. 이는 다음의 대목에서 헤아릴 수가 있다. 하지만 이류사利類思의 『주교요지主敎要旨』에서는 원론적인 언급만이 있을 뿐이다. 이를 비교하기 위해 관련이 있는 부분을 아울러 제시한다.

(19-가)11.「사람이 천주교를 들으면 즉시 믿어 봉행할 것이니라」

---

59) 丁若鍾, 앞의 책, 1986, pp.38-39.

한 사람이 묻되, "이제 천주교의 말씀을 들으니, 마땅히 믿어 행할 일이로되, 천천히 내년부터 시작하면 어떠하뇨?"
대답하되, "그른 일을 버리고 옳은 노릇하기를 어찌 지금은 못하고 내년을 기다리리오? …(중략)…
슬프다. 오늘 한 시각時刻 사이에 죽는 사람이 얼마나 되는 줄을 모르되, 그 중에 내년을 기다리다가 지옥에 들어간 이가 무수할지니, 너도 내년이란 말을 다시는 말지어다. 사람이 개과천선改過遷善하면 천주께서는 그 죄 사하심을 허락하여 주시나, 내년을 기다리는 사람에게는 내년을 허락지 아니하시나니, 너도 오늘부터 시작하고 미루며 핑계하지 말지어다."60)
(19-나)12.「주교치세징主教治世徵」
대개 생사生死와 이해理解의 까닭을 말하는 것이 매우 모두 갖추어져 있고 또 진실하다. 몸이 (있은) 후에 상벌을 주는 이치는 매우 공정하고 마땅하고, 아침·저녁으로 성찰하는 공교로운 일은 매우 자세하고 엄하다. 성총聖寵이 도와서 죄를 뉘우치고 날로 새로워지고, 몸을 닦는 선비들은 타이름을 이끌고 좋은 벗들은 권면하고 앞선 성현聖賢들의 가르침이 많이 있으므로, 종류마다 모두 악을 멀리하고 선에 나아가는 정도正道가 있으니 천주天主의 정교正教는 진실로 인심을 편안하게 다스릴 수 있고 세상을 다스리는 지극한 궤도로 삼을 만하다61)

정약종이 『쥬교요지』의 맨 마지막 부분에 11.「사람이 천주교를 들으면 즉시 믿어 봉행할 것이니라」는 항목을 편재한 것부터가 상당히 의도적이라 하지 않을 수가 없겠는데, 문자 그대로 "즉시 믿어 봉행하라"는 것이었다. 물론 이 부분의 바로 앞 10.

---

60) 丁若鍾, 앞의 책, 1986, pp.101-103.
61) 원문은 다음과 같다.
蓋其所言生死利害之故 甚悉且眞 身後賞罰之理 甚公且當 朝夕省察之工 甚細且嚴 有聖寵輔佐 有悔罪日新 有修士提警 有善友勸勉 有多許先聖先賢指引表 則種種皆有離惡就善之正道 可知天主正教 誠能治安人心 而爲治世之極軌云(『主教要旨』 26a)

「천주교를 행하기 어렵다고 말을 못할 것이니라」에서도, "한 사람이 묻되, '천주교를 믿기는 쉬우나, 행하기가 어려우니라.' 하였다. 이에 대답하기를, '… 어찌 어렵다고 핑계하여 성교를 봉행치 아니하리오?' …62)"함에서도 우러나오듯이, 이미 천주교를 믿기는 시작하였지만 천주교의 교리에 충실하지 못하는 이들에게 이를 잘 지킬 것을 강조하고 있는 것이다. 이는 이류사利類思가 『주교요지主敎要旨』의 마지막 항목인, 앞에 인용한 바대로 (19-나)의 12.「주교치세징」에서도 맨 마지막 부분에서, "천주天主 정교正敎는 진실로 인심을 편안하게 다스릴 수 있고 세상을 다스리는 지극한 궤도로 삼을 만하다"라고 하여서, 지극히 원론적인 언급으로 끝맺고 있는 것과는 매우 대조적이라 하겠다.

끝으로 한 가지 여기에서 상기할 것은, 정약종丁若鍾의 『쥬교요지』에서는 앞의 목차 구성 비교표에서 제시하였듯이, 이류사利類思의 『주교요지主敎要旨』에서는 독립된 항목을 설정하여 상세히 언급한 십계十戒·영세領洗·고해告解에 대해서는 독립된 항목도 설정하지 않고 내용상으로 거의 거론하지 않고 있다는 사실이다. 이 점은 『쥬교요지』의 교리서로서의 한계이자 취약점이었다고 할 수도 있을 것이다. 그렇더라도 정약종이 이런 사항들을 언급하지 않은 것은, 명도회明道會 회장會長으로서 활동하며 교리를 가르치면서 그렇지 않아도 하권의 마지막 부분에 설정한 항목의 제목에서 풍기는 바대로 '천주교를 행하기 어렵다고 말을' 하는 신자들에게 그나마 '즉시 믿어 봉행할 것'을 강조하기 위해서 어쩔 수 없이 취한 방편이 아니었나 하고 보인다.

---

62) 丁若鍾, 앞의 책, 1986, p.98.

제6절 맺는 말

종래에는 정약종丁若鍾의 『쥬교요지』가 이류사利類思의 『주교요지主敎要旨』와 동일한 서명書名을 취하였음으로 하여, 그 번역본翻譯本이라 여겨지기도 했었다. 하지만 이 논문에서는 정약종의 『쥬교요지』와 이류사의 『주교요지』의 목차 구성뿐만 아니라 내용상의 비교 분석을 통해 그렇지 않음을 분명히 밝히게 되었다. 즉 정약종의 『주교요지』 저술 당시에 이미 이류사의 예수회 동료 신부인 남회인南懷仁이 저술한 『교요서론敎要序論』 등이 조선朝鮮에 수용受容되어 있었으므로, 이런 종류의 천주교天主敎 한문漢文 교리서敎理書들을 참조하여 정약종이 독창적으로 이를 저술한 것이었는데, 그가 참조한 천주교 한문 교리서에는 『주교요지』도 포함되어 있었다고 여겨졌다.

정약종은 『쥬교요지』에서 천주교 교리에 대해서 설명 위주로 세분화해서 구체적으로 살피고 있음이 특징인데, 예화例話도 주로 현실적인 것을 많이 제시함으로써 효과적인 전교傳敎를 위해 힘 기울이고 있었던 것이다. 그리고 이미 신자로 입교한 교우들 가운데 무식한 이들을 위해 한글로 이를 저술하였음은, 비신자들에게 천주교를 전교하기 위한 측면도 없지 않았지만 그보다는 신자들 내부의 교육을 확실히 하기 위한 것이었다. 한마디로 정약종의 『쥬교요지』 저술은, 신자들 내부에서의 대내적인 효용성이 더 중요시되었던 것이라 하겠다.

특히 그가 『쥬교요지』의 내용 가운데 불교佛敎와 도교道敎 등의 비판에 많은 분량을 할애하고 천주교의 우월성에 대해 언급한 것도 이러한 현실적인 문제와 관련이 깊었다. 기왕에 천주교 신자로 입교한 이들 가운데서 성황당에 가서 빌거나 굿도 서슴지 않는 등 행위에 빠진 경우 등에 대해서 올바른 신앙심을 회복하도록 주의를 환기시키고자 한 것이었던 것이다. 아울러 결론이라고 할 수 있는 하권의 맨 끝 부분에서, 즉시 믿어 봉행할 것을 강조한 것도 배교背敎했거나 혹은 신자로의 생활을 유보하고 있는 이들에게 회두回頭할 것을 권유하고 있는 것이라 하겠다.

이런 견지에 서서 보면, 그가 1801년 신해박해辛酉迫害 때 순교殉敎한 이후 10년이 지난 뒤에 조선의 천주교 신자들이 북경北京 주교主敎에게 보낸 편지에서 다음과 같이 그에 대해 서술하고 있음은 주목해 마땅할 것이다.

> (20)정약종 아우구스티노는 신앙 생활을 20년 동안 하였습니다. 그런데 부친한테서 박해를 받으며 이루 말할 수 없이 고초를 겪었지만 끝까지 마음을 바꾸지 않았습니다. 그리고 그러는 가운데서도 쉬지 않고 ①부지런히 교리를 가르치고 교회 책을 번역하였습니다. 그리고는 마침내 ②한글로 된 『주교요지』라는 책을 저술하여 상·하권으로 펴냈습니다. 그리하여 ③지금까지도 신입 교우들이 그 책을 읽음으로써 많은 것을 배우고 있습니다[63]

---

63) 「신미년(1811)에 조선 천주교 신자들이 북경 주교에게 보낸 편지」, 윤

여기에서 '①부지런히 교리를 가르치고 교회 책을 번역하였' 다는 것은 그가 교리연구에 노력하였음을 보여준다. 다만 여기에서 '교회책을 번역하였'다고 한 구절을, 그 바로 뒤에 '②한글로 된 『주교요지』라는 책을 저술하'였다고 한 구절과 연결을 지워, 마치 그가 동일한 서명書名으로 이미 중국에서 간행된 이류사利類思의 『주교요지主敎要旨』를 번역한 것으로 오해할 소지가 있었을 것이다. 하지만 앞서 밝힌 바와 같이 이는 정약종의 『쥬교요지』와 이류사의 『주교요지』를 실제로 비교조차 해보지 않은 데에서 비롯한 것이므로 취할 바가 못 된다고 여겨진다.

그리고 이 편지에서 '③지금까지도 신입 교우들이 그 책을 읽음으로써 많은 것을 배우고 있'다고 밝힌 것은, 그의 『쥬교요지』 저술이 아직 천주교를 믿고 있지 않은 이들을 주된 대상으로 삼아 이루어진 것이 아님을 알려주기에 부족함이 없다고 생각한다. 따라서 천주교 신자들에게 올바른 신앙의 길을 제시해주기 위해 정약종은 『쥬교요지』를 한글로 저술하였던 것이라 하겠다.

민구 역주, 앞의 책, 2000, p.245

제3장
남회인의 『교요서론』 수용 및
한글본 『교요셔론』 유포와
조선후기 천주교의 성장

제1절 머리말

한국천주교회사 서술에 있어서 원명原名은 페르디난트 페르비스트Ferdinand Verbiest(1623-1688)이면서도 중국명中國名을 남회인南懷仁이라 하며 천주교를 전교하는 데에 힘썼던 벨기에Belgium 태생의 예수회耶穌會 신부와 그가 저술한 교리서敎理書 『교요서론敎要序論』의 수용에 대해서 관심을 기울이는 표현이 등장하는 것은 1931년이 처음 아닌가 싶다. 그 이전에 천주교의 수용과 관련하여서 영향을 끼친 인물로서 오로지 이마두利瑪竇 즉 마테오 리치Matteo Ricci(1552-1610)에 대해서만 주로 언급하던 것과는 사뭇 다르게 새로운 이해가 시도되고 있는 듯한 분위기를 자아내는 현상으로 여겨지는데, 다음과 같은 기록이 바로 그것이다.

(1-가) 「최초 전래의 기묘한 경로」
1631년(인조仁祖 신미辛未)으로부터 고종 때까지는 조선 사신이 연연히 중국 북경 조정에 왕래하며 조공朝貢의 예를 행하던 때다. 그 때 사신을 따라간 수행원隨行員들은 그 곳에서 주교主敎

와 신부들과 가끔 교제하고 그 예식에도 종종 참관하였으며 또한 당시 전교 신부들로서 고명한 이태리인 학자 리마두利瑪竇·탕요왕湯若望·남회인南懷仁 등 제씨의 저술한 각종 서적은 우리나라 학자들의 호기심을 자극하여 몇 가지 책이 자연 저들의 손으로 조선 안에까지 들어오게 되었다. 따라서 그 서적 가운데 특히『천주실의天主實義』에 실려 있는 천주공교의 오묘한 신덕도리信德道理와 훌륭한 도덕관道德觀은 명철한 우리 선배들의 정신에 큰 파문을 일으켜 주었다. …

의론한 결과 그 때 마침 1783년(정조正祖 계미癸未) 이승훈李承薰의 부친 이동욱李東郁이 셋째 사신으로 북경 조정에 들어가게 된 기회를 이용하여 승훈으로 하여금 그 부친을 따라가 그곳 신부들에게서 교리를 철저히 배워가지고 돌아오기를 부탁하였다.[1]

물론 이 글에서도 역시 서명書名으로는『천주실의』만을 특별히 거론할 정도인데, 다만 한국의 천주교 교리서 수용과 관련하여 인용문의 밑줄 그은 부분과 같이 '이마두利瑪竇·탕요왕湯若望·남회인南懷仁 등 제씨의 저술한 각종 서적은 우리나라 학자들의 호기심을 자극하여 몇 가지 책이 자연 저들의 손으로 조선 안에까지 들어오게 되었다'라고 하여서, 이마두 외에 탕요왕 곧 탕약망湯若望 즉 아담 샬Adam Schall과 더불어 남회인 즉 페르디난트 페르비스트Ferdinand Verbiest를 거론하고 있음은 대단히 이채로운 일이라고 하지 않을 수가 없을 정도라고 여겨진다. 사실 오늘날의 한국천주교회사 연구에서도 이러한 경향은 줄곧 이어져서 천주교의 교리서敎理書에 대한 연구를 진척시키면서 주로 이마두의 영향을 운위云謂하거나[2] 혹간 탕약망을 주로 거론하였

---

1) 『朝鮮天主敎公敎會史略史』, 京城區天主敎靑年會聯合會, 1931, pp.5-7.
2) 崔東熙, 「西學의 形成과 流入」, 『西學에 대한 韓國 實學의 反應』, 高麗大 民族文化硏究所, 1988. 盧鏞弼, 「朝鮮後期 天主敎의 受容과 마테오 리치의 '交友論'」, 『吉玄益敎授停年紀念論叢』, 논총발간위원회, 1996; 이

으며3), 또한 당시의 한문漢文 천주교 교리서 전반을 종합적으로 다루면서 남회인의 『교요서론』을 거론했거나4) 혹은 남회인과 같이 활동했던 이류사利類思뷜리오Buglio의 『주교요지主敎要旨』 등을 언급하면서 남회인의 저서에 대해서도 언급하였지만5), 정작 남회인만을 본격적으로 다룬 논문이 전혀 없기 때문이다.

하지만 중국천주교회사에서는 전혀 그렇지가 않다. 아래의 글을 통해서 단적으로 남회인이란 인물이 당시 중국천주교회사에 있어서 이마두·탕약망과 견주어서도 결코 뒤지지 않을 정도로 얼마나 비중이 대단한 인물이었는지가 여실히 잘 드러나고 있음을 알 수가 있는 것이다.

(2)명말청초明末淸初에 중국에 온 천주교 선교사 가운데 매우

책의 제1부 제1장 등이 주로 그러하다. 이밖에 마테오 리치 자신 혹 그와 교류한 인물들에 대한 연구로서는 吳在環, 「利瑪竇의 宋儒觀」, 『全北史學』 13, 1990. 송영배, 「17세기(明末) 마테오 리치(利瑪竇)의 중국전교와 유교관―그의 행적, 저술 그리고 유교관을 중심으로―」, 『철학사상』 3, 1993. 申龍澈, 「李卓吾와 마테오 리치의 交友에 대하여―16세기 東·西文化 接觸의 한 架橋―」, 『明淸史硏究』 3, 1994. 韓延姃, 「마테오 리치와 交流한 漢人士大夫」, 『明淸史硏究』 14, 2001 등 참조.

3) 張貞蘭, 「아담 샬(Adam Schall)과 楊光先―明末淸初 東西文化의 갈등과 대립―」, 黃元九敎授定年紀念論叢 『東아시아의 人間像』, 혜안, 1995; 『그리스도교의 中國 傳來와 東西文化의 對立』, 부산교회사연구소, 1997 등 참조.

4) 崔韶子, 「明末·淸初 漢人士大夫의 西學認識」, 『省谷論叢』 12, 1981; 『東西文化交流史硏究―明·淸時代 西學受容―』, 三英社, 1987 외에 裵賢淑, 「17·8世紀에 傳來된 天主敎書籍」, 『敎會史硏究』 3, 韓國敎會史硏究所, 1981 등 참조.

5) 車基眞, 「蔓川 李承薰의 교회 활동과 정치적 입지」, 『敎會史硏究』 8, 한국교회사연구소, 1992; 同改題 「교회의 창설과 李承薰의 역할」, 『조선후기의 西學과 斥邪論 硏究』, 한국교회사연구소, 2002 및 盧鏞弼, 「丁若鍾의 '쥬교요지'와 利類思의 '主敎要旨' 비교 硏究」, 『韓國思想史學』 19, 한국사상사학회, 2002; 이 책의 제1부 제2장.

많이 양조兩朝 조정朝廷의 우대優待를 받았다, 이마두利瑪竇는 사망 후에 장지葬地를 받았고, 탕약망湯若望은 생전에 호號로 '통현교사通玄教師'와 제題로 '통현가경通玄佳境'을 하사받았으며 음서蔭敍의 특혜와 또한 삼대三代에 걸쳐 (5품관품官 이상을 제수除授받을 수 있는) 고명誥命을 하사받았다. 이외에 은혜를 입어 의복을 하사받거나 연회를 베풀어 받거나 환갑·진갑으로 편액扁額을 하사받았으며, 사망 후에 장례에 드는 비용을 은銀으로 받거나 은을 받아 건물을 수리하거나 혹은 그 밖의 하사품을 받은 사람들의 수가 자못 많았다. 하지만 출가出家한 사람들이라 물론 이러한 것으로 영광으로 삼을 필요가 없었으며 다만 역시 정치와 종교가 융합融洽하여 전교傳教의 방편方便이 자못 많았다.
중국 천주교 선교사로서 사망 후에 시호諡號를 하사받은 것은, 역사상에 있어 단지 남회인南懷仁 Ferdinandus Verbiest 한 사람 뿐이다6)

　명나라 말기부터 청나라 초기에 걸쳐 중국에서 활동했던 천주교 선교사들 가운데서 조정朝廷에 의해 우대받았던 대표적인 인물로서, 이마두·탕약망·남회인 3인을 대비시켜 설명하고 있는 이 글이 매우 흥미를 끌기 족하다고 여겨진다. 사망 후에 장례비를 은銀으로 하사받거나 했던 자못 많았던 경우들과는 유달리, 이들 3인이 각기 사망한 후 조정에서 어떤 예우를 했는지를 구체적으로 정리해 준 대목이 특히 그러한데, 이마두가 사망 후 장지葬地를 받았을 뿐이고, 탕약망은 호號를 하사받고 고명誥命을 받았음에 비해 남회인은 사망 후에 역사상 유일하게 시호諡號까지를 하사받았다는 것이다. 이럴 정도로 남회인은 중국 천주교회사에서 이마두·탕약망에 못지않은 커다란 영향을 남겼다는 사실을

---

6) 方豪,「南懷仁」,『中國天主敎史人物傳』(中), 中華書局, 1988, p.163; 宗教文化出版社, 2007, p.339.

가늠할 수 있는 것이다.

그러면 남회인이 사망 후 조정朝廷으로부터 이마두·탕약망과 비교해서도 이토록 특별난 우대를 받았던 까닭은 무엇일까? 그 이유는 아래의 글에서 보듯이 강희제康熙帝가 그를 대단히 총애하였음에서 비롯된 것이었다.

> (3)강희제는 즉위 이래 예수회 선교사들에게 상당한 호의를 베풀었다. 그래서 선교사들의 공학적·의학적·예술적·천문학적 기량을 높이 평가하고 자신의 궁정에서 추진한 수많은 사업에 이들을 참여시켰다. 지도 제작에 능숙한 예수회 선교사들은 중국의 지도를 제작하였고, 의술에 밝은 선교사는 강희제의 순행에 동행하였으며, 천문지식에 해박한 선교사는 천문기상 관측기구인 흠천감의 관료로 일하였다. 페르디난트 페르비스트, 앙투안 토마, 토마스 페레이라 등의 예수회 신부들은 상당히 자질이 뛰어났을 뿐 아니라 강희제의 명령에 기꺼이 복종하였으므로 그의 총애를 받으며 입지를 확고히 다졌다7)

강희제가 국가적 발전을 일궈 내기 위해서, 천주교의 예수회 선교사들을 적극 활용하려 그들에게 호의를 제공하였는데, 페르디난트 페르비스트 곧 남회인 역시 '상당히 자질이 뛰어났을 뿐 아니라 강희제의 명령에 기꺼이 복종하였으므로 그의 총애를 받으며 입지를 확고히 다졌다'는 것이다. 그랬기에 그가 사망하자 강희제는 역사상 처음으로 그에게 시호諡號를 하사하면서까지 애통함을 드러내놓고 표현할 정도이었던 것이라 하겠다. 뒤에서 곧 상세히 거론할 바와 같이 남회인이 생전에 황제의 총애를 한 몸에 받으며 천주교를 전교하는 데에 자신의 역할을 집중하고 있었

---

7) Jonathan D. Spence, K'ang-hsi's Reign, *Emperor of China : Self-Portrait of K'ang-hsi*, Alfred A. Knof, 1974, p. xviii; 이준갑 옮김, 『강희제』, 이산, 2001, p.33.

으므로, 그 자신이 저술한 교리서들 또한 그의 생전에도 그랬을 뿐만 아니라 비록 그가 세상을 떠난 후에도 천주교 전교에 크게 위력을 떨치고 있었다.

중국 천주교회 내의 이러한 분위기는 조선인으로서는 처음으로 1784년에 이승훈李承薰이 천주교에 입교할 무렵이나 이후 그의 뒤를 이어서 옥천희玉千禧가 1800년에 북경에 가서 교리 교육을 받을 때에도 여전하였을 것인데, 적어도 이 무렵의 천주교 교리 교육에 있어서는 남회인의 저서『교요서론敎要序論』은 여전히 애용되는 책 가운데 으뜸이었던 듯하다. 이승훈의 경우에는 과연 그랬는지 명확치 않지만, 옥천희의 경우는 의심의 여지가 없게 명약관화明若觀火한 데, 이 점과 관련하여서는 다음의 기록들이 주목된다.

(4-가)「이승훈의 입교와 귀국전교」
승훈은 기쁜 마음으로 곧 승낙하고 부친을 따라 북경으로 향하였다. 그 곳에 도착하자 저는 지체 않고 북경주교 알렉산델·고베아Mgr. Alexander de Govea께로 찾아 가서 (1)성교교리를 문답하여 보니 과연 전에 듣던 바와 틀림이 없음으로 이에 곧 긴요한 교리를 배워 그 해 12월에 영세(領洗)하여 본명(本名)을 베드루라 정하니 저는 곧 우리 조선의 첫 교우이다.
그 이듬해 1784년(정조正祖 갑진甲辰)에 베드루는 (2)여러 가지 성물聖物과 성서聖書를 많이 가지고 돌아와 우선 학식 있고 덕행이 높은 친한 선배들에게 새교를 전하여 여러 사람을 감화시켰다8)
(4-나)「천희千禧 옥가玉哥」
상년上年(1800) 11월간에 북경北京에 들어가 천주당天主堂에 갔을 때 가삼家蔘(밭에서 가꾼 인삼) 2냥兩을 탕湯 선생先生에게 드렸습니다. …(중략)… 갑자기 나이어린 사람이 있어 주周 선

---

8) 앞의『朝鮮天主敎公敎會史略史』, 1931, pp.7-8.

생先生의 안부를 물었습니다. 그래서 제가 답하기를 알지 못한다고 하자, 탕 선생이 번민하는 기색이 있더니 그 나이어린 사람을 책망하여 '명백하지 않은 일을 어찌 가볍게 묻는가' 하였습니다. 곧 제게 일러 말하기를 '수일 후에 천주당天主堂에서 첨례瞻禮가 있으니 자네도 마땅히 와서 보라'고 하였고 …(중략)… (1)탕 선생이 『교요서론敎要序論』 2권 책자를 내주며 말하기를, '너희 나라는 엄격하게 이 학을 금지한다고 하니 관관에 머물 때 또한 문득 열람하기가 곤란하겠지만, 너는 홀로 자명종自鳴鐘 시장에 가서 위魏 선생을 찾아보면 반드시 이 책에 대한 상세한 가르침을 받아 이 학이 좋은지 아닌지 진실인지 거짓인지 알게 될 것이다'라고 하였다. 그래서 과연 위 선생을 가서 보았더니 위 선생은 먼저 황생黃生(황인철黃仁喆, 황심黃沁토마스를 가리킴)이 오지 않았는지를 묻고 또한 저에게 황생과 더불어 얼마나 친하게 알고 지내는지 아닌지를 물었다. 그래서 대답하기를 만약 절친하게 긴밀하게 지내지 않는다면 어찌 이 책을 가지고 왔겠는가라고 하였다. 위 선생이 또한 주 선생의 안부를 물었다. …(중략)… (2)올4월에 또한 북경에 들어가 탕 선생을 가서 보았는데 위 선생이 『교요서론』을 강론講論하였고, 별다른 응대는 없었을 뿐입니다. 사책邪冊(천주교 서적)은 나라에서 금함이 지극히 엄하니 감히 가지고 올 수가 없었습니다. 올6월에 북경으로부터 돌아오는 길에 의주義州에서 붙잡히고 말았습니다. 저는 이미 이 학이 좋음을 알게 되었으므로 비록 죽도록 매질을 당하더라도 바른 것으로 돌아갈 뜻이 없습니다.9)

---

9) 『邪學懲義』, 韓國敎會史硏究所, 1977, pp.222-224. 원문은 다음이다. 上年十一月間 入北京 往天主堂時 家蔘二兩 給于湯先生矣 …(中略)… 而忽有年少之人 問周先生安否 故矣身答以不知云 則湯先生有悶然氣色 責其年少曰 未詳之事 何可輕問乎 仍謂矣身曰 數日後當瞻禮於天主堂 君當來觀 …(中略)… 則湯先生出給敎要序論二卷冊子 曰爾國嚴禁此學云 留館時 亦難煩覽 汝獨往自鳴鐘市 訪見魏先生 則必當詳敎此書 可知此學之好否眞僞云 故果往見魏先生 則魏先生先問黃生來否 又問矣身與黃生親知之緊歇 故答以爲若非切緊 則豈可持其書來此耶 魏先生又問周先生安否 …(中略)… 今四月

이승훈의 경우 각별히 기록에 나타나는 바가 없으나, '성교교리를 문답하여 보니 과연 전에 듣던 바와 틀림이 없음으로 이에 곧 긴요한 교리를 배워' 결국 천주교에 입교入敎했다고 했으므로 그 역시 『교요서론』을 가지고 공부했을 가능성이 높다고 보이며, 또한 '여러 가지 성물聖物과 성서聖書를 많이 가지고 돌아와' 천주교 전파에 크게 공헌했다고 함으로 보아서도 그가 영세를 받고 귀국할 때 『교요서론』 역시 지니고 들어왔을 법하다고 여겨진다.10) 다만 이승훈의 경우에 대해서는 이와 같이 명확한 문헌 기록이 찾아지지 않는 데에 반해, 그를 뒤이어서 중국에 간 옥천희는 『교요서론』을 통해 교리 공부를 했음이 기록에 명백하다. 즉 위 기록 가운데 밑줄 친 부분들에서 (1)에서와 같이 1800년에 북경에 갔을 때도, (2)에서와 보이듯이 또 그 다음 해에 갔을 때도 『교요서론』을 가지고 강론을 통해 천주교 교리를 배우고 있음이 드러나고 있는 것이다.

옥천희가 이처럼 『교요서론』을 통해 천주교 교리를 공부했다는 사실 자체만으로도 한국천주교회사에 있어서 남회인의 『교요서론』이 끼친 영향을 면밀히 연구해보기에 족하다고 할 수 있을 것이다. 게다가 이 사실과 아울러, 비록 그가 방금 앞에서 본 (2)의 끝 부분에 적혀 있는 '사책邪冊은 나라에서 금함이 지극히 엄하니 감히 가지고 올 수가 없었습니다'라고 밝히고 있는 바처럼 그가 직접 『교요서론』을 가지고 귀국하지는 못했던 것 같다. 하지만 뒤에서 상론詳論하는 바처럼 적어도 1801년 당시에는 이미 조선에 『교요서론』의 한문본漢文本이 수용되어 읽혀지고 있었음

又入北京 往見湯先生 魏先生講論教要序論 而別無他酬酢是白遣 邪册叚以邦禁之至嚴 不敢持來 而今六月 自北京回還之路 現捉於義州是乎이 矣身旣知此學之爲好 則雖死杖下無意歸正云云

10) 車基眞, 앞의 논문, 1992; 앞의 책, 2002, pp.159-160 및 盧鏞弼, 앞의 논문, 2002; 이 책의 제1부 제2장.

은 물론이고 그것이 한글로 이미 번역되어 한글본 『교요셔론』이 등장하고 필사筆寫되어 유포流布되고 있었다는 사실을 감안하면, 더더욱 남회인의 중국 천주교회사에 있어서의 활약상은 물론이고 그의 『교요서론』 저술 및 간행과 그 내용상의 특징 등을 연구해야 할 필요성에 대해서는 두말할 나위가 없다고 하겠다.

제2절 중국에서의 남회인의 활약과 천주교 전교에 끼친 영향

일찍이 마테오 리치Matteo Ricci 즉 이마두利瑪竇가 중국 문명에 대해 지녔던 것과 같은 호의적인 서양 가톨릭의 견해는 1644년에 명나라가 무너진 뒤에도 살아남아 17세기 말에 중국에 와서 청나라 치하에서 정착한 유능한 예수회원들에게도 그대로 계승되었다. 청나라 황제들은 예수회원들을 당시 국립國立 천문대天文臺에 해당하는 흠천감欽天監의 고위직에 임명하였고, 개인 문제까지 상담할 수 있는 절친한 친구로 삼았다. 뿐만 아니라 그들이 가져온 새로운 개념들, 예를 들면 키니네와 같은 의약품, 전쟁에 요긴한 대포大砲의 제작 기술, 코페르니쿠스의 지동설地動說과 같은 천문학 지식 그리고 원근법遠近法과 명암明暗 배분의 회화법繪畫法 등을 기꺼이 받아들였다. 특히 강희제康熙帝[11]는 제위帝位에 오른

---

11) 康熙帝의 생애와 업적에 관한 압축적인 정리는 Fang Chao-Ying(房兆

직후 처음으로 수학數學에 대해 관심을 가지기 시작하여 예수회 선교사 아담 샬Adam Schall 즉 탕약망湯若望을 불러 질문하곤 하였다.12) 그럼으로써 자연히 강희제와 탕약망은 매우 친밀해지게 되었는데, 그리하여 강희제가 황궁皇宮으로 탕약망 자신을 호출하여 밤늦게까지 대화를 나누기도 하였지만, 때로는 6백 명이나 되는 많은 신하들을 이끌고 탕약망의 숙소를 방문하여 그와 대화를 나누는 동안 그들을 밖에서 대기하도록 하기도 했다. 그리하여 1656년과 1657년 사이에 강희제는 탕약망의 숙소를 무려 24번이나 방문했다는 기록이 전해질 정도이다.13)

이에 따라 탕약망은 중국에서의 영향력을 점차 증대시킬 수가 있었다. 중국에 선교를 위한 온 대부분의 서양 신부들은 오문澳門 즉 마카오Macau에 머물고 있을 뿐이었지, 당시에도 서양 신부가 중국 내지에 들어간다는 것은 매우 어려운 게 사실이었다. 순치연간順治年間(강희제康熙帝의 부父인 세조世祖의 재위시기在位時期로, 서기 1644년부터에서 1662년까지)에 중국 내지에 들어갈 수 있었던 것도 페르디나트 페르비스트Ferdinand Verbiest 즉 남회인南懷仁 등 몇 사람에 불과하였다. 그것도 탕약망의 힘을 다한 노력이 없었다면 이들도 올 수 없었을 것인데, 천신만고 끝에 1660년에 남회인이 북경北京에 드디어 도착하게 되었으며, 이후 남회인은 탕약망과

檻), Arthur Hummel (ed.), *Eminent Chinese of the Ch'ing Period*, United States Government Printing Office, Washington, 1943; reprint, Ch;eng-Wen Publishing Co., Taipei, 1967, pp.327-331에 되어 있음이 참조된다.

12) Jonathan D. Spence, *The Chan's Great Continent : China in Western Minds*, W.W.Norton & Company. Inc., 1998, pp.35-36; 김석희 옮김, 『칸의 제국; 서양인의 마음 속에 비친 중국』, 이산, 2000, p.61.

13) Dunne, George Harold, *Generation of Giants : the story of the Jesuits in China in the last decades of the Ming dynasty*, University of Notre Dam Press, 1962, p.348.

함께 천주교 전교에 힘쓰는 한편으로14) 역법曆法에 대한 연구에 매진하며 중국 황실에서의 자리를 점차 굳히게 되었다.15)

당시에 강희제가 이렇듯이 탕약망을 위시한 남회인 등의 서양인 선교사들과 밀착된 것에 시기猜忌를 한 양광선楊光先이 강희康熙 3년(1644)에 이들 가운데 가장 대표적인 존재였던 탕약망의 수학적 지식에 근본적인 의문을 제기하면서 공격을 시도하였다.16) 양광선이 이 지리한 논쟁에서 일시 승리한 듯이 보이게 되자, 급기야 탕약망이 남회인 등과 함께 투옥되었지만, 남회인이 나서서 양광선의 주장이 거짓된 것임을 논증함으로써 그를 조정

---

14) 费赖之 著, 冯承钧 譯, 「南怀仁」, 『在华耶苏会士列传及书目』(上), 中華書局, 1995, p.173; 崔維孝, 『明淸之際西班牙方濟會在華傳教硏究(1579-1732)』, 中華書局, 2006, p.25에 보면, 汤若望·南懷仁 등의 활약으로 1650년부터 1664년까지 14년 사이에 중국인으로서 영세를 받은 사람의 수가 무려 10만에 이르렀다고 한다.
15) 蕭若瑟, 『天主教傳行中國考』, 直隷 獻縣天主堂, 1926 및 1931; 影印本, 上海書店, 臺北, 1958, p.289.
16) 楊光先의 생애와 활동상 특히 『不得已』의 저술을 통한 예수회 선교사들과 논쟁에 관한 개략적 정리는 Fang Chao-Ying(房兆楹), Arthur Hummel (ed.), 앞의 Eminent Chinese of the Ch'ing Period, 1967, pp.889-331에 되어 있음이 참조된다. Jonathan D. Spence의 일련의 저술 즉 Emperor of China : Self-Portrait of K'ang-hsi, Alfred A. Knof, 1974와 The Chan's Great Continent : China in Western Minds, W.W.Norton & Company. Inc., 1998에서 楊光先에 대한 평가에서는 일관되게 이를 인용하고 따르고 있으며, 특히 앞의 책, 1974, pp.177-179; 이준갑 옮김, 앞의 책, 2001, pp.275-277의 강희제에 대한 Note에서 '강희제의 치세에 대해 간략하면서도 가장 뛰어난 학술적인 접근'이라고 논평하였는데, 이게 과연 정당한 평가이며 심도 있는 분석인지에 대해서는 의문의 여지가 많다고 여겨진다. 다만 이 Arthur Hummel (ed.), Eminent Chinese of the Ch'ing Period는 초기에 나온 정평이 있는 연구 성과임에는 틀림이 없을 것이나, 그 표지에 병기되어 있는 바와 같이 『淸代名人傳略』이어서 그 내용이 상세하지 않을 뿐더러 학문적으로 치밀한 분석 위에서 서술된 바는 아니므로 주의를 요하는 게 아닌가 생각한다.

朝廷에서 내쫓고 탕약망이 석방되게끔 하는 데에 결정적인 역할을 하였다.17) 이들의 이러한 석방에는 한편으로는 때마침 일어난 혜성彗星의 출현과 지진地震의 발생 그리고 황궁皇宮의 많은 부분을 태운 화재火災의 발생 등이 연달아 일어나자 이러한 천변지이天變災異를 천신天神의 노여움으로 받아들여 죄수를 석방하곤 하던 관례가 작용하였던 것이다.18) 또 다른 한편으로는 강희제의 조모祖母 즉 순치제順治帝의 모친母親이 자신 아들이 살아생전에 좋은 우정을 맺고 있었던 탕약망 등에 대한 석방을 강력히 요구한 게 결정적인 영향을 미쳤던 것이었다.19)

하지만 결과적으로는 남회인南懷仁의 탕약망湯若望에 대한 적극적인 변호와 아울러 그 자신의 뛰어난 천문 지식의 실력 발휘로 강희제康熙帝의 신임을 얻게 됨으로써 남회인이 1669년에는 탕약망 대신 흠천감欽天監을 맡게 되었다.20) 그러자 남회인은 한편으로는 서양의 사정을 바르게 널리 알리면서 천주교 전교傳敎에 원활함을 기하기 위해 동료들과 힘을 합해 『서방요기西方要紀』를

---

17) 徐宗澤, 「中國天主敎會史―自淸入關至康熙朝」, 『中國天主敎傳敎史槪論』, 土山灣印書館, 1938; 中國學術叢書, 大學書院, pp.220-221 및 曹增友, 「南懷仁救敎」, 『基督敎与明淸际中国社会―中西文化的调达与冲撞』, 作家出版社, 2006, pp.213-221.
18) R. H. Major, ESQ., Introduction; D'Orléans, Père Pierre Joseph, *History of the two Tartar Conquerors of China*, London; Printed for The Hakluyt Society, 1854, p.viii.
19) Dunne, 앞의 책, 1962, p.363. 물론 이 당시 남회인이 홀로 이 일을 추진하고 있었던 것은 아니었다. 方豪, 앞의 책, 1988, p.171; 2007, (p.339)에, 江蘇 지방의 천주교 신부 黃伯祿이 1883년에 편집한 『正敎奉褒』에 의거하여 남회인의 활약상에 대해 정리해두었는데, 여기에서 그가 利類思·安文思 등과 더불어 楊光先에 대적해서 湯若望을 끝까지 변호하면서 천주교 전파에 힘쓰는 과정을 역력히 엿볼 수 있다.
20) 余三樂, 「南怀仁等在京传教士以其西方科学知识在多方面为清廷服务 得到康熙皇帝的赏识」, 『中西文化交流的歷史見証 ―明末淸初北京天主敎堂』, 廣東人民出版社, 2006, pp.206-224.

저술하였으며21), 다른 한편으로는 남회인은 강희제康熙帝에게 상 표上表하여 본격적으로 양력陽曆의 사용을 요구하였다. 그는 그 다 음 해에 있는 윤월閏月을 삭제해야 함을 역설하였던 것인데, 다음 해의 윤월을 삭제하면 국가적인 연중행사에 커다란 영향을 미치지 않을 수 없는 노릇이었으므로, 국가의 위신에도 관계가 되는 일이 었다. 그렇기 때문에 당국에서는 남회인의 주장을 철회시키고자 백방으로 힘을 기울였지만 그는 완고頑固하게 일보一步도 양보하려 하지 않았다. 그러자 강희제는 결국 남회인의 제안을 인정하고 상 유上諭를 발해서 윤월을 삭제하게 하였다.22) 이 사실은 강희제의 남회인에 대한 절대적인 신임을 증명해주는 것이라 하겠다.23)

이후 남회인은 서양의 과학 기술에 대해서도 강희제와 달단어

---

21) 그는 利類思Buglio(1606-1682), 安文思Magalhaes(1610-1677) 등과 합 작해서 저술하여 소책자『西方要紀』를 1669년 北京에서 완성했는데, 이 것을 1679년에 출판하였다. 그러면서 붙인 張潮의「序文」에서는 여전히 天主敎를 儒敎와 동일한 것으로 이해하고 있음이 확연히 드러난다고 한 다. Jacques Gernet 著, 耿 昇 譯,『中國和基督敎―中國和歐洲文化之比 較』, 上海古籍出版社, 1991, p.61; 鎌田博夫 譯,『中國とキリスト敎― 最初の對決』, 法政大學出版局, 1996, pp.57-58.
그리고 徐海松,「清初西敎士的天儒會通与中國奉敎徒的附和」,『清初士人 与西學』, 東方出版社, 2000, pp.134-135에서는 특히 남회인의『敎要序 論』등에 나타난 천주교와 유교 사이의 회통에 대해 논하고 있음이 주목 된다.
22) 중국인 馮作民이 중국어로 정리한『清康乾兩帝與天主敎傳敎史』(修訂三 版, 全史書局, 臺北, 1975)는, 원래 프랑스어로 되어 있었던 것인데 日本 人 後藤末雄이 日本語로 번역한『耶穌會士書簡集』을 재차 編譯한 것으 로, 당시의 상황을 파악하는 데에 적지 아니 참조된다. 특히 pp.10-14에 걸쳐 남회인의 활약상에 대해 시기별로 정리해두었음이 주목된다. 이에 따르면 강희제가 남회인을 등용하여 흠천감 監副로 기용함과 동시에 단 호히 回回曆을 폐지하고 양력을 채용하였으며 아울러 詔書를 내려 전국 에서 이를 따르도록 하였다고 한다.
23) Joachim Bouvet 著, 後藤末雄 譯,「西歐人名略傳」,『康熙帝傳』, 生活 社, 1941, pp.248-249.

韃靼語로 토론하게 되는데24), 강희제 자신이 수학 수업에 열중하였으므로 그것도 그의 요청에 따라 남회인 자신도 달단어를 자유자재로 구사해서 그의 교습 내용을 소통함에 있어 통역자가 불필요하게 하려는 것이었다. 그리하여 남회인은 달단어를 열심히 연구하여 『달단어요소韃靼語要素』라는 어법서語法書도 저술하기에 이르렀다. 그럼으로써 문학적이면서 과학적인 본질을 남회인이 강희제에게 제공할 수 있도록 하게 되었는데, 물론 남회인이 강희제를 가장 효과적으로 돕도록 하기 위해 강희제 스스로가 보다 실천적인 친절함을 보이고 있었기 때문에 이 모든 게 가능할 수 있었던 것이다.25) 1673년 11월에 오삼계吳三桂라는 지방 권력자가 반란을 일으키자 이에 동조하여 2명의 지방 권력자들이 함께 봉기한 이른바 삼번三藩의 난亂으로 청 왕조가 위기에 봉착했을 때, 남회인이 대포를 제작해줌으로써 강희제가 이 난을 진압하는 데에 결정적인 도움을 주었으므로 이때부터 남회인은 강희제의 총애를 더욱 받기 시작하였다.26) 즉 당시에 그는 1년 사이에 약 350門의 소포小砲를 주조鑄造하고는 각 포砲 마다 천주교 성인聖人·성녀聖女의 명칭을 붙였다고 하는데, 그 명중률이 대단히 높아 강희제가 남회인에게 입고 있었던 초구貂裘를 벗어서 하사下賜했다고 한다. 청군淸軍이 이들 새로운 포砲를 실전에 써서 적군을 격파하여 드디어 삼번의 난을 진압하기에 이르자, 그 공을 높이

---

24) Jonathan D. Spence, 앞의 책, 1974, p.72; 이준갑 옮김, 앞의 책, 2001, p.136. 연이어서 조녀선 스펜스는 '1690년대 초에는 하루에 몇 시간 씩 그들과 함께 작업하였다. 페르비스트와 함께 대포 제작 공정의 각 단계를 관찰하였으며, 또 그에게 기계장치로 작동하는 분수를 만들어 보였으며 궁궐에 풍차도 세우게 하였다'(Spence, 같은 책, p.72; 이준갑 옮김, 같은 책, pp.136-137)고 서술하였는데, 이는 명백한 오류이다. 페르비스트 즉 南懷仁은 이 글의 앞과 뒤에 밝혀 두었듯이 1688년에 이미 落馬 사고로 사망하였기 때문이다.
25) R. H. Major, ESQ., Introduction; D'Orléans, 앞의 책, 1854, p.ix.
26) 江文漢, 『明淸間在華的天主教耶穌會士』, 知識出版社, 1987, p.56.

평가하여 황제는 남회인에게 공부우시랑工部右侍郎 직함을 더해주게 된다.27)

물론 중국에서의 남회인의 명성은 말할 것도 없이 주로 그의 이러한 과학적인 노고에 의거한다. 하지만 한편으로는 이리하여 황실의 관직에 종사하면서 그는 교회를 위해 촉진시켜야 할 전교의 큰 목표에 대해 관심을 쏟지 않을 수 없었다. 그가 남긴 25개의 저작물은, 중국인 개종자改宗者들 사이에서 여전히 지금까지도 일반적으로 사용되는 몇몇 단편의 논설들을 포함하는데, 이 가운데서『성체답의聖體答疑』는 하느님의 성체聖體에 관한 의문들을 풀이한 것이며,『교요서론敎要序論』은, 십계명十誡命·주기도문主祈禱文·사도신경司徒信經에 대한 해설을 포함해서 로마 교회의 교의敎義의 일반적인 개요로 1677년에 간행되었고,『고해원의告解原義』는 고해告解의 교리敎理에 대한 해설이다.28)

---

27) Joachim Bouvet 著, 後藤末雄 譯, 앞의 책, 1941, p.250.
28) Wylie A. Alexander, *Notes on Chinese Literature : with the introductory remarks on the progressive advancement of the art*, Shanghai, 1867; Taipei, reprint, 1972, p.177. 이에 따르면,『敎要序論』의 1677년의 이 판본은 훗날 滿洲에서 인쇄되었는데, 1805년 皇室 편집의 한 책에서 비판되었다고 하였다.
한편 Albert Chan, S.J., Chinese Books and Documents in the Jesuit Archives in Rome, M.E. Sharpe, Inc., New York, 2002, p.351에서는 Pfister(费赖之) 著, 冯承钧 譯,「南怀仁」,『在华耶苏会士列传及书目』(上), 中華書局, 1995, p.350에서 인용한 Wylie A. Alexander의 같은 책의 중국어판 즉 伟烈亚力의『中國文獻註釋』을 거론하면서 한국어판이 1864년에 출간되었노라고 하였지만, 오늘날 우리가 볼 수 있는 판본(곧 앞의 영문판을 말하는 것으로 이해된다)에서는 이를 찾아볼 수 없다고 지적하였다. 실제로 이 책에서 직접 찾아도 이를 전혀 볼 수가 없었다. Joseph Hsing-san Shih, S.J., The Religious Writings of Father Ferdinand Verbiest, John W. Witek. S. J. (ed.), *Ferdinand Verbiest(1623~1688) Jesuit Missionary, Scientist, Engineer and Diplomat*, Steyler Verlag·Nettetal, 1994, pp.423-424; 施省三,「南怀仁神父的宗教著作」, 魏若望 编,『传教士·科学家·工程师·外交家 南怀仁(1623-1688)』, 一鲁汶国际学

이런 과정에서 1681년에는 강희제가 남회인에게 대포를 제작해서 제공해 주기를 바랐고 이를 그가 성공적으로 해냄으로써 더욱 강희제의 마음을 충족시키고 되었으며, 그에 따라 강희제가 남회인을 더욱 신뢰하게끔 하였던 것이다.29) 그리하여 1682년에는 드디어 흠천감欽天監의 최고 책임자인 감정監正의 직위에 올랐으며, 강희제가 1682년과 1683년에 각기 2차례에 걸쳐 북쪽 변방의 달단韃靼Tartar 지역을 원정遠征할 때, 그 때마다 빠짐없이 그의 곁에서 동행하게 한 서양인 천주교 신부로서는 남회인이 유일할 정도로 둘 사이는 절친하였다고 할 수 있다.30)

제1차 원정은 1682년 3월 23일에 北京을 출발하여 6월 9일에 다시 북경으로 돌아오기까지 동쪽 Tartar지역에 대한 것이었는데, 이 사이에 있었던 여러 실제적인 세밀한 상황들에 대해서는 남회

術研討会論文集, 社会科学文献出版社, 2001, pp.482-483에서도 Albert Chan의 책을 인용하며 이를 논하고 있음이 참고가 된다. 다만 Pfister(費賴之)의 같은 책, p.350에 보면, 『교요서론』을 위시한 그의 여러 책들이 1805년에 황제의 지시로 모두 禁書가 되었다고 했는데, Fu, Lo-shu傅樂淑 (ed.), A Documentary Chronicle of Sino-Western Relations 1644~1820, Tucson, 1966, p.355에 따르면, 이는 1805년 6월 17일의 일로, 황제가 말하기를 '이 책들이 참으로 완전히 허튼소리(indeed full of nonsense)를 하고 있었'기 때문이었다. 특히 『교요서론』의 경우 '천주가 1만 나라의 위대한 군주(The Lord of Heaven is the great monarch of the ten thousand countries)'라 하였으므로 여기에 포함되었다고 황제가 말했다고 한다.

29) R. H. Major, ESQ., Introduction; D'Orléans, 앞의 책, 1854, p.ix.
30) 서양인 천주교 신부들은 漢語 뿐만 아니라 韃靼語도 학습하여서 語法書 『韃靼語要素』를 저술하였는데, 이것은 이들의 선임자 중의 하나인 南懷仁이 편찬한 것이다. 그는 일찍이 欽天監 監正을 지냈는데, 이는 당시에 서양인에게 1명 그리고 동시에 滿洲族 중 가운데 1명에게 함께 주어지던 직책이었다. 戴密微Paul Demieville, 「入华耶穌会士与西方中国学的創建」, 『戴密微中国学术文选』, 네델란드莱敦, 1973; (法) 安田朴Rene Etiemble · 謝和耐Jacques Gernet 等 共着, 耿昇 译, 『明清间入华耶苏会士和中西文化交流』, 巴蜀书社, 1993, p.169.

인이 직접 작성하여 유럽에 보냈던 편지글에서 잘 드러나고 있으며31), 제2차 원정은 1683년 7월 6일 북경을 출발하여 만리장성萬里長城을 넘어 서쪽 Tartar 지역에 대한 것으로 이 역시 9월 4일자의 남회인 자신의 편지글로 보아 그 때 돌아온 것으로 보이며 그 내용에 상세하고도 구체적인 역정歷程이 고스란히 적혀져 있다.32)

이러한 남회인 자신의 편지글을 토대로 종합적으로 정리해보면, 강희제와 그 자신과의 사이에 있었던 관계가 어찌나 밀착된 것이었는지가 가늠된다. 무엇보다도 강희제는 이 원정에 남회인 역시 동참해야 하며 항시 그 자신의 곁에 있으면서 천체天體의 배치配置, 극지極地의 고도高度 그리고 각 나라의 적위赤緯를 알기 위해 필수적인 천문 관측 보고를 면전面前에서 만들어 내주기를, 그리고 수학적인 도구를 써서 장소들의 거리와 산악의 높이를 측정해주기를 바라고 있었다.33) 또한 강희제는 남회인을 통해 유성流星뿐만 아니라 다른 많은 물리적 그리고 수학적인 주제들에 관한 유익한 정보를 얻게 되는 것을 매우 기뻐하고 있었음이 분명하다.34) 이럴 정도로 강희제의 남회인에 대한 신뢰와 그에 따른

---

31) Nicolaas Witsen, Translation of Father Ferdinand Verbiest's first letter from the Dutch; D'Orléans, 앞의 책, 1854, pp.103-120.
32) Nicolaas Witsen, Letter of Father Ferdinand Verbiest, sent from Pekin, the capital of China, to Europe; concerning a Second Journey which he made with the Emperor of China, beyond the great Chinese Wall into Tartary; D'Orléans, 같은 책, 1854, pp.121-131.
33) 欽天監의 副監이 된 이후 南懷仁의 天文學과 曆法에 관한 라틴어 저술의 원본(1687년 간행) 영인과 그 영문 번역 그리고 당시 南懷仁이 제작하였던 천문 관측 기구들의 상세한 圖解 등을 아는 데에는 Noel Golvers, *The Astronomia Europaea of Ferdinand Verbiest, S.J.* (Dillinggen, 1687); Text, Translation, Notes and Commentaries, Steyler Verlag · Nettetal, 1993가 크게 참조된다.
34) D'Orléans, 앞의 책, 1854, p.70.

의존은 남달랐던 것임에 틀림이 없어 보인다.35)

훗날 중국 황실에 전해지는 벽걸이 장식용의 수놓은 융단壁毯의 내용 가운데에는 천문학자天文學者들의 그림도 들어있는데, 이 중에는 탕약망湯若望과 남회인南懷仁이 궁정에서 진행하였던 과학 활동의 모습 역시 들어 있다. 남회인은 강희제의 신임을 얻음으로써 서구西歐 천문학天文學의 중국中國 궁정宮廷 전입轉入 과정 중에 너무나 중요한 작용을 하였다. 그는 서거逝去 1년 전(1687)에 이룬 『중국中國 달단황체韃靼皇帝 통치시대統治時代의 구주歐洲 천문학天文學』이라는 저작著作 중에서, 북경 성북城北의 성장城牆 위에 건축한 관상대觀象臺 중 천문天文 의기儀器의 제조製造와 안치安置에 대해서 서술하였을 정도였다.36)

한편 남회인이 남긴 족적의 커다란 또 다른 하나는 외교가外交家로서의 그것이었다. 중국과 러시아와의 외교 관계 속에서 남회인이 유창한 라틴어 실력을 지니고 있었으므로 양국 사이의 통역을 맡아 활약하였던 것인데, 1676년 러시아 외교사절 가운데 Nicolai Govrilovich Milescu Spathary가 대표로서 왔을 때도 그

---

35) 이러한 면면은 원정 중에 있었던 사건 가운데의 하나에서도 여실이 녹여났는데, 그건 다름이 아니라 원정 첫날밤에 숨김없이 드러나고야 말았다. 행군 후 강을 건너서 저녁 무렵 宿營地로 되돌아가야만 했을 때, 걸어서 간다는 것은 도저히 불가능한 상황이었는데 요행히 작은 배를 한 척 찾아내었다. 이 때 康熙帝는 30년 이상씩이나 자신 곁에서 보필했던 신하의 경우도 제켜 놓고, 오로지 太子를 통해 南懷仁이 어디에 묻고는 그를 찾아내어 자신과 함께 그 작은 배에 타고 강을 건너가고 나머지 사람들은 제방에 남게 했으며, 그 다음 날도 거의 이런 식으로 南懷仁을 대우했다는 것이다. 그렇기 때문에 이에 대해 남회인은 술회하기를, "이렇게 때때로 황제가 나에 대해 비상한 호의를 베풀고 그렇게 나를 돌보아 주었기 때문에 그것을 어떻게 인식해야 할지를 미처 몰라 어찌할 바를 몰랐다."고 하였을 지경이었던 것이다. D'Orléans, 앞의 책, 1854, p.78.
36) 瑪德玲·佳麗Madeleine Jarry,「法國朴韋壁毯中的中國圖景」,『尙蒂伊 第2屆国际汉学讨论会論文集』, 파리, 1980; 安田朴Rene Etiemble·谢和耐Jacques Gernet 等 共著, 耿昇 译, 앞의 책, 1993, pp.210-211.

러하였지만, 더더욱 남회인의 크게 실력 발휘를 한 것은 1688년에 먼저의 Spathay 대표 시절 그와 동행했던 Nikifor Veniukov와 Ivan Favorov이 재차 외교 사절로 오게 되었을 때였다. 그러다가 곧 남회인이 사망함으로써 더 이상 그의 활약을 볼 수는 없게 되어 버렸지만, 러시아 외교관들에게 끼친 그의 외교가로서의 영향은 단절되지 않았으며, 결국 중국과 러시아 사이에 1689년에 이르러 네르친스크 조약the Treaty of Nerchinsk이 체결되는 길을 포장하는 데에 도움을 주었다고까지 평가되고 있다.[37]

그러다가 남회인은 1688년 2월 7일에 느닷없이 사망하였다. 그 자신이 청나라 조정朝廷에서 크게 활약하던 도중에 갑작스럽게 사망하였고, 그렇기 때문에 그를 잃은 애통哀痛과 그에 대한 경의敬意는 더욱 컸으며, 그의 영결식永訣式에는 대부분의 동료 선교사들뿐 만이 아니라 의식에 참석하여 존경을 표하도록 황제에 의해 특별히 지명된 관리들도 참석하게 되었던 것이다.[38] 즉 그에게 1688년 3월 11일에 베풀어진 영결식의 화려한 의전儀典은, 예부禮部와의 협의와 명령에 따른 것으로, 황제와 친밀한 관계를 즐겼던 빈객賓客에게 알맞은 것으로 판정될 정도로 우호적이었다. 이러한 영결식 장면을 직접 목도目睹한 이명李明Le Comte 신부는 기록하기를, '유럽에 있는 사람들에게는 믿기 어려운 것처럼

---

37) Vladimir S. Miasnikov, Ferdinand Verbiest and his Role in the Formation of Sino-Russian Diplomatic Relation, John W. Witek. S. J. (ed.), 앞의 책, 1994, pp.273-279; 魏若望 編, 앞의 책, 2001, pp.295-303. 또한 Lin Jinshui, The Influence of Ferdinand Verbiest on the Policy of the Kangxi Emperor towards Chrstinity, John W. Witek. S. J. (ed.), 앞의 책, 1994, pp.349-381; 林金水, 「試論南懷仁對康熙皇帝天主教政策的影響」, 魏若望 編, 앞의 책, 2001, pp.403-438 그리고 余三樂, 「南怀仁等在南堂接待俄罗斯使节」, 『中西文化交流的歷史見证―明末清初北京天主教堂』, 廣東人民出版社, 2006, pp.228-239.

38) R. H. Major, ESQ., Introduction; D'Orléans, 앞의 책, 1854, p.xii.

보이는 일이 이교도이자 미신적인 한 왕국의 수도에서 일어났다'고 하였을 정도였던 것이다.39) 후대에 남회인을 평가할 때 '근민勤敏'이란 수식어가 항상 붙게 되는 것은 다름이 아니라 그가 사망한 후 강희제가 그에게 내린 시호諡號가 바로 '근민勤敏'이기 때문인데, 그만큼 그는 흠천감欽天監 등에서 일을 맡고 있었던 기간 동안에 근면勤勉하고 총민聰敏하였던 것이다.40)

오늘날 남회인南懷仁의 갑작스런 사망의 원인이 무엇이었는가에 대해서는 2가지 설이 있는 듯하다. 하나는 그가 강희제와 함께 몽고蒙古 지역까지의 머나먼 거리를 여행하면서 지친 상태에서 병들어 사망했다는 것이고, 또 다른 하나는 그가 북경北京에서 승마乘馬하다가 날뛰는 말에서 떨어져 심한 부상을 입고 얼마 지나지 않아 죽었다는 것이다.41) 이 가운데 기록의 신빙성을 염두에 두고 본다면, 전자의 것은 후대에 정리된 글에서 찾아지는 데에 비해 후자의 것은 사망 당시에 곧 쓰인 편지 글에서 운위되는 바이므로42), 후자의 것 즉 낙마落馬로 인한 사망이라고 함이 훨씬 설득력이 있어 보인다.

원인이야 어떻든 간에 천주교의 중국 전교에 있어서 커다란 족적足跡을 남겼던 탕약망湯若望의 활약活躍과 퇴장退場을 그의 생전에 그대로 승계하고 더욱 발전시킨 남회인은 결국 그 자신의 중국 황실과 조정에서의 영향력 증대가 1692년에 다다라 더욱 커

---

39) Jacques Gernet, *China and the Christian impact : a conflict of cultures*, Cambridge University Press, 1985, p.138.
40) 王冰,『勤敏之士 ― 南怀仁』, 科学出版社, 2000 및 余三乐,「勤勉聪敏的比利时传教士 ―南怀仁」,『早期西方傳教士與北京』, 北京出版社, 2001. pp.176-177.
41) Jonathan D. Spence, 앞의 책, 1974, p.12; 이준갑 옮김, 앞의 책, 2001, p.58.
42) Jonathan D. Spence, 같은 책, 1974, p.181; 이준갑 옮김, 같은 책, 2001, p.278 및 p.305 참조.

다란 결실을 맺게 된다. 비록 1688년에 남회인이 세상을 떠난 뒤였지만, 사후死後일지언정 그의 영향력이 결코 적지 않게 끼쳐서 강희제로 하여금 관용령寬容令을 내리게 하여 이제는 중국 천주교의 '황금시대'를 맞이하게 되었다.43) 그리하여 예수회원들이 이제는 중국 전역에 걸쳐 기독교基督敎 신앙信仰의 신교信敎 자유自由를 획득하게 되었으며, 수도와 지방에 모두 교회 설립 허용을 얻어내게 되었던 것이다.44)

결국 강희康熙 31년(1692)에 있었던 천주교 탄압을 풀어주는 황제의 정책 즉 관용령寬容令은 주로 남회인이 생전에 보여준 영향의 결과였다고 하겠다. 이와 같은 그의 역할과 영향은 역사학자 Treadgold가 '남회인은 1689년 중국과 러시아 사이에 맺은 Nerchinsk조약과 1692년 중국 기독교인들에 대한 관용령을 위한 길의 포장을 도왔다'고 지적한 것과 같다. 중국에서 로마 가톨릭은 1692년 이후 발전하고 번성하였다. 하지만 1705년에 시작된 '예의지쟁禮儀之爭'이 강희제로 하여금 천주교에 대한 통제를 시도하게 하였으며, 기꺼이 신분증을 발급받은 서양인 선교사들은 중국 체재가 허용되었던 반면에 그것을 거절한 경우에는 마카오로 추방되었으며, 연이어지는 옹정제雍正帝·건륭제乾隆帝 동안에 천주교에 대한 금지는 점점 더 엄해졌다.45) 이렇게 하여 중국 천주교회에서 양광선楊光先과의 역법曆法 논쟁 이후 '예의지쟁'

---

43) 吳伯婭,「耶穌會的'适应'策略与康熙的寬容令」,『康雍乾三帝与西學東漸』, 宗敎文化出版社, 2002, p.135.
44) Jonathan D. Spence, 앞의 책, 1998, p.36; 김석희 옮김, 앞의 책, 2000, p.61.
45) '禮儀之爭'과 관련된 개설적인 설명은 江文漢,「傳敎師內部有關名詞與禮儀的論爭」,『明淸間在華的天主敎耶穌會士』, 知識出版社, 1987, pp. 58-70. 그리고 이 문제에 관한 상세한 검토는, 張國剛,「禮儀之爭下的文化交流」,『從中西初識到禮儀之爭—明淸傳敎師與中西文化交流』, 人民出版社, 2003 및 吳莉第,『中國禮儀之爭—文化的張力與權力的較量』, 上海古籍出版社, 2007 참조.

으로 인한 천주교에 대한 금지 이전까지 남회인이 가능하게 했던 40년 동안의 '황금시대'는 종말을 고하게 되었다.46)

---

46) Lin Jinshui, The Influence of Ferdinand Verbiest on the Policy of the Kangxi Emperior towards Chrstinity, John W. Witek. S. J. (ed.), 앞의 책, 1994, pp.380-381; 林金水, 「試論南懷仁對康熙皇帝天主教政策的影響」, 魏若望 編, 앞의 책, 2001, p.430.

제3절 남회인의 『교요서론』 저술·간행과 그 내용상의 특징

(1) 『교요서론』의 저술과 간행

남회인은 앞서 살핀 바대로 줄곧 청나라 정부의 요청이 있을 때마다 직접적이든 간접적이든 도움을 주었으며 커다란 공헌을 하였으며, 그 영향으로 황제와 몇몇 관료들이 천주교에 대해 우호적인 감정을 지니게 되었고, 그럼으로써 천주교의 공개적인 전교를 허용하였던 것이었다. 그랬음에도 불구하고 1671년 선교사들이 중국 내지에 있는 그들의 선교지로 돌아가는 게 허용되기까지는 기독교인들의 지위는 아직도 안정적이지 못하였는데, 전국적인 박해가 이어지던 그 동안에는 수많은 기독교 서적들이 정부 관리들에 의해서 몰수되거나 소각되었다.[47] 그러한 영향으로 남

---

[47] John W. Witek. S. J. (ed.), 앞의 논문; 앞의 책, 1994, p.451; 魏若望, 앞의 논문, 魏若望 编, 앞의 책, 2001, pp.513-514.

회인 자신에 의해 1670년에 저술되었던 『교요서론』도 1677년에 이르러서야 처음으로 판각板刻되어 간행되었던 것이다.

『교요서론』의 이러한 저술 목적 및 간행 배경 등에 대해서는, 「서敍」와 「자서自敍」로 구성되어 있는 1677년 초판의 서문敍文 가운데서 「자서自敍」만을 자세히 살펴보더라도 알아차리기 어렵지 않다. 왜냐하면 「서敍」는 『교요서론』의 저술과 간행 시기에 비해 너무나 이른 시기인 1647년에 한림韓霖이란 인물이 작성한 것으로 되어 있어[48] 직접적인 연관이 깊어 보이지 않으므

---

48) 「서敍」
"같이 공부하는 친구가 있는데 내게 물어 말하기를, '천주교天主教는 원래 외국 먼 나라로부터 전해져 왔는데, 점잖은 여러 중화中華의 이치에 밝은 선비들이 오로지 이를 믿어 따르니 어떤 말씀인가?' 하였다. 내가 말하기를, '먼 나라로부터 전해져 왔기 때문에 떳떳이 이로서 가히 믿을 만한 증거로 삼아 마땅히 이치에 밝음을 구하기를 힘쓰니 오직 이 이치는 응당 믿고 따르게 될 뿐이다' 하였다.
대개 이 대서大西의 여러 유자儒者들이 스스로 9만 리 멀리로부터 와서 노닐며 한데 어울려 별도로 도모함이 없이 특히 전교傳敎를 하니 반드시 지극히 바르고 지극히 깊은 이치가 있으니 주의해보면 그 가운데에 비유된 것은 가히 살필만하다. 내가 더욱 상세히 살핌을 가하니 더욱 그 진실된 것을 밝히 보게 되었으므로, 이를 믿고 또한 따르지 않을 수가 없었다. 무릇 사람은 그 안주를 맛보지 못하고 그 맛을 깨닫지 못하였으며, 그 책을 연구하지 못해 그 이치를 알지 못하였고, 시험하기를 아무 생각 없이[허심虛心] 하니, 이 (천주)교의 책들을 살피고 상고해서 그 중도中道가 어찌 그러하면 스스로 분명해지고 깨달아 통해지며, 얼마 되지 않아 (마음이) 향하여 가서 뒤에 떳떳함이 없을까 두려워 내게 물었던 것이다. 소위 아무 생각이 없다는 것[虛心]은 스스로 만족하지 못한다는 뜻이다. 배를 이미 다른 것으로 채운 것은 비록 좋은 맛은 있을지언정 반드시 모두 싫어져 그것을 버리는 것이다. 지금 우리들이 이 (천주)교를 높이 받드는 까닭으로, 그 설명을 정하고 소유하여 대략 다음과 같이 몇 개의 실마리를 열거한다.
때는 순치順治 정해丁亥(1647) 음력 16일 하동河東의 [명名이] 한림韓霖, [자字가] 우공雨公인 보보가 제題하다."
이것의 원문은 아래와 같다.

로 이를 차치하더라도[49]),「자서自敍」는 1670년과 1677년에 각각
작성된 남회인의 것과 그의 절친한 동료 선교사 이류사利類思의
것으로 함께 구성되어 있기 때문이다. 그러므로 이「자서自敍」를
자세히 검토하는 게 매우 요긴하리라 판단하여 전문을 제시해보
면 다음과 같다.

(5)『교요서론敎要序論』의「자서自敍」
(1) 성스런 (천주)교의 학문은 다른 학문에 비해서 반드시 먼저
와 나중의 순서가 있다. 순서에 좇아 논하면 말하는 것은 그
요지를 쉽게 드러내며 가히 가지와 덩굴같이 중복되는 설명이
없으며 말을 받은 것 또한 마음에 쉽게 보존하여 그 이치를 밝
히는 것이다.
(2) 늘 손님들의 질문이 있기를 '천주교의 가르침은 어떤 것인

有同學友 問於余曰 天主敎 原從外國 遠方傳來 諸公中華明理之士 輒信從
之 何說耶 余曰 因從遠方傳來 正以此爲大 可信之據 當務求明於理 惟此理
爲應信從耳 盖大西諸儒 來自九萬里而遙 並無別圖 特爲傳敎 必有至正至深
之理 寓其中爲可察焉 余愈加詳察 愈明見其眞實 故不得不信且從之 凡人未
嘗其殽 弗識其味 未究其書 罔諳其理 試以虛心 叅攷本敎之編籍 其中道
奚若則自分明了徹 庶幾嚮往 恐後無庸 訊余爲荒 所謂虛心者 不自滿之意也
使腹已滿他物 雖有佳味 必皆厭而棄之 今余輩所以尊奉此敎者 定有其說 畧
擧數端如左
時 順治丁亥陽月旣望河東韓霖雨公甫題

49) 앞의 원문에서 확인할 수 있듯이 韓霖이 順治 丁亥年 곧 西紀로 1647
년에 작성한 이 글에 대해서, Albert Chan, S.J., 앞의 책, 2002, p.351
에서는 원래는『성교신증聖敎信證』라는 책에 붙여진 것이었는데, 실수로
여기에 편집된 것이라 설명하고 있다. 하지만 이 원문이『續修四庫全
書』에도 고스란히 들어가 있음으로 보아, 원래의 1677년의『교요서론』
초판부터 편집되어 있었던 것으로 여겨지므로,『교요서론』과 직접적인
관련이 없었다고 볼 수는 없다고 생각한다. Albert Chan 자신도 같은
책, 2002, p.250의 설명에서 암시하고 있듯이, 韓霖의 死後에 예수회원
들이 그의 이름을 빌어 이『교요서론』을 중국인들도 매우 유익한 책으
로 여기고 있다는 것을 드러내기 위해 이를 여기에 편집해 둔 게 아닐까
추측할 수 있다.

가'다. (천주)교를 받드는 것은 대개 교규敎規를 좇아 행하는 데에 익숙해지는 것이며, 반드시 교리敎理를 강론講論하는 데에 익숙해지는 게 아니며, (가)먼저와 나중의 순서에 좇아 느즈러지게 따르지 않게 하는 것이다. 비유하면 집을 지음에 [당堂과 실室의] 구석이 어디에 있는가라고 묻는 것이다. 비록 벽돌과 재목을 갖추어 어수선하고 떠들썩하고 복잡하게 쌓여있어도 그 마음에 만들어 얽음이 없으면 서로 합함의 차례를 얻을 수 없어 어찌 능히 분명하게 지시할 수 있겠는가? 손님으로 하여금 그 [천주교를 받아들이는] 문호門戶를 깨우쳐 마음에 즐겁고 상쾌하게 하는 것이다. (나)더욱 성스런 (천주)교의 중요한 근본을 행함은 순서에 좇아 나열함이며 정성스러워 번거롭게 하지 않고 가지런히 하여 어지럽지 않아서, 섞여 쌓은 나무와 돌을 씀과 같으니 각기 상하좌우전후의 차례로써 적당히 안배함이 선명하여, 사람마다 거느려 그 문호를 쉽게 인식하게 함이다. 그러므로 말은 오직 예사로워서 모든 사람이 풀 수 있으니 진실한 이치를 밝히는 것이며 문장의 익숙함과 서투름에 머무는 곳을 헤아리지 않는다. 대개 지극한 이치이며 자기가 가진 것으로서 충분하며 스스로를 아름답게 여기는 것이며, 늘림과 줄임을 용납하지 않을 따름이다.

(3)(가)하물며 이 책은 교리敎理를 간략히 말한 것에 지나지 않으니 진실로 정밀히 연구하고 널리 논의하며 많이 알아 통하고 심오한 뜻을 얻고자 하면, 우리 (천주)교에서 미리 판각板刻한 여러 책으로 오래 전부터 세상에 도는 것이 여러 종류가 갖추어져 있으니 보고 열람하여 상세히 살피는 것이 가하다. 생각과 말과 행위는 거짓 즐거움이나 잠깐 동안의 영예가 되지 말아야 하며, 그 뜻을 강제로 감동시켜 천하고 미미한 물건을 즐겨 늘어나게 하면 나의 타고난 성품이 세상 안에서 뛰어나니 모든 소유한 세상 물건이 어찌 능히 내 심중을 유혹하리오. 영혼靈魂을 아는 것은 가지가지로 아름답고 좋은 천주天主가 우리 사람들에게 두텁게 주는 것이니 생각이 불어나고 존재가 불어나기를 더욱 한다. 능히 그 마음을 말라죽은 나무같이 하여 존경하고 사랑하며 삼가고 두려워하는 정을 드러내지 않고 순결

하고 정성되게 큰 근본이며 큰 근원이시며 우리 아버지, 우리 천주를 받들어 섬기는 것이다.
(나)이 책은 신령한 품성[영성靈性]의 참된 의미를 깨달아 밝혀 그 근원인 시작과 중요한 마침인 도道에 있어 [휜 것과 뒤틀린 것을] 바로잡아 남김이 없다. 곧 세상맛[세상의 세태]에 몰두해서 사람들이 이를 읽으니 역시 마땅히 동경하여 깨닫고 각성하여 뜻을 지녀 보존하고 기름에 이르러 일을 나타나게 하는 것은 보태고 더해 덕을 베풀고 수양함이니 어찌 얕고 적으랴.
(4)시時에 강희康熙 16년 정사丁巳(1677년) 중동仲冬(음력 11월) 극서極西 야소회사耶蘇會사士 이류사利類思가 제題하다.
시(時)에 강희 9년(1670) 정월正月 하완下浣(하순) 극서極西 야소회사耶蘇會士 남회인南懷仁이 제題하다50)

이「자서自敍」의 내용 가운데서도 저자著者가 편의상 밑줄을 그어놓은 부분들만 살피더라도 금방『교요서론』의 저술 목적이

---

50) 원문은 아래와 같다.
「自敍」
聖教之學 比之他學 必有先後之序 依序而論 則言者 易發其要旨 可無枝蔓重複之說 卽受言者 亦易存於心 而明其理也 每有客問天主教旨何如 而奉教者大都習於遵行教規 未必習於講論教理 使不依先後之序而漫應之 譬之有訊製屋者 以堂奧何在 雖具甎石材木 紛亂雜積 乃心無成構 不得連合之次第何能分明指示 令客喩其門戶 而愉快於心哉 玆將聖教要端 依序臚列 切而不繁 整而不紊 如用雜積之木石 各以上下左右前後之次第 安排楚楚將人人 易識其門戶矣 古語 惟尋 常盡 人可解期明眞實之理 於辭之工拙 在所不計 盍至理自足自美 無容增損耳 矧此編不過約言教理 誠欲精究廣論博通奧義 則本教預刻諸書 久行於世者 種種具在覽觀詳察之可也 思言行 勿爲僞樂暫榮牽動其意 耽玆賤微之物 則我之稟性 邁越宇內 諸有世物 豈能誘吾衷哉 知靈魂 種種美好天主 厚畀吾人 念玆在玆又焉 能槀木其何 而不發敬愛畏懼之情 潔誠奉事大本大原吾父吾天主乎 此書發明靈性之實義 其於原始要終之道 檃括靡遺 卽汩沒世味人讀之 亦當憬然覺悟 至有志存養 昭事者 裨益德修 豈淺鮮哉
時 康熙十六年丁巳仲冬極西耶蘇會士利類思題
時 康熙九年正月下浣極西耶蘇會士南懷仁題

무엇이었는지가 절로 우러나온다고 본다. 그 목적의 골자를 원문에서 뽑아 정리하면 '먼저와 나중의 순서에 좇아(2가)', '중요한 근본을 행함은 순서에 좇아 나열함이며 정성스러워 번거롭게 하지 않고 가지런히 하여 어지럽지 않아서 … 각기 상하좌우전후의 차례로써 적당히 안배함이 선명하여, 사람마다 거느려 그 문호를 쉽게 인식하게 함(2나)'이라고 하면서도, '이 책은 교리敎理를 간략히 말한 것에 지나지 않(3가)'는다고 하면서도, '이 책은 영성靈性의 참된 의미를 깨달아 밝혀 그 근원인 시작과 중요한 마침인 도道에 있어 휜 것과 뒤틀린 것을 바로잡아 남김이 없다'고 밝혔던 것이다. 그리고 이러한 설명을 압축하면 이「자서自敍」의 맨 처음 부분에 써놓았듯이 '성스런 천주교의 학문은 다른 학문에 비해서 반드시 먼저와 나중의 순서가 있다. 순서에 좇아 논하면 말하는 것은 그 요지를 쉽게 드러내며 … 말을 받은 것 또한 마음에 쉽게 보존하여 그 이치를 밝히는 것이다(1)'고 함과 다름이 아니다. 따라서 『교요서론』의 저술 목적은 그야말로 「교요서론敎要序論」이라는 서명書名의 문자 그대로 '(천주)교의 요지를 순서를 좇아 논한 것'이라고 정리해 마땅하겠다.

다음으로 이 책의 간행과 관련해서는「자서自敍」의 내용 가운데 (4)부분에서 1670년과 1677년에 각각 남회인南懷仁과 이류사利類思Buglio가 제제하였다는 대목을 눈여겨 볼 필요가 다분하다. 무엇보다도 남회인과 이류사는 동일한 예수회원으로서 같은 시기에 중국에서 선교 활동에 매진하게 되면서, 또 다른 한명의 예수회 신부 안문사安文思Gabriel de Magalhaens과도 일치 속에 항상 동행하는 경우가 많았음을 간과해서는 안 된다. 특히 1668년에 강희제康熙帝가 예수회 신부인 이 3인을 불러 서양의 풍토와 인심에 대해 물은 것에 대한 답변으로서, 같은 해에 이류사利類思가 『주교요지主敎要旨』를 저술하였고, 이듬해 즉 1669년에 서양의 실상을 정리한 『서방요기西方要紀』와 교리서敎理書 『천주정교약징天主正教約徵』을 아울러 저술하여 봉정하였다는 점이다. 그리고는 그 이듬해에 이 3인 중의 하나인 남회인南懷仁이 저술한 것이 바로『교요서론』인데, 남회인의 이 책 저술에는, 이미 그 직전에 이류사利類思가 저술했고 그 자신과 동료 안문사安文思가 전정全訂해준『주교요지主教要旨』는 말할 것도 없고 3인이 공동으로 마련하여 강희제康熙帝에게 봉정한『천주정교약징天主正教約徵』역시 커다란 영향을 끼쳤을 것으로 여겨진다는 점이다.51) 따라서 1670년에 남회인南懷仁이 이류사利類思와 안문사安文思의 도움을 충실히 받아『교요서론』을 저술하여 1677년에 간행할 때, 역시 이류사利類思가 협력하여 간행사를 같이 썼던 것으로 파악된다.52)

1677년의 이와 같은 초판의 간행 이후에는 더 이상『교요서론』의 새로운 판본이 만들어 지지 않다가, 그리고 나서 1799년에야 단지 새로운 판본 하나가 등장하게 되며, 곧이어 때때로 다양한 독자층을 위해서『교요서론』의 더 많은 판본들이 상해어上海語53) 또는 불어佛語 혹은 한국어韓國語 번역본으로서 확연히 수용되게 되었는데, 이는 남회인의 이 책이 얼마나 많은 감화력을 가졌는지를 입증해주고 있는 것이라 하겠다.54) 여기에 더불어 또

---

51) 盧鏽弼, 앞의 논문, 2002, pp.319-322; 이 책의 제1부 제2장.
52) 이에 대해서 Albert Chan, S.J., 앞의 책, 2002, p.351에서는『초성학요超性學要』의 한 부분을 위해 利類思가 쓴 서문의 한 구절이 여기에 실수로 들어간 것으로 보고 있지만, 이는 Albert Chan의 잘못이라고 본다.『초성학요』에 실린 利類思의 서문 내용 일부를 토대로 활용하여 더욱 내용을 보강하여 상세하게 서술하면서 분량도 늘어난 것으로 보는 게 옳다고 생각한다.
53) Albert Chan, S.J., 같은 책, 2002, p.351에서 남회인의『교요서론』상해판은『方言教要序論』라고 이름이 붙여졌다고 한다. 여기에서 영문으로 한 'Shanghai dialect'라고 한 표현은 아마도 상해가 자리 잡고 있는 廣東의 방언인 廣東語를 말하는 것으로 이해된다.
54) John W. Witek. S. J. (ed.), 앞의 논문; 앞의 책, 1994, p.451; 魏若

한 더욱이 『교요서론』의 간행과 관련하여서 각별히 유념해서 좋을 사실은, 1799년에 새로운 판본이 나옴으로써 이를 계기로 더욱 널리 전파되어 『교요서론』이 더욱더 많이 읽히고, 그럼으로써 이를 토대로 번역한 상해어판·한글판·불어판 등이 속속 나와서 광범위하게 유통되기에 이른다는 점이라고 생각한다. 게다가 조선의 경우에는 이 새로운 판본인 한문본의 수용과 아울러 한글본의 등장 및 유포가 이루어짐으로써 천주교가 한문을 해독할 수 있는 최고의 지식층뿐만 아니라 한글을 이미 깨친 중인 및 평민층에까지 널리 그 세력을 성장해나가게 되는 데에 결정적인 계기가 된다는 점을 지적할 수 있겠다.

(2) 『교요서론』 내용상의 특징

이상에 살펴보았듯이 남회인南懷仁Verbiest이 1670년에 집필한 후 1677년에 판각板刻하여 간행되었으며 1799년에 또 한 차례 새로운 판본이 간행된 『교요서론』은, 천주교의 교리를 설명하면서도 일반적으로 그 내용이 간결하고 순수하며 논리적이라는 평판을 받음으로써 『속수사고전서續修四庫全書』에 포함되었을[55] 뿐

望, 앞의 논문, 魏若望 編, 앞의 책, 2001, pp.513-514.
55) Albert Chan, S.J., 앞의 책, 2002, p.351에서는 Pfister의 책을 재인용하여 범준范埈(Van Hée)의 「漢學家南懷仁」에 『교요서론』이 '간결하고 simple 순수하며pure 논리적이라logical' 『四庫全書』에 들어가 있다고 했는데, 자신이 찾아본 바 「四庫全書總目提要」에는 이 책이 없으므로 范埈이 잘못한 것 같다고 했다. 著者가 직접 조사해본 결과 『教要序論』은 『四庫全書』에는 들어있지 않지만, 『續修四庫全書』에는 수록되어 있음을 확인할 수 있었다. 『續修四庫全書』 1296 子部 宗教類, 上海古籍出版社, 1995, pp.589-626. 이 『續修四庫全書』는, 1782년에 集大成된 『四庫全書』 이후 現存하는 中國 古籍 가운데 乾隆帝 이전의 가치 있는 것이면서 『四庫全書』에 수록되지 않은 것과, 乾隆 이후 民國 元年(1912)까지 각종 대표성이 있는 著作들을 모아 補輯한 것이라 한다. 「續修四庫全

만 아니라 아울러 천주교 내에서조차도 "천주교의 도리道理와 성서聖書를 연구한 책으로, 글이 깊지 않고 쉬우며 아주 분명하여 자못 현대문법에 맞아 무릇 천주교 교인이 아닌 사람들로 천주교의 내용을 알고자 하는 사람들은 이 책을 적합하고 마땅하다고 한다"는 소개가 있어 왔을 정도였다.56) 한마디로 남회인의 『교요서론』은 내용상으로는 간결·순수·논리적일뿐더러, 글이 쉬우며 현대 문법에 맞아 중국에서 출간된 이후 천주교 교인이거나 아니거나를 막론하고 널리 읽혔다고 할 수 있겠다.

남회인이 1678년 8월 24일에 보낸 한 편지에서 '종전의 교리문답서들은 흔히 일정한 순서를 갖추고 있지 않았다'고 지적하고 있었던 데에서 역으로 간파할 수 있듯이, 그가 『교요서론』이라고 책 이름을 정한 것 역시 그런 점을 감안해서 택한 것이었다. 제목에 담고 있는 의미는 훗날 아이러니하게도 한국에서 이 책을 수용하여 한글본 『교요셔론』을 만들어 유포할 때 그 번역자가 '성교의 중요한 것을 차례차례 의논하는 말'이라고 풀어쓴 것과 같으며, 이러한 취지에서 남회인이 서명을 『교요서론』으로 정한 것을 충분히 알아차린 Pfiser(비뢰지費賴之)는 이 책의 제목을 풀어서 번역하기를 '기독교 교리 정의精義'라고 했으며, 시성삼施省三 또한 '기독교 기본 교리에 대한 순서 있는 해석'이라고 했던 것이라 하겠다.57)

한편 일찍이 탕약망湯若望Adam Schall이 순치제順治帝에게 증

書編纂緣起」, 『續修四庫全書』 1, 1995, pp.1-2 참조.
56) 徐宗澤 編著, 『明淸間耶蘇會士譯著提要』, 中華書局, 1949; 影印本, 上海書店, 臺北, 1958, pp.162-163. 원문의 내용은 다음과 같다. "極西耶穌會士南懷仁述 刻於康熙九年(1670) 是硏究天主教道理聖書 文字淺易明白 頗合現代文法 凡敎外人欲知天主敎之內容者 此書爲合宜"
57) Joseph Hsing-san Shih, S.J., The Religious Writings of Father Ferdinand Verbiest, John W. Witek. S. J. (ed.), 앞의 책, 1994, p.423 ; 施省三, 「南怀仁神父的宗敎著作」, 魏若望 編, 앞의 책, 2001, p.482.

정한 기념품 '진정서상進呈書像'은 예수의 도해를 묘사한 것이었는데, 이 간단한 목록을 통해서 남회인이 1670년 이전에 그의 논쟁 상대자였던 양광선楊光先에 의해 발간되었던 거의 한 시령의 책들을 그의 임의 처분에 맡겨진 상태에서 지니고 있었음을 알 수 있다. 결국 그는 그 책들 속에 점차로 진화되어 온 중국 천주교 용어 사전을 지니고 충분히 활용하기에 이르렀고, 그리하여 양광선과의 역법 논쟁이 해결된 지 얼마 되지 않아 쓴『교요서론』에서는 이런 예전의 서적들에 담긴 내용을 읽고 소화해 이를 정리하여 반영하였던 것이다. 그랬기 때문에 남회인은『교요서론』의 저술과 간행을 통해서 그때에 이르기까지 중국에서 가르쳤던 천주교 교리를 종합적으로 정리하고자 한 것이며, 또한 남회인 자신의 스타일대로 번역한 것이었다.58)

따라서 역사적 맥락 속에서 놓고 보면, 명나라 말기와 청나라 초기의 교리 문답에 관한 교리서 가운데 남회인의『교요서론』이 이러한 특징을 가진 유일무이한 것이라는 점을 누구나 인정하지 않을 수 없을 것이다. 예컨대 교리서로서 가장 먼저 손꼽아지는 이마두利瑪竇 Matteo Ricci(1552-1610)의『천주실의天主實義』와 애유략艾儒略 Giulio Aleni(1582-1649)의『만물진원萬物眞原』이 모두 중국인들에게 천주교를 자연신학自然神學의 한 유형으로 제시하면서 접근한 것이지만, 결코 하나도 천주교의 초자연적인 진리에 대해서는 상세하게 설명하려고 시도하지 않았었다. 그렇지만 남회인이 1670년에 저술한『교요서론』이전에 이루어진 한문 교리서들 및 유사한 저술들의 목록을 한번만 살펴보더라도 능히 이 책이 중국에 있어서 이런 전통 저작에서 없어서는 안 될 부분의

---

58) John W. Witek. S. J. (ed.), Presenting Christian Doctrine to the Chinese : Reflections on the Jiaoyao Xulun of Ferdinand Verbiest, 같은 책, 1994, p.448; 魏若望,「間中國人闡述的天主教義:對南懷仁'敎要序論'的回應」, 魏若望 編, 같은 책, 2001, p.511.

일부임을 지적할 수 있다.59) 결론적으로『교요서론』이 담고 있는 교리서로서의 본질을 논하고 중국 예수회 선교사들의 교리 문답서들 속에서 차지하는 역사적인 위치를 정한다면, 그것이 전교의 방식과 신앙의 내용에 영향을 미쳤다는 측면에서 중국 천주교의 형성을 진일보시켰다는 점에 있다는 지적은 적지 않은 의미가 있다고 할 수 있겠다.60)

『교요서론』의 전체 분량은, 저자著者가 로마 예수회 고문서고 Jesuit Roman Archives에서 직접 조사해 본 판본板本의 경우 67면面folios짜리였다. 전체를 내용상으로 구분해보면, 앞의 20면은 천주의 존재, 영혼의 불멸 그리고 사후의 심판에 관한 3가지 기본 진리를 다루고 있으며, 나머지 47면 중에서 30면은『신경信經』해설, 4면은『천주경天主經』해설,『성모경聖母經』과『십자성호경十字聖號經』해설 각 1면, 최후에 6개면은 성수는 받는 규율 즉 '영성수규구領聖水規矩'를 설명하고 있다. 따라서 이 책의 주요 부분은『신경』·『천주경』·『성모경』·『십자성호경』의 해설에 대한 언급이라고 볼 수 있으며, 그 가운데에서 7성사七聖事에 대한 명확한 해설이 없는 점 역시 지적될 수 있다.61)

좀 더 구체적으로『교요서론』의 내용상 특징을 정리하자면, 2가지 점을 꼽을 수 있을 듯하다. 첫째는 중국인들과의 충돌 혹은 마찰을 피하면서 천주교를 전교하고자 하였음과 둘째는 그러면서도 천주교 교리를 제대로 본격적이면서도 논리적으로 설명하여 제시하고자 하였음이 그것이다. 이 가운데 첫 번째와 관련하여서

---

59) John W. Witek. S. J. (ed.), 앞의 논문; 앞의 책, 1994, p.448; 魏若望, 앞의 논문, 魏若望 编, 앞의 책, 2001, pp.510-511.
60) Joseph Hsing-san Shih, SJ., 같은 논문, John W. Witek. S. J. (ed.), 같은 책, 1994, p.429 ; 施省三, 같은 논문, 魏若望 编, 같은 책, 2001, p.488.
61) Joseph Hsing-san Shih, SJ., 앞의 논문, John W. Witek. S. J. (ed.), 앞의 책, 1994, p.424 ; 施省三, 앞의 논문, 魏若望 编, 앞의 책, 2001, p.483.

는 중국인들의 불교 신앙에 대한 비판을 담고 있지 않다는 점, 천주교의 교황 제도에 대해서 설명하면서도 서양의 풍습이라기보다는 단지 천주교의 수장이라고만 하고 있는 점 등을 들 수 있지 않나 한다. 먼저 것과 관련해서는 남회인의 『교요서론』 저술에서는 역법 논쟁 이후 예수회 선교사들의 충고를 받아들여 불교에 대해서 단정적인 공격을 덜 하게 되었음을 들 수 있다.[62] 그리고 남회인의 『교요서론』의 내용상 또 하나의 특징으로서 천주교 교리를 제대로 본격적이면서도 논리적으로 설명하여 제시하고자 하였다는 점은 앞에서도 잠시 거론했듯이 그 내용의 주요 부분이 「신경」·「천주경」·「성모경」·「십자성호경」의 해설에 대해 설명하는 데에 설정되어 있었음은 말할 것도 없고, 아울러 이 책의 맨 마지막 부분에서도 교리를 배우려고 하는 중국인들에게 『교요서론』을 통해 천주교를 제대로 이해시키기 위해서, 남회인은 「성수 규칙」 항목을 설정하여 정식 입교入敎의 표시로써 세례성사洗禮聖事에 대해 설명하면서 책을 끝맺고 있었음을 역시 들 수 있겠다. 그가 원죄原罪를 물로 씻어내는 예식禮式으로서 세례洗禮를 나타내기 위해 사용한 '성수聖水Holy Water'라는 말은 오늘날에는 성세성사聖洗聖事로 보편적으로 사용하는 말이 되었지만, 남회인은 성수를 받는 받는 규율을 해석하면서 즉 '영성수령聖水'의 행위를 묘사함에 있어 그것이 불교와 신앙적인 면에서 근본적으로 다르다는 것을 강조하면서, 천주교에서는 이것을 죽음 이후 삶에서야 받는 은총에 관한 가르침, 곧 '신후영상身後永賞'의 교의로 받아들이고 있음을 설명하였던 것이다.[63]

남회인의 『교요서론』 내용에 나타난 이러한 특징은 다른 무엇

---

62) John W. Witek. S. J. (ed.), 같은 논문; 같은 책, 1994, p.451 ; 魏若望, 같은 논문, 魏若望 編, 같은 책, 2001, p.514.
63) John W. Witek. S. J. (ed.), 앞의 논문; 앞의 책, 1994, p.445 ; 魏若望, 앞의 논문, 魏若望 編, 앞의 책, 2001, pp.508-509.

보다도 이마두의 『천주실의』와 비교해보면 더욱 확연히 드러나게 되는데, 두 서적 사이의 본격적인 내용 비교에 앞서 외형상으로 드러나는 서지적書誌的인 면에서 논해야 할 것 같다. 즉 『천주실의』가 전체 8개 항목으로 분량이 145면面folios인 데에 비해서, 『교요서론』은 전체 79개 항목으로 분량이 67면이라는 점이다. 이는 『천주실의』가 구성에 있어 천주교의 교리에 대한 중국인 선비의 질문에 서양인 선비가 풀어서 상세히 대답하는 형식으로 되어 있어 항목은 매우 적으면서도 분량은 많으나, 『교요서론』은 제목 그 자체처럼 교리의 중요한 것을 순서가 있게 논한 것이므로 항목은 매우 세분화되어 많으면서도 전체 분량은 비교적 적게 되었던 데에 기인한다고 판단된다. 그렇기 때문에 이러한 외형상의 서지적인 차이점이 곧 내용상으로도 자연히 드러날 수밖에 없었다고 여겨지는데, 이제 남회인의 『교요서론』 내용에 나타난 특징에 대해 이마두의 『천주실의』와의 비교를 통해서 본격적으로 알아보기 위해서 우선 『천주실의』의 편목과 『교요서론』의 항목 구성에 있어서 일치점·유사점·차이점이 각각 무엇인지를 도표로 작성하여 제시하면 다음의 〈표 1〉과 같다.

〈표 1〉『天主實義』와 『敎要序論』의
편목 및 항목 구성의 일치점 및 유사점 그리고 차이점 비교표

구 분	『天主實義』의 편목 제목	8개 해당 편목 및 항목 일련 번호	79개	『敎要序論』의 항목 제목
일치점 및 유사점	천주가 만물을 창조, 주재主宰하고 안양安養함을 논함	1	1-2, 6-9	천주의 권능과 천지창조
	사람의 영혼은 불멸하여 동물과 다름을 논함	3	10	인간의 영혼불멸
	인간은 사후에 천당과 지옥의 상벌로써 선악에 응보가 있음을 논함	6	12-13, 52-56	천당지옥

		천주교의 전교사가 처妻를 취하지 않음과, 천주 강생의 유래, 교황敎皇의 역할에 대해 설명함	8	36/ 64-65	천주강생/ 교황敎皇의 역할
차이점	A	사람들이 천주를 잘못 알고 있는 것에 대한 풀이	2	×	
		귀신 및 인간의 영혼이 다름과 천하 만물이 일체一體가 아님을 강조함	4	×	
		불교의 윤회輪廻 등에 대한 잘못된 설명을 배척하고, 재계齋戒와 소식素食을 올리는 바른 뜻을 논함	5	×	
		인간 본성이 본래 선함을 논하고, 천주 문사門士가 정학正學임을 술회함	7	×	
	B		×	3-5, 11	인류의 탄생
			×	32-34	삼위일체
			×	14, 15-25	십계
			×	26-31	신경信經
			×	35, 37-51, 57	예수그리스도의 탄생 및 승천 해설
			×	67	통공과 죄사함
			×	58-63	공심판과 사심판
			×	69-75	육신의 부활
			×	66	교회의 거룩함
			×	76	천주경 해설
			×	77	성모경 해설
			×	78	십자성호 해설
			×	79	성수 규칙

〈비고〉
1) 일치점 및 유사점은 『天主實義』의 편목과 『敎要序論』의 항목을 비교하여 일치하거나 내용상 유사점이 있는 경우로 한정하였다.
2) 차이점 부분 가운데 A부분은 『天主實義』에는 있으나 『敎要序論』에는 없는 경우를 나타내며, B부분은 『天主實義』에는 없지만 『敎要序論』에는 있는 경우를 나타낸다.

이 〈표 1〉에 나타난 바를 풀이하자면, 『교요서론』의 맨 처음

부분에서 주로 천주의 존재, 영혼의 불멸 그리고 사후의 심판에 관한 3가지 기본 진리를 다루고 있는데, 그것들은 이마두의 『천주실의』와 매우 유사하거나 실질적으로 일치하고 있으므로 일치점 및 유사점으로 지적함이 당연하겠다. 다만 내용상으로 구체적으로 살펴보면, 교황教皇(중국식 표현으로는 교종教宗)의 역할에 대해서 이마두는 『천주실의』맨 마지막 장에서 언급하였는데, 남회인은 『교요서론』에서는「공심판과 사심판」과「교회의 거룩함」사이에서 다루었으며, 마테오 리치는 서양 여러 나라들의 좋은 풍습을 묘사하면서 교황 제도에 대한 주제를 소개하였음에 반해, 남회인이 『교요서론』을 출판할 때에는 이미 천주교가 중국에서 비교적 잘 알려졌으므로 그래서 교황이 가톨릭교회의 수장首長으로서 커다란 권한을 지니고 있음을 사실대로 설명하였을 뿐이었다.64)

이렇듯이『교요서론』과『천주실의』가 서로 지니고 있는 설정 항목의 내용상의 일치점과 유사점이 있으면서도,『천주실의』의 출판 연도가 1603년이고『교요서론』의 그것이 1677년이므로 74년이라는 시간의 간극이 있었으니만치 시대의 변화에 따라 설명의 방식과 내용이 약간 달라질 수밖에 없었던 점이 있었음을 인정하지 않을 수 없다고 본다. 이런 종류에 해당되는 것으로서는 앞의 〈표 1〉에서 차이점 가운데 A유형으로 분류한「사람들이 천주를 잘못 알고 있는 것에 대한 풀이」,「귀신 및 인간의 영혼이 다름과 천하 만물이 일체一體가 아님을 강조함」,「불교의 윤회輪廻 등에 대한 잘못된 설명을 배척하고, 재계齋戒와 소식素食을 올리는 바른 뜻을 논함」그리고「인간 본성이 본래 선함을 논하고, 천주 문사門士가 정학正學임을 술회함」등이 더 있다고 생각한다. 가령 불교의 윤회설에 대한 잘못된 설명을 배척하는 내용 등과 같이 이미 역사적으로 많은 논란이 야기되었던 것들은 이미『천

---

64) Joseph Hsing-san Shih, S.J., 앞의 논문, John W. Witek. S. J. (ed.), 앞의 책, 1994, pp.432-433 ; 施省三, 앞의 논문, 魏若望 編, 앞의 책, 2001, p.492.

주실의』에서 상론詳論하였으므로 재론할 필요가 없다는 생각에 이러한 것들은 『교요서론』에서는 제외시켰던 것으로 판단된다. 달리 말하자면 『교요서론』의 항목 설정은 물론 그 설명의 방식에 있어서도, 『천주실의』와 그것과 비교해서 천주교의 효율적인 전교를 위해 보다 현실적인 측면을 더욱 강하게 띠게 되었던 것이라고 하겠다.

게다가 『교요서론』의 항목 설정에는 『천주실의』에서는 거론조차도 되지 않았던 여러 가지 천주교의 정통적인 교리들에 대한 구체적이고도 상세한 설명이 가해지고 있었다. 이들 항목은 앞의 〈표 1〉에서 차이점 가운데 A유형으로 분류한 것들로서,「신경」·「천주경」·「성모경」·「십자성호경」그리고「성수 규칙」의 항목 설정과 설명 할애가 그것으로, 이들이 결과적으로는「삼위일체」,「통공과 죄사함」,「육신의 부활」등과 더불어 『교요서론』의 주된 내용이 되고 있다. 이들 항목의 설정으로 말미암아 결국 한문 해독 능력을 갖춘 이들에게 천주교를 제대로 이해시키기 위한 노력이 『교요서론』을 통해 확실히 드러나고 있었다고 하겠다. 결국 그럼으로써 남회인은 『교요서론』을 통해, 이미 74년 전에 간행된 바 있던 『천주실의』를 딛고 넘어서서 천주교 교리를 구체적이면서도 본격적으로 설명하여 제대로 제시하고자 하였던 것이다. 그렇기 때문에 오늘날에 이르러서도 남회인의 『교요서론』 저술과 간행은 그 때에 이르기까지 중국에서 가르쳤던 천주교 교리를 종합적으로 정리한 것이며, 교리의 본질을 논하였으므로 중국 예수회 선교사들의 교리서들 속에서도 전교의 방식과 신앙의 내용에 커다란 영향을 끼쳤다는 점에서 중국 천주교의 형성을 진일보시켰다는 평가를 받고 있는 것이라 하겠다.[65]

---

[65] Joseph Hsing-san Shih, S.J., 앞의 논문, John W. Witek. S. J. (ed.), 앞의 책, 1994, p.429 ; 施省三, 앞의 논문, 魏若望 編, 앞의 책, 2001, p.488 및 p.511.

제4절 조선후기 한문본 『교요서론』 수용 및 한글본 『교요셔론』 유포와 천주교의 성장

앞서 상론한 바 있듯이, 강희제康熙帝의 요구에 의해 그에게 봉정奉呈된 책들은 물론 그에 앞서 저술된 천주교 교리서들은, 서양인 신부들이 북경北京을 중심으로 전교 활동하면서 천주교에 관심을 표명하는 한문漢文을 해독할 수 있는 누구에게나 제공되었을 것이며, 더욱이 교리를 배우는 이들에게는 귀중하게 여겨져 영세領洗 이후에도 여전히 소중히 지녔을 것임을 상상하기 어렵지 않다고 하겠다. 특히 같은 예수회 신부들 가운데 남회인南懷仁·이류사利類思·안문사安文思 3인은, 강희제에게 함께 불려갔을 정도로 공동으로 활동하면서 저술도 서로 돕고 있었는데, 이러한 사실은 『주교요지』의 첫머리에 '극서야소회이류사저極西耶蘇會利類思著 동회안문사남회인전정同會安文思南懷仁全訂'이라 밝혀 놓은 바에 의해서 극명하게 드러난다. 그렇기 때문에 이 3인은 공동체적인 정신에 입각하여 서로의 저술 활동을 도우면서 함께 활동하고 있었다고 하겠으며, 특히 이류사가 강희제의 도움을 받아 북경의 동천주교당東天主敎堂 즉 동당東堂을 지었으므로66), 이를 중심으로 이들은 함께 활동하고 있었는데67), 여기를 드나드는 조선인朝鮮人에게 이들이 저술한 한문 교리서가 알려지고 그것이 이들에 의해 조선에 전해졌을 법하다.

동당東堂과 이에 드나들던 조선인의 동향과 관련하여서는, 중국을 직접 여행하고 남긴 홍대용洪大容의 『연기燕記』에 보이는 대목들이 무엇보다도 주목된다. 이에 따르면, 조선인들이 동당에 자주 드나들어 그 곳 관리자가 조선인 자체에 대해 매우 우호적인 태도를 지니고 있었음은 물론, 조선 사신使臣들이 여러 번 머물렀다는 대목이 보일 뿐만 아니라, 동당에는 천상대天象臺가 설치되어 천문을 관측할 수 있도록 마련되었는데, 관리인이 '조선 사람들이 자기 집에 항상 주인을 정하므로 조선 사람을 보면 고향사람 같은 기분이 든다'고 할 정도였다고 전한다. 아울러 당시에 홍대용이 만난 유송령劉松齡과 포우관鮑友官이라는 서양인 신부 역시 남당南堂에 거처하는 산학算學이 매우 뛰어난 인물이었는데, 그 남당의 궁실과 기용은 4당 중에서 으뜸으로 조선인이 항상 내왕하는 곳이었다.68)

이런 사실에 비추어 당시 조선인 사신들이 연경에 가면 주로 동당과 남당을 드나들며 천문학天文學 등 서양의 과학 기술에 대한 호기심으로 그 관련 서적을 많이 모아 가지고 돌아 왔으며, 또한 천주교 관련 서적들도 적지 아니 열람하였고 이를 소지하고

---

66) 利類思가 康熙皇帝의 건물 희사를 받아 東堂을 건립한 연대에 대해서는 1655년설과 1662년설이 있다고 한다. 費賴之, 앞의 책, 1995, pp.241-242.
67) 李元淳, 「明·淸來 西學書의 韓國思想史的 意義」, 『韓國天主敎會史論文選集』 1, 1976; 『朝鮮西學史硏究』, 一志社, 1986, pp.83-84.
68) 이상은 盧鏞弼, 「조선인 洪大容과 서양인 천주교신부의 상호 인식─『劉鮑問答』의 분석을 중심으로─」, 『韓國思想史學』 27, 韓國思想史學會, 2006; 『한국 근·현대 사회와 가톨릭』, 韓國史學, 2008 참조.

돌아오기도 했다고 보여진다. 여기에서 특히 동당과 남당은 모두 예수회 신부들이 짓고 관리하던 곳이었음이 주목된다. 일찍이 마테오 리치Matteo Ricci(이마두利瑪竇)에 의해 창건된 남당의 부설 도서관은 가장 오랜 역사를 가진 곳으로 수많은 서적이 비치되어 있었고, 또한 이류사利類思가 건축하고 『주교요지主教要旨』를 저술·간행했던 동당 역시 많은 서적이 있었다고 하는데 아담 샬 Adam Schall(탕약망湯若望)이 1651년 이전에 이미 3천 여 권의 개인 장서를 가지고 있었을 정도였던 것이다.69)

 여기에서 또 하나 상기할 사실은, 앞서 살핀 바와 같이 1668년에 강희제康熙帝가 예수회 신부인 남회인·이류사·안문사 3인을 불러 서양의 풍토와 인심에 대해 물은 것에 대한 답변으로서, 같은 해에 이류사가 『주교요지』를 저술하였고, 이듬해 즉 1669년에 서양의 실상을 정리한 『서방요기西方要紀』와 천주교 교리서 『천주정교약징天主正教約徵』을 아울러 저술하여 봉정하였다는 점이다. 그리고는 그 이듬해에 이 3인 중의 하나인 남회인이 저술한 것이 바로 『교요서론教要序論』인데, 이 책들은 간행된 후 머지않아, 사신으로 파견되어 북경의 동당과 북당에 들렸던 인물들에 의해 조선에까지 전해지기에 이르렀던 것 같다. 한문으로 저술된 천주교 교리서를 적극적으로 수용하려는 당시의 이런 분위기를 엿볼 수 있는 구체적인 예에 관한 기록은, 중국 북경 현지에서 조선인으로서는 최초로 영세領洗를 받은 바 있는 이승훈李承薰이 남긴 다음과 같은 편지의 한 대목에서 찾아진다.

 (6)천주교 신자들은 서로가 서로에게 고해할 수 있는 방법에 대해 토의를 하고자 1786년 봄에 모임을 가졌습니다. 그리고 갑은 을에게, 을은 병에게 고해를 할 수 있지만, 갑과 을이 서로 혹은 을과 병이 서로 맞고해를 하는 일은 없도록 결정하였

---

69) 李元淳, 앞의 논문, 1976; 앞의 책, 1986, pp.83-86.

습니다. 천주교 신자들은 같은 해 가을에 다시 모임을 가졌습니다. 이 모임에서 그들은 미사를 집전하고 견진성사를 주는 일을 제가 맡아 하도록 결정하였습니다. … (중략) … 제가 독성죄를 지었다는 사실은 1786년에 가서야 알았습니다. 1786년 봄이었는데 사제직에 임명된 열 사람 가운데 한 사람이 자신이 사제직에 임명되자, 『청 까오 이바 야오』란 책을 열심히 그리고 아주 꼼꼼하게 읽었습니다. 그러다가 바로 그 책에서 제가 어떤 죄에 떨어졌는가를 모두 알아내었던 것입니다. 그 사람은 즉시 거기에 대하여 충고해주기 위해서 저에게 편지를 썼습니다. 여기에 그 사람의 편지를 동봉해 드립니다. 이 얼마나 끔찍한 죄입니까? 저는 이로 인하여 뼈 속까지 부들부들 떨었습니다. 저는 부랴부랴 성사가 집행되고 있는 곳에서 모두 성사 집행하는 것을 중지하도록 한 다음, 모든 천주교 신자들에게 제가 독성죄를 지었다는 사실을 알려 주었습니다[70]

이 편지는 이승훈(베드로,1756-1801)이 1789년 말경에 작성하여 북경의 북당에 있던 프랑스 선교사들에게 보낸 것인데, 그는 일찍이 1783년에 동지사冬至使로 북경에 가게 된 부父 이동욱李東郁을 따라 그 곳에 갔다가 이듬해에 세례를 받고 귀국하였다. 이승훈이 영세를 받은 곳이 바로 이 북당으로, 예수회 소속의 신부 그라몽Jean-Joseph de Grammont(양동재梁棟材)이 그에게 영세를 줄 때에는 적어도 한문漢文 교리서教理書를 활용하여 교리 지식을 어느 정도는 갖추게 한 뒤에 의식儀式을 행했을 것이며, 이 때에 적어도 남회인南懷仁의 『교요서론教要序論』과 같은 예수회 신부들이 저술한 한문 교리서가 이미 이승훈李承薰의 손에 들어왔을 것으로 보아도 좋을 듯하다. 이러한 정황은 다음의 기록에 보이는 옥천희玉千禧 경우에도 1800년에 중국에 갔을 때 직접 『교

---

70) 「이 베드로가 북당의 선교사들에게 보낸 편지」,1789년 말 경; 윤민구 역주, 『한국 초기 교회에 관한 교황청 자료 모음집』, 가톨릭출판사, 2000, pp.35-36.

요서론』을 읽고 있었던 데에서도 거의 틀림이 없어 보인다.

(7) 「옥천희(玉千禧)의 자백 내용」
저는 전년[1800년] 동지冬至 사행使行 때 북경北京에 들어가 …
(중략)… 종종 탕가의 거처에 왕래하였는데, 그 좌상座上의 어
가어哥라는 한 유생儒生이 저에게 주周선생은 평안한가아닌가를
물었습니다. 제가 답하기를 알지 못한다고 하자, 탕가가 책망하
기를 필요치 않은 것을 물었다고 하였다. 제가 유생을 따라가
니 유생이 책 하나를 주었는데, 책 이름이 『교요서론敎要序論』
이었습니다. 이에 돌아와 보니 스스로 깨달아 얻을 수 있었다.
조선관朝鮮館 근처에 위魏선생先生이라는 자명종自鳴鐘 점포店鋪
를 하며 서양학을 잘 한다고 하는 자가 있었으므로, 제가 가서
위魏 선생의 점포를 방문하여 받은 바의 책을 보여주었더니 위
魏 선생이 주周 선생의 안부를 물었다[71]

앞서서 상세히 거론한 바처럼 당시 중국에서 천주교에 대해서 관심 있는 이들이라면 누구나 읽게 되는 교리서로서는 다른 어느 무엇보다도 남회인의 『교요서론』이 최우선적으로 손꼽아질 수밖에 없었던 분위기였다. 그러므로 옥천희에게 천주교를 전교하였던 이승훈의 경우도 『교요서론』을 열심히 읽었을 것이며, 그 이후 옥천희 역시 다른 이들과 어울려 여러 차례 중국을 드나들면서 역시 그랬던 것으로 여겨진다.[72] 중국을 방문하였을 때 이미

---

71) 「邪學罪人嗣永等推案」 玉千禧(10월 10일), 규장각본 『推案及鞠案』; 서종태·한건 엮음, 『천주교신자재판기록』(上), 국학자료원, 2004, p.721.
故矣身前年冬至使行 入往北京 …(中略)… 而種種往來於湯哥處 則其座上어哥一儒生 問于矣身 曰周先生平安否 矣身答以不知 則湯哥責之 以不必問 矣身隨往儒生 則儒生給以一冊 冊名敎要序論也 以爲歸而視之 則自可覺得之 朝鮮館近處 有魏先生爲自鳴鐘舖者 善爲洋學云 故矣身往訪魏舖 示以所授之冊 則魏哥問曰 周先生安否
72) 옥천희의 입교와 활동에 관한 점들은 윤민구 역주, 앞의 책, 가톨릭출판사, 2000, p.169에서 찾아지는 아래의 기록 ①과 「사학 죄인 추국 작

『교요서론』을 손에 넣었을 이승훈은 귀국 이후 1787년부터 이른바 가성직제도假聖職制度를 이끌고 있다가 바로 앞의 기록 (6)으로 인용한 이 편지를 작성한 것이었다. 여기에서 가성직제도假聖職制度란, 조선의 천주교 신도들이 중국으로부터 사제司祭를 맞아올 수가 없게 되자, 앞의 인용문에서 보이듯이 자체적으로 역할을 분담하여 성사를 독자적으로 집행하던 것을 말하는 것으로 신자교계제도信者敎階制度라고도 할 수 있을 것인데73), 이 제도의

처」, 『순조실록』 3권 1년 11월 5일; 조광 엮음, 『조선왕조실록 천주교사자료모음』, 한국순교자현양위원회, 1997, pp.310-311에서 볼 수 있는 아래의 기록 ②를 통해서 알 수 있다.
①「토사주문(討邪奏文)」
"그 사악한 무리들을 한창 심문 조사하고 있을 때 그들 중에 하나인 황사영黃嗣永이라는 자가 기회를 틈타 도망갔는데, 마침내 10월에 포졸들이 염탐한 끝에 황사영을 체포하였습니다. 그런데 황사영이 진술하기를, 이승훈李承薰이 북경에 가서 서양 학문을 배운 다음 돌아와서는 사악한 무리들인 김유산金有山과 황심黃沁 그리고 옥천희玉千禧를 불러 들였다고 합니다. 그리하여 김유산과 황심과 옥천희는 사신들이 중국에 갈 때마다 매번 따라가서는 서양 사람들에게 편지를 전하고, 사술邪術[천주교 신앙생활]을 하는 데 필요한 방법과 수단 등을 몰래 전수받았다고 합니다"
②「옥천희의 신문서 내용」
"죄인 옥천희는 본래 선천宣川 사람으로 해마다 절사節使를 따라 왕래하면서 황사영·황심·현계흠玄啓欽의 무리와 체결하고 여러 번 서찰을 전하여 천주당에서 우두머리로 있는 탕아립산湯亞立山이란 자로부터 세례와 명호를 받았으며, 주문모를 강완숙姜完淑의 집에서 찾아보고 토서討書를 양인에게 전달하여 그의 답장을 받아 장차 돌아와서 주문모에게 전하려 하다가 만부灣府에 도착하여 사당邪黨이 체포되었다는 소문을 듣고는 도로 피중彼中에 들어가 국내의 사정을 전부 전하였다. 황사영의 무리들이 해박海舶을 오도록 청하여 사술邪術을 널리 펴려 한 계획을 난만하게 참견하여 들었기에 지정불고죄知情不告罪로써 결안結案하였다"
73) 盧鏞弼,「자발적으로 교회를 세우다」, 『한국 천주교회사 교실』, 천주교 서울대교구 순교자 현양회 순교자 현양학당, 2001, pp.20-25; 이 책의 제2부 제4장.

시행이 잘못된 것임을 시행한지 얼마 되지 않은 1787년[74]에 곧 깨달아 집행을 중지하기로 결정하였다고 하였다.

그런데 이 사실을 깨달은 것에 대해서 설명하는 가운데 주목할 바가 있다. 즉 사제직司祭職에 임명된 사람 가운데 한 사람이『청 까오 이바 야오』란 책을 열심히 그리고 아주 꼼꼼하게 읽던 중에 바로 그 책에서 어떤 잘못을 지었는지를 알아내었다는 점이다. 여기에서 거론된 『청 까오 이바 야오』라는 책이 불어佛語로 표기된 것이라서 어떤 책을 말하는 것인지 정확하지가 않지만, 발음이 가장 유사한 이류사利類思의『성교간요聖敎簡要』라고 짐작하는 의견도 있으나 이를 단정할 수는 없는 노릇이므로, 당시 중국에서 한문漢文으로 저술되었던 교리서 가운데의 어느 하나로 일단은 볼 수는 있겠다. 따라서 이러한 구체적인 예를 통해서 당시 중국에서 유행하던 한문 교리서들은 당시 조선에 이미 적지 않게 수용되어 있었음은 거의 틀림이 없을 것이며[75], 이러한 한

---

[74] 인용문에는 1786년이라 되어 있지만, 문맥상으로는 1787년이어야 맞는다. 윤민구 역주, 앞의 책, 2000, p.36.
[75] 윤민구 역주,『한국 초기 교회에 관한 교황청 자료 모음집』, 가톨릭출판사, 2000, pp.114-116에 있는 다음 내용의「북경의 구베아 주교가 사천 대리 감목 디디에르 주교에게 보낸 1797년 8월 15일자 편지」에서도 이러한 면면은 고스란히 드러나고 있다고 생각한다.
　"… 이제부터 말씀드리는 내용들은 조선의 신입 교우들이 제게 보내왔던 소식들과 조선에 파견된 선교사로부터 올해 받은 편지들 속에 있는 보고 내용들을 근거로 하여 말씀드리는 것입니다.
　조선의 새 교회가 처음으로 시작된 것은 조선의 임금님이 보낸 사신 가운데 한 사람의 아들이 개종한 데서 비롯되었습니다. 그는 '이李'라는 성을 가진 젊은이로서, 지난 1784년 북경에 왔습니다. 수학을 대단히 좋아하는 이 젊은이는 수학책들을 구하고 유럽인들에게서 수학을 배우고 싶은 마음에서 유럽인 선교사들의 집을 찾아왔습니다. 유럽 선교사들은 이 기회를 놓치지 않고 수학책뿐만 아니라 천주교 서적들까지 주어서 조금씩 조금씩 이 젊은이 마음속에 슬며시 천주교의 교리들을 심어 주었습니다. 하느님의 은총이 그 '이'라는 젊은이의 마음을 움직여 주시어,

문 교리서들 가운데서 특히 남회인의 『교요서론』 등은 바로 이승훈이 전래한 것으로 보아도 무방할 듯하다.76)

한편 이승훈에 의해 전해진 이러한 한문 교리서들을 정약종丁若鍾 역시 다른 이들처럼 많이 지니고 있었음을 주목할 필요가 있다. 이 사실은 『황사영백서黃嗣永帛書』에서 엿볼 수가 충분히 있는데, 황사영黃嗣永이 정약종丁若鍾의 한글본 『쥬교요지』 2권 저술에 대해서 설명하면서, '널리 성교의 여러 가지 책에서 인용하고 자기의 의견을 보태서 지극히 쉽고 분명하게 설명하'였다고 하였음에서, 그 자신이 이전부터 여러 한문 교리서들을 수집해 가지고 있었으며 이를 인용하고 자기의 의견을 보탰음이 분명하다. 더욱이 "여러 가지 책에 흩어져 있어 온전히 논한 책이 없기 때문에, 읽는 사람이 요점을 이해하기가 어렵다 하여 장차 여러 책에서 뽑아 모아 부문별로 나누어 모아서 책이름을 『성교전서』라 하였습니다. 뒤에 성교의 교리를 배우는 사람에게 남겨 주려고 하였"다고 기록하였다.77) 따라서 이 속에 이류사利類思의 『주

그 젊은이는 그리스도교 서적들을 읽는 가운데 또한 유럽 선교사들과 필담으로 이야기를 나누는 가운데 깊은 감동을 받게 되었습니다.
그리하여 그 젊은이는 신앙에 귀의하게 되었으며, 꼭 알아야만 하는 교리에 대해서 배운 다음, '베드로'라는 이름으로 세례를 받았습니다. 그리고 나서 같은 해 조선으로 돌아갔는데, 그 때 천주교에 관한 책들을 상당히 많이 갖고 갔습니다. 예수 그리스도의 새 제자가 된 이 젊은이는 가족들과 친척들과 친구들에게 북경에서 보고 들었던 천주교 신앙의 원리들과 여러 가지 성상들에 대해 말해 주었습니다. 그리고는 자기가 갖고 온 책들을 그들에게 나누어 주었습니다.
많은 조선 사람들이 이 책들을 읽고 또한 이 신입 교우가 들려주는 감동적인 설교를 듣고는 즉시 참된 하느님을 알게 되었으며, 그 결과 얼마 안 가서 상당히 많은 사람들이 그리스도를 믿게 되었습니다. … 그리하여 마침내 5년이라는 기간 동안에 천주교 신자수가 무려 4천 명으로 늘어나게 되었습니다."

76) 車基眞, 앞의 논문, 1992, pp.41-42; 앞의 책, 2002, pp.159-160.
77) 「황사영백서」 가운데 이와 관련된 원문은 다음과 같다.

교요지主教要旨』 등을 비롯한 한문漢文 교리서敎理書들도 분명 포함되었을 것이며, 남회인南懷仁의 『교요서론敎要序論』 역시 그랬을 게 거의 분명하다.78)

이렇게 해서 조선에 전래되었을 남회인의 『교요서론』은 머지않아 조선에 커다란 파장을 불러 일으켰다. 한문漢文으로 저술된 천주교天主敎 교리서敎理書들 가운데서 그렇게 되었던 것의 구체적인 예로는 마테오 리치의 『천주실의天主實義』 등도 이미 있었지만, 남회인의 『교요서론』 역시 그런 것 중의 하나가 되고 말았던 것이다. 1801년의 신유박해辛酉迫害 와중에 김건순金健淳이란 인물이 체포되어 취조를 받으면서 이미 을유년乙酉年 즉 1789년에 조선 내에서 이를 얻어 보았다고 다음과 같이 진술하고 있기 때문이다.

(7) 「김건순(金健淳)의 자백 내용」
기유년己酉年(1789)에 제가 이준신李儁臣으로 인하여 서양서西洋書 『기인십편畸人十編』・『진도자증眞道自證』 각 2편을 얻어 보았고, 같은 해에 또 삼전동인三田洞人으로 인하여 『교요서론敎

"정약종丁若鍾 아우구스티노는 성품이 강직하고 의지가 굳세고 무엇에서나 자상하고 세밀한 것이 남보다 뛰어났습니다. … (중략) … 일찍이 그는 교우들 가운데 무식한 이들을 위해 우리나라의 한글로 『주교요지』 2권을 저술하였는데 (가)널리 성교聖敎의 여러 가지 책에서 인용하고 자기의 의견을 보태서 지극히 쉽고 분명하게 설명하여 어리석은 부녀자나 어린 아이들이라도 책을 펴 보기만 하면 환히 알 수 있고, 한 군데도 의심스럽거나 모호한 데가 없었습니다. … (중략) …그는 또 천주님의 모든 덕과 여러 가지 도리가 본래 크고 광활한데, (나)여러 가지 책에 흩어져 있어 온전히 논한 책이 없기 때문에, 읽는 사람이 요점을 이해하기가 어렵다 하여 장차 여러 책에서 뽑아 모아 부문별로 나누어 모아서 책이름을 『성교전서聖敎全書』라 하였습니다. 뒤에 성교聖敎의 교리를 배우는 사람에게 남겨 주려고 하였는데, 초고가 반도 이루어지지 못한 채 박해를 당하여 완성하지 못하였습니다." 黃嗣永, 『黃嗣永帛書』; 『황사영백서』, 김영수 역, 성 황석두루가서원, 1998, pp.50-53.
78) 盧鏞弼, 앞의 논문, 2002; 이 책의 제1부 제2장.

要序論』・『만물진원萬物眞源』을 얻어 보았는데, 말이 간사하고 거짓되어 별로 본받을 만한 게 없었습니다. 신해년辛亥年(1801)에 충忠을 지녀 일이 터진 이후에 나라에서 금지시킴이 있자 그 서적을 모두 태워 버렸는데, 사학邪學은 곧 속이고 거짓된 학문일 뿐입니다79)

김건순이 이처럼『교요서론』을 1801년 신유박해 때에 불태웠다고 자백하고는 있지만 이미 1789년에 구해보았다고 했으므로, 조선인 천주교인들 사이에서는 1789년 이전부터『교요서론』이 읽혀지고 있었음이 분명하다. 다만 김건순에게 바로 이『교요서론』을 전해준 '삼전동인三田洞人'이 구체적으로 누구인가는 알 길이 없으나80), 그렇다고는 하더라도 그 사람과 김건순을 비롯한 등등이『교요서론』을 주고받으며 이미 읽고 있었던 것만은 의심의 여지가 없는 역사적 사실이었다.

---

79) 「辛酉邪獄罪人李基讓等秋案」, 『秋案及鞫案』, 3월 17일 金健淳供招; 서종태·한건 엮음, 앞의 책, 2004, pp.298-299.
己酉年 余因李僑臣 得見西洋書畸人十編眞道自證各二卷 同年又因三田洞人 得見教要序論萬物眞源 而語涉邪誕 別無可法是遣 辛亥年 持忠事出後 以有邦禁 盡燒其書 而邪學卽矯誕之學耳

80) 이 삼전동인三田洞人에 대해서는 기록의 부족으로 딱히 알아낼 방도가 현재로서는 없어 풀리지 않는 점으로 남겨둘 수밖에는 도리가 없으나, 많은 한문 교리서들을 지니고 있으면서 이미 한글본 교리서『쥬교요지』를 저술하였을 뿐만 아니라 앞서 거론한 바처럼 「황사영백서」속의 내용 가운데서 '장차 여러 책에서 뽑아 모아 부문별로 나누어 모아서 책이름을『성교전서』라 하였습니다. 뒤에 성교의 교리를 배우는 사람에게 남겨 주려고 하였'다고 지목된 정약종丁若鍾이 아니었을까 싶다. 여기의 '삼전동인三田洞人'의 '삼전동三田洞'은 정약전丁若銓·정약용丁若鏞·정약종丁若鍾 3형제의 터전이었던 고향 마재馬峴(오늘날의 경기도 조안면 소재)를 가리키는 것이거나 혹은 정약종이 훗날 한강을 배를 타고 내려오다가 서울에 들어가기 전에 잠시 머물던 삼전도三田渡(오늘날의 송파구 삼전동)의 그것에서 따온 게 아닐까 싶으나, 이것은 순전히 추측에 불과하다.

게다가 『교요서론』의 조선 수용과 그것의 확산과 관련하여 여기에서 주목해서 좋다고 생각하는 점은, 『사학징의邪學懲義』의 부록 중의 하나인 「신애가매치사서굴출기新愛家埋置邪書掘出記」가운데 '교요서론 일권一卷81)'이란 기록이 보이며, 또한 「윤현가방돌중굴래요상사서건기尹鉉家房堗中掘來妖像邪書件記」 가운데 '교요서론敎要序論 일一'이 찾아진다는 사실이다.82) 따라서 이를 근거로 삼아 『교요서론』은 한글본이 분명하고, 또 그와는 달리 표제表題가 한문으로 『敎要序論』라고 되어 있었던 것은 한문본 『교요서론』이라고 여겨서, 당시의 순교자들이 지니고 있었던 『교요서론』에는 한문본 『교요서론』과 한글본 『교요서론』의 2종이 있었다고 풀이할 수도 있을 듯하다.

그러나 그렇다고 이를 무조건적으로 그렇다고 단정할 수는 없다고 본다. 왜냐하면 뒤에 제시하며 분석할 바이지만, 프랑스인 모리스 꾸랑Maurice Courant이 1894년에 한국에 와서 천주교 관련 서적들을 조사하여 정리해 놓은 목록 가운데 표제表題가 각각 『교요서론』과 『敎要序論』으로 되어 있는 책이 1권씩 있어 마치 각각이 한글본과 한문본인 것처럼 보이기 십상이나 실제로는 모두 한글필사본이라고 명시해놓고 있기 때문이다.83) 게다가 현재 절두산 순교성지 박물관에 보관 중이고, 그 복사본이 한국교회사연구소 자료실에 비치되어 있어 실물 자체가 전해지고 있으므로84) 실재 여부에 대해서는 재언再言을 요치 않는데, 이 경우에도 표지表紙에는 한문漢文으로 '敎要序論'이라 표기되어 있지만, 속의 내용은 한글 필사본이다.

---

81) 『邪學懲義』, 한국교회사연구소, 1977, p.379
82) 앞의 『邪學懲義』, 1977, p.382.
83) 모리스 꾸랑 原著, 李姬載 飜譯, 『韓國書誌―修訂飜譯版―』, 一潮閣, 1994, pp.674-675.
84) 한국교회사연구소 자료실 등록번호 17620, 분류기호 241.07 교66.

그렇기 때문에 『사학징의』에 '교요셔론 1권'과 '敎要序論 一'이라 표기되어 있다고 해서 그것이 각기 한글본과 한문본이었다고 볼 수만은 없다고 하겠다. 오히려 둘 다 한글본이었을 가능성이 더 크다고 여겨지며, 따라서 한글본이 이럴 정도로 널리 필사筆寫되어 유포되고 있었다는 사실을 알려주는 것으로 해석하는 게 순리가 아닐까 생각한다. 설혹 한문본 『교요서론』이 있었다고 해도 이는 널리 유포되기 보다는 한문을 해독할 수 있는 양반층 및 일부 중인층에 국한된 것이었을 뿐이며, 훗날의 우리들이 오늘날에 상상하는 것보다 일찍부터 그것이 한글본으로 번역되어 『교요셔론』이 1800년 이전부터 또한 유포流布되고 있었던 것이 분명해진 것이다.[85]

그러면 다음으로는 현재 전해지는 한글본 『교요셔론』은 과연 한문본 『교요서론』의 한글 번역본인 것이 확실한가? 또한 그 내용상의 차이점은 혹 없는가? 하는 점 등을 구명究明해야 할 것이다. 이를 위해서 한문본 『교요서론』과 한글본 『교요셔론』의 항목과 내용을 일일이 우선 대조해보았으며, 그 과정에 작성된 게 뒤에 첨부해놓은 〈참고 표〉의 〈표 1·2·3〉들이다. 우선 〈표 1〉를 만들면서 한문본 『교요서론』의 목차와 한글본 『교요셔론』의 목차를 일차적으로 비교하는 작업을 해보았는데, 그런 도중에

---

[85] 정약종이 한글본 『쥬교요지』를 만들면서 『主敎要旨』는 물론 『敎要序論』도 구해서 읽고 참작했을 것이며, 그것을 번역하면서 일부에 손대어 한글본 『교요셔론』로 정리하고 이를 필사해 돌려서 많은 이들에게 읽힌 게 아닌가 또한 추측에 추측을 거듭할 뿐이다.
한편 『敎要序論』의 조선 수용 시기에 대해서 裵賢淑, 「17·8世紀에 傳來된 天主敎書籍」, 『敎會史硏究』 3집, 한국교회사연구소, 1981, p.12 및 윤선자, 「한국 교회사 연구 입문(152) '敎要序論'」, 『교회와 역사』 176호, 한국교회사연구소, 1990, p.2에서, "전래시기의 하한선은 1789년이며 1800년 이전에 이미 한글로 번역되었음을 알 수 있다"고 공통적으로 지적한 바가 있음이 참조가 된다.

한글본『교요셔론』의 목차와 실제 내용상의 항목이 반드시 일치하는 것만은 아니라는 점을 알아차리고, 그래서 〈표 2〉에서는 한글본『교요셔론』의 목차와 실제 내용상의 항목을 비교하였다.

그러자 둘 사이에 일치하는 게 대부분이었지만, 일부는 유사한 경우도 있고, 심지어 목차에는 있으나 내용상에는 없는 경우 게다가 목차에는 없으면서도 내용상에는 있는 경우까지도 있음이 드러났다. 그랬기 때문에 또 한 차례 한문본『교요서론』의 목차와 한글본『교요셔론』내용상의 항목과를 비교해보지 않을 수 없었고, 그것을 〈표 3〉으로 그렸다. 비로소 이 작업을 마친 후에야, 이 모두를 종합하여 한문본『교요서론』과 한글본『교요셔론』의 목차 항목 구성의 내용상 비교를 시도할 수 있었고, 그 결과 한글본『교요셔론』은 한문본『교요서론』의 번역본임을 확실히 알게 되었다.

이 과정에서 내용상의 차이점 역시 적지 않다는 점도 엿볼 수 있었으므로, 다음으로는 한글본『교요셔론』과 한문본『교요서론』사이에 내용상 어느 정도의 차이가 나며, 따라서 한글본『교요셔론』의 특징은 무엇인지를 파악하고자 하였다. 그런데 한글본『교요셔론』의 이러한 내용상 특징은, 궁극적으로는 한문본『주교요지』와 한글본『쥬교요지』와도 비교해 보게 되면, 더욱 명료하게 찾아낼 수 있겠다 싶었다. 그리하여 이것들까지 포함하여 목차 항목 구성의 내용상 유사점과 차이점의 비교표를 작성해보았는데, 그것이 바로 다음의 〈표 2〉다.

〈표 2〉『主教要旨』·『教要序論』·『교요셔론』·『쥬교요지』
목차 항목 구성의 내용상 유사점 그리고 차이점 비교표

구분			항 목	『主教要旨』 12개	『教要序論』 79개	『교요셔론』 73개	『쥬교요지』 44개
				해당 항목별 일련 번호			
유사점 (공통점 포함)			천주의 권능과 천지창조	1-3	1-2, 6-9	1-2, 6-9	상권 1-13, 15, 16
			삼위일체	4	32-34	32-34	상권 14
			인류의 탄생	5	3-5, 11	3-5, 11	하권 1·2
			천주강생	6	36	36	하권 3-9
			영혼불멸	7	10	10	상권 29-30
			천당지옥	8	12-3, 52-56	12-13, 51	상권 31-33
차이점	A		십계	9	14, 15-5	14, 15-4	×
	B		영세	10	×	×	×
			고해	11	×	×	×
			천주교의 우월성 강조	12	×	×	×
	C		신경(信經)	×	26-31	25-31	×
			예수그리스도의 탄생 및 승천 해설	×	35, 37-51, 57	35, 37-50, 52-53	×
			통공과 죄사함	×	67	63-65	×
			공심판과 사심판	×	58-63	54-61	×
			육신의 부활	×	69-75	66-73	×
			교회의 거룩함	×	66	62	×
	D		교화왕(教皇)의 역할	×	64-65	×	×
			천주경 해설	×	76	×	×
			성모경 해설	×	77	×	×
			십자성호 해설	×	78	×	×
			성수 규칙	×	79	×	×
	E		옥황상제·불교·잡귀신위의 신봉 등에 대한 구체적인 비판	×	×	×	상권 17-28
			천주교 신앙 권유	×	×	×	하권 10-11

〈비고〉
1) 한글본 『교요서론』의 경우 목차에 나타난 게 아니라 실질적인 비교를 위하여 앞의 〈표 2〉를 통해 드러난 실제 내용상의 항목을 제시한 것이다.
2) 『敎要序論』과 『교요서론』의 목차 제목은 이 글의 뒤 〈참고 표〉를 참조하고, 『主敎要旨』와 『쥬교요지』의 목차 제목은 이 책의 제1부 제2장을 참조하기 바란다.
3) 구분란의 차이점 부분 가운데 한눈에 보이듯이 A부분은 『主敎要旨』・『敎要序論』・『교요서론』에는 공통점으로 있으나 『쥬교요지』에는 없는 항목, B부분은 『主敎要旨』에는 있으나 『敎要序論』・『교요서론』・『쥬교요지』에는 없는 항목들, C부분은 『主敎要旨』에는 없으나 『敎要序論』・『교요서론』에는 공통적으로 있으나 『쥬교요지』에는 없는 항목들, D부분은 『敎要序論』에만 있을 뿐 『主敎要旨』・『교요서론』・『쥬교요지』에는 전혀 없는 항목들, 그리고 E부분은 『主敎要旨』・『敎要序論』・『교요서론』에는 전혀 없으나 『쥬교요지』에만 있는 항목들을 표시한 것이다.

이 〈표 2〉를 통해 무엇보다도 우선적으로 주목할 수 있는 사실은, 2가지 점이라고 가늠이 된다. 첫째, 종전의 『주교요지』 및 『쥬교요지』에서 전혀 다루지 않았던 (사도使徒)신경信經, 예수 그리스도의 탄생과 승천, 통공과 죄사함, 공심판과 사심판, 육신의 부활 그리고 교회의 가르침에 관한 해설을 상세하게, 한문본 『교요서론』 및 한글본 『교요서론』에서 공통적으로 다루고 있음을 들 수 있다. 이러한 점들은 역시 한문본 『교요서론』이 앞에서 이미 살펴보았듯이 한문본 『천주실의』보다 본격적으로 천주교 교리를 설명하고 있을뿐더러 또한 훨씬 현실적이고 체계적인 교리 내용을 담고 있었다는 점에서 근원적으로 비롯된 것임은 재론의 여지가 없겠다.

이와 짝하여 또 하나 그러면서도 정약종丁若鍾이 당시 조선에서 벌어지고 있는 여러 이단적異端的인 행위에 대해 천주교 교인들이 빠져 들어갈까 봐서 이를 방지하기 위해서 『쥬교요지』에서만 다루고 있는 것들, 예컨대 옥황상제・불교・잡귀신위의 신봉 등에 대한 구체적인 비판 그리고 천주교 신앙 권유와 같은 것들은 여기에서도 역시 일률적으로 전혀 거론되고 않았음을 찾아볼 수 있다. 이 역시 당연한 소치였다고 할 밖에 없는데, 앞서 상론하였듯이 『교요서론』 편찬 원칙 중의 하나가 다른 종교와의 마찰이 일어날 수 있는 소지가 있는 것은 담지 않으려고 한 때문이기도 하고, 아울러 정약종이 쥬교요지』를 저술할 때 이미 『주교요지』는 물론 『교요서론』도 다 읽고 참작한 데에서 말미암은 것이기도 하기 때문이라고 하겠다.

그리고 위의 〈표 2〉를 통해 둘째로는, 한문본 『교요서론』과 비교해서 한글본 『교요셔론』에서는 교황의 역할에 관한 것이라든가, 천주경·성모경·십자성호에 대한 해설 그리고 성수 규칙에 관한 설명 부분이 누락되어 있다는 점을 꼽을 수 있겠다. 이는 한문본 『교요서론』을 한글본으로 번역하는 과정에서, 아마도 이 부분들이 『천주실의天主實義』뿐만이 아니라 『주교요지主教要旨』에서도 다루어 지지 않는 것들이고, 또한 혹독한 박해 속에서 십자성호를 긋는다든가 하는 외형적인 행위를 통해 천주교 신자임을 결코 드러낼 수 없는 현실이었으므로 이들의 내용을 번역에서 제외시켰기 때문이 아니었을까 짐작될 뿐이다.86)

한편 한글본 『교요셔론』의 등장과 필사본의 유포와 관련하여 여기에서 한 가지 유념해야 할 점이 있는 것 같다. 『사학징의』의 기록에서 '교요서론教要序論'이건 '교요셔론'이건 이것들을 체포될 당시에 소장하고 있던 인물이 신분身分상으로는 모두 양반兩班이었으나, '교요셔론'을 사위인 정광수鄭光受가 방구들 속에 숨겨두었던 것이 발각된 윤현尹鉉의 경우는 남성男性이었던 것과 대조적으로, 정복혜鄭福惠가 각처 신자들로부터 모은 '교요셔론'을 땅 속에 묻어두었다가 들통이 난 한신애韓新愛는 여성女性이었다는

---

86) 내용상의 비교를 통해 볼 때 이런 점에서도 앞의 주 85)에서 짐작한 바 있듯이, 이런 것들이 『쥬교요지』에도 전혀 담겨져 있지 않으므로 『쥬교요지』의 저자인 정약종이 한문본 『교요서론』을 한글본 『교요셔론』으로 번역했던 게 아닐까 추정된다고 하겠다.

사실이 그게 아닌가 싶다. 앞서 잠시 거론한 바대로, 이 둘 다가 한글본이라면 더더군다나 두말할 나위가 없지만, 정작 '교요서론'이 한문본이고 '교요셔론'이 한글본이라면 문제는 달라진다고 하겠다.

물론 특정한 책을 여성이 소유하고 있었다고 할지라도 이를 여성들만이 읽었음을 의미하는 것은 아니겠으나, 고도의 한문漢文 해독 능력이 요구되는 한문본이 아닌 한글본을 여성이 보관하고 있었다고 하는 점은, 한문을 현실의 여건상 미처 깨치지 못하고 한글만을 깨친 양반 여성들과 그 이하 신분의 여성들이 한글본을 읽었을 가능성을 엿보게 해주는 것이라 생각한다. 더불어 같은 남성일지라도 한문을 깨치고 있었던 이들은 한문본 『교요서론』을 읽는 게 수월하였겠으나, 그렇지 못한 중인층中人層 이하 특히 평민인 경우에는 자연히 한글본 『교요셔론』을 읽을 도리밖에 없었을 것이다. 따라서 한글본 『교요셔론』은 자연히 한문을 해독할 능력을 갖추지 못한 여성 및 평민 남성을 중심으로 유포되고, 이들이 천주교 교리를 공부할 때 이를 애독함으로써 점차 필사筆寫되어 유포流布되어 나갔던 것으로 판단함이 옳을 줄 안다.

이와 관련해서는 더욱이 1801년 신유박해 때 한신애의 집에서 이 한글본 『교요셔론』과 함께 압수되었던 서적들을 비롯해서, 『사학징의邪學懲義』에 기록되어 있는 천주교 서적을 분류해 보면, 한글본이 한문본에 비해 월등히 많은 것으로 조사된다는 점을 유의해야 할 필요가 분명하다. 최석우崔奭祐의 조사에 의하면, 당시 압수된 서적 중 한글본이 86종인데 반해 한역漢譯 서학서西學書는 37종에 불과하여 '한글본이 압도적으로 많다'고 한다.[87]

---

87) 이런 점과 관련하여 최석우, 「朝鮮後期의 西學思想」, 『國史館論叢』 22, 국사편찬위원회, 1991; 『韓國敎會史의 探究』 II, 한국교회사연구소, 1991, p.197에서 "1801년 조정에 압수된 천주교 서적들을 분류해 보면 한글본이 86종, 한역서학서가 37종으로 한글본이 압도적으로 많다. 이 사실은

또한 최근의 정병설鄭炳說의 분석에 따르면 압수목록 가운데 서적만 총 143종 209책으로 이 가운데 한글본이라고 표시된 책이 6종 8책이고 한글로 책제목이 적힌 책이 95종 128책으로, '한글본으로 표시되었거나 제목이 한글로 적힌 것만 해도 전체 자료 가운데 대략 65퍼센트인데, 여기다가 한글책이 부지기수인 꾸러미가 또 있고, 또 제목이 한문으로 된 것 가운데도 얼마간은 한글책일 수 있음을 감안하면, 적어도 70퍼센트 이상은 한글책임을 알 수 있다'고 한다.[88] 그러므로 당시에 유포되는 천주교 교리서 가운데 한글본이 한문본 보다 '압도적으로 많다'거나 혹은 말하자면 한문본 37종가 비교하여 한글본이 86종이나 되므로 산술적으로 계산하여 한문본에 비해 한글본이 2.3배 이상으로 더 많았거나, 혹은 한글책이 전체 중에 70%에 달한다거나 풀이할 수 있겠다.

이는 그만큼 천주교가 한문이 아닌 한글만을 해독할 수 있는 평민 신분의 사람들에게도 널리 수용되어 점차 그 세력이 성장해 가고 있었음을 알려주는 것임이 분명하다.[89] 게다가 요컨대 남회

우선 천주교가 이미 일반 대중에 널리 침투하고 있었음을 입증하는 것이라 하겠다"고 하였음이 크게 참조가 된다.
[88] 鄭炳說, 「조선후기 한글·출판 성행의 매체사적 의미」, 『震檀學報』 106, 震檀學會, 2008, p.154.
[89] 이와 관련하여 鄭炳說, 앞의 논문, 2008, p.155에서 다음과 같이 설명하고 있는 바는 크게 참고가 된다.
"조선에서 천주교가 포교를 시작했던 1780년 무렵은 이미 한글의 사용이 크게 늘고 또 출판 역시 성행했던 시기였다. 한글 사용이 보편화하지 않았다면, 도교, 불교, 유교 등 종전의 종교와는 상당히 다른 사상 체계를 가진 천주교를 일반 백성에게 전하는 데 상당한 어려움을 겪었을 것이다. 또 출판이라는 매체가 없었다면 공개적으로 포교를 할 수 없었던 천주교가 그처럼 급격한 증가세를 보이지 못했을 것이다. 다시 말해서 한글출판이라는 기름 위에 천주교라는 종교 사상이 불을 지른 것이다. 그래서 천주교는 하층을 중심으로 광범위한 신자층을 형성할 수 있었던 것이다."

인의 한문본 『교요서론』이 조선에 수용됨으로써 한문 해독이 가능한 양반층을 중심으로 천주교의 본격적인 교리서가 비로소 알려지게 됨은 물론, 그것의 한글본 『교요서론』이 등장하여 널리 필사筆寫되어 유포됨으로써 한문이 아닌 한글만을 읽을 수 있었던 양반 여성은 물론 중인층 및 평민층까지도 이를 숙독함으로써 천주교의 교리를 받아들이게 될 만큼 천주교 세력은 성장해가고 있었던 것이라 하겠다.

이러한 정병설의 지적에 대체로 동의하는 바이지만, 다만 뒤에서 거론하는 바처럼 이 당시에는 한글본의 유행은 정병설이 지적하였듯이 '출판이라는 매체'보다는 이러한 지적에 앞서 같은 논문, p.153에서 쓴 대로 "교리서들은 개인적으로 필사되어 유포되기도 하였고, 또 필사를 생업으로 삼는 교인들에 의해 필사 매매되기도 했다."고 하는 게 옳다고 본다. 하지만 곧 이어서 그가 "그러다 교세가 더욱 번성하자, 필사 유통으로는 수요를 감당하기 어렵게 되어, 교리책을 간행하기에 이르렀다"고 하였는데, 저자著者로서는 1800년 전후한 당시의 천주교 내에서 이루어진 한글본 교리서의 유행은 주로 '필사筆寫라는 매개 행위'를 통해 이루어졌으며, 일부 한글본이 차츰 본격적으로 간행되기 시작하는 것은 좀 더 뒤 시기인 1860년대의 사실이라고 생각한다. 당시에 한글 소설의 유행과 관련하여서 정병설 자신도, 같은 논문, p.152에서 "한글소설 전성기 서울에서는 수만 권의 소설책이 세책집을 통해 유통되었고, 현전하는 소설책으로 볼 때 방각본와 훨씬 많은 개인 필사본 소설이 돌아다닌 것으로 보이니, 18·19세기 조선에 얼마나 많은 소설이 유통되었는지 대략 짐작할 수 있다"고 하였음이 역시 참고가 된다고 하겠다.

제5절 맺는 말 : 한글 필사본 교리서의 유포와 평민층 신자의 증가

　지금까지 남회인南懷仁의 『교요서론教要序論』 수용 및 한글본 『교요서론』 등장登場·유포流布 문제와 관련을 지워서 조선후기 천주교의 성장成長에 관해 천착穿鑿해보았다. 이를 마무리 지으면서 끝으로 살펴보아야 할 사실은 『교요서론』을 위시하여 여러 종류의 한글본 교리서들이 필사筆寫·유포되어 조선후기 천주교의 성장에 얼마만한 영향을 끼치고 있었는가? 그리고 이러한 한글본 교리서 필사 및 유포의 영향으로 한글밖에는 몰랐던 여성 및 평민층이 천주교 신자 가운데 과연 어느 정도로 늘어났나? 하는 2가지가 아닌가 여겨진다.
　우선 『교요서론』을 위시한 한글본 교리서들이 필사筆寫·유포되어 조선후기 천주교의 성장에 얼마만한 영향을 끼치고 있었는가? 하는 점을 검토해보기로 하겠는데, 이 문제와 관련하여 무엇보다도 주목되는 바는, 1894년에 한국에 와서 당시 서울에 있었던 파리외방전교회 자료실의 소장所藏 서적들을 직접 조사해서 작성해 놓은 프랑스인 꾸랑 Mouris Courant의 『한국서지韓國書誌』 소재所載 천주교 서적 목록이다. 그 이전에 한국에서 활동하던 외국인 선교사들이 수집한 모든 서적들을 망라한 것이므로, 이를 분석하게 되면 당시까지의 한국천주교회 내에서 전해지던 서적의 전모를 대략적으로 헤아릴 수 있다고 믿어지기 때문이다. 여기에 적힌 바를 분석하기 위해 저자著者 나름대로 정리하여 표로 작성하여 제기한 게 뒤의 참고표 〈표 4〉이다.

특히 꾸랑이 「1.일반서一般書」부터 「6.조선朝鮮과 일본日本의 교회사敎會史」까지 분야별로 나누어 분류하고 정리해둔 바를 토대로 삼아 〈표4-1〉를 작성하였고, 여기에 있는 서적 모두를 통틀어 한글 간행본, 한글 필사본 등으로 분류·분석해서 제시한 것이 〈표 4-2〉이다. 이를 보면, 서적 105종 전체 중 한글 필사본이 분명한 게 79종 75.2%이고, 한글 간행본임이 틀림 없는 게 17종 16.2% 그리고 한글 간행본이 있음에도 또한 필사본 역시 있는 경우가 3종 2.9%에 달함을 알 수 있다. 따라서 천주교 교리서의 경우 한글 간행본이 출간되기 시작한 이후에도 여전히 한글 필사본이 전체 가운데 75.2% 즉 3/4 이상으로 대종을 이루고 있었다는 현상을 지적할 수 있다.

그리고 이러한 현상이 꾸랑이 나누어 제시한 분야별로 어떤 분야의 서적에서 더욱 두드러졌을까를 살피고자 하여 작성한 게 〈표 4-3〉으로, 이를 보면 기도서祈禱書의 경우 한글 간행본의 비율이 50.0%로 가장 높으며 한글 필사본의 비율이 37.5%로 가장 낮게 나타나고, 반면에 꾸랑의 표현대로 하면 '다양한 종교 관계 문제를 다룬 서적'들의 경우 한글 필사본의 비율이 80.8%로 가장 높게 나타난다. 이는 아마도 기도서의 경우 천주교 신자들이 한결같이 지니고 기도 생활을 매일매일 해야 했으므로 필사筆寫로서는 이를 충족시킬 수가 없어 다른 어느 서적보다 먼저 간행되었으며, '다양한 종교 관계 문제 서적'의 경우 필요할 때마다 그때그때 필사되었던 결과에 따른 게 아닌가 짐작된다.

꾸랑의『한국서지』에 조사 보고된 천주교 관련 서적들에서 한글 필사본이 이렇게 대종을 이루는 경향이 있다는 점을 염두에 두고 보면, 꾸랑의『한국서지韓國書誌』가운데 보이는『교요서론』에 대한 다음과 같은 대목이 특히 주목되어 마땅하다고 생각한다. 이를 통해서 그 내용이 상세히 소개되어 있음은 물론,『교요서론』역시 한글 필사본으로 전해지고 있음을 알 수 있기 때문이다.

(8)「3장章 천주교류天主敎類 1. 일반서一般書」
(가) 2693. 교요서론敎要序論
1책. 한글 필사본
외방선교회外方宣敎會 ○ 231.07 구 107c
페르디난드 베르피스트 Ferdinand Verbiest 주교가 쓰고 1677년 간행된 이 명칭의 책은 신神의 존재, 삼위일체, 영혼불멸설, 사도신경使徒信經, 십계명十誡命, 주기도문 등과 같은 신앙의 신비스러운 것들에 대한 설명을 포함하고 있다. …(중략)…
(나) 2694. 교요셔론
1책. 대정방 8절판. 50장. 한글 필사본
외방선교회外方宣敎會 ○ 231.07 노 535c …(중략)…
이 책의 겉장에는 종교와 전혀 관계가 없는 책 제목인, 남관무南關武라는 글자가 적혀 있다[90]

제목만으로 보아서는 마치 한문본인 것으로 여겨지기 십상인 먼저의 것『교요서론』도 한글 필사본이라고 했고, 나중의 것『교요셔론』은 제목부터도 그렇지만 역시 한글 필사본이라고 명시해 주었으므로, 이를 근거로 남회인南懷仁의『교요서론』은 주

---

90) 모리스 꾸랑 原著, 李姬載 飜譯,『韓國書誌―修訂飜譯版―』, 一潮閣, 1994, pp.674-675.

로 한글 필사본의 형태로 널리 유포되었다고 하겠다. 일부 기록에 의하면 남회인의 『교요서론』이 한국에서 1864년에 한글판이 간행되었다고 하는데91), 그렇다고 할지라도 한글 필사본이 주로 이용되고 있었기에, 이때에도 이처럼 필사본만이 주로 전해지고 있었던 게 아닌가 한다.92) 이럴 만큼 『교요서론』은 한글 필사본으로 주로 유포되고 있었으며, 그럼으로써 천주교의 성장에 크게 영향을 끼치고 있었음이 분명하다고 하겠다.

한편 다음으로는 조선후기에 있어서 『교요서론』을 비롯한 여러 종류의 한글본 교리서 유포의 영향으로 한글밖에는 몰랐던 여성 및 평민층이 천주교 신자 가운데 과연 어느 정도로 늘어나고 있었는가? 하는 점에 대해 살펴볼 차례이다. 이 문제와 관련하여서는, 비록 약간 후대의 상황에 대한 것이긴 하지만, 최대의 박해라고 일컬어지는 1866년 소위 병인박해丙寅迫害 때부터 그 이후에 체포된 천주교 신자들에 관한 분석을 통해 사실을 엿볼 수가 있다.

관변官邊 및 교회敎會 측의 자료들을 통틀어 1866년 병인박해 이후 19세기 중반에 체포된 천주교 신자는 그 숫자가 대략 3,475명이라고 하는데, 성별性別로 나누면 남성男性은 2,521명으로 72.55%에 달하고 이에 비해 여성女性은 954명으로 27.45%

---

91) 앞의 주 28) 참조. 특히 Albert Chan, S.J., 앞의 책, 2002, p.351 및 Joseph Hsing-san Shih, S.J., 앞의 논문, John W. Witek. S.J. (ed.), 앞의 책, 1994, pp.423-424; 施省三, 앞의 논문, 魏若望 编, 앞의 책, 2001, pp.482-483에서도 Albert Chan의 책을 인용하며 이를 논하고 있음이 참고가 된다.
92) 특히 둘째의 것을 거론하면서 꾸랑이 '이 책의 겉장에는 종교와 전혀 관계가 없는 책 제목인, 남관무南關武라는 글자가 적혀 있다'고 기술해 둔 것 자체가 역시 필사본의 유포가 주로 이루어지고 있었던 실제 면모를 나타내주는 게 아닌가 싶다. 이 '남관무'는 책 제목이 아니라 이 필사본을 필사한 필사자筆寫者 혹은 그것을 소유하였던 소유자所有者의 성명을 필사본 겉장에 적어둔 것을 보고, 꾸랑이 그렇게 생각한 것으로 가늠된다.

에 달하는 것으로 분석되고 있음이 참조될 수 있다고 본다. 간혹 여성의 비중이 더 컸으리라는 점에서 신자 가운데 여성이 전체의 2/3를 점하는 것으로 판단하는 견해도 있지만, 실상은 그렇지 않고 오히려 여성이 전체의 1/3 정도였을 것으로 풀이된다.93) 여성의 비율이 전체 신자의 2/3를 점한다고 파악하는 경우에는 더더욱 그렇겠지만, 사실이 그렇지 않다고 여겨지므로 처치하고라도, 이러한 1/3 정도 이상의 비율을 여성 신자들이 차지하고 있었다고 정리할 수 있겠다.

이러한 여성 신자들 대부분은 분명 『교요셔론』과 같은 한글본 교리서들을 통해 천주교를 접하고 이를 또한 깊이 있게 이해하게 되었을 것으로 믿어진다. 이 점은 앞서 거론한 바와 같이 『사학징의邪學懲義』 기록 가운데 『교요셔론』이 여성 신자 한신애韓新愛가 땅 속에 숨겼던 책들 속에서 발각된 것과 전혀 무관하지 않을 것이다. 바꾸어 말하면 필사본 한글 소설의 경우에 못지않게 그만큼 여성들을 중심으로 한 천주교 신자들이, 한글본 교리서의 중심 독자층이자 애용자였다고 할 수 있지 않나 한다. 1801년 신유박해辛酉迫害 어간의 이러한 측면은 다음의 기록들을 통해 충분히 엿볼 수 있다고 생각된다.

(9)①한자를 배울 방법이나 시간이 없는 여자들이나 신분이 낮은 사람들은 조선 글자를 배울 수밖에 없다. 그들은 그것을 편지와 치부책 등에 사용한다. 선교사들에 의하여 인쇄된 모든 종교 서적은 조선 글자로 되어 있다. 그러므로 거의 모든 천주교인들은 알파벳식 글자로 된 그들의 말을 읽고 쓸 줄을 아는데, 그것은 어린 아이들도 매우 빨리 배운다94)

---

93) 방상근, 「천주교도의 성별·신분·체포 시기」, 『19세기 중반 한국 천주교사 연구』, 한국교회사연구소, 2006. pp.135-137.
94) 샤를르 달레 원저, 안응모·최석우 역주, 『韓國天主敎會史』 上, 한국교회사연구소, 1979, pp.136-137.

②쓰기-조선 글자들은 모든 언어의 글자들처럼 두 가지 모양이 있다. 그림에 있는 보통체로 인쇄된 책에 쓰이는 것과 필기체 또는 초서체이다. 인쇄된 책은 판판(板版)에 옮겨지기 전에 우선 손으로 쓰인 것이므로, 인쇄체보다도 오히려 필기체에 가까운 글자들이 거기에서 발견되는 일이 드물지 않다95)

③청주淸州에서는 김金사집 프란치스코의 순교를 들어야 하겠다. …(중략)… 글씨를 잘 쓰는 그는 천주교 서적을 많이 베껴 책을 살 수 없는 교우들에게는 가장 필요한 책을 거저 주었다. 이와 같이 착한 행실이 가득한 생애로 프란치스코는 하느님의 은총을 얻기에 힘썼다. 박해가 일어나자 그가 베낀 책이 많이 압수되었으므로 맨 첫머리에 관헌에게 통보되었다. 배반자 두 명이 그의 명성에 끌린 것처럼 꾸미고 와서 책을 몇 권을 사겠다는 핑계로 그의 집을 살펴보고 간 뒤 얼마 안 있어 포졸들을 데리고 그를 잡으로 왔다96)

이상의 기록은 파리외방전교회의 문헌을 토대로 1874년에 『한국천주교회사』를 저술하면서 샤를르 달레 신부神父가 정리한 내용 가운데 일부인데, 우선 '선교사들에 의하여 인쇄된 모든 종교 서적은 조선 글자로 되어 있다(①)'고 했음을 눈여겨 볼 필요가 있다. 물론 여기에서는 선교사들에 의해 인쇄된 그야말로 간행본만을 언급하고 있을 뿐이지만, 모든 종교 서적이 '조선 글자' 즉 한글로 되어 있다고 했음을 유념할 필요가 있겠는데, 그렇다고는 하지만 이렇게 간행되기 전에는 '인쇄된 책은 판에 옮겨지기 전에 우선 손으로 쓰인 것이므로, 인쇄체보다도 오히려 필기체에 가까운 글자들이 거기에서 발견되는 일이 드물지 않다(②)'고 적고 있음을 통해 필사筆寫의 작업을 거치고 있음 역시 간과할 수 없는 것 같다. 간행본이 출판되기 이전에는 필사본의 형태로

---

95) 샤를르 달레, 앞의 책, 1979, p.139.
96) 샤를르 달레, 같은 책, 1979, pp.607-608.

전해졌었다는 사실을 짐작할 수 있기 때문이다.

더욱이 이미 당시 천주교 교리서들이 적지 않게 필사되어 천주교 교인들 사이에서 전해지고, 그래서 심지어 이러한 필사본이 매매의 대상이 되기도 했었다는 사실은, 바로 신유박해 때 순교자의 하나인 김사집 프란치스코의 생애에서도 여실한데, 이러한 점은 위의 글에서 '글씨를 잘 쓰는 그는 천주교 서적을 많이 베껴 책을 살 수 없는 교우들에게는 가장 필요한 책을 거저 주었다(③)'고 하였음과 더욱이 '그가 베낀 책이 많이 압수되었으므로 맨 첫머리에 관헌에게 통보되었다. … 책을 몇 권을 사겠다는 핑계로(③)'라고 적혀 있음으로 해서 분명하다. 따라서 1801년 신유박해 당시에도 이미 교리서의 한글 필사본들이 지방에서도 광범위하게 매매의 대상이 될 정도로 천주교 교인들 사이에서 활발히 유통이 이루어지고 있었다고 하겠다.

그리고 이 글에서 김사집 프란치스코가 '천주교 서적을 많이 베껴 책을 살 수 없는 교우들에게는 가장 필요한 책을 거저 주었다'고 하였는데, 여기에서 '책을 살 수 없는 교우들'이란 굳이 양반兩班이었다고 하면 경제적 기반이 무너지거나 전혀 없어 책조차도 구입할 지경이 되지 못하는 이른바 잔반殘班이거나, 아니면 중인층中人層 이하의 여성을 포함한 평민층平民層이었을 법하다. 이런 다양한 계층의 사람들 속에서 이렇듯이 한글 필사본 교리서들의 유통이 이루어질 수 있었다고 하는 것은, 앞서 인용한 달레의 글에서 '한자를 배울 방법이나 시간이 없는 여자들이나 신분이 낮은 사람들은 조선 글자를 배울 수밖에 없다(①)'라고 적혀 있음을 통해 충분히 가늠할 수 있다고 생각한다. 그럼으로 해서 한문 해독 능력을 미처 갖추지 못한 중인층 및 그 이하 평민층 남성들 그리고 여성들 혹은 나아가서 소년·소녀들도 함께 『교요셔론』과 같은 한글본 교리서들을 소지하고 이를 통독함으로써 천주교 교리에 대한 자신들의 종교적 갈구渴求를 해소하고 있었던 것으로 보아 틀림이 없을 듯하다.

이에 따라서 시간이 흘러가면 갈수록 천주교 신자 가운데 평민층의 비중이 점차 높아가게 되는 추세를 드러내게 된다고 판단된다. 관변官邊 및 교회 측의 자료들을 통틀어 1866년 병인박해 이후 19세기 중반에 체포된 천주교 신자 3,475명 가운데 신분이 드러나는 사람들을 분석한 결과를 보면, 이러한 추세가 읽혀진다. 그들이 비록 전체의 8.26% 밖에 되지 않는 287명에 불과하나, 그 가운데서 중인中人은 10명(전체의 0.29%), 賤人은 3명(전체의 0.01%)에 지나지 않으며, 양반은 전체의 7.89%인 274명이 분명하다. 그리고 이들을 제외한 전체의 91.74%에 달하는 3,188명은 대부분 양인良人인 평민平民으로 추정되고 있다. 결국 자료에 구체적으로 드러나는 바에 의거하자면, 19세기 중반의 한국 천주교회는 양반 신자는 7.89%뿐이고, 대부분이 중인층 및 하층민을 일부 포함하여 평민 위주의 신자로 구성되어 있었다고 풀이할 수 있다.97)

이런 상황 속에서도 비록 한편에서는 양반 특히 왕족 중에서도 왕실의 일원이 천주교 신자로 입교하게 되는 양상도 드러나기 시작하고 있었으며 이것이 천주교 세력 확대의 한 측면을 상징적으로 드러내고 있었다고 판단되기도 한다.98) 아무리 그렇더라도 이러한 상징적 사례보다도 당시 천주교 세력의 성장을 여실히 입증해주는 대세는 무엇보다도 역시 여성을 포함한 평민층 신자의 급증이었다고 함이 옳겠다. 그리고 이러한 천주교 신자 급증의 저

---

97) 방상근, 앞의 책, 2006, pp.141-143. 이러한 분위기 속에서 충청도 면천沔川 사람이었던 이요한의 경우 양반의 후예였으면서도 중인中人 행세를 하면서 신앙생활을 유지하려 했었다. 이러한 구체적인 예로 미루어, 당시 천주교회 내에는 자신의 신분을 낮춘 신자들의 존재도 있는 상황이었음을 염두에 두어야 할 것으로 생각되고 있다.
98) 노용필, 「운현궁에도 성모송이 울려 퍼지다—고종(1863-1907) 때—」, 이 책의 제2부 제4장 참조.

변에는 『교요서론』을 위시한 한글본 교리서의 필사筆寫 및 유포流布로 말미암아 한글밖에는 몰랐던 여성 및 평민층이 대거 천주교 신자로 입교하는 경향이 크게 자리 잡고 있었던 것으로 풀이된다고 하겠다.

〈참고 표〉

〈표 1〉 漢文本 『敎要序論』의 목차와 한글본 『교요셔론』의 목차 비교표

일련번호	漢文本 『敎要序論』의 목차 題目	章區分	한글본 『교요셔론』의 목차 제목	비교 일치여부
1	天主謂何	1장	텬쥬는무어신고	○
2	天主爲神無所不能無所不在無所不知	1장	텬쥬는 신이오(　　부히)젼능젼지시니라	○
3	天主造天地爲人	2장	텬지를문드심은사름을위홈이라	○
4	生人元祖	3장	사름의원조를내심이라	○
5	生人緣故	3장	사름내신연고ㅣ라	○
6	萬物發顯天主全能全善全智	4장	만물이젼능젼지젼션을발현홈이라	○
7	天主唯一無二	5장	텬쥬는오직ᄒ나이라	○
8	人宜敬愛天主	5장	사름이맛당이텬쥬를공경이홈이라	○
9	人在世原爲立功	6장	사름이셰샹에잇ᄉᆞᆷ은공셰움을위홈이라	○
10	靈魂不滅	6장	령혼의불ᄉ불멸홈이라	○
11	人無托生之理	7장	사름이탁싱ᄒᆞ는도리없ᄉᆞᆷ이라	○
12	天堂之樂	8장	텬당의락이라	○
13	地獄之苦	9장	디옥의고ᄃᆞᆯ음이라	○
14	天主十戒	10장	텬쥬십계라	○
15	十戒條目	10장		×
16	一欽崇一天主萬有之上	10장		×
17	二毋呼天主聖名以發虛誓	11장		×
18	三守瞻禮之日	13장		×
19	四孝敬父母	14장		×
20	五毋殺人	15장		×
21	六毋行邪淫	15장		×
22	七毋偸盜	16장		×
23	八毋妄證	17장		×
24	九毋願他人妻	18장		×
25	十毋貪他人財物	18장		×
26	信經	19장	신경 텬디를죠셩ᄒ신 운운	△
27	天主全能	20장	텬쥬젼능이라	○
28	神鬼來歷	21장	텬신마귀리력이라	○
29	生人來歷	22장	사름ᄂᆞ리력이라	○
30	地堂	22장	디당이라	○

31	靈性之罰	24장	령혼의벌이라	○
		25장	조ᄒᆞ나히신성ᄉ 운운	×
32	天主父子之說	27장	텬쥬부와ᄌᆞ와성신삼위일톄의말ᄉᆞᆷ이라	△
33	天主第三位說			
34	三位一體之論			
35	耶蘇基利斯督解說	28장	예수그리스도룰푼말이라	○
			디ㅣ성신을인ᄒᆞ야	?
36	天主降生說	28장	텬쥬강싱ᄒᆞ신말이라	○
37	耶蘇一位具兩性	29장	예수ᄒᆞ위에두성이ᄅᆞᄒᆞ심이라	○
38	人罪輕重	30장	사름의죄의경ᅟᅠ이라	○
39	罪重神人不滿補	30장	사름의죄를신인이능히깁지못ᄒᆞᆷ이라	○
40	惟耶蘇功勞無限	31장	오직예수ᄒᆞᆯㅣ무한ᄒᆞᆷ이라	○
41	無故赦罪不宜	31장		×
42	嚴罰人罪亦不宜	31장		×
43	降生爲諸德之表	31장	강싱ᄒᆞ심이모든덕의표양이되심이라	○
44	降生立教	32장	강싱하샤교ᄅᆞ세우심이라	○
45	耶蘇聖跡	32장	예수성ᅟᅠ이라	○
46	耶蘇被惡人嫉妬	32장	예수ㅣ악인의질투룰닙으심이라	○
			본시비라도벼ᄉᆞ에 운운	?
47	惟人性受難	33장	오직인셩이난을밧으심이라	○
47	謂天主受難何解	33장	텬쥬ㅣ슈난ᄒᆞ시라ᄒᆞᆷ은엇지풀니오	○
49	耶蘇受難出于情願	33장	예수의슈난ᄒᆞ심이졍원에남이라	○
50	比辣多判耶蘇	35장	비라도ㅣ예수를판단ᄒᆞᆷ이라	○
51	耶蘇死時聖跡	36장	예수죽으실때셩ᅟᅠ이라	○
			디옥에ᄂᆞ리신지삼일 운운	?
52	地獄有四重	36장	디옥이세층이라	△
			하늘에오ᄅᆞ샤 운운	?
53	永苦獄	36장		×
54	煉罪獄	36장		×
55	嬰孩獄	36장		×
56	靈薄獄	37장		×
57	耶蘇升天說	37장	예수ㅣ승텬ᄒᆞ심이라	○
			일후에녀리로조차 운운	?
58	公審判說	39장	공심판말이라	○
59	審判之先兆	39장		×
60	人復活之說	39장		×

61	私審判	41장	亽심판이라	○
62	公審判之緣故	41장	공심판연고ㅣ라	○
			셩신을밋으며 운운	?
			거룩ᄒ고공변된 운운	?
63	惡者在世快樂善者受苦何解	41장		×
64	敎化王都羅瑪府緣由	43장		×
65	敎化王之說	43장		×
66	論敎會之聖	44장	교회의거룩ᄒᆞᆷ을의론ᄒᆞᆷ이라	○
			통공ᄒᆞᆷ이라	?
			죄의샤ᄒᆞᆷ을밋으며	?
			죄샤ᄒᆞᆷ을의론ᄒᆞᆷ이라	?
			육신이다시살믈 운운	?
67	通功如一人體	44장		×
68	領聖水之說	46장		×
69	肉身復活之說	47장	육신이다시사ᄂᆞ 말이라	○
70	原舊肉身復活	47장		×
71	復活依中年之形	48장		×
72	善人復活之身受四大恩	48장	션인의부활ᄒᆞᆫ몸은네가지큰은혜를 밧음이라	○
73	惡人復活之身與善者相反	49장	악인의부활ᄒᆞᆫ몸은션인과샹반ᄒᆞᆷ이라	○
			덧덧이살믈 운운	?
74	善人永樂之常生	49장	션인은기저즐거움에덧덧이살미라	○
75	惡人永苦之常生	49장	악인은기저고로옴에덧덧이살미라	○
76	天主經解畧	51장		×
77	聖母經解畧	55장		×
78	十字聖號經解	59장		×
79	領聖水規矩	61장		×
			교요셔론 셩교의즁요ᄒᆞᆫ거슬ᄎᆞ례 ᄎᆞ례의론ᄒᆞᆫ난말	×

〈비고〉 일치여부의 기준은 漢文本으로 잡았으며, 그 표시 가운데 ○는 일치함을, △는 유사함을, ×는 불일치함을 그리고 ?는 한글본에만 있는 경우를 나타낸 것이다.

〈표 2〉 한글본 『교요셔론』의 목차와 실제 내용상의 항목 비교표

한글본 『교요셔론』의 목차		한글본 『교요셔론』 내용상의 항목		비교
일련번호	목 차	일련번호	내용상의 항목	일치여부
제목	교요셔론	제목	교요셔론셩교의즁요ᄒᆞᆫ것을차례로의론ᄒᆞᆫ글	◎
1	텬쥬는무어신고	1	텬쥬는무어신고	○
2	텬쥬는 신이오( )부히젼능젼지시니라	2	텬쥬는 젼흔신이시오능치못ᄒᆞᆫ실바ㅣ 업고계시지아닌곳이업고아지못ᄒᆞ시는바ㅣ 업ᄂᆞ니라	○
3	텬지를ᄆᆞᆫ드심은 사ᄅᆞᆷ을위흠이라	3	텬쥬ㅣᄒᆞ늘과따흘ᄆᆞᆫ드른사ᄅᆞᆷ을위ᄒᆞ심이라	◎
4	사ᄅᆞᆷ의원조를내심이라	4	사ᄅᆞᆷ의원조를내심이라	○
5	사ᄅᆞᆷ내신연고ㅣ라	5	사ᄅᆞᆷ내신연고ㅣ라	○
6	만물이젼능젼지젼션을발현흠이라	6	만물이텬쥬의젼능과젼션과젼지를발현흠이라	◎
7	텬쥬는오직ᄒᆞ나이라	7	텬쥬는오직ᄒᆞ나히신오ᄃᆞᆯ이업ᄉᆞᆷ이라	◎
8	사ᄅᆞᆷ이맛당이텬쥬를공경이흠이라	8	사ᄅᆞᆷ이맛당이텬쥬를공경ᄒᆞ야ᄉᆞ랑흘지니라	◎
9	사ᄅᆞᆷ이셰샹에잇ᄉᆞᆷ은공셰움을위흠이라	9	사ᄅᆞᆷ이셰샹에잇기는본ᄃᆡ공셩움을위흠이라	◎
10	령혼의불ᄉᆞ불멸흠이라	10	령혼이멸ᄆᆞ야죽지못흠이라	△
11	사ᄅᆞᆷ이탁싱ᄒᆞ는도리없ᄉᆞᆷ이라	11	사ᄅᆞᆷ이탁싱ᄒᆞ는도리없ᄉᆞᆷ이라	○
12	텬당의락이라	12	텬당의즐거움이라	△
13	디옥의고ᄃᆞᆯ음이라	13	디옥의고ᄃᆞᆯ음이라	○
14	텬쥬십계라	14	텬쥬십계	○
		15	뎨일계 ᄒᆞ나이신텬쥬를만유우희공경ᄒᆞ야놉힘이라	◎
		16	뎨이계 텬쥬의거룩ᄒᆞᆫ일흠을불어헛밍셰를발치말미라	◎
		17	뎨삼계 쥬일을직힘이라	◎
		18	뎨ᄉᆞ계 부모를효도ᄒᆞ고공경흠이라	◎
		19	뎨오계 사ᄅᆞᆷ을죽이지말미라	◎
		20	뎨육계 간음을힝치말미라	◎
		21	뎨칠계 도적질을말미라	◎
		22	뎨팔계 망령된증참을말미라	◎
		23	뎨구계 다른사ᄅᆞᆷ의안ᄒᆡ를원치말미라	◎
		24	뎨십계 다른사ᄅᆞᆷ의직물을탐치말미라	◎
15	신경 텬디를죠셩ᄒᆞ신 운운	25	신경 밋는경이라	◎

16	텬쥬젼능이라	26	텬쥬젼능이라	○
17	텬신마귀력이라	27	텬신마귀력이라	○
18	사름난력이라	28	사름난력이라	○
19	디당이라	29	디당이라	○
20	령혼의벌이라	30	령혼의벌이라	○
21	조ᄒᆞ나히신셩ᄉ 운운	31	조ᄒᆞ나히신셩ᄉ예수그리스도ㅣ우리등의쥬ㅣ심을밋으며	◎
22	텬쥬부와ᄌᆞ와셩신삼위일톄의말ᄉᆞᆷ이라	32	텬쥬부와ᄌᆞ이란말이라	☆
		33	텬쥬에삼위말이라	☆
		34	삼위일톄의론이라	☆
23	예수그리스도를푼말이라	35	예수그리스도를풀이를ᄒᆞᆫ말이라	○
24	디ㅣ셩신을인ᄒᆞ야			×
25	텬쥬강싱ᄒᆞ신말이라	36	텬쥬강싱ᄒᆞ신말이라	○
26	예수ᄒᆞ위에두셩이ᄅᆞᆫᄒᆞ심이라	37	예수ᄒᆞ위에두셩이ᄅᆞᆫᄒᆞ심이라	○
27	사름의죄의경 이라	38	사름의죄의경 이라	○
28	사름의죄를신인이능히깁지못ᄒᆞᆷ이라	39	죄가중대ᄒᆞ야텬신과사름으로는능하다깁지못ᄒᆞᆷ이라	◎
29	오직예수공로ㅣ무한ᄒᆞᆷ이라	40	오직예수공로ㅣ무한ᄒᆞᆷ이라	○
		41	사름의죄를엄히벌ᄒᆞ심이또ᄒᆞᆫ맛당치아니ᄒᆞᆷ이라	×
30	강싱ᄒᆞ심이모든덕의표양이되심이라	42	강싱ᄒᆞ심이모든덕에표되심이라	○
31	강싱하샤교를셰우심이라	43	강싱하샤교를셰우심이라	○
32	예수셩 이라	44	예수셩 이라	○
33	예수ㅣ악인의질투를닙으심이라	45	예수ㅣ악인의질투를닙으심이라	○
34	본시비라도벼ᄉᆞᆯ에 운운			×
35	오직인셩이난을밧으심이라	46	오직인셩이난을밧으심이라	○
36	텬쥬ㅣ슈난ᄒᆞ시라ᄒᆞᆷ은엇지풀니오	47	텬쥬ㅣ난을밧으시라닐ᄒᆞᆷ은엇지풀니오	○
37	예수의슈난ᄒᆞ심이졍원에남이라	48	예수슈난ᄒᆞ심이졍원에남이라	○
38	비라도ㅣ예수를판단ᄒᆞᆷ이라	49	비라도ㅣ예수를판단ᄒᆞᆷ이라	○
39	예수ㅣ죽으실때셩 이라	50	예수죽으실때에셩 이라	○
40	디옥에ᄂᆞ리신지삼일 운운			×
41	디옥이셰층이라	51	디옥이세층이라	○
42	하늘에오ᄅᆞ샤 운운	52	하ᄂᆞᆯ에오ᄅᆞ샤젼능ᄒᆞ신쟈텬쥬셩부의렬에좌졍ᄒᆞ심을밋으며예수하ᄂᆞᆯ에오ᄅᆞ신말ᄉᆞᆷ이라	◎
43	예수ㅣ승텬ᄒᆞ심이라			×

44	일후에녀리로조차 운운	53	일후에녀리로조차ᄂ려오샤산이와죽은이를심판ᄒ심을밋으며	◎
45	공심판말이라	54	공심판말이라	○
		55	심판ᄒ실때몬져징죠이라	☆
		56	사ᄅᆷ이다시사ᄂ는 말이라	☆
46	ᄉ심판이라	57	사심판이라	○
47	공심판연고ㅣ라	58	공심판이라	◇
		59	악자ᄂ는세샹에이시시매쾌락ᄋ고션자ᄂ는고롬을밧음은엇지풀니오	☆
48	셩신을밋으며 운운	60	셩신을밋으며	◎
49	거룩ᄒ고공번된 운운	61	거룩ᄒ고공번된셩교회의모든셩인이서로통공ᄒ심을밋으며	◎
50	교회의거룩홈을의론홈이라	62	교회의셩홈을의론홈이라	○
51	통공홈이라	63	공을통홈이사ᄅᆷ의ᄒ몸갓홈이니라	◎
52	죄의샤홈을밋으며	64	죄의샤홈을밋으며	○
53	죄샤홈을의론홈이라	65	죄사ᄒ는셩ᄉ의말이라	○
54	육신이다시살물 운운	66	육신이다시삼물밋으며	○
55	육신이다시사ᄂ는말이라	67	육신이다시사ᄂ는 말이라	○
		68	다시삼물을 년의형용으로의지홈이라	☆
56	션인의부활ᄒ몸은네가지큰은혜를밧음이라	69	션인의다시삼몸에네가지큰혜를밧음이니라	○
57	악인의부활ᄒ몸은션인과샹반홈이라	70	악인의다시산몸은션쟈를더부르샹반홈이라	○
58	덧덧이살물 운운	71	덧덧이살물밋으며	○
59	션인은기저줄거움에덧덧이살미라	72	어진사ᄅᆷ은가치즐거워덧덧이삼미라	○
60	악인은기저고로옴에덧덧이살미라	73	악인은기저고롬이덧덧이살미라	○
61	교요셔론 셩교의중요ᄒ거슬ᄎ례ᄎ례의론ᄒ난말			×

〈비고〉일치여부의 기준은 한글본의 목차로 잡았으며, 그 표시 가운데 ○는 일치함을, △는 유사함을, ◎표는 내용상의 항목이 자세함을, ×는 목차에는 있으나 내용상에는 없는 것을 그리고 ☆는 본문의 내용상에만 있는 경우를 나타낸 것이다.

〈표 3〉 漢文本 『教要序論』의 목차와 한글본 『교요셔론』의 내용상의 항목 비교표

漢文本 『教要序論』의 목차		한글본 『교요셔론』 내용상의 항목		비교
일련번호	題目	일련번호	제목	일치여부
1	天主謂何	1	텬쥬는무어시고	○
2	天主爲神無所不能無所不在無所不知	2	텬쥬는 젼흐신이시오능치못흐실바ㅣ업고계시지아닌곳이업고아지못ᄒ시는바ㅣ업ᄂᆞ니라	○
3	天主造天地爲人	3	텬쥬ㅣᄒᆞᄂᆞ과ᄯᅡ흘ᄆᆞ들믄사름을위ᄒᆞ심이라	○
4	生人元祖	4	사름의원조를내심이라	○
5	生人緣故	5	사름내신연고ㅣ라	○
6	萬物發顯天主全能全善全智	6	만물이텬쥬의젼능과젼션과젼지를발현홈이라	○
7	天主唯一無二	7	텬쥬는오직ᄒᆞ나히신오둘이업ᄉᆞᆷ이라	○
8	人宜敬愛天主	8	사름이맛당이텬쥬를공경ᄒᆞ야ᄉᆞ랑홀지니라	○
9	人在世原爲立功	9	사름이셰샹에잇기는본딕공셰움을위홈이라	○
10	靈魂不滅	10	령혼이멸ᄆᆞ야죽지못홈이라	○
11	人無托生之理	11	사름이탁싱ᄒᆞ는도리없ᄉᆞᆷ이라	○
12	天堂之樂	12	텬당의즐거움이라	○
13	地獄之苦	13	디옥의고들음이라	○
14	天主十戒	14	텬쥬십계	○
15	十戒條目			×
16	一欽崇一天主萬有之上	15	뎨일계 ᄒᆞ나이신텬쥬를만유우희공경ᄒᆞ야놉힘이라	○
17	二毋呼天主聖名以發虛誓	16	뎨이계 텬쥬의거룩ᄒ신일홈을불어헛밍셰를발치말미라	○
18	三守瞻禮之日	17	뎨삼계 쥬일을직힘이라	○
19	四孝敬父母	18	뎨ᄉᆞ계 부모를효도ᄒᆞ고공경홈이라	○
20	五毋殺人	19	뎨오계 사름을죽이지말미라	○
21	六毋行邪淫	20	뎨육계 간음을힝치말미라	○
22	七毋偸盜	21	뎨칠계 도적질을말미라	○
23	八毋妄證	22	뎨팔계 망령된증참을말미라	○
24	九毋願他人妻	23	뎨구계 다른사름의안희를원치말미라	○
25	十毋貪他人財物	24	뎨십계 다른사름의지물을탐치말미라	○

26	信經	25	신경 밋는경이라	○
27	天主全能	26	텬쥬젼능이라	○
28	神鬼來歷	27	텬신마귀릭력이라	○
29	生人來歷	28	사름 난릭력이라	○
30	地堂	29	디당이라	○
31	靈性之罰	30	령혼의벌이라	○
		31	조흐나히신셩스예수그리스도 ㅣ 우리등의쥬 ㅣ 심을밋으며	×
32	天主父子之說	32	텬주부와ᄌ이란말이라	○
33	天主第三位說	33	텬쥬에삼위말이라	○
34	三位一體之論	34	삼위일체의론이라	○
35	耶蘇基利斯督解說	35	예수그리스도를풀이를흔 말이라	○
36	天主降生說	36	텬쥬강싱ᄒ신말이라	○
37	耶蘇一位具兩性	37	예수흔위에두셩이ᄅ흔 심이라	○
38	人罪輕重	38	사름의죄의경 이라	○
39	罪重神人不滿補	39	죄가중대ᄒ야텬신과사름으로 는능히다깁지못흠 이라	○
40	惟耶蘇功勞無限	40	오직예수훌 ㅣ 무한흠이라	○
41	無故赦罪不宜			×
42	嚴罰人罪亦不宜	41	사름의죄를엄히벌ᄒ심이쏘흔 맛당치아니흠이라	○
43	降生爲諸德之表	42	강싱ᄒ심이모든덕에표되심이라	○
44	降生立教	43	강싱하샤교를셰우심이라	○
45	耶蘇聖跡	44	예수셩 이라	○
46	耶蘇被惡人嫉妬	45	예수ㅣ 악인의질투를닙으심이라	○
47	惟人性受難	46	오직인셩이난을밧으심이라	○
47	謂天主受難何解	47	텬쥬ㅣ 난을밧으시릭닐흠은엇 지풀니오	○
49	耶蘇受難出于情願	48	예수슈난ᄒ심이졍원에남이라	○
50	比辣多判耶蘇	49	비라도ㅣ 예수를판단흠이라	○
51	耶蘇死時聖跡	50	예수죽으실때에셩 이라	○
52	地獄有四重	51	디옥이세층이라	△
53	永苦獄			×
54	煉罪獄			×
55	嬰孩獄			×
56	靈薄獄			×
57	耶蘇升天說	52	하늘에오르샤젼능ᄒ신쟈텬쥬 셩부의렽에좌졍ᄒ심을밋으며 예수하늘에오르신말슴이라	△

		53	일후에너리로조차ᄂ려오샤산이와죽은이를심판ᄒ심을밋으며	△
58	公審判說	54	공심판말이라	○
59	審判之先兆	55	심판ᄒ실때몬져징죠이라	○
60	人復活之說	56	사ᄅᆷ이다시사ᄂ는 말이라	○
61	私審判	57	사심판이라	○
62	公審判之緣故	58	공심판이라	△
63	惡者在世快樂善者受苦何解	59	악쟈ᄂ는 셰샹에이시시매쾌락ᄋᆞ고션쟈ᄂ는 고롬을밧음은엇지풀니오	○
		60	셩신을밋으며	×
		61	거룩ᄒ고공번된셩교회의모든셩인이서로통공ᄒ심을밋으며	×
64	敎化王都羅瑪府緣由			×
65	敎化王之說			×
66	論敎會之聖	62	교회의거룩ᄒᆷ을의론ᄒᆷ이라	○
67	通功如一人體	63	공을통ᄒᆷ이사ᄅᆷ의ᄒᆫ몸갓ᄒᆷ이니라	×
68	領聖水之說			×
		64	죄의샤ᄒᆷ을밋으며	×
		65	죄사ᄒᄂ는 셩슘의말이라	×
		66	육신이다시살물밋으며	×
69	肉身復活之說	67	육신이다시사ᄂ는 말이라	○
70	原舊肉身復活			×
71	復活依中年之形	68	다시삼물을 년의형용으로의지ᄒᆷ이라	○
72	善人復活之身受四大恩	69	션인의다시삼몸에네가진은혜를밧음이니라	○
73	惡人復活之身與善者相反	70	악인의다시산몸은션쟈를더부르샹반ᄒᆷ이라	○
		71	덕덧이살물밋으며	
74	善人永樂之常生	72	어진사ᄅᆷ은가치즐거워덧덧이살미라	○
75	惡人永苦之常生	73	악인은기저고롬이덧덧이살미라	○
76	天主經解畧			×
77	聖母經解畧			×
78	十字聖號經解			×
79	領聖水規矩			×

〈비고〉일치 여부의 표시는 서로 일치하는 경우 ○, 유사하거나 한글본에서 내용을 풀어쓴 경우 △, 일치하지 않는 경우×로 하였다.

〈표 4-1〉 모리스 꾸랑Maurice Courant의 『한국서지韓國書誌』 소재所載
천주교天主敎 서적書籍 필사본筆寫本/간행본刊行本 분류표

꾸랑의 구분	일련번호 및 서명		필사본/ 간행본 구분	추가 서지 사항
	일련번호	서 명		
1. 일반서 一般書	2691	일목요연 一目了然	한글 필사본	1868년 上海 간행본의 번역본
	2692	進教切要	한글 필사본	
	2693	教要序論	한글 필사본	
	2694	교요셔론	한글 필사본	겉장에 종교와 전혀 관계가 없는 책 제목인 南關武라는 글자가 적혀 있음
	2695	聖敎切要 셩교졀요	한글 간행본 (1,2) 및 한글 필사본(3)	1)木版, 초서체, 베르뇌Berneux 주교의 수정 2)목판, 정자체, 블랑Blanc주교의 재교 3)1837년의 필사본
	2696	眞敎切要 진교졀요	한글간행본	1)블랑주교의 신간, 1883년 2)같은 책, 1887년
	2697	聖敎切要 셩교졀요	한글 필사본 (1871년)	『天主敎聖敎要理』의 번역본
	2698	셩교통고 聖敎通考	한글 필사본 (1897년)	같은 제목 중국책의 번역본
	2699	聖敎百問答 셩교빅문답	한글 간행본 (1884년)	블랑주교가 썼음, 『天主聖敎百問答』의 번역
	2700	主敎要旨 쥬교요지	한글 간행본	1)초서체, 블랑주교의 교정, 1885년 신간 2)정자체, 블랑주교의 재고, 1887년 신간 ※丁保祿 즉 丁夏祥이 쓴 것, 필사본이 유포되다가 1864년에 다블뤼 Daveluy주교에 의해 인쇄됨, 원본은 사라진 것 같다고 했음
	2701	텬쥬실의 天主實義	한글 필사본	리치Ricci 신부의 저서 『天主實義』의 번역본 1)4책 2)1책, 같은 책의 요약본
	2702	만물진원 萬物眞原	한글 필사본	알레니Aleni 신부의 저서 『萬物眞原』의 번역판
	2703	진도ᄌ증 眞道自證	한글 필사본	샤바냑Chavagnac 신부의 저서 『眞道自證』의 번역
	2704	셩교리증 聖敎理證	한글 필사본 (1852년)	저자 미상의 중국어 본문 번역
	2705	聖敎明證	한글 필사본	
	2706	벽망 闢妄	한글 필사본	중국인 徐光啓의 책 번역

	번호	제목	판본	비고
	2707	벽무편 闢誣編	한글 필사본 (1868년)	예수회 학자들에 의해 중국 강남에서 씌여진 책 번역
	2708	히의 문답 解疑問答	한글 필사본	
	2709	변혹치언 辨惑巵언	한글 필사본	
	2710	디문답 大問答	한글 필사본 (1886년)	
	2711	聖敎要理問答 성교요리문답	한글 간행본	1)초서체, 다블뤼주교의 번역, 1864년 2)정자체 신판, 1887 재인쇄, 블랑주교의 재교
2. 성사 聖史, 예수 의 생애, 성자 聖者 들의 생애	2712	聖敎鑑略 성교감략	한글 간행본 (1883년)	블랑주교 번역
	2713	고경문답 古經問答	한글 필사본	
	2714	고신성경문답 古新聖經問答	한글 필사본	예수회 회원에 의해 저술된 1868년의 중국책 번역
	2715	성경직히 聖經直解	한글 필사본	디아즈Diaz신부의 중국어 저서 번역
	2716	예소언힝긔략 耶穌言行記略	한글 필사본	알레니Aleni신부의 중국어 저서 번역
	2717	聖母行實	한글 필사본	바그노니Vagnoni신부의 중국어 저서 번역
	2718	성년광익 聖年廣益	한글 필사본	마이야Mailla신부의 중국어 저서 번역
	2719	周年瞻禮廣益 쥬년쳠례광익	한글 간행본	4책, 1865년과 1884년의 베르뇌 및 블랑주교의 재교
3. 칠성 사七聖 事에 관 한 것	2720	領洗大義 령셰대의	한글 간행본	다블뤼주교가 쓰고 베르뇌주교가 재교를 본 저술 1)초서체, 1864년 인쇄본, 한자로 제목이 씌여짐 2)정자체, 1882년 신판
	2721	悔罪直指 회죄직지	한글 간행본 및 한글 필사본	다블뤼주교가 쓰고 베르뇌주교가 교정을 본 저술 1)1864년 초서체 인쇄, 네모난 틀에 한자로 쓴 제목이 있음 ※ 필사본이 있음 2)정자체, 1882년 인쇄본
	2722	省察記略 성찰긔략	한글 간행본	베르뇌주교가 쓰고 다블뤼주교가 재교 1)1864년의 목판본, 초서체, 한자와 한글로 된 제목 2)정자체, 1882년의 신판, 한자 제목이 없음 3)정자체, 1890년의 신판
	2723	죄졍규 滌罪正規	한글 필사본	알레니Aleni신부의 중국어 저서 번역

	2724	셩사밧기젼후에 맛당이외올경문	한글 필사본	
	2725	셩체요리 聖體要理	한글 필사본 (1885년)	알레니Aleni신부의 중국어 저서 번역
	2726	령셩톄요리 領聖體要理	한글 필사본	알레니Aleni신부의 중국어 저서 번역
	2727	堅振略說 견진략셜	한글 필사본	
	2728	婚配訓言 혼비훈언	한글 필사본	1795년 북경 주재 선교사 저술, 구베아Gouvea주교가 재교를 본 중국책의 번역
4. 다양한 종교 관계 문제	2729	십계진전 十戒眞詮	한글 필사본	디아즈Diaz신부의 1642년 저술, 구베아주교 1789년 재인쇄본의 번역본, 2책, 18절판(제1책 145장, 제2책 152장)
	2730	십계진전 拾誡眞傳	한글 필사본	2책, 12절판(141장과 152장)
	2731	텬주십계 天主十誡	한글 필사본	
	2732	셩교ᄉ규 聖教四規	한글 필사본	브란카티Bracati신부(반국광潘國光,1607-1671)의 중국어 저서의 번역본
	2733	쥰쥬셩범 遵主聖範	한글 필사본	켐피스Kempis의『그리스도를 본받아』의 한글 요약본, 저자 미상
	2734	輕世金書 경셰금셔	한글 필사본	디아즈Diaz신부의『그리스도를 본받아』의 의역서意譯書를 번역한 한글본
	2735	聖傷經 셩샹경	한글 간행본	저자미상인 오래된 번역판에 따라 1886년 간행, 블랑주교의 재교
	2736	聖想經 셩샹경	한글 필사본	앞 책의 제목을 실수로 사용?
	2737	三德略說	한글 필사본	
	2738	칠극(七克 혹은 칠극대전大全)	한글 필사본	판토자Pantoja 신부의 같은 제목의 중국책을 번역한 것
	2739	神命初行 신명쵸힝	한글 간행본	다블뤼주교가 쓰고 베르뇌주교가 재교한 책 1)1882년 신간 2)초판은 1864-1865년에 간행된 것이 틀림없음, 네모난 틀 안에 제목과 목차가 있음
	2740	上宰相書	한문 간행본	丁保綠 즉 丁夏祥의 저서, 1887년 홍콩의 외방선교수도회에 의해 인쇄
	2741	上宰相書	한글 필사본	앞의 책을 한글로 번역한 것의 필사
	2742	미과슈원	한글 필사본	블랑주교가 재교를 본 1886년

			美果收園		저술
	2743		天堂直路 텬당직로	한글 필사본 (1884년)	번역은 오래된 것으로 그 저자를 알 수 없음, 블랑주교의 재교
	2744		救靈要義	한글 필사본	己卯年(1879년?)의 것
	2745		千階 텬계	한글 필사본 (1871년)	브란카티Bracati신부(반국潘國光,1607-1671)의 중국어 저서의 번역본
	2746		默想指掌 묵샹지쟝	한글 필사본	구베아Gouvea주교의 중국책 번역
	2747		默想神功 묵샹신공	한글 필사본	
	2748		셩셰추요 盛世芻蕘	한글 필사본	Mailla풍병정馮秉正신부의 중국어 저서의 번역본
	2749		간언요리 揀言要理	한글 필사본	드라쁠라스Delaplace주교가 서문을 쓰고 1873년 간행한 중국책을 기초로 번역한 것
	2750		졔졍편 提正篇	한글 필사본	
	2751		발원요리 發愿要理	한글 필사본	드라쁠라스Delaplace주교에 의해 1871년 간행된 중국어판의 번역
	2752		自責	?	
	2753		闌義	?	
	2754		善生福終 션셩복죵	한글 필사본	로벨리Lobelli(1610-1683)신부가 쓴 『善生福終正路』와 같은 책인 것같음
	2755		스후묵샹 死候黙想	한글 필사본	1)12절판, 64장, 한글 필사본 2)12절판, 52장, 한글필사본 異本
	2756		련옥략셜 煉獄略說	한글 필사본 (1871년)	Li李問漁신부의 책을 번역해 놓은 것
	2757		인이슈공 仁愛首功	한글 필사본 (1870년)	1870년 상해 간행 중국어판 번역
	2758		恩赦略說 은샤략셜	한글 필사본	저자와 간행연도 미상 동일한 서명의 중국 저술 번역, 소8절판, 43장
	2759		恩赦略說 은샤략셜	한글 필사본 (1876년)	같은 제목의 저술의 요약, 18절판, 26장
	2760		교화황륜음 敎化皇綸音	(한글 필사본?)	블랑주교의 서문이 앞에 놓임
	2761		高監牧書	한글 필사본	
	2762		張監牧書	한글 필사본	
	2763		張主敎輪示諸友書 쟝쥬교윤시졔우서	한글 필사본 (1857년)	기독교인이 생활 속에서 취해야만 하는 행동에 대하여, 고아원 규율에 대한 것이 이어짐
	2764		회쟝규죠 會長規條	한글 필사본	옛 기독교인들을 연구하는 것 등 등에 관한 내용, 고아원의 규칙

				이 있음
	2765	빅쥬교편지	한글 필사본 (1882년)	영세와 혼인성사에 관한 것
	2766	要簡 요간	한글 필사본	1884년 리델Ridel 사망 소식과 블랑주교 소식을 전함 1)12절판, 8장, 블랑주교의 인장으로 봉인되었음 2)18절판, 8장
	2767	빅쥬교편지	한글 필사본 (1886년)	종교적인 원리에 대한 여러 가지 질문들
	2768	白主教片紙 빅쥬교편지	한글 간행본	어린이들이 기독교 학교에 들어가는 데 쓰인 추천서
	2769	會長規條 회장규조	한글 필사본	영성체를 위한 기도문들, 드라쁠라스Delaplace주교의 서문과 함께 1873년 북경에서 간행된 같은 제목의 중국책 번역
	2770	嬰孩院節目	한글 필사본	1885년 블랑주교의 서문과 함께 간행된 책
	2771	耶穌聖心會要 예소성심회요	한글 필사본 (1873년)	上海에서 인쇄된 耶穌聖心會要를 번역한 것
	2772	聖母誠心會要 성모성심회요	한글 필사본	1878년 서문과 드라쁠라스Delaplace주교가 쓴 같은 제목의 중국 저술의 번역판
	2773	聖母七苦籍規略 성모칠고 규략	한글 필사본	1822년 간행되고 1867년 재인쇄된 七苦會規의 번역
	2774	喜樂聖母聖心善法 희락성모성심션법	한글 필사본 (1858년)	喜樂母心善法의 번역본
	2775	善終會規經 샨죵회규경	한글 필사본	1871년 江南선교회에 의해 간행된 같은 제목의 책 번역본
	2776	天神會課 텬신회과	한글 필사본 (1861년)	브란카티Bracati신부(반광潘國光,1607-1671)의 중국어 저서의 번역본
	2777	虔禱宗會 건도종회	한글 필사본 (1863년)	조톨리Zottoli신부에 의해 쓰여지고 1863년 상해에서 간행된 虔禱宗會規의 번역본
	2778	仁愛會	(한글 간행본?)	가난한 사람들을 매장해 주는 것을 목적으로 삼는 단체의 규칙, 1882년판
	2779	天主降生一千八百八十九年己丑 텬쥬강싱일천팔빅팔십구년긔츅	한글 간행본	달력, 유럽식 영도로 시작되고 끝나는 달력, 천주교의 행사를 조선식 날짜로 알려주고 있음
	2780	서울 천주교 선교회에 의해 만들어진 印刷本 目錄	한글 간행본(?) (1887년)	25책 23권의 저술 기재, 도서가격이 兩으로 표시되었음
5.	2781	天主聖教工課	한글 간행본	다블뤼주교에 의해 번역된 기도

				문 책
기도서 祈禱書		텬쥬셩교공과		1)목판 인쇄, 초서체, 1864년이나 1865년의 인쇄가 틀림없음 2)블랑주교가 재교한 신간, 1887년
	2782	天主聖教十二端 텬쥬셩교십이단	한글 간행본	1889년 블랑주교의 주교단에서 간행된 신간, 앞 책의 발췌문
	2783	彌撒略說 미샤략셜	한글 필사본 (1885년)	
	2784	十四禮節	한글 필사본	
	2785	天主聖教禮規 텬쥬셩교례규	한글 간행본	다블뤼주교가 쓴 기도문과 의식들 1)1887년 인쇄, 블랑주교가 재교를 본 신판 2)초서체로 인쇄됨, 초판은 1864-1865년에 인쇄된 것이 틀림없음
	2786	聖母聖月 셩모셩월	한글 간행본 (1887년)	블랑주교가 쓴 책, 중국책에서 인용함
	2787	聖若瑟聖月 셩요셉셩월	한글 간행본 (1887년) 및 필사본	중국에서 간행된 책을 번역한 것으로 간행본 및 필사본이 있음
	2788	聖教歌	한글 필사본	
6. 조선과 일본의 교회사	2789	朝鮮聖教會事跡	한글 필사본	박해에 관한 5종류의 책
	2790	國史寶鑑	한글 필사본	1840년-1864년의 사건들, 吏解5篇 등의 책
	2791	興海日記	한글 필사본	
	2792	定山日記	한글 필사본	
	2793	高麗主證	(한문)필사본	블랑주교의 지도 아래 한자로 쓴 처음부터 1866년까지의 박해 이야기
	2794	致明日記	한글 필사본	
	2795	觀光日記 관광일기	한글필사본	쳔Cheng신부의 수정, 랑귀야Languillat주교의 재교, 1871년 상해에서 출판한 판에 대해 지아키토Giaquito신부의 번역

〈비고〉

모리스 꾸랑 原著, 李姬載 飜譯, 『韓國書誌―修訂飜譯版―』, 一潮閣, 1994의 내용을 토대로 하여 작성한 것이며, 필사본과 간행본의 구분이 명확히 기재되어 있지 않은 경우는 가능한 한 꾸랑의 표현에 따라 판단하려고 하였는데, 이해를 돕기 위해 추가 서지 사항은 꾸랑의 정리에 충실히 따랐다.

〈표 4-2〉 모리스 꾸랑Maurice Courant의 『한국서지韓國書誌』 소재所載
천주교天主敎 서적書籍 필사본筆寫本/간행본刊行本 분류 분석표

구분	한글 간행본 (분명)	한글 간행본 (불분명)	한글 간행본 및 한글 필사본	한글 필사본 (분명)	한글 필사본 (불분명)	한문 필사본	불명	합계
종류수	17	2	3	79	1	1	2	105
분포율	16.2%	1.9%	2.9%	75.2%	1.0%	1.0%	1.9%	100%

〈비고〉
 한글 간행본과 한글필사본의 구분 가운데 '분명'과 '불분명'은 꾸랑의 설명 가운데 나오는 것을 기준으로 삼았으며, 불명의 경우는 서명書名만 있을 뿐 전혀 언급이 없는 것이어서 이렇게 구분하였다. 또한 정확히 분석하기 위해서 한글 간행본과 한글 필사본이 모두 있는 경우도 구분하여 별도로 설정하였다.

〈표 4-3〉 모리스 꾸랑Maurice Courant의 『한국서지韓國書誌』 소재所載
천주교 서적 분야별分野別 필사본筆寫本/간행본刊行本 분류 분석표

구분 및 분야별		한글 간행본 (분명)	한글 간행본 (불분명)	한글 간행본 및 한글 필사본	한글 필사본 (분명)	한글 필사본 (불분명)	한문 필사본	불명	합계
전체 종류수 (분포율%)		17 (16.2)	2 (1.9)	3 (2.9)	79 (75.2)	1 (1.0)	1 (1.0)	2 (1.9)	105 (100)
분야별	1	3 (14.3)	1 (4.8)	1 (4.8)	16 (76.2)				21 (100)
	2	2 (25.0)			6 (75)				8 (100)
	3	2 (22.2)		1 (11.1)	6 (66.7)				9 (100)
	4	6 (11.5)	1 (1.9)		42 (80.8)	1 (1.9)		2 (3.8)	52 (100)
	5	4 (50.0)		1 (12.5)	3 (37.5)				8 (100)
	6				6 (85.7)		1 (14.3)		7 (100)

〈비고〉
 분야별 구분은 앞의 〈표 4-1〉과 같이, 1.일반서부터 6. 조선과 일본의 교회사까지 꾸랑이 한 구분을 그대로 따랐으며, 표에서는 단지 분야별 제목을 생략하고 분야별 숫자만을 기입해두었다.

제2부 전개 편

제1장
자발적으로 최초의 교회를 세우다
―정조(1776-1800) 때―

제1절 천주교 전파에 대한 박해론자의 한탄 :
'해진 대바구니로 소금을 긁어 담기'

'해진 대바구니로 소금을 긁어 담기'라는 표현은 흔히, 소금을 애써서 긁어 담아도 해어진 대바구니 틈새로 곧 또 새버리는 형국이라, 헛고생만 할 뿐, 이렇게 할 수도 저렇게 할 수도 없는 상황에 처하게 되었음을 의미하는 것일 듯하다. 그런데 이러한 표현이 정조正祖 15년(1791)에, 뒤에서 자세히 언급할 바와 같이 교우教友 윤지충尹持忠이 자신의 모친 사망 후 제사 지내기를 거부한 이른바 진산사건을 계기로 천주교 박해를 주장한 홍낙안洪樂安이란 한 인사가, 당시에 천주교 전파가 얼마나 위험한 지경에 이를 정도가 되어버렸는가를 강조하는 대목에 보이고 있음은 눈길을 끈다고 하겠다.

그는 정부가 천주교를 강력하게 박해해서 문자 그대로 뿌리까지 뽑아내 버려야 함을 강조하기 위함이었겠지만, 이는 되짚어보면 그만큼 당시의 위정자들이 천주교의 전파에 대해 얼마나 위기감을 지니고 있었는가를 엿보게 해주는 것임은 물론이다. 또 한편으로는 표현 그대로를 순전히 받아들이기는 어려울 지라도, 그럴 정도로 천주교의 전파가 조선 전체를 뒤흔드는 커다란 파장을 불러일으키고 있었음을 짐작하게 해주는 것이라 생각한다. 그러므로 홍낙안이란 이 인사가 당시의 국왕國王 정조正祖에게 써서 받친 편지 즉 상서문上書文 가운데 천주교의 전파와 관련된 대목을 잘 읽어보면, 당시의 실정을 이해하는 데에 적지 않은 도움이 되리라 보는데, 이를 제시하면 다음과 같다.

(1)오늘날 (가)도성의 경우부터 우선 말하면 친구 사이의 ①사대부와 선비들은 대부분 거기에 물들었고, 다른 동네의 길을 잘못 들어간 젊은이들에게도 파급되었습니다. 특히 총명하고 재주 있는 선비들이 열에 여덟·아홉은 거기에 빠져 남은 자가 거의 없으며, 서로 친하다가 서로 욕하는 것이 술 취한 것도 같고 미친 것도 같습니다. 이전에는 나라의 금법이 무서워 골방에서 모이던 자들이 지금은 환한 대낮에 멋대로 돌아다니며 공공연히 전파하며, 이전에는 깨알같이 작은 글씨로 써서 겹겹으로 덮어 상자 속에 숨겨 놓았던 것을 지금은 공공연히 간행해서 경외京外에 반포하고 있습니다. 그 가운데 ②무지한 하천민과 쉽게 현혹되는 부녀자들은 한번 이 말을 들으면, 목숨을 걸고 뛰어들어 지상에서 살고 죽는 따위는 아랑곳하지 않고 영원한 천당지옥설天堂地獄說에 마음이 끌려 일단 들어간 뒤에는 현혹된 것을 풀 길이 없습니다. 특히 (나)경기와 호서 지방의 경우는 한없이 넓은 그물에 모든 마을이 다 벗어나지 못한 상황이니, ①지금 손을 쓰려고 해도 해진 대바구니로 소금을 긁어 담는 것과 다름이 없습니다.
더욱 두려운 것은 그 가운데 교주는 곧 그들의 괴수로서 선물 꾸러미가 산더미처럼 쌓이는가 하면 명령이 뜻대로 시행되어 한번 통고를 하면 역마를 둔 것보다 빠르며 밤낮으로 돌아다녀

촌락이 뒤숭숭합니다. ②이는 모두 호서 지방에서 상경한 사람이면 말하지 않는 자가 없는 사실로서 소인이 근거 없이 억측으로 하는 말이 아닙니다 (「홍낙안洪樂安의 편지」, 『정조실록正祖實錄』 33 15년 10월 23일(갑자); 조광 편, 『조선왕조실록 천주교자료모음』, 한국순교자현양위원회, 1997, p.35)

홍낙안은 당시의 천주교 전파상황을 도성의 경우(가)와 경기와 호서 지방의 경우(나)로 나누어 서술하고 있다. 첫째, 도성의 경우는 사대부와 선비들(①) 그리고 무지한 하천민과 부녀자들(②)로 나누어 살피고 있는데, 총명하고 재주 있는 선비들이 열에 여덟·아홉은 천주교에 빠졌다고 하면서 이들이 대낮에도 공공연히 천주교를 전파할 정도라며 한탄하고 있고, 하천민과 부녀자들 역시 살고 죽는 따위는 아랑곳하지 않고 믿고 있다고 지적하였다. 둘째, 경기와 호서 지방의 경우 손을 쓰려고 해도 해진 대바구니로 소금을 긁어 담는 것과 다름이 없을 지경인데(①), 이런 사실은 자신이 결코 근거 없이 억측으로 하는 말이 아니라고(②) 강조하고 있는 것이다.

상황이 이러하니 천주교에 대해 박해를 가해야 한다는 것을 강조하기 위해 한 말이기 때문에, 이러한 그 자신의 당시 상황 설명을 그 자체 그대로 모두를 믿을 수는 없다고 할지라도, 윤지충의 소위 진산 사건을 계기로 이럴 정도로 위기감을 느끼게끔 천주교가 전파되고 있었던 사실 자체는 부인할 수 없는 것이라고 여겨진다. 그러면 천주교는 어떻게 수용되어 이 때 즉 정조 15년(1791) 진산 사건이 발생할 때까지 어떤 양상으로 확산되기에 이르렀는가? 지금부터는 이 점에 관해 차근차근 살펴보기로 한다.

제2절 천주교의 수용 : 자발성의 구현

한국에 처음으로 천주교天主教(서학西學)가 전해진 것은, 광해군 光海君(1608-1623) 때 이수광李睟光(1563-1628)이 그 자신의 저술 『지봉유설芝峰類說』에서 마테오 리치, 중국식 이름으로는 이마두利瑪竇(1552-1610)의 『천주실의天主實義』를 소개하면서부터였음은 널리 알려져 있다. 이수광이 자신의 저술에, 천주교와 관하여 써놓은 바를 인용해 보이면 다음과 같다.

(2)구라파국을 또한 대서국大西國이라고도 한다. 이마두利瑪竇(마테오 리치)라는 자가 있어서, 8년 동안이나 바다에 떠서 8만리의 파도를 넘어 동월東粤(광동성廣東省의 별칭)에 와서 10여 년이나 살았다. 그가 저술한 (가)『천주실의天主實義』두 권이 있다. 첫머리에 ①천주가 처음으로 천지를 창조하고 편안히 기르는 도를 주재主宰한다는 것을 논하고, 다음으로 사람의 영혼은 없어지지 않는 것으로 새나 짐승과는 크게 다르다는 것을 논했으며, 다음에는 불교의 윤회설의 잘못과, 천당·지옥·선악

의 응보應報를 변론하고, 끝으로 사람의 성품은 본래 착하다는 것과, 하느님을 존경해 받드는 뜻을 논하고 있다. 그 풍속에는 임금을 교황敎皇이라 일컬으며, 결혼하는 일이 없기 때문에 교황의 지위를 물려받을 때는 어진 이를 가려서 세운다. 또 풍속은 우의友誼를 소중히 여기며 개인적인 저축을 하지 않는다. 그는 (나)『중우론重友論』도 저술했다. 초횡焦竑이 이르기를, "서역 사람인 ②이마두군君이, '벗은 제2의 나'라고 했는데, 이 말은 매우 기묘하다."고 했다. 이 일은 『속이담續耳譚』에 자세히 나온다 (이수광李睟光, 『지봉유설芝峰類說』; 정해렴 역주, 『지봉유설정선』, 현대실학사, 2000, pp. 61-62)

이를 보면, 이수광이 마테오 리치의 두 가지 저술 (가)『천주실의』와 (나)『교우론』을 상당히 상세히 읽고 그 내용의 핵심을 파악하고 있음을 믿어 의심할 바가 없는데, 이는 『천주실의』와 『교우론』을 읽어 가면서 실제로 이수광이 서술한 내용과 대조해보면 자명한 일이다. 예컨대 인용문의 ①부분에서 '천주가 처음으로 천지를 창조하고 편안히 기르는 도를 주재主宰한다는 것을 논하고'라 하여 천주의 천지 창조에 대해 거론하고 있는데, 이는 『천주실의』의 제1편에

> 천주가 만물을 창조하고 그것을 주재하며 안양安養하심을 논함
> …(중략)…
> ○중국 선비가 말한다 : 일단 만물을 만들어 낸 시조가 선생께서 말씀하시는 천주라고 한다면, 이 천주는 누구에 의해 생겨난 것입니까?
> ●서양 선비가 대답한다 : 천주란 만물의 근원을 말하는 것입니다. 만약 [무엇에] 말미암아 생겨난 것이라면 천주가 아닙니다. 시작이 있고 끝이 있는 존재는 금수禽獸나 초목과 같은 것입니다. 시작은 있으나 끝이 없는 것은 천지나 귀신 및 인간의 영혼을 말합니다. 천주는 시작도 끝도 없으며 만물의 시조요,

만물의 뿌리인 것입니다. 천주가 없으면 만물은 존재할 수가 없습니다. 만물은 천주로 말미암아 생겨난 것이며 천주는 말미암아 생겨난 바가 없습니다. …(하략)… (송영배 등 옮김,『천주실의』, 서울대학교 출판부, 1999, p.39 및 pp.56-57)

라고 한 제목과 그 내용 부분을 읽고 정리한 것임에 거의 틀림이 없다. 또한 인용문의 ②에서는 '벗은 제2의 나'라고 한『교우론』의 내용을 거론하고 있는데, 이 역시 마테오 리치가『교우론』의 100개 항목 가운데 제일 첫 머리에서

1. 나의 친구는 남이 아니다. 즉 나의 반이 곧 제2의 나다. 그러므로 마땅히 친구보기를 나와 같이 해야 한다.
2. 친구와 나는 비록 몸이 둘이지만, 두 몸내에 그 마음은 하나일 뿐이다 (송영배 등 역주,『교우론交友論 · 스물다섯 마디 잠언(이십오언二十五言) · 기인십편畸人十篇』, 서울대학교출판부, 2000, p.7)

라고 정리한 것을 직접 보고 거론하였을 것임은 두말할 나위가 없을 듯하다. 이와 같이 이수광이『지봉유설』저술을 통해 마테오 리치의『천주실의』와『교우론』을 소개하고 그 핵심 내용을 설명해 놓았지만, 그렇다고 해서 그 이후 이러한 천주교 서적들이 모두 호평을 받았던 것은 아니었다. 당시의 학자들은 천주교(서학)에 대해 단순한 호기심을 가졌을 뿐, 사상적으로는 오히려 비판적이었고, 아직 천주교에 대한 신앙심을 가진 이들이 등장한 것은 아니었기 때문이었다.

이러한 경향은 당시 학자들 가운데 대표적인 인물로 손꼽히는 이익李瀷(1682-1763)의 경우에 잘 드러나고 있는데, 천주교의 교리를 본격적으로 소개한『천주실의』에 대해서는 특히 비판적이었다.『천주실의』를 읽고 심지어, 이에 관해 간략하게 적은 글인

발문跋文까지 지었지만, 이 역시 비판적인 내용이었던 것이다. 그의 제자 안정복安鼎福(1712-1791)이 쓴 글에 보면,

> (3)선생은 또 『천학실의발天學實義拔』을 지었다(앞에서 고찰한 글을 보라). 지금 선생과 내가 문답을 하는 말과 이 발문을 보고 그것을 과연 받들어 믿겠는가? … (중략) … 어떤 이가 또 묻기를 "성호星湖선생은 일찍이 이마두利瑪竇를 성인聖人이라 일컬었다고 한다. 이 무리들은 이 말을 빙자하여 말을 하는 자가 많은데, 정말 그런가?"라 하였다. 내가 듣고 실소失笑를 금치 못하면서 "성인은 많이 있다. … (중략) … 가사 이러한 말이 있었더라도 그 말은 서사西士(이마두)의 재주나 지식이 통명通明하다고 말할 수 있었던 것에 지나지 않는다. … (중략) … 어찌 진정한 성인이겠는가? (안정복安鼎福, 『천학문답天學問答』 부록附錄; 번역, 강세구, 『순암 안정복의 학문과 사상 연구』 부록, 혜안, 1996, pp.313-314)

라 하여서 이마두 즉 마테오 리치를 성인으로 여기고 따르려는 것에 대해 극히 부정적인 태도를 보이면서 자신의 스승인 이익 역시 그러하였음을 은연중에 강조하고 있음에서도 엿볼 수 있다. 더욱이 안정복 자신이 스승인 이익에게 천주교를 믿는지에 대해 직접 물어보고 난 뒤 답변을 들었다고 하면서 서술해놓은 다음과 같은 내용은 이익의 천주교에 대한 비판적 태도를 여실히 전해주고 있다.

> (4)당시(1746년) 들은 바가 이와 같았고, 그 후에 내가 다시 물어본 일이 있었는데, 선생(성호星湖 이익李瀷)은 답하기를, '천주의 설은 내가 믿는 바가 아니다. 귀신은 오래 머물고 서두는 구별이 있는데, 하나 하나가 같지 않아 그렇다'라 하였다. 선생이 또 이르기를 "『칠극七克』이란 책은 사물(四勿;공자孔子가 제자 안회顔回에게 하면 안 된다고 가르친 네 가지 경계警

戒)의 주각註脚이다. 거기에는 대개 뼈를 추린 말을 많이 하는데 이는 문인의 재담이나 어린이에 대한 경어警語 같은 것에 지나지 않지만, 그 허황된 말을 도려내고 경어를 빼면 우리 유교의 극기克己 공부에 약간의 도움이 되는 바가 꼭 없는 것은 아니나 이단異端의 책이다. 그들은 이쪽에서 받아들이는 것뿐이라고 말한다. 군자와 보통 사람이 착한 일을 하는 뜻에 있어 어찌 피차에 다름이 있겠는가? 요컨대 마땅히 그 근본을 알고 받아들이는 것이 좋다"라고 하셨다 (안정복安鼎福, 『천학문답天學問答』 부록附錄; 번역, 강세구, 『순암 안정복의 학문과 사상 연구』 부록, 혜안, 1996, p.313)

이를 통해 이익 자신이 천주의 설을 믿는 바가 아니라고 꼬집어 밝히면서, 천주교 서적인 『칠극七克』에 대해서도 언급하였음을 알 수가 있는데, 그 내용이 공자가 준 경계의 주각 즉 교훈의 설명이어서 극기 공부에는 약간의 도움이 될지 몰라도 이단이라고 못 박고 있는 것이다. 이렇듯이 이익에 의해 비판되고 있는 또 하나의 천주교 서적 『칠극』은, 중국에 왔던 스페인 출신의 예수회 신부 빤또하(1571-1618)가 저술한 것으로 「교만을 누르다」, 「질투를 가라앉히다」, 「탐욕을 풀다」, 「분노를 없애다」, 「탐을 내어 먹고 마시는 것을 막다」, 「음란함을 막다」, 「게으름을 채찍질하다」 등 7편으로 구성하여 인간의 7가지 사악을 극복하여 극기를 완성해야 된다는 내용을 담고 있다. 이런 7가지 사악 가운데 교만에 대해서는 다음과 같은 대목이 그 요체를 잘 보여주고 있는 것 같다.

제1편 교만을 누르다
…(중략)…
교만한 이들은 서로 다투는 일을 그만두지 않는다. 그러나 겸손한 이들은 그들이 살고 있는 곳을 가장 편안하다고 생각한다.

교만한 이들은 높은 곳을 찾는다. 그런데 누군들 높은 곳을 찾지 않겠는가? 그러므로 모두가 다투는 것이다. 그러나 겸손한 이들은 낮은 곳을 찾는다. 그런데 그 누가 낮은 곳을 찾겠는가? 그러므로 홀로 편안한 것이다. 겸손한 이들은 낮은 곳에 산다. 그런데 낮은 곳은 더 떨어질 일이 없다. 그러나 교만한 이들은 높은 곳에 살고 있으니 위태로울 것이다 …(하략)… (빤또하 저, 박유리 역, 『칠극七克』, 일조각, 1998, p.78)

이런 내용을 담고 있는 『칠극』은, 천주교를 신앙으로 받아들인 학자들의 경우 빠짐없이 지니고서 읽고 있었던 서적이었는데, 이에 대해서도 이익은 내용상 공자의 가르침과 같은 것이 있을망정 근본적으로는 이단이라 하여 비판하였던 것이다.

이상의 『천주실의』나 『칠극』에 대해서는 전혀 달리, 천주교 서적들 가운데 이익이 유일무이하게 비판적이지 않았던 책은 『교우론』이었다. 이 『교우론』에 대한 이익 자신이 논평해놓은 것을 그대로 옮겨 놓으면 아래와 같다.

(5)집에 1권의 외국책 『교우론交友論』이란 것이 있는데, 이르기를, "친우는 제2의 나다. 몸은 둘이지만 마음은 하나다. 교제交際의 맛은 잃은 후에 더욱 깨닫는 것이며, 그것이 굽어졌을 때 장차 잃으며, 이미 없어진 것은 오히려 굽은 것과 같다." <u>읽기를 다하니 이는 뼈를 추린 이야기였다.</u> 앉아서 꼼짝 않고 거듭 기약하며 문을 닫고 느른해지고 쇠퇴하여 시체로 자리에 펼쳐져도 울어줄 친척 하나 없구나. 이러한 나의 세속적인 생각을 어찌하고 어쩔꼬. 그 책에 또 이르기를, "효자가 아버지의 교우交友를 잇는 것은 산업産業을 이어받는 것과 같다"고 했는데, <u>그 말 역시 진실하고 확실하니 가히 생각할 만하다</u> (이익李瀷, 「답정현로答鄭玄老 갑술甲戌」, 『성호선생문집星湖先生文集』 29-13)

구체적인 『교우론』의 내용을 조목조목 제시하면서 밑줄 그은 부분에서 '읽기를 다하니 이는 뼈를 추린 이야기였다'느니 '그 말 역시 진실하고 확실하니 가히 생각할 만하다'거니 하였던 것이다. 이러한 『교우론』에 대한 인식은 후학들에게 직접적인 영향을 주었을 것임에 한 치의 의심도 없는데, 그랬기 때문에 그의 제자 안정복도 천주교 교리에 대해서는 낱낱이 비판하면서도 『교우론』의 내용은 소개하며 인정하는 태도를 취하게 되었던 것이라고 생각한다.

한편 『교우론』을 높이 평가하는 이러한 이익의 태도는 그 영향을 다른 이들에게도 미쳐서 그의 제자들 중에서 권철신權哲身(1736-1801)을 위시하여 권일신權日身(1742-1791)·이가환李家煥(1742-1801)·이벽李檗(1754-1786)·이승훈李承薰(1756-1801)·정약전丁若銓(1758-1816)·정약종丁若鍾(1760-1801)·정약용丁若鏞(1762-1836) 등이 뒷날 천주교를 끝내 수용하기에 이르렀던 것이다. 자신과 상반되는 입장에 서있는 이러한 이들의 주장에 대해 안정복은 끝내 동조할 수가 없어서,

> (6)생각컨대 선생(성호星湖 이익李瀷;저자著者)의 말씀은 이와 같다. 그런데 지금 이 학문을 하는 자 사이에는 혹 '선생 역시 일찍이 그것을 하였다'라고 말하면서, 자기의 주장을 펴 중하게 여기려 하는데, 스스로 선생의 과업을 모함하고 있다는 것을 깨닫지 못하니 어찌 한심하지 아니한가? 그 학술이 틀렸다는 것은 별도로 『천학문답天學問答』에 갖추어 놓았다 (안정복安鼎福, 『천학고天學考』; 번역, 강세구, 『순암 안정복의 학문과 사상 연구』 부록, 혜안, 1996, p.288)

라고 하여서 자신의 불편한 심경을 토로하고 있을 정도였는데, 이런 안정복과 달리 천주교를 수용하고 있는 학자들은 대체로 양명학陽明學에 관심을 기울이던 이들이었다. 이들은 중국의 양명학자들이 그러하였듯이 모여서 공부하던 강학講學을 통해 개개인의

수평적 결합으로서의 교우를 강조하는 『교우론』을 읽음으로써 천주교에 대한 관심을 갖기에 이르렀으며, 그래서 그들은 종국에는 천주교를 수용하기에 이르렀던 것이다.

물론 이들의 천주교 수용에 『교우론』이 크게 영향을 끼쳤다고 보는 데에는 분명히 한계가 있었음도 인정해야 할 것이다. 왜냐하면 『교우론』은 애초에 마테오 리치가 저술한 목적부터가 천주교 교리를 본격적으로 알리려는 데에 있었던 게 아니라 가능한 한 기왕의 주자학朱子學(성리학性理學) 사상 체계와 충돌을 피하면서 점진적인 전교를 꾀하기 위함이었으므로 그러하다고 하겠다. 하지만 『교우론』이 지니는 이 같은 한계가 당시의 상황에서는 오히려 하나의 장점이 될 수도 있었다고 보여진다. 천주교를 배척하는 이른바 척사론자斥邪論者들의 예리한 비판의 칼날을 피할 수 있는 유일한 피신처 구실을 이러한 측면이 도리어 하지 않았나 여겨지기 때문이다. 어쨌든 다른 천주교 서적들에 대한 비판과는 정반대로 행해진 이익의 『교우론』에 대한 높은 평가는, 그 후진들이 이 책을 거리낌 없이 읽을 수 있게 유일한 창구를 터준 셈이었고, 그리하여 이를 통해 일부의 학자들은 비로소 천주교를 수용하여 신앙의 단계로 옮아가게 되었던 것이라 하겠다.

이해의 정도에 있어 학자들 사이에 차이는 있었지만, 강학講學을 통해 스스로 서적을 읽고 토론함으로써 천주교를 수용하는 학자들이 등장하게 되었음은, 외국인 선교사의 적극적인 선교 노력에 힘입어 천주교를 수용하게 된 중국의 경우와는 매우 다른 양상이었다고 해서 좋을 것이다. 이는 한국의 천주교 수용 과정의 특징으로서 들어 마땅하다고 여겨지는데, 따라서 이를 한마디로 자발성의 구현이라 규정할 수도 있지 않나 생각한다.

제3절 이승훈의 입교(1784)와 을사박해(1785)
: 적극성의 발휘

  자발적으로 천주교를 수용한 초기에 신앙생활을 한 교우들은 한결같이, 정식으로 세례洗禮를 받은 적이 없었다. 그러다가 사제가 집전하는 전례에 따라 세례를 받아 교회법에 합당한 교우가 된 것은 이승훈李承薰이 최초였다. 그의 가계 외에도 세례를 하여 입교하게 된 경위 등에 대해서는 다음과 같은 기록에서 알 수가 있는데, 이는 황사영黃嗣永(1775-1801)이 정조正祖 25년(1801)의 신유박해 때 배론舟論으로 피신하여 약 7개월간 숨어 지내면서 중국의 북경 주교였던 구베아Gouvea 주교主敎에게 보내기 위해 가로 62Cm, 세로 38Cm의 흰 명주에 작은 붓글씨로 쓴 이른바 백서帛書 ― 요컨대 「황사영백서」에 적힌 내용 중 일부이다.

  (7)이승훈李承薰 베드로는 이가환李家煥의 생질甥姪이요 정약종丁若鍾의 매형妹兄입니다. 젊어서 진사進士에 급제하고 학문과 궁

리를 좋아하여, 벼슬하지 않는 선비 이벽李檗이 크게 기특히 여겼습니다. 그 때 이벽은 성교聖敎의 서적을 비밀리에 읽고 있었는데, 승훈은 이를 몰랐습니다. 계묘년癸卯年(1783)에 아버지를 따라 북경北京에 가게 되자, 이벽이 그에게 은밀히 부탁하기를, "북경에는 천주당天主堂이 있고 그 안에는 서양 전교자傳敎者가 있으니, 자네가 가서 찾아보고 신경信經 한 부만 달라고 하며 세례 받기를 청하면, 선교사들이 자네를 크게 사랑하여 기이한 물건과 패물을 많이 얻을 것이니, 반드시 그냥 돌아오지 말게"라고 하였습니다 (「황사영백서黃嗣永帛書」; 여진천 역주, 『누가 저희를 위로해 주겠습니까』, 기쁜소식, 1999, pp.83-84)

그는 정약용丁若鏞의 중씨仲氏(둘째 형)인 정약종의 매형으로, 이벽李檗과 친하게 지내던 중, 정조 7년(1783) 아버지를 따라 북경에 가게 되자 이 때 이벽이 세례를 받고 오도록 권유하였던 것이다. 당시 이승훈은 아버지가, 겨울철에 중국을 관례적으로 방문하도록 되어 있던 조선의 외교 사절인 동지사행冬至使行의 서장관書狀官 자격으로 북경에 가는 데에 동행함으로써 북경에 갈 수 있었는데. 이때 실제로 북경에 있는 4개 성당 중에서 학자 선교사들이 가장 많은 곳인 북당北堂을 직접 찾아갈 정도로 적극성을 발휘하여 입교하게 되었던 것이다. 당시의 실상은 이승훈의 세례를 집전했던 그라몽de Grammont 신부와 함께 북당에 있으면서 이 과정을 줄곧 지켜보았던 방타봉de Ventavon 신부의 다음과 같은 편지글에서 잘 드러나 있다.

(8)그대는 한 사람의 입교 소식을 흐뭇한 마음으로 들을 것으로 믿습니다. 천주께서는 아마 그로 하여금 ①아직 어떤 선교사도 들어갔다는 것을 알지 못하는 나라를 복음의 빛으로 비추게 하실 것입니다. 그 나라는 중국 동편에 있는 반도 조선입니다. … (중략) … 이 조선 사신使臣들이 작년 말에 왔는데, 그들과 그들의 수행원들이 우리 성당을 찾아 왔습니다. 우리는 그들에게 종

교서적을 주었습니다. 이 양반 중 한 분의 아들은 나이 27세인데 박학하여 그 ②서적들을 열심히 읽어, 거기에서 진리를 발견하였고, 또 천주의 은총이 그 마음을 움직였기 때문에 교리를 깊이 연구한 다음, 입교하기로 결심하였습니다. … (중략) … 마침내 그는 조선으로 돌아가기 위하여 출발하기 전에 그 ③아버지의 승낙을 얻어 세례를 받았습니다. 그라몽de Grammmont 신부가 베드로란 본명本名으로 그에게 성세聖洗를 주었습니다. 그의 성姓은 이李가이며, 왕가王家의 인척姻戚이라 합니다. 그는 "고향으로 돌아가면 인간의 공명功名을 버리고 가족과 함께 시골로 물러가 자기 구령救靈에만 전력하고자 한다"고 말하였습니다. 그리고 해마다 우리에게 "소식을 전하겠다"고 약속하였습니다 (「방따봉de Ventavon 신부의 1784년의 편지」 ; 샤를르 달레, 안응렬·최석우 역주, 『한국천주교회사』 상, 한국교회사연구소, 1979, pp.306-307)

이 편지글에서도 잘 드러나듯이 '아직 어떤 선교사도 들어갔다는 것을 알지 못하는 나라'(밑줄 그은 부분①) 조선에서 제 발로 찾아온 이승훈이, '서적들을 열심히 읽어 … 교리를 깊이 연구한 다음 입교하기를 결심'(②)하였고, 종국에는 '아버지의 승낙을 얻어 세례를 받았던'(③) 것이다. 다만 이 편지글에서 과연 이승훈이 세례를 받을 때 그 자신의 아버지로부터 승낙을 얻었을까는 의문의 여지도 없지 않아 있지만, 대체로 사실일 듯싶다. 아들의 적극성에 아버지가 못내 허락하였던 게 아닐까 생각한다. 여하튼 이런 그의 적극성은 세례 후 귀국하고 나서도 발휘되어 무엇보다도 전교에 힘썼다. 그가 전교에 얼마나 적극적이었는지는 다음과 같이 황사영이 써놓은 바에서 충분히 가늠할 수 있다.

(9)이승훈이 집에 돌아오자 이벽 등과 함께 전심전력으로 그 책을 읽어보고 비로소 진리를 터득하고는 가까운 친구들에게

권유하고 감화시켰습니다. 당시 이름난 선비들 중에서 그를 따르는 자가 많아서, 이승훈을 추대하여 영수로 세웠습니다. 그 후 그는 아버지의 엄한 반대와 악한 벗들의 많은 비방을 받으면서도 끝까지 참아 견디며 성교를 봉행(奉行)하였습니다 (「황사영백서黃嗣永帛書」; 여진천 역주, 『누가 저희를 위로해 주겠습니까』, 기쁜소식, 1999, pp.85-86)

이승훈이 귀국한 것은 정조 8년(1784) 음력 3월 말이었다고 하는데, 이후 이벽 등과 함께 전교에 진력하는 한편 스스로 다른 이들에게 세례를 주었다. 이런 그의 활약을 황사영은 위의 글에서 보이듯이 '이승훈을 추대하여 영수로 세웠다'고 묘사한 것으로 판단된다. 이 때, 당시의 기록을 종합하면 이벽은 물론, 정약전·약종·약용 3형제, 권일신, 김범우, 윤유일 등을 위시하여 많은 이들이 이승훈으로부터 세례를 받았음을 알 수 있다. 그럼으로써 드디어 한국 천주교회가 탄생하기에 이르렀던 것이다.

이런 적극적인 전교 활동의 결과 교우의 숫자도 증가하였을 뿐더러 교회의 활동이 잦아지자 자연히 이목을 끌게 되었고, 당국의 수사에 걸려들어 탄압을 받게 되었다. 이때가 전통적인 연대 표기 방식인 간지干支상으로 을사乙巳년이므로 이 해에 박해를 당했다는 시각에서 '을사박해'라 하기도 하고, 당시에는 형벌 관계를 담당하는 관청을 일반적으로는 형조刑曹라 하지만 혹은 추조秋曹라고 지칭하기도 했으므로 이 사건 자체를 때로는 '을사추조 적발 사건'이라고도 하는 것인데, 당시에 입은 교우들의 고통은, 오히려 교회측 기록보다는 아래와 같은 박해를 주장하던 유생儒生들이나 이를 지켜보았던 담당 관리의 글에서 더욱 생생하게 잘 우러나온다.

(10) 요사이 듣자 하니 서양 서적을 가지고 온 놈들 5·6명이 도적놈들 같이 모여서 결당結黨을 하여 도장을 설치하고 설법

을 강론하다가 그 도장의 주인이 갇히어 형벌을 받게 되자, 5·6명이 제 발로 추조秋曹(형조刑曹)에 나아가 함께 같은 형벌을 받기를 청하고, 육신을 빨리 버리고 천당에 영원히 올라 있기를 원하였다 한다. 부형父兄이 금하여도 소용이 없고, 친구가 말려도 듣지 않는다고 한다 (「성균관 유생들의 통문」, 이만채 편, 『벽위편闢衛編』 권 2 「을사추조적발乙巳秋曹摘發」; 김시준 역, 명문당, 1987, pp.96-97)

(11) 김화진金華鎭(판서判書)이 아뢰기를, "신이 을사년 형조에 있을 때에 광혹誑惑이 더욱 심한 자는 모두 정배定配보내고 그 책은 불태웠습니다. 그 때 형벌 받던 자 가운데 다투어 실정을 자수自首하면서 정배가기를 자원하니 그 광혹한 것이 극에 달하여 죽는 것도 두려워하지 않는 것을 알 수 있었습니다 (「임금과 여러 신하가 자리를 마주하고 문답한 말」, 위의 책, 권 2 「신해 진산의 변辛亥珍山之變」; 김시준 역, p.137)

이 글에 따르면, 당시 교우들은, 먼저 투옥된 교우들과 '함께 같은 형벌을 받기를 청하고', '자수하면서 정배가기를 자원'하였으며, '육신을 빨리 버리고 천당에 영원히 올라 있기를 원하였고', '죽는 것도 두려워하지 않는' 정도였으며 '부형이 금하여도 소용이 없고 친구가 말려도 듣지 않는다'고 했던 것이다. 이승훈의 글에서도 이런 적극성의 발휘를 여실히 읽을 수 있는 대목이 찾아지는데,

(12) 또한 서넛 댓 곳에서 박해가 일어났고, 많은 교우들이 잡혀 투옥되고 매를 맞고 위협을 받고 감언이설로 유혹을 받는 등, 한 마디로 그들을 배교背敎시키기 위해 온갖 방법이 동원되었습니다. 백절불굴의 용기를 보인 사람들의 수가 아주 많았으며 10여 명은 피로써 그들의 신앙을 증거하였습니다 (「1789년 말 북경의 선교사들에게 보낸 이승훈의 서한」; 한문은 유실, 불어로 번역된 것이 현재 로마의 포교성성 고문서고 소장)

라 해서, 감언이설로 유혹하는 등 온갖 방법으로 배교시키려 해도 교우들은 끝내 거부하고 피로써 신앙을 증거하고 순교하였음을 전하고 있다. 결국 온갖 달콤한 유혹도 피비린내 나는 탄압도 초기 교회 교우들의 적극성 발휘에는 도저히 효과도 없고 또 어찌할 수 없는 것이었다. 정말 점점 '해진 바구니로 소금을 긁어 담기'식으로 되어 가고 있었다고 하겠다.

제4절 신자교계제도의 운용(1786-1788)과 선교사 초빙 노력(1789·1790) : 독자성의 추구와 보편성과의 일치 지향

을사박해(1785)를 겪고 난 교회는 1년쯤 지나 정조正祖 10년 (1786) 봄에 이르게 되자, 이승훈을 위시한 지도자들이 앞장서서 침체된 교회 내의 분위기를 일신하기 위해 새로운 시도를 하게 된다. 다름이 아니라 사제가 아닌 신자들이 세례는 물론이고 미사를 드리고 고해 및 견진 성사를 집전하는 신자교계제도信者敎階制度 ―세칭世稱 가성직제도假聖職制度―를 운용하기에 이르는 것이다. 이 어간의 사정에 대해서는, 조선에는 한 번도 와본 적이 없지만 프랑스 파리에 머물며 당시 그 곳으로 보내진 조선의 많은 문서를 보고 정리할 기회를 가졌던 샤를르·달레Charle. Dallet(1829-1878)가 1872년에 집필을 시작하여 1874년에 간행한 『한국천주교회사韓國天主敎會史』에 자세히 보이므로 정확한 사

실들을 알기 위해 제시해 보이면 다음과 같다.

(13) 이 무렵에 ①복음의 전파를 더 쉽게 하고 신입新入 교우들의 신앙을 굳게 하기 위하여, 권(일신權日身) 프란치스코 사베리오, 이(승훈李承薰)베드로, 정약용丁若鏞 형제 및 다른 ②유력한 신자들이 자기들끼리 교계제도敎階制度를 세우기로 계획하였다. 이런 생각이 아무리 괴상해 보이더라도 아주 자연스러운 것이기는 하였다. 그들의 본보기가 된 중국의 천주교인들처럼, 서양에서 온 목자牧者들을 가지는 행복을 누리지 못한 ③조선의 천주교인들은 한 교회가 지도자 없이 유지될 수 없다는 것을 너무나 잘 알고 있었다. 사제직司祭職의 본질을 모르고, 그것이 대사제이신 예수 그리스도로부터 끊어지지 않는 계통으로 전승되어 옴을 모르는 그들은, 자기들끼리 주교와 신부를 내는 것보다 더 잘 하는 일은 없다고 믿었었다.
(이)승훈 베드로는 북경北京에서 주교, 신부, 그 밑의 성직자들로 된 가톨릭의 교계제도가 실지로 적용되는 것을 보았었다. 그는 그 도시의 성당에서 미사성제聖祭에도 참여하였고, 그가 있는 데에서 성사가 거행되는 것도 보았었다. 그는 ④자기의 모든 기억을 되살렸고, 그들은 신자용 예절서禮節書니 교리서에 있는 여러 가지 설명을 빌어 완전한 조직 계통을 세우고, 곧 목자들의 선정에 들어갔다. 그 지위와 학식과 덕망으로 가장 뛰어난 권(일신) 프란치스코 사베리오가 주교로 지명되고 이승훈 베드로, 이 '단원'(존창存昌) 곤자가의 루도비꼬, 유(항검柳恒儉) 아우구스띠노, 최창현崔昌顯 요한, 그 밖의 여러 사람이 신부로 선출되었다.
주교 성성식成聖式이나 사제 서품식敍品式 비슷한 어떤 의식이 있었는지는 모른다. 그들은 ⑤각기 자기 임지로 직행하여, 설교하고, 성세聖洗를 주고, 고백성사告白聖事와 견진성사堅振聖事를 주었다. 그리고 미사성제를 드리고, 신자들에게 성체를 영하여 주는 등 일종의 신자 행정을 시작하였다. 그 시대의 기록에는 이 성사들에 대하여만 말이 있다. 이 목자들이 준 영세는 확실히 유효하여 재생再生의 은총을 주었다. 그들이 준 다른 성사는 무효였음도 물론이다. 그렇기는 하지만 ⑥그들의 성직聖職 수행이 도처에 열심을 촉진하고 전국에 신앙을 전파함에 새로운 충동을 주었음은 확실하다. 그 때 천주교인들이 열광적이었다는 것과 예절에 참여하고 성사를 받는 데에 거룩한 열성을 가졌었다는 말을 지금도 하고 있다 (샤를르 달레, 안응렬·최석우 역주, 『한국천주교회사』 상, 한국교회사연구소, pp.322-324)

이를 보면 이승훈 등을 위시한 유력한 신자들끼리 교계제도를 세우기로 계획하였다고 하였으므로(②), 이를 신자교계제도信者敎階制度라 이름할 수도 있지 않나 싶은데, 종래에는 이를 성직제도에 대해 무지해서 범한 잘못이라는 측면을 지적하여 '가성직제도假聖職制度'라고 하여 왔던 것이다. 이들이 이러한 제도를 시행하려는 목적은, 달레가 정리한 바대로 '복음의 전파를 더 쉽게 하고 신입 교우들의 신앙을 굳게 하기 위하여'(①)였음이 분명하다. 아울러, 당시에 처음으로 박해를 경험하면서 '교회가 지도자 없이는 유지될 수 없다는 것을 너무나 잘 알게 되었다(③)'고 하는 면도 고려되어야 할 것이다. 따라서 신자교계제도를 시행하려 한 목적은, 정리하여 말하면 첫째는 교회 유지를 위하여, 둘째는 복음 전파를 더 쉽게 하려고, 셋째는 교우들의 신앙을 굳게 하기 위해서였다고 하겠다.

이들이 정한 신자교계제도의 내용은 전혀 황당무계한 것은 아니었고, 이승훈 자신이 '자기의 모든 기억을 되살렸다(④)'고 했으므로 북경에 갔을 때의 실제 경험을 토대로 한 것임은 물론 한편으로는, '신자용 예절서니 교리서에 있는 여러 가지 설명을 빌어 완전한 조직 계통을 세웠다'고 했으므로 여러 종류의 서적에 바탕을 두고 조직한 것임도 아울러 알 수 있다. 그러고는 각자 직무를 나누어 맡았고, 그런 후에 '각기 자기 임지로 직행'

(⑤)하여 여러 가지 성직 활동을 수행하였던 것이다. 말하자면 성직자의 자격이나 직분에 대해 지식을 갖고 있었으면서도, 이들이 나름대로의 독자성을 추구하고자 했음을 지적할 수가 있겠다. 이러한 이들의 행동은 달레의 지적한바 그대로 두말할 나위 없이 위의 인용문 부분에서 읽혀지듯이 '사제직司祭職의 본질을 모르고' 한 것이며, 세례 이외에는 '그들이 준 다른 성사는 무효였음은 물론이다'.

그렇더라도 이러한 신자교계제도의 시행이, 앞의 ⑤부분에서와 같이 '도처에 열심을 촉진하고 전국에 신앙을 전파함에 새로운 충동을 주었음은 확실하다.' 그래서 '열광적'이고 '열성'적인 신앙생활을 영위하였던 점만은 부인하기 어렵다. 이런 결과는, 애초에 그들이 '신자교계제도' 시행의 목적으로 삼았던 교회 유지·복음 전파·굳은 신앙생활 3가지 모두를 달성하기에 이르렀음을 보여주는 것이다. 따라서 '신자교계제도'의 시행은 그 자체가 독자성을 추구하는 것이었고 또 나름대로의 거둔 성과도 적지 않은 것이었다고 할 수 있겠다. 다만 사제직의 본질을 모르고 행한 것일뿐더러 세례 이외의 그들이 준 모든 성사는 당연히 무효였다고 해야 할 것이다.

비록 이런 측면을 결점으로 꼬집어 거론할지라도, 그러면서도 간과해서는 아니 될 사실은 이런 결점을 이들이 자체적으로 곧 찾아내어 스스로 중지하는 용단을 내렸을 뿐더러 북경 주교의 가르침에 따라서 보편 교회의 일원으로 새 출발하게 된다는 점이다. 이는 독자성을 추구하면서 궤도를 일탈하였다가 회두하여 보편성과의 일치를 지향한 것이라 평가해 마땅하다고 믿는데, 이런 일련의 사태 추이를 살피는 데에는 다음의 기록에 대한 검토가 유익할 것이다.

(14)임기응변의 이 조선 성직자聖職者들은 많은 성과를 거두며

또 완전한 선의善意로 ①거의 2년 동안 이렇게 그 직책을 계속 하였다. 그러나 ②기유己酉(1789)년에, 교회 서적의 어떤 구절을 더 자세히 연구한 결과, 주교와 신부들의 머리에는 ③자기들의 선출과 그 직품職品의 유효성有效性에 대한 중대한 의혹이 생겨났다. 그들은 일체의 성직 수행을 경솔한 처사로 생각하여, 즉시 중지해야 한다는 결론을 내렸다. 그리고 그 문제에 대하여 북경北京 주교主敎에게 문의하는 편지를 쓰기로 결의하였다. ④모든 신자들 앞에서 그런 직위에 올랐다가, 일반의 웃음거리가 될 염려가 있는데도, 즉시 그 직위를 버린다는 것은 그들에게 매우 힘든 일이었을 것이다. 그러나 그들의 뜻은 올바르고 그들의 신앙은 진실하였으므로, 그들은 어떠한 구실로도 거룩한 것을 모독할 위험을 당하기는 원치 않았다. 그러므로 그들은 ⑤즉시 평신도平信徒 자리로 돌아갔고, 그 때부터는 신입교우들을 가르치고 외교인들에게 신앙을 전하는 일에만 전심하였다 (샤를르 달레, 안응렬·최석우 역주, 『한국천주교회사』 상, pp. 325-326)

이들은 신자교계제도를 거의 2년 동안 계속(①)하다가, 기유(1789)년에 이르러 교회 서적을 더 자세히 연구한 결과(②) 그 제도 시행 자체에 대한 의혹이 생겨났던 것이다. 결국에는 그래서 즉시 중지해야 한다는 결론을 내렸고 그래서 북경 주교에게 문의하는 편지를 쓰기로 자체적으로 결정하였고(③), 그러고는 즉시 평신도의 자리로 돌아가 신입 교우 교육과 신앙 전파에만 전심하기(⑤)에 도달하였다.

여기에서 염두에 두어야 할 것은, 이들이 일반 신자들 앞에서 그런 직위에 올랐다가 웃음거리가 될 염려가 있음에도 그 직위를 버리는(④) 용단을 내렸다는 사실이다. 더욱이 그것도 외부의 어떤 자극이나 문제의 제기 때문이 아니라 스스로 다름 아니라 교회 서적의 어떤 구절을 더 자세히 연구한 결과(②) 내렸다는 대목은 특히 주목해볼 가치가 충분하다고 생각한다. 그만큼 독자성을 추구하고 있었음을 극명하게 보여주는 것이라 하지 않을 수 없겠다.

이들은 또한 북경의 구베아Gouvea 주교에게 문의하는 편지를 작성하여 직접 전달하기로 한 자신들의 결정을 실행에 옮겼는데, 이 때 대표로 선택된 이가 윤유일 바오로였다. 그는 북경의 주교에게 이승훈 베드로와 권일신 프란치스코 사베리오가 쓴 편지를 전달하고 답신을 받아 돌아오게 되는데, 이에 대해서는 다음의 기록이 있다.

> (15)주교의 회답은 (윤유일) 바오로가 그것을 옷 속에 더 쉽게 감춰서 더 확실하고 더 쉽게 조선에 들여 올 수 있도록 명주 조각에 쓰였었다. 편지 받을 사람은 이(승훈) 베드로와 권(일신) 사베리오로 되어 있었다. … (중략) … 믿을 교리와 천주교 윤리의 간단한 설명이 있었고, (이승훈) 베드로와 (권일신) 프란치스꼬 사베리오가 함부로 사제司祭 성직聖職에 개입한 데 대한 책망이 있었다. 주교는 그들이 신품성사神品聖事를 받지 않았으므로 미사 성제聖祭를 절대로 거행할 수 없고, 영세를 제외한 성사를 행할 수가 절대로 없다는 것을 설명하였다. 그러나 교우들을 가르치고 격려하며 미신자未信者들을 입교시킴으로써 하느님께 대단히 기쁜 일을 한다고 설명하였다. 그는 이러한 행동을 꾸준히 계속하라고 격려하였다 (샤를르 달레, 안응렬·최석우 역주, 『한국천주교회사』 상, p.328)

명주 조각에 쓰여진 북경 주교의 회답을 받을 사람은 이승훈 베드로와 권일신 사베리오로 되어 있었는데, 이는 윤유일이 지니고 간 편지가 이들이 보낸 것이었으므로 당연한 처사였다. 이 편지에서 북경 구베아 주교는 이른바 신자교계제도 운용의 부당성을 지적하고, 일반 신자로서는 영세를 제외한 성사를 행할 수가 없다는 것을 설명하고, 교우들을 가르치고 격려하며 미신자들을 입교시키는 것은 꾸준히 하도록 격려하고 있다.

이러한 북경 구베아 주교의 지적을 계기로 더 이상 신자교계제도를 운용하지 않는 대신 보편 교회와의 일치를 위한 노력에 힘을 기울이기에 이르렀다. 그래서 이들은 교회의 유지를 위해서는 무엇보다도 자신들에게 성사를 거행해줄 선교사를 하루빨리 확보해야겠다는 생각에 북경 주교에게 이를 또 요청하기로 하였는데 이에 대해서는 다음의 기록이 참조된다.

> (16) (윤유일) 바오로가 북경에서 본 성당이며, 복음을 전하러 땅의 극변極邊에서 온 서양 선교사들이며, 그들과 가졌던 대화와 그가 받은 성사에 대하여 말하는 그의 이야기로 흥분한 신자들은 북경 주교께 새로 편지를 보내어, 전도傳道로써 그들을 가르치고 성사 거행으로 그들을 힘 있게 해줄 수 있을 신부들을 보내달라고 간청하기로 결심하였다. … (중략) … 그래서 윤(유일) 바오로는 다시 중국 길을 떠났다. 이 둘째 번 여행에는 우禹라는 예비 신자가 동반하였는데, … (중략) … 예비신자 우禹는 성세聖洗를 받고 본명을 요안 세자라고 하였다. 그는 성작聖爵 한 개, 미사경본經本 한 권, 성석聖石 한 개, 제의祭衣 등 미사성제聖祭 거행에 필요한 모든 것을 받았다. 그는 또 선교사가 도착할 때 모든 준비가 갖춰져 있도록 하기 위하여 포도로 술 만드는 법도 배웠다 (샤를르 달레, 안응렬·최석우 역주, 『한국천주교회사』 상, pp.328-329)

선교사의 파견을 요청하기 위해, 결국 앞서서 북경을 방문하여 구베아 주교의 편지를 받아온 경험이 있는 윤유일 바오로가 대표로서 또 한 차례 정조 14년(1790) 8월에 북경을 방문하게 되었다. 이 때 예비 신자로 동행했다가 세례를 받은 우 요안 세자는, 같은 해 10월에 돌아오면서 미사 성제 거행에 필요한 성작·미사경본·제의 등을 받아 왔을 뿐만 아니라 포도로 술을 만드는 법까지 배워 왔다고 한다. 하지만 구베아 주교가 약속한 바대로 이 듬해인 정조 15년(1791) 2월에 신부 1명의 파견을 시도하였지만, 윤유일을 비롯한 한국의 교인들과의 접촉이 국경에서 이루어지지 못하여 이는 결국 실패로 돌아가고야 말았다.

 그럴지라도 선교사를 맞아 들여 올바른 신자로서의 신앙생활을 위해 노력하였음을 전해주는 이런 사실들은, 독자성을 추구하던 초기 교회의 지도자들이, 결국 보편성과의 일치에도 자발적으로 발 벗고 나서는 적극성을 띠고 있었음을 보여준다고 하겠다. 요컨대 최초로 교회를 창설하고 신자교계제도를 운용하며 독자성을 추구하던 초기 교회의 지도자들은, 스스로의 연구를 통해 이 제도의 운용이 성직제도에 대한 그릇된 이해에서 비롯한 것임을 자체적으로 깨닫고 나서는 보편성과의 일치를 지향하기 위해 선교사의 파견을 요청하기에 이르렀던 것이다.

제5절 진산 사건(1791)과 정약종의 한글 교리서 『쥬교요지』 저술 : 진실성의 실천

선교사를 맞아들여 보편성과의 일치를 꾀하던 교회에 느닷없는 광풍이 휘몰아치는 사건이 발생하게 되었다. 이 사건은 정조 15년(1791) 5월에 전라도 진산군珍山郡에서 발생하였다고 하여 진산 사건이라고도 부르는 것으로, 그곳에 거주하던 양반신자 윤지충尹持忠이 어머니 권씨權氏가 세상을 떠나고 난 뒤 장례는 지냈지만 위패位牌를 만들지 않고 제사도 드리지 않았는데, 그의 외종형外從兄이자 같은 천주교 신자였던 권상연權尙然도 같은 태도를 취함으로써 문상問喪온 이들에 의해 고발당하여 불거진 사건이었다.

이 사건의 취조 과정에서 전라도 관찰사에게 한 윤지충과 권상연의 공술供述 내용은 당시 이 사건의 진상을 헤아리는 데에 토대가 되므로 제시하면 아래와 같다.

(17) 전라도 관찰사 정민시鄭民始가 죄인 윤지충尹持忠과 권상연

權尙然을 조사한 일을 아뢰기를, "윤지충이 공술하기를, '계묘년(1783) 봄에 진사시進士試에 합격하고 갑진년(1784) 겨울에 서울에 머무는 동안, 마침 명례동明禮洞에 있는 중인中人 김범우金範禹의 집에 갔더니, 집에 책 두 권이 있었는데, 하나는 『천주실의天主實義』이고 하나는 『칠극七克』이었습니다. 그 절목節目에 십계十戒와 칠극七克이 있었는데, 매우 간략하고 준행하기 쉬워서, 그 두 책을 빌려 소매에 넣고 고향집으로 돌아와 베껴 두고는 이어 그 책을 돌려보냈습니다. 겨우 1년쯤 익혔을 때 떠도는 비방이 매우 많았기 때문에 그 책을 혹 태워 버리기도 하고 혹 물로 씻어 버리고 집에 두지를 않았습니다. 그리고 혼자 연구를 하고 학습을 하였기 때문에, 원래 스승으로부터 가르침을 받은 곳이나 함께 배운 사람도 없습니다 (「윤지충·권상연 공술」, 『정조실록正祖實錄』 33 15년 11월 7일(무인); 조광 엮음, 『조선왕조실록 천주교사자료모음』, 한국순교자현양위원회, 1997, p.61)
(18)권상연은 공술하기를 '저는 윤지충과 내외종內外從 사이로 같은 마을에 살고 있습니다. 『천주실의』와 『칠극』을 수년 전 윤지충의 집에서 얻어 보았는데, 그 때는 윤지충이 책을 태우거나 씻어 버리기 전이었습니다'(「윤지충·권상연 공술」, 『정조실록正祖實錄』 33 15년 11월 7일(무인); 조광 엮음, 앞의 『조선왕조실록 천주교사자료모음』, p.62).

과거에 합격한 뒤 서울에 머물던 윤지충이 당시 명례방에 있던 김범우의 집(지금의 명당 성당 부근)에서 『천주실의』와 『칠극』을 빌려다가 베껴서 보고 신자가 되었다고 하였다. 그리고 권상연 역시 윤지충이 지니고 있었던 이 책들을 또 빌려 보고 신자가 되었다고 하였다. 이는 앞에서 이미 지적한 바 있지만 당시 초기 교회의 천주교 전파에 그만큼 『천주실의』와 『칠극』이 결정적으로 영향을 끼쳤음을 또 한번 확인시켜 주는 사례인데, 윤지충 자신이 [기록 (17)에서 찾아지는 바와 같이] '매우 간략하고 준행하기 쉬워서'라고 하였음은 그 내용을 진실하게 실천하려 했음을 극명하게 보여주는 것이라 보아 틀림이 없을 것이다.

『칠극』의 문자 그대로 「칠극」의 내용은 앞서 살핀 바대로 「교만을 누르다」 등과 같이 인간의 사악을 극복하기 위한 것인 데에 반해, 『천주실의』를 통해 알게 된 「십계十戒」는 실제의 생활 속에서 진실한 천주교 신자로서 반드시 지켜야 할 계율이었다. 그러므로 이를 생활 속에서 그대로 실천하기 위한 그들 자신의 노력 ─ 그야말로 진실성의 실천 노력이, 진산사건을 불러일으킨 발단이 되었던 것이라 하겠다.

이런 그들의 생각과 의지는 취조 과정의 언행에 여실히 투영되어 드러났는데, 다음과 같은 대목이 특히 그러하다.

(19) 천주를 큰 부모로 여기는 이상 천주의 명을 따르지 않는 것은 결코 공경하고 높이는 뜻이 못됩니다. 그런데 사대부 집안의 목주木主는 천주교에서 금하는 것이니, 차라리 사대부에게 죄를 얻을지언정 천주에게 죄를 얻고 싶지는 않았습니다. 그래서 결국 집안에 땅을 파고 신주를 묻었습니다. 그리고 죽은 사람 앞에 술잔을 올리고 음식을 올리는 것도 천주교에서 금지하는 것입니다. 게다가 서민庶民들이 신주를 세우지 않는 것은 나라에서 엄히 금지하는 일이 없고, 곤궁한 선비가 제향을 차리지 못하는 것도 엄하게 막는 예법이 없습니다. 그래서 신주도 세우지 않고 제향도 차리지 않았던 것인데 이는 단지 천주의 가르침을 위한 것일 뿐으로서 나라의 금법을 범한 일은 아닌 듯합니다 (「윤지충·권상연 공술」, 『정조실록正祖實錄』 33 15년 11월 7일(무인); 조광 엮음, 앞의 『조선왕조실록 천주교사자료모음』, p.61)

이는 윤지충이 관리들의 신문訊問에 대해 진술을 한 이른바 공술供述의 내용으로, 이에 따르면 신주神主를 모신 뒤 술잔을 올리고 음식을 올려 제사지내는 것이 천주교에서 금하는 것이어서 따르지 않음을 분명히 밝히고 있는 것이다. 그러면서 주장하기를, 서민들이 신주를 세우지 않는 것을 국가에서 금지한 일도 없고, 또 가난한 선비가 제향을 올리지 못하는 것도 엄하게 막는 국가의 예법이 없으므로, 자신이 신주를 세우지 않고 제향을 차리지 않은 게 국법에 결코 어긋나는 게 아니라는 것이다.

이런 그의 주장은 당시의 유교적인 분위기와는 완전히 동떨어진 것이고, 그래서 박해를 초래하는 결과를 가져왔지만, 천주교의 교리에 충실하겠다는 진실성의 실천 의지만은 분명하였다. 이렇듯이 진실성을 끝까지 실천하려 했던 이들은 결국 박해로 처형되고야 말았고, 또한 이들의 이런 돌출 행동으로 인해 전교에 어려움을 겪으면서 일시적으로 천주교의 교세가 약화되는 일면을 도출하기도 하였지만, 목숨을 걸고라도 결연히 진실성을 실천하고야 말겠다는 의지는 많은 이들에게 충격적인 자극을 주었다. 그래서 윤지충과 권상연의 순교는 많은 반향을 그 당시에 불러일으키게 되었는데, 이는 다음과 같은 양상으로 나타나게 되었다.

(20)9일만에 왕에게서 그들을 장사지낼 허락을 받은 친척들과 그들의 장례식에 왔던 친구들은 두 시체가 조금도 썩은 흔적이 없고, 그 날 참수斬首 당하기나 한 것처럼 붉고 녹신한 것을 보고 매우 놀랐다. 그들의 머리를 놓고 자른 나무토막과 결안結案 쓰였던 명패命牌가 마치 바로 전에 흘린 것과 같은 붉고 신선한 피에 젖어 있는 것을 보았을 때, 그들의 놀람은 더 커졌다. 조선 사람들의 말에 의하면 12월(양력)에는 추위가 너무 심하여 그릇에 담은 모든 액체가 얼던 때인 만큼 이러한 사정은 그만큼 더 놀라와 보였다. 외교인外敎人들은 매우 감탄하여 재판관들의 불공정에 항의하고, 두 증거자의 무죄를 주장하였다. 어떤 사람들은 그들이 자세히 조사한 이 기적에 감동하여 입교入敎까지 하였다. …(중략)… 신입新入 교우들은 의사들이 손을

놓고 거의 죽게 되어가던 한 사람이 피에 젖은 명패를 담갔던 물을 마시고 난 뒤에 눈 깜짝할 사이에 나았다고 주장한다. 그들은 또 죽어가는 사람 여럿에게 그 피가 묻은 손수건을 만지게 하였더니 당장 나았다고 한다 (샤를르 달레, 안응렬·최석우 역주, 『한국천주교회사』 상, pp.355-356)

이는 달레가 당시에 전해지는 바를 듣고 정리한 것으로, 9일만에 수습할 수 있도록 허락받은 친척과 친구들이 이들의 시신을 보니 조금도 썩지 않고 녹신했으며, 신선한 피가 그대로 있음을 보고 놀랐다는 것인데, 이 피가 묻은 손수건을 만지게 했더니 죽어가는 이가 여럿 당장 나았다는 등의 이적이 일어나기도 했다고 한다. 이러한 이들의 이적은 당시 전교에 크게 도움이 되었는데, 이 점은 위의 글에서 외교인들이 이들의 무죄를 주장하기도 하고, 이들의 이적을 보고 입교까지 했다고 한 데에서 잘 드러나고 있다고 하겠다.

이러한 진실성의 실천을 위한 구체화로서 빼놓아서 아니 될 사실은, 정약종丁若鍾이 한글로 교리서 『쥬교요지』를 독자적으로 저술하여 널리 읽히고자 하였다는 것이다. 그는 『쥬교요지』에서 천주교 교리에 대해 설명 위주로 세분화해서 구체적으로 살피고 있음이 특징인데, 예화例話도 주로 현실적인 것을 많이 제시함으로써 효과적인 전교傳敎를 위해 힘 기울이고 있었다. 그리고 이미 신자로 입교한 교우들 가운데 한자를 전혀 모르고 한글만 간신히 깨친 무식한 이들을 위해 한글로 이를 저술하였음은, 비신자들에게 천주교를 전교하기 위한 측면도 없지 않았지만, 그보다는 신자들 내부의 교육을 확실히 하기 위한 것이었다. 한마디로 정약종의 『쥬교요지』 저술은, 신자들 내부에서의 대내적인 효용성이 더 중요시되었던 것이라 하겠다.

특히 그가 『쥬교요지』의 내용 가운데 불교佛敎와 도교道敎 등의 비판에 많은 분량을 할애하고 천주교의 우월성에 대해 언급한 것도 이러한 현실적인 문제와 관련이 깊었다. 기왕에 천주교 신자로 입교한 이들 가운데서 성황당城隍堂에 가서 빌거나 굿도 서슴지 않는 등 행위에 빠진 경우 등에 대해서 올바른 신앙심을 회복하도록 주의를 환기시키고자 한 것이었던 것이다. 아울러 이 책의 결론이라고 할 수 있는 맨 마지막 부분에서, 즉시 믿어 봉행奉行할 것을 강조한 것도 배교背敎했거나 혹은 신자로서의 생활을 유보하고 있는 이들에게 회두回頭할 것을 권유하고 있는 것이라 하겠다.

이런 견지에 서서 보면, 그가 1801년 신유박해辛酉迫害 때 순교殉敎한 이후 10년이 지난 뒤에 조선의 천주교 신자들이 북경北京 주교主敎에게 보낸 편지에서 다음과 같이 그에 대해 서술하고 있음은 주목해 마땅할 것이다.

> (21)정약종 아우구스티노는 신앙 생활을 20년 동안 하였습니다. 그런데 부친한테서 박해를 받으며 이루 말할 수 없이 고초를 겪었지만 끝까지 마음을 바꾸지 않았습니다. 그리고 그러는 가운데서도 쉬지 않고 ①부지런히 교리를 가르치고 교회 책을 번역하였습니다. 그리고는 마침내 ②한글로 된 『쥬교요지』라는 책을 저술하여 상·하권으로 펴냈습니다. 그리하여 ③지금까지도 신입 교우들이 그 책을 읽음으로써 많은 것을 배우고 있습니다 (「신미년(1811)에 조선 천주교 신자들이 북경 주교에게 보낸 편지」, 윤민구 역주, 『한국 초기 교회에 관한 교황청 자료 모음집』, 가톨릭출판사, 2000, p.245)

여기에서 '①부지런히 교리를 가르치고 교회 책을 번역하였'다는 것은 그가 교리연구에 노력하였음을 보여준다. 다만 여기에서 '교회책을 번역하였'다고 한 구절을, 그 바로 뒤에 '②한글로 된 『쥬교요지』라는 책을 저술하'였다고 한 구절과 연결을 지워, 마치 그가 동일한 서명書名으로 이미 중국에서 간행된 이류사利類思의 『주교요지主教要旨』를 번역한 것으로 오해할 소지가 있었을 것이다. 하지만 앞서 밝힌 바와 같이 이는 정약종丁若鍾의 『쥬교요지』와 이류사利類思의 『주교요지主教要旨』를 실제로 비교조차 해보지 않은 데에서 비롯한 것이므로 취할 바가 못 된다고 하겠다.

그리고 이 편지에서 "③지금까지도 신입 교우들이 그 책을 읽음으로써 많은 것을 배우고 있"다고 밝힌 것은, 그의 『쥬교요지』 저술이 아직 천주교를 믿고 있지 않은 이들을 주된 대상으로 삼아 이루어진 것이 아님을 알려주기에 부족함이 없다고 생각한다. 그보다는 그는 천주교 신자들에게 올바른 신앙의 길을 제시해주기 위해 『쥬교요지』를 한글로 저술하였던 것이었다. 즉 정약종은 천주교 신자들에게 올바른 신앙의 길을 제시해주어 진실성을 실천하도록 하기 위해 『쥬교요지』를 한글로 저술하였던 것이었다.

제6절 주문모 신부의 입국(1794)과 교세의 확장 : 보편성의 확보

1791년 진산 사건으로 인해 일어났던 전국적인 박해 곧 신해辛亥박해가 끝난 뒤 교회의 지도자들 최창현崔昌賢 요한·최인길崔仁吉 마티아·지황池璜 사바 등이 정성을 모아 최선을 다한 것은 북경으로부터 선교사를 맞아 오는 일이었다. 그리하여 이미 두 차례나 북경을 왕래한 바 있는 윤유일尹有一을 책임자로 하고 그와 함께 지황으로 하여금 1793년 동지사冬至使를 따라 북경에 가도록 하는 한편, 장차 조선에 당도할 선교사가 거처할 집을 마련하여 최인길이 관리하도록 조치를 강구하였다.

북경에 당도한 윤유일 일행은 구베아Gouvea 주교를 방문하여 신해박해에 대해 상세하게 보고하고, 선교사의 파견을 또다시 요청하였다. 당시 윤유일 일행의 이러한 활동상과 그 배경 및 교회 역사 속에서의 의의에 대해서는 구베아 주교가 써서 남긴 편지글 가운데 다음과 같은 대목에서 잘 읽을 수가 있다.

(22) 1790년에 조선의 사절 일행에 끼어 윤(유일尹有一) 바오로가 그 새 그리스도교회의 서한을 갖고 북경에 왔습니다. ①그 서한에서 그들은 조선에서 복음이 전파한 상황을 설명하고, 성물과 종교서적들을 보내줄 것과 또한 종교의 많은 사항에 대해 가르침을 청하였습니다. ②이 뜻하지 않은 조선 밀사의 도착은 온 북경 교회에 매우 기쁜 광경이었습니다. 일찍이 선교사가 들어간 적이 없고, 예수 그리스도의 이름이 전해진 일도 없는 이 나라에 그리스도교가 들어가서 기적적으로 전파되었다는 소식은 북경 교회에 아주 큰 기쁨을 안겨 주었습니다.
본인은 이 새 교회의 서한을 읽고, 또 그 서한을 갖고 온 조선 신문교우의 이야기를 들은 후, 회답으로 사목서한을 썼습니다. 본인은 이 서한에서 그들을 믿음으로 불러 주신, 이루 말할 수 없는 은혜에 대해 전능하시고 전선하신 천주님께 무한한 감사를 드리고, 믿음에 항구하고, 받은 믿음의 은혜를 보존할 방법을 강구하도록 권하였습니다. 그리고 서한에서 질문한 사항들에 비추어 ③그들이 본질적인 사항에 관해서까지 모르고 있음을 알게 되었으므로 그들이 참다운 신자가 되고, 그렇게 인정받기 위해 실천해야 할 것도 간략하게 가르쳐 주었습니다 (「구베아 주교의 셋째 서한」, 최석우 번역, 「이승훈 관계 서한 자료 (부) 이승훈 관계 외국어 서한 자료」, 『교회사연구』 8, 한국교회사연구소, 1992, p.190)

이들이 조선에서 복음이 전파한 상황을 설명하고, 성물과 종교서적들을 보내줄 것을 요청했다는 사실과 함께 '또한 종교의 많은 사항에 대해 가르침을 청하였다(①)'고 쓰고 있음에서, 구베아 주교의 판단에도 이들이 보편적인 교리를 올바르게 받아들이고자 하는 마음이 매우 간절하였음이 분명하다고 여겨졌던 것이다. 그러자 구베아 주교의 입장에서는 이러한 사실이 너무나 감격적이었음이 틀림없다. 그러므로 '이 뜻하지 않은 조선 밀사의 도착은 온 북경 교회에 매우 기쁜 광경이었습니다. 일찍이 선교사가 들어간 적이 없고, 예수 그리스도의 이름이 전해진 일도 없는 이 나라에 그리스도교가 들어가서 기적적으로 전파되었다는 소식은 북경 교회에 아주 큰 기쁨을 안겨 주었습니다(②)'라고 표현하였던 것이라 하겠다.

그러면서도 한편으로는 이들의 교리에 대한 지식 부족에 대해, 궁극적으로는 선교사를 정식으로 파견해주어 해결하려고 하면서도 일단은 '그들이 본질적인 사항에 관해서까지 모르고 있음을 알게 되었으므로 그들이 참다운 신자가 되고, 그렇게 인정받기 위해 실천해야 할 것도 간략하게 가르쳐 주었습니다(③)'고 하였음에서 올바른 교계제도敎階制度를 설명해주었음을 알 수 있다.

그런 직후에 선교사의 파견이 재차 시도되었으며, 드디어 북경의 구베아 주교는 중국인 주문모周文謨(1752-1801) 야고버 신부를 조선 선교사로 파견하기로 결정하였다. 이에 따라 주문모 신부는 사도직 수행에 필요한 모든 권한을 주교로부터 위임받고서 1794년 2월에 북경을 떠나 20여 일의 도보 여행 끝에 조선의 관문인 책문栅門에 도달하였는데, 이미 압록강鴨綠江의 얼음이 풀려 조선 잠입이 어렵게 되었다. 그래서 그해 겨울까지 그곳에 머물다가 1794년 12월 3일에 지황池璜을 비롯한 신자들의 인도를 받아 조선인 복장으로 갈아입고 의주義州 잠입에 간신히 성공하였다. 밤낮없이 12일간을 걸어 드디어 12월 14일경에 서울에 들어온 주문모 신부는 신자들이 미리 마련해놓은 최인길崔仁吉의 집에 유숙하면서 본격적인 전교에 나서게 되었다. 이렇게 됨으로써 앞서 인용한 구베아의 편지글 속에서도 드러나듯이 정상적인 교계제도를 운용하게 되면서부터 조선 교회는, 비로소 사제를 영입하여 교회법에 맞는 신앙생활을 할 수 있게 되었다. 따라서 조선 교회는 한마디로 보편성을 확보하기에 이르렀다고 할 수 있겠다.

그럼으로 해서 주문모 신부는 이후 1795년부터 조선인 신도들에게 세례를 집전하였고, 또한 종전에 신자교계제도에 입각해서 영세를 받고 신앙생활을 하고 있던 사람들에게 재차 교육을 시켜 일일이 정식적인 세례를 베풀어주면서 대략 6개월 정도를 비교적 순탄하게 지냈다. 이러한 당시의 평온한 교회의 역동적인 모습에 대해서는 북경에서 이 사실을 일일이 보고받아 로마에 보고하고 있었던 구베아 주교의 편지글에 다음과 같은 구절이 있다.

> (23)선교사는 도착하자 즉시 미사성제를 지내는 데 필요한 모든 것을 준비하고, 또 가능한 한 빨리 성무를 집행할 수 있기 위해 조선어를 배우는데 진력을 기울였습니다. 준비가 다 되자 그는 1795년 망부활 날 남녀 어른 몇 명에게 영세를 주고 또 어떤 사람에게는 보례補禮를 하였습니다. 같은 날 그는 필담筆談으로 고해성사를 주고, 부활 첨례瞻禮날에는 미사를 드리고, 그 전날 고해성사를 받은 사람들에게 성체를 영해 주었습니다. 이 미사는 그 나라에서 참 천주님께 처음으로 봉헌된 신약의 제사였습니다. 6월까지는 꽤 평온하게 지냈는데, 그동안 선교사는 몇 명에게 영세를 주고, 또 이미 교우들이 영세를 준 많은 사람들에게 보례를 해 주었습니다 (앞의 「구베아 주교의 셋째 서한」, 최석우 번역, 『교회사연구』 8, 한국교회사연구소, 1992, pp.197-198)

그러다 보니 점차 많은 사람들이 그를 만나기 위해 최인길의 집에 몰려들게 되었으며, 자연히 이들과 신앙 집회를 가지게 되었고 그만큼 점차 교세가 확장되고 있었던 것이다. 그러나 불행하게도 이 과정에서 주문모 신부가 서울에 들어와 활동하고 있다는 사실이 정부 당국자들에게 밀고 되었고, 이에 따라 주문모 신부에 대한 체포 명령이 내려지자 주문모 신부는 최인길의 집을 떠나 급히 피신하였다.

하지만 불행하게도 최인길·윤유일·지황이 함께 체포되는데, 이들은 신문을 받던 중 곤장을 맞고 1795년 5월 12일 같은 날에 모두 순교하였다. 이 해의 간지干支가 을묘乙卯년이었으므로, 이 박해를 을묘박해라고 부르며, 1791년 신해박해에 이어 순교자를 탄생시킨 두 번째 박해였다. 그리고 이 이후에도 주문모 신부를 체포하고자 하는 정부의 집요한 추적으로 1798년과 1799년에도 연이어 충청도에서 박해가 발생하였다.

   1801년에 이르러 1월 10일 천주교도에 대한 박해가 공식적으로 선포되고 주문모 신부가 쓴 편지 다수가 1월 19일 정약종丁若鍾의 집에서 압수됨으로써 주문모 신부는 이제 더 이상 서울에 머물 수가 없게 되자, 그는 황해도 황주까지 도피해 갈 수 있었다. 그렇지만 자신을 체포하려는 과정에서 수많은 무고한 신자들이 고통을 당하는 것을 외면할 수가 도저히 없어, 다시 서울로 돌아와서는 3월 12일 자진해서 국가의 중대한 범죄자들을 다루는 의금부義禁府에 자수하였는데, 1801년 음력으로는 4월 19일, 양력으로는 5월 31일에 새남터에서 효수梟首되었다.

제7절 한 박해론자의 과장된 위기감 : '우리는 장차 어디로 가는 것입니까?'

진산사건이 발생한 후 천주교에 대한 박해를 줄기차고도 집요하게 주장하던 홍낙안은 앞서 살펴본 바와 같이 당시의 국왕 정조正祖에게 상서문上書文을 내어 사태의 절박함을 지적하였는데, 이 상서문(상소문上疏文이라고도 한다)에 대해서 달레Dallet가 기술해놓은 바 가운데 다음과 같은 서술이 있음이 주목된다.

(24) 이(승훈李承薰) 베드로에 대한 홍낙안洪樂安의 상소문上疏文에는 다음과 같은 구절이 있다. "①나라의 고관대작과 가장 중요한 인사들 중 10 중 7·8이 이 도리道理를 받아 들였으니 우리는 장차 어디로 가는 것입니까?" ②이 말이 과장인 것은 분명하지만, 그 시대에 천주교가 조선에 널리 퍼져서 그 원수들이 그 종교가 머지않아 온 나라에 침투하는 것을 보게 되지 않을까 두려워하였음을 잘 보여준다 (샤를르 달레, 안응렬·최석우 역주, 『한국천주교회사』 상, 1979, p.361)

달레의 기술에 의하면 홍낙안이 자신의 상서문에서 고관대작과 가장 중요한 인사들 중 10 중 7·8이 천주교를 받아들였으니, '우리는 장차 어디로 가는 것입니까?'라고 했다는 것이다. 그런데 달레의 판단에도 이는 과장인 것이 분명하지만 그만큼 천주교가 널리 퍼져서 온 나라에 침투하는 것을 보게 되지 않을까 하고 두려워하였음을 잘 보여준다는 것이다.

이 기록을 앞의 기록 (1)에서 나타나 있듯이 홍낙안이 국왕에게 올린 상서문이라 하여 『정조실록』에 전해지는 바와 비교해보면 적어도 두 가지 점을 생각할 수 있다고 여긴다. 첫째, 이 기록에는 10 중 7·8이라 했지만 상서문에서는 오히려 10 중 8·9가 천주교를 받아들인 것으로 써놓았음을 발견할 수 있다. 오히려 『정조실록』에 있는 그의 상서문이 더욱 천주교 전파의 상황을 심각하게 강조하여 기술하고 있음이 주목된다. 둘째, 『정조실록』의 상서문에는 이 '우리는 장차 어디로 가는 것입니까?'라는 구절이 보이지 않지만, 이 글에서는 볼 수 있다는 점이 눈에 띈다. 달레가 『정조실록』에 둥재되지 않은 홍낙안의 또 다른 상서문에 있었던 구절을 보고 인용한 게 아닌가 싶은데, 사실이 그렇다면 더욱 그러하겠지만, 그만큼 당시에 천주교의 전파에 대해 갖고 있던 박해론자들의 두려움을 보여주는 데에는 부족함이 없다고 보여진다.

한편 홍낙안이 '총명하고 재주있는 선비들 10 중 8·9'[앞의 기록 (1)]가 천주교에 빠졌다고 한 대목에서, '10중 8·9'라고 한 표현은 분명 당시의 상황을 과장하여 천주교의 박해를 이끌어내기 위함이었고, 또한 그 표현이 때로는 상투적이고 관용적으로 쓰는 한문의 표현이긴 할지라도, 천주교 수용의 영향이 컸음을 보여주기에는 부족함이 없었다고 여겨진다. 이런 식의 표현으로 새로운 종교가 수용된 후에 극히 많은 이들이 이를 신앙으로 받아들여 그 종교가 크게 성하게 되었음을 보여주는 우리 역사에서 찾을 수 있는 또 하나의 예는 불교였는데, 다음과 같은 대목에서 이를 알 수가 있다.

> (25) 이 때에 있어 나라 안의 사람들로서 계계戒를 받고 불법佛法을 받든 이가 열 집에 여덟·아홉 집이나 되었으며 머리를 깎고 중이 되기를 청하는 이가 해마다 달마다 불어 갔다 (『삼국유사三國遺事』 4 의해義解 「자장이 계율을 정하다(자장정율慈藏定律)」조; 이재호 역, 『삼국유사』 하, 명지대학교 출판부, 1975, p.57)

신라시대의 승려인 자장慈藏이 계율戒律을 정한 이후 그에 따라 '열 집에 여덟·아홉'이 불법佛法을 받아들였다고 하는 이 표현은 표현 그대로를 믿기는 어렵지만 그 만큼 불교가 성했음을 보여주는 것이라 믿어 의심할 바가 없을 것이다.

단순히 '10 중 8·9'라는 표현에 얽매일 것은 결코 아니나, 다만 천주교에 대한 박해를 끈질기게 주장하는 홍낙안이 자신이 쓴 국왕에게 올린 상서문에서 이러한 표현을 써가면서 '총명하고 재주 있는 선비들 10 중 8·9'가 천주교를 믿고 따르게 되었다고 한 것은 그 의미를 다시 한 번 곰 삭혀 새기게 해준다. 더욱이 그가 천주교 박해를 주장하면서도 한편으로는 '우리는 장차 어디로 가는 것입니까'라고 해서 천주교 전파에 대한 두려움의 속내를 드러낸 것은, 그 만큼 당시에 천주교 전파의 도도한 물결이 쉽사리 그칠 것 같지 않은 위기감에서 나온 것이라고 보인다.

〈참고문헌〉

최석우, 「한국 교회의 창설과 초창기 이승훈의 교회 활동」, 『교회사연구』 8, 한국교회사연구소, 1991; 『한국교회사의 탐구』 II, 한국교회사연구소, 1991.

노용필, 「조선후기 천주교의 수용과 마테오 리치의 '교우론'」, 『길현익교수정년기념논총』, 발간위원회, 1996; 이 책의 제1부 제1장.

박광용, 「주문모 신부 선교 활동의 배경」, 『교회사연구』 10, 한국교회사연구소, 1995.

조 광, 「주문모의 조선 입국과 그 활동」, 앞의 책, 1995.

김진소, 「주문모 신부 선교활동 전후의 순교자들」, 같은 책, 1995.

도날드 베이커, 김세윤 역, 「새로운 정통의 신봉과 박해 ―윤지충의 순교―」, 『조선후기 유교와 천주교의 대립』, 일조각, 1997.

정두희, 『신앙의 역사를 찾아서 ― 한국천주교회사 이야기―』, 바오로딸, 1999.

서종태, 「이익과 신후담의 서학논쟁」, 『교회사연구』 16, 2001.

노용필, 「정약종의 '쥬교요지'와 이류사의 '주교요지' 비교 연구」, 『한국사상사학』 19, 2002; 이 책의 제1부 제2장.

제2장
순교와 배교의 여울목에서 헤쳐 나오다
―순조(1800-1834)·헌종(1834-1849) 때―

제1절 박해의 상징 오가작통법의 시행 : '씨도 남김없이 모두 쳐 없앨 것'

'씨도 남김없이 모두 쳐 없앨 것'이라는 말을 누군가 하면, 이 말을 듣는 이들은 그 대상이 비록 자신이 아닐지라도 동시에 팔에 소름이 쫙 돋으며 머리카락이 쭈뼛거림을 느끼지 않을 사람이 없을 듯하다. 이것이 당시에, 더더군다나 나라에서 실질적인 권력을 가장 강력하게 행사하는 사람이 특정한 부류의 사람들에 대해 퍼부은 말이라고 한다면, 이런 말이 퍼부어진 그 사람들은 분명히 국가적으로 치단의 대상이 되어 마땅할 정도의 엄청난 죄를 지었기에 그럴 거라고 누구에게나 여길 것이다. 이 말이 실제로 나돌기 시작한 게 다른 데가 아니라 바로 왕실王室 내에서부터였다는 데에서, 얼마나 서슬이 시퍼런 것이었을까 싶음이 틀림이 없다고 하겠다.

1799년 6월 갑자기 정조正祖가 세상을 떠나고 그 뒤를 이어서 1800년 7월 순조純祖가 11세의 어린 나이에 즉위하였는데, 그러자 그의 증조할머니(계증조모繼曾祖母, 영조英祖의 계비繼妃)로서 대왕대비大王大妃로 통칭通稱되는 김씨金氏(정순왕후貞純王后, 본관: 경주)가 후견인이 되어 모든 정사를 돌보게 되었다. 국왕이 결국 나이가 어리기 때문에 그녀가 국왕의 자리 뒤에서 발을 내린 상태에서 모든 정사에 관해 얘기를 듣고 처리한다고 하여 이를 말하기를 수렴청정垂簾聽政이라고 할 정도로 모든 정사를 마음대로 하였던 것이다. 이때에 특히 국가에서 천주교 신자들을 샅샅이 찾아내어 처벌하고자 해서 오가작통법五家作統法이라는 법을 시행하여, 다섯 집을 하나의 통統으로 만들어 그 중 천주교도가 하나라도 있으면 공동의 책임을 지우도록 조치하였을 정도였는데, 이런 상황에서 실제로 이런 말이 공공연히 나돌았던 것이다. 즉 오가작통법을 시행하는 과정에서 다음의 기록에서 보듯이 대왕대비大王大妃가 정치에 깊이 간여하면서 천주교를 믿는 사람은 이와 같이 '씨도 남김없이 모두 쳐 없앨 것'이라고 지시하였음에서 그대로 드러나고 있다.

(1-가)대왕대비가 지시하였다. "먼저 임금은 매번 이르기를, '올바른 학문이 밝아지면 요사스런 학문이 저절로 없어진다'고 하였다. 이번에 듣자니 이른바 요사스러운 학문이라는 것이 그 전대로 서울로부터 경기, 호서에 이르기까지 그냥 날로 더욱 번성하여가고 있다고 한다. …(중략)… 수령들은 그 경내에서 다섯 집을 한 통으로 묶는 규정을 잘 시행하여 그 통 안에 만약 요사스러운 학문을 하는 자들이 있는 경우에는 그 통의 우두머리가 관청에 고하여 징벌하여 마땅히 씨도 남김 없이 모두 쳐 없앨 것이다. 이 지시를 비변사에서는 다시 밝혀 중앙과 지방에 알리도록 할 것이다."(『순조실록』 2 순조 원년 정월 정해丁亥)

(1-나)서울과 지방에서 다섯 집씩을 모아 한 개 통으로 삼는 제도를 신칙(申飭)할 것을 지시한 다음 월말에 불순한 학문을

하는 자가 있는가 없는가 하는 것을 보고하는 것을 규례로 삼을 데 대하여 지시하였다 (『순조실록』 3 순조 원년 11월 신사辛巳)

선왕先王 정조正祖를 5개 월 여의 장례 기간을 거쳐 음력 11월 11일에 화성華城(오늘날의 수원水原) 소재 사도세자思悼世子(정조의 부친父親)의 융릉隆陵 옆에 매장하여 건릉健陵으로 조성하고 난 뒤―이후 이렇게 해서 오늘날까지 그곳을 융건릉이라 부르고 있는 것이다― 겨우 1주일도 채 되지 않는 같은 달 17일에 오늘날의 법무부法務部에 해당하는 형조刑曹에 명하여 최필공崔必恭을 잡아들이게 하고, 이틀 뒤에는 그의 사촌四寸 최필제崔必弟를 잡아 가두게 함으로써 천주교에 대한 또 한 차례의 커다란 박해를 시작하였다. 그런 뒤 다음 해 즉 1801년 정월 9일에는 천주교 교인들의 총회장總會長이었던 최창현崔昌顯을 잡아 가두고는 천주교를 철저히 엄금嚴禁하는 위와 같은 내용의 교서敎書를 하달하였던 것이다.

이 교서에서는 전적으로 천주교에 대한 탄압을 위해서 오가작통법을 공식적으로 천명하였던 것이지만, 원래의 오가작통법이란 그런 게 아니었다. 조선 왕조의 가장 기준이 되는 법전法典인 『경국대전經國大典』에 '서울과 지방 모두에 5가家를 1통統으로 하고 통에는 통주統主를 둔다'라고 규정되어 있는 바에서 드러나듯이 오가작통법은, 초기부터 호구戶口의 파악, 유민流民의 방지, 군역軍役의 확보 등을 주목적으로 하고, 신분身分의 분별分別, 재난災難의 구조, 도적盜賊의 방지 등도 수행하도록 하여서, 국가 행정 조직이 지니는 대민對民 지배의 한계를 극복하기 위한 여러 기능이 갖추어졌을 것으로 여겨지지만, 어느 시기에나 제대로 시행된 예가 없었던 것이었다.

심지어 임진왜란(1592년)을 시작으로 병자호란(1636)에 이르기까지 44년 동안의 기간에 4번의 씻을 수 없는 커다란 대외적·

거국적인 전란을 거치면서 사회적 기강이 극도로 무너진 향촌 사회의 질서를 바로 잡기 위해서 이후 여러 차례 시행이 시도되기도 했었으나, 오랫동안 유명무실한 가운데 논의만 가끔 있었던 이 오가작통법이 비로소 전국적으로 일률적으로 실시된 게 숙종肅宗 원년(1675)이었다. 하지만 이것도 역시 도리어 탐관오리의 탐욕 채우기만을 돕는 혹독한 제도로 비판된 만큼 여러 가지 물의만을 일으켰을 뿐 오가작통법은 여전히 제 기능을 하지 못하였고, 영조英祖와 정조正祖 시대를 거치면서도 끝내 법에서 정한 위상과 기능을 회복하지 못하고 유명무실한 제도로 전락하고 말았던 것이다.

그런데 이러한 오가작통법을 이제는 천주교도를 색출해 탄압하기 위한 것으로 활용하겠다는 게 앞서 살펴본 기록들에 나타난 바대로 대왕대비의 생각이었고, 또 그것이 실행되게 되는 배경이었다고 할 수가 있다. 이렇듯이 종전에는 별반 실행의 효력이 없었던 오가작통법을 통해 이제는 천주교도들을 효율적으로 사찰査察하여 천주교의 확산을 막으려고 하였는데, 그렇다고는 하지만 천주교의 확산에는 별반 그렇게 결정적인 타격을 입히지는 못했던 것으로 보인다. 다음의 기록들에서 이러한 상황을 엿볼 수 있지 않나 한다.

> (2-가) 우승지 최헌중이 말하였다. "… 염탐하여 적발하여 내는 방도로 말하면 참으로 다섯 집을 한 통으로 묶는 제도보다 더 요긴한 것이 없습니다. …(중략)… 조목을 만들어 가지고 모든 마을들에 잘 일깨워주어 도깨비들이 형체를 숨기지 못하게 한다면 악한 것을 멀리하고 착한 길로 나가게 하는 데서 실효가 있게 될 것입니다."라고 하였다 (『순조실록』 2 원년 2월 신해辛亥)
>
> (2-나) "(하기는) 오가작통五家作統의 법이 아직 있기는 합니다. 그러나 그 법은 교우들이 있던 동네에서는 시행되고, 다른 곳

에서는 그 이름만 남아 있을 뿐 모든 것이 평온하므로, 그리로 가서 자리잡을 수가 있습니다."(『황사영백서黃嗣永帛書』 94행; 샤를르 달레, 안응렬·최석우 역주, 상권, 1979, p.565)

즉 정부의 고위 당국자들은 대왕대비의 결정에 따라 이를 실행하자고 주장하면서, 천주교도를 그야말로 '염탐하여 적발하여 내는 방도로(2-가)' 오가작통법의 '조목을 만들어 가지고 모든 마을들에 잘 일깨워주어 도깨비들이 형체를 숨기지 못하게 한다면'이라는 가정을 내걸고 있었지만, 실상은 전혀 그렇지 못했던 것으로 보이기 때문이다. 천주교 교인인 황사영黃嗣永이 기록하였듯이 자신의 백서帛書에서 적고 있듯이 이러한 법이 있을지라도 천주교도들이 있던 동네에서는 시행될지언정 '다른 곳에서는 그 이름만 남아 있을 뿐 모든 것이 평온하므로, 그리로 가서 자리잡(2-나)'기만 하면 그만이었다는 것이다.

이러한 기록으로 보아서도 대왕대비를 위시한 정부의 고관대작들이 천주교를 탄압하기 위해 비록 오가작통법이란 묘안을 법전法典에서 찾아냈을지라도, 이 제도의 시행으로 말미암아 오히려 천주교 교인들은 오가작통법의 위험에서 벗어나는 지역으로 이주해 가면서 신앙을 지켜나가면서 비밀결사화秘密結社化되어 갔다. 그리고 이에 따라 천주교 자체도 전국적으로 확산되어 갔을 뿐만 아니라 일종의 민중종교운동의 성격도 띠게 되었다고 말할 수 있다. 천주교 교인들의 '씨도 남김없이 모두 쳐 없앨 것'이라고 내뱉었던 대왕대비의 호언장담과는 정반대로, 전국적으로 다양한 신분층의 사람들에게 천주교가 확산되어 가도록 결과적으로는 정부 당국자들이 도리어 신앙의 겨자씨를 바람에 흩날려 주었던 셈이라 하겠다.

제2절 신유박해(1801)와 『황사영백서』

1795년 서울에 잠입한 주문모周文謨 신부는 처음에는 강완숙 골롬바의 집에 숨어서 전교 활동에 힘쓰다가 점차 적응하고 많은 교우들이 열심으로 살아가는 데에 자신을 얻어 범위를 넓혀 갔다. 그래서 충청도의 내포內浦, 전라도의 전주 등 여러 지방까지 가서 활동하였으므로, 교우의 수가 증가하여 그가 조선에 처음 들어오던 무렵에는 4천 명에 불과하던 게 1800년에는 무려 1만 명에 달하였을 정도였다. 천주교의 교인 수가 이렇게 겨자씨 한 알 뿌려져 많이 불어나듯이 날로 늘어나가자, 당국자들은 크게 당혹감을 감추지 못하고 불안해하였다. 다음의 기록들에서 이들의 이러한 심리상태를 엿볼 수 있다.

(3-가)영의정 심환지는 말하였다. "요사스러운 학설이 세상 도리의 큰 근심으로 되는 것을 어떻게 다 말할 수 있겠습니까? …(중략)… 그런데도 불구하고 그들은 끝내 감화될 줄을 모르

고 날이 갈수록 더욱 번성하여지고 있습니다. 심지어 최필공과 호서의 이존창과 같은 자는 먼저 임금 때에 그 학설을 영영 버리겠다고 공술까지 바친 자들인데도 불구하고 이제 와서 또 그런 짓을 하고 있으니 미련하고 우둔하고 교화시킬 수 없다는 것을 알 수 있습니다. 한 사람의 목숨을 죽인다는 것이 어찌 신중한 문제가 아니겠습니까마는 이 무리들에게 만약 사형법조문을 적용시키지 않게 되면 징계할 길이 없을 것입니다."
임금이 말하기를, "좌의정·우의정과 잘 의논하여 가지고 다시 보고하도록 할 것이다." 하고 하였다 (『순조실록』 2 순조 원년 2월 신해辛亥)
(3-나)대왕대비가 지시하기를, "최필공과 이존창이 년전에 죄수로서 공술한 것은 명백히 공술을 바친 것이었다. 그런데 이제 또 그런 짓을 하였으니 이것은 요사스러운 학설을 따르는 외에 또 임금을 속인 죄까지 첨가되는 것이다. 임금을 속이는 자가 역적이 아니고 무엇인가? 사형법조문으로 적용해도 아까울 것이 없다"라고 하였다 (『순조실록』 2 순조 원년 2월 신해辛亥)

여기의 이 글에서 이들이 쓴 '요사스러운 학설'이란 말할 것도 없이 천주교 자체를 가리키는 것으로, '날이 갈수록 더욱 번성하여지고 있'는 천주교가 이들에게는 이루 말할 수 없을 정도로 큰 근심거리가 되고 있음을 감추지 못할 정도로 심각한 것이었다. 게다가 이들의 이러한 깊은 당혹감에는 이 글 자체에서도 명백히 적고 있는 바대로, 최필공崔必恭이나 이존창李存昌과 같이 이미 다시는 천주교를 믿지 않겠다고 영영 배교背敎의 뜻을 밝혀 방면放免하였던 이들 조차도 또 다시 천주교로 돌아가고 있다는 사실이 크게 작용하였던 것이다. 그래서 이제는 이들에게는 '임금을 속인 죄까지 첨가'하여 이들이 임금을 속인 역적逆賊이므로 사형 법조문을 적용하겠다는 결정을 굳게 하였다.
이에 따라서 1800년 초겨울에 체포당한 최필공崔必恭·최창현崔昌賢은 물론이고, 1801년 초부터 이가환李家煥·이승훈李承薰 그리고 정약종丁若鍾·정약전丁若詮·정약용丁若鏞 3형제가 속속 체포되어 국문을 당하였으며, 여성 신도의 가장 대표적인 인물로 활약상이 컸던 강완숙姜完淑도 역시 예외가 될 수 없었음은 두말할 나위가 없다. 1801년 당시에 벌어진 이러한 박해는 가혹하기가 그지없었는데, 이러한 일련의 끔찍한 박해가 벌어진 그 해 1801년이 간지干支상으로 바로 신유년辛酉年이므로 이를 흔히 신유박해辛酉迫害라고 한다. 이러한 상황의 전개 속에서 일단은 급히 피신하기는 하였지만 자신을 향한 박해의 날이 점점 드세 지면서 수많은 교인들이 잡혀 문초問招를 당하고 고통 중에 있다는 사실을 알게 된 주문모 신부는, 자신이 본국인 청나라로 돌아가는 것이 조선 교회를 위한 길이라는 생각에 한 때 국경선까지 가기도 했지만, 이내 마음을 다 잡아 되돌아와서 1801년 3월 중순 스스로 의금부義禁府에 나아가 자수하여 순교의 길로 나아갔으며, 끝내 음력 4월 19일(양력 5월 31일)에 현재 새남터 성지 어간에서 사형에 처해져 영혼이 무지개를 타고 하늘로 올라갔다. 이처럼 주문모 신부가 자수하여 순교하였다는 소식을 접한 강완숙 골롬바는 같은 감옥에 갇힌 여성 4명과 함께 밤낮으로 기도를 일삼았는데, 당시 강완숙을 비롯한 천주교 여성 신자들이 천주교 전교에 있어 어떤 활약상을 보였는지를 알려주는 단편적인 기록으로는 다음이 있다.

(4)강완숙姜完淑 골롬바와 같이 참수斬首당한 부인들은 강경복姜景福·문영인文榮仁·김연이金連伊 및 한신애韓新愛였다. 이 복된 순교자들이 누구인지는 모른다. 왜냐하면 조선에서는 여자들은 자기 본 이름이 없고 정부의 기록에도 그들의 성姓은 기록하지 않고 순전히 재판을 위하여 그들에게 지어 준 이름만으로 그들을 가리켰기 때문인데, 이런 일은 사형선고를 받거나 창피한 형에 청하여 진 사람들의 경우에 흔히 있는 일이었다. 이 여자

들은 궁녀宮女 즉 궁에서 왕비王妃와 공주公主들의 시중을 들던 여인들이었다. 그들의 결안(結案)은 거의 비슷한데, 주문모周文謨 신부에게 배워서 영세를 하였다는 것과 천주교의 일에 심부름 꾼 노릇을 하였으며, 추적받는 교우들을 여러 번 피신시키고 상본(像本)과 책을 비롯해서 천주교 물건을 집에 숨겨 두었던 것으로 되어 있다 (샤를르 달레, 상권, 1979, p.502).

양반가 출신의 여인으로 양반의 재취再娶였다가 끝내 과부寡婦가 된 강완숙 골롬바는 주문모 신부를 맞아들임에 있어 큰 구실을 하였을 뿐만 아니라 그로부터 세례를 받고 최초의 여성 회장으로서 주문모 신부를 도와 특히 여성들에게 천주교를 전도하는데 맹활약을 하다가 체포되어 투옥되었다. 이 때 그녀와 같이 갇혔던 4명의 여성들은 위에 강경복姜景福·문영인文榮仁·김연이金連伊 및 한신애韓新愛이라고 밝혀져 있는데, 이들은 모두 그녀의 감화로 입교한 이들로서, 특히 강경복 수산나와 문영인 비비안나는 궁녀宮女 출신이었다고 한다. 이들 4명의 공통점은, 위의 기록에서 그들의 '결안結案' 즉 조서調書를 인용하여 정리하고 있듯이, 첫째 주문모周文謨 신부에게 배워서 세례를 받았다는 점, 둘째 천주교 전교에 열심이었다는 점, 셋째 그래서 추적을 받는 교우들을 여러 번 피신시켰다는 점, 그리고 넷째 상본像本과 책을 비롯한 성물聖物들을 집에 숨겨 두었다가 발각되었다는 점 등이 바로 그것이었다.

주문모 신부의 자수에도 불구하고 여전히 박해의 칼날은 무뎌지기는커녕 오히려 더욱 날카롭게 가다듬어 지고 있었는데, 그럼에 따라 이러한 박해 상황의 전개는 서울에만 한정된 게 아니라 지방에서도 곳곳에서 그러하였다. 충청도 내포內浦(오늘날의 충청남도 면천沔川과 덕산德山 일대의 평야지대) 지방의 사도使徒로 불리는 이존창李存昌과 경기도 포천抱川 지방의 전교에 공이 큰 홍교만洪

敎滿 등도 예외가 아니었다. 이어서 3월부터는 전라도 전주全州 지역에도 박해가 시작되었는데, 유항검柳恒儉·유관검柳觀儉 형제 등이 붙잡히게 되었다. 그런 와중에 유항검 아오스딩의 며느리 이순이 루갈다 역시 투옥되었으며, 옥중에서 적은 편지가 오늘날 전해져 당시 상황을 생생하게 전해주고 있음은 특별히 기억할만 하여 잠시 후 뒤에서 상론하기로 한다.

 한편 이들에게 가해진 혹독한 박해 속에서 이들의 증언을 통해 천주교도들이 중국 북경北京의 주교主敎에게 편지를 보내 천주교 신앙의 자유를 얻고자 하여 서양의 군함을 불러들이려고 했음을 정부에서 알게 되는데, 이런 내용을 담은 글을 황사영黃嗣永이 작성한 사실이 드러나자 황사영에 대한 체포령이 발령되었다. 그런 중에 결국에는 이른바「황사영黃嗣永백서帛書」사건이 불거짐으로써 천주교에 대한 박해는 이루 말과 글로 표현하기 어려울 지경으로 치닫게 되었던 것이다.

 이「황사영백서」사건은, 황사영이란 천주교 교우가 서울 아현동에 거주하다가 신유박해가 일어나자 몸을 피해 충청도 배론의 옹기굴로 가서 숨어 지내면서 거기서 종교의 자유를 얻기 위해 중국 북경의 주교에게 길이 62㎝, 넓이 38㎝ 크기의 명주 비단에다가 총13,311자에 달하는 장문의 청원서를 작성하였다가 1801년 11월에 발각된 사건을 일컫는다. 결국 이 사건을 계기로 황사영 자신을 위시한 가족들과 친지들이 처형되거나 유배 보내졌는데, 그 내용에 있어 가장 결정적으로 문제가 되는 구절은, "마땅히 배 수백 척에 강한 군인 5,6만에 대포 기타 필요한 무기를 많이 싣고, 거기에다 글을 잘 알고 일에 능란한 중국인 3,4명을 태워가지고 조선의 해안으로 와서, 글을 왕에게 보내어 말하기를 '우리들은 서양전교대西洋傳敎隊인데, 사람이나 좋은 보물을 탐내어 온 것이 아니다. 명령을 교종敎宗(교황敎皇)에게서 받고 귀국貴國의 백성들을 구하고자 하는 바이다. 귀국에서 이 한 가지 전교하는 일만 허락한다면 우리는 그 외에 더 바라지를 않는다 …'라고 말하면 좋을 것이다…'라는 것이다.

황사영과 이러한 그의 백서에 대한 평가에 있어서 서로 상반되는 견해가 있는데 종교의 자유를 얻고자 하여 외국의 군함을 끌어들이려 했다고 함과 관련하여 특히 그러하다. 자국自國의 문제를 외세外勢를 활용하여 해결하려 했다고 해서 '반민족적反民族的'이었다고 하는 견해가 있는데, 예컨대 "조선 천주교회는 황사영 백서 사건을 계기로 조선 사회에 새롭게 인식됩니다. '인륜을 저버린 집단'이라고 지목되었듯, 전통 문화를 파괴하는 이질적인 세력으로서 뿐만 아니라 이제 '나라를 팔아먹는 집단'이라는 반국가적, 반민족적 세력으로 단죄하기 시작한 것입니다(문규현 신부, 1994, p.28)"라고 한 언급이 여기에 해당될 것이다. 그런 반면에 이미 1940년에 이루어진 이 시기 즉 조선후기의 사상사에 관한 일본인 전문가 한 사람이 황사영은 "성리학性理學 지상주의至上主義를 파괴하여 신규범新規範하에 신사회新社會를 건설하려는 전통파괴적 작용을 하고 있었던 천주교의 지도자로서, 황사영이 시대에 앞서는 지식인의 고뇌를 토로한 것이 황사영 백서였다(여진천 신부 엮음, 1994, p.173)"고 평가하기도 하였다. 그러다가 최근에는 이 평가를 토대로 개신교 측의 한 학자가 "성경에 기록된 진리의 말씀인 예수 그리스도의 복음을 어둠 속에서 신음하는 이 겨레에게 전파하기 위하여 헌신·봉사하다가 급기야 자기 자신의 목숨까지 예수 그리스도께 바친, 초창기 한국 천주교회의 대표적인 순교자요 독실한 신앙의 귀감(이정린, 1999, p.232)"이라 언급하기까지 하였음도 참고가 된다.

이러한「황사영백서」사건을 위시해서 1801년 신유년 한 해 동안의 박해로 희생된 신자들의 수는 기록에 따라 약간씩 다르나, 대체로 처형 100여 명, 유배형 400여 명, 도합 500여 명이나 되는 것으로 전해진다. 하지만 누락된 이들이 더 많았을 것이므로 희생자의 수는 이보다 훨씬 더 많았을 것으로 추정된다. 그랬기 때문에 황사영이 자신의 백서帛書에서 '조선이 나라를 세운 이후 사람을 죽인 수가 올해보다 많은 적이 없었다'고 쓸 수밖에 없었던 것이라 여겨진다.

제3절 양반 신자의 증가와 왕족 신자의 대두

1800년 순조純祖가 11세의 어린 나이에 즉위하자 대왕대비大王大妃 김씨金氏(정순왕후貞純王后)가 후견인이 되어 이른바 수렴청정垂簾聽政함으로써 모든 정사를 마음대로 하였으므로 그녀의 의견이 국정의 처리에 있어서는 거의 절대적으로 영향을 끼쳤을 정도임은 앞에서 이미 얘기한 바와 같다. 더욱이 그녀는 특히 천주교도들에 대한 증오심이 심하여, 절대로 천주교를 용인하려 하지 않았던 것으로 역사 속에서도 유명하다. 그러한 그녀가 당시 영의정領議政 심환지沈煥之에게서 보고받은 바의 다음 기록에 보면, 당시에 양반 신자들이 날로 증가하고 있다는 사실을 엿볼 수 있다.

　　(8)대왕대비가 지시하기를, "요사한 학설의 큰 우두머리로 알려
　　진 자들이 몇이나 되는가?"라고 하였다. (영의정 심)환지는 말
　　하기를, "자세한 것은 알 수 없습니다만, 포도청에 잡혀온 사람

들을 보면 대개 양반 집안의 사람들이 많으며 단서가 드러난 자들도 있다고 합니다. 대개 양반집 사람들이 많이 하기 때문에 미련한 백성들이 쉽게 현혹된다고 합니다."라고 하였다
(『순조실록』 2 순조 원년 2월 신해辛亥)

당시 천주교 신자로서 체포되어 온 사람들에 관해 언급하면서, '대개 양반집 사람들이 많이 하기 때문에 미련한 백성들이 쉽게 현혹된다'고 되어 있어서, 당시에 천주교 신자들 속에서는 양반들의 비중이 적지 않았음을 알려준다고 하겠다. 이런 양반 가문의 후예로서 당시에 천주교에 입교한 경우로는, 우선 은언군恩彦君 이인李䄄의 아내인 송宋 마리아와 그의 며느리 신申 마리아를 손꼽을 수 있다. 이들의 입교와 활동 모습과 관련하여서는 다음의 기록이 요긴하다.

(9)폐궁廢宮(전동磚洞 소재)에는 둘만이 남아 있었으니, 귀양간 은언군恩彦君 이인李䄄의 아내와 그의 며느리 즉 담湛의 미망인이었다. 어떤 여교우女敎友가 그들의 불행을 동정하여 1791년인가 1792년경에 천주교 이야기를 그들에게 하여 주었다. 불행으로 인하여 그들의 마음이 준비되어 있었으므로 그들은 입교하였다. 그러나 무슨 불상사를 일으킬지도 모른다는 핑계로 아무도 그들과 감히 접촉하지 못하였다. 다만 용감한 강완숙姜完淑 골롬바만이 그런 겁을 내지 않고 그 두 왕족을 보러 가고 신부를 그 집에 모셔 가기까지 하여 성사를 받게 하였다. 이인李䄄의 아내는 송宋 마리아요 그의 며느리는 신申 마리아였다. 그들은 둘 다 매우 열심하게 되어 그들의 종 여럿을 입교시켰으며, 명도회明道會에 입회하였다. 그들은 신부를 궁宮에 모셔들이는 것이 기뻤다. 신부가 거기 있을 때에는 홍익만洪翼萬 안또니오의 집에 붙어 있어서 벽에 비밀히 뚫어 놓은 구멍으로 그 집과 왕래할 수 있는 따로 떨어진 방에 숨어 있었다. 귀양간 이인도 자기 궁에서 일어나는 일을 알고 있었으나 아무런 방해도 하지

않았다. 그러나 그 자신은 끝내 천주교인이 되지 않았다 (샤를 르 달레, 상권, 1979, pp.389-390)

이 기록들을 통해서 보면, 이들은 1791년경에 입교하여 강완숙 골롬바의 열성적인 주선으로 주문모 신부를 모셔다가 성사를 받았으며, 자신들이 거주하는 궁에다가 주문모 신부를 머물게 할 정도였다는 것이다. 더더군다나 신부가 거기 있을 때에는 교우인 이웃집에 붙어 있어서 벽에 비밀히 뚫어 놓은 구멍으로 그 집과 왕래할 수 있는 따로 떨어진 방에 숨어 있을 수가 있었다고 하였음이 특기할 만하다고 하겠다. 훗날 이들은 주문모 신부가 자수하여 처형을 받을 때 모든 사실이 드러나 함께 처형당하면서도 끝내 신앙의 끈을 놓지 않은 것으로도 유명하다. 그렇기 때문에 왕족으로서 살면서 그것도 왕궁에서 이렇게 천주교 신앙을 끝까지 취한 경우의 대표적인 인물로 이들을 들어 손색이 없다.

이런 양반 신자들 가운데 또 하나 빼놓을 수도 없고, 또 빼놓아서도 아니 될 경우는 다름이 아니라 이순이李順伊 루갈다 집안의 얘기다. 3남매가 천주교 신자로서의 삶을 살았던 이들과 또 이 집안의 여러 인물들에 관해서는 아래의 기록에서 여러 가지 점들을 살필 수가 있다.

> (10-가)이순이李順伊 루갈다는 서울에서 이 나라의 가장 훌륭한 집안 중의 하나에 태어났다. 그의 아버지는 이윤하李潤夏이고 그의 어머니는 권씨權氏(권철신權哲身의 누이 동생)였으며. 누갈다 자신은 유희라는 이름을 받았다. 그는 같은 해 신유년(1801) 12월에 순교한 이경도李景陶가를로의 누이동생이요 이경언李景彦 바오로의 누님이었는데, 바오로는 1827년 박해 때에 자기형과 누님의 영광스러운 발자취를 따라가게 되는 것을 우리가 보게 될 것이다. 누갈다는 강직한 성격과 상냥하고 열정적인 마음과 비상한 총명을 타고났었다. 한 마디로 그는 육체

와 정신의 모든 자질을 타고났는데, 그 지위에 알맞는 교육으로 그 자질은 쉽사리 발전할 수가 있었다. …(중략)… 구세주께서 친히 당신 사랑하시는 여종을 도우러 오셔서 그에게 마음에 드는 남편을 마련하여 주셨다. 문제를 익히 검토한 후에 누갈다의 계획을 승인한 주문모周文謨 신부가, 역시 하느님께 자기를 온전히 바치기 위하여 동정童貞을 지키기를 원하는 한 젊은 이를 알고 있었다. 그는 유항검柳恒儉 아우구스띠노의 맏아들 유중철柳重哲요한이었다. …(중략)… 과부인 누갈다의 어머니가 기꺼이 동의하여 혼인은 결정되었다 (샤를르 달레, 상권, 1979, pp.534-535)

(10-나)이제는 첫 번 처형에 대하여 몇 마디 하겠는데, 목격한 증인들에 의하면, 교우 8명이 순교의 영광을 받았다고 한다. 이 영광스러운 무리의 으뜸은 이(순이) 누갈다의 오빠 이경도李景陶 가를로였다. 그는 1780년에 서울에서 태어났는데, 현 왕조王朝의 시조인 태조太祖의 어떤 서자庶子의 12대 내지 15대의 장손長孫이었다. 그의 가문은 경녕군敬寧君이라는 칭호로 반열에 들었으나, 벌써 여러 대째 왕족 행세는 못하고 있었다. 그렇기는 하지만, 나라 안에서 대단히 높은 지위를 유지하고 있었고, 남인南人의 지도층에 있었다 (샤를르 달레, 상권, 1979, pp. 601-602)

(10-다)이종희 바오로의 관명冠名은 경언景彦인데, 1801년 순교한 이경도李景陶 가를로와 이(순이) 루갈다의 막내동생이다. 그는 형들과 같이 어려서부터 참으로 천주교인다운 교육을 받았다 (샤를르 달레, 중권, 1979, p.140)

이 기록들을 통해 보면, 이순이 루갈다 그녀 자신의 뛰어난 신앙심 역시 그러하였지만, 그녀의 오라버니 이경도李景陶 가를로뿐만 아니라 남동생 이경언李景彦 바오로 역시 기꺼이 순교의 길을 간 것으로 너무도 역사에 족적이 뚜렷하다고 하겠다. 1780년생 이경도는 신유박해 때 서울 서소문 밖에서, 1872년생 이순이는 같은 신유박해 때 전주 숲정이에서, 그리고 1792년생 이경언은 순조 27년(1827, 정해년)에 전주 감옥에서 각각 의연하게 순교하였던 것이다.

더더군다나 이들이 옥중獄中에서 작성한 편지글들이 오늘날 전해지는 바가 있어, 이들의 증언證言을 생생하게 들을 수 있게 되었음은 누가 보더라도 예사로운 일이 아님을 쉬이 알 수 있겠다. 이 가운데 이순이 루갈다는 특히 유중철 요한과 서로 동정童貞 지킬 것을 약속하고 혼인婚姻하였고, 이를 끝내 순교할 때까지 지켜냈음은, 그녀가 자신의 친정어머니에게 보낸 편지글에서 "전주로 시집온 후, 그 전부터 항상 근심하던 일을 이루었어요. 9월에 시댁에 와서 10월에 우리 두 사람은 동정을 지키기로 맹세하고 4년을 오누이처럼 지냈습니다. 그런 중에 육체적인 유혹을 근 십여 차례 받아 하마터면 동정서약을 깰 뻔했어요. 그 때마다 저희는 예수님께서 우리 인간들을 대신하여 십자가에서 겪으신 고통과, 피를 흘리신 사랑에 의지하여 무사히 그 유혹을 이겨 내었답니다. 제 사정을 몰라 답답하게 여기실 것 같아 이 일을 말씀드리는 것이니, 이 편지를 살아 있는 저 보듯이 반겨 주셔요(김진소 신부 편저, 2002, p.38)"라고 쓰고 있음에서 확연하다.

이순이 루갈다는 이처럼 동정 생활을 영위하며 살다가, 초기 로마 교회의 위대한 4명의 동정 순교자 가운데 한 사람으로 3세기에 순교한 동정순교자 아가다 성녀와 같이 기꺼이 순교의 길에 밟게 되었다. 이 때 순교에 대한 자신의 생각을 역시 친정어머니에게 보내는 옥중의 편지글 속에서 담담하게 밝혀 놓았는데, 아래의 대목에 여실하다.

(11) 길지도 않은 한평생, 참으로 변변하지 못한 자식이었고 못난 자식이었습니다. 하지만 주님의 특별한 은총으로 순교의 열매를 맺는 날이면, 어머니께서도 자랑스러운 자식을 두었다고 여기실 것이고, 저 또한 어머니의 떳떳한 자식이 될 것입니다.

순교는, 부족하고 못난 자식을 참되고 보배로운 자식이 되게 하는 것이에요, 어머니, 간절히 바라오니, 제발 너무 마음 상하지 마시고 마음 다잡으셔서 슬픔을 억누르셔요. 이 세상을 꿈같이 여기시고, 하늘나라를 우리가 돌아가야 할 본 고향으로 아셔서 조심조심하여 주님 뜻에 따르셔요. 이 세상 삶을 다 마치시면, 못난 자식이 하늘나라에서 영원한 행복을 누리는 영광을 받아, 가이 없이 행복한 모습으로 손을 마주잡고 하늘나라로 모셔 들여 함께 영원한 행복을 누리렵니다 (김진소 편저, 2002, pp.35-36)

그녀는 자신의 친정어머니에게 보낸 이 편지에서 이 세상에서의 길지 않는 일생 동안 자식으로서는 제 구실을 못하였으나 순교함으로써 비로소 자랑스럽고 떳떳한 자식이 되게 되었음을 밝히고, 마음 상하지 말고 슬픔을 억누를 것을 간곡히 당부하였던 것이다. 그러면서 '하늘나라를 우리가 돌아가야 할 본 고향'으로 여기고 주님의 뜻에 따라 살아서 자신이 '손을 마주 잡고 하늘나라로 모셔 들여 함께 영원한 행복을 누리'겠다고 간구하고 있는 것이다. 이로써 이순이 루갈다는 자신의 편지글을 통해 당당하게도 순교 영성의 극치를 드러내고 있다고 해서 지나치지 않을 것이다.

결국 앞서 살펴본 바와 같이 은언군의 부인 송 마리아와 그의 며느리 신 마리아는 왕족의 부인으로서 천주교 교인이 되어 순교의 길을 기꺼이 걸어갔으며, 이경도 가를로·이순이 루갈다·이경언 바오로 3남매 모두 양반가의 후예로서 한 치의 거리낌도 없이 순교를 맞이하였던 것이다. 따라서 이들 모두 당시 유명한 왕족의 부인이거나 양반 가문의 후예로서, 이러한 순교자들이 많이 배출되게 된 것 자체가 그만큼 당시에 천주교 교세가 확장되어 가고 있었음을 알려준다고 하겠다.

제4절 교회 재건 운동과 조선 교구의 설정(1831)

1801년의 신유박해 이후 이듬해인 1802년부터는 청淸나라가 천주교에 대해서 결코 비판적이지만은 않다는 사실을 뒤늦게 깨닫게 된 대왕대비와 조정朝廷에서 더 이상 천주교에 대해 박해를 하지 않게 되더니 급기야 1805년 정월에 천주교 탄압의 화신이었던 대왕대비가 세상을 뜨고 말자 천주교에 대한 국가적인 탄압은 힘을 많이 잃게 되었다. 그리하여 경기, 충청, 전라의 3도를 중심으로 천주교는 부흥하기 시작하고, 그 씨는 경상도와 강원도에서도 싹트기 시작하였는데, 그 중 지역적으로는 충청도 지방이 가장 활기를 띠었던 것으로 알려져 있다. 특히 충청도의 교우들은 박해의 화살을 피해 심지어 소백산맥을 타고 넘어 조령鳥嶺과 죽령竹嶺을 넘거나 혹은 속리산俗離山 깊은 계곡을 따라 산을 넘어 낙동강洛東江 상류 지역의 상주尙州·안동安東 지방으로 나아가거나 혹은 다시 태백산맥의 깊은 산골로 숨어들어서 청송靑松·영양英陽·진보眞寶와 같이 오늘날도 교통편이 불편하기 그지없는 오지奧地에 교우촌交友村을 형성하고 살면서 신앙의 자유를 누리는 경우도 적지 않았다.

이런 가운데 1801년의 신유박해로 주문모 신부가 순교한 뒤 목자를 잃은 조선 천주교회는 이후 성직자를 영입하기 위한 운동을 전개하였다. 이에는 정하상丁夏祥 바오로와 유진길劉進吉 아우구스띠노 그리고 조신철趙信喆 가롤로 등이 대단히 적극적이었다. 정하상 바오로는 1801년에 순교한 정약종丁若鍾의 둘째 아들로 북경北京 왕래를 9차례나 하면서 사제 영입에 모든 노력을 기울였고, 유진길 아우구스띠노는 중인中人 출신으로 중국어 통역通譯에 능하여 당상역관堂上譯官에까지 올랐던 부친의 영향을 받은 실력으로 통역을 담당하였으며, 조신철 가롤로는 중국에 가는 사신의 말고삐를 잡는 마부馬夫(마두馬頭)로서 활동하다가 후일 이 땅에 모방Mobant 등 3명의 사제를 맞아들일 때에 방갓(방립方笠)을 씌워 변장變裝시키는 일과 길 안내를 직접 담당하게 된다. 이들이 앞장서서 1811년과 1812년에 북경 주교와 교황청 포교성성에 편지를 보내 사제를 급히 보내줄 것, 천주교 서적을 작게 인쇄하여 보내주고 성물聖物도 보내줄 것 등을 요구하였으나, 이것이 기대와 같이 이루어지지를 않았다. 그 후 정하상·유진길 등은 1825년에 이르러 직접 교황청에 다음의 청원서를 발송하였다.

(12) "저희들의 최고 감목監牧이신 교황께 조선교회의 암브로시오와 그 동료들은 인사와 깊은 공경을 드리나이다.
구세주 예수께서 강생하사 세상을 구속하시고 부활 승천하신 후 1천 8백 년 동안 땅의 극변까지 복음을 전하여 어둠 속에 앉아 있는 백성들을 비추어준 성인들과 학자들이 끊이지 않았나이다. …(중략)… 높은 지혜를 가지신 성하(聖下)께서는 이와 같이 급박한 위험에서 저희들을 구원하여 주시고, 저희들을 집어삼키려는 구렁에서 건져 주실 방법을 취하여 주시기 바라나이다."

다음에는 조선신자들이 보내달라고 간청하는 이 배를 어떻게 의장艤裝하는 것이 제일 좋겠으며, 선원船員은 몇 명이나 있어야 되겠고, 연안沿岸에는 어떤 위험이 있으며, 상륙하는 데 가장 유리한 지점이 어디이고, 관리들과 접촉하려면 어떤 절차를 밟아야 하겠으며, 그들의 악의에 대하여 어떤 경계를 하여야 되겠는가 등 꽤 장황한 설명이 적혀 있다.

빵을 달라고 졸라도 아무도 주는 이 없는 버림 받은 자식들의 이러한 간청을 다시 받게 되니 교황과 포교성성布敎聖省의 추기경樞機卿들은 몹시 감동하였다 (「유진길 아우구스띠노가 1825년경 교황청에 보낸 편지」; 샤를르 달레, 중권, 1979, p.215)

이 청원서는 마카오Macau를 거쳐 로마에 끝내 전달되었으며, 1827년 이 문서의 라틴어 번역본을 받아든 교황 레오 12세는 이러한 요청에 응하여 조선에 사제를 파견하는 문제를 해결하기 위한 방안 강구에 착수하였다. 하지만 당시에는 중국에서도 사정이 용이치 못하여 북경 소재 선교사들조차 북경을 떠나 마카오로 피신을 해야 했으므로 조선 천주교 신자들의 요구가 받아들여지기는 참으로 어려운 상황이었다. 이 때 브뤼기에르Bruguiere 신부가 이 소식을 접하고는 자신이 교황에게 직접 편지를 보내어 자신이 조선에 가겠다고 자원을 하고 나서는 용단을 보임으로써, 조선 천주교에도 서광瑞光이 함께 하였다. 마치 그는 조선 천주교회를 위해 사제의 길을 나섰던 것처럼 보였다.

이에 1831년 9월 교황은 친서를 내려 조선을 교구로 설정하고 브뤼기에르 주교를 초대 교구장으로 임명하였으며, 교황청 포교성성布敎聖省에서는 이에 후속 조치로서 조선을 대목구大目區로 설정하여, 북경교구로부터 독립된 교구로 설정하는 파격적인 결정을 내렸다. 아래의 기록이 이를 말해주고 있다.

(13)교황의 결정을 기다리는 동안, 브뤼기에르Bruguiere 신부
는 샴 왕국王國(현재 타이 왕국의 1939년 이전의 국호)에서 일
을 계속하였다. 그는 1829년 성 베드로 바오로 사도축일司徒祝
日에 방콕에서 주교품主敎品에 올랐는데, 이 은총의 증가는 그
의 열심을 더욱 크게 할 뿐이었다. …(중략)… 1831년 9월 9일
자(양력) 친서親書로 교황은 조선을 교구敎區로 설정設定하였고
같은 날짜로 되어 있는 또 하나의 친서로 바로 브뤼기에르 주
교를 이 포교지布敎地의 초대 교구장으로 임명하였던 것이다
(샤를르 달레, 중권, 1979, pp.233-234)

조선대목구가 설정된 날짜는 정확히 1831년 9월 9일이었지만,
파리 외방전교회는 아직 조선 선교를 자신들이 담당하겠다는 결
정을 채 내리지 못하고 있었다. 그러자 포교성성에 의해 조선대
목구의 초대 교구장으로 임명받은 브뤼기에르 주교는 제대로 준
비도 갖추지 못한 채 중국인 청년 1명을 데리고 조선을 향해 출
발하였는데, 도중에 파리 외방전교회 회원인 모방Mobant 신부가
찾아와서 자신도 조선으로 가겠다는 자원을 하고 나섰다.
이에 모방 신부도 조선으로 같이 가기로 결정되었고, 샤스땅
Chastan 신부 역시 모방 신부의 권유를 받아들여 조선으로 동행
하기로 하였다. 하지만 조선 입국을 눈앞에 두고 브뤼기에르 주
교가 1835년 10월에 안타깝게도 만주에서 사망하고 말았다. 브뤼
기에르 주교의 장례식을 치룬 후 모방 신부는 서둘러 준비를 하
고는 조선 교우들과 미리 약속한 경로를 따라 1836년 1월 드디
어 조선에 입국하게 되었고, 샤스땅 신부 역시 1837년 1월에 조
선에 입국하였다. 이후 모방 신부의 활동에 대해서는 다음의 기
록이 참고가 된다.

(14)조선의 수도에 도착하자마자 모방Maubant 신부는 조선 말
배우는 데에만 전력을 다하려고 하였다. 그러나 신자들은 그에

게 그럴만한 여유를 주지 않았다. 모두가 성사 받기를 원하였으니, 그들은 고해를 하고 성체를 영하기 전에 자기들이 죽거나 선교사가 세상을 떠날까봐 겁이 났던 것이다. 한문漢文을 아는 신자들은 글로 써서 고해성사를 받고, 한문을 모르는 사람들은 남들에게 써달라고 하였다. 이들은 통역을 통해서 고해를 하게 해달라고 선교사에게 청하였다. 이런 열심을 보고 모방 신부는 한문으로 성찰방식省察方式을 만들어서 그것을 조선말로 번역하게 하려고 하였다 (샤를르 달레, 중권, 1979, p.334)

모방 신부는 당시 조선인 천주교인들이 사제에게 '고해를 하고 성체를 영하기 전에 자기들이 죽거나 선교사가 세상을 떠날까봐 겁'을 내는 상황에서 무엇보다도 조선인에게 제대로 전교하기 위해서는 조선말을 배워서 조선인들과 직접 의사소통을 하는 게 가장 중요하다고 여겼음이 틀림없다. 그랬기 때문에 모방 신부는 이렇듯이 조선말 공부를 열심히 하여 전교에 힘썼던 것이라 하겠다.

이렇게 전교에 힘쓰는 한편으로 모방 신부와 샤스땅 신부는, 이미 중국에서 12년 이상을 전교한 경험이 있는 앵베르Imbert 신부를 브뤼기에르 주교의 후임 주교로서 천거하였다. 그래서 드디어 앵베르 신부가 1837년 12월에 조선에 들어와 활동하게 되었는데, 이로써 교회 창설 53년 만에 교구 설정 6년 만에 처음으로 조선교구는 비로소 교구의 조직을 제대로 갖추게 되었던 것이다. 이들 3명의 사제는 선교 지역을 나누어서, 앵베르(범세형范世亨) 주교는 서울과 경기 지역을, 모방 신부는 충청도와 강원도 지역을, 그리고 샤스땅 신부는 전라도와 경상도 지역을 각각 맡아 전교 활동에 나서게 되었다.

이들 프랑스인 신부들이 입국하여 이렇듯이 지역을 나누어 전교에 열심이게 되자, 이제 조선 천주교회는 또다시 새로운 분위기에 휩싸이면서 신입 교우의 수가 날로 늘어가게 되었다. 이들 3명의 신부들에 의해 세례를 받은 성인만 통계상으로는 1,994명이나 되며, 6,000명가량에 지나지 않던 전체 교우의 수도 9,000여 명으로 늘어난 것으로 조사되고 있다. 당시 한국의 인구 1,000명 가운데 1명은 천주교 신자이었던 것으로 셈될 정도로 상당히 천주교의 교세가 성장한 것이었다.

 이러한 고조된 분위기 속에서 프랑스인 신부들은, 더욱이 조선인 성직자의 양성에 대해 필요성을 절감하였다. 그래서 모방 신부는 1836년 말 김대건金大建 안드레아·최양업崔良業 토마스·최방제崔方濟 프란치스코 사베리오 등 조선 학생 3명을 중국 마카오에 있는 신학교에 보내 사제가 되기 위한 공부를 본격적으로 시켰고, 한편 앵베르 주교 역시 따로 국내에서 26세부터 42세까지의 나이 많은 교우 4명을 뽑아 신학생으로 양성하고 있었는데, 한글 교리서 『쥬교요지』를 짓는 등 교리 연구에 커다란 족적足跡을 남긴 정약종丁若鍾 아오스딩의 아들로서 42세였지만 독신을 지켜온 정하상丁夏祥 바오로, 조선 천주교회의 창설자 이승훈李承薰 베드로의 손자로 32세의 홀아비였던 이재용李在容(뒤에는 재의在誼로 개명改名) 토마스 등이 그들이었다.

제5절 기해박해(1839)와 정하상의 『상재상서』

 그렇지만 이러한 조선인 사제 양성의 희망은 곧 얼마가 되지 않아 기해박해의 무서운 광풍狂風의 날 아래에 위축될 수밖에 없었다. 헌종憲宗 5년(1839)에 일어난 기해己亥박해는, 표면적으로는 천주교를 사학邪學이라 하여 배척한 데에 있었지만, 내면적으로는 세도를 잡고 있었더라도 천주교에 대해 우호적이었던 안동安東 김씨金氏를 물리치고 대신 정권을 장악한 풍양豐壤 조씨趙氏가 천주교를 박해하기 시작하면서 일으킨 사건이었다. 풍양 조씨인 조만영趙萬永은 자신의 딸을 순조의 아들인 효명세자孝明世子의 부인으로 들여앉힘으로써 세도를 잡게 되었으며, 그의 외손外孫인 헌종이 즉위하고 나서부터는 더욱 본격화되어 자신의 아우인 조인영趙寅永을 이조판서吏曹判書로 삼아서 천주교에 우호적이던 안동 김씨 일파를 괴롭히기 위해서도 천주교 신자들을 탄압하기 시작했다.
 더욱이 조만영 자신의 조카인 조병현趙秉鉉을 헌종 5년(1839, 기해) 2월에 형조판서刑曹判書로 삼고 나서부터는 경향 각지에서 천주교도들을 붙잡아 들이는 데에 혈안이 되었다. 그리하여 3월초에는 궁녀이던 박희순朴喜順 등 수십 명이, 6월에는 정하상丁夏祥과 유진길劉進吉 등이 체포되기에 이르렀다. 이 무렵에 또 한 차례 위력을 떨친 게 바로 오가작통법五家作統法이었는데, 일찍이 1801년 신유박해 때와 못지않았던 것이다. 여기에 관해서는 다음과 같은 이른바 『조선왕조실록朝鮮王朝實錄』 기록에서 그 실제적인 면을 볼 수 있다.

> (15-가)비변사에서 제의하였다. "방금 충청우도 암행어사 조휘림의 특별보고서를 보니, …(중략)… 다른 하나는 간사한 학문이 널리 퍼지므로 오가작통五家作統에 대한 법을 거듭 밝히고 아울러 연루되는 법조문을 엄격히 세울 데 대한 문제입니다. …(중략)… 오가작통법과 고발하지 않으면 아울러 연루되는 법조문을 거듭 밝히어 기어이 남김없이 없애버릴 것입니다." 모두 승인하였다 (『헌종실록』 6 헌종 5년 7월 병오丙午)
> (15-나)대왕대비가 양놈들이 몰래 건너올 때의 의주부윤이었던 박내겸과 이조영을 견책하여 벼슬을 박탈하며 동시에 오가작통五家作統을 신칙申飭하여 간사한 학문을 규찰하라고 지시하였다 (『헌종실록』 6 헌종 5년 9월 임술壬戌)

이 기록들을 통해 이러한 혹독한 오가작통법이 충청도는 물론 전국적으로 적용되고 있으며, 여기에는 '양놈들이 몰래 건너올 때'라고 표현되어 있는데 3명의 프랑스 신부가 잠입하던 때 그 길목인 의주義州의 행정 책임자인 부윤府尹을 뒤늦게 견책하고 있음도 볼 수 있다. 이렇게 조정朝廷에서 강력히 조처를 취한 것은, 앵베르 주교를 위시한 샤스탕 신부·모방 신부 등 3명의 서양인 신부가 국내에 잠입하여 활동 중이라는 사실이 아래와 같이 널리 알려졌기 때문이었다.

(16)그러는 동안 배반들의 책략과 배교자들의 자백으로 천주교 신자들의 모든 비밀이 드러났고, 3명의 서양인(샤스탕 신부·모방 신부·앵베르 주교)이 나라 안에 있다는 사실을 모르는 사람이 없게 되었다. 조정에 의하여 이들의 체포령이 내렸고, 그들을 붙잡는 자에게는 큰 상금이 약속되었다. 거짓 형제 김여상(순성順性)이 필요한 인원만 주면 자기가 그들을 잡아 바치겠노라고 하는 그 제안은 기꺼이 받아들여졌다 (샤를르 달레, 중권, 1979, p.436).

즉 이들 3명의 서양인 신부가 '나라 안에 있다는 사실을 모르는 사람이 없게 되'자, 조정에서는 이들에 대한 체포령을 하달하였고, 심지어 '그들을 붙잡는 자에게는 큰 상금이 약속되었'던 것이었다. 그리하여 머지않아 같은 해 7월에는 앵베르 주교·모방 신부·샤스땅 신부 등 3명의 프랑스 신부 모두가 붙잡히게 되었고, 8월 14일에 새남터에서 처형당하였다. 그리고 이러한 대박해는 전국적으로 이후 1841년까지 계속되었다.

이러한 전국적이고 대대적인 박해가 계속되는 중 앵베르 주교가 전교회장傳敎會長인 현석문玄錫文 가를로에게 "어떠한 일이 있어도 그대는 살아서 순교자들의 행적을 만들도록 하라"고 부탁하였다고 하는데, 이에 아내와 딸 등이 순교했음을 알면서도 거지 행세를 해가면서 이후 3년 동안에 기록을 모아 『기해일기己亥日記』를 저술하여 남겼다. 이 『기해일기』에 따르면 서울에서만도 순교한 경우가 54명이고, 옥에서 교수(絞首)되어 죽거나 고문으로 죽은 경우도 60여 명이라고 전한다. 여기에는 모두 1백 10여 명의 순교자 명단이 보이지만, 본론에는 78명의 행적만이 적혀져 있다. 또한 죽음이 두려워 배교背敎하여 석방된 사람들도 40-50명이 된다고 하는데, 이 가운데서 다시 배교를 철회하여 순교한 경우도 적지 않았다고 한다.

이러한 기해박해의 와중에 이를 주관하였던 우의정右議政 이지연李止淵은 1839년 3월에는 신유년의 사례를 들먹이며 오가작통법의 실시를 주장하여 천주교의 탄압에 앞장서더니, 같은 해 10월에 이르러서는 조인영趙寅永으로 하여금 「척사윤음斥邪綸音」을 짓게 하여 대왕대비 김씨의 명의로 이를 활자본活字本으로 아예 인쇄하여 서울은 물론 전국적으로 돌려 펴게 하였을 정도였다. 유교 경전의 내용을 적절히 인용하면서 유교는 정통한 데 반해서 천주교는 그릇된 것이라고 주장하면서, 예컨대 '제사의 예는 먼 곳을 생각하고 근본에 보답하는 바로서, 효자는 그 어버이의 죽음을 참지 못할 것인데, 저들은 신주神主를 부수고 제사를 폐하여 죽은 자는 알 바 아니라고 하니, 그들이 말하는 영혼은 또 무엇에 의지할 것이랴'와 같은 내용을 줄곧 담고 있었다.

혹독한 박해 속에서도 이러한 이지연의 논리에 결코 승복할 수 없었던 정하상丁夏祥은, 천주교의 믿을 만한 교리를 정리하여 목숨을 걸고 당당하게 제출하였다. 즉 국가의 재상宰相에게 써서 올리는 글이라는 의미로서 『상재상서上宰相書』를 제목으로 취하여 자신의 견해를 저술해서 당시의 우의정右議政 이지연李止淵에게 제출하여 천주교의 교리가 참되고 공명정대하다고 함을 알리고자 하였던 것이다. 그 내용 중에서 "지위에는 높고 낮음이 있고 일에는 가볍고 무거운 것이 있으니, 집안에서는 아버지가 제일 높으나 한 집안의 아버지보다 높은 것은 나라의 임금이며, 한 나라 안에서는 임금이 가장 높으나 임금보다 높은 것은 천지의 큰 임금이십니다. 아버지의 명령을 듣고 임금의 명령을 듣지 않으면 그 죄가 무겁습니다. 하지만 임금의 명령을 듣고 천지의 큰 임금의 명령을 듣지 않으면 그 죄는 더욱 커서 비할 데가 없습니다."라고 한 대목이 가장 널리 알려져 있다. 또한 잠시 본 바와 같이 이지연이 비판하였던 제사 문제와 관련하여서, 음식을 차려 놓으며 신주神主를 모셔놓고 제사지내는 풍습에 관해 다음과 같이 전면적으로 반박하였다.

(17) 또 말씀드릴 것이 있습니다. 죽은 사람 앞에 술과 음식을 차려 놓은 것은 천주교에서 금하는 일입니다. 살아있을 동안에도 영혼은 술과 밥을 받아먹을 수 없는데, 하물며 죽은 뒤에 영혼이 어찌하겠습니까? 먹고 마시는 것은 육신의 입에 공급하는 것이요, 진리와 덕행은 영혼의 양식입니다. 아무리 효성 지극한 사람이라도 맛있는 것이라고 해서 부모님이 주무시고 계실 때 부모님 앞에 차려 드릴 수는 없습니다. 왜냐하면 잠자고 있는 동안에는 먹고 마시지 못하기 때문입니다. 잠시 잠들었을 때에도 이러한데, 하물며 영원히 잠들어 버렸을 때는 어떠하겠습니까? 그러므로 벼와 수수와 기장과 피와 향기로운 과실로 된 제사 음식을 차려 놓는 것은 헛되거나 잘못된 일입니다. 자식된 도리로 어찌 허위와 가식의 예禮로써 이미 죽은 부모를 섬기겠습니까?

소위 사대부 집안의 신주神主라고 하는 것도 천주교에서 금하는 것입니다. 신주라는 것은 정신적으로나 육체적으로 혈육과는 아무런 관계가 없고 또 낳아서 길러준 부모님의 노고와도 아무런 관련이 없습니다. 아버지와 어머니라 부르는 것이 얼마나 중대한 일입니까? 그런데 목수가 만들어서 분粉을 칠하고 먹을 찍은 신주를 보고 참된 아버지요 어머니라 부를 수 있겠습니까? 그것을 뒷받침할 근거도 없을 뿐만 아니라 양심 또한 허락되지 않습니다. 그러므로 차라리 양반에게 죄를 짓더라도 성교회에 죄를 짓고 싶지는 않습니다 (정하상丁夏祥, 『상재상서 上宰相書』, 1839; 윤민구尹敏求 역, 1999, pp.37-38)

정하상은 부모님이 잠시 주무시고 계실 때에 맛있는 것을 차려 드릴 수 없는 것같이, 영원히 잠든 부모에게 음식을 차려 놓고 제사지낸들 어떻게 부모가 이를 드실 수가 있겠는지를 되물었던 것이다. 또한 부모가 얼마나 중요한 분들인데 '목수가 만들어서 분을 칠하고 먹을 찍은 신주를 보고 참된 아버지요 어머니라 부를 수 있겠습니까'라고 도리어 질문함으로써, 이지연의 반박에 말문을 닫게 해버렸던 것이다. 한마디로 천주교가 조금도 그릇된

교教가 아님을 내세우는 한편으로는 구체적으로는 효도와 충성에 대해 거론하면서, 대군대부大君大父이신 하느님께 맞갖은 예를 다해야 함을 강조하였던 것이다. 그러므로 정하상의 이 『상재상서』는 우리나라에서 천주교를 전파하는 데에 결정적으로 이바지하게 되었으며, 훗날 1887년에 이르러 홍콩에서 발간되어 중국에서의 천주교 전교에도 적지 않게 공헌한 것으로 평가되고 있다.

제6절 조선인 사제의 배출과 병오박해(1845)

1836년 초에 조선에 입국한 모방Mobant 신부는 즉시 방인邦人 즉 한국인 사제를 양성하여 장차 그로 하여금 신자들을 돌보게 할 계획을 세웠는데, 당시 신학생으로서 선발된 사람이 최양업崔良業 토마스였고, 이어서 최방제崔方濟 프란치스코 사베리오와 김대건金大建 안드레아였다. 이에 따라서 이들 3명의 신학생들은 모방 신부에게서 라틴어를 배우는 등의 사제가 되기 위한 준비에 착수하였지만, 국내에서는 신학생을 교육하는 것이 여의치 않자 이들은 마카오에 있는 파리외방전교회 극동대표부로 보내졌었다. 이들은 당시 교회의 지도자였던 정하상丁夏祥 바오로와 조신철趙信喆 가를로 등과 동행하여 서울을 떠나, 걸어서 천신만고 끝에 이듬해 1837년 드디어 마카오에 당도하게 되었던 것이다.

여기에서 이들은, 훗날 조선 선교사로 부임하게 되는 메스트로Maistre 신부와 베르뇌Berneux 신부 등의 지도를 받으면서 라틴어, 철학, 신학 등의 사제가 되는 데에 필수적인 과목들을 공부하기 시작하였다. 하지만 이들의 공부는 순탄하지만은 않았다. 안타깝게도 최방제는 열병을 얻어 사망하였으며, 나머지 최양업과 김대건도 민란이 일어나서 필리핀의 마닐라로 피신을 다녀오는 등의 우여곡절을 겪어야 했던 것이다. 이들은 각각 메스트로 신부와 브뤼기에르 신부를 따라가서, 페레올Ferreol 주교가 머물던 만주 내륙지방의 소팔가자小八家子에 이르러, 이곳에서 두 신학생은 신학 공부를 계속할 수 있었다.

1844년 12월 이들은 드디어 정해진 신학 과정을 마치고 부제품副祭品을 받았다. 그러고 나서 페레올 주교는 김대건 부제와 함께 조선 입국을 꾀하였지만 국경의 사정이 여의치 못하자 본인은 그만두고, 김대건 부제만을 입국토록 하였다. 국경을 혼자 어렵사리 넘은 김대건 부제는 마중을 나온 현석문 가를로 등과 기적적으로 만나 이들의 인도를 받아 7일 만에 서울에 당도하였으나, 곧 발병하여 거의 활동을 못하다가 귀국한 지 2달 만에 쪽배에 몸을 싣고 넘실대는 거친 파도를 넘어 어렵사리 바다를 건너 상해上海로 되돌아갈 수밖에 없었다. 김대건 부제는 거기에서 1845년 8월 17일 김가항金家港 성당에서 드디어 한국인 최초로 사제품을 페레올 주교로부터 받았는데, 당시의 상황에 대해서는 다음의 기록을 통해서 잘 떠올릴 수가 있다.

(18) 1845년 8월 17일(양력) 주일主日에 페레올Ferreol 주교는 용감한 김대건金大建 안드레아에게 조선인 최초의 사제품司祭品을 주었다. 이 서품식敍品式에 참여하려고 신자들이 떼를 지어 모여왔고, 중국인 신부 1명과 서양인 신부 4명이 참석하였다. 축제는 다음 주일 24일(양력)에 보충되었으니, 김대건 안드레아 신부는 다블뤼Daveluy 신부의 보좌補佐를 받으며 만당萬堂 소신학교小神學校에서 첫 미사를 봉헌했다. 1주일 후에 새로 서품敍品된 신부는 다시 자기 배를 타고 그의 주교와 주교를 따라

오는 선교사를 몰래 그 배에 모시고 새로운 용기를 가득 안은 채 조선을 향하여 돛을 올렸다 (샤를르 달레, 하권, 1979, pp.80-81)

감격스럽기 그지없는 사제 서품식이 끝나고 1주일 뒤인 8월 24일 횡당橫堂 성당에서 첫 미사를 올렸고, 9월이 되자 김대건 신부는 더 이상 지체할 수 없어 페레올 주교와 다블뤼Daveluy 신부와 함께 조선으로 출발하였던 것이다. 하늘이 자신에게 내린 사제서품의 영광이 온전히 드러나기 위해서라도, 하루라도 빨리 고국으로 돌아가 영원한 진리에 목말라 하는 많은 신자들을 만나야 한다는 일념이었음이 틀림이 없다. 하지만 생각과 같이 항해는 간단치 않았다. 폭풍우를 만나 시달리기도 하고, 역풍으로 제주도에 표류하기도 했던 것이다.

(19) "신부님, 우리가 얼마나 기뻤겠는가 생각해 보십시오. 우리는 여행의 목적지에 닿았고 고생도 끝났다고 믿었습니다. 그러나 가엾은 (김대건) 안드레아 신부가 큰 오산을 하고 있었습니다. 이튿날 첫 번째 작은 섬에 닿아서 주민들에게서 우리가 도착한 곳이 우리가 상륙하고자 하던 곳에서 천 리 이상이나 떨어진 제주도濟州道 맞은 편 반도半島 남쪽이라는 말을 들었을 때 우리의 놀람과 고통이 어떠하였겠습니까? 이번에는 우리가 불행에 쫓기고 있다고 생각하였습니다. 그러나 우리 생각은 잘못이었습니다. 왜냐하면 여기서도 섭리가 우리를 인도하고 계셨던 것입니다. 우리가 서울로 바로 갔더라면 아마 붙잡혔을 것입니다. …(중략)… 우리는 계획을 바꾸어 남도南道 북쪽의 내륙 60리 되는 조그만 강을 끼고 있는 강경江景에 정박해야 할 것이라고 결정하였습니다. …(중략)… 마침내 10월 12일(양력) 우리는 포구浦口에서 약간 떨어진 외만 곳에 닻을 내렸습니다. (샤를르 달레, 하권, 1979, pp.86-88)

그러던 끝에 마침내 10월 충청도 강경江景 나바위(나암羅岩)에 도착하여 신자들의 영접을 받았다. 하지만 김대건 신부는 이듬해인 1846년 6월 5일 프랑스 신부들을 국내로 맞아들이기 위한 사전 준비 차 서해 5도의 하나인 순위도巡威島에 갔다가 여기에서 관헌들에게 체포되었다. 곧바로 황해도 해주海州 감영으로 이송되었다가 다시 6월 21일에는 서울 포도청으로 옮겨져 40여 차례에 걸친 모진 문초를 당하였다. 김대건 신부는 끝내 자신의 하느님에 대한 공경을 한시도 굽히지 않고 순교의 길로 나섰고, 머지않아 처형될 것을 예감한 그는 아래의 내용이 담긴 친필의 편지를 신자들에게 남겼다.

> (20)제가 당한 여러 가지 힐문詰問을 생각할 때 이번에는 큰 박해가 일어날 것입니다. 저는 함께 있는 교우들을 고해성사로 위로하여 주며, 예비 교우 두 사람에게는 성세성사를 주었습니다. …(중략)… 이만 붓을 놓으며 여러 신부님들께 마지막 하직 인사를 드립니다. …(중략)… 나의 극히 사랑하는 친구 도마(최양업崔良業)여! 이후 천당에서 서로 만나기로 하세. 그리고 나의 어머니 우르슬라를 특별히 보호하여 주기를 그대에게 간청하는 바이오. 그리스도의 이름을 위하여 결박을 당한 저는, 또한 그리스도의 은총을 굳게 믿고 있습니다. 천주께서는 저로 하여금 끝까지 모든 혹독한 형벌을 감수하도록 도우시기를 바라나이다 모든 신자들은 천국에서 만나 영원히 누리기를 간절히 바란다. 내 입으로 너희 입을 대어 사랑을 친구親口하노라 (「김대건신부가 1846년 7월 20일 감옥에서 레그레조와 신부에게 보낸 편지(제22신)」, 이원순·허인 편, 1983, pp.245-246)

이 글의 마지막 부분에 적혀 있는 바대로 그는 '모든 신자들은 천국에서 만나 영원히 누리기를 간절히 바란다. 내 입으로 너희 입을 대어 사랑을 친구親口하노라'고 자신의 간절한 마음을 표현하였던 것이다. 그는 1846년 9월 16일 새남터에서 효수형에 처해져 순교하였다.

이와 같이 한국 최초의 사제 김대건 안드레아를 순교의 길로 몰고 간 헌종 12년(1846)에 일어난 박해를 그 해의 간지干支를 따서 흔히 병오박해丙午迫害라고 부르는데, 또 한줄기의 빛이 사라지고 조선은 어두운 밤중으로 되돌아가는 듯했다. 병오박해의 이러한 참상에도 불구하고, 그 고통 속에서 끈질기게 오로지 진리에 대한 믿음만으로 교회의 명맥을 잇고 있는 이들이 여전히 남아 있음으로 해서 빛은 꺼지지 않았던 것이다. 현석문 가를로와 7명의 교우들이 바로 그들이었는데, 그들이 맞이한 순교의 장면은 다음과 같이 처절하였다.

> (21) 김대건金大建 안드레아가 죽은 후, 옥에는 배교背敎로 자유를 얻기를 원치 않는 8명의 증거자證據者가 아직 남아 있었다. …(중략)… 그들 중의 으뜸인 현석문玄錫文 가를로는 김대건 안드레아 모양으로 참수를 당하였다. 그는 칼을 10번 맞았다. 다른 7명은 곤장棍杖으로 거의 죽게 된 몸으로 옥에서 교수형(絞首刑)을 당하였다. 그래서 그들의 목에 노끈을 걸었을 때에는 겨우 숨길이 남아 있을 뿐이었다 (샤를르 달레, 하권, 1979, p.123)

이들 가운데 으뜸이었던 현석문 가를로는 일찍이 『기해일기』 저술을 통해 1839년 이후 기해박해 때의 순교자들의 행적을 기록으로 남겨 후대에 전했는데, 김대건 신부가 체포당했다는 소식을 듣고서는 거처를 옮겨 피신하였지만 밀고로 끝내 붙잡혔으나 끝내 배교를 거부하고 순교하였다. 이밖에도 임치백林致百 요셉을 비롯하여 남경문南景文 베드로·한이형韓履亨 베드로 그리고 우술림禹述林 수산나 등도 한결같이 그러하여 기꺼이 순교의 길을 걸어갔다. 이들이 얼마나 처절히 혹독한 고문에도 배교를 거부하며 버텼는가, 교수형을 집행하기 위해 '그들의 목에 노끈을 걸었을 때는 겨우 숨결이 남아 있을 뿐이었다'는 위의 기록에서 잘 드러나고 있다고 하겠다.

제7절 배교에서 순교로 : 박해론자들의
인식 '마치 요원의 불길과도 같다'

눈앞에서 펼쳐지는 혹독한 고문에 겁이 나서 한 순간 배교의 유혹에 빠졌을지라도 곧 회두回頭함으로써 본래의 신앙심을 되찾고 예전보다 훨씬 탄탄한 신앙 생활하는 경우가 적지 않았으므로, 1846년 병오박해 이후에는 신입 교인의 숫자는 물론이고 고해 성사를 받는 신자들의 숫자 역시 상당히 증가하였다. 페레올 주교와 다블뤼 신부가 남긴 기록에 따르면, 1846년에는 영세자가 9백 46명이고 고해자가 3천 4백 84명이었는데, 다음 해인 1847년에는 대인 영세자만하여도 7백 70명이나 되고 고해자가 5천 2백 46명이나 되었다고 하므로, 1년 사이에 상당한 교세의 신장을 보임은 물론 신자들의 신앙생활 역시 견실해지고 있었음이 역력하다. 이러한 천주교 교세 확장에 대해 누구보다도 놀라워하고 있었던 것은, 형장刑場에서 실무를 맡고 있었던 형리刑吏들이었던 것 같다. 다음의 기록에서 이를 엿보게 된다.

(22)이 증거자들 중에서 여러 사람이 처음에는 마음이 약하여 배교를 하였었으나, 거의 모두가 공식으로 배교를 철회하였고, 그들의 죽음은 그 뉘우침이 진실함을 증명하였다는 것을 이미 보았다. 그러므로 형리(刑吏)들 자신도 되뇌이는 것이었다. "천주교인들은 입으로만 천주를 배반하지, 마음은 변함이 없다." 그 뿐 아니라, 그들과 함께 갇혔다가 나중에 자유의 몸이 된 신자들의 말에 의하면 가장 약한 자들과 어린이들까지도 모두 기쁜 마음으로 입으로는 천주를 찬미하며 죽어갔다는 것이다
(샤를르 달레, 중권, 1979, p.538)

그야말로 '처음에는 마음이 약하여 배교를 하였었으나, 거의 모두가 공식으로 배교를 철회하였고, 그들의 죽음은 그 뉘우침이 진실함을 증명하였다'라는 것이다. 그래서 형리들조차도 천주교인들이 입으로만 천주를 배반했지 '마음은 변함이 없다'고 하였을 정도였으며, 그러면서 결국에는 '가장 약한 자들과 어린이들까지도 모두 기쁜 마음으로 입으로는 천주를 찬미하며 죽어갔다'는 것이다. 이러한 천주교인들의 태도에 대해 순조純祖와 헌종憲宗 재위在位 시기의 박해론자迫害論者들은 일관되게, 천주교인들을 남김없이 끝까지 박멸해야 한다고 주장하고 있었는데, 아래의 글에서 이를 찾아볼 수 있다.

(23-가)우승지 최헌중이 말하였다. "이른바 요사스러운 학설이라는 것은 백성들이 생겨난 이래로 아직 들어보지 못한 요사스러운 술법입니다. …(중략)… 이번에 듣자니 법말은 관청에 붙잡혀온 자들이 한둘이 아니고 단서도 매우 많아서 '마치 요원의 불길과도 같다'고 하니 박멸해 버리지 않을 수 없습니다."
(『순조실록』 2 순조 원년 2월 신해辛亥)
(23-나)비변사에서 제의하였다. "…(중략)… 그러나 혹 어리석은 비천한 들이 요사한 술법에 유혹되어 걷잡을 수 없이 될 우려가 없지 않습니다. 요원의 불길은 일찌감치 박멸하여야 하는

법이니, 오가작통법과 고발하지 않으면 아울러 연루되는 법조문을 거듭 밝히어 기어이 남김없이 없애버릴 것입니다." 모두 승인하였다 (『헌종실록』 6 헌종 5년 7월 병오丙午)

순조 때의 신유박해(가)이든, 헌종 때의 병오박해(나)이든, 천주교에 대해 처절하게 박해를 퍼부으면서도, 조정朝廷의 당국자들은 천주교의 기세에 대해 '마치 요원의 불길과도 같다'고 하면서 '박멸해' '기어이 남김없이 없애버릴 것'을 주장하고 있었던 것이다. 그래서 철저히 천주교를 탄압하였지만, 그렇다고 해서 그 기세가 결코 꺾이지 않았으며, 이름 모를 들풀과 같은 민중들이 끊임없이 천주교에 입교해서 동참하고, 들풀에 금방 옮겨 붙어 불길이 활활 치솟는 들불처럼 탄압이 거칠어지면 거칠어질수록 도리어 더욱 거세게 천주교는 '요원의 불길'처럼 번지게 되었던 것이라 하겠다.

〈참고문헌〉

이기백,『한국사신론』 개정판, 일조각, 1976; 신수판, 1990; 한글판, 1999.

한영국,「호구정책의 강화」,『한국사』 34 조선 후기의 사회, 국사편찬위원회, 1995.

고성훈,「민중운동의 사상적 기반」,『한국사』 36 조선후기 민중사회의 성립, 국사편찬위원회, 1997.

유홍렬,『증보 한국천주교회사』(상), 가톨릭출판사, 1975.

샤를르 달레, 안응렬·최석우 역주,『한국천주교회사』(상·중·하), 한국교회사연구소, 1979.

최석우,『한국교회사의 탐구』,한국교회사연구소, 1982.

이원순허 인 편,『김대건의 편지』, 정음사, 1983.

『기해일기』, 성황석두루가서원, 1986.

조광,『조선후기 천주교사연구』, 고려대 민족문화연구소, 1988.

최용규,「기해·병오교난기 천주교도의 분석적 고찰」,『교회사연구』 6, 1988.

김영수 번역,『황사영백서』, 성황석두루가서원, 1998.

윤민구 역,『상재상서』, 성황석두루가서원, 1999.

여진천 신부 역주,『누가 저희를 위로해 주겠습니까』, 기쁜소식, 1999.

문규현 신부,『(민족과 함께 쓰는) 한국천주교회사—교회 창설부터 1945년까지—』, 빛두레, 1994.

여진천 신부 엮음,『황사영 백서 논문 선집』, 기쁜소식, 1994.

이정린,『황사영백서연구—한반도 분단의 근본 원인을 찾아—』, 일조각, 1999.

정두희,「기해박해(1839년)의 순교자들과 당시 교회의 모습」,『신앙의 역사를 찾아서』, 바오로의 딸, 1999.

김진소 신부 편저, 양희찬·변주승 옮김,『이순이 루갈다 남매 옥중편지』, 천주교 호남교회사연구소, 2002.

노용필,「정약종의 '쥬교요지'와 이류사의 '주교요지' 비교 연구」,『한국사상사학』 제19집, 한국사상사학회, 2002; 이 책의 제1부 제2장.

제3장
민중과 더불어 커가는 교회
—철종(1849-1863) 때—

제1절 철종대 교회의 실상 : '전쟁도 평화도 아니고 진정한 의미의 박해도 평온도 아니다'

달레의 『한국천주교회사』(하)(안응렬·최석우 역주, 한국교회사연구소, 1980)를 읽어 보면, 당시 국내에 머물며 활동하던 베르뇌Berneux 주교·다블뤼Daveluy 주교 등이 프랑스에 보낸 문서들을 토대로 하여 매년 조선 교회의 일을 종합적으로 정리한 부분들이 때때로 찾아진다. 그 가운데 철종대 초기의 기록에

    철종 2년(1851) … 이렇다할 사건이 하나도 없었다 (p.177)
    철종 4년(1853) … 주목할 만한 일을 아무 것도 발견할 수 없다 (p.201)
    철종 5년(1854) … 제법 평온하게 지나갔다 (p.207)
    철종 6년(1855) … 보낸 선교사들의 편지들은 아무 중요한 사실도 우리에게 알리지 않는다 (p.210)

라 있음 또한 역시 당시 교회의 실정을 여실히 잘 보여준다. 당시에는 '사건'(여기서는 특히 박해를 의미한다고 보여진다)이 하나도 없이, 제법 평온하게 지나가고 있었던 것이다. 하지만

> 철종 8·9년(1857·58) … 그것은 ①지난 몇 해 동안과 마찬가지로 전쟁도 평화도 아니고 진정한 의미의 박해도 평온도 아니다. ②하느님의 사업은 모든 종류의 어려움 가운데에서 여전히 발전하고 있다 (p.277)

라 정리하고 있는 것으로 보아, 시간이 흘러감에 따라 철종哲宗 8년(1857)·9년(1858)에 이르러 점차로 긴장감이 고조되어 감을 느끼게 되었던 모양인데, 특히 '지난 몇 해 동안과 마찬가지로 전쟁도 평화도 아니고 진정한 의미의 박해도 평온도 아니다'(①)라고 한 것은 엄청난 폭풍의 전야와 같은 긴장감이 감도는 당시의 분위기를 적절히 감지하게 해준다고 하겠다. 그리고 이 표현이 당시 철종대 교회의 실상을 여실히 보여준다고 하겠다. 그렇지만 '하느님의 사업은 모든 종류의 어려움 가운데에서 여전히 발전하고 있다'(②)고 한 것으로 미루어, 그런 가운데서도 조선 내에서의 전교 활동은 여전히 조심스러우면서도 더욱 활발하게 전개되고 있음을 드러내주는 것이라 볼 수 있을 것 같다.

그 결과 천주교로 입교하는 이들이 꾸준히 늘어가게 되었다. 그러나 후기에 가면 상황이 달라져 결국 박해를 당하게 된다. 당시의 실제 면모는 달레가 정리한 내용인 다음의 글을 통해 그 흐름의 대세를 읽을 수가 있다.

> 철종10·11년(1859·60) … 개종의 움직임이 그 어느 때보다도 두드러졌었는데, 12월(양력; 음력으로는 철종 11년 경신庚申 마지막 주간에 지옥의 질투가 맹렬한 박해를 일으켜서 이 발전을 갑자기 중단시켰으며, ①섭리의 자비로운 개입이 없었더라면 목자

들을 빼앗아감으로써 이 박해가 조선 교회에 치명적인 것이 되었을 것이다 (p.304)

철종 12·13년(1861·62) … ②1861년 말의 수개월간은 흔히 천주교인이 희생자가 되는 모욕, 국지적인 박해, 투옥 등이 여러 동에서 전보다 더 심하게 시작되었으며, 만약 1862년 6월(양력)에 민란民亂이 일어나 얼마동안 관장官長들의 주의를 딴 곳으로 끌지 않았더라면 중단되지 않고 계속되었을 것이다 (p.329)

이를 보면, 철종 10년(1859)에 개종의 움직임 즉 천주교로 입교하는 경향이 '그 어느 때보다도 두드러졌었'다고 한 대목에서 우리는 적어도 당시가 철종 초기보다도 훨씬 전교가 활발히 이루어졌음을 알 수가 있다. 그러나 경신년 즉 1860년에 박해를 당하여 이 발전이 중단되고 말았다고는 하지만, '섭리의 자비로운 개입'(①)으로 박해가 치명적이지는 않았다는 것이다. 이 문맥에서 말하는 '섭리의 자비로운 개입'이란, 뒤에서 상론할 바이지만, 박해에 적극적이지 않은 고위 당국자들의 방관적인 태도라든지, 하급 관리들의 구태의연한 나태라든지 등으로 말미암아 천주교인에 대한 박해가 전국적으로 더 이상 이루어지지 않게 된 점을 짚어 말하는 것인데, 이런저런 복합적인 요인에 의해 박해가 치명적이지는 않았다는 것이다.

그러다가 그 이듬해 즉 철종 12년(1861) 말에는 더욱 전보다 심하게 박해와 투옥이 시작되었다(②)고 서술하였다. 하지만 이것도 철종 13년(1862) 6월에 일어난 민란民亂으로 중단되었음을 다행으로 여기며 특별히 서술하고 있는데, 여기서는 결과적으로 이러한 민란이 발생함으로써 천주교회는 박해를 피할 수가 있었다는 점을 주목해야 하겠다. 달리 말하면 헌종憲宗대代(1834-1849)이래 철종哲宗대(1849-1863)에 걸쳐 빈번히 벌어지던 민란이 급기야 철종 13년(1862)에는 특정 지역에만 국한된 게 아니라 전국적으로 확산된 결과 고위 당국자나 지방관들이 미처 천주교에 대해 신경을 쓸 경황조차 없는 틈새 사이를 헤집고 천주교도들은 박해를 벗어날 수가 있었던 것이다.

따라서 철종대 교회 활동의 확대가 어떻게 이루어지게 되었는지를 제대로 파악하기 위해서는, 당시 조선의 국내외적인 상황의 여러 측면을 염두에 두고 면밀히 살펴야 할 것임은 두말을 필요치 않는다. 그러므로 지금부터는 이를 하나하나 살펴가기로 한다.

제2절 철종대 민란의 발생과 확산

조선후기 농민들 대부분의 생활은 지극히 영세하여 늘 가난에 쪼들리기 마련이었는데, 더구나 흉년이 들면 더욱 그랬다. 자연히 농민들은 고향을 등지고 유랑하는 유민流民이 되거나 산 속으로 들어가 화전火田을 일구기도 하였지만, 압록강·두만강을 넘어 간 도間島나 연해주沿海州로 이민을 가기도 하였다. 그밖에 각지에서 자신들의 불만을 토로하여 글로 써다가 내거는, 오늘날의 벽보壁報나 대자보大字報와 같은 괘서掛書·방서傍書 등의 사건이 일어나기도 했고, 도적의 무리가 되어 횡행함으로써 사방을 소란케 하기도 하였다.

또 한편으로는 현실의 암담함을 타개하기 위해서 적극적으로 행동에 나서서 무리를 지어 봉기하여 민란民亂을 일으키기도 하였다. 이런 경우 농민 자신들이 주체가 되고, 신분은 양반이지만 경제적으로 몰락한 잔반殘班이 지도하여 대규모의 반란으로 확대되는 경우가 많았는데, 순조純祖(1800-1834) 11년(1811)에 일어난

홍경래洪景來의 난이 대표적인 것이었다. 이 난은 얼마가지 않아 평정되었지만 큰 여파를 몰고 왔고, 한번 동요하기 시작한 민심은 더욱 안정되지를 못하였으며, 헌종憲宗대(1834-1849)를 거치면서도 여전히 잦아들 줄을 몰랐다. 소규모의 민란이 거의 매년 전국적으로 일어났는데, 철종(1849-1863)이 그 뒤를 이어 즉위하고 나서도 분위기는 크게 바뀌지 않았다. 그 2년(1851) 황해도에서 채희재蔡喜載가 봉기하였다가 체포되어 처형되고, 4년(1853)에는 그 잔당이 또 처형당하는 등의 소란은 거듭되고 있었던 것이다.

그러다가 철종 13년(1862)에는 경남 진주晋州에서 경상도의 군대를 지휘하는 사령관인 병마절도사兵馬節度使(간략히 줄여서 병사兵使라고도 한다) 백낙신白樂莘이, 군대의 창고에 보관되어야 할 돈을 빌려주어 높은 이자를 받아 착복하는 등 악행을 거듭하자, 잔반 출신 농민인 유계춘柳繼春이 중심이 되고 농민들이 적극 가담하여 죽창을 들고 봉기하기에 다다랐다. 결국은 진압되고 말았지만, 진주의 농민들이 일으켰다고 하여 이를 진주민란이라 이름하는데, 그 영향은 매우 커서 전국적으로 파급되어 경상도·충청도·전라도 삼남三南 지방의 거의 전역에 걸쳐 70여 지방에서 민란을 유발시켰던 것이다. 심지어는 제주도에서까지 어민들에 의해 반란이 일어날 정도로 전국적으로 민란이 확산되었기 때문에, 이 철종 13년(1862)이 전통적으로 연도를 표기할 때 흔히 사용하던 방식인 간지干支상으로 임술壬戌이어서 이를 따서 임술민란 혹은 임술농민봉기農民蜂起라 지칭하기도 한다. 당시의 상황을 훤히 들여다볼 수 있는 기록은 다음과 같다.

(1) 이들은 모두 전하殿下의 적자赤子입니다. 이들은 다 쓰러져가는 오두막집에 살며 입을 것도 먹을 것도 없이 가난하기 그지없고 의지할 데 없는 무리들로서 ① '이렇게 사는 것은 죽은 목숨이나 같다'라고 생각하고 서로 모여 이러한 일을 저지른

것입니다. 향품鄕品은 여기에 참가하지 않았습니다. 사족士族도 참가하지 않았습니다. 이서吏胥도 참가하지 않았으며, ②평민 가운데 형편이 좋은 사람도 참가하지 않았습니다. 서로 모여 이러한 일을 저지른 사람은 모두 유민·뜨내기·짐 장사꾼·날품팔이와 같은 무리들입니다. 이와 함께 혹 한두 명, 이 세상에서는 다시 바랄 것이 없다고 생각한 역도逆徒들이 이들의 울분을 이용하고자 그 사이에 끼어 들어 그들의 가슴속에 쌓인 원한을 풀뿐입니다 (강위姜瑋, 「의삼정구폐책擬三政救弊策」, 『고환당수초古歡堂收草』 권4 壬戌)

당시에 민란을 수습하기 위한 방책을 논의하는 과정에 국왕에게 제시한 이 글을 찬찬히 살펴보면, 민란에 참가한 이들의 구성과 그 이유를 헤아려 볼 수 있다. 바로 평민 가운데서도 형편이 좋지 않은 '유민·뜨내기·짐 장사꾼·날품팔이와 같은 무리들'(②)이 주로 참여했고, '이렇게 사는 것은 죽은 목숨과 같다'라고 생각하고 서로 모여 저지른 것(①)이라고 하였다. 요컨대 형편이 좋지 않아 사는 것을 죽은 목숨과 같다고 여기고 있는 이들이 적극 민란에 참여했던 것인데, 그러면 이들은 왜 사는 것을 죽은 목숨과 같다고 여기게 되었던 것일까? 이는 당시에 어찌하여 민란이 발생하고 왜 확산되었는가를 밝힘으로써 자연히 알 수 있는 것으로, 따라서 민란 빈발의 정치적·경제적·사회적 배경을 각각 면밀히 살펴보자는 것이다.

(가)민란 발생의 정치적 배경; 세도정치의 폐단

민란 발생의 정치적 배경으로는 당시의 세도勢道정치를 들어 마땅하다. 세도정치가 어떻게 운용되었는가는 다음의 기록에서 엿볼 수 있다.

(2)오직 조선朝鮮에서 세도世道라고 이르는 것은 그 사람이 비

록 낮은 벼슬과 한가한 직위職位에 있다 해도 왕명王命으로 세도의 책임을 맡기면 총재家宰(종1품-정2품) 이하는 이 사람의 명命을 듣는다. 무릇 군국기무軍國機務와 백관百官의 장주狀奏도 모두 먼저 세도재상世道宰相에게 의논한 다음에 왕에게 아뢰며 왕王도 또한 세도재상에게 먼저 물은 다음에 결재하니 위엄과 복이 이 사람의 손에 달려 있고 관직官職을 주고 뺏는 일도 이 사람의 마음에 달려 있다. 따라서 온 국가가 세도재상을 섬기기를 신명神明과 같이 한다. 한번이라도 그 뜻을 거스르면 화환禍患이 곧 이르니 비록 훌륭한 덕과 큰 재주를 갖고 있다 할지라도 세도재상이 알지 못하면 초야草野에 묻히게 된다 (『근세조선정감近世朝鮮政鑑』, 한국교회사연구소, 1968, pp.2-3)

관품과 직위의 높고 낮음을 말할 것 없이 국왕의 명령으로 책임을 맡기면 이 세도재상의 명을 들어야 한다는 것이다. 그리고 모든 국정이 그를 거쳐야 했고, 관직을 주고 뺏는 일도 이 사람의 마음에 달려 있다는 것이다. 또한 아무리 능력이 있어도 그가 알아주지 않으면 초야에 묻혀 살아야 하는 상황이었기에, 그에게 인사 청탁을 하고 그를 통해 정치적으로 성장하려 했음은 물론이었다. 그러므로 세도정치의 실권적인 권력을 쥐고 있는 자들은 관직을 팔아 대단히 경제적 부를 누릴 수가 있었는데, 풍양豊壤 조씨趙氏와 아울러 대표적 세도가勢道家의 하나인 안동安東 김씨金氏들의 경우, 아래와 같은 기록에서 이런 면이 특히 잘 드러난다.

(3)매우 소견이 좁지만 비교적 청렴함으로 인해 존경을 받던 김좌근金左根이라는 한 중신重臣이 불행히도 관직을 팔아서 자기 집에는 매우 많은 돈을 벌어 놓았다고 자백하면서 장래에는 그런 폐단을 엄금하는 법률안을 임금님께 제출했습니다. 그러나 왕의 장인(김문근金汶根)은 그 법률을 반대하면서 자기로서는 거기서 나올 돈은 언제든지 받겠다고 말했습니다. 그러므로 왕은 그 법안을 반대했고 극히 자연적인 결과로 그것을 초안했던

대신大臣과 그때까지 조정에서 만능을 가진 인물이었던 그의 아들 김병기金炳冀도 왕의 총애를 잃었습니다. 왕비王妃(철종비 哲宗妃 철인후哲仁后 김씨金氏, 김문근의 여女)와 김병기의 사촌인 김병국(金炳國; 김문근의 친형인 김수근金洙根의 자子)이 홀로 권좌에 남았습니다. 그러는 동안 온 나라는 말할 수 없는 곤혹에 빠져 있었습니다. … (중략) … 이 소동 속에서 비겁하고도 우둔한 대신大臣 김병국(당시의 직책;훈련대장訓練大將)은 항상 겁에 질려 얼굴이 창백해 있었습니다. 그는 침울해서 식사를 못하면서도 제출된 법안에 동의하라고 권하는 사람들에 대해 이렇게 대답하는 것이었습니다. "절대로 안 될 말이지. 나는 살아야 한단 말이다. 스스로 거지가 되기는 싫다"(「뿌르띠에 Pourthie 신부의 1862년 11월 8일(양력) 자 서한」, 샤를르 달레, 『한국천주교회사』하, 1980, pp.336-337)

같은 안동 김씨가 내에서도 서로의 입장은 차이가 났던 모양인데, 관직을 팔아 이미 돈을 벌어놓을 만큼 벌어놓은 김좌근은 매관매직을 금해야 한다고 주장한 반면, 국왕의 장인인 김문근은 언제든지 돈을 받겠다고 하며 이를 반대했고, 결국 국왕이 자신의 장인의 뜻에 쫓아 반대함으로써, 김좌근의 아들 김병기도 국왕의 총애를 잃게 되었다는 것이다. 이러한 정치적 혼란 속에서 위기를 느끼고 스스로 했다는 훈련대장 김병국의, '스스로 거지가 되기는 싫다'는 독백은 참으로 세도정치 하에서 고위 정치인들의 면모를 그대로 드러내 주었다고 생각한다.

이와 같이 세도정치에 의해서 권력이 특정 가문의 인물들에게 집중됨으로써 정치의 문란을 가져왔으며, 이로 말미암은 피해는 곧바로 농민들의 몫으로 떨어졌다. 많은 뇌물을 받치고 관직을 얻고 고위직으로 승진한 관리들은 그 대가를 농민에게서 벌충하려고 했기 때문이었다. 이런 상황이 연속되었으므로 결국 정치적 요인으로 인해서 곧, 민란이 일어나게 되는 경제적 요인이 발생하였던 것이다.

(나)민란 발생의 경제적 요인; 삼정의 문란

민란 발생의 경제적 요인으로는 의당, 당시 국가의 가장 중요한 재정 수입원이었던 전정田政·군정軍政·환곡還穀—이른바 삼정三政의 문란을 들어야 한다. 전정은 토지의 결수結數 즉 토지의 소유 면적에 따라 받는 각종의 세稅였고, 군정은 16세부터 60세까지의 성인 남성인 정丁에 대하여 군포軍布 1필씩을 징수하는 것이었다. 그리고, 환곡은 봄철에 농촌에서 곡식이 떨어졌을 때 가난한 농민에게 국가의 미곡을 빌려주었다가 추수기에, 1석石(섬, 벼 두 가마니)에 대하여 1두 5승(벼 두 가마니의 1/10)을 모곡耗穀이라 하여 보관 중 혹은 운송 과정 등에서 손실된 곡식을 가산하여 받아들이는 것인데, 이 모곡이 실제로는 이자의 구실을 하여 그 폐해가 삼정 중에서도 가장 심하였다.

전정과 관련된 당시의 폐해는 아래의 기록들에서 헤아릴 수가 있다.

(4)이른바 도결都結이라 함은, 1결結에서 거두는 것에는 곡식으로 대동미大同米·전세미田稅米·태太와 결전結錢의 명색이 있는데, 근래에 각 읍에서 이를 모두 돈으로 환산하여 값을 정해 받아들이는 것을 말합니다. 이 돈을 담당 색리色吏에게 분급하여 현물을 사서 바치게 하고 그 남는 것으로는 각종 폐단을 막는 데 쓴다고 내세웁니다. ①결가結價는 매년 겨울에 고을의 양반과 상민이 함께 모여 시가를 참작하여 매결每結에 몇 냥씩 거둘지 결정합니다. 그래서 결가結價의 높고 낮음이 각 읍마다 다른 폐단이 있습니다 (『승정원일기承政院日記』 철종 3년(1852) 11월 25일 조)

(5)상주尙州는 토호土豪 대민大民이 스스로 호수戶首가 되어 관이 정한 결가結價 외에 가렴加斂하였다. ②그러는 중에 가난한

백성이 곧 내지 못하면 꿔주는 것으로 해서 대신 납하고 호된 이자를 받아 내었다. 난을 일으킨 백성들이 분을 품은 지 오래 되었고, 호수戶首를 지낸 양반호가 피해를 많이 당한 것은 이 때문이었다 (『일성록日省錄』 철종 13년(1862) 7월 8일)

결가決價(혹은 결금이라고도 한다) 즉 토지의 한 결結에 대하여 매기던 세금의 액수는 매년 겨울에 고을의 양반이 함께 모여 결정하여 각 읍마다 높고 낮음이 다르게 되었다는 것이다(①). 그런데 경북慶北 상주尙州의 경우에서 분명히 드러나듯이 양반들이, 가난한 백성에게 그것을 꿔주고 호된 이자를 받아냈기 때문에 민란이 일어나자 양반들이 피해를 많이 당하게 되었다고 한다(②). 이러한 상황을 보다 자세히 살피는 데에는 아래의 기록이 매우 요긴하다.

(6)본 읍邑(상주尙州)의 결정結政 환폐還弊가 더욱 더 폐막弊瘼이 되어가므로 이를 규정하고자 민들이 의논하였다. '우리 같은 민들이 천번 만번 정소呈訴해도 소용이 없으므로 경내의 모모 양반을 장두狀頭로 청해서 결가結價는 매 결 8냥씩, 환자還子는 본곡本穀을 문제 삼지 않고 이자만 내도록, 군포軍布는 2냥씩 비납緋衲케 하자. 만일 들어주지 않으면 겁박하기로' 결정하였다. 양반가에 가서 누차 장두가 돼 주기를 청했으나 들어주지 않았다. ③특히 이번에는 지난 겨울에 양반들이 여러 번 향회鄕會를 하고서도 바로 잡힌 것은 없고 민간에 술값·음식값만 부담시켰으므로 조관朝官을 지낸 김승지·김참판·김정언 등에게 청했으나 들어주지 않아서 이들 집에 방화하였다 (『일성록日省錄』 철종 13년(1862) 6월 24일 조).
(7)폐단을 없앤다고 하면서 정소呈訴와 향회鄕會 때에 드는 비용을 마련하고자 통문通文을 돌려 돈을 거두는 폐단은 엄하게 금할 것이다. 근래 삼남三南이 소란스러운 것은 이들 무리들이 길러낸 것이다. ④과도한 세금으로 관의 침탈에 힘이 빠져 있

으며, 술과 밥을 마련하는 데 향회鄕會의 독촉으로 피곤한 상태이다. 불쌍한 소민小民들은 어디에서 이를 마련할 것인가. 또한 집을 헐어버린다고 협박하여 벌전을 내도록 하니 이들이 힘써 노력을 해도 위험에 빠지고 스스로 커다란 살륙殺戮에 빠지게 되었다 (『승정원일기承政院日記』 철종 13년(1862) 6월 28일)

상주에서는 또한, 여타 지역의 향촌 사회에서 전부터 그랬었던 거처럼 양반들이 모여 자치 기구로서 향회鄕會가 운용되고 있었는데, 농민들의 고충을 덜어줄 방도를 강구한다는 명목으로 이 때에 소집하였지만, 오히려 바로 잡힌 것은 없었다. 그런데도 향회 때 허비한 술값·음식 값만 민간에 부담시켰기 때문에 민란이 일어났을 때 농민들이 이들의 집에 먼저 방화할 정도였다고 한다(③). 그러므로 삼남 지방의 농민들은 그야말로 관에서 매긴 과도한 세금으로 힘이 빠졌고, 양반들의 향회에서 술과 밥값을 독촉하여 피곤한 상태(④)였다. 경제적으로 이럴 지경에 이른 농민들은 더불어 봉기하여 자신들의 처지를 스스로 개선하려고 하여 민란이 전국적으로 확산되었던 것이다.

(다)전국적 임술민란(1862) 발생의 사회적 원인
철종 13년(1862) 즉 임술년에 전국적으로 민란이 일어나 확산되는 데에는 사회적 요인 역시 도외시할 수 없을 만치 크게 작용하였는데, 첫째 요인으로는 이양선異樣船의 잦은 출몰과 1860년 북경조약 체결에 따른 민심의 동요를 꼽을 수 있고 둘째로는 1859년과 그 이듬해에 걸쳐 창궐하였던 콜레라의 만연을 들 수 있다.
첫째 요인 가운데 이양선 즉 문자 그대로 '이상한 모양을 한 배'—외국의 배가 자주 조선해안에 출몰하여 불안감을 고조시키고 있었는데, 이는

(8) 본년本年 여름과 가을 이래로 외국 선박이 경상·전라·황해·강원·함경 5도에 몰래 출몰함에 쫓으려 해도 따라갈 수가 없었다. 그 중에는 상륙하여 물을 길어가기도 하고 때로 고래를 잡아먹기도 하는데 그 선박의 수는 헤아릴 수가 없다 (『헌종실록憲宗實錄』 헌종 14년(1848) 12월 조)

라 했음에서 실정을 잘 알 수 있다. 이들이 경상·전라 뿐만 아니라 함경도에까지 출몰함에 쫓으려 해도 따라갈 수가 없고, 수가 헤아릴 수가 없을 정도였으므로 이들에 대한 조선인의 두려움은 더욱 커졌던 것이다.,

이런 상태에서 더욱이 철종 12년(1861)에 영국과 프랑스의 군대가 힘을 합쳐 북경을 침공하고 청의 황제가 피난을 가는 사건이 발생하였음이 알려지게 되자, 불안감은 고조될 수밖에 없었다. 이는

(9) 마침내 1861년 2월(양력)에 동지사행冬至使行이 돌아옴으로 인하여 황궁皇宮의 화재며 북경北京의 함락, 황제의 몽진蒙塵 그리고 연합군(영국과 프랑스의 소위 영불연합군)이 강요한 조약 따위 소식을 이제는 의심의 여지가 없이 알게 되었다. …(중략)… 서울에서 시작하여 전국으로 번진 엄청난 공포와 심각한 경악을 말하는 것은 불가능한 일일 것이다. ①모든 일이 중단되었고 부자나 넉넉한 집안들은 산골로 도망하였는데, 제일 먼저 피신한 사람 중의 하나는 위에 말한 의견서를 만든 사람(저자 著者 주註; 당시 국가가 직면하고 있는 위험과 최선의 방어책에 대해 의견서를 의정부에 냈던 인물)이었으니, 그는 자기의 목숨을 안전하게 하려고 ②관직을 사임하였다. 대신大臣들은 그들의 부서를 감히 떠나지 못하고 아내와 자녀와 보물들을 서둘러 떠나보냈다 (「뿌르띠에Pourthie 신부의 1861년(철종 12년) 10월 20일(양력)자 서한」, 샤를르 달레, 『한국천주교회사』 하, 1980, p.318)

라 있음에서 드러나 있는데, 모든 일이 중단되고 부자나 넉넉한 집안들은 산골로 도망하였고(①), 부서를 떠날 수 없는 대신들은 아내와 자녀와 보물을 서둘러 떠나보냈으며(③), 심지어는 관직을 사임하는 경우도 있었다(②)고 한다. 이러한 두려움과 혼란 속에서 농민들은 더욱 고통스러운 생활을 영위할 수밖에 없었고, 결국에는 민란으로 발전되었던 것이다.

한편 민란 발생의 사회적 요인의 둘째로는 1859년·1860년의 콜레라 만연을 들어 옳을 줄로 안다. 당시의 피해 상황은,

(10) 1859년 9월말(양력)에 콜레라가 갑자기 서울에 침입하여 무서운 참해를 가져왔다. 외교인이 수천 명씩 죽어갔고, 며칠 동안에 신자 40명이 이 재해로 쓰러졌다. … (중략) … 그런 다음 재해가 지방으로 번지자 그는 산골에 흩어져서 애타게 주교를 부르고 있는 다른 2천여 명 신자를 방문하기 위하여 11월초(양력)에 서둘러 길을 떠났다. 선교사들은 또 그들대로 각기 자기 구역에서 동분서주해야 하였으니 나라의 대부분이 전염병의 재해를 당했기 때문이다. 공식보고에 의하면 희생자의 수가 40만이 넘었다고 한다 (「베르뇌Berneux주교의 1859년 1월 4일(양력) 및 1860년 10월 24일(양력) 자 서한」, 샤를르 달레, 『한국천주교회사』 하, 1980, pp.301-302)

라 있음에서 잘 알 수 있는데, 공식 보고에 희생자의 수가 40만 명이 넘는다고 할 정도였으니 민간에서의 두려움과 고충은 이루 말하기 어려웠을 것임은 자명하다. 이런 가운데서도 여전히 농민들은 관리들의 협잡과 양반들의 수탈 속에서 고통의 끈을 끊을 수는 없었던 것이다.

농민들은 결국 자신들의 힘을 모아 현실의 문제들을 해결하려 했기에 민란이 일어났고, 소식을 전해들은 여러 지방의 농민들

역시 이심전심으로 동조하여 들불처럼 번지어 민란은 전국적으로 확산되어 갔던 것이다. 이런 상황 속에서 천주교는 그 틈새를 활용하여 더욱 전교에 힘써서 신자들이 늘어갔고, 그 활동 역시 활기를 띠게 되었다.

제3절 철종대 교회 활동의 확대

철종대哲宗代에 천주교 교회의 활동이 확대되는 양상은 대체로 첫째, 신분과 연령의 차이를 극복한 신자층信者層의 다양화, 둘째, 서울 부근에서 지방으로 확산되는 선교 지역의 광역화와 동시에 교우촌의 형성을 통한 신앙의 실생활화實生活化를 꼽을 수 있다. 뿐만 아니라 셋째로, 최초의 전국 성직자대회 즉 시노두스의 개최 등을 통한 선교 활동의 체계화 그리고 넷째로, 교리 교육의 강화와 교리서의 간행 등으로 나타난 신심 교육의 내실화 등으로 나타났다고 정리할 수 있다.

(가)신자층의 점진적 다양화

신자는 신분상으로 양반이나 상민을 가릴 것 없이 또한 연령의 고하를 막론하고 다양화되는 추세를 분명히 보이고 있다. 이는 물론 이 때에 새삼스럽게 처음으로 나타난 현상은 결코 아니었지만, 그 추세가 앞 시기와는 완연히 달리 두드러진 양상을 보인다고 느껴져 이를 먼저 꼽는 것이다. 아래의 기록들에서 이러한 추세를 헤아릴 수 있다.

(11) 해마다 우리는 어른 수백 명에게 세례를 줍니다. 그런데도 신자수가 별로 증가하지 않는 것은 새로 영세하는 사람들이 대부분 노인이거나 홀아비나 과부이기 때문입니다. 50세 이하의 사람들은 뒤로 미루고, 병이나 들어야 세례를 청합니다 (「매스트르Maistre 신부의 1853년 10월 20일(양력)자 서한」, 샤를르 달레, 『한국천주교회사』 하, pp.205-206)

(12) 하루는 70세 된 노인이 자식들과 다른 식구 몰래 달려와서 세례 받기를 청하였다. 이 노인은 여러 해 전에 어떤 중요한 직책을 사퇴하였었고, 또 천주교를 자유롭게 봉행하기 위하여 장래의 희망을 포기하였었다. 그는 이 목적을 위하여 어떤 때는 병자처럼 행세하고 어떤 때는 바보노릇도 할 수밖에 없었다. 박해 때에 신자들과 헤어져 그들과 도무지 연락을 다시 취할 수가 없었는데, 모든 장애에도 불구하고 그가 알고 있던 몇 가지 천주교 규율을 혼자서 계속 지켜왔었다. 천주께서는 마침내 그에게 신부를 만나는 은총을 내려주셨다 (「다블뤼Daveluy 신부의 1854년 11월의 서한」, 샤를르 달레, 『한국천주교회사』 하, 1980, pp.207-208)

(13) 아이들과 부인들이 외교인 부모나 남편 몰래 성세를 받고 그 본분을 지키는 일이 흔히 있습니다. 그들이 선교사 곁으로 오는 데 아무리 큰 어려움이 있어도 그것을 극복하지 못하는 일은 별로 없습니다. 다른 경우에는 언제나 겁이 많고 자기 집 대문 문지방을 넘어선 일이 결코 없는 양반집 부인까지도 성사를 받는 일에는 용기를 낼 줄 압니다. 상민계급의 여인으로 변장하고 집안 식구가 잠든 시간을 택해서 한밤중에 몰래 빠져나와 신자들이 모여 있는 집으로 오는 것입니다. 미사 전에 고해를 하고 미사에 참여하고는 성체를 모신 다음 아직 모두 잠들어 있는 동안에 나왔던 모양으로 집으로 돌아가 자기가 방금 받은 은총을 천주께 감사하고 그 위험한 원정이 성공한 것 때

문에도 천주를 찬양합니다. 밤에 나간 것을 남편이 눈치 채는 날이면 그 여인은 참으로 불행합니다. 남편은 그 경건한 동기를 이해하지 못하므로 이런 무모한 짓을 사약死藥으로 복수할 것입니다 (「베르뇌Berneux 주교의 1857년 9월 15일(양력)자 서한」, 샤를르 달레, 『한국천주교회사』 하, 1980, p.253)

이 기록들을 종합하면, 해마다 수백 명씩 세례를 줘도, 신자의 숫자가 전체적으로는 별로 증가하지 않았다고 한다. 그 이유는 세례 받는 이들이 노인·홀아비·과부이거나 병자들이었기 때문이었다고 하는데(11), 연령이 70이라 역시 고령자에 해당하는 것이지만 신분상으로는 고위 관직에 있었던 인물이 세례를 받는 경우(12)도 등장하였다.

또한 남편과 아버지의 반대를 무릅쓰고 신자가 된 양반이나 상민인 부인과 아이들도 있었는데, 한밤중에 몰래 빠져나와 미사에 참례하여 성체를 모시고 돌아가곤 했었는데, 만약 이런 사실이 발각되면 이 여인은 마치 정절을 잃은 것으로 여겨져 남편으로부터 사약을 받고 죽어야 할 처지에 빠질 텐데도, 열성적으로 신앙생활을 하고 있었던 것이다. 비록 신자의 수가 획기적으로 증가하지는 않았을지라도, 평민·고령자로만 한정된 것은 결코 아니었고 양반·상민을 굳이 따질 것 없이 부인·아이 등으로 점진적으로 다양화되어 가는 면모를 띠게 되었다고 하겠다.

(나) 선교 지역의 광역화와 신앙의 실생활화

이전의 서울 부근에서 지방으로 넘쳐서 점차 선교 지역이 광역화되는 현상을 뚜렷이 보이고 있었고, 더욱이 박해의 손길이 닿지 않는 지방에 집단적으로 교우들이 모여 공동체 생활을 영위하는 교우촌教友村이 형성되고 또 그것이 확산됨으로 해서 신앙의 실생활화가 나타나기에 이르렀다고 분석된다. 이 점은 아래의 기록들에서 정확히 가늠된다.

> (14) 우리들의 보고서를 보시면 어른 영세자의 수가 꽤 만족스러움을 아실 것입니다. 우리는 몇몇 지방, 특히 서울에서 움직임이 매우 활발하다는 것을 주목합니다. 예비신자가 많이 찾아옵니다 (「다블뤼(Daveluy) 주교의 1858년 11월(양력)의 서한」, 샤를르 달레, 『한국천주교회사』하, 1980, p.289)
> (15) 우리는 모두 천주께 대한 감사의 기도를 드리며 온 교구敎區 안에서 느껴지는 움직임을 주시했습니다. 특히 서울이 많이 움직이는 것 같습니다. 교리를 배우려고 놀라운 노력들을 하고, 뛰어넘어야 할 장애물들이 있는데도 불구하고 일반적으로 열성이 가득 차 있습니다. ①신자들의 이 움직임이 미신자들에게로 옮아가고 서울 밖으로 넘쳐흐릅니다. … (중략) … ②최(양업崔良業) 신부의 관할 구역에는 교우촌 8개소가 생겼고, 또 다른 7개소가 내년에 신설되리라고 합니다. 여러분도 아마 알고 계실 한 개종은 많은 성과를 가져올 것으로 기대합니다. 왜냐하면 천주의 뜻이 분명히 나타났기 때문입니다 (「베르뇌(Berneux) 주교의 1858년 8월 14일(양력)자 서한」, 샤를르 달레, 『한국천주교회사』하, 1980, p.279)

　서울에서의 전교가 매우 활발해서 예비신자가 늘어났는데(14), 이러한 전교의 활성화는 비단 서울에만 국한된 것은 아니었다. 서울 밖으로 넘쳐흐르고 있었기 때문이었다(15의 ①). 그만큼 전교 지역이 전에 비해 점차적으로 광역화되고 있었던 것이다.
　한편 신앙생활을 위해 도시를 벗어나 형성된 교우촌은 당시에 이미 8개소가 최양업 신부의 관할 구역에 생겨났고, 또 다른 7개소가 이듬해에 신설될 것이라고 하였다(15의 ②) 이렇게 됨으로써 신앙과 생활이 별개가 아닌 생활 자체가 곧 신앙으로 이루어진 요컨대 신앙의 실생활화가 될 수 있는 공동체가 형성되어 교회의 활동이 확대될 수 있는 확실한 거점이 확보되었다고 하겠다.

(다)선교 활동의 체계화

　선교 활동이 체계화되었음을 또한 당시 교회 활동의 확대 배경의 하나로 꼽아 마땅하다고 보는데, 선교 활동이 체계화된 구체적인 사항으로는 첫째, 철종 8년(1857)에 있은 최초의 전국 성직자회의 즉 시노두스Synodus의 개최, 둘째, 선교사의 수적인 증가와 관할 지역 분담을 손꼽을 수 있을 것이다.

　그 가운데 철종 8년(1857)에 있은 최초의 전국 성직자회의 즉 시노두스의 개최에 대해서는 아래의 기록에서 살필 수 있다.

> (16-가)우리가 누리게 된 이 작은 평화를 이용하여 내 보좌주교補佐主教 성성식成聖式에 참여하라고 내 모든 선교사를 서울로 불렀습니다. 조선에서 이렇게도 감격적인 의식이 행하여진 것은 이번이 처음이었습니다. 우리 신자들이 거기 참석하였으면 기뻐했을 것입니다만, 신중을 기하느라고 그들을 참석시킬 수가 없었습니다. 주께 감사드려야 하는 평온에도 불구하고 우리는 그래도 지극히 조심해야 하며 우리가 숨어 있는 가따꼼바에서 서둘러 나가지 말아야 합니다. 그러므로 11년 전부터 이 포교지를 위하여 그렇게도 중요한 일을 해온 다블뤼Daveluy 신부는 캄캄한 밤중에 비공개적으로 아꼰Acones 주교 칭호를 가지고 성성成聖되었습니다 (「베르뇌Berneux 주교의 1857년 11월 23일 (양력)자 서한」, 샤를르 달레,『한국천주교회사』 하, 1980, p.271)
> (16-나)우리가 아직 헤어지지 않고 우리 신자들의 향상과 우상숭배자들의 개종을 마련하기 위한 조치를 취한 성직자회의聖職者會議를 끝마친 길이었는데, 아무도 기다리지 않던 동료 페롱Feron 신부가 천만 뜻밖에 조선의 수호천사守護天使에게 인도되어 3월 31일(양력) 도착하였습니다 (「베르뇌(Berneux) 주교의 1857년 11월 23일(양력)자 서한」, 샤를르 달레,『한국천주교회사』 하, 1980, p.271)

　베르뇌 주교가 자신의 보좌주교 즉 다블뤼Daveluy 주교의 성성식을 계기로 전국의 모든 선교사를 서울로 소집하여 회의를 하였다고 한다(16-가). 비록 이 자리에는 신중을 기하기 위해 신자들은 참석시키지 않아 성직자들만의 회의가 되고 말았다는 아쉬움도 남지만, 그렇기에 이는 최초의 전국성직자회의 즉 시노두스가 개최되었다고 보아 옳다.

그리고 이 회의의 목적은, 신자들의 향상과 우상 숭배자들의 개종을 마련하기 위한 조치를 취하는(16-나) 데에 있었고, 그 소기의 목적은 달성되어 구체적인 내용들이 결정되어 선교 활동의 체계화에 크나큰 초석을 다져주었다. 당시 이 회의에서 결정된 구체적인 내용들은, 베르뇌 주교의 윤시 형태로 제시되었는데, 다음의 기록들에서 비교적 자세히 알려지고 있다.

(17)여러 경계警戒 중에서 아직 대충 몇 가지를 이르노라. 미사와 모든 예절에 참례할 때 모든 교우가 버선 신고 옷을 단정히 하되, 남자 교우는 망건을 쓰고 소창옷을 입으며, 여자 교우는 머리에 넓은 수건을 쓸 것이다. 몸을 신중히 하여 장궤하거나 꿇어앉거나 하고, 평좌平坐하기와 일어서 엎드리지는 못할 것이다. 일체 잠잠하고 가는 소리도 못하며, 더구나 아이들을 데려오지 못할 것이다. 남녀 공소公所에 나누는 법은 남자는 제대방에 두고, 여인은 아랫방에 두되, 방이 하나뿐이면 남녀의 지경이 분명히 나게 할지니라 (장경일張敬一, 베르뇌Berneux 주교, 「장주교 윤시 제우서張主敎 輪示 諸友書」, 한국교회사연구소 편, 『순교자와 증거자들』, 한국교회사연구소, 1982, p167)

(18)성교회법에 동정童貞 지키고자 하는 자가 혼자 스스로 결단하지 못하는 법이라. 마땅히 탁덕鐸德(저자著者 주註;신부神父)과 자세히 의논하여 할 것이니, 그 허락 없으면 허원許願을 도무지 마음대로 못하며, 수정守貞하고자 하는 내외도 이 법과 같이 할 것이니라.

과부寡婦된 사람이 개가하지 아니하는 것이 원래 이 나라 풍속이 아니라 새로 시작한 것이다. 또한 성교회 규구規矩가 아니니,

여러 번 영육靈肉에 크게 해로운 것이라. 과부 된 사람이 그 풍속을 좇지 말고, 다만 영육의 이익을 돌아보아 원의대로 개가하기를 권하고 권하노라. 친정이나 시집이나 조금도 말리지 못할 것이니, 누구와도 의논하지 말고, 혹 말로나 별법別法으로 말리려 하면, 양심에도 걸리고 벌도 면하지 못할 줄로 알리라 (장경일張敬一베르뇌Berneux 주교, 「장주교 윤시 제우서張主敎 輪示 諸友書」, 앞의 『순교자와 증거자들』, p173)

먼저 미사 참례시의 여러 가지 주의 사항 — 예컨대 복장을 단정히 해야 하고 조용히 해야 하며, 여성들은 머리 수건을 쓰도록 하는 등의 구체적인 행동 지침을 제시하여 이를 준수하도록 권유하고 있다(17). 그리고 동정童貞을 지키려는 경우 반드시 탁덕 즉 사제司祭와 의론할 것이며, 과부의 개가는 조선의 풍속에서도 금지하고 있는 게 아니니 개가를 권하는 등의 적극적인 태도를 표명하고 있다(18).

이렇게 시노두스의 결과를 주교의 교서 형태로 발표하여, 과부의 개가를 적극적으로 천명함으로써 교회 활동의 활성화 특히 과부들에 대한 전교 활동에 크게 힘을 받았으리라 추측된다. 비록 기록에서 이런 상황에 관한 것이 구체적으로 찾아지지는 않을지라도, 국가적으로는 줄곧 논란을 거듭하다가 고종高宗 31년(1894)에 가서야 갑오경장甲午更張를 통해 비로소 과부의 개가를 허용함을 참조하면, 이러한 과부의 개가 허용에 대한 천주교회의 적극적인 태도의 표명과 이를 통한 전교의 효과는 무척이나 고무적인 영향을 끼쳤으리라 보아 무방할 듯하다.

한편 선교사의 수적인 증가와 관할 지역 분담 역시 교회 활동의 확대에 결정적인 요소로 작용하였다고 보여진다. 이에 대해서는 다음과 같은 직접적인 기록들이 있어 당시의 상황을 이해하는 데에 보탬이 된다.

(19)이리하여 이전에는 서양인들이 거의 들어올 수 없고 2년 전만 해도 주교主敎가 없어 온전히 두 선교사와 본국인 신부 한 사람의 짐이 되어 왔던 이 조선 포교지가 이제는 주교 2명 과 외국인 선교사 4명, 그리고 조선인 신부 한 사람을 가지게 되었습니다 (「베르뇌Berneux 주교의 1857년 11월 23일(양력) 자 서한」, 샤를르 달레, 『한국천주교회사』 하, 1980, p.272)
(20)아주 넓은 지역을 맡아 가지고 있기 때문에 선교사는 일년 내내 기진맥진하도록 일을 해보았자 피로해 쓰러질 뿐이겠지만, 자기 양떼의 영신적 욕구를 모두 채워줄 수는 없을 것입니다. 잊지 말아야 할 것은 조선 포교지는 시초부터 끊임없는 박해로 뒤흔들렸고, 또 지금까지는 여기에 선교사의 수가 너무 부족하 여 열성에 불타는데도 불구하고 그들은 각 신자에게 1년에 15 분 이상을 할애할 수가 없다는 사실입니다 (「베르뇌Berneux 주교의 1857년 11월 11일(양력)자 서한」, 샤를르 달레, 『한국 천주교회사』 하, 1980, p.276)

방금 앞에서 살펴보았던 그 최초의 전국성직자회의를 마칠 즈음에 페롱Feron 신부가 본국으로부터 도착함으로써 이제 조선에는 주교 2명과 외국인 선교사 4명 그리고 조선인 신부 1명이 있게 되었다고 한다(19). 이와 같이 성직자가 예전에 비해 증가함으로써 기대가 컸고 또 효과도 컸던 것 같다. '지금까지는 여기에 선교사의 수가 너무 부족하여 열성에 불타는데도 불구하고 그들은 각 신자에게 1년에 15분 이상을 할애할 수가 없다는 사실(20)'을 거론함에서 이를 헤아릴 수가 있겠는데, 그리하여 한계는 있었지만 앞선 시기와 비교해서 선교사의 수적인 증가와 관할 지역 분담이 이루어짐으로써 이것이 역시 교회 활동의 확대에 결정적인 요소로 작용하였다고 지적할 수 있겠다.

(라)신심 교육의 내실화

이 시기의 신심 교육의 내실화는 첫째, 교리 교육의 강화, 둘째 서적의 번역·인쇄를 통한 전파, 셋째로는 신학교 교육의 확충 등으로 이루질 수 있었다고 분석되는데, 먼저 교리 교육의 강화는

(21)대인大人 영세자領洗者의 수효가 올해는 아마 작년 숫자에 미치지 못할 것입니다. 이것은 우리가 새로 개종하는 사람들에게 교리를 더 배울 것과 더 오랜 시험기간을 요구하기로 결의한 데서 오는 것입니다. 그러나 그 반면 우리 예비신자의 수는 거의 3배로 증가했습니다. 내 명단에 오른 사람이 근 1,200명이 됩니다 (「베르뇌Berneux 주교의 1858년 8월 14일(양력)자 서한」, 샤를르 달레, 『한국천주교회사』 하, 1980, p.279)

라 했음에서 충분히 알 수 있다. 즉 이 베르뇌 주교의 편지에서 성인 영세자의 수가 1857년에 비해 1858년이 적어졌는데, 이는 개종 희망자들에게 '교리를 더 배울 것과 오랜 시험기간을 요구하기로 결의한 데서 오는 것'이라고 하였음에서 분명히 교리 교육이 강화되었음이 확연히 드러난다 하겠다.

교리 교육의 중요성은 어느 시대를 막론하고 강조해도 그야말로 지나치지 않는 것임은 두말할 나위조차 없는 것인데, 당시의 편지글에서도 교리 교육의 중요성에 관해 거론한 대목을 발견할 수 있다. 베르뇌 주교는

(22)이제는 주의 축복 덕택으로 우리가 전보다 덜 불안하고 신자의 수효도 날마다 증가하지만, 그들을 잘 가르치는 일이 중요합니다. 나중에는 어려움이 심각해질 것입니다. 가장 긴급한 필요한 일의 하나는 교육입니다. 그런데 지금 우리가 몰린 처지에서는 책으로밖에 가르칠 수가 없는데 책이 없습니다 (「베르뇌Berneux 주교의 1857년 11월 11일(양력)자 서한」, 샤를

르 달레, 『한국천주교회사』 하, 1980, p.276)

라 하여서 이를 지적하면서 교리서의 중요성을 간절히 밝히고 있는 것이다. 그러나 교리 교육이 강화되고 교리서는 부족하였기 때문에 예비신자 가운데는 몇 번씩이나 세례를 받지 못하는 경우도 생겨나기에 이르렀던 것 같은데, 이는 다음에서 엿볼 수 있다.

(23) 젊은이는 다시 한 번 쫓겨 갔다가 세 번째 다시 돌아왔습니다. 마침내 회장會長은 젊은이의 재촉에 못 견디기도 하고, 또 이 사람이 진리를 찾고 있다는 확신을 가지게 되어 천주교의 기본 교리를 설명해 주기를 동의하고 조그마한 심신서心信書와 기도서와 교리문답을 주기까지 했습니다. 이 예비신자는 너무나 기뻐하며 그에게 필요한 책들을 직접 베꼈습니다 (「최양업崔良業 신부의 1857년 9월 14일(양력) 자 서한」, 샤를르 달레, 『한국천주교회사』 하, 1980, pp.267-268)

예비 신자인 이 젊은이는 세 번째 돌아와서야 제대로 교리 교육을 받을 수가 있었다고 하는데, 신심서와 기도서 그리고 교리문답을 직접 베껴서 공부해야 할 정도였던 것이다. 그만큼 교회 서적의 태부족 현상은 심각하게 받아들여져 교회의 지도자들은 어떻게 해서든 이를 타개할 방도를 찾으려 백방으로 노력하였다. 그래서 선교사들이 틈을 내서 직접 저술도 하고 인쇄도 하는 쪽으로 힘을 기울이게 된다. 아래 기록들에서 이런 상황은 잘 드러나 있다.

(24) 우리 신자들의 무식을 방지하기 위하여 저희는 장마로 선교사들이 여행할 수 없는 여름철을 이용하여 교의敎義와 윤리倫理에 관한 소책자들을 지었습니다. 지금 마련 중에 있는 인쇄소가 이 책자들을 염가로 포교지의 모든 지역에 보급할 것입니다

(「베르뇌Berneux주교의 1859년 11월 7일(양력)자 서한」, 샤를르 달레, 『한국천주교회사』 하, 1980, p.296)
(25) 그러므로 몇몇 선교사는 일체의 성무 집행을 포기하고 말을 배우는 데 전념하여 그리스도교 교리의 우리 책들을 번역할 수 있게 하는 것이 필요한 일입니다. 이런 이유로 여러분에게 1859년 봄까지 선교사 2명을 또 보내달라고 청한 것입니다 (「베르뇌Berneux 주교의 1857년 11월 11일(양력)자 서한」, 샤를르 달레, 『한국천주교회사』 하, 1980, p.276)
(26) 최(양업崔良業) 토마스 신부는 신자들에게 성사를 주는 보통일 말고도 주요한 기도서의 번역을 끝마쳐 가는 중이었고 교리문답敎理問答의 더 완전하고 더 정확한 출판을 준비하고 있었다. 서울에 인쇄소가 마련되는 중이었다. 뿌르띠에Pourthie 신부는 신학교를 돌보고 남는 짧은 시간을 이용하여 다블뤼Daveluy 주교가 시작한 대사전大辭典 일을 계속하였다. 다블뤼Daveluy 주교 자신은 신입교우들의 교육을 위한 여러 가지 중요한 서적 출판에 마지막 손질을 하고 있었다. 그는 특히 그 해에 책들과 번역자들과 서사생書寫生들에게 둘러싸여 중요한 필사본筆寫本을 조사하고 구전口傳을 참조함으로써 매우 흥미 있는 자료를 수집하여 최초의 순교자들의 기록에 150페이지를 추가하고 거의 모든 신앙 증거자들의 전기를 편집할 수 있었다 (「다블뤼Daveluy 주교의 1859년 9월 말(양력)의 서한」, 샤를르 달레, 『한국천주교회사』 하, 1980, p.299)

선교사들이, 장마로 선교 여행에 나설 수 없는 여름철을 이용하여 교의와 윤리에 관한 책을 저술하여 인쇄하려고 하였고(24), 번역 교리서를 내기 위해 선교사를 더욱 늘려 파견해줄 것을 요구할 정도였다(25). 특히 최양업·뿌르띠에·다블뤼 주교 등이 직접 심혈을 쏟아 부어 교회 서적의 간행을 이루려 하고 있었다(26). 더욱이 다블뤼 주교는 자료를 수집하여 순교자들에 관한 기록을 추가하고 신앙 증거자들의 전기를 편집함으로써 후세에 더할 나위 없이 귀중한 자료들을 남겨줄 수가 있었던 것이다.
또한 신학교 교육의 확충에도 정성을 쏟고 있었는데, 이는 아래의 기록들에서 헤아릴 수 있다.

(27)우리 신학교는 여느 때처럼 잘 되어 나갑니다. 학생들을 숨겨 두기가 어려워서 6명밖에는 받지 못하였습니다. 다블뤼 Daveluy 신부가 다른 곳에 학교를 하나 세워 제게 구원의 손길을 뻗쳤습니다. 그 학교에도 같은 수효의 학생을 받을 수 있을 것입니다 (「뿌르띠에Pourthie 신부의 1855년 2월 4일(양력)자 서한」, 샤를르 달레,『한국천주교회사』하, 1980, p.212)
(28)우리 신학교가 지금 뿌르띠에Pourthie 신부의 지휘 아래 있는 조선의 동부지방(배론)에서도 십자가가 역시 열매를 맺습니다. 그 근방에 있는 신자들에게 가해진 중대한 괴롭힘 때문에 얼마동안은 대단한 어려움을 당하지 않을까 염려했었습니다. 그래서 모두가 경계를 해서 책과 세간을 땅 속에 파묻고 매일 밤 학생들과 선교사는 신호가 있기만 하면 도망할 준비를 갖추고 있었습니다. 그러나 주께서 바람과 바다에 명하시어 아주 고요해졌습니다 (「다블뤼Daveluy 주교의 1857년 11월(양력)의 서한」, 샤를르 달레,『한국천주교회사』하, 1980, p.269)
(29)삐낭Pinang의 우리 포교지布敎地 신학교神學校에서 지금 신학을 공부하고 있는 3명의 학생 말고도 포교지 내에서 어떤 선교사의 지도 아래 라틴어를 공부하는 다른 신학생 7명이 있습니다. 더 나이 어린 학생들은 평신도 교사들에게 맡긴 두 군데 학교에서 한문漢文 공부를 하고 있습니다 (「베르뇌Berneux 주교의 1859년 11월 7일(양력)자 서한」, 샤를르 달레,『한국천주교회사』하, 1980, p.296)

신학교가 다블뤼 신부에 의해서(27) 뿐만 아니라 뿌르띠에 신부에 의해서도 운영되고 있어(28), 교회 지도자 양성에 결정적인 기틀을 닦고 있었다. 그밖에 삐낭의 포교지 신학교에서 공부하는 신학생 등이 있어 선교사 양성은 당시에 매우 희망적이었음은 물론 이로 인하여 교회 활동의 확대 역시 기대를 지닐 수가 있게 되었던 것으로 생각한다.

한편 1846년 병오박해로 말미암아 결국에 친구인 김대건 안드레아 신부를 잃은 최양업 부제는, 더욱 열심히 공부하여 드디어 1849년 4월 15일 중국의 강남 교구장 마레스까Maresca 주교에게서 사제 서품을 받았다. 조선인으로서는 김대건에 이어 두 번째 사제가 되었던 것이다. 서품 후 귀국하여 사제로서 열심히 신자들을 돌보며 교세 확장에 힘 기울이던 최양업 신부는 하루에도 80리에서 100리까지 먼 거리를 마다하지 않고 전교에 힘썼다. 이러한 과로에 과로가 겹쳐진 생활 속에서 최양업 신부는 서울로 상경하던 1861년 6월 문경聞慶에서 쓰러져 결국 숨을 거두고 말았다.

이상에서 살펴보았듯이 철종대 교회 활동은, 요컨대 신자층의 다양화, 선교 지역의 광역화, 신앙의 실생활화, 선교 활동의 체계화 그리고 신심 교육의 내실화로 구체화되고 있었다. 그럼으로써 교회는 나날이 활동이 확대되어 가고 있었던 것이다.

제4절 철종 말 고종 초 서북지방 교우들의 신앙 목표 : '안으로는 사주구령, 밖으로 좋은 표양 세우기'

철종대 교회 활동 확대의 실상에 대한 파악과 그 의미를 종합적으로 정리하면서 최종적으로 눈여겨보아야 할 점은 두 가지로, 첫째는 철종 11년(1860) 경신박해의 위기 상황을 어떻게 극복해 냈는가 하는 점이고, 둘째는 철종 12년(1861) 북경조약 체결 사실이 알려진 이후 국내에서 과연 어떤 상황에 처하게 되는가 하는 점이라고 생각한다. 이 두 가지 점을 살펴보면 결국 교회의 활동이 철종대 후기에 확대되어 얼마나 효과를 드러내기에 이르는지를 정확히 가늠할 수가 있을 것 같다.

우선 철종 11년(1860) 경신박해 때에 처했던 교회의 위기 상황을 어떻게 극복해 냈는가를 제대로 밝히기 위해서, 취할 수 있는 방법으로 하나는 고위 집권층의 천주교 전파에 대한 인식이 어떤 정도였는지 하는 점을 살펴보는 것이고, 또 다른 하나는 이러한 고위 집권층의 의식의 변화와 짝하여 하급 관리층에서는 천주교 전파에 대해 어떠한 태도를 보였는가를 알아보는 것이라 생각한다. 먼저 고위 집권층의 천주교 전파에 대한 인식은 다음의 글에서 알아차릴 수가 있다.

> (30)포장捕將은 왕과 신하, 양반, 서민 할 것 없이 온 나라가 천주교인들에 대한 그의 가혹한 조치를 열광적으로 환영할 줄로 생각하였다. 그러나 그는 오판誤判한 것이었으니, 그가 죄수들을 신문에 회부하자는 말을 했을 때 그 일을 맡으려는 사람이 아무도 없었다. 사람들이 잘라 말하는 바에 의하면 국가의 가장 높은 직책을 자주 명예롭게 수행한 일이 있는 김병기金炳冀라는 노인이 이 문제에 관하여 조정에서 열렸던 회의에서 이렇게 의견을 개진하였다 한다. "이 종교를 박해하는 것은 좋지 않습니다. … (중략) … 결단코 이 종교를 박해하는 것은 좋지 않습니다" 어찌 되었건 조정은 일어난 일에 대하여 별로 만족한 것 같지 않았고, … (중략) … 마침내 상급 관청들이 그의 죄수들을 다루지 않으리라는 것을 그에게 통고하였다 (샤를르 달레, 『한국천주교회사』 하, 1980, pp.306-307)

이를 보면 범죄자를 구금하고 조사하는 행정 부서의 책임자인 포도대장捕盜大將이, 천주교에 대해 혹독하게 박해를 가하면 자신의 행위에 대해 국왕을 위시한 모든 이들로부터 환영을 받을 줄 알았는데, 결과적으로는 오판으로 귀결되었을 뿐이었다고 한다. 더욱이 조정 회의에서의 결정 내용은, 그의 상급 관청에서 죄인들 즉 그 포도대장이 구금한 천주교인들을 다루지 않도록, 바꾸어 말하면 더 이상 처벌하여 박해를 가하지 않기로 한다는 것이었다. 또한 김병기의 예에서와 같이 고위 당국자들 가운데서 박해를 반대하는 경우도 등장하고 있었음을 눈여겨볼 필요가 있는 것 같다. 요컨대 당국자들은 당시에 천주교에 대해 박해를 가함으로써 초래되는 혼란을 피하기 위하여 천주교인들의 활동에 대한 방관하는 태도를 견지하고 있었던 것이다.

이러한 고위 집권층의 천주교 전파에 대한 인식과 태도는 자연히 하급 관리층에게 곧 바로 영향을 끼치게 되었는데, 그렇다고 하여 이들의 명령이 곧이곧대로 지방의 실무 현장에서 제대로 이행되고 있는 것은 결코 아니었다. 아래의 기록에서 이러한 현상을 엿볼 수가 있다.

> (31)포졸들은 ①공식적으로는 외국인들만을 수색하고 천주교인들을 약탈하거나 쓸 데 없이 고문하지 말라는 명령을 받았었다. ②이 명령과 금지령은 지방관장들의 성격과 기분에 따라 더 엄격하게도 덜 엄격하게도 지켜졌다. 어떤 관장들은 포장捕將(저자著者 주註; 포도대장의 약칭)은 아랑곳없이 그들의 관할구역에서는 어떤 종류의 수색도 못하게 하였고 어떤 관장들은 수색은 묵인하였으나 포졸들을 엄밀히 감시하였기 때문에 이들이 감히 어떤 약탈도 못하게 되었다. 그러나 불행히도 대부분의 관장은 이 기회를 이용하여 그들의 탐욕을 채웠고, 그들의 포졸들은 박해자가 보낸 포졸들과 한통속이 되었다. ③서남지방의 새 교우집단이 거의 모두 약탈을 당하고 파괴된 것이 그 때였다 (샤를르 달레, 『한국천주교회사』 하, 1980, pp.307-308)

한마디로 하급 관리들은 여전히 구태의연한 행태를 보이고 있었다. 공식적으로 하달된, 외국인들만 수색하고 천주교인들은 약탈하거나 고문하지 말라는 상급자의 명령(①)도 어겨가며 사리사욕을 충족시키기 위해 약탈을 일삼기도 하였던 것이다. 이런 상황은 지역적으로 차이가 나기도 하였는데, 그야말로 지방관장들의 성격과 기분에 따라 더 엄격하게도 덜 엄격하게도 지켜져서(②) 생긴 것이었다. 서남지방(③)이 박해를 심하게 당하게 된 것도 바로 이 때였던 것이다.

하급 관리들의 사리사욕을 채우기 위한 이러한 온갖 비리의 양산은 어제오늘의 일이 아니었고, 또 앞서 살펴보았듯이 정부에서 개혁의지를 앞장세우고 칼날을 들이대어 수술을 가하려 해도 잘 이루어지지 않는 문제였기에, 당시라고 해서 이런 상황이 개선될 수가 없었다. 그렇기 때문에 결국 민란이 빈발할 수밖에 없었던 것이었고, 더욱이 철종 13년(1862)년 즉 임술壬戌년에는 민란이 진주를 시발로 하여 제주도에서도 일어나 동서남북 가릴 것 없이 전국적으로 확산될 정도였던 것이다.

이런 혼란이 연속되면서 정부에서는 천주교에 대해서까지 그야말로 미처 신경을 쓸 틈이 없었을 뿐만 아니라 손을 대었다가는 문제를 더욱 복잡하게 확산시킬 우려 때문에 공식적으로 천주교인들에 대한 약탈과 고문을 금지시켰던 것이다. 하지만 이런 정부의 시책은 어느 지방에나 일률적으로 먹혀들어 가지는 않았다. 그래서 결국 지역적으로 차이가 나게 되었고, 어떤 지역은 천주교인들이 박해를 입기도 하였지만, 반면에 어떤 지역에서는 그 틈새를 이용하여 박해를 피해가며 전교를 통해 교회 활동을 확대해 나갈 수가 있었던 것이다.

이러한 국내의 상황 외에 국제적인 상황도 크게 영향을 끼쳤다. 철종 12년(1861)의 북경사변의 발발이 그것이었다. 앞서 거론하였듯이 북경사변이란 1860년 10월에 영국과 프랑스 군대가 북경을 점령하고 중국 황제를 도망치게 한 사건을 가리키는 것으로, 이를 계기로 천진天津을 외국에 개방하고 청나라가 뺐었던 북경의 성당들을 도로 서양 신부들에게 내주게 되었던 것이다. 그리하여 이 사실이 알려진 이후에는 오히려 교회 활동이 한층 활기를 띨 수 있게끔 상황이 호전되기에 이르렀다. 왜냐하면 이러한 북경사변과 그 결과 야기된 상황의 급변에 대한 소식을, 철종 12년(1861) 2월 북경으로 갔던 사신의 보고로 비로소 알게 된 조선에서는 서양에 대한 두려움은 물론 천주교 신앙의 자유에 대한 인식이 확연히 확산되었기 때문이었다. 당시에 상황에 대해 달레는 다음과 같이 적고 있다.

> (32) 높은 관직에 있는 관리들이 신자들에게 겸손되이 보호를 부탁하고 위험의 날에 대비하여 종교 서적이나 고상苦像이나 성패聖牌를 장만하려는 교섭을 벌였다. 어떤 관리들은 공공연하게 천주교의 이 표지들을 허리에 차고 다니기까지 하였다. 포졸들은 그들이 모인 자리에서 제각기 천주교인들에 대한 수색에 조금이라도 협력한 것과 그들에게 가한 고문을 변명하였다. 온 백성이 이성을 잃을 만큼 당황한 것 같았다 (샤를르 달레, 『한국천주교회사』 하, 1980, pp.310-311)

관리들이 앞 다투어 천주교 신자들에게 자신의 신변 보호를 부탁할 정도였고, 신자라는 표지로 고상이나 성패를 장만하여 위협을 피해보려 노력하기도 했고, 심지어는 실제로 허리에 차고 다니기까지 하였다. 게다가 고위 관리들의 명령을 어기고 사리사욕을 충족시키기 위해서 천주교인들에 약탈을 일삼고 고문을 자행했던 포졸들이 이런 자신들의 죄과를 변명할 지경이었던 것이다.

이럴 만치 철종대 말기에는 당시의 국내외적인 상황의 전개에 따라 천주교 교회의 활동은 더욱 확대되어 뿌리를 내리게 되었고, 그 결과 교회 활동의 지역적 확산이 이루어지게 되었다. 그래서 철종이 세상을 떠나고 난 뒤 그를 이어 고종이 즉위할 무렵에는 이미 서북지방까지 천주교를 확산시키기에 이르렀던 것이다. 이 점은 다음의 기록에서 잘 알 수가 있다.

> (33) 잘들 있느냐. 너희들을 항상 생각하여 잊지 못한다. … (중략) … 혹 이번에 성사 못할 지라도 후에도 이렇게들 하여라. 내 사랑하는 교우들아. 안으로는 사주구령할 일을 힘쓰고 밖으

로 좋은 표양을 세우기로 힘들 써라. 너희들에게 무엇을 바라 겠느냐. 이만 그친다.
갑자(고종 원년;1864) 삼월 초이일(직인) 감목(수결) (장 베르뇌 주교,「남녀교우들, 한 가지로 보아라」, 한국교회사연구소 편,『순교자와 증거자들』, 한국교회사연구소, 1982, pp.250-251)

베르뇌 주교가 평안도의 교우들에게 보낸 이 문서를 통하여 천주교가 서북지방에까지 확산되었음을 분명 알 수 있겠다. 이럴 정도로 철종 때 처음부터 이루어진 교회 활동의 확대는 그 결실을 보게 되어, 철종이 세상을 떠나던 재위 14년(1863)에는 전국에 2만 명 내외의 교우가 신앙생활을 하게 되었다.

이 같은 당시의 교회 상황은 베르뇌 주교가 평안도 교우들에게 제시한 신앙 활의 지향에도 정확하고도 적절히 스며들어 있었다고 생각되는데, '안으로는 사주구령할 일을 힘쓰고 밖으로 좋은 표양을 세우기'[(33)의 밑줄 친 부분]가 바로 그것이었다. 천주교 교인으로서 내면적으로 '사주구령事主救靈' 즉 주님을 섬겨 영혼을 구원받는 것 보다 더 높은 지향점은 없을 것이고, 또한 외면적으로 천주교를 외교인들에게 전교함에 있어 진정으로 '좋은 표양 세우기' 이상으로 효과적인 것은 결코 찾을 수 없었을 것이기 때문이다. 그리고 이는 시간과 공간을 초월하여 지금 이 자리에서도 누구에게나 해당되는 것임에 틀림이 없다고 하겠다.

〈참고문헌〉

유홍렬, 「철종 시대에 있어서의 교회 발전」, 『증보 한국천주교회사』 상권, 가톨릭출판사, 1975.

김석형, 「1862년 진주농민폭동과 각지 농민들의 봉기」, 『봉건지배계급에 반대한 농민들의 투쟁―이조편―』, 열사람, 1989.

김진봉, 「농민의 항거」, 『한국사』 15 민중의 항거, 국사편찬위원회, 1975.

최진옥, 「1860년대의 민란」, 『전통시대의 민중운동』, 풀빛, 1981.

송찬섭, 「삼남지방의 민중항쟁」, 『한국사』 36 조선 후기 민중사회의 성장, 국사편찬위원회, 1997.

제4장
운현궁에서도 성모송이 울려
퍼지다
―고종(1863-1907)때―

제1절 고종의 생모·흥선대원군의 부인 부대부인 민씨의 간청 : '아들이 왕위에 오른 것에 대한 감사미사를 드려 달라'

　권력을 한 번 잡아보고야 말겠다는 다짐을 하던 홍선대원군興宣大院君 이하응李昰應에게 드디어 그 뜻을 이루는 날이 밝아왔다. 1863년 재위 중이던 철종哲宗이 승하昇遐(임금이 세상을 떠난 것을 가리키는 말)하자마자, 그의 대왕대비大王大妃인 조대비趙大妃가 옥새玉璽(국왕으로서 모든 권한을 행사할 때 사용하는 도장)를 차지하고는 사전에 홍선대원군 이하응과 내밀한 왕래를 통해 약조해 두었던 바대로 그의 아들 명복命福에게 왕위를 넘기도록 철종의 유언서를 일방적으로 작성하여 선포하게 함으로써 이 모든 것이 한순간에 현실화되었던 것이다.
　당시 아들 명복의 나이는 12세에 불과했으므로, 자연히 대원군 자신이 실질적인 권력을 행사하게 됨은 불을 보듯이 너무나 명백한 것이었다. 명복을 생가인 운현궁雲峴宮(현재 종로구 운니동 소재)에서 불과 얼마 떨어져 있지 않은 왕궁 창덕궁昌德宮으로 후계자로서 모셔가고, 따라서 그 다음 날에는 수많은 왕족의 하나에 불과하여 흥선군으로만 불리던 이하응이 이제는 국왕의 아버지라 하여서 한 단계 그 칭호가 높여져 흥선대원군으로 승격되기에 이르렀다.

당시에는 물론, 대왕대비 조씨趙氏가 형식적으로는 이른바 수렴청정垂簾聽政이라 하여 국왕의 뒷전에서 대나무로 만든 발을 내려뜨려 놓고는 모든 결정을 해나가는 정치를 하였지만, 대원군으로 하여금 국왕을 보좌하도록 함으로써, 실질적으로는 흥선대원군이 정치의 실권을 장악하였다. 따라서 이후에는 대왕대비와 흥선대원군의 공동의 적대 세력이었던 안동安東 김씨 일족들이 권력의 근처에서 하나하나 스러져 갔다. 이들은 영의정領議政이었던 김좌근金左根을 위시한 그 아들 김병익金炳翼 등으로, 종전에 철종의 왕비인 김대비의 친정 일가로서 모든 국정의 실권을 장악하여 온갖 악행을 저지르고 있었는데, 이들을 대왕대비와 흥선대원군이 힘을 합해 모두 관직에서 내몰고는 대신 대왕대비의 풍양 조씨 일가들로써 자리를 채웠던 것이다.

결국 아들 명복이 정식으로 왕위에 즉위하고(고종高宗) 6개월이 지난 1864년 6월에는 흥선대원군의 뜻에 따라, 그 자신의 거처인 운현궁에서 왕궁인 창덕궁으로 곧바로 드나들며 실권을 행사할 수 있도록, 운현궁과 창덕궁 사이에 자리잡고 있던 금위영禁衛營(왕궁을 지키는 군대)의 담벼락을 헐고 샛문을 만들기조차 하였을 정도였다. 이는 당시에 그만큼 실질적이면서도 막강한 권한을 흥선대원군이 행사하고 있었음을 단적으로 알려주는 일화라 하지 않을 수가 없겠는데, 이러한 살얼음판을 걷는 것과 같은 당시의 정치적 상황의 변화 속에서도 어렵사리 조선에서 숨어서 지내면서 천주교 전교에 힘쓰던 베르뇌Berneux(한국식 성명, 장경일張敬一) 주교主敎가 고종 원년인 1864년 8월 파리외방전교회에 보낸 편지에 보면 대단히 놀라운 대목이 엿보인다. 천주교의 전교와 관련하여서 이전의 역사에서는 상상조차 할 수 없었던 사실을 적고 있는 이 편지의 핵심적인 대목만을 찾아 제시해 보면 다음과 같다.

> (1)그의 부인, 즉 임금의 어머니는 천주교를 알고, 교리문답을 조금 배웠으며, 날마다 몇 가지 기도문을 외고 자기 <u>아들이 왕위王位에 오른 것에 대한 감사미사를 드려달라</u>고 내게 청했습니다. 그러나 천성적으로 성격이 약한데다가 특히 오늘날 위험을 무릅쓰는 것을 두려워하므로 우리에게 아무런 도움도 주지 못할 것이고 결코 세례를 받을 것 같지도 않습니다. 궁중에 계속 머물러 있는 왕의 유모는 신자입니다. 올해에 그 여인에게 고해성사를 주었습니다. 만일 이 여인이 학식이 있고 능력이 있다면 우리에게 많은 도움을 줄 수 있을 것입니다. 왜냐하면 아무리 어리다 해도 왕이 무엇을 원하면 감히 그것을 반대할 사람이 아무도 없고 대왕대비大王大妃 조씨趙氏까지도 반대하지 못하기 때문입니다. 그러나 이 유모는 내가 아는 중에서 가장 막힌 사람으로 진짜 바보입니다. 이 여인이 왕에게 천주교와 서양 선교사들 얘기를 했고 왕은 천주교인이 되고 주교主敎를 보겠다고 대답했다고들 합니다만, 나는 이 말을 조금도 믿지 않습니다. 이 여인은 그럴만한 능력이 없습니다. 이것이 방패의 한편 모습입니다 (베르뇌 주교, 「1864년 8월 18일 서한」 ; 샤를르 달레, 1980, pp.360-361)

다름이 아니라 당시에 감히 누구도 넘볼 수 없는 그래서 문자상 그야말로 막강莫强한 권력을 대행하고 있던 흥선대원군 자신의 부인이자 국왕 고종高宗의 어머니 부대부인府大夫人 민씨閔氏가 천주교를 알고 있었을 뿐만 아니라 교리 공부를 하여 천주교에 입교하려고 준비하였다는 사실도 그러려니와, 게다가 더욱이 자신의 '아들이 왕위에 오른 것에 대한 감사 미사를 드려달라'는 요청을 베르뇌 장경일 주교 자신이 받았다는 사실을 적고 있기 때문이다. 부대부인 민씨가 이렇듯이 이미 고종의 즉위 초기부터 천주교의 교리 공부를 하고 있었다는 사실 자체가 대단히 획기적인 점이었음에도 불구하고, 정작 베르뇌 주교는 그녀가 세례를 받으리라고는 별반 기대를 하고 있지 않았던 것 같다.

또한 그는 부대부인 민씨가 교리 공부를 시작하게 된 게 고종의 유모乳母로서 천주교 신자가 되었던 여인, 즉 뒤의 기록에서 드러나듯이 박 마르타의 덕분이라는 점을 인정하기는 하면서도 국왕이 '천주교인이 되고 주교主敎를 보겠다'고 했다는 소문을 그대로 믿어, 그녀가 고종에게까지 천주교를 전교할 수 있으리라고는 기대할 수 없다는 생각을 했음이 분명하다. 주교로서는 대단히 신중하게 판단할 수밖에 없는 상황이었음을 이러한 기록들을 통해 엿볼 수 있고, 그래서 당시 시중에 떠도는 모든 소문을 사실로 받아들일 수도 없는 것이었음이 분명하지만, 다른 점은 몰라도 부대부인이 자신의 '아들이 왕위에 오른 것에 대한 감사 미사를 드려달라'는 요청을 했었던 것만은 사실이었음이 틀림이 없을 것이다. 따라서 조선의 왕실 내에서 그것도 국왕의 생모이자 실권자 대원군의 부인이 이처럼 천주교 주교에게 국왕인 아들을 위해 미사를 드려달라고 요청했다는 사실 하나만으로도, 예전과 사뭇 달라진 천주교의 위상을 드러내준다고 해서 지나치지 않을 듯하다.

제2절 고종 때 천주교 신앙 자유 획득 및 선교 자유 확립의 시기별 추이와 그 특징

　고종 재위 시기(1863-1907) 전체를 놓고, 천주교의 신앙 자유 획득과 선교 자유 확립이 언제 어떻게 이루어지는가를 살피게 되면 대략 4단계로 나뉘어 지는 게 아닌가 여겨진다. 첫째, 모색기摸索期로서 흥선대원군과의 타협을 시도하는 시기로, 1864년부터 1866년 초에 이르기까지 러시아 남침 위기설을 활용하고 있음이 특징인 것으로 파악된다. 둘째, 좌절기挫折期로서 박해가 발생하고 이에 대해 프랑스 군대의 무력 사용에 의한 종교 자유를 획득하려고 시도하던 시기로, 1866년 병인박해의 발생과 프랑스 함대의 공격 즉 병인양요의 발발이 이때에 있었다. 셋째, 개화기開花期로서 열강의 침투에 따라 천주교 신앙 자유의 토대를 구축하는 시기로, 1886년 한불조약의 체결과 1896년 부대부인 민씨의 입교가 이를 대변해준다고 하겠다. 그리고 넷째, 결실기結實期로서 천주교의 입지가 확보되고 선교 자유가 확립되는 시기로, 1899

년의 「교민조약」과 1901년의 「교민화의약정」 체결 및 1904년 의 「교민범법단속조례」 제정으로 이어지고 있었던 것이다.

(1)모색기摸索期; 흥선대원군과의 타협 시도 시기
— 1864년-1866년 초 러시아 남침 위기설의 활용

흥선대원군은 집권 이후 대외적으로는 쇄국정치鎖國政治를 일관되게 견지하여 나갔던 것으로 널리 알려져 있다. 하지만 그의 집권 초기 당시에 관한 천주교 측의 기록에 보면 사뭇 달리 생각해 볼 여지가 있음직한 게 적지 아니 눈에 띈다. 즉 대원군 집권 초기 대외 관계에 있어서 최초의 시련은 두만강을 넘어 러시아 세력이 남하하려는 움직임에서 비롯되었고, 이에 따라 이 소문으로 전국이 불안해하고 있을 때, 흥선대원군이 이를 해결하기 위해 당시 국내에 들어와 활동하고 있었던 프랑스 출신 서양 신부들을 활용하려 했다는 점이다. 당시 우리나라에서 활동하고 있었던 프랑스 신부들이 듣고 보고 한 것을 있었던 그대로 서방 세계로 써서 보낸 편지들을 정리한 샤를르 달레의 『한국천주교회사』에 보면, 다음과 같은 대목이 있다.

(2)그것은 조선과 통상通商을 요청하는 러시아 사람들의 편지가 왔을 때의 일이었습니다. 그는 내가 만일 러시아 사람들을 쫓아낼 수만 있다면 종교 자유를 주겠노라고 그 관장에게 말했습니다. 나는 대원군大院君에게 이렇게 대답하라고 했습니다. 즉 내가 이 나라에 유익한 일을 하기를 매우 바라지만, 러시아 사람들과 나라가 다르고 종교가 다르기 때문에 그들에게 아무런 영향을 미칠 수가 없다는 것, 나는 조만간 조선 땅에 자리 잡을 길을 생각해내고야 말 이 사람들에게 이 나라가 받을 위협을 누구보다도 두려워한다는 것, 그러나 어떤 서양나라와도 관계 맺는 것을 마다하는 조정의 한결같은 거부는 — 이 거부를

비난하는 것은 삼갔습니다만,— 위험을 모면케 할 아무런 방도도 남겨놓지 않는데, 그러나 이 위험은 시급히 예방해야 한다는 것이었습니다. 나는 이 답변이 대원군大院君에게 보고가 되었는지 알지 못합니다 (「베르뇌 주교의 1864년 8월 18일 서한」; 샤를르 달레, 1980, p.360).

베르뇌 주교가 이 편지를 쓴 1864년 초엽에 이르러 러시아 사람들이 조선과 통상을 요구하면서부터 대원군은 이에 대한 대책을 강구하느라 노심초사하는 차원에서 예의주시할 도리 밖에는 없었겠으나, 의외로 천주교 측 인사들도 여기에 상당한 관심을 기울이고 있었음을 엿볼 수 있다. 즉 베르뇌 주교 자신부터가 당국자에게 러시아 사람들을 쫓아내게 도와주면 과연 종교 자유를 줄 수 있는지 여부를 물을 정도로 이 문제를 천주교의 전교 자유 획득과 연결을 지어서 생각하고 있음이 드러나고 있는 것이다.

그러면서도 베르뇌 주교는 러시아 사람들과 나라가 다르고 종교도 다르기 때문에 자신은 아무런 영향을 미칠 수 없다는 점 등이 대원군에게 전달되기를 희망했음도 알 수 있다. 말하자면 한편으로는 러시아의 남하 문제를 천주교 신앙의 자유 획득과 연관을 지워 실마리를 풀어보고자 하는 내심을 드러내면서도, 한편으로는 혹 이후에 전개될 상황 속에서 큰 영향을 긍정적인 방향으로 끼치지 못하게 되었을 때 도리어 부메랑이 되어 돌아올 지도 모를 위험성에 대해서까지도 염두에 두는 신중한 태도를 견지하고 있었던 것이라 하겠다.

1864년 초엽에 벌어진 이러한 러시아의 남하 추진은 1865년에도 연이어지더니, 1866년에는 새해 벽두부터 러시아 선박 한 척이 원산항元山港에 나타나 통상通商의 자유 보장과 러시아 상인의 조선 정착 보장을 요구하였다는 소식이 전해져 서울 장안을 뒤숭숭하게 만들었다. 그러자 이런 상황 변화 속에서 천주교 신앙의 자유를 획득해내려는 일부 천주교 신자들의 움직임이 나타나게 되었는데, 베르뇌 주교의 거처를 마련하고 돌보던 홍봉주洪鳳周 토마스 등이 그러하였다. 이들은 러시아인들에게 대항하는 유일한 방법은 영국·프랑스 등과 동맹同盟을 맺는 일이며, 이는 조선에 현재 와 있는 서양 주교主敎를 이용하면 쉽게 이루어질 것이라는 내용의 문서를 작성하여 여러 차례 조정朝廷에도 건의하고 흥선대원군에게도 제시하였다.

하지만 흥선대원군은 이에 대해 별반 뚜렷한 입장을 드러내고 있지 않았다. 그러자 급기야는 그의 부인인 부대부인이 직접 나서서, 천주교 측에 대해 흥선대원군에게 적극적으로 조선 체재 중인 프랑스 출신 주교를 활용할 것을 다시 한 번 주장하도록 종용하였고, 남종삼南鍾三이 이를 실행에 옮김으로써 분위기가 천주교 측에게 대단히 유리한 것처럼 변화되는 듯하였다. 다음의 기록이 있다.

(3)남종삼 요한은 새로 편지를 쓰기로 동의하였고, 그것을 직접 대원군에게 제출하러 갔는데 그 때 대원군의 주위에는 5, 6명의 고관이 있었다. 대원군은 매우 주의 깊게 편지를 읽고, "좋소. 대신大臣 김병학金炳學에게 가서 이 얘기를 하시오."하고만 대답하였다. 이튿날 그는 남종삼 요한을 다시 불러 그와 더불어 오랫동안 천주교에 관한 이야기를 나누었다. 그는 이 교리의 모든 것이 아름답고 참됨을 인정하였다. "다만 내가 비난하는 것이 한 가지 있소. 당신네들은 왜 조상들에게 제사를 지내지 않소." 하고 덧붙였다. 그리고 갑자기 화제를 바꾸어 이렇게 물었다. "주교가 러시아인들이 조선을 점령하는 것은 막을 수 있다고 확신하오?" "물론입니다" 하고 (남종삼) 요한이 대답하였다. "주교가 지금 어디 있소? 서울에 있소?" "아니올시다. 며칠 전에 서울을 떠나셨습니다" "그렇지! 황해도에 천주교인들을 둘러보러 갔겠구먼" "과연 거기 가 계십니다" "그러면 내가 좀 보았으면 좋겠단다고 그에게 알리시오" 남종삼 요한은

나와서 여러 사람에게 방금 가졌던 대화를 이야기하였다. 종교 자유의 시간이 마침내 이르렀다는 소문이 사방에 퍼졌다. 신자들은 기뻐서 어쩔 줄을 몰라 하며 서울에, 나라의 도에 어울리는 큰 성당을 지을 이야기를 하고 있었다 (「깔래 신부의 1867년 2월 13일 서한」 ; 샤를르 달레, 1980, pp.387-388)

이 기록을 보면 남종삼南鍾三 요한이 새로이 문서를 작성하여 홍선대원군에게 제출하러 가자, 특히 이튿날 그를 다시 불러 천주교에 관한 얘기를 나누었을 뿐더러 그 교리에 대해서도 인정하는 태도를 취했다고 한다. 베르뇌 주교가 이때의 일로 기록한 홍선대원군에 대한 평가에, "이 사람은 그가 좋은 것으로 아는 천주교도 적대시하지 않고, 매우 좋은 이야기를 들어서 아는 선교사들도 적대시하지 않았습니다. 그는 우리 서양인 8명이 여기 있다는 것을 모르지 않고, 나와 안면이 있는 관장官長에게 개별적으로 주교主敎 이야기까지 했습니다(「1864년 8월 18일 서한」 ; 샤를르 달레, 1980, p.360)"라고 했음을 통해서도 이러한 홍선대원군 집권 초기의 천주교에 대한 태도를 엿볼 수 있겠다.

그만큼 천주교 교리는 물론 주교의 동향에 대해서까지 이미 많은 정보가 홍선대원군이 갖고 있었음을 알려준다 하겠는데, 그가 궁극적으로 가장 궁금해 한 것은 다름이 아니라 과연 '주교가 러시아인들이 조선을 점령하는 것은 막을 수 있다고 확신'하는가였다. 결국 그가 베르뇌 주교를 만나자고 제안하였고, 이 사실이 널리 알려지자 천주교 측에서는 성급히 '종교 자유의 시간이 마침내 이르렀다'고 속단하고 서울에 큰 성당 지을 이야기까지 하였다고 한다.

홍선대원군은 이렇듯이 집권 초기 당시에 이미 천주교의 실상을 비교적 알고 있을뿐더러, 그렇기 때문에 러시아의 남하를 막을 수만 있다면 프랑스 신부들도 기꺼이 활용하려는 생각도 하였음을 알 수가 있는 것이다. 러시아라는 하나의 오랑캐를 막아내기 위해 서양의 프랑스라는 오랑캐를 활용하려 했던 것이므로, 말하자면 오랑캐로서 오랑캐를 제압한다는 이른바 '이이제이以夷制夷' 정책을 쓰고자 했던 것이라고 평가할 수 있을 듯하다. 하지만 더 이상 러시아의 남하 위협이 없게 되자, 홍선대원군 스스로 이 정책을 포기하기에 이르렀으며, 그럼에 따라 홍선대원군은 천주교의 프랑스 태생 주교를 활용하려던 것도 아예 없었던 일로 치부하기에 이르렀던 것으로 보인다.

(2)좌절기挫折期; 박해의 발생과 무력에 의한 종교 자유 획득 시도 시기 — 1866년 병인박해의 발생과 프랑스함대의 공격(병인양요)

그러다가 음력으로 1866년 즉 병인년 새해에 들어서서 며칠이 지나자마자 분위기는 확 바뀌었다. 러시아의 배가 물러가고 군대가 국경 너머로 돌아가는 등 남하 위협이 해소됨은 물론, 때마침 청나라에서도 프랑스와 영국 연합군의 북경 점령 사건(1860, 철종 11년) 이후 이를 수습하는 과정에서 천주교에 대해 탄압하기 시작했다는 소식이 전해졌으며, 이에 기다렸다는 듯이 조정의 대신들은 홍선대원군에게 천주교의 탄압을 드러내놓고 요구하기 시작하였던 것이다. 이 어간의 분위기는 샤를르 달레의 『한국천주교회사』에서 인용한 다음의 글에서 잘 우러나오고 있다.

> (4)슬프다! 바로 그 시각에 그와 그의 모든 동료의 죽음과 조선의 천주교의 결정적인 제거가 의결된 길이었다. 이미 지적한 것과 같이 조정은 거의 복음福音의 철저한 적敵으로 구성되어 있었다. 그들은 벌써 여러 차례 박해령迫害令을 다시 선포하기를 요구하였었으나 허사였다. 그들은 유리한 기회를 기다리고

있었고, 그래서 그 기회를 놓치지 않은 것이다. 이에는 러시아인들의 문제가 해소되었다. 그들의 배가 물러가고 그들의 군대가 국경을 넘어갔다고 한다. 그래서 그들이 처음에 불러 일으켰던 공포가 거의 사라졌었다. 한편 1865년 12월(양력) 북경北京으로 떠나간 조선사절단朝鮮使節團에게서 편지가 왔는데, 중국인들이 나라 안에 흩어져 있는 서양인들을 사형에 처하고 있다는 말이 있었다. 이 편지가 1월 하순(양력)에 서울에 도착하였는데 그것은 불에 기름을 붓는 격이었다 (샤를르 달레, 1980, p.390)

러시아 세력의 철수를 계기로 '거의 복음의 철저한 적'이었던 조정朝廷에서 천주교에 대한 탄압 요구가 고조되고 있던 터에, 북경에 가있던 조선사절단의 일원으로부터 중국에서 서양인들을 사형에 처하고 있다는 소식이 전해지자, 그것이 '불에 기름을 붓는 격'이 되었다는 것이다. 이러한 소식을 전한 편지의 도착이, 이 기록에서는 양력으로 1월 하순으로 되어 있지만 음력으로는 12월 중순이었으므로, 이를 계기로 정부가 천주교 탄압에 본격적으로 착수하게 된 것은 음력으로 해가 바뀌어 1866년 즉 병인년 새해 벽두였다.

즉 음력으로 설날을 지내자마자 5일에 한성부漢城府에서 포졸을 보내어 최형崔炯 베드로, 전장운全長雲 마테오 등을 잡아들이고, 4일 후인 9일부터는 베르뇌 주교가 거처하는 집을 수색하여 베르뇌(장경일) 주교와 그 집의 실질적인 주인이었던 홍봉주洪鳳周 토마스를 위시한 많은 교우를 체포하였다. 설 때면 멀리 나가있던 가족들조차도 다 제집으로 돌아와 명절을 샌다는 점을 이용해서 교우들을 손쉽게 잡고자 한 데에서 나온 술수였던 것이다. 그렇지 않아도 프랑스 신부들의 비협조적인 태도에 불만이었던 홍선대원군 역시 이를 계기로 천주교에 대한 대탄압에 동참하였다.

그리하여 다블뤼(한국식 성명, 안돈이安敦伊) 부주교副主敎 등 9

명의 프랑스 신부들을 위시해서, 나라의 승지承旨 벼슬을 하면서 홍선대원군 자신과 베르뇌 주교와의 연락을 도맡았던 남종삼南鍾三 요한 등 수 천 명의 천주교 신도들이 이때에 처형되기에 이르렀다. 이 해가 고종 3년(1866)으로, 당시에는 우리나라에서 전통적으로 연대표기를 할 때 간지干支에 따라 하는 법이 관행적으로 여전히 사용되던 때라 그 해의 간지인 병인丙寅을 따서, 이를 천주교에서는 병인박해라고 적고 있는데, 이는 이후 6년간이나 지속되었으며 역사상 가장 혹독한 박해로 기록되고 있다.

이런 가운데서도 리델Ridel(한국식 성명, 이복명李福明) 신부·페롱Feron(한국식 성, 권權) 신부·깔래Calais(한국식 성, 강姜) 신부 3명은 몸을 숨기어서 낮에는 교우집의 벽장 속이나 산골의 바위굴 속에 숨고, 밤에는 알지도 못하는 험한 길을 헤매면서도 여전히 교우촌交友村을 찾아다니며 성무를 집행하면서 어렵사리 지내고 있었다. 이들은 서로 몸을 피해 살아남기에 급급할 수밖에 없는 처지였으므로 처음에는 서로의 소재조차도 알지 못하고 지내다가, 리델 신부와 페롱 신부가 먼저 충청도의 공주公州 부근에서 만나 같이 지내게 되었고, 이후 생사를 전혀 모르던 깔래 신부와도 연락이 닿게 되었다. 그러자 이들은 교우들의 노고로 서로 편지를 주고받음으로써 서로에게 위안을 주고 용기를 얻게 되었으며, 나아가 숨어서만 지낼 게 아니라 조선 교회의 형편과 주교 및 신부들의 순교 사실을 본국에 전함은 물론 새로운 성직자들을 보내줄 것을 요청하기로 마음을 모았다. 당시 전후좌우의 사정과 일의 전개에 관해 아는 데에는 다음의 기록이 요긴하다.

(5)6월 15일경(양력)에 페롱Feron 신부와 리델Ridel 신부는 산속에서 죽은 줄로 생각하였던 깔래Calais 신부의 소식을 듣고 그와 연락할 수 있었다. 그 때에 그들은 그들 중의 한 사람이 중국으로 가서 포교지布敎地가 최근 겪은 재난을 알리고, 또 가

능한 한 포교지를 구제하도록 노력할 것을 만장일치로 결정한 것이다. 세 사람 중에서 가장 선배이고 또 그런 자격으로 장상長上 역할을 하던 페롱 신부가 이 여행에 리델 신부를 지명하였다. 이 선교사는 복종하고 울면서 사랑하는 조선 포교지를 떠났다.

리델 신부는 이런 편지를 썼다. "우리는 배 한 척을 마련하게 했는데, 그것은 지극히 힘드는 일이었습니다. …(중략)… 우리는 맹렬한 질풍의 엄습을 받아 우리 배를 고정시키느라 무진 고생을 했습니다. 순전히 전나무로 만들고, 못은 나무못, 배를 짓는 데 쇠는 한 조각도 안 쓰고, 돛은 풀을 엮어서 만들고 밧줄은 짚으로 꼬아서 만들고 한 작은 배를 상상해 보십시오. 그러나 나는 그 배를 '성聖 요셉 호號'라 명명命名하고 키의 손잡이에는 동정성모童貞聖母를 모시고 성녀 안나를 망루望樓에 모셨었습니다. …(중략)… 우리가 지금 어디에 와 있는 것일까. 폭풍우에 밀려 어디까지 온 것일까. 우리가 이런 질문을 서로 주고받는데, 그 때 사공 한 사람이 검은 점 하나를 손가락질했습니다. 그 검은 점이 점점 커졌습니다. 그것은 우리가 가고 있는 방향에 있는 육지였습니다. 의심의 여지가 없어졌습니다. 그것은 중국이었습니다. …(중략)… 내가 전하는 소식은 서양인 거류민들 사이에 크나큰 센세이션을 일으켰습니다. 나는 지체없이 천진天津으로 가서 중국 연안에서 불국순양함대佛國巡洋艦隊를 지휘하던 로즈Rose소장少將을 만났습니다. 로즈 제독提督은 나를 친절히 맞아들이고 도와주겠다고 약속했습니다." (「리델 신부의 1866년 8월 서한」; 샤를르 달레, 1980, pp.452-454)

이들은 자신들의 뜻을 관철시키기 위해서는 누군가 한 사람을 직접 청나라에 건너가게 하자는 데에 합의를 하고, 리델 신부가 이를 담당하게 되었던 것이다. 그리고 리델 신부는 당시 나무배라고는 하지만 쇠붙이는 하나도 쓰지 않고 오로지 풀과 짚으로 돛과 밧줄을 만든 보잘 것이 없는 배에 몸을 싣고 바다를 건너가면서 "그 배를 '성聖 요셉 호號'라 명명命名하고 키의 손잡이에는 동정성모童貞聖母를 모시고 성녀 안나를 망루望樓에 모셨다"고 했음에서 얼마나 열악한 조건 속에서 어찌나 상황이 절박하였는지를 짐작하고도 남음이 있겠다. 천신만고 끝에 중국에 당도하여 그가 전하는 소식들에 서양인들은 상당한 충격을 받았던 것으로 보이는데, 리델 신부가 앞의 기록에서 찾아지듯이 '내가 전하는 소식은 서양인 거류민들 사이에 크나큰 센세이션을 일으켰습니다'라고 쓰고 있음에서 헤아릴 수 있다. 곧이어 그는 천진天津으로 가서 프랑스 함대 제독提督 로즈Rose 소장少將을 만나 자초지종을 털어놓고 그의 도움을 받기에 이르렀던 것이다.

리델 신부로부터 상세하게 프랑스 신부들의 박해 사실을 들은 로즈는 이 사실을 북경北京 주재駐在 프랑스 임시 대리 공사 벨로네de Bellonet에게 즉각적으로 알리게 되었으며, 그는 청나라 정부에 외교 문서를 보내 이 사태에 대한 정확한 진상 파악과 시정을 요구하였다. 벨로네 공사가 한편에서 이렇게 외교적인 노력을 기울이는 반면, 로즈 제독은 또 다른 한편에서 군사적인 실력 행사에 나설 채비를 갖추었다. 그래서 기함旗艦은 물론 포함砲艦도 거느리는 등 전투 준비를 마치게 되자 로즈 제독은 리델 신부를 통역으로 삼고 그 곳에 와있던 조선 교우들을 길잡이로 삼아 1866년 음력으로는 8월 12일, 양력으로는 9월 20일에 인천 앞바다에 이르게 되었다.

그런 뒤 함대가 한강을 따라 올라와 양화진楊花津에 정박하고 물의 깊이도 재고 지도도 그리며 지내는 동안, 리델 신부는 페롱 및 깔래 신부와 만나 이들과 같이 조선을 떠나고 싶어 했지만 뜻을 이루지 못하고 함대가 되돌아감에 따라 어쩔 수 없이 청나라로 갈 수 밖에 도리가 없었다. 페롱 신부와 깔래 신부도 리델 신부가 프랑스 함대를 이끌고 왔다는 소식을 듣기는 하였지만, 접근할 수가 없어 기회를 갖지 못하다가 둘이 함께 물이 스며드는 쪽 배에 의지하며 바다를 건너 간신히 청나라 땅에 당도하게 되었으며, 이로써 조선 교회는 또 다시 사제司祭가 전혀 없는 교회가 되어 버렸고, 이후 10년 동안이나 이런 상황은 지속되게 되었다. 같은 해 양력 10월에 로즈 제독은 전열을 정비하여 또 다시 공격의 고삐를 쥐고 강화도에 상륙하여 점령함으로써, 이른바 병인양요丙寅洋擾가 본격적으로 발생하게 되었으며, 그에 따라 천주교 교인들에 대한 박해는 더더욱 심해져 6년간이나 끊이지 않았던 것이다.

(3)개화기開花期; 열강의 침투에 따른 천주교 신앙 자유의 토대 구축 시기 － 1886년 한불조약의 체결과 1896년 부대부인 민씨의 입교

1882년 5월 한미조약韓美條約이 체결되고 나자, 조선에 대해 그렇지 않아도 외교 교섭에 크게 힘을 기울이고 있던 프랑스 역시 유사한 내용의 조약을 체결하여 조선에서의 영향력 증대를 꾀하고자 하였다. 그러다가 1885년 4월에 중불조약中佛條約이 비로소 체결되고 또한 같은 달에 영국英國이 거문도巨文島를 점령하고 나서는 물러나려 하지 않는 상황이 벌어지게 되자, 프랑스는 조선과의 조약 체결을 서두르게 되었다. 구체적인 조약내용에 있어서도 가장 예민한 문제인 천주교 전교 허용 문제를 명시하지 않으면서도 그 자유를 암시하는 선에서 타협을 하게 되어, 우여곡절을 겪다가 1886년 6월 4일에 드디어 조약이 체결되었다.

한문으로 표기한 이 문서의 공식 명칭은 「대조선법국조약大朝鮮法國條約」이지만, 흔히 「한불조약韓佛條約」이라 간편히 부르는데, 그 조약의 내용 가운데 가장 문제가 된 것은 제4관 6항과 제9관 2항이었다. 즉 제4관 6항에서 '조선 영토의 전역全域을 갈 수 있으며 또 여행旅行할 수 있다'고 규정하였을 뿐더러 '그 여행권

旅行券이 정규正規의 것이면 소유자는 자유롭게 통행할 수 있으며 필요한 수송 기관을 자유롭게 이용할 수 있다'고 하여 그밖에 다른 목적으로도 자유로이 여행할 수 있도록 수정되었던 것이다. 그리고 제9관 2항에서는 '양국민이 왕래하여 어언語言·문자文字·격치格致·율예律例·기예技藝 등을 학습學習 혹或 교회敎誨하는 데 상호 보조와 편의가 제공될 것이다'라고 되어 있었는데, 이 '교회敎誨'란 매우 함축성이 있는 말로써 호의적으로 해석될 때 천주교의 윤리倫理와 교리敎理도 여기에 포함시킬 수 있는 것이다.

하지만 애초에 「한불조약」 체결을 위한 협상에 임하는 프랑스 전권대사 코고르당Cogordan은 종교 문제는 쉽게 해결될 수 있을 것으로 자신을 했던 게 사실이었다. 조약 체결 1월 전에 그가 프랑스 외무장관에게 보낸 보고서에서 다음과 같이 낙관적으로 관측하고 있었던 것이다.

(6)걸림돌이었던 선교들에 대한 문제는 진정 단계에 들어간 것 같습니다. 제가 지난 10월 나가사키에서 만난 교구장 블랑 주교는 이 점에 대해 저에게 명확하게 확언하였고, 또 서울에 다시 돌아오셔서 이 확언을 서면으로 확증하였습니다. 천진에서 겨울을 보낸 묄렌도르프 씨도 제게 같은 말을 했습니다. 그분의 말을 들어 보면, 선교사들을 반대하는 조정의 편견은 옛날보다 더 하지 않았고, 국왕은 신자들에 대해 공감하는 말로 자기 생각을 여러 번 표현했으며, 종교의 자유를 선포할 때가 가까이 다가왔다고 미국 대신에게 말하기까지 했다고 합니다 (「프랑스 전권대사 코고르당이 외무장관에게 1886년 6월 5일에 보낸 특별 임무 2호 보고서」, 장동하, 2006, pp.251-252)

그 자신이 블랑Blanc 주교는 물론 당시 한국 정부의 외교 고문이었던 묄렌도르프Möllendorf(한문식 성명, 목인덕穆麟德) 등과

도 충분히 상의를 했고, 이들 모두 협조를 약속했으며 한결 같이 조약 타결에 긍정적이었음을 알 수가 있다. 국왕 스스로 '종교의 자유를 선포할 때가 가까이 다가왔다'고 미국 대신에게 말하기까지 했다는 정보를 직접 거론하기도 했을 정도였던 것이다. 그러나 실제로 조약 체결을 위한 협상에 임했을 때의 상황은 그렇지가 못하였다. 한국 정부의 대표 김윤식金允植이 종교에 관한 조항을 조약에 삽입하는 것을 반대하였던 것이다.

이를 기화로 돌연 김윤식이 사의를 표하고 나자, 한국 정부에서는 궁여지책으로 김만식金晩植을, 오늘날의 서울특별시장에 해당하는 한성판윤漢城判尹에 임명함과 동시에 「한불조약」 체결을 위한 전권대사로 임명하였다. 그렇지만 김만식도 역시 종교 자유에 대한 조항에 동의할 수 없음을 분명히 함으로써 또 한 차례 내홍을 겪게 되었지만, 타협의 여지는 국왕에게서 찾아졌는데, 이러한 점은 아래의 기록에서 알 수 있다.

(7)(한성판윤) 김만식은 나에게 국왕이 (조약의) 9조에 있는 거주에 대한 규정과 윤리·종교 교육에 대해 동의할 수 없다고 말했음을 알려 주었습니다. 그러나 국왕은 나라 안에서 (이미 활동하고) 있는 프랑스 사람들의 가르치는 권리와 연구할 수 있는 권리는 인정하였다고 합니다. 윤리·종교 교육에 대해 적은 것을 모두 삭제한다 하더라도, 어디서나 언어·과학과 예술을 가르치고 배우는 권리는 매우 중요한 것 같았습니다. 사실 오늘날 일본 내의 선교사들이 각지로 들어가 거주하고 있는 것은 프랑스어 교수 자격을 갖는 이 권한의 도움이었습니다 (「프랑스 전권대사 코고르당Cogordan이 외무장관에게 1886년 6월 5일에 보낸 특별 임무 2호 보고서」, 장동하, 2006, p.257)

국왕이 '프랑스 사람들의 가르치는 권리와 연구할 수 있는 권리'를 인정하였기 때문이었는데, 코고르당 자신이 쓰고 있듯이 윤리와 종교 교육에 대한 것은 비록 「한불조약」에 포함시키지 못하였다고 할지라도 일본에서의 프랑스 선교사들이 각지로 들어가 거주하고 있는 게 바로 이 프랑스어 교수 자격의 획득으로 가능했음을 상기시키면서 한국에서도 그렇게 될 것임을 한껏 기대하고 있음이 드러난다. 결국 조약 협상 과정에서 논란이 되었던 프랑스 선교사들의 여행과 종교 교육에 관한 규정은, 한국과 프랑스 양측이 서로 자신들에게 유리한 대로 해석할 수 있는 여지를 남겨둔 채 조약을 체결하게 되었던 것이다.

그렇기 때문에 「한불조약」의 체결로 마치 프랑스 태생의 천주교 신부들이 특권을 누리게 되고 선교宣敎의 자유도 구가함으로써 한국인들도 신앙信仰의 자유를 획득하게 되었던 것으로 비쳐질 소지는 충분히 있었다고 하겠다. 하지만 실제상으로는 전혀 그렇다고 할 수 없는 상황이 전개되고 있었던 게 당시의 명백한 현실이었다. 「한불조약」이 체결된 지 2년여가 되었음에도 불구하고 1888년 7월에 다다라서까지 프랑스정부에서 바라고 천주교회에서 원하던 바대로 역사의 물꼬가 터지고 있지는 못하였던 듯하다. 구체적인 하나의 예로 7월 6일에 프랑스 공사公使 플랑시 de plancy가 프랑스 외무장관에게 보고한 내용에 따르면, 한국의 담당 관리 조병식趙秉式이 그의 앞으로 보낸 한 공문에 '우리 선교사들에게 적대적이며, 기독교에 대해 강렬한 증오를 담고 있는 내용'이 담겨 있어서 자신이 이를 읽어 보고 '큰 충격을 받았다'고 적고 있을 정도였던 것이다.

이에 대해 플랑시가 문제를 제기하였고, 결국에는 조병식이 자신의 발언을 더 이상 고집하지 않겠음을 표명하자 플랑시는 매우 흡족하였던 듯하다. 그리하여 그는 '오늘 가졌던 대화 중에, 종교적인 문제에 접근했었는데, 조선에서 박해의 시대는 아마도 끝났을 것이라고 생각할 수 있게 하는 어떤 확신을 얻었습니다'라고 적고 있다. 그만큼 1886년 4월 「한불조약」의 체결로 해서 '박해의 시대'는 종언終焉을 고했다고 할 수 있을지언정, 아직 천주교 신앙 혹은 선교의 자유까지 획득했다고 하기에는 지난至難한 일이었음이 자명自明하다고 할 수 밖에 없겠다. 이러한 과정을 거쳐 비록 '박해의 시대'는 끝났다고 여겨도 무방한 상황이 되었을지라도, 여전히 해결되지 않는 문제가 그대로 잔존하고 있었는데 두드러진 것을 꼽자면 2가지를 들 수 있겠다.

그 하나는 1888년 11월의 천주교회의 성당 부지 매입과 성당 건축 토목 공사와 관련된 것이고, 또 다른 하나는 1889년 2월의 프랑스 신부의 여권 발급과 관련된 것이었다. 전자는 「한불조약」의 제9관 2항에서 '불란서인佛蘭西人들은 … 언제든지 원조와 지원을 받아야 한다'는 것과 관련이 깊음에도 불구하고, 원조와 지원은커녕 천주교회의 성당 부지 매입과 성당 건축 토목 공사가 조선 정부의 방관적이고 미온적인 태도 혹은 허가 방해 공작으로 인해 난관에 봉착하고 있었던 것이다. 후자는 「한불조약」의 제4관 6항의 규정을 통해 보장되게끔 되어 있었지만, 프랑스 여권 소지자의 자유로운 조선 여행이 채 실현되고 있지 못했던 것이다.

「한불조약」의 체결 이후의 이러한 분위기 속에서 그나마 천주교의 전교가 비로소 꽃피우게 되는 개화기開花期의 가장 대표적인 경우는 다름이 아니라 바로 흥선대원군 이하응의 부인이자 국왕 고종의 어머니인 부대부인 민씨의 천주교 입교였다고 할 수 있다. 그녀는 1896년에 이르러 마리아라는 본명本名으로 영세를 하였으며, 이듬해 1897년에는 죽음을 앞두고 봉성체를 모시기에 다다랐던 것이다. 따라서 이 개화기는 한마디로 '국왕의 생모生母도 입교한 시기'라고 특징을 지울 수 있다고 하겠다.

(4)결실기結實期; 천주교의 입지 확보와 선교 자유의 확

립 시기 — 1899년「교민조약」· 1901년「교민화의약정」의 체결과 1904년「교민범법단속조례」의 제정

이후 1899년 1월에 들어서서 크게 불거진 것은 안변安邊에서의 사건이었다. 이는 그 지역에서 천주교에 대해 반감이 심했던 사람들이 힘을 합쳐 천주교의 각 공소公所를 습격하고 불라두Bouladoux(나형묵羅亨默)신부를 축출한 일로, 이를 천주교 교회 내에서는 안변교안安邊敎案이라고도 하는데 일반적으로 일컬을 때는 안변사건 安邊事件이라 한다. 이 사건은 그렇지 않아도 위기감에 휩싸여 있던 당시 천주교의 처지로서는 대단히 충격적인 것으로, 뮈텔 주교는 '중대한, 그러나 사실 같지 않은' 일로 여겼음을 그 자신의 일기日記에서 적고 있다. 하지만 당시 언론에 이 사건에 대해 대대적으로 보도가 되어 전국적으로 그 사실이 널리 알려지면서 파장이 커지자, 천주교회로서는 더더군다나 당혹감을 감출 길이 없어 그 진상을 면밀히 파악하려고 하였고, 그러자 정부로서도 아울러 결코 수수방관할 수만 없는 노릇이었던 모양이다. 그렇기 때문에 이후 거듭되는 지방에서의 지방민과 천주교인 사이의 충돌 사건에 대해 정부는 정부대로 일일이 정부 조직의 계통을 밟아 사실을 조회하였고, 천주교회는 사건 당사자인 신부의 보고문을 통해 정확한 진상 파악을 한 뒤 현실적으로 천주교의 입지를 확보해나갈 수 있는 방안을 강구하고자 하였던 듯하다.

빈발하는 사건의 진상을 상호 정확히 파악하고 적절히 대응하기 위해 천주교회 측과 정부 측이 서로의 문서를 상대방에게 제공해주어 정보를 공유하는 채널을 가동하고 있음을 당시의 여러 기록들을 통해 헤아릴 수 있겠는데, 천주교회의 수장首長인 뮈텔 주교는 자신이 직접 받은 문서들의 사본을 내부內部 소속의 지방국장地方局長 정준시鄭駿時에게 제공해 주고, 반면에 정준시는 정부 조직을 통해 보고된 문건을 비공식적으로 뮈텔 주교에게 전달

함으로써 공조를 꾀하고 있었던 것이다. 뮈텔 주교와 정준시 사이에 이루어진 이러한 공조의 결실은 바로 3일 뒤인 3월 9일 날짜로 작성된「교민조약敎民條約」의 체결로 맺혀지는 듯하였다. 이「교민조약」의 전문은 다음과 같다.

(8)「교민조약敎民條約」
서교西敎가 동국東國에 들어온 것이 이미 백여 년이 되었는데, 그 사이에 뜨거나 가라앉고 드러나거나 숨기거나 하였다. 병술丙戌(1886년) 이전에는 나라의 금법禁法을 무릅쓰고 사사로이 서로 전하여 받아 입교入敎한 국민들 수가 퍽 많지 않았지만 서교를 널리 펴는 방법과 흔적이 심히 남을 꺼려 사사로이 금법을 범하여 화를 취한 자가 또한 하는 수 없이 많았다. 정해丁亥(1887년) 이후부터는 나라의 금법이 이미 풀려 교민도 점점 많아져서, 안으로는 한성漢城 5서五署에 밖으로는 지방 각 군의 사이사이마다 교당敎堂을 세우고 학교를 열어 그 교를 받아들인 사람들이 병술丙戌(1886년)과 비교하면 다만 10배 뿐이 아니었다. 대개 서교의 원류는 독실篤實하여 허위虛僞가 없으며 선善을 좋아하고 의義에 나아감인데, 대략 모두가 십계十戒 가운데 있다. 어찌 실과 터럭 사이일지라도 선하지 않고 의롭지 못한 일로써 가르치리오? 근래의 어리석고 고지식한 인민人民들이 혹 이 교敎의 본의本意를 깨우치지 못해 오늘 입교하고 명일明日에 영세領洗를 받으면, 스스로 말하기를 복수와 혐오도 갚을 수 있으며 원통함과 억울함을 펼 수 있으며, 비리도 저지를 수 있고 불법도 행할 수 있다고 하여, 왕왕 분수分數를 범하고 기강을 어지럽히는 일이 있다. 진실로 그 폐단을 궁구해보면 다만 정령政令의 해害가 되고 인민의 불행만이 아니라, 또한 서교에서도 취하지 않는 바이다. 의논하여 조약을 맺으니 다음과 같이 열거한다.

이 전문에 이어지는「교민조약」의 구체적인 9개 조목에 걸친 세부 내용 중 가장 두드러진 특징으로는, 뮈텔과 정준시 사이의 타협을 대단히 강조하고 있었다는 점을 꼽을 수 있겠다. 한편 각 지방에 있는 신부들의 역할 축소와 각 지방관들의 폐단 및 월권 방지에 대해서도 몇몇 조목에 걸쳐 각별히 상정해 놓고 있음을 간파할 수 있다. 하지만 크게 문제가 되지 않을 수가 없는 게, 이「교민조약」이 그렇다고 해서 천주교의 뮈텔 주교와 내부의 지방국장 정준시 사이에 실제로 체결된 것 같지 않는다는 점이다. 특히 뮈텔 주교는 정준시가 초안을 잡아 온 이「교민조약」에 대해 별반 깊은 관심을 쏟지도 탐탁하게 여기지도 않았음이 분명한데, 이 점은 뮈텔 자신이 남긴 다음의 일기 기록에서도 충분히 감지할 수 있다고 본다.

(9) 3월 10일
정준시가 또 찾아왔다. 그는 내부의 민사국장과 천주교 교구장 간에 체결할 조약 초안을 가지고 왔다. 요컨대 그 문서는 좋은 취지에서 작성된 것이긴 하지만, 내가 서명하는 것은 어려울 것 같다. 왜냐하면 그 중 여러 조항은 불필요하고, 또 존재 가치가 있는 조항들도 십중팔구 지방 당국에 의해 잘못 해석될 것이고, 따라서 피해야 할 장애들이 다시 일어날 것이기 때문이다 (『뮈텔 주교 일기』 II, 1999, p.370)

뮈텔이 남긴 이 기록으로 보아 이 당시에「교민조약」이 체결되지 않았던 게 분명하다고 단언하면 과연 억측에 지나지 않는 것일까 싶다. 그렇기 때문에 이 시기까지는 채 천주교와 정부 사이의 갈등이 구체적으로 해소되기 어려운 실정에 있었다고 함이 옳을 것으로 판단한다. 그렇다고는 하지만 천주교의 처지에서는 선교 자유에 있어서 그만큼 입지가 이전보다 훨씬 확보되었다고 할 수 있었던 듯하다.

한편 1886년「한불조약」의 체결 이후 각지에서 벌어진 수많은 교안敎案 가운데서도 최대의 규모였고 최악의 참사로 기록되고 있는 것은 1901년 제주도濟州道에서 벌어진 이른바 신축교안辛丑敎案이었다. 이는 흔히 '제주교안濟州敎案' '신축교난辛丑敎難' '이재수李在守의 난亂' 혹은 '제주민란濟州民亂'이라 불리기도 하는데, 당시 제주도 지역의 주민들이 천주교의 성직자·교인들과 이들을 제외한 도민道民으로 두 패로 갈라져 서로 조직을 갖추고 나름대로 무장을 한 뒤 거듭 각지에서 충돌하다가 제주성濟州城을 중심으로 공방전攻防戰을 벌이고, 제주성이 함락된 후 천주교 교인들이 수백 명 학살당한 사건이었다. 이 사건 이후 갈등이 고조되다가, 7월 2일에 이르러서 천주교인들과 그 외의 제주도 도민들 사이에 화의和議를 다지기 위한 약정約定이 체결되게 되는데, 이것이 바로「교민화의약정敎民和議約定」이었다.

이「교민화의약정」은 전문前文과 12개 조항으로 구성되어 있는데, 800여 명의 학살자를 낸 불행한 사건이 재발하지 않도록 하려 했던 것이다. 전문에서는 '대한국정부가 우방友邦의 의宜를 넘念ᄒ야 서교西敎의 금禁을 이弛ᄒ고 외인外人을 보호保護ᄒᄂᆫ디'라고 있음에서 드러나듯이「한불조약」의 기본 정신을 이을 것임을 명시하는 동시에, '싱각건디 평민平民과 교민敎民이 다 갓치 대한적자大韓赤子라 동포의同胞誼를 존존存ᄒᄆᆡ 의宜ᄒ거늘'이라 하여 천주교인 역시 일반 도민들과 마찬가지로 대한大韓의 적자赤子 즉 국민임을 천명하였다. 그리고 12개 조목에서는 제1조의 '서교西敎ᄂᆫ 조가朝家의셔 금禁치 아니ᄒᄂᆫ 비라 민民된 져 맛당의 조가본의朝家本意를 각준恪遵ᄒ야'라는 대목에서 적시한 바와 같이, 천주교를 인정하는 바탕 위에서 재발 방지에 대한 근본 대책을 마련한 것이어서 매우 상세한 사안까지 규정하고 있는 것이다.

이 약정約定이 제목에서 명시된 바처럼 교敎·민民의 갈등을 완전히 해소시켜 화의和議를 이루게 하지는 못했으나, 이에 따라 제주도의 지방관 및 토착 세력의 처지에서 볼 때는 천주교의 외국인 선교사 등이 치외법권治外法權을 한껏 누릴 수 없게 규정함으로 해서 자연히 관권官權 및 향권鄕權을 회복하기에 이르렀고, 반면에 천주교는 조가朝家 즉 조장朝廷에서 금하는 게 더 이상 아니므로 제주도 내에서는 천주교인을 반대세력들이 능멸하거나 박해하면 이제는 그들을 지방관이 징계하여 다스리도록 규정함으로써 천주교로서는 오히려 보호를 받을 수 있게끔 되었다. 비록 이 「교민화의약정」이 제주도의 지방관 및 토착 세력들과 천주교 성직자 사이에 맺어진 것에 불과하여, 프랑스와 조선 사이에 외교적인 차원에서 맺어진 조약條約과는 차원이 달랐다는 한계는 분명한 것이었다. 그렇다고 할지라도 이 약정문은 효력이 미치는 지역이 불과 제주도에 한정된 것이기는 하지만 천주교 신자들이 신앙의 자유를 차츰 획득하고 인정받아 가는 과정을 낱낱이 전해주는 하나의 예로써 역사적인 의미가 적지 않다고 할 수 있겠다.

　신축교안辛丑敎案이 이렇듯이 1901년 7월 「교민화의약정」의 체결로 진정되고, 천주교 신자들이 신앙의 자유를 차츰 획득해가고 있었을지언정, 그것은 어디까지나 제주도 지역에 한정된 것에 불과하였다. 다름 아니라 특히 해서지방海西地方 즉 황해도黃海道에서는 여타 지역의 다른 교안敎案과 비교해 규모가 크고 기간이 긴 교안들이 이 시기를 전후하여 연이어 터지고 있었기 때문이다. 이렇게 여러 곳의 해서지방에서 장기간에 걸쳐 일어난 통칭通稱 해서교안海西敎案은, 더더군다나 개신교改新敎까지 개입되어 있어 문제 자체도 아주 심각하고 복잡하며 심각한 상황으로 전개되고 있었다.

　이러한 일련의 해서교안에 대한 천주교의 입장과 정부 관리들의 견해 사이의 차이는 타협의 실마리가 찾아지는 것처럼 보이다가도 다시 원점으로 되돌아감을 몇 차례 거듭하였으며, 게다가 프랑스 공사公使 플랑시de Plancy(한국명 갈립덕葛林德)의 외교적 개입은 더욱 문제가 꼬이게 하기도 하였다. 우여곡절 끝에 해서교안海西敎案이 가까스로 해결되고 나서 6개월쯤밖에 지나지 않은

1904년 6월 3일에 이르러 대한제국大韓帝國의 외부대신外部大臣 이하영李夏榮은 프랑스 대리공사代理公使 퐁트네Fonteney에게 보낸 글을 통해 프랑스인 선교사들이 지방에 선교를 하는데 우리나라의 '불량한 무리들'이 문제를 일으켜 그 처리에 여러 가지 어려움이 생겨나므로 이를 근절시키기 위해 적절한 조치가 필요하다는 의중을 밝혔다. 이러한 조치는 천주교의 전교 활동을 억제하기 위한 게 결코 아니라 다만 앞으로 있을 수 있는 불상사를 미연에 방지하지 하기 위해서「한불조약」의 취지에 벗어나지 않도록 마련한 것이라는 설명을 사전에 하고, 그리고 나서는「교민범법단속조례敎民犯法團束條例」를 제시했던 것이다.

이「교민범법단속조례」에 드러난 바의 특징은 한편으로는 천주교 프랑스 선교사들의 활동을 일정하게 제약하는 내용을 담고 있으면서, 또 한편으로는 그들의 선교 자유를 인정하는 내용도 함께 포함하고 있었다는 점이 되겠는데, 하지만 무엇보다도「교민범법단속조례」의 가장 공통되는 핵심은, 결국 대한제국의 법률에 입각하기만 하면 천주교 프랑스 선교사들의 자유로운 선교 활동을 보장하고 있다는 점이라 할 것이다. 그러므로 1904년의 이「교민범법단속조례」는 그 제정制定의 제안자提案者인 외부대신 이하영이 프랑스 대리공사 퐁트네에게 보낸 글에서 밝힌 바대로 기본적으로 천주교의 선교 활동을 억제하기 위한 게 결코 아니라 다만 앞으로 있을 수 있는 불상사를 미연에 방지하지 하기 위해서「한불조약」의 취지에 벗어나지 않도록 마련한 것이었기에, 그만큼 천주교의 선교 자유 확립에 국가적으로 합법성을 띨 수 있게 해주었다는 데에 역사적 의미가 있다고 하겠다.

지금까지 살펴온 바와 같이 고종高宗 재위 전체를 놓고 볼 때, 다른 앞선 국왕의 재위 중 여느 시기의 천주교의 상황과 견주어 보아서, 가장 큰 변화 모습으로 손꼽을 수 있는 것은 무엇보다도 국왕 자신의 생모生母이자 흥선대원군의 부인인 부대부인 민씨의 자진 입교 사실이라 하지 않을 수 없다고 하겠다. 그러므로 그녀의 입교 배경과 그 이후의 사건 전개에 대해 상세히 살펴봄이 대단히 흥미 있고 또한 의미 있는 일의 하나라고 본다.

제3절 부대부인 민씨의 입교 과정과 뮈텔 주교의 영세·견진 성사 집전

1895년 8월(양력)에 고종의 중전中殿인 명성왕후明成王后 민비閔妃가 일본 칼잡이들의 칼날에 무참하게 살해당하는 전대미문前代未聞의 사건 즉 명성왕후민비 시해사건(일명 을미사변乙未事變)이 발생하였고, 이로 말미암아 신변 안전에 대한 위태로움을 느낀 고종은 러시아 군대의 도움을 받으며 러시아 공사관(아관俄館, 러시아를 한문으로 아라사俄羅斯라고 표기하였기에, 러시아 공사관을 줄여서 당시에는 흔히 아관이라고 하였다)으로 옮아가 거처하게(파천播遷) 되는 이른바 아관파천俄館播遷을 감행하였다. 이런 와중에 부대부인 민씨는 인생에 대한 깊은 성찰 끝에, 이미 교인이 되어 자신에게 천주교 입교를 권유하던 고종의 유모乳母 박 마르타를 따라 천주교에 입교하려고 마음을 정했던 것 같다. 이와 관련한 기록으로 가장 신용할 수 있다고 판단되는 기록으로는 다음이 있다.

(10-가)어린 왕의 유모 박씨는 벌써부터 열심한 신자였고 흥선군부인 부대부인府大夫人 민씨도 천주교를 사랑하여 신앙하였었다. 베르뇌(장張) 주교 순교하시기 얼마 전에 부인은 주교께 하인을 보내어 국가의 융성과 평화를 위하여 여러 대 미사를 봉랍하였다. 바로 그 때 그 군부 홍선군은 천주교를 몹시 압박하여 많은 사제들과 수천의 신도들을 살육하고 있던 때이다. 그러나 부인은 은밀히 교리를 연구하며 영세할 준비를 하고 있었다 (민주교, 홍용호 신부 역, 「부대부인민씨(홍선대원군부인)의 수세실기」, 1935, p.160)

(10-나)43. 박 마르타
과부로서 문교聞敎하여 칠패七牌에서 발물 객주客主하며, 금상수上의 유모乳母인 고로 운현궁雲峴宮에 다니더니, 을축乙丑(1865)년 아라사俄羅斯 배 올 때에 홍 토마와 의논하고, 이 일을 부대부인府大夫人께 아뢰니라. 병인 군난에 홍천洪川으로 피하였다가 그곳에서 자기 수양자收養子 이성칠과 같이 잡혀 좌변에서 치명하니, 때는 무진 2월이러라 (민덕효, 『치명일기致命日記』, 1986, p.26)

부대부인 민씨가 천주교에 입교하고자 했던 게 바로 그녀의 비녀婢女이면서 고종의 유모乳母였던 박 마르타의 전교에 의해서였음이 이 기록들로 확연히 입증이 되고도 남음이 있겠는데, 박 마르타의 영향으로 부대부인 민씨는 입교 이전부터도 이미 신자와 다를 바가 없는 신앙 생활을 하고 있었다는 사실이 뮈텔Mutel 즉 민주교閔主敎 곧 민덕효閔德孝 주교主敎의 위 글에서도 잘 드러난다고 보여진다. 다름이 아니라 '은밀히 교리를 연구하며 영세할 준비를 하고 있었다'는 사실도 그러하지만, '베르뇌(장張) 주교 순교하시기 얼마 전에 부인은 주교께 하인을 보내어 국가의 융성과 평화를 위하여 여러 대 미사를 봉랍하였다'고 적고 있음에서도 그러하다고 생각한다. 여기에서 '국가의 융성과 평화를 위하여 여러 대 미사를 봉랍하였다'고 함은, 이미 앞의 인용 기록 (1)에서 '자기 아들이 왕위에 오른 것에 대한 감사미사를 드려달라'고 청했다고 하는 베르뇌 주교 자신의 글과 상통하는 바로써, 입교 이전부터 이미 천주에게 의지하고자 하는 그녀의 간절함이 저절로 배어나오는 것이라 하지 않을 수가 없겠다.

이렇듯이 간절한 신앙심을 갖추고 있었고, 또 영세를 받고자 하는 의지도 분명하였으나, 그녀 자신의 천주교 영세는 그리 쉽사리 허락되지를 않았다. 다음의 기록에서 드러나듯이 적어도 고종의 즉위 이후 거의 33년이 지나서야 간신히 성사가 허락된 것으로 셈되기 때문이다.

> (11)(가)부인은 벌써 여러 해 전부터 마음으로 믿고 수계를 하여 왔다. 1890년에 내가 주교로서 조선 땅을 다시 밟게 됨에 부인은 내게 사람을 보내어 성세주기를 청하였다. 그러나 나로서는 부인이 이미 연로하였지만 임금의 어머니로 조정의 여러 가지 이단예절에 참섭하지 않을 수 없는 형편에 있음을 잘 아는 고로 곧 가서 성세를 주기를 주저하였다. 이러한 사정을 설명하여 궁정에 모든 사무를 벗을 때까지 영세하기를 기다릴 것이라고 일러 보냈다.
> (나)1896년 봄에 부인은 연로함을 빙자하고 궁정에 모든 사무를 물리고 궁중을 벗어난 후 다시 내게 사람을 보내어 성세를 청하였다. 나는 그 해 10월 11일에 부인에게 성세주기를 허락하고 운현궁雲峴宮에서 과히 떨어져 있지 아니한 어떤 교우 비자의 집을 영세 장소로 택하였다 (민주교, 1935, p.161)

이 기록들에 따르면 부대부인 민씨는 이미 1890년에도 뮈텔 주교에게 영세를 받고자 했음이 드러나지만, '연로함을 빙자하고 궁정에 모든 사무를 물리고' 다시 성세를 청했다고 했는데, '임금의 어머니로 조정의 여러 가지 이단예절에 참섭하지 않을 수 없는 형편에 있음을 잘 아는 고로' 뮈텔 주교는 이를 거절했음이 드러나고 있다. 그래서 1896년 봄에는 부대부인이 '연로함을 빙자하고 궁정에 모든 사무를 물리고 궁중을 벗어난 후' 다시 영세를 청하자 이를 받아들여 비로소 영세가 주어졌다는 사실을 알 수가 있다. 이와 관련하여 『뮈텔 주교 일기』1896년 5월 21일 조에 보면, "왕의 어머니는 쇠약해져서인지 자신의 시력이 나빠지고 있다고 생각하여 대궐의 여교우 중 한 명을 보내 루르드의 성수를 내게 청하게 했다. 그녀는 집안 살림을 모두 며느리에게 떠맡긴 것 같다. 그래서 미신 행위에서 해방되었으므로 가능한 한 빨리 영세를 하고 싶어 하고 있다(1993, p.75)"고 적혀 있음도 참고가 되는데, 그만큼 부대부인 민씨는 간절히 천주교에 입교하고자 하는 마음이 열렬히 강했음이 잘 드러나고 있다고 하겠다.

그리고 10월 11일에 있은 영세식에 대하여 서술하면서, 다만 위의 기록 끝부분에 영세 장소에 대해, '운현궁에서 과히 떨어져 있지 아니한 어떤 교우 비자의 집'이라고 했을 뿐이지만, 『뮈텔 주교 일기』같은 날의 기록에 의하면, '대원군의 궁궐의 하녀인 이 마리아의 집(1993, p.106)'이라고 한 바가 역시 참조가 되며, 이에 따라 이 집은 부대부인의 비녀 이 마리아의 것이었지만 곧 뒤의 기록에서 보듯이 그녀는 다름이 아니라 바로 부대부인 자신의 견진 대모가 되었던 것이다. 영세와 견진에 관한 기록으로는 다음의 것이 있다.

(12)(가)부인과 나는 서로 할 이야기가 많이 있었으나 많은 시간이 허락되지 않으므로 극히 중요한 몇 마디 회화가 끝난 후 곧 찰고를 받았다. 부인은 여러 가지 기도문은 마치 매일 외우는 구교우 같이 유창하게 외웠다. 그리고 여러 가지 도리를 물어보는 나에게 조금도 서슴지 않고 거침없이 바로 대답하였다.
(나)나는 환경이 허락하는 대로 화려한 예절을 갖추어 부인에게 성세를 주었다. 왕의 유모의 딸이 부인의 대모를 섰다. 모든 예절은 순조로이 잘 진행되었다. 예절할 때 나는 밖에서 부인

의 시종들이 술을 먹으며 떠드는 소리를 들었다. 저들은 의심 없이 취하였을 것이다. 내가 부인의 이마 위에 영세수를 부을 때에 마리아(부인의 영세본명) 부인의 얼굴에는 말할 수 없는 기쁨의 빛이 드러남을 보았다. 나는 이러한 빛을 내 손으로 세준 다른 회두자들의 얼굴에서 천 번이나 보았다. 꽃 같은 기쁨이었다. 영세가 끝나자 나는 저에게 견진 성사를 주었다. 견진대모는 또 다른 비녀를 세우고 이와 같이 대략 한 시 동안 모든 예절을 무사히 마치고 더 기다리면 위험한 고로 나는 마리아부인에게 하직을 빌고 부인이 가마에 오를 때까지 문 뒤에 숨어 있다가 가마가 사라진 후에 나도 가만히 집으로 돌아왔다 (민주교, 1935, p.162)

극비리에 진행되는 영세식이었건만 신자가 되고자 하는 영세 준비가 제대로 되었는지를 살피는 사제司祭의 찰고察考는 예외 없이 행해지고 있었음이 한편으로는 당연하다고 할 밖에 없으면서도 또 다른 한편으로는 이런 상황 속에서도 이는 반드시 지켜지고 있었다고 하는 사실이 대단히 특기할 만하다고 여겨진다. 게다가 더욱이 '여러 가지 기도문은 마치 매일 외우는 구교우 같이 유창하게 외웠다'라든가 여러 가지 도리를 묻는 질문에 '조금도 서슴지 않고 거침없이 바로 대답하였다'라든가 하는 대목은 그녀가 진실로 천주교 신자가 되기에 충분히 준비가 되어 있었음을 입증해준다고 할 수 있겠다.

그리고 이 기록에서 상세히 묘사된 영세식 당시의 모습과 관련하여, 당시 부대부인이 천주교 영세를 받을 때의 심리 상태와 관련하여서는 영세를 받을 때 부대부인이 한 말을 뮈텔 주교가 적어놓은 게 예사롭지가 않다고 생각된다. 즉 "부인은 나에게밖에 희망을 둘 곳이 없다고 하며, 그의 가정과 모든 일가를 부탁했다. 나는 그녀에게 우리의 첫째요 유일한 의지처는 오직 천주님이라고 했다(1993, p.106)"라고 하였음이 그러하다고 하겠다. 또한 앞의 기록에서 뮈텔 주교가 부대부인에게 영세와 견진을 동시에 주었다고 하였는데, 그녀의 대모代母에 대해서는 "수산나가 그녀의 영세 대모가 되었고, 2명의 이 마리아 중 연장자가 그녀의 견진 대모가 되었다(1993, pp.106-107)"고 적어 놓은 것도 빼뜨릴 수 없는 중요한 기록이라 하겠다.

결국 부대부인은 지체가 하늘을 찌를 듯한 부대부인이었으나 영세 대모와 견진 대모가 모두 그녀 자신의 비녀婢女였다고 하는 점은 참으로 놀라운 사실이 아니라 할 수 없겠는데, 그야말로 첫째가 말째가 되고 말째가 첫째 된다는 성경이 그대로 현실화된 사례의 하나로 역사상 길이 기억되어 마땅할 것이라 여겨진다. 이렇게 어렵사리 영세식이 거행된 이후 1년 가까이 지난 1897년 9월에야 비로소 처음으로 부대부인 민 마리아의 고해성사와 영성체가 행해졌던 모양이다. 다음의 기록에서 이를 찾을 수 있다.

> (13)그 이듬해 되는 1897년 9월 5일에 부인은 다시 내게 사람을 보내어 고해성사와 첫 번 성체 받기를 청하였다. 나는 곧 그날 저녁에 만나기로 허락하고 직접 그의 대궐인 운현궁을 찾기로 하였다. …(중략)… 거기에는 작년에 부인이 영세할 때에 참섭하였던 비녀도 같이 있었다. …(중략)… 서로 인사한 후 간단한 몇 마디 회화가 끝난 후 부인은 내게 고해받기를 청하였다. 나는 곧 고해를 받고 비녀 하나는 부인에게 성체전송을 보이주었다. 자정이 조금 넘어서 나는 중백이를 입고 영대를 메인 후에 부인에게 성체를 영하여 주었다. 나의 머리에는 아직까지 그 때에 극적 광경이 환-하니 떠오른다. 극히 노년한 민 마리아 부인은 공순히 내 앞에 꿇어 오주 예수의 몸을 받는데 그 뒤에는 교우 비녀를 가운데 두고 두 외인 비녀가 나란히 공순히 읍하고 서있었다. 이와 같이 부대부인 민 마리아는 1897년 9월 6일 첫새벽에 제왕 중 왕이신 그리스도를 가슴 안에 뫼시던 것이다. 이것은 부인의 첫영성체요 또한 마지막 영성체이었다 (민주교, 1935, pp.162-163)

이 기록에서 '영세할 때에 참섭하였던 비녀' 혹은 '교우 비녀'라고 지칭된 이는 부대부인 민 마리아의 대모를 지칭하는 것으로, 민 마리아의 가장 지근한 거리에 있었던 그녀의 대모가 결국에는 첫 고백과 영성체에도 동석하여 돌보고 있었음을 알려주는 것이라 하겠다. 그리고 이 날의 부대부인의 첫 고백에 대해서 역시 『뮈텔 주교 일기』 1897년 9월 5일 란에서 "새벽12시 반경에 영성체를 해주었다. 팔순 노파에게 첫영성체란 정말 감격적이었다! … 미안하지만 영성체 후 기도를 중단시키고 작별 인사를 하고 물러나왔다. 새벽 1시경에 돌아왔다. 천주께 감사!"라고 끝맺고 있음도 함께 참작해야 할 것이다.

제4절 부대부인 민 마리아의 임종과 그녀의 천주교 신앙생활에 대한 흥선대원군·고종의 태도

권불십년權不十年! 어떠한 막강해 보이는 권력도 10년이 못 간다는 옛말이다. 나는 새도 떨어뜨릴 듯하던 대원군의 경우도 결코 예외가 아니었다. 그 역시 권좌에서 물러난 이후는 암담한 나날이었다. 그러한 그의 생활 속에서 그나마 모든 것을 의지하고 기대면서 지낸 사람은 유일하게 자신의 배우자 부대부인府大夫人 민씨閔氏 뿐이었음이 거의 분명하다. 어느 누구하나 그의 곁에 자유로이 드나들 수 있는 사람이 없었기 때문이기도 하였지만, 한편으로는 사람들이 권력이라고는 전혀 지니지 못한 그에게서 얻어낼 게 더 이상은 없다고 여기고 있었기 때문이었는지도 모른다. 이러한 흥선대원군에게 부대부인은 말년에는 드러내놓고 천주교에 입교해보도록 권유하였던 것 같다. 아래와 같은 뮈텔

Mutel(한국명 민덕효閔德孝)주교의 기록에 보면 1897년 어간의 이야기들이 적혀 있다.

> (14)그 해 겨울도 거의 다 지나 연말이 가까이 온 때에 부인은 중병에 걸리었다. 부인은 다시 사람을 보내어 병이 쾌차하는 대로 기별하기를 허락하고 나에게 자기를 위하여 열심 기도해 주기를 청하였으며 할 수 있으면 자기 군부 홍선대원군을 심방하여 회두하기를 권하여 달라고 하였다. 섭정 홍선군도 그 때에는 중병을 얻어 기거치 못하던 때이다. 민부인 생각에는 홍선군도 천주교회로 회두할 수 있으리라고 믿었던 것이다 (민주교, 1935, pp.163-164)

부대부인 민씨가 사람을 보내어 뮈텔 주교에게 간청한 것은 2가지였던 것 같다. 하나는 죽음을 앞둔 부대부인 자신을 위해 기도해 달라는 것이고, 또 하나는 홍선대원군을 심방尋訪하여 회두回頭하기를 권해 달라는 것이었다. 이를 통해서 부대부인이 자신의 남편 홍선대원군도 천주교에 입교할 수 있도록 이끌어달라고 뮈텔 주교에게 간청했다는 사실이 드러나고 있다.

이때에는 이미 홍선대원군 역시 중병을 앓고 있는 상태였다고 하는데, 이러한 부인의 뜻을 전하며 뮈텔주교가 홍선대원군을 심방해보려 했지만 결과적으로는 거절당하였다. 홍선대원군이 뮈텔과의 만남을 거절한 이유는, 뮈텔의 기록에 보면 "그 이유는 지금 궁중 정사가 다단하고 자기와 황제 사이에 어떠한 파란이 없지 아니함으로 만일 내 심방을 허하게 되면 자기나 내 자신의 입장이 더욱 불리하게 되리라 하는 것이었다"고 한다. 하지만 여기에 대해서 곧 바로 뮈텔 자신도 "그러나 이것은 면회를 거절하는 한낱 평계에 지나지 못하(민주교, 1935, p.164)"다고 여기고 있었다고 한다. 홍선대원군은 천주교 자체에 대한 개인적·종교적인 관심보다는 여전히 정치적 접근만을 생래적生來的으로 꾀하고 있었을 뿐이었던 것이라 하겠다.

어찌 되었거나 그리하여 결과적으로는 뮈텔 주교의 홍선대원군에 대한 전교는 성사되지를 못했던 것이다. 그러다가 결국 얼마 지나지 않은 그 이듬해 정월에 부대부인이 세상을 떠나게 되는데, 당시에 대한 뮈텔 주교의 기록은 다음이다.

> (15)이듬해 정월 9일 아침에 놀라운 소식을 접하게 되었다. 그것은 어제 저녁에 부인이 선종하였다는 비보이다. 선종을 도와주지 못하였음을 더욱 섭섭히 생각하였으나 그 때 환경으로는 어쩔 수 없던 일이었다. 부인은 자기의 임종을 깨닫고 교우 비녀를 잠시도 자기 곁에서 떠나지 못하게 하고 기도와 영신의 권면을 청하다가 최후 운명하였다 한다 (민주교, 1935, p.164)

자신의 임종을 준비하면서 교우 비녀婢女로 하여금 곁을 떠나지 못하게 하고, 옆에서 '기도와 영신을 청하'였다는 데에서 부대부인이 최후의 순간까지도 천주교 신자로서의 삶을 살고자 하였음이 드러난다고 하겠다. 더욱이 그녀의 임종 사실을 적은 『뮈텔 주교 일기』의 같은 날짜의 기록을 보면, 그녀의 신앙생활에 대해서 뮈텔 주교가 "그녀는 착하고 순박했고, 가톨릭 신앙에 충실했으며, 가능한 한 모든 수계 생활에도 충실했다. 나는 그녀가 하느님의 자비를 받았을 것임을 믿어 의심치 않는다(1993, p.255)" 쓰고 있음이 주목된다.

하지만 부대부인이 이렇듯이 천주교 신자로서의 삶을 살았을 뿐만 아니라 더욱이 자신의 남편 홍선대원군도 천주교 신자가 될 수 있기를 고대했다는 것은 참으로 기이하다고 생각된다. 홍선대원군의 부인이 노년에 천주교 신자가 되어서는, 천주교 신자들을 혹독하게 박해를 통해 죽음으로 내몰았던 자신의 남편까지 속죄하고 천주교 신자가 되기를 절절하게 원했다고 함이 신앙적으로는 참으로 아름다운 일이라고 여겨지지만, 상식적으로는 전혀 믿기 어려운 일이라고 생각되기 때문이다. 하루하루가 암담하고 절박한 현실 속에서 죽음을 앞둔 두 노년의 부부가 서로의 사후를 걱정하는 마음에서 그랬던 것이 아닐까 싶다.

최후를 맞이하면서까지 이런 마음 씀씀이를 보이면서 자신을 걱정해주던 부대부인이 결국 자신보다 먼저 세상을 떠나자, 홍선대원군은 못내 그리워 이후의 낮밤을 눈물로 지새우며 애간장을 녹이는 나날을 보냈을 것이다. 가난한 자신에게 시집와서 산전수전 다 겪은 부대부인, 끼니거리 조차 없어 노심초사할 때도 적지 않았지만, 그 어려운 살림살이에도 불평 한 마디 없이 꿋꿋하게 버티며 살아준 부대부인! 때로는 아들인 주상 앞에서조차 남편인 자신을 위해 기꺼이 자결이라도 하려는 듯이 결연한 태도를 보였던 그녀, 그녀의 죽음 앞에서 홍선대원군은 이 세상을 더 이상 살아야 할 가치를 느끼지 못하게 되었던 게 아닐까?

위의 뮈텔 주교의 글에서도 끝내 자신이 홍선대원군을 만나지 못한 상태에서 부대부인의 사망 이후 몇 달이 지나지 않아 홍선대원군 역시 그녀의 뒤를 따라 세상을 버렸다는 얘기를 쓰고 있음이 예사롭지 않다. 1897년 12월 9일(음력)에 부대부인 민씨가 사망한 지 2달도 채 못 된 2월 2일(음력)에 79세를 일기로 홍선대원군이 그 뒤를 쓸쓸하게 뒤따랐다는 것이다. 뮈텔 주교가 이렇게 쓴 것은, 부대부인의 죽음이 곧 홍선대원군의 심정에 돌이킬 수 없을 만큼의 커다란 영향을 끼쳐서, 의지 할 것이 더 이상 없었고 오갈 데 없는 그 노인의 죽음을 재촉한 것으로 느꼈기 때문으로 생각된다.

한편 천주교에 대해서 고종高宗 자신은 어떤 태도를 취하고 있었던 것일까? 즉 그 자신은 어느 정도 천주교에 대해서 알고 있었으며, 자신의 모친 부대부인이 천주교에 입교해서 천주교 교인으로서의 삶을 살았다는 사실에 관해 그는 어떻게 느끼고 있었던 것일까 등등이 궁금한 것이다. 하지만 이에 대한 기록이 많지 않으므로 자세히 알 수는 없지만, 대체로 3가지 정도는 살필 수 있을 것 같다. 첫째는 고종이 천주교 신자인 유모乳母 박 마르타의 영향으로 천주교에 대한 지식을 은연중에 일찍부터 지녔을 것이라는 점이다. 이를 엿볼 수 있는 기록은 다음이다.

> (16)궁중에 계속 머물러 있는 왕의 유모는 신자입니다. 올해에 그 여인에게 고해성사를 주었습니다. 만일 이 여인이 학식이 있고 능력이 있다면 우리에게 많은 도움을 줄 수 있을 것입니다. …(중략)… 이 여인이 왕에게 천주교와 서양 선교사들 얘기를 했고 왕은 천주교인이 되고 주교主敎를 보겠다고 대답했다고들 합니다만, 나는 이 말을 조금도 믿지 않습니다. 이 여인은 그럴만한 능력이 없습니다 (베르너 주교,「1864년 8월 18일 서한」; 샤를르 달레, 1980, p.361).

뮈텔 자신은 믿지 않는다 했지만, 이를 보면 시중에는 왕의 유모가 '왕에게 천주교와 서양 선교사들 얘기를 했고 왕은 천주교인이 되고 주교主敎를 보겠다고 대답했다'는 얘기가 꽤 돌아다녔던 모양이다. 사실 여부는 확인할 길이 전혀 없어 고종의 유모 박 마르타가 과연 그랬는지는 단언할 수는 없으나, 국왕이 직접 천주교인이 되겠다고 하는 것이나 주교를 만나겠다고 했다는 것까지는 사실이 아닐지는 모른다. 그렇더라도 적어도 고종이 유모의 영향으로 천주교에 대한 어느 정도의 지식은 부지불식간不知不識間에 지니게 되었던 게 아닐까 추측할 수는 있겠다.

이처럼 천주교 신자인 유모의 영향을 받았으므로 고종 자신은 그랬기 때문에 둘째로, 천주교에 대해서 반감을 지니거나 그래서 적대적인 태도를 지니지 않고 개인적으로는 대단히 호기심을 많이 지니면서 꽤 관심을 기울이고 있었다는 점을 꼽을 수 있을 듯하다. 이와 관련하여 주목되는 바의 하나는, 뮈텔 주교의 일기에 따르면 아직 부대부인이 살아 있던 때에 그가 경운궁으로 고종 황제를 찾아가 만나 자신의 천주교 전교에 관해 담화를 주고받은 적이 있었다는 사실이 전해진다는 점이다. 이 주장에 의거하면, 고종은 그를 편전便殿으로까지 불러들여 '가장 친절한 대접을 베풀었다'고 한다. 아래의 글에서 이러한 주장이 펼쳐지고 있다.

(17)뮈텔 주교는 대원군을 만나고자 한 일에 뜻을 이루지 못하였으나, 그에 앞서 아직 부대부인이 살아 있던 때에 경운궁으로 고종 황제를 찾아뵙고 전교한 일이 있었다. 이때 고종은 특히 그를 편전便殿으로 불러들여 가장 친절한 대접을 베풀었다. 뮈텔 주교는 그 때의 사정을 그의 일기에서 다음과 같이 말하고 있다.
"대한제국의 궁중 풍속은 왕비가 외국인을 만날 수 없게 되어 있다. 그러나 내가 편전에 들어가 황제를 뵈올 때에, 왕비는 호기심이 나서 아랫방에서 우리들이 하는 이야기를 엿듣고 있었다. 나는 밀장문 사이로 왕비의 푸른 치마를 볼 수 있었고, 한번은 왕비가 나의 하는 말을 잘 알아듣지 못하여 궁녀들에게 '그가 지금 무엇이라고 말했지?' 하고 묻는 소리를 분명히 들었다. …(중략)… 임금은 내가 처음 들어오던 때의 이야기와 국내에서 숨어 다니던 때의 이야기를 듣기 좋아하였다. 어떤 때는 큰 웃음을 웃으면서 '그런 일도 있었더냐?'라고 반문하였다. 순교자들이 받은 비참한 정경을 말할 때에, 그는 벌떡 일어서면서, '그것은 내가 한 일이 아니었다'라고 힘차게 말하였다. 그것은 분명히 그가 한 일이 아니었고, 그의 부친 대원군이 한 일이었다."
이 글에 보이는 왕비는, 1897년 음 9월 26일에 고종의 셋째 왕자 은垠을 낳은 상궁尙宮 엄씨嚴氏인 것 같다. 이렇듯, 고종은 천주교를 박해한 것은 자기가 아니었다고 발뺌을 하고 있다 (류홍렬, 1975, pp.359-360)

이를 통해서 고종이 뮈텔 주교의 얘기들을 경청하면서 많은 관심을 표명하고 있음을 알 수 있는 것이다. 과연 이런 기록의 인용 자체에 대해 신빙할 수 있는가 없는가의 여부는 딱히 단정을 지을 수는 없겠으나, 뮈텔 주교가 처음 조선에 들어오던 때와 숨어 다니던 때의 얘기를 하자 이에 대해 반문하기도 하고 순교자들에 대한 박해 사실과 관련해서는 자신이 한 일이 아니라고 발뺌하기도 하는 등, 천주교에 대해 상당히 관심이 깊었음을 헤아릴 수 있는 대목들이 보이기 때문이다.

고종이 적어도 천주교에 대해 일말의 관심이라도 지니고 있었던 것은 아마도 거의 사실이었을 것으로 여겨지는데, 이는 『뮈텔주교 일기』 1896년 6월 16일자의 기록에 보면, "일본 신문이 센세이션을 일으키는 새로운 소식을 전하며 즐기고 있다. 무엇 때문일까? '왕이 영세를 하고 가톨릭 신자가 되었다. 프랑스 주교 뮈텔은 자주 알현을 한다. 왕은 그를 극진히 대우한다. 며칠 후 왕은 가톨릭 성당으로 기도를 하러 갈 것이다' 등등"이라고 쓰고 있음과 전혀 무관하지는 않았다고 생각한다. 비록 일본 세력이 고종이 주교 뮈텔을 통해 프랑스 세력과 연결될까 봐서 공작적인 측면에서 이러한 기사를 의도적으로 신문에 보도하고 있었다고 추찰推察할 여지도 없지 않지만, 한편으로는 그만큼 고종이 천주교에 대해 관심을 깊게 지니고 있었음을 일본 측에서 우려하고 있는 일면을 드러내주는 바가 아닌가 가늠되는 것이다.

그리고 셋째로는 그렇지만 어디까지나 집권자였기에 이러한 관심을 신하들 앞에서 드러내 놓고 표면화할 수 없었고, 따라서 모친 부대부인의 천주교 입교나 천주교 교인으로서의 삶을 살았다는 사실조차도 덮어두려고 했다는 점을 들 수 있겠다. 부대부인의 사망 이후 뮈텔 주교가 고종을 알현하려고 하자, 끝내 거절하였다는 다음의 기록에 이런 점이 드러나 있다고 보인다.

(18) 나는 이 기회에 황제에게 폐현陛見(폐하를 만나뵙는 일)하고

모군(母君)의 흉사에 대한 애도의 뜻을 표시하고 또 부인의 천주교 신앙에 대한 비밀한 사정도 주달하기를 원하였으나 마침내 기회를 얻지 못하였다. 황제폐하께서는 벌써 어떤 자의 밀고로 이 사정을 알으셨더라. 내게 폐현을 허락하게 되면 조정 여러 신하 앞에 이 사정을 공포할까 염려하사 사신을 보내어 방금 궁중의 흉사와 정무로 인하여 사무가 다단하시다는 빙자로 폐현을 거절하시었다 (민주교, 1935, p.164)

뮈텔 주교의 입장에서는 의당 모친 부대부인의 애도를 표하면서 아울러 그녀의 '천주교 신앙에 대한 비밀한 사정'도 알리기를 원하였다는 것이다. 뮈텔 주교는 그러면서도 한편으로는 당시 고종의 처지로서는 '조정 여러 신하 앞에 이 사정을 공포할까 염려'하여 이를 그대로 받아들이기에는 어려웠으리라는 점을 역시 이해한 듯하다. 그래서 비록 뮈텔 주교가 고종을 알현하여 모친 부대부인이 천주교 교인으로서 살았음을 직접 알리지는 못하고 말았을지라도, 자신이 직접 '황제폐하께서는 벌써 어떤 자의 밀고로 이 사정을 알으셨더라'고 적어둠으로써, 모친이 천주교 신자로서 살았었다는 사실을 고종 자신도 이미 알고 있었음을 드러내 기록했던 것이라 하겠다.

제5절 고종 때 천주교의 성장에 대한 후대의 평가 : '천주교의 사상은 궁중에까지 전파되어'

고종高宗 재위 중에 있었던 천주교에 대한 박해 중에서 가장 대표적인 것으로는 앞서서도 이미 언급한 바 있듯이 1866년 병인년에 있었던 병인박해丙寅迫害가 널리 꼽히는데, 그도 그럴 것이 오늘날 남아 전해지는 이 무렵의 박해 관련 자료들이 모두 이와 관련된 것들이기 때문이다. 당시에 체포된 천주교 신자들의 신문訊問과 처형處刑에 관한 국가 기관들의 기록들은 흔히 관변측官邊側 기록이라고도 불리는 것으로서, 국왕 주변의 국정 전반에 관한 일상적인 업무 처리와 관련한 실록實錄·승정원일기承政院日記·일성록日省錄 등외에도, 오늘날의 서울특별시에 해당하는 한성부漢城府와 경기도京畿道의 방범 防犯 및 치안治安을 관장하는 기관인 포도청의 문서철『포도청등록捕盜廳謄錄』, 왕명王命을 받들어 중죄인을 신문訊問하는 일을 맡은 의금부義禁府에서 그 신문한 내용을 정리한 문서들을 묶어놓은『추국일기推鞫日記』혹은『추안급

국안推案及鞫案』등이 있다.

  이와는 달리 천주교 측에서 마련해온 것으로는, 순교자들의 간략한 전기傳記를 정리해 놓은 『치명일기致命日記』를 위시해서 보다 많은 대상에 대한 상세한 증언을 청취하고 조사하여 이를 정리한 『병인박해 순교자 증언록』·『병인치명사적』·『박순집 증언록』 등이 있다. 그리고 이밖에 교회 내의 정확한 진실을 규명하기 위한 재판裁判 기록으로서 『교구 재판 기록』·『교황청 재판 기록』 등도 있어서, 당시 신자들의 여러 면모에 대해서 살필 수 있는 근거가 된다. 이러한 교회 측 기록에는 상호간에 겹치는 부분이 상당히 많으며, 또한 정확한 상황을 알기에 한계가 있는 경우가 적지 않지만, 관변 측 기록에서 볼 수 없는 면면들도 상세히 잘 드러나는 경우도 있으므로, 이러한 자료들을 종합적으로 판단함으로써 당시의 신자들의 생활 모습을 어느 정도는 그려낼 수 있다.

  관변 측 및 교회 측의 이상의 자료들을 통틀어 병인박해 이후 19세기 중반에 체포된 천주교 신자는 그 숫자가 대략 3,475명이라고 하는데, 성별性別로 나누면 남성男性은 2,521명으로 72.55%에 달하고 이에 비해 여성女性은 954명으로 27.45%에 달하는 것으로 분석되고 있다. 간혹 여성의 비중이 더 컸으리라는 점에서 신자 가운데 여성이 전체의 2/3를 점하는 것으로 판단하는 경우도 있지만, 실상은 그렇지 않고 오히려 여성이 전체의 1/3 정도였을 것으로 풀이하는 것이다(방상근, 2006, pp.135-137).

  그리고 3,475명 가운데 신분이 비교적 명확히 드러나는 사람은 전체의 8.26% 밖에 되지 않는 287명이나, 그 가운데서 중인中人은 10명, 천인賤人은 3명에 지나지 않으며, 따라서 이들을 제외하고 나면 전체의 7.89%인 274명 모두 양반 신자임이 분명하다고 한다. 이들 외에 전체의 91.74%에 달하는 3,188명은 대부분 양인으로 추정되고 있다. 결국 자료에 구체적으로 드러나는 바에 의

거하자면, 19세기 중반의 한국 천주교회는 7%대의 양반 신자와 90%대의 양인良人인 평민平民 신자로 구성되어 있었다고 풀이할 수 있다고 한다. 다만 충청도 면천沔川 사람이었던 이요한의 경우 양반의 후예였으면서도 중인中人 행세를 하면서 신앙생활을 유지하려 했었음을 구체적인 예로 삼아, 당시 천주교회 내에는 자신의 신분을 낮춘 신자들의 존재도 있었던 상황이었음을 염두에 두어야 할 것으로 생각되고 있다 (방상근, 2006, pp.141-143)

전체적으로 보면 이러한 상황 속에서, 양반 그 중에서도 왕족들 가운데 천주교 신자가 되는 경우가 늘어나고 있었다는 점은 대단히 특기할 만한 것이었음에 틀림이 없지 않나 한다. 자신의 신분을 숨기기에 급급한 게 아니라 도리어 떳떳이 드러내고 순교殉敎를 서슴지 않으려 한 양반 신자들의 증가와 함께 왕궁 내에서도 부대부인府大夫人 민씨閔氏의 경우와 같이 왕족 출신 신자의 등장은 그야말로 독특한 경우였다고 할 수 있을 것이다. 그러므로 당시 천주교의 성장에 대한 후대의 평가에서, 다음과 같이 '천주교의 사상은 궁중에까지 전파되어'라는 표현도 나오게 되었던 것이라 보인다.

(18) 1864년에 철종대왕哲宗大王이 훙거하시자 직세자가 없었던 만큼 영조대왕英祖大王의 왕자 장헌세자莊獻世子의 증손인 이하응李昰應(저자著者의 주註; 원문에는 리정응이라고 하였으나 이는 분명 이하응의 잘못)의 차자이신 고종대왕高宗大王이 등극하시었으나 연소하였기 때문에 그 생부인 대원군이 섭정을 하게 되어 근세사이랄 수 있는 1864년부터 1882년까지의 사이에 국제문제 내부문제에 많은 파문을 일으켰고 중요한 문제를 만들어 내는 역할을 하였던 것이다.

이 시기에는 북조선 해안에는 러시아 군함이 정박하고 수호조약 체결을 요구하여 당시 정당 중에도 이것을 찬성하는 자가 적지 않았고, 천주교의 사상은 궁중에까지 전파되어 대원군의 심복이었던 남종삼南鍾三을 위시하여 민비閔妃와 기타 왕족 사이에서도 신앙하는 경향이 있었다 (김형만金晩炯,「천주교조선전래天主敎朝鮮傳來 백오십년회고百五十年懷古」, pp.54-55)

여기에서 철종의 승하 이후 흥선대원군의 섭정과 국제 문제의 전개 과정을 정리하고 나서 '천주교의 사상은 궁중에까지 전파되어'갔다는 점을 지적하고 있음을 주목하고자 하는 것인데, 이러한 평가가 내려질 수 있었던 데에는 이 글이 작성된 1935년이 곧 천주교 전래 150주년이 되는 해였다는 점과 적지 않게 연관이 있는 듯하다. 즉 150년 동안의 한국 천주교 역사의 흐름을 정리하면서, 고종 때의 가장 큰 특징으로서 이 점을 꼽았던 것으로, 순교자들의 직계 후손들의 처지에서는 고종의 생모이자 흥선대원군의 부인인 부대부인 민씨가 같은 교우가 되었었다는 점만으로도 충분히 위안을 받을 수 있었기 때문으로 생각된다.

다만 주의를 요하는 것은, 이 글의 끝 부분에서 '대원군의 심복이었던 남종삼南鍾三을 위시하여 민비閔妃와 기타 왕족 사이에서도 신앙하는 경향이 있었다'고까지 하였는데, 남종삼의 경우 그리고 기타 왕족 사이에서도 신앙하는 경향이 있었다는 지적은 옳으나, 민비閔妃까지 그런 것으로 적고 있는 것은 분명 오류다. 아마도 부대부인 민씨의 경우를 민비로 착각하여 이런 오류가 생겨나게 된 게 아닐까 짐작될 뿐이다. 그렇다고는 하지만, 분명 고종 때에 '천주교의 사상은 궁중에까지 전파되어'간 것만은 틀림이 없는 사실이며, 혹독한 병인박해 등이 있었음에도 불구하고 이런 표현을 후대에 쓸 정도로 고종 때에 천주교의 세력 성장이 두드러지게 나타나고 있었음을 평가하고 있었던 것이라 하겠다.

〈참고문헌〉

샤를르 달레 원저, 안응렬·최석우 역주, 『한국천주교회사』 하, 한국교회사연구소, 1980.
『뮈텔 주교 일기』 II 1896-1900, 한국교회사연구소, 1993.
민덕효, 『치명일기』, 1895; 성 황석두루가서원, 1986.
민주교, 홍용호 신부 역, 「부대부인민씨(홍선대원군부인)의 수세실기」, 『가톨릭연구』 조선가톨릭세기반특집호, 1935년 9·10합병호, 1935.김형만, 「천주교전래 백오십년회고」, 『조선일보』 1935년 10월 1일-14일 연재; 『가톨릭연구』 1935년 11월호, 1935.
류홍렬, 『고종치하 서학수난의 연구』, 을유문화사, 1962.
--------, 『증보 한국천주교회사』 하권, 가톨릭출판사, 1975.
이선근, 「대원군의 정치」, 『한국사』 16 근대, 국사편찬위원회, 1981.
Palais, James B., *Politics and Policy in Traditional Korea*, Harvard University Press, Cambridge, Mass., 1975; 이훈상 역,
『전통한국의 정치와 정책』, 신원문화사, 1993.
류영익, 「홍선대원군」, 『한국사시민강좌』 13, 일조각, 1993.
최석우, 「병인양요와 조선 천주교회」, 『누리와 말씀』 3, 1998; 『한국교회사의 탐구』 III, 한국교회사연구소, 2000.
장동하, 「한불조약과 종교문제」, 『신학과 사상』 35호, 2001; 『한국 근대사와 천주교회』, 가톨릭출판사, 2004.
방상근, 「천주교도의 성별·신분체포 시기」, 『19세기 중반 한국 천주교 사연구』, 한국교회사연구소, 2006.
노용필, 「대원군, 고뇌와 결단의 나날들」, 『개화기 서울 사람들』 1 왕실·중인·천민, 어진이, 2004.
--------, 「'유학경위'에 나타난 신기선의 천주교 인식과 이에 대한 천주교의 대응」, 『한국사회와 천주교』, 흐름, 2007; 『한국 근·현대사회와 가톨릭』, 한국사학, 2008.
--------, 「천주교의 신앙 자유 획득과 선교 자유 확립」, 『교회사연구』 30집, 2008; 같은 책 『한국 근·현대 사회와 가톨릭』, 2008.

제3부 영향 편

제1장
천주교가 동학에 끼친 영향

제1절 머리말

　천주교天主敎(서학西學)가 동학東學(후일의 천도교天道敎)에 과연 어떤 영향을 어떻게 끼쳤는가에 대해, 저자著者가 본격적으로 공부를 해서 정리해봐야겠다고 마음을 정한 지는 그리 오래 전이 아니다. 그것도 학술 논문을 읽다가 구상하게 된 것도 아니고 어느 날 강의 준비를 하던 중에 교재인 『한국사신론』의 다음과 같은 대목을 꼼꼼히 재차 읽다가 새삼스럽게 지니게 되었던 것이다.

　(A)동학은 철종(1849-1863) 때에 최제우崔濟愚가 제창하기 시작한 것이었다. 유儒 · 불佛 · 선仙 3교의 장점을 취하여 서학西學(천주교天主敎)에 대항한다고 하였으나, 그 교리 속에는 천주교에서 취한 것도 있으며, 또 민간의 무격신앙巫覡信仰에서 받아들인 것도 있었다. 이리하여 이루어진 그의 사상은 『동경대전東經大全』 · 『용담유사龍潭遺詞』 등에 나타나 있다[1]

---

1) 李基白, 『韓國史新論』 新修版, 一潮閣, 1990, p.339.

평소에는 무심결에 지나치던 이 대목 가운데 언뜻 이해가 되지 않아 곤혹스러웠던 것이, '그 교리 속에는 천주교에서 취한 것도 있으며'라는 구절이었다. 동학의 교리가 그 앞 부분의 설명대로 유儒·불佛·선仙 3교의 장점을 취한 것이라는 것은 어렴풋이 알고 있는 터라 별반 의문이 없었지만, 그 교리 중에서 어느 내용이 과연 천주교에서 취한 것이란 말인가?

머리에 떠오르는 게 전혀 없어 막막한 심정으로 그 강의를 간신히 마치고 나서, 이를 정확히 알아야겠다는 생각에 가장 먼저 펼쳐든 것은 고등학교 국사國史 교과서였다. 흔히 국가에서 시행하는 시험 문제를 출제하는 경우, 가장 우선적으로 기준으로 삼는 게 소위 국정교과서인 『(고등학교) 국사』책이기 때문이었다. 여기에는 어떻게 기술되어 있는가를, 관련 부분을 찾아 살펴보는 순간 아연 실색하지 않을 수가 없었다. 너무나도 엉뚱하다 싶은 내용으로 서술되어 있었던 것이다. 그대로 인용해 보이면 다음과 같다.

(B)고등학교 국사 교과서
동학을 창시한 사람은 경주의 몰락 양반인 최제우였다. 그는 지배 체제의 모순이 심화되고, 서양 세력의 접근으로 위기 의식이 고조되고 있던 상황에서, 농민들의 당면한 과제를 해결해 주고자 동학을 창시하였다.
<u>동학 사상은 사회에 대한 지도력을 상실한 성리학과 불교를 배척하고, 동시에 서양 세력과 연결된 서학도 배격하였다.</u> 동학의 기본 사상은 사람이 곧 하늘이라는 인내천人乃天이었다. 그 가르침의 바탕에는 인간의 존엄성과 누구나 평등하다는 사회 의식이 깔려 있었다 (교육부, 『(고등학교) 국사』(하) 구판[2])

동학의 교리 가운데에 유·불·선에서 취한 것이 있다는 서술

---

[2] 1996년 9월 초판, p.43.

은커녕, (밑줄 친 데에서 보듯이) 아예 성리학과 불교를 배척하고, 서학도 배격하였다고 되어 있었기에, 더욱 혼란스러울 수밖에 없었다. 마치 동학은 유·불 그리고 천주교에 대해 배척 혹은 배격하려고 했을 뿐 이들로부터 영향 받은 바는 전혀 없는 것으로 이해될 위험성이 있는 표현으로, 이를 읽는 모든 이들에게 혼란을 줄 소지가 많은 서술이라고 여겨졌다.3) 이럴 수가 있을까 싶은 심정에서 다음으로는 중학교의 국사 교과서는 과연 어떨까 하여 『(중학교) 국사』 책을 찾아보았다. 아래와 같이 서술되어 있었다.

(C)중학교 국사 교과서
이러한 때에, 경주 지방의 몰락 양반인 최제우는 전통적인 민간 신앙과 유교, 불교, 도교를 융합하여 동학을 창시하였다 (1860) (교육부, 『(중학교) 국사』 (하) 구판4))

앞서 보았던 고등학교 국사 교과서와는 전혀 달리, 전통적인 민간 신앙과 유교, 불교, 도교를 융합하였다고 기술함으로써 『한국사신론韓國史新論』 신수판新修版의 그것과 흡사한 듯하였다. 그렇지만 여기에도 동학의 교리 중 천주교에서도 영향 받은 점이 있다는 내용은 찾아볼 수는 없었다.

이를 제대로 알기 위해서는 결국, 『한국사신론』 신수판의 관련 내용 서술 부분 밑에 제시되어 있는 참고 논문들을 중심으로 그 이후의 성과까지를 찾아 읽는 것 외에는 도리가 없는 노릇이었다. 그래서 본격적으로 기왕의 연구 성과들을 섭렵하기 시작하였는데, 다음으로는 그것들을 정리하여 해보기로 한다.

---

3) 고등학교 국사 담당 교사들에게는 교과서의 이런 부분은 이렇게 지도하라고 구체적인 내용을 상세히 제시하고 있는 『(고등학교) 국사 교사용 지도서』(교육부, 1996년 3월 초판)가 지급되어 있었다. 그러나 이 책 어디에도 역시 이에 대한 언급이 없다.
4) 1997년 3월 초판, p.57.

제2절 기왕의 연구 성과에 대한 정리

　기왕의 연구 성과를 정리해보면 크게 보아서 대체로 (가)동학에 끼친 천주교의 영향을 적극적으로 인정하는 설과 (나)천주교의 영향을 일부 인정하면서도 동학의 독자성을 강조하는 설로 나뉘어 짐을 알 수가 있었다. 이해를 돕기 위해 각 학설의 대표적인 의견들을 인용하여 제시해가면서 살펴보고자 하는데, 우선 천주교의 영향을 적극적으로 인정하는 설부터 하기로 하자.

　(가)천주교의 영향을 적극적으로 인정하는 설
　가장 대표적인 것은 석정수부石井壽夫의 견해이다. 그는 이미 1930년대 후반부터 1940년대 초에 이르기까지 동학과 천주교에 관하여 여러 편의 본격적인 연구 논문을 발표한 학자로서, 그 가운데에는 천주교가 동학에 끼친 영향에 대해 구체적이고 면밀하게 언급하고 있는 대목이 여러 구절 눈에 띈다. 종합하여 제시하면 다음과 같다.

> (철종 11년(1860)에 한글로 저술된)「용담가」에서 출발하여 「교훈가」,「안심가」로 진행됨에 따라 … '지상신선' 사상에서 가장 반봉건적, 반계급주의적인, 말하자면 민중주의적 색채를 보여주고 있다. … 이러한 지상천국사상과 유사하고 오히려 오래된 전통으로서 그것에 영향을 미쳤으리라고 생각되는 것으로 박해받으면서도 천한 부녀자들에 의해 신봉된 ①불교 및 천주교의 천당지옥설이 있다5) … (그러므로) 정씨鄭氏가 계룡신도설鷄龍新都說을 말하여 왕씨 - 이씨 - 정씨의 순환을 설명하는 정감록鄭鑑錄과 그 순환론을 함께 하지만, 동학의 후천개벽사상에는 보다 발전적 색채가 짙다. 바꾸어 말하자면 정감록의 시운관時運觀에는 멸망관과 신생관이 동일 차원에 있지만, ②동학사상은 천주교의 구세주신앙을 취하는 것에 의하여 한층 고차원의 단계에 있다6) … (그러니까) 천도라면 천주교와 혼동될 염려가 있다. 아니 사실 그는「포덕문」벽두에 "대개 상고부터 이래에 춘추의 질대迭代, 사시四時의 성하고 쇠함이 옮겨지지도 바뀌어지지도 않았다. 그것이 역시 천주 조화이고 천하에 소연하게 된다"라고 서술하고 있듯이 ③천주교의 최고 절대신으로서 천주라는 사상을 빌리고 있다7)

이에 따르면, 첫째, 동학의 지상천국사상地上天國思想은 불교 및 천주교의 천당지옥설에서 영향을 받았다는 것이다(①). 둘째 동학의 후천개벽사상後天開闢思想도 천주교의 구세주 신앙을 취함으로써 한층 고차원의 단계로 발전되었다고 한다(②). 그리고 셋째

---

5) 石井壽夫,「敎祖崔濟愚における東學思想の歷史的展開」,『歷史學硏究』11-1, 1941; 동학농민전쟁100주년 기념사업 추진위원회 편, 「교조(敎祖) 최제우(崔濟愚)에 있어서 동학사상의 역사적 전개」,『동학농민전쟁연구자료집』(1), 여강출판사, 1991, pp.272-273.
6) 石井壽夫, 앞의 논문, p.279.
7) 石井壽夫, 같은 논문, p.285.

「포덕문布德文」에서는 천주교의 최고 절대신으로서 천주라는 사상을 빌리고 있다고도 했다(③). 요컨대 동학은 천주교의 교리 가운데 천당지옥설·구세주 신앙 그리고 천주신앙을 취하여 교리를 형성 발전시켜 왔다는 것이다.

이러한 석정수부石井壽夫의 견해는 어떠한 이유인지는 명확히 잘 알 수 없지만, 그 이후의 연구 성과에서 일일이 인용된 경우는 거의 없고, 간혹 일부분만이 연구자들의 편의에 따라 인용되거나 비판되어왔을 뿐이었다.8) 그럼에도 불구하고 석정수부의 견해와 같이 동학에 끼친 천주교의 영향을 적극적으로 인정하면서도 그와는 시각을 달리하는 의견을 개진한 연구 성과들이 그 이후에 간혹 발표되었다.

그런 가운데에서도 천주교가 동학에 끼친 영향을 가장 적극적으로 지적한 것은 최석우崔奭祐이다. 제목조차도 「서학西學에서 본 동학東學」라 한 논문에서 그는, 신학적神學的 측면까지도 제시해가며 동학이 얼마나 서학의 영향을 깊숙이 받았는가 하는 점에 관해 자신의 의견을 개진하였던 것이다. 다음이 그의 견해를 극명하게 대변해주는 대목인 것 같다.

> 동학東學은 지금까지 흔히들 그렇게 간주해 온 것처럼 애당초 서학西學에 대항하고 그것을 배척하기 위하여 창도唱導된 것은 아니다. ①처음에는 배척보다는 모방하려 한 흔적이 더 많았다. 또한 서학西學을 의식하고 경쟁의식에서 '동학東學'이라 명명命名하게 된 것도 훨씬 후의 일이었다.
> ②동학교도東學教徒 자신들까지 동학과 서학을 혼동시하게 되자 최제우崔濟愚는 비로소 동학이 서학이 아님을 부정하기 시작했다. 이렇게 시작된 소극적인 부정否定은 서학의 박멸撲滅이란

---

8) 뒤에서도 다시 상론할 바이지만, 동학에 끼친 천주교의 영향을 적극적으로 인정하는 경우뿐만 아니라 오히려 독자성을 강조하면서 일부만 인정하려는 경우의 연구 성과들에서조차 그러할 정도였던 것이다.

적극적이고 극단적인 부정으로 격화激化되어 갔다.
③동학이 서학으로부터 영향된 점은 적지 않으며 그 중에서도 가장 뚜렷한 것은 '천주'란 신神의 호칭呼稱이었다. ④그러나 명칭만을 채용했을 뿐이고 동학의 '천주'는 서학의 '천주'의 개념과는 전혀 딴 의미를 지니게 되었다. 창조주創造主이고 인격적人格的이며 초월적超越的 신상神像이 거부되는 반면에 만물에 내재內在하는 범신론적汎神論的이고 비인격적非人格的인 신상神像을 만들어 냈다9)

그의 주장을 정리하면, 동학은 처음에는 서학을 배척보다는 모방하려 한 흔적이 더 많았는데(①), 동학교도들까지 동학과 서학을 혼동하게 되자 최제우가 비로소 동학이 서학이 아님을 부정하기 시작했다(②)는 것이다. 또한 동학이 서학에서 영향 받은 점이 적지 않으며 그 중에서도 가장 뚜렷한 것은 '천주'의 개념이지만(③), 동학의 천주 개념은 서학의 그것과는 전혀 딴 의미를 지니게 되었다(④)고 하였다.

이러한 최석우의 견해는, 한마디로 '동학의 서학 모방설'이라 명명하여 정리할 수 있을 듯한데, 그 자체 내에 비판의 여지 역시 적지 않다고 보여진다. 앞의 인용문 가운데 ②와 ③에 보이는 주장은 (최석우는 굳이 인용하지 않았는지 몰라도) 이미 석정수부石井壽夫의 논문에서도 표방된 바가 있을 뿐만 아니라, 이후에도 동학의 독자성을 주장하는 다른 학자들도 심지어 뒤에서 검토하게 되듯이 이를 인정하는 바이므로 논란의 여지는 거의 없어 보인다.

그런데 문제는 바로 ①과 ④의 내용이다. 우선, 과연 '처음에는 배척보다는 모방하려 한 흔적이 더 많았(①)'는지를 단언할 수 있는 것인가 하는 의문이 든다. 또한 ④의 지적 자체는 타당성이 있을 수 있지만, 그 다음의 설명 즉 '창조주創造主이고 인격

---

9) 崔奭祐, 「西學에서 본 東學」, 『教會史研究』 1, 1977; 『韓國教會史의 探究』, 韓國教會史研究所, 1982, pp.184-185.

적人格的이며 초월적超越的 신상神像이 거부되는 반면에 만물에 내재內在하는 범신론적汎神論的이고 비인격적非人格的인 신상神像을 만들어 냈다'는 것이 종교학적宗教學的 차원에서 일방적으로 반드시 옳은 것인가 하는 물음이 제기될 수도 있다고 여겨지기 때문이다.

한편 천주교의 영향을 적극적으로 인정하는 경우로 분류될 수 있는 또 하나는 구양근具良根의 견해이다. 다만 그는, 이상의 석정수부石井壽夫와 최석우崔奭祐의 연구 성과들을 전혀 인용조차도 않고 있으므로 얼마나 신용할 수 있는가 하는 의심이 들 때조차도 있지만, 여하튼 다음과 같은 주장을 내세우고 있다.

> ①서학 즉 천주교도 많이 수용하고 있다. ②최제우崔濟愚의 행적 기술이나 유전이 예수의 그것과 흡사한 점이 너무 많다. 첫째, 최제우의 행적 기술이나 유전이 예수의 그것과 흡사한 점이 너무 많다. … 이런 예들은 거의 기독교 복음서福音書를 초록한 것이 아닌가 착각할 정도로 닮아 있다. ③이 외에도 굳이 천주교에서 쓰는 '천주'라는 용어를 쓴 것, 의식에 있어서도 기독교 예배일인 일요일을 굳이 '시일侍日'로 정하고, 기독교 찬송가와 너무나 비슷한 형태로 '천덕송天德頌'을 부르는 것을 우연의 일치로 보기는 어려우며, 교구제敎區制에서 강력한 연계성을 잇는 포接,접제包制를 쓰고 있는 것 역시 ④천주교의 제도를 많이 모방하였다고 보지 않을 수 없다10)

그의 견해는, 단적으로 동학이 천주교도 많이 수용하고(①), 그 제도를 많이 모방(④)하였다는 것이다. 그런데 이에 대한 증거로 예시한 게 최제우의 행적 기술이 예수의 그것과 흡사한 점이 너무 많다는 것(②) 그리고 '천주天主'라는 용어를 쓰며, 기독교의

---

10) 具良根, 「東學과 西學에 대한 문제고찰」, 『韓國近代史에 있어서의 東學과 東學農民運動』, 韓國精神文化研究院, 1994, pp.36-37.

예배일인 일요일을 '시일侍日'로 정하고, 찬송가와 같은 '천덕송天德頌'을 부르며, 교구제教區制에서 본 딴 것 같은 포접제包接制를 쓰는 것(③) 등이다. 이들 중 '천주'라는 용어를 쓴 게, 천주교의 영향이라는 점은 이미 지적된 바가 있어 왔으므로, 별반 무리가 없는 듯하다. 또한 의문의 여지가 여전하지만 동학의 포접제가 천주교의 교구제를 본 뜬 것이라는 주장도 뒤에서 상론하듯이 기왕에 그렇다고 본 경우도 있었으므로 일면 부정될 것만은 아니라고 본다.

하지만 동학에서 일요일을 '시일'로 지정하고 '천덕송'을 부르는 것까지 천주교의 영향으로 보는 것은, 지나친 해석이 아닌가 한다. 지금까지 전하는 어떤 기록에도 이를 그렇다고 입증할만한 기록은 보이지 않기 때문이다. 더욱이 최제우의 행적 기술이 예수의 그것과 흡사한 점이 너무 많다고 한 것은, 연구자인 구양근 具良根 자신이, 동학의 중심 경전인『동경대전』과『용담유사』에 전해오는 내용이 아니라 구전되어 오거나 일부 문헌에 전해지는 그야말로 신이神異한 내용을 그대로 취하고 인용하여 거론한 것에 불과하다. 아울러 이러한 행적의 묘사가, 최제우의 사망 이후에 이루어진 동학의 교세 확장 과정에서 최제우가 신격화되면서 생겨난 바일 뿐 동학 창도 당시부터 그랬다고는 결코 볼 수 없다는 점을 유념해야 할 것이라 생각한다.

끝으로 '천주'라는 용어의 사용 문제를 집중 거론하면서 천주교가 동학에 영향을 미쳤음을 지적하는 연구자의 하나로 신용하愼鏞廈를 들 수 있다. 그는 동학의 사회사상에 주로 관심을 기울여 왔다고 보여지는데, 동학과 서학의 관련성에 대해 언급하면서 다음과 같이 쓰고 있음이 찾아진다.

> 여기서 또 하나 주목할 것은 최제우가 동학을 창도함에 있어서 「서학」을 반교사反教師로서 적극적으로 검토하여 활용했다는

사실이다. 최제우는 유랑의 시기에 구도의 길을 찾아 서학을 공부한 일이 있으며, 서학을 서양 세력의 침입의 첨병으로 인식하여 이에 대한 대결의식對決意識에 지배되었을 때에는 서학에서 민중들의 환영을 받는 요소를 자기의 새로운 종교와 사상의 내용에 포함하려고 노력하였다. 이러한 최제우의 노력은 심지어 용어에까지 미쳐서, 예컨대 그는 「천주天主」라는 용어를 교묘하게 가져다가 변형시켜 사용하였다. … 그는 「하나〈님〉」을 「천〈주〉」라고 변역하여 오히려 이 용어를 사용함으로써 서학에서 핵심적으로 애용하는 「천주」의 용어를 자기의 새로운 종교와 사상의 일부에 포함해 버림으로써 민중들을 서학에의 경도로부터 그의 동학으로 끌어오려고 교묘하게 배려했음을 곧 간취할 수 있다11)

그의 견해를 간추리면, '서학에서 민중들의 환영을 받는 요소를 자기의 새로운 종교와 사상의 내용에 포함하려고 노력하였'고 그래서 '서학에서 핵심적으로 애용하는 「천주」의 용어를 자기의 새로운 종교와 사상의 일부에 포함해 버림으로써 민중들을 서학에의 경도로부터 그의 동학으로 끌어오려고 교묘하게 배려했다'는 것이다. 동학사상 자체에 대한 깊은 연구가 아니라 앞의 연구들과는 차별성이 있을 수밖에 없지만, '천주'라는 용어를 사용하는 문제를 꼬집어 들어 한마디로 동학이 천주교의 영향을 적지 아니 받았음을 인정하고 있는 것이다.

---

11) 愼鏞廈, 「東學의 社會思想」, 『韓國近代社會思想史』, 一志社, 1987, pp. 145-146. 그는 이 같은 자신의 견해를, 「東學과 甲午農民戰爭의 結合」, 『韓國學報』 67, 1992; 『東學과 甲午農民戰爭研究』, 一潮閣, 1993, p.20 에서도 재차 피력하고 있다.

(나)천주교의 영향을 일부 인정하면서도 독자성을 강조하는 설

동학에 천주교의 영향이 일부 있었다는 점을 인정하면서도 아울러 동학의 독자성을 강조하는 견해를 표방한 대표적인 학자로는 우선 김용덕金龍德을 손꼽을 수 있다. 그는 일찍이 「동학에서 본 서학」12)이란 글을 발표하여 동학과 서학의 관련성에 대해 견해를 피력하기 시작했고, 이후 유사한 글을 때로 발표해왔는데 가장 최근에 그 자신이 종합 정리한 글에 보면 자신의 견해를 매우 일목요연하게 제시해주고 있음을 알 수가 있다. 다음이다.

> 동학사상에는 주재자로서의 천주라는 천주교적 요소도 있고 주자학적인 이理사상도 있는데, … 동학이 천주란 이름과 최고 유일신의 개념 등 천주교의 영향을 받았지만, 근본적으로 다른 점은 사람마다 천주를 모셨다는 시천주侍天主사상, 나아가 사람이 곧 하늘이라는 인내천人乃天사상에 있는 것이다13)

그는, 요컨대 '동학이 천주란 이름과 최고 유일신의 개념 등 천주교의 영향을 받'은 점을 인정하면서도, 동학과 천주교의 다른 점은 시천주侍天主 사상, 나아가 인내천人乃天 사상에 있음을 갈파하고 있는 것이다. 참고한 논문을 일일이 밝히면서 작성한 글이 아니라 그렇겠지만 기왕의 연구 성과에서 얼마큼 영향을 받았는지 알 수 없더라도, 특히 구체적으로 '동학사상에는 주재자로서의 천주라는 천주교적 요소도 있다'고 인정한 점 등은 높이 평가할만하다고 생각한다.

하지만 의문이 드는 점도 있다. 첫째는 문장 기술상의 문제라

---

12) 『東西文化』 4, 서울대 동아문화연구소,1965.
13) 김용덕, 「東學思想의 獨自性과 世界性―東學과 西學―」, 『韓國史市民講座』 4, 1989;『신한국사의 탐구』, 범우사, 1992.

여겨지지만, '동학이 천주란 이름과 최고 유일신의 개념 등 천주교의 영향을 받았지만'이라 했는데 이는 오해의 소지가 약간은 있다고 하겠다. 본래의 의미는 아마도 '동학이 천주라는 이름의 최고 유일신의 개념 등 천주교의 영향을 받았지만'이란 뜻으로 서술하려 했던 것으로 이해된다. 따라서 정확히 서술하자면, 차라리 인용하였음을 밝히면서 앞의 석정수부石井壽夫의 글 ③에서 보이듯이 '천주교의 최고 절대신으로서 천주라는 사상을 빌리고 있다'라고 함이 더욱 옳지 않나 하는 것이다. 둘째는 동학이 천주교와 근본적으로 다른 점으로 시천주 사상 나아가 인내천 사상에 있다고 했는데, 인내천이라는 종지宗旨는 훗날 손병희孫秉熙가 동학東學을 천도교天道敎로 개명하면서 만들어낸 용어일 뿐이므로[14] 논외로 두더라도, 곧 뒤에서 거론하는 바대로 시천주 사상의 경우는, 최제우가 이미 초기부터 만인의 대상으로서의 천주를 시천주하는 데에서 사회 변화의 전기를 찾고 있으므로[15] 굳이 천주교의 영향을 받지 않은 것이라 하기도 어렵지 않나 싶은 것이다.

한편 동학에 천주교의 영향이 일부 있었다는 점을 인정하면서

---

14) 신일철, 「수운 최제우의 동학사상」, 『동학사상의 이해』, 1995, p.25.
15) 이와 관련하여서는 신일철, 「최제우의 역사의식」, 앞의 책, 1995, p.81과 p.97에서 아래와 같이 서술한 대목이 크게 참조가 된다.
p.81에서 "수운은 보편적인 '천주' '천도'를 소수 양반의 가치에서 널리 서민대중의 것으로 만들 수 있는 전기를 서학에서와 같이 만인의 대상으로서의 천주를 시천주하는 데서 찾고 있다. … 자신의 동학대각의 계기를 서학의 전문과 관련시켜 고백하고 있는 점이 흥미롭다. 특히 수운은 '지유한만생지제(只有恨晚生之際)'란 표현을 쓰고 있는데 자신이 늦게 태어난 것을 한탄하는 이유는 무엇일까. 이 구절의 풀이는 동학의 서학영향설의 유무를 판정하는 분기점이 되는 긴요한 대목이다."라고 서술하고는 註를 달기를, p.97의 주) 10에서 "수운의 만생의 한에 대한 풀이는 동학교리관의 갈림길이 됨을 알 수 있다. 그러나 이 소론은 교회교리와 떠나서 필자가 자유로이 해석을 시도한 시론임을 특히 명기해두고 싶다"라 하였다.

도 아울러 동학의 독자성을 강조하는 견해를 표방한 대표적인 학자로 신일철申一澈을 들어 마땅하다. 그는 동학사상 자체에 대한 정리를 매우 체계적이고 조직적으로 시도하여『동학사상의 이해』(사회비평사, 1995)를 저술하였는데, 여기에는 최제우의 동학사상과 역사의식뿐만 아니라 그 이후 최시형·손병희 등으로 이어지는 동학사상가들의 사상의 흐름을 정리하여 주어 동학사상 연구 자체에 공헌한 바가 크다고 여겨진다. 여러 글 가운데서도 다음과 같이 쓰고 있음이, 특히 동학이 과연 천주교의 영향을 받았는가 하는 문제와 관련하여 참조된다.

①(최제우는) 유교·불교 쇠운설을 내세우면서도 서교의 천주교에 대해서는 '지천시수천명知天時而受天命'이라 해서 천시의 시운을 탔다는 점을 시인하고 있어 놀라게 된다.… ②그렇다고 해서 동학이 천주교의 영향을 받았다고는 볼 수는 없고 서학에 대항해서 우리 민족 나름의 '한울님', '천주天主', '천도天道'의 가르침을 창도한 것이 된다. 다시 말해서 최제우는 서양에 서학의 천주교가 있으니 우리는 이에 대항해서 그보다 우월한 종교인 동학을 창도했다는 자부심을 가지고 있었던 것이다16) …
③수운은 보편적인 '천주', '천도'를 소수 양반의 가치에서 널리 서민대중의 것으로 만들 수 있는 전기를 서학에서와 같이 만인의 대상으로서의 천주를 시천주하는 데서 찾고 있다. …
④결국 수운은 유·불 등 전통사상과 새로 수용되는 서학과의 주체적 종합을 시도한 점에서 그의 사상사적 위치를 설정할 수 있을 것이다17)

그의 연구에서는, 동학이 천주교의 영향을 받았는가 하는 문제와 관련하여서는 다소 애매모호할 만치 전면적인 논술을 조심스

---

16) 신일철,「수운 최제우의 동학사상」, 앞의 책, 1995, pp.21-22.
17) 신일철,「최제우의 역사의식」, 같은 책, 1995, pp.81-83.

럽게 기피하고 있는 게 아닐까 싶은 느낌을 받을 정도이다. 먼저, 최제우가 천주교에 대해서는 천시의 시운을 탔다는 점을 시인하고 있어 놀라게 된다(①)거니, 수운은 전기를 서학에서와 같이 만인의 대상으로서의 천주를 시천주하는 데서 찾고 있다(③)거니 하여 천주교의 영향을 인정하는 태도를 취하기도 한다. 그러면서도 한편으로는 "동학이 천주교의 영향을 받았다고는 볼 수는 없고 … 그보다 우월한 종교인 동학을 창도했다는 자부심을 가지고 있었던 것이다"(②)라 하여, 천주교의 영향을 부인하고도 있는 것이다. 하지만 궁극적으로는 천주교의 영향을 인정하고 있음에 틀림이 없는데, 수운의 사상사적 위치 설정을 유·불 등 전통사상과 새로 수용되는 서학과의 주체적 종합을 시도한 점에서 찾고 있음(④)에서 그러하다고 하겠다.

(다)공통점; 동학의 포접제에 끼친 천주교의 영향 인정

천주교가 동학에 끼친 영향을 적극적으로 인정하는 견해를 표방하는 연구자와 그렇지 않은 연구자의 경우, 개인에 따라 차이가 있고 일률적이지도 않지만, 동학의 포접제가 천주교의 영향을 받은 것으로 보는 데에는 의견이 일치하기도 한다. 이와 관련하여서는 최석우崔奭祐가

> 동학의 '포접包接'과 '포包'의 조직도 서학의 '본당本堂' 및 '교구敎區' 제도와 매우 비슷한 것이다[18]

---

[18] 「西學에서 본 東學」, 앞의 책, 1982, p.154. 그러면서 그는 李敦化 編, 『天道敎創建史』 제1편, p.31과 p.39; 吳知泳, 李圭泰 校註, 『東學史』, 1973, p.41과 p.137의 단편적인 해석을 근거로 제시하고 있다. 하지만 이 역시 결정적인 논거는 되지 못한다고 생각한다.

라 한 바가 있고, 또 구양근具良根이

> 교구제敎區制에서 강력한 연계성을 잇는 포접·접제包制를 쓰고 있는 것 역시 천주교의 제도를 많이 모방하였다고 보지 않을 수 없다19)

라 해서 단편적으로 지적하고 있을 뿐이다. 하지만 이들과는 달리, 포접제에 대해 천주교의 교구제의 영향을 받았을 것이라는 매우 세밀한 언급이 이루어진 것은, 동학의 독자성을 강조하는 김용덕金龍德에 의해서였다. 다음이 그러하다.

> 조직면의 상통점을 보면 동학에는 접接이란 것이 있었다. 접이란 용어는 동학교문의 조어, 신어가 아니고 옛부터 흔히 서당을 말하니 훈장을 접장이라고도 한다. 또 개접開接이라고 하는 경우 교리공부를 위한 집회를 의미한다. 또한 접은 동학의 지방조직을 의미하기도 하였으니 접에는 단체·집회·서당 등의 뜻이 있고, 주主란 일을 주관하는 사람이란 뜻이다. … 이 교회와 비슷한 점, 신부와 비슷한 접주가 동학교세를 조직하고 확대하는 데 있어서 크게 기여하였다고 생각되는데, 이것 역시 교조가 서학에서 힌트를 얻은 것이 아닌가 짐작되는 것이다. … 사람 중심의 접으로부터 교구 중심의 포로의 발전은 교세의 발전을 반영하는 동시에 이러한 동학의 조직은 서학에서 배운 것이 아닌가 추측되는 것이다20)

동학의 독자성을 표방하는 학자가 동학이 조직면에서 포접제包接制를 천주교의 교구제敎區制에서 받아들인 것이라고 주장함은 다소 의외라고 여겨진다. 다만 여기에서 우리가 주의를 요한다고

---

19) 具良根, 「東學과 西學에 대한 문제고찰」, 앞의 책, 1994, p.37.
20) 김용덕, 「東學思想의 獨自性과 世界性」, 앞의 책, 1992, pp.189-191.

생각되는 바는, 이 경우 역시 뚜렷한 기록의 뒷받침이 없이 짐작과 추측에 의한 것일 뿐이라는 점이다. 앞서 살핀 바와 같은 최석우崔奭祐와 구양근具良根의 주장도, 사실은 어떠한 명확한 근거도 제시하지는 못한 것이라는 점에서 이와 전혀 다를 바가 없다. 실증적인 면에서 명확한 기록이 없으므로 지금으로서는 단정 지어 언급하기 어려운 실정에 있어, 단지 연구자들 가운데서는 동학의 포접제가 천주교의 교구제의 영향을 받은 것으로 보는 견해도 있다는 정도로 정리해둠이 온당하리라 본다.

제3절 최제우의 동학 창도와 교리 형성에 끼친 천주교의 영향

　최제우崔濟愚(1824-1864)가 경신년庚申年(1860) 4월 5일 동학東學의 대도를 득도했다는 이른바 대각大覺의 종교적 체험을 한 후 그 소문을 듣고 모여드는 구도자들에게 전수하면서 신자는 늘어갔고 이듬해부터 최시형崔時亨(1827-1898)을 비롯해서 많은 인사들이 문하에 모여들기 시작하였다.[21] 말하자면 동학이 창도되고 교리가 형성되면서 교단 역시 차차 성립되어 가고 있었던 것이다. 이렇게 점점 세력이 커져가게 되자 최제우를 서학으로 모함하는 소리 역시 많이 들리게 되고 이에 따라 관아에서도 이를 그렇게 여기고 탄압을 하려 하였는데, 이런 상황에 대해 최제우는 다음과 같이 술회하고 있다.

---

21) 신일철, 「수운 최제우의 동학사상」, 앞의 책, 1995, p.22.

(1) 요약한 그 인물이 할 말이 바이 없어/서학이라 이름하고 온 동내 외는 말이
사망련 저 인물이 서학에나 싸집힐까/그 모르는 세상 사람 그 것을 말이라고
추켜들고 하는 말이 용담에는 명인나서/범도 되고 용도 되고 서학에는 용터라고
종종걸음 치는 말을 역력히 못할로다/거룩한 내집부녀 이글보고 안심하소
소위 서학 하는 사람 암만 봐도 명인없대/서학이라 이름하고 내몸 발천 하렸던가
초야에 묻힌 사람 나도 또한 원이로다 (『용담유사』 「안심가」, 경신년(1860)22))

최제우가 세상 사람들이 자신을 서학이라 몰아대는 것에 대해 전면 부정하면서, 이러한 한글 가사歌詞의 형식을 취해「포교가布敎歌」를 만든 것은, '거룩한 내집부녀 이글보고 안심하소' 한 대목과「안심가」라는 그 제목 자체에서 아울러 극명하게 드러나듯이 하층 부녀자들을 대상으로 안심시켜 전도하기 위해, 자신의 도가 서학과는 다른 것임을 역설하려는 것이었다.23) 이는 최제우가 같은 시기에「용담가」·「교훈가」 등도 마찬가지로 모두 한글로 저술하고 이른바 '지상신선地上神仙' 사상을 드러내면서 하층 부녀자들을 전도 목표로 삼고자 한 것의 일환이었다.24)

그러면서도 한편으로, 최제우가「교훈가」에서는 분명 천주天主에 대한 경외심을 강조하고 있음이 주목된다고 하겠다. 다음의 구절이 가장 대표적인 듯싶다.

---

22) 李世權 編著,『東學經典』, 正民社, 1986, pp.158-159.
23) 石井壽夫, 앞의 논문, 앞의 책, 1991, p.268.
24) 石井壽夫, 같은 논문, 같은 책, 1991, p.272.

(2)①나는 도시 믿지 말고 한울님을 믿었어라/네 몸에 모셨으니 사근취원 하단말가
내 역시 바라기는 한울님만 전혀 믿고/해몽 못한 너희들은 서책은 아주 폐코
수도하기 힘쓰기는 그도 또한 도덕이라/문장이고 도덕이고 귀어허사 될가보다
②열세자 지극하면 만권시서 무엇하며/심학이라 하였으니 불망기의 하였어라
현인군자 될 것이니 도덕입성 못 미칠가/③이같이 쉬운 도를 자포자기 하단말가 (『용담유사』「교훈가」, 경신년(1860)[25])

여기에서 최제우 스스로가 자신을 믿지 말고 오로지 한울님만을 전적으로 믿고 모두 몸에 모시라(①)고 함으로써, 만인이 모두 자기 몸에 한울님을 모신 '시천주자侍天主者'가 되어야 함을 강조하였다. 즉 '시천주侍天主'를 표방하며 진정한 신神인 천주天主에 대한 경외심을 가질 것을 역설한 것이다.[26] 더욱이 '열세자 지극하면 만권시서 무엇하며'(②)라 한 데에서, 13자 즉 '시천주侍天主 조화정造化定 영세불망永世不忘 만사지萬事知'('시천주하여 조화로써 덕에 합치되도록 심을 정해서 평생토록 잊지 않으면 모든 일을 알 수 있다'는 뜻)를 열심히 외우기만 하면 되는, 그야말로 '이같이 쉬운 도를 자포자기(③)'하지 말도록 설파하고 있는 것이다. 그만큼 창도 직후 포교 초기 당시의 최제우에게 있어서는 시천주사상侍天主思想이 중심이 된 것이었음을 드러내는 것인데, 이 '시천주'는 문자 그대로 천주를 모신 상태를 말하고 달리 표현하면 '한울님을 모신다'는 뜻이다.[27]

한편「몽중노소문답가」에 이르러서는, 신비적인 예언에 진실성

---

25) 李世權 編著, 앞의 책, 1896, pp.123-124 참조.
26) 신일철,「수운 최제우의 동학사상」, 앞의 책, 1995, pp.23-24.
27) 신일철,「최제우의 역사의식」, 같은 책, 1995, p.93.

을 부여하고 이것을 교도들로 하여금 믿게 하기 위해서 실화체實話體에서 우화체寓話體로 서술 체제가 바뀌었으며, 『정감록鄭鑑錄』의 운수사상運數思想을 이전에는 정면으로 문제 삼지 않던 데에서 탈피하여 여기에서부터 부정하기 시작한다.28) 다음의 대목에서 이를 엿볼 수 있다.

(3)세상구경 하였어라 송송가가 알았으되/이재궁궁 어찌 알꼬
①천운이 둘렀으니
②근심 말고 돌아가서 윤회시운 구경하소/십이제국 괴질운수 다시 개벽 아닐런가
태평성세 다시 정해 국태민안 할 것이니/개탄지심 두지 말고 차차 차차 지냈어라
③하원갑 지내거든 상원갑 호시절에/만고없는 무극대도 이 세상에 날 것이니
너는 또한 연천해서 억조창생 많은 백성/태평곡 격양가를 불구에 볼 것이니
이 세상 무극대도 전지무궁 아닐런가 (『용담유사』, 「몽중노소문답가」, 신유년(1861) 6월29))

'윤회시운輪廻時運'을 거론하며 '괴질운수怪疾運數'를 또한 말하는 것(②)은 『정감록鄭鑑錄』과 같이 기존 왕조王朝의 운수나 기성의 가치 체계가 쇠운기衰運期에 이르렀다고 판단하면서도, 아울러 천운天運이 둘렀다(①)고 함은 새로운 천운을 맞이할 극복 단계를 예상하고 있는 것으로 한마디로 개벽開闢의 도래를 바라는 것이었다. 그리고 '만고없는 무극대도 이 세상에 날 것이니'(③)라 하여 이상향理想鄉으로서의 지상천국地上天國의 도래를 예언하기도 하였다. 특히 여기에서 거론하는 하원갑下元甲은 한 왕

---

28) 石井壽夫, 앞의 논문, 앞의 책, 1991, pp.278-280.
29) 李世權 編著, 앞의 책, 1986, pp.206-207.

조王朝의 운이 끝나는 시기이고, 다시 새 왕조로 교체되면서 상원갑上元甲이 시작되는 것으로 풀이되며, 한편 대각大覺 이전이 선천先天이요 그 이후가 후천後天이므로 후천개벽後天開闢은 특별한 성현聖賢 등을 필요로 하지 않고 모두 개개인이 '시천주侍天主'가 되는 상태를 지향하는 것이라 하겠다.[30]

그런데 동학 경전의 곳곳에 보이는 '상제上帝', '천주天主' 등의 한문 표기에서, '상제上帝'는 우리 나라의 전통적인 칭호로서 '한울님'을 지칭하는 것이며, '천주天主'의 개념은 역시 천주교에서 영향 받은 것으로 보여진다.[31] 따라서 최제우의 중심 사상인 '시천주'는 천주라는 용어뿐만이 아니라 천주를 모신다는 그 개념까지도 천주교의 영향을 받았다고 해서 지나친 게 아니라고 생각한다.

이와 같이 최제우가 동학의 창도와 교리 형성에 있어 천주교의 영향을 적지 아니 받았음을 입증해주는 경전상의 대목은, 한문으로 저술되었기에 지식층을 대상으로 저술한 것이었다고 여겨지는 다음의 「포덕문布德文」의 내용에서도 찾아진다. 더욱이 한문으로 저술되었으니만치 비록 편의상 한글로 번역하여 인용할지라도 그 본래의 표기를 살려 놓고 보면 이 점이 더욱 잘 새겨진다.

> (4)①경신庚申(1860)년에 이르러 전해 들으니 서양 사람들은 천주天主의 뜻이라 하여 부귀富貴를 취하지 않고 천하天下를 공격하여 취해서 교당(敎)堂을 세우고 그 도道를 행한다고 하였다. 그러므로 나는 또한 "그럴 수 있을까, 어찌 그럴까" 하는 의문

---

30) 신일철, 「동학사상의 전개」, 앞의 책, 1995, pp.63-66.
31) 이 점과 관련하여서는 신일철, 「동경대전과 용담유사」, 앞의 책, 1995, p.128에서, "경전 도처에 보편자에 대한 지칭으로서 '상제(上帝)', '천주(天主)', '한울님'이 쓰여 있다. 우리 나라 전통적인 칭호로 '상제'는 한울님이요, '천주'라는 개념은 아무래도 서학(西學), 즉 천주교 전래의 영향으로 추정된다"고 했음이 참조된다.

이 있었다.

뜻밖에도 4월에 갑자기 마음이 두근거리고 몸이 떨리는 데 무슨 병인지 병의 증세를 알 수 없고 말로 형용하기도 어려울 지음에 어디선가 갑자기 신선神仙의 말씀이 귀에 들려왔다. 나는 깜짝 놀라 일어나서 캐어물어 보았더니 대답하시기를, "두려워하지 말고 겁내지 말라. 세상 사람들이 나를 상제上帝라 하니 너는 상제上帝를 모르느냐"고 하였다. 왜 그러시냐고 까닭을 물었더니 말씀하시기를, "나 역시 공功이 없으므로 너를 이 세상에 태어나게 해서 이 법法을 사람들에게 가르치게 하노니 의심하지 말고 의심하지 말라" 하셨다. ②내가 묻기를, "그러면 서도西道로서 사람들을 가르쳐야 합니까?" 하니 대답하시기를, " 그렇지 않다"고 하셨다 (『동경대전東經大全』「포덕문布德文」, 신유년辛酉年(1861)32))

먼저 '경신년에 전해 들으니 서양 사람들은 천주의 뜻이라 하여 … 의문이 들었다(①)'고 했음에서 그 자신이 천주교에 깊은 관심이 있었음이 그대로 울어난다. 그리고 같은 해 4월에 있었다고 하는 이른바 대각大覺의 체험 속에서 이루어진 상제上帝와 주고받은 문답에서 '서도西道로서 사람들을 가르치라는 뜻인가(②)' 하고 반문까지 했다고 하는데, 이 역시 그가 천주교에 대해 관심을 가지고 있었음을 알려준다고 하겠다. 천주교에 대한 최제우의 관심은 「논학문論學文」의 다음 한 대목에서도 역시 잘 배어나고 있다.

(5)저 경신년庚申年 4월에 이르러 천하天下가 혼란하고 민심이 효박淆薄하여 어디로 가야 할 지 알지 못할 즈음에, 또한 괴이한 말이 세간에 요란하게 퍼져 이르기를, "서양인西洋人들은 도道를 이루고 덕德을 세워 그 조화造化가 미치는 곳에 이루지 못하는

---

32) 李世權 編著, 앞의 책, 1986, pp.13-14의 번역 참조.

일이 없고, 무기로 공격하여 전투를 함에 그 앞에 당할 사람이 없다"고 하였다. 중국中國이 멸망하면 어찌 입술이 없어져 이가 시리는 근심이 없겠는가.
이는 딴 연고가 아니라, 이 사람들이 도道는 서도西道라고 칭하고, 학學은 천주天主라고 칭하며, 교敎는 성교聖敎라고 하니, 이것은 천시天時를 알고 천명天命을 받은 것이 아니겠는가 하였다 (『동경대전東經大全』 「논학문論學文」 신유년辛酉年(1861) 겨울33))

이 '도는 서도라고 칭하고 학은 천주라고 칭하며, 교는 성교라고 한다'는 대목에서 언급한 바는, 역시 천주교를 가리키는 것임이 틀림없다.34) 더욱이 이때에 서도=천주학=성교가 천시天時를 알고 천명天命을 받은 것으로 최제우가 인정하기에 이르렀음이 여기에서 확인된다. 따라서 「논학문論學文」의 이러한 구절들은, 천주교가 최제우의 동학 창도와 교리 형성에 그만큼 영향을 끼쳤음을 알려주는 바라고 이해할 수 있겠다.

---

33) 李世權 編著, 앞의 책, 1986, pp.21-22의 번역 참조.
34) 신일철, 「동학사상의 전개」, 앞의 책, 1995, p.45.

제4절 동학 교단의 성립과 교세 확장 과정에 끼친 천주교의 영향

경신년庚申年(1860)에 중국의 북경北京을 영국·프랑스 연합군이 점령한 사건이 발발하고 그 소식이 이듬해 속속 조선에 전해지자, 최제우崔濟愚는 이를 계기로, 앞의 인용문 (5)의 초반부에 있듯이 중국을 무너뜨릴 것 같은 서양의 위력을 실감하기에 이른다. 그러고는 이러한 위기감 속에서 이때에 비로소 동학東學이란 용어를 쓰기 시작한다.35) 이는 시기적으로도, 최시형崔時亨을 위

---

35) 이와 관련해 표영삼, 「동경대전과 용담유사」, 『동학창도과정』, 천도교 동원포, 1989, pp.72-73에서, "대신사(최제우를 가리킴)의 글을 보면 서학을 의식하여 처음부터 동학이란 대항세력을 만든 것이 아님이 확실하다. … 동학이란 말은 서학으로 몰아붙이는 탄압 세력들의 비난과 민중들의 오해를 풀어주기 위해 사용하게 되었다. … 사실 대신사가 처음 포교할 때에는 도의 이름이 없어도 무방했다. 그러나 10월에 접어들면서 관으로부터 지목과 탄압이 심해져 11월에 용담을 떠나야 했던 대신사는 비로소 도의 이름이 필요했다. 그래서 논학문을 집필할 때 「동학」이란

시한 많은 인사들이 문하에 모여들어 교단이 성립되어 가고 또 그만큼 교세가 자연히 확장되어 감에 따라 가능했던 것으로 보인다. 그럼으로써 이제는 서학西學과의 차별성을 본격적으로 부각시키기 시작하였다. 이러한 당시의 분위기는 앞의 (5) 그 다음에 곧 이어지는 「논학문論學文」의 아래와 같은 대목에서 분명 잘 나타나고 있다.

(6)바꿔어 신유년辛酉年에 이르러 사방四方의 현사賢士들이 내 앞에 와서 물어 말하기를, "지금 천령天靈이 선생님께 강림降臨했다고 하니, 어찌 그렇게 되었습니까?"
말하기를, "가고 돌아옴이 없는 리理를 받은 것입니다"
말하기를, "그렇다면 도道의 이름은 무엇입니까" "
①말하기를, "천도天道이니라"
말하기를, "서양도(西)洋道와 다름이 없습니까?"
말하기를, "서양학(西)洋學은 우리 것과 같은 듯하나 다름이 있고 비는 것 같으면서 실實이 없다. 그러나 ②운運인즉 같고 도道인즉 한가지로되, 리理인즉 아니니라.
말하기를, "어찌하여 그렇습니까?"
말하기를, "우리 도道는 '무위이화無爲而化'이니, 수심정기守心正氣하고 솔성수교率性受敎하여 자연의 중에서 화化하여 나온 것이오.
서인西人은 말에 차례가 없고 글에 옳고 그름의 구분이 없으며 천주天主의 단端을 위하는 일은 전혀 하지 않고 단지 자기 자신만을 위하여 잘 되기를 꾀하는 것만을 축원할 뿐이니, 그들의 몸에는 기화氣化의 신神이 없고 ③학學에는 천주天主의 가르침이 없다. 그리하여 형식은 있으나 자취가 없고 생각하는 것 같으나 주문呪文이 없으니 ④도道는 허무한 데 가깝고 학學은 천주天主가 아니오. 어찌 다름이 없다고 하겠는가?"
말하기를, "도道는 같다고 말씀하시니 그 이름은 서학西學이라

말을 처음으로 문자화시킨 것이다"라 했음이 참조된다.

고 합니까?"
말하기를, "그렇지 않소.
나는 동東에서 태어나서 동東에서 도道를 받았으니 ⑤도道는 비록 천도天道이나 학學인 즉 동학東學이요, 하물며 땅이 동東과 서西로 나뉘어 있는데 서西를 어찌 동東이라 하며 동東을 어찌 서西라 하리요.
공자孔子는 노魯(나라)에서 태어나 추鄒(나라)에서 도道를 폈으므로 노추魯鄒의 풍風이 이 세상에 전하여 남아 있는 것이오. 우리 도道는 여기서 받아 여기서 펴고 있으니 어찌 서西로써 이름하겠는가"(『동경대전東經大全』「논학문論學文」, 신유년辛酉年(1861) 겨울36))

이에 따르면, 신유년辛酉年(1861)에 제자들이 최제우崔濟愚에게 천령天靈이 강림降臨한 것에 물은 데에 대해 최제우 자신이 받은 도를 말하기를 천도(①)라고 했으며, 나아가 서학의 그것과 비교해서 '운運인즉 같고 도道인즉 한가지로되 리理인즉 아니(②)'라고 했다. 또한 '서학(西)學에는 천주天主의 가르침이 없(③)'고 '도道는 허무한 데 가깝고 학學은 천주天主가 아니(④)'라 비판하면서, 자신의 '도道는 비록 천도天道이나 학學인 즉 동학東學(⑤)'이라고 주장하였다.
이를 정리하면 같은 천도天道이지만 서학西學에는 오히려 천주天主의 가르침이 없고 천주가 없으며 도가 허무하므로, 그것과 구별하기 위해 자신의 천도를 이름하여 동학이라 한다고 했다. 따라서 최제우는 동학이 도에서 천도일 뿐만 아니라 천주의 가르침을 따르고 그래서 천주가 있으므로, 서학(천주교)보다 더 우월하다고 주장하고 있는 것이다. 한마디로 최제우는 자신의 동학이 서학보다 더욱 '시천주侍天主'에 철저하다는 주장을 펼쳤다고 하겠다.

---

36) 李世權 編著, 앞의 책, 1986, pp.23-26의 번역 참조.

최제우가, 이렇듯이 「논학문論學文」의 저술을 통해, 동학이 서학보다 우월함을 표방하기 위해 동학이 '시천주'에 더 철저하다는 것을 강조하고 있었지만, 이는 종국에는 도리어 그에게 위험을 자초하기에 이르렀던 것 같다. 그의 처벌을 주장하던 이들의 다음의 글에서도 이런 점이 엿보인다.

> (7) 지금 동학東學이란 것은 모두 서양의 術術을 답습하면서 단지 이름만을 바꿔서 백성을 현혹시키고 있으니 참으로 빨리 토벌하지 않으면 능히 국법國法을 그치게 할 것입니다 (『일성록日省錄』 고종원년高宗元年 갑자甲子(1864) 3월 2일 임인壬寅 「의정부계언議政府啓言」)37)

여기에서 동학이 '모두 서양의 術術을 답습하면서 단지 이름만을 바꿔 백성을 현혹시키고' 있다는 당시 집권층의 동학에 대한 인식의 한 자락이 있는 그대로 드러나 있는 것이다. 그들이 지니게 된 이러한 인식이, 지식층을 대상으로 삼아 한문漢文으로 저술했다고 여겨지는 「논학문論學文」을 통해 최제우 스스로가 동학이 서학보다 시천주侍天主에 더 철저하다고 주장한 것과 무관하다고는 할 수 없을 것이다.

비록 그렇더라도 최제우가 당시에 「논학문」을 저술하여 문답식으로 '학學을 논論하는 문文'이라는 이름이 가리키는 것과 같이 자신의 동학을 논설하는 데에 주안점을 두었기 때문에 이를 통해 교리 정비에 진일보를 보였고38), 한편으로는 천주교에 대한 적극적 관심을 기울임으로써 그것의 영향을 받으면서도 또 다른 한편으로는 그것을 강하게 배격하는 태도를 취하였던 것이다.39)

---

37) 원문은 다음과 같다.
今此東學 全襲洋術 而特移易名目 眩亂蚩耳 苟不早行天討 克底邦憲.
38) 石井壽夫, 앞의 논문, 앞의 책, 1991, p.284.
39) 石井壽夫, 같은 논문, 같은 책, 1991, p.288.

이후 점차 최제우는 교권敎權의 확립도 꾀하게 되는데, 이러한 경향은 특히 철종 13년(1862)에 저술한 「권학가勸學歌」에서 현저하였다.40) 「권학가」의 다음과 같은 대목에는 최제우가 동학의 교세敎勢 확장과 아울러 교권敎權 확립을 위해 당시의 대내외적인 상황을 얼마나 적절하게 활용하고 있었는가를 잘 나타내주고 있다고 보여진다.

(8)①하원갑 경신년에 전해오는 세상말이/요망한 서양적이 중국을 침범해서
천주당 높이 세워 거소위 한난도를/천하에 편만하니 가소절창 아닐런가
… (중략) …
②우습다 저 사람은 저희 부모 죽은 후에/신도 없다 이름하고 제사조차 안 지내며
오륜에 벗어나서 유원속사 무슨 일고/부모 없는 혼령혼백 저는 어찌 유독 있어
상천하고 무엇하고 어린소리 말았어라/그말 저말 다 던지고 하날님을 공경하면
③아동방 삼년괴질 죽을 염려 있을소냐 (『용담유사』 「권학가」, 임술년(1862)41))

이 구절에 담았던 최제우의 의도는 다음의 셋이 아니었을까 생각한다. 첫째, 경신년(1860) 영국과 프랑스 연합군의 북경 점령 사건을 거듭해서 거론함으로써 대외적인 위기 의식을 고양시키려 했다는 것이다. '하원갑 경신년에 … 요망한 서양적이 중국을 침범해서(①)'라 한 대목에서 그대로 드러난다. 둘째, 천주교가 당시에 처해 있던 심각한 상황을 거듭 상기시킴으로써 이를 최대한

---

40) 石井壽夫, 앞의 논문, 앞의 책, 1991, p.293.
41) 李世權 編著, 앞의 책, 1986, pp.248-249.

활용하여 천주교가 더 이상 확산되지 못하게끔 공세의 고삐를 늦추려 하지 않았다는 것이다. '우습다 저 사람은 부모 죽은 후에 / 신도 없다 이름하고 제사조차 안 지내며(②)'라 해서, 정조正祖 15년(1791)에 윤지충尹持忠이 어머니 권씨權氏의 사망 후 위패位牌를 만들지 않고 제사도 지내지 않아 불거졌던 이른바 '진산珍山 사건'을 새삼스러이 거론하고 있음이 그러하다고 하겠다. 셋째, 당시 1859년부터 거듭 이어진 괴질怪疾의 창궐 — 콜레라의 유행으로 민심이 불안한 상태에서 동학을 믿으면 죽을 염려가 없다는 것을 표방함으로써, 동학東學의 교세敎勢 확장을 꾀했다는 것이다. 이는 '아동방 삼년괴질 죽음 염려 있을쏘냐(③)'라고 했음에서 여실히 표현되었다고 하겠는데, 사실 당시 콜레라의 유행은 심각한 상황이었고42), 또한 이를 이용한 최제우의 교세敎勢 확장 역시 점차 실효를 거두었다고 보여진다.43)

그랬기 때문에 훗날 최제우가 비록 '혹세무민惑世誣民'의 죄목으로 처형당한 후에도, 그 여세는 오히려 이어질 수가 있었고, 그에 따라 교조敎祖 최제우崔濟愚 자신의 행적에 대한 미화美化 나아가 신격화神格化 작업은 그 교도들에 의해 거듭되었을 법하다. 최제우가 행했다고 하는 이적異蹟에 대한 아래와 같은 교도들의 묘사를 읽다보면, 이러한 생각이 저절로 들게 된다.

(9-가)상제께서 또 말씀하시기를, "너는 나의 아들이니 나를 아버지라고 부르라" 하셨다. 선생께서 가르침을 공경하여 아버지

---

42) 1859년 9월부터 1860년 여름에 걸쳐 콜레라가 전국적으로 크게 유행했는데, 달레가 전하는 공식 보고에 의하면 1859년에만 40만이 넘는 인원이 희생되었다고 한다. 달레, 『한국천주교회사』하, 한국교회사연구소, 1980, pp.301-302 참조.
43) 石井壽夫, 앞의 논문, 앞의 책, 1991, p.271에서 "직접적으로 동학에 영향을 미친 것은 철종 10년(1859)에 시작된 (1863년까지 계속된) 역병의 대유행이었다"고 하였음이 참조된다.

라고 부르니, 상제께서 말하시되 "너의 정성이 어여쁘다. 부도는 바로 삼신산의 불사약이니 너는 알아두라" 하셨다 (『수운행록水雲行錄』 44))

(9-나)무오년戊午年(1858)에 이르러 가산은 탕진되고 빚이 산처럼 쌓였으며 여러 사람에 논을 속여 팔은 자취가 드러나서 논을 산 7사람이 날마다 독촉하니 그 궁색함을 견딜 수 없었다. …(중략)… 마을의 노파 한 사람이 내정內庭에 돌입해서 심하게 행패를 부렸다. 선생께서는 분함을 이기지 못해 손을 휘둘러 때리니 노파는 그 자리에서 갑자기 기절하여 죽었다. …(중략)… 노파가 어깨를 흔들고 뒹굴을 때, 선생께서 아들을 부러 맑은 물을 입에 부어 넣자 조금 있다가 완전히 회생하여 몸을 굴려서 일어나 앉았다. 이 일 때문에 선생께서는 신명하다고 불리우게 되었다 (『수운행록』 45))

(9 - 다)시체를 쓰다듬으니 따뜻한 기운이 있어 혹시 회생하실까 하여 삼일 동안 영험이 있기를 바면서 시체를 지키며 머물렀다. 쌍무지개가 못에서 일어나고 하늘까지 운무가 가득히 일어 못과 주점을 둘러쌌다. 오색이 영롱하게 삼일 동안 가리고 있다가 선생이 상천하시자 구름은 걷히고 무지개도 사라졌다. 그 뒤에 시체에서 냄새가 나서 다시 염습을 했다 (『수운행록』 46))

이로 보면, (가)상제上帝 즉 천주天主와 교조敎祖 최제우崔濟愚 본인을 성부聖父·성자聖子의 관계로 묘사한 것이라든지, (나)교조敎祖가 죽은 자를 소생시키는 기적을 일으키는 것이라든가 게다가 (다)교조의 사망 후 그것도 3일 동안 부활復活을 고대했고 끝내 승천昇天을 이룬 것으로 묘사한다든지, 이 모든 것이 마치 신약성서新約聖書에 보이는 예수 그리스도의 이적異蹟에 관한 표현

---

44) 本名『水雲文集』,『亞細亞硏究』13, 1964 ; 金庠基,『東學과 東學亂』, 한국일보사, 1975의「부록」, pp.14-15.
45) 金庠基, 앞의 책, 1975,「부록」pp.12-13.
46) 金庠基, 같은 책, 1975,「부록」p.34.

들을 따다가 그대로 옮겨놓은 듯한 느낌을 받는다.47) 다만 이런 내용을 담고 있는 『수운행록水雲行錄』이란 책은 그의 사망이후 그 추종 교도들에 의해 저술된 것으로 여겨지고, 그마저 필사본筆寫本으로서 4종이나 각기 다소의 내용 차이를 가진 채 전하고 있기 때문에48) 크게 신용할 바는 못 되지만은, 그렇다고 할지라도 이렇듯이 신약성서新約聖書의 내용을 빌어다가 교조敎祖의 사망과 관련한 여러 사실을 묘사하고 있는 것 그 자체 역시, 교조敎祖 최제우崔濟愚의 생전·사후를 막론하고 동학東學이 천주교天主敎의 영향을 받았음을 드러내 주는 것이며, 도리어 그 점을 결코 부인하기 어렵게 하는 것이라 여겨진다.

그렇기 때문에 그가 사망한 후 세월이 상당히 지났을지라도, 최제우 자신이 천주교에 관심이 많았다는 사실만큼은 그를 추종하는 교도敎徒들 사이에서마저도 공공연히 인정할 수밖에 없었다고 보인다. 이는 동학東學의 이론가들 중에서도 최제우崔濟愚의 법통法統을 서로 자신만이 제대로 계승하였다고 자부하던, 이돈화李敦化와 오지영吳知泳의 다음과 같은 각각의 글에서도 충분히 가늠된다.

> (10-가)스스로 망亡하는 세상世上을 건지리라 결심決心한 후後에 그날부터 조선祖先이래以來로 숭봉崇奉하든 유학儒學을 숙고熟考하엿으나 아무 소득所得이 없음으로 보든 유서儒書를 화중火中에 던져 버리고 자탄自嘆하시되 「이 세상世上은 요순堯舜의 정치政治로도 족足히 건지지 못할 것이오 공맹孔孟의 도덕道德으로도 또한 다스리지 못하리라」 하고 다시 불서佛書를 연구硏究한 후後에 이어 갈으되 「유도儒道 불도佛道 누천년累千年에 운運이 또한 쇠衰하엿도다」 하는 노래를 지으셧고 ①최종最終으로는 당시當時 서양西洋으로부터 새로 수입輸入된 기독교基督敎를 연구

---

47) 이는 具良根, 앞의 책, 1994, pp.36-37에서도 이미 거론된 바가 있다.
48) 金庠基, 앞의 책, 1975, 「부록」 pp.3-8.

研究하엿으나 또한 소득所得이 없음으로 갈으되「글에 조백皂白이 없고 말에 차제次第가 없으며 다만 자신自身을 위爲하는 도모에 끈치고 몸에 기화氣化하는 신神을 양양하지 못하엿다」하시니 ②이는 대신사大神師로 하여금 모든 과거過擧를 부인否認하게 된 동기動機이며 새로운 창조력創造力을 생동生動케 한 원인原因이 되엿엇다. 이에 번연飜然히 몸을 일어 주유천하周遊天下의 길을 떠나시니 혹 활도 쏘며 말타기도 익히시며 장사도 하시며 음양복술陰陽卜術의 글까지도 연구하였으나 필경畢竟은 하나도 창생蒼生을 건질 큰 도道가 아니라 하시고 이로부터는 순전純全히 인심풍속人心風俗을 알기와 윤회운수輪回運數를 살피기에 노력努力하엿으니 … (이돈화李敦化 편, 『천도교창건사天道敎創建史』49))
(10-나)선생先生의 소경력所經歷을 말하면 이와 같다. 집안에 있어 산업産業도 하여 보왔었고 시정市井에서 장사도 하여 보왔었고 할량들과 같이 활도 쏘와보왔었고 호협자豪俠者와 같이 말도 달녀보왔으며 일쯕 유도儒道와 불도佛道와 선도仙道와 야소설耶穌說이며 제자백가서諸子百家書를 모도다 섭렵涉獵하여 보왔었다 (오지영吳知泳, 『동학사東學史』50))

이들은 초기 교도들의 증언을 토대로 서술하고 있었으므로, 최제우崔濟愚의 일생 행적에 대해 묘사하고 있는 어떠한 글보다도 사실을 그대로 적은 것으로 믿어지는데, 이돈화李敦化는 [10-가에서] 최제우가 '주유천하의 길을 떠나'(②)기 전에 이미 '기독교를 연구'한 적이 있음을 분명히 밝히고 있으며, 오지영吳知泳 역시 [10-나에서] 최제우가 일쯕이 '야소설'을 섭렵하였다고 한 것을 간과해서는 안 된다고 믿는다. 이에서 각각 '기독교'(가)·'야소설'(나)이라고 함은 결단코 천주교의 교리敎理를 가리키는 것임은 두말할 나위가 없을 것이다. 따라서 결국 최제우 스스로

---

49) 天道敎 中央宗理院, 1933; 『東學思想資料集』 2, 亞細亞文化社, 1979, pp.35-36.
50) 永昌書館, 1940, pp.1-2; 『吳知泳全集』 (上), 亞細亞文化社, 1992, pp.23-24.

이른바 대각大覺을 이루기 이전에 천주교 관련 서적들을 섭렵하여 그 영향을 받았고, 그랬기 때문에 이후 교리 형성뿐만 아니라 교세의 확장 과정에서도 그게 점철되고 있었다고 보여진다.

한편에서는 심지어 최제우가 소위 대각大覺 이전에 천주교天主敎에 입교入敎하려고 하였었다는 설까지 전해지고 있었던 같다. 이 점은 다음과 같은 천주교의 뮈텔Mutel 주교의 글에서 찾아볼 수 있다.

> (11)동학東學의 두목 중 한 사람이 ①일찍이 천주교인天主敎人과 접촉을 가진 듯합니다. 그의 한 저서에서 이야기하는 바에 의하면, ②그가 서학西學에 입교入敎할 것인가 말 것인가 하고 망설이고 있을 때, 즉 1861년에 이러한 꿈을 꾸었다고 합니다. 한 천사天使가 나타나서 진리를 찾으려는 그의 숙의熱意를 칭찬하면서 그 진리를 직접 가르쳐 줄 것인즉 서양인이 가르치는 서학西學은 버릴 것이고 또한 자기로부터 받아 전파하게 될 교敎를 동학東學이라 일컬으라고 말했다는 것입니다. 단순한 꿈이 아니고 누군가가 그에게 나타나서 계시啓示하였다면 그것이 빛의 천사天使가 아니었음은 분명한 것입니다 (Mutel, Compte rendu des travaux de 1893)[51]

뮈텔Mutel 주교主敎가 1893년에 쓴 이 글에서 거론한 '동학의 두목 중 한 사람'은, 동학을 꿈속에서 창도하도록 계시를 받았다고 한 것 등 그 뒤에 쓰여진 내용들로 미루어 최제우崔濟愚임이 거의 틀림이 없다고 보인다. 그런데 그가 일찍이 천주교인과 접촉을 가진 듯하다고(①) 했으며, 또한 이른바 대각 이전 한 때에는 그가 서학에 입교할까를 망설이고 있었다고(②) 전하고 있는 것이다.

---

[51] Seminaire des Missions Etrangeres, Paris, 1894, pp.20-21; 崔奭祐, 「西學에서 본 東學」, 앞의 책, 1982, p.148.

앞서 [(10)에서] 인용한 바대로 이돈화李敦化와 오지영吳知泳이 각각 서술하기를 최제우가 일찍이 대각 이전에 이미 '기독교를 연구'하고 '야소설'을 섭렵했다고 하였음과 관련지어 이 기록들을 살피면, 최제우가 천주교인과 접촉하였다고 하는 것은 거의 사실이 아니었나 싶다. 그렇지만 그가 천주교에 입교까지 하려 했다는 것은, 실제로 사실이 그랬을 가능성을 현재의 문헌 기록만 가지고는 어느 누구도 인정도 부인도 할 수는 없는 노릇이긴 하지만, 실제로 그랬다고 하기보다는, 아마도 최제우가 창도 이전부터도 천주교의 영향을 적지 아니 받았음을 알려주는 얘기정도로 보는 게 옳지 않나 싶다.

제5절 맺는 말 : 개설서의 동학사상 관련 서술 부분에 대한 검토

지금까지 기왕의 연구 성과에 나타난 바를 정리해보았고, 또 기록들의 분석을 통해서 천주교가 동학의 창도와 교리 형성 그리고 교단의 성립과 교세 확장 과정에 끼친 영향에 대해 살펴보았다. 일련의 이 작업은 기왕의 학자들이 논문 작성을 통해 어떻게 이해해 왔으며, 저자著者로서는 이에 대해서 구체적으로 어떻게 파악하는지를 밝힌 셈이다. 한마디로 지금까지는 연구의 영역을 살펴본 것이다.

그러면 다음으로는 이제까지 살펴온 바 — 천주교가 동학에 끼친 영향에 대해 기존의 개설서에서는 어떻게 서술하고 있는가를 검토해볼까 한다. 이 작업은, 대학에서의 강의실 내지는 중·고교의 교실 현장에서 과연 어떤 내용으로 가르치고 있는가를 파악해 보는 일이 될 수 있을 것인데, 이는 곧 과연 어떻게 가르치는 것이 옳은 것인가를 한번 되짚어보는 셈이다. 즉 현실 속의 교육의 영역을 살펴보자는 것이다.

대학에서 흔히 쓰는 교재에, 중·고교 국사 교과서까지 포함해서 동학사상 관련 서술 부분을 검토해보면, 크게 보아 3가지 유형으로 분류된다. (가)천주교가 동학에 끼친 영향을 거론하지 않는 경우 (나)천주교의 형식만을 섭취한 것으로 파악하는 경우 그리고 (다)천주교의 교리에서도 취한 것이 있는 것으로 서술한 경우가 그것이다.

첫째, (가)천주교의 영향을 거론하지 않는 경우에는 다음의 3종류가 해당된다.

(A)(동학東學의) 교리는 동양의 전통적인 경천사상敬天思想에 바탕을 두고 있으면서도, 유·불·선의 요소를 모두 포함하고 있는 외에《정감록鄭鑑錄》적 비기도참秘記圖讖사상, 민간신앙 등 당시 민중들의 생활감정을 그대로 반영하고 있다 (권태억權泰檍, 「제국주의의 침입과 근대화운동」, 『한국사특강』 52))
(B-1)중학교 국사 교과서
이러할 때에 경주 지방의 몰락한 양반인 최제우가 전통적인 민간 신앙과 유교, 불교, 도교를 융합하여 동학을 창시하였다. 그의 사상은 『동경대전』, 『용담유사』로 정리되었다 (교육 인적 자원부, 『(중학교) 국사』 신판53))
(B-2)고등학교 국사 교과서
동학은 1860년에 경주 출신인 최제우가 창도하였다. 동학에는 19세기 후반에 이르기까지 조선 사회가 처한 여러 사회 상황이 반영되었다. 교리는 유불선의 주요 내용이 바탕이 되었고, 주문과 부적 등 민간 신앙의 요소들이 결합되었다. 또 사회 모순을 극복하고, 일본과 서양 국가의 침략을 막아 내자는 주장을 폈다. 동학은 모든 사람이 평등하다는 시천주侍天主와 인내천 사상을 강조하였다. 그래서 양반과 상민을 차별하지 않고, 노비 제도를

---

52) 서울대학교출판부, 1990, p.220.
53) 2002년 3월 초판, p.181.

없애며, 여성과 어린이의 인격을 존중하는 사회를 추구하였다
… (교육 인적 자원부, 『(고등학교) 국사』 신판54))

보이듯이 동학의 창시와 관련하여, 전통적인 민간 신앙과 유·불·선의 영향만을 거론했을 뿐, 『한국사특강』을 위시하여 『(중학교) 국사』와 『(고등학교) 국사』 모두가 천주교의 영향은 전혀 거론하지조차 않고 있는 것이다. 중·고교 모두 국사 교과서가 이번 2002년 3월부터 처음으로 시행되는 소위 제7차 교육 과정의 내용으로 개편되어, 혹시나 하는 기대를 가졌었지만, 전혀 기대 밖이다.

이번에 새로이 배부된 중학교 국사 교과서의 내용을 검토해보면 결국에는 이전 것과 거의 대동소이할 따름이고, 역시 새로이 배부된 고교 국사 교과서는 (이 글의 머리말에서 제시한 바대로) '성리학과 불교를 배척하고, … 천주교를 배격' 하였다고 했던 이전의 것과는 확연히 달라져, 그래도 위의 (B-2)에서 처럼 '교리는 유불선의 주요 내용이 바탕이 되었고, 주문과 부적 등 민간 신앙의 요소들이 결합되었다'고 하였음에서 변화의 흔적은 그나마 찾아볼 수 있다.

둘째, (나)천주교의 형식만을 섭취한 것으로 파악하는 경우로는 다음과 같은 개설서들을 들 수 있다.

(C)동학은 종래의 유교 철학의 일면을 기서로 삼았을 뿐만 아니라, 불교적·도교적 요소와 나아가서는 서학(천주교天主敎)의 형식까지도 섭취한 흔적이 있는 반면, 이들을 배격·거부하였다 (한우근韓㳓劤, 『개정판改訂版 한국통사韓國通史』 55))
(D)당시 서양 제국주의의 침략 위협과 천주교의 유포 등 대외

---

54) 2002년 3월 초판, p.234.
55) 乙酉文化社, 1987, p.377.

적 위기감이 고조되어 가는 가운데, 최제우는 양반사회의 유교 사상을 극복하고 서양열강의 정신적 배경인 천주교에 대항하고자 유儒·불佛·선仙 3교를 융합하여 새로운 종교를 개창하였던 것이다. …(중략)… 또 동학에서는 이 귀신을 기로 파악함으로써 주자학의 기철학과 접합할 수 있었으며, 이러한 기본 구조를 바탕으로 불교·도교의 신비적 요소와 천주교의 형식까지를 광범하게 용해하였던 것이다 (변태섭邊太燮, 『삼정판三訂版 한국사통론韓國史通論』 56))

이들의 서술 내용 가운데, '서학(천주교)의 형식까지도 섭취한 흔적(C)'과 '천주교의 형식까지를 광범하게 용해하였(D)'다고 하여 공통적으로 '서학(천주교)의 형식'을 거론하고 있음이 이채롭다고 하겠다. 그러면 이들이 거론한 '서학(천주교)의 형식'이란 과연 무엇을 지칭하는 것일까?

아무리 생각해도 잘 이해가 가지 않지만, 아마도 앞에서 살펴 보았듯이 동학의 독자성을 강조하면서도 천주교의 영향을 일부 인정하는 경우에 그런 것처럼 동학의 포접제包接制를 천주교의 교구제敎區制에서 영향을 받은 것으로 여기는 것과 관련이 있는 게 아닐까 싶다. 그것 이외에는 별반 '형식'이란 말로 설명될 것은 따로 없을 것 같다. 하지만 이것이 과연 타당한 서술일까 하는 의문은 결코 지울 수 없다고 본다.

마지막으로, (다)천주교의 교리에서도 취한 것이 있는 것으로 서술한 경우로는 다음이 유일무이하다.

(E)동학은 철종(1849-1863) 때에 최제우崔濟愚가 제창하기 시작한 것이었다. 유儒·불佛·선仙 3교의 장점을 취하여 서학西學(천주교)에 대항한다고 하였으나, 그 교리 속에는 천주교에서 취한 것도 있으며, 또 민간의 무술신앙巫術信仰에서 받아들인

---

56) 三英社, 1986, pp.401-402.

것도 있었다. 이리하여 이루어진 그의 사상은 『동경대전東經大全』 · 『용담유사龍潭遺詞』 등에 나타나 있다 (이기백李基白, 『한국사신론韓國史新論』 57))

이 개설서는 1961년에 『국사신론國史新論』이란 서명으로 발행된 이후 이름을 약간 바꾸어 『한국사신론韓國史新論』으로 1967년에 초판이 간행되었고, 1976년에 개정판, 1990년에 신수판의 수정을 거쳐 한글판으로 오늘에 이르렀다. 이 책의 판본들을 일일이 검토해보면 이 부분의 내용에 일관되게, 앞에 제시한 바대로 동학의 교리 속에는 천주교에서 취한 것도 있음을 서술하고 있음을 쉬이 알 수가 있다.

---

57) 한글판, 일조각, 1999, p.281.

〈참조 자료〉

(A)초등학교 5-2 사회 교과서
동학
1. 발생 배경
　우리나라에서는 서양에서 들어온 천주교를 서학이라고 했다. 외국 세력과 서학에 대항하여 나라와 백성을 구하겠다는 생각으로 최제우가 일으킨 종교가 동학이다. 당시에는 백성을 괴롭히는 관리도 있고, 일본을 비롯한 외국 세력이 밀려와 사회가 불안한 때였으므로, 나라를 바로잡을 새로운 정신이 필요하였다.
2. 근본 정신
　사람이 곧 하늘이요, 하늘의 마음이 곧 사람의 마음이라고 하는 '인내천' 사상이 근본 사상이다. 인간의 존엄성을 강조하고 평등 사상을 내세웠으므로, 오늘날 민주주의의 기본 정신과 그 생각이 같다고 할 수 있다 … (교육 인적 자원부, 『사회 5-2』 58))

(B)초등학교 6-1 사회 교과서
동학
　동학은 최제우가 창시한 종교이다. '동학'이란 이름은 서학의 전래에 대항하여 동쪽 나라인 우리 나라의 도를 일으킨다는 의미에서 붙여졌다. 동학이 창시될 당시의 조선 사회는 매우 불안하였다. 자연 재해와 질병이 심했고, 살기가 어려워 여러 곳에서 백성들이 난을 일으키기도 하였다. 한편, 서양 배들이 통상을 요구하며 자주 출현하자 조선은 위기를 느끼기 시작하였다.
　이렇듯 동학은 사회적으로 불안감과 위기감이 번져 가는 속에서 혼란을 겪는 사람들에게 위안을 주었으며, 새로운 생각을 할

---

58) 1997년 9월, pp.89-90.

수 있는 용기를 주었다.

최제우는, 모든 사람이 자기 몸에 한울님을 모시면 군자가 될 수 있으며, 나아가 나라를 돕고 백성을 편안히 할 수 있는 사람이 된다는 가르침을 폈다 … (교육 인적 자원부, 『사회과 탐구 6-1』 [59]))

---

59) 2002년 3월, p.83.

제2장
개화기 과부의 재가와 천주교

제1절 머리말 : 개화기 과부의 재가 허용에 관한 기존의 학설 검토

　개화기에 이르러 한국 사회에서 과부가 그 이전과 달리 자신의 자유로운 선택에 따라 과연 재가를 할 수 있었는가 하는 점에 대하여, 지금까지의 연구 성과들을 정리해보면 크게 보아서는 두 갈래의 의견이 있는 것같다. 하나는 1894년 갑오개혁에서 과부의 재가 허용이 법제적으로 채택되어 선포되기 이전까지는 과부의 재가가 이루어지지 않았다는 견해[(가)]와 또 다른 하나는 그 이전에도 이미 과부의 재가가 실제적으로는 이루어지고 있었다는 견해[(나)]가 그것이다.
　먼저, 1894년 갑오개혁에서 과부의 재가 허용이 법제적으로 채택되어 선포되기 이전까지 과부의 재가가 이루어지지 않았다는 견해[(가)]는, 그만큼 갑오개혁에서의 사회제도 폐지의 역사적 의의를 강조하기 위한 측면도 띠고 있지만, 한편으로는 그럴 정도로 조선시대에는 성리학의 영향이 절대적이어서 이를 탈피할 수가 없었다는 점을 드러내기 위한 측면도 띠고 있는 것으로 헤아려진다. 이런 견해는 다음과 같은 문일평文一平의 글에 잘 피력되어 있다.

> (1) 「재가再嫁 금법禁法」
> 이조에 들어와 유교儒敎를 지나치게 숭상하여 그 이상을 그대로 일반 국민의 실생활에 나타내려고 한 결과, 종래의 습속을 무시하고 세계의 유래 드문 이상야릇한 재가 금법再嫁禁法을 발명하였다. … 이조 제3대 태조왕 8년 무자(1408)에 비로소 과부 재가의 금법을 발포한 이래, 고종 31년(1894) 갑오개혁甲午改革 때 과부의 재가를 허하기까지, 재가 금법이 진실로 487년 동안 지속하였던 것으로, 얼마나 인화人和를 손상하였겠는가. 이로 해서 또 얼마나 인구의 번연蕃衍에도 영향이 미쳤겠는가. … 조선에서는 임진·병자 같은 전후前後의 대전大戰을 치르고 나서 장정이 많이 사망하고 과부가 격증하였건만, 재가 금법은 조금도 동요함이 없이 안전하게 내려오게 되었다[1]

이를 보면, 태조 때의 과부 재가의 금법이 반포된 이후 임진왜란과 병자호란을 거쳐 수많은 과부가 격증하였지만 재가 금법은 '조금도 동요함이 없이 안전하게 내려'와서, 1894년 갑오개혁 때 과부의 재가가 허용되기까지 지속되었다고 하였음을 알 수 있다. 그리고 그 이유는 '유교를 지나치게 숭상하여 그 이상을 그대로 일반 국민의 실생활에 나타내려고' 한 데 있었다고 지적하고 있는 것이다. 정리하자면 문일평文一平은, 유교 즉 성리학의 영향으로 태조 이후로 내내 과부의 재가 금법이 지켜졌고[2],

---

1) 文一平,「史外遺聞」,『조선일보』1933년 10월 22일;『影印 朝鮮日報(學藝面) 抄』, 한국학연구소, 1978, pp.145-146 및『湖岩文一平全集』隨筆紀行篇, 조선일보사, 1939; 민속원, 1994, pp.13-14; 丁海廉 편역,『湖岩史論史話選集』, 現代實學社, 1996, pp.181-182.
2) 조선시대에 성리학의 영향으로 과부들의 개가가 행해지지 않았다고 하는 이러한 견해는, 實學者인 李睟光의 다음과 같은 글에서도 역력히 드러나 있다.

1894년 갑오개혁에 이르러 과부의 재가가 허용됨으로써 비로소 그 이후부터나 과부의 재가가 행해지게 되었다고 이해하고 있는 것이라 하겠다.

태조 이래 갑오개혁 이전에는 과부의 재가가 이루어지지 않았다는 의견을 문일평이 이와 같이 펴고 있었던 데에 비해, 한편에서는 이와 같은 문일평의 글이 『조선일보』에 게재된 지 불과 3년쯤 밖에는 지나지 않은 시점에 같은 신문에 기고한 홍기문洪起文의 글에서는 사뭇 차이가 나는 견해가 제시되고 있었다. 아래의 글에 홍기문洪起文의 주장이 그대로 펼쳐져 있다.

(2) 「과부寡婦의 개가改嫁」
성종成宗이 개가한 부인들의 자손에 대하여 정직正職의 등용을 금한 후 사환 제일주의의 양반들은 자기의 홀로 된 딸이고 누이고 일체로 수절을 강제하여 개가를 기피한 것이다. … 처음에는 이와 같이 강제로 개가를 막은 것이나 개가를 못하는 것이 차차로 습관이 되고 보매 사환 문제를 떠나서 일세의 숭상하는 바가 된 지라 양반 이외에도 모두 과부의 수절을 부인의 상도常道로 알게 된 것이다. …
그러면 성종 이전 개가가 자유로웠던 그 당시의 현상은 과연

"다시 시집 간 여자의 자손에게 문관이나 무관의 벼슬을 시키지 않는 법은 성종 때에 시작되었다. 그래서 사대부의 집에서는 그것을 부끄럽게 여겨서, 비록 청춘과부일지라도 절대로 개가하는 자가 없게 되었다. 비록 집집마다 막았다고 해도 좋을 것이다. 다만 이 법이 세워지게 된 곳은 강제로 된 것으로서, 아마 고금 천하에 통용될 만한 것은 아닌 것이다. 그러나 임진왜란 때에 부인들이 정절을 스스로 지킬 줄 알아서, 무찔러 죽임을 당할지언정 흉악한 왜적에게 정조를 더럽히지 않은 자가 그 수를 다 기록할 수 없을 만큼 많았다. 무지하고 미천한 여자에게 이르기까지 적을 꾸짖고 죽은 자가 또한 많았다. 어찌 교화의 이루어짐이 아니겠는가"(李睟光, 개가改嫁 문제 제4장 法禁 제6부 「君道」, 丁海廉 역주, 『지봉유설정선精選』, 現代實學社, 2000, p.78). 여컨대 그는, 이 글에서 사대부의 집에서는 절대로 개가하는 자가 없었다고까지 하였을 정도이다.

어떠하였던가. 지금에 이르러는 그것을 알 길이 없지 않을까. 그런데 동성동본의 부모를 가진 박나산朴蘿山은 의외에도 철저한 한문화의 심취자였으니, 그는 유서를 남기어 써 그 자손으로 하여금 개가 보내지 말 것은 물론이요, 개가 오는 부인에게 장가도 들지 말라고 엄훈嚴訓을 내렸다. …
이걸로 미루어서 그 전에는 청상과부青孀寡婦는 물론이요 노과부老寡婦도 개가를 하고, 한번은 물론이요 두 번 세 번도 좋고, 부모가 있어서 개가를 보내주는 것은 물론이요, 슬하에 자손을 그득히 둔 부인네가 제 스스로 남편감을 물색하는 일도 없지 않았던 모양이다. 또 이걸로 미루어서 하층사회는 물론이요 소위 명문거족이라도 과부는 으레 개가를 가는 것이 보통이었던 모양이다3)

한마디로 그는, 갑오개혁 이전인 조선 초에도 과부의 재가가 이루어졌었으며, 더욱이 성종 이전에는 명문거족의 과부들도 으레 개가를 가는 것이 보통이었다고 주장하고 있는 것이다. 다만 이러던 것이 성종 때의 개가한 부인들의 자손에 대해 정치적으로 불이익을 주기 시작함으로써, 개가를 기피하게 되었노라고 지적하고 있는 것이다.

홍기문洪起文의 위와 같은 짧은 글을 통한 약간의 언급과 거의 때를 같이 하여, 성종 이후 행해졌던 과부의 재가 금지 습속의 기원 및 실태 등에 대한 논문으로는 이상백李相佰 등의 것이 있지만4), 보다 치밀한 자료 분석을 통해 고려시대 이래의 과부의 재

---

3) 洪起文,「雜記帳」,『朝鮮日報』1937년 10월 1일-11월 18일;『朝鮮文化叢話』, 正音社, 1946; 金榮福·丁海廉 편역,『洪起文朝鮮文化論選集』, 現代實學社, 1997, pp.87-89.『朝鮮文化叢話』를 전재한『洪起文朝鮮文化論選集』에서는 이 글을 보았으나, 다만『朝鮮日報』의「雜記帳」에서는 직접 확인하였지만 찾을 수가 없었다. 아마 당시에 써놓았던 원고를 훗날 저서를 출판하며 삽입한 듯하다.
4) 李相佰,「再嫁禁止 習俗의 由來에 대하여」,『東洋思想研究』1, 1937;『朝鮮文化史研究論攷』, 乙酉文化社, 1947. 朴南勳,「朝鮮前期의 再婚禁止法과 實際」,

가 문제에 관해 정리하여, 갑오개혁 이전에도 이미 과부의 재가가 실제적으로 이루어지고 있었다는 견해[(나)]를 제시한 것으로는 마티나 도히힐러Martina Deuchler의 다음과 같은 연구가 있다.

> (3)고려시대 과부의 재혼은 상당히 보편적인 것 같았으며, 재혼을 반대하는 이데올로기는 재혼할 경우 직위가 강등되는 문무 고위 관리들에게만 국한되었다. … 조선 초기에는 연속 결혼에 대한 보고가 많았다. 과부들 중 놀라운 정도로 많은 숫자가 두 번, 세 번 결혼하였다. … 재혼은 흔하였으므로 쉽게 금지할 수 없었으나, 재혼한 [여성의] 자손은 심한 제한을 받았다. … 재혼은 위법은 아니었지만 결혼한 여성의 직계 자손들에게 미치는 이데올로기적·법적 암시는 과부들에게 재혼을 거의 불가능하도록 만들었다. 따라서 재혼은 생계를 이유로 마지못해 하는 것이기 때문에 대부분 특별한 예식은 없었다. 과부가 재혼하려면 죽은 남편 집의 세대주나 자신의 부모에게 승낙을 얻어야 했다. … 그러나 그 부정적 성격에도 불구하고 과부의 수절 관습은 자리 잡는 데 성공했으며, 최근까지도 과부의 재혼은 사회적으로 멸시를 받았다[5]

이를 보면 고려시대 이래로 과부 재가에 관해 어떤 실제적 상황들이 전개되었는지가 밝혀져 제시되어 있음을 알기 어렵지 않

『한국의 사회와 역사』, 최재석정년기념논총간행위원회, 1991 등 참조. 이밖에도 최근에 『慶尙道丹城縣戶籍大帳』에 나타난 女性戶主에 대한 분석을 통해 寡婦의 再婚 문제를 다룬 정지영,「朝鮮後期 寡婦의 守節과 再婚」,『古文書硏究』18,한국고문서학회, 2000; 서강대 대학원 박사학위 논문, 『朝鮮後期 女性戶主 硏究』, 2000 등이 참조된다.

5) Martina Deuchler, *The Confucian Transformation of Korea A study of Society and Ideology*, The President and Fellows of Harvard College, 1992; 이훈상 옮김, 『한국 사회의 유교적 변환』,아카넷, 2003, pp.379-382. 특히 pp.382-383의 주) 182에서는 "1894년의 갑오개혁 때 계층을 막론하고 재혼할 수 있다는 명령을 반포하여 과부의 재가를 가로막는 장애가 공식적으로 없어졌다."고 지적하였다.

다. 요컨대 과부의 재혼이 흔하였지만 위법은 아니었고, 그 자손들이 심한 제한을 받았으므로 수절이 관습으로 자리 잡게 되었으며, 1894년 갑오개혁으로 과부의 재가를 가로막는 장애가 공식적으로 없어졌다는 견해를 피력하고 있는 것이다.

이러한 도히힐러Deuchler의 견해는 위에서 살펴본 문일평文一平과 홍기문洪起文의 언급과 견주어 보면 2가지의 공통점이 있지 않나 판단된다. 그 하나는, 갑오개혁을 통해 과부의 재가가 허용되었다고 보는 것이고, 또 다른 하나는 그 이후에 과부의 재가가 실질적으로 이루어지고 있었는가에 대해서는 전혀 언급을 하지 않고 있다는 점이라 하겠다. 이 두 가지 공통점은, 결국 하나로 귀착되어서 마치 갑오개혁 이후에는 과부의 재가가 갑오개혁에서의 그 규정 그대로 그녀들의 자유의사에 따라 행해졌다고 이들이 이해하고 있는 것으로 비치게 해준다고 여겨진다.

그렇다면 과연 이들이 그렇게 여기고 있듯이 갑오개혁 이후에는 과부의 재가가 그녀들의 자유의사에 따라 실제로 이루어졌던 것인가? 아니면 그 허용 규정이 있지만 실제적으로는 이루어지기 어려웠던 것인가? 이 점에 관한 기존의 연구를 정리하면, 갑오개혁의 과부 재가 허용 이후 실제 재가가 이루어졌다고 보는 견해[(1)]도 있지만, 반면 갑오개혁의 과부 재가 허용 규정이 있지만 실제적으로는 과부의 재가가 이루어지기 어려웠다는 견해[(2)]도 있다.

먼저 갑오개혁의 과부 재가 허용으로 이후 일반적으로 그것이 이루어졌다고 보는 견해[(1)]는 현재까지도 연구자들이 때때로 취하고 있는 것인데, 그 단초를 따져 올라가 보면[6], 바로 다음의

---

6) 이 점은, 방금 앞에서 거론한 Martina Deuchler의 저서에서 과부 재가를 가로막는 장애가 공식적으로 없어진 것이 1894년 갑오개혁의 재가 허용 명령의 반포였다고 하면서 전거로 인용한 것이 바로 李瑄根의 곧 인용할 저서였음에서 입증된다고 생각한다.

글이 그 처음인 듯하다.

> (4)… 군국기무처軍國機務處는 상게上揭한 정치제도의 개혁과 아울러 근고近古 이래 물려받은 봉건적인 사회제도 일반에도 공전空前의 대개혁을 시도하여 6월 29일부터 7월 11일까지 불과 10여 일 동안 다음과 같은 중요 안건을 의결공포議決公布하였다. … 그의 시행은 사실상 불가능하게 된 것이 많았다. 그래도 소득이 있었다면 (가)양반兩班, 상민常民의 계급차별階級差別과 … (라)과부寡婦의 재혼再婚문제와 … 같은 것을 개혁 혹은 철폐하는 데 공식적인 전환기를 마련하고 … 뿐만 아니라 목전目前의 실례實例로 상게上揭한 (가)·(다)·(라)·(마)항 같은 것은 동학반란東學叛亂이 이를 외쳐서 봉기했고, 그들의 강력한 주장은 이미 언급한 대로 군국기무처軍國機務處의 전신이라 간주할 수 있는 교정청校正廳 회의會議에도 상당히 반영된 것이 사실이었다.7)

이 가운데서 과부의 재가 문제와 관련된 것만을 중심으로 정리하자면, 갑오개혁을 주관한 군국기무처軍國機務處에서 의결 공포함으로써 과부의 재혼 문제 같은 사회적 폐단을 개혁 혹은 철폐하는 데 공식적인 전환기를 마련하였는데, 동학군이 이를 외치며 봉기하여 그들의 강력한 주장이 결국에는 그 개혁안에 "상당히 반영된 것이 사실"이라는 견해인 것이다. 이선근李瑄根의 이러한 주장이 타당성을 지닐 수 있기 위해서는 적어도 다음과 같은 2가지의 문제가 좀 더 구명되었어야 했을 것으로 여겨진다.

첫째는 군군기무처의 의안 가운데 과부의 재혼 허용이 공식적인 전환기를 마련했다는 데에는 별반 이의가 없을 듯하지만, 과연 그 이후 실질적으로 이것이 어느 정도 영향을 끼쳤는가 하는 점을 구체적인 사례들을 제시하고 추적하여 밝혔어야 하지 않나

---

7) 李瑄根, 『韓國史』現代篇, 乙酉文化社, 1963, pp.242-245.

하는 점이다. 이는 한 마디로 사회 제도 개혁을 위한 의안의 공포가 사회신분 전반에 대해 어떤 영향을 끼쳤는가를 규명하려는 시도가 아쉽다는 것이라 하겠다.

그리고 둘째는 그가 사실이라는 표현까지 동원하여 주장한 바이지만, 과연 동학군의 주장이 군국기무처의 전신인 교정청校正廳 회의에도, 또한 군국기무처의 회의에도 반영되었다고 볼 수 있는 근거를 제시했어야 한다는 점이다. 이는 꼬집어 말하자면, 과연 그런 주장을 실증적으로 입증할 만한 근거가 과연 갖추어져 있는가에 대한 근본적인 의문의 제기라고 하겠다.

하지만 이런 점들에 대한 논증이 지금까지 거의 행해지지 않은 채, 위와 같은 이선근李瑄根의 서술에 토대를 두었다고 짐작되는 견해들이 줄곧 지금까지 펼쳐져 왔고[8], 이것이 마치 사실인 양 주되게 학계에서 자리 잡아 왔을 뿐만 아니라 심지어 개설서류概說書類에서조차도 그렇게 서술하고 있는 실정에 있다. 이런 부류의 서술 가운데 일례를 들면 아래의 것이 그것이다.

(5) '갑오개혁'에서 가장 두드러진 부분은 사회개혁이었다. 반상간의 신분차별 폐지, 노비제의 폐지, 천민 해방 등 봉건적 신분제가 법제적으로 철폐되었으며, 과부의 재가허용, 조혼금지 등 가혹한 봉건적 가족제도의 개혁이 이루어졌다. 이것은 봉건적 유제의 법적 부인이면서 동시에 농민군의 요구사항을 반영한 것이다[9]

여기서도 여전히, 마치 갑오개혁 가운데서도 가장 두드러진 부분인 사회개혁에서, 과부의 재가 허용을 포함한 일련의 개혁이 "

---

[8] 이러한 견해를 대표한다고 여겨지는 것은 愼鏞廈, 「甲午農民戰爭의 主體勢力과 社會身分」, 『東學과 甲午農民戰爭硏究』, 一潮閣, 1993, pp.115-116 이다.
[9] 한국역사연구회 편, 『한국사 강의』, 한울아카데미, 1989, p.242.

법적인 부인이면서 동시에 농민군의 요구사항을 반영한 것"이라는 주장이 아무런 거리낌 없이 거듭되고 있음을 보게 된다. 결국 갑오개혁의 과부 재가 허용 이후 일반적으로 그것이 이루어졌다고 보는 견해[(1)]가 지니는 공통적인 문제점은, 과연 그 이후 실질적으로 과부의 재가가 이루어지고 있었는가 하는 점 말고도 아울러 갑오개혁의 과부 재가 허용 규정 채택 등이 동학군의 폐정개혁안을 받아들여 그렇게 되었다고 볼 수 있는 근거는 과연 어디서 찾을 수가 있는가 하는 점이라 하겠는데, 이는 아직도 검토의 대상으로 그대로 남아 있다고 보여 진다. 그렇기 때문에 이 글에서는 이 점을 차차 풀어가며 살펴보려고 하는 것이다.

한편 갑오개혁의 과부 재가 허용 규정이 있지만 실제적으로는 과부의 재가가 이루어지기 어려웠다는 견해[(2)] 역시 제기되어 왔다. 이러한 견해는 다음과 같은 글에서 여실히 잘 드러나고 있다.

> (6) 드디어 이태왕李太王 31년 개국開國 503년(1894) 6월六月 28일二十八日, 개화開化의 풍조風潮에 승승乘하여 구태舊態를 일소一掃하려고 하는 획기적劃期的인 의안議案에, 「과부재가寡女再嫁 물론귀천無論貴賤 임기자유사任其自由事」라고 있어서, 여기에 비로소 재가再嫁의 자유自由가 허용許容되었다. 그렇다고는 하나, 이 법안法案이 유구悠久 수백유여년數百有餘年의 성속成俗을 일거一擧에 타파打破할 수는 없었다. 상금尙今 적어도 양가良家의 부녀婦女에 있어서 개가改嫁를 악덕시惡德視하는 습속習俗이 존속存續하고 있는 현상現狀을 보면 대개 짐작할 수 있으리라10)

---

10) 金斗憲, 「再婚」, 『韓國家族制度研究』 재판, 서울大學校出版部, 1948 초판; 1969, p.552. 이를 인용하고 있지는 않지만, 이와 매우 흡사한 의견은 金靜子, 『韓國結婚風俗史』, 1974; 民俗苑, 1988, p.219의 '婦女再嫁에 對한 偏見은 오늘날까지도 남아 있어서 再嫁女를 賤視하는 傾向이 있다'고 하였음에서도 찾아볼 수가 있다.

요컨대 갑오개혁의 의안에서 과부의 재가를 귀천은 논하지 말고 그 자유의사에 맡기자고 하여 재가의 자유가 허용되었다고는 하지만, 이 법안이 수 백 년 내려온 관습을 한꺼번에 타파할 수는 없었고, 지금까지도 개가를 악덕시하는 현상이 있음을 지적하고 있는 것이다. 이 의안의 반포로 재가의 자유가 비로소 허용되었다는 점에는 의문이 있을 수 없는 사실이므로 너무나 지극히 당연한 지적이라 하겠는데, 다만 이 견해의 경우에도 (저자 자신이 당시까지의 현실 속에서 많은 경우들을 보아왔기 때문에 구태여 일일이 예를 들 필요조차 없었던 데에서 기인하는 것이었겠지만) 구체적인 사례들을 제시함이 없이 의견을 개진함으로써 그 주장대로 선뜻 믿고 따르기를 주저하게 된다. 따라서 이에 대한 구체적인 사례들을 제시해보려는 것, 역시 이 글이 지향하려고 하는 바 가운데 하나이다.

또 다른 한편으로 개화기 과부의 재가 허용 문제에 관한 지금까지의 연구들을 섭렵하고 이와 관련된 수많은 기록들을 검토하면서 지니게 된 의문의 하나는, 갑오개혁 이전의 한국 사회에서 과부의 재가 허용 문제에 대해 거론했다고 해서 많은 연구자들이 누구나 인용하는 글들 말고도 새로운 자료들은 없었는가 하는 점이었다. 단도직입적으로 제시하자면 당시 한국 사회에서 살면서 과부의 재가에 대해 실태를 파악하고 거론했던 천주교 관계 인사들의 언급이나 기록은 전혀 어느 누구도 지금까지 거론조차 해본 적이 없다는 점이라 하겠다. 적어도 당시 사회에서 천주교 관계 인사들의 과부 재가에 대한 실태 언급과 이에 대한 개선 방안의 제시가 가지는 의미를 이제는 제대로 평가해야 할 시점에 왔다고 본다.

간단히 정리하자면, 이 글에서 저자著者가 개화기 과부의 재가와 관련하여 시도하려는 것은 다음의 3가지 점이라 할 수 있다. 첫째는 과부의 재가 허용에 관한 동학군의 주장이 갑오개혁의 의

안에 반영되었다고 볼 수 있는 근거가 과연 있는가 하는 것이다. 곧 실증적인 접근을 강조하기 위함이라 하겠다. 둘째는 개화기 과부의 재가와 관련하여 지금까지 전혀 언급된 바가 없었던 천주교 관계 인사들의 이에 대한 실태 파악과 개혁 방안 제시에 대해 밝혀 보려는 것이다. 즉 새로운 자료의 발굴을 통한 재해석을 시도함이라 하겠다. 그리고 셋째는 갑오개혁의 의안에서 과부의 재가 허용이 공식적으로 반포된 이후 과부들의 재가 실태는 과연 어떠했는지를 구체적인 기록들을 통해 찾아보려고 하는 것이다. 한 마디로 실태 파악의 중요성을 지적하기 위함이라 하겠다.

제2절 동학군의 「폐정개혁안 12개조」와 갑오개혁 「의안」의 과부 재가 허용 내용 분석

여기에서는 앞서 제기했던 의문과 같이, 과부의 재가 허용에 관한 동학군들의 요구 사항을 과연 갑오개혁의 의안에서 반영한 것이라고 볼 수 있는 것인가 하는 문제에 대해서 살펴보고자 한다. 하지만 무엇보다도 앞서, 이 논의를 뒷받침할, 바꾸어 말하면 과부의 재가 허용을 동학군이 요구하였고 또 이를 갑오개혁의 의안에 반영하였음을 입증할 만한 어떠한 기록도 사실은 찾을 수가 없음을 지적하지 않을 수 없다. 다만 지금까지의 연구에서 종래와 같은 주장을 전개하는 토대로 삼아 왔다고 여겨지는 이선근李瑄根의 앞서의 글 (4)도, 다음과 같은 전후 문맥을 자세히 분석해 보면, 구체적인 증거는 전혀 없이 막연한 추정에 의지하고 있음이 거의 틀림없어 보인다.

(7)상게上揭한 여러 가지 조항條項의 내용內容을 검토해보면, 그

대부분이 이 나라의 근대화近代化를 위하여 당연히 시행할 조건임에는 틀림이 없었다. 그러나 이러한 개혁을 단행하기에 앞서 반드시 수행되어야 할 국가적인 교육과 계몽과 선전이 전연 결여된 데다가, 일제日帝 측의 무력간섭 아래 급조 출현된 친일정권親日政權이 하등의 주견도 없이 오로지 강요당해 일조일석一朝一夕에 공포公布한 정령政令이라고 믿어졌기 때문에 이를 수긍할 국민도 없었으며, 따라서 그의 시행은 사실상 불가능하게 된 것이 많았다11)

　이는, 이선근李瑄根이 갑오개혁의 의안 가운데 사회개혁에 관련된 조항들을 제시하고 총체적인 평가를 행한 부분에서 지적하고 있는 바인데, 이를 보면 시행이 사실상 불가능하게 된 것이 많았다고 했던 것이다. 그러면서도 이어서는 [앞서 이미 인용한 바 (4)와 같이] "상게上揭한 … (라)과부寡婦의 재가再嫁 문제問題 … 같은 것은 동학반란東學叛亂이 이를 외쳐서 봉기했고, 그들의 강력한 주장은 이미 언급한 대로 군국기무처軍國機務處의 전신이라 간주할 수 있는 교정청校正廳 회의會議에도 상당히 반영된 것이 사실이었다"고 주장하였던 것이다. 그의 이러한 주장이 그야말로 사실로 인정받기에는 적어도 다음의 2가지 점을 고려했었어야 한다고 생각한다. 첫째는 교정청 회의에서 이것이 반영되었으며, 또 그것이 그대로 군국기무처의 의안으로 고스란히 이어졌다고 할 증거가 있는가 한 점이고, 둘째는 동학군이 과부의 재가 허용을 외쳤다는 것이 의문의 여지가 전혀 없는 사실로 단정지울 수 있는가 하는 점이라 하겠다.

　첫째의 사안, 즉 교정청 회의에서 이것이 반영되었다고 할 근거 역시 의심스럽다. 교정청이 설치된 것이 1894년 음력 6월 11일로 같은 날에 시원임대신時原任大臣을 그 총재관總裁官으로 임명

---

11) 李瑄根, 앞의 책, 1963, pp.242-245.

하고 같은 달 13일에는 당상堂上 15명 등을 임명하고 그 명단을 발표한 바가 있었는데, 당시는 청일전쟁淸日戰爭의 기운이 고조되는 분위기였으며, 더욱이 같은 달 21일에는 일본군日本軍에게 경복궁景福宮이 점령당하는 등 어수선한 가운데 별반 뚜렷한 활동을 보이지 못하고 교정청校正廳은 25일에 군국기무처軍國機務處로 전환되고야 말았다.12) 이런 상황에 처해 있던 교정청 회의에서 특히 사회 제도의 개혁에 대한 동학군의 의견이 논의되거나 반영될 여지는 거의 없었다고 보인다.13) 따라서 동학군의 과부 재가 허용 주장이 교정청 회의에서 '상당히 반영된 것이 사실이었다'고 한 앞의 서술은 전혀 사실과는 거리가 먼 것이라 하겠다.14)

둘째의 사안, 즉 동학군이 과부의 재가 허용을 주장하였다는 것 역시 의문의 여지가 전혀 없는 사실이라고 보기에는 주저하지 않을 수가 없다. 종래에 동학군의 당시 주장들을 정리한 것으로

---

12) 李瑄根, 앞의 책, 1963, pp.192-217 참조. 또한 당시 교정청의 기능에 대해서는, 李光麟, 『韓國史講座』 近代篇, 一潮閣, 1981, pp.315-316에, 金允植, 『續陰晴史』 上, 國史編纂委員會, 1960, p.319의 기록을 근거로 하여, "校正廳의 기능은 쉬이 중지되었다. 대두분의 堂上들이 병이라 칭하고 회의에 참석치 않았기 때문이었다. 그들은 개혁의 필요성도 별로 느끼지 못하고 있었고, 또 개혁을 추진할 만한 교양이나 지식도 부족하였다. 그들이 논의하였던 것만 보아도 극히 末梢的인 뿐이었다. 사회전반에 걸친 대개혁이란 엄두도 못내는 일이었다."고 하였음이 참조된다.
13) 柳永益,「甲午更張과 社會制度 改革」,『韓國社會發展史論』, 一潮閣, 1992; 『東學農民蜂起와 甲午更張』, 一潮閣, 1998, p.119.
14) 비록 金允植, 앞의 책, 1960, p.319의 기록에 "我政府奉命設校正廳 差堂上十五員 先革弊政幾條 皆東學原情中事也 欲以爲自主改革之漸 以防日人要挾"이라고 밝혀서, 校正廳에서 먼저 弊政을 개혁하는 몇 개조의 안을 마련하였는데, 이것이 모두 동학군의 요구 사항 가운데 들어있는 것들이라고는 하였지만, 당시의 긴박한 상황 전개로 보아 校正廳이 이렇듯이 실질적으로 움직이며 이러한 개혁안을 마련하였다는 것을 사실로 받아들이기는 어렵다고 본다. 李光麟, 앞의 책, 1981, p.315 참조. 더더군다나 이 가운데에 과부 재가 허용이 포함되었다는 어떠한 증거도 전혀 없다고 하겠다.

전혀 이의가 없이 받아들여졌을 뿐더러 그 기록의 진위여부에 대해 의문조차 품어지지 않던 오지영吳知泳의 『동학사東學史』 간행본刊行本 기록 자체의 신빙성에 대한 비판이 근자에 제기되었고[15], 또 이에 동의하는 견해들이 본격 제시되고 있기 때문이다.[16] 간결하게 논급하자면, 오지영吳知泳이 자필自筆로 작성하여 1920년대부터 지니고 있었던 초고본草稿本의 내용과 1940년 출간出刊된 간행본刊行本의 그것이 일치하지 않는 점이 매우 많으므로 그 신빙성에 대해 의문을 제기하였던 것이며, 이 의문 제기에 동의하는 견해들이 이후 대두되고 있는 실정인 것이다. 그러므로 오지영의 『동학사』 간행본이나 초고본의 어느 내용을 전적으로 그대로 믿고 따르기에 주저하지 않을 수 없는데, 과부의 재가 허용 주장을 담고 있다고 하는 부분도 역시 예외는 아니라고 보는 것이다.

초고본草稿本 및 간행본刊行本 『동학사東學史』의 내용 가운데 이러한 과부의 재가 허용과 관련된 내용을 검토하기 위해서는 우선 이 내용이 담겨져 있는 이른바 「폐정개혁안 12개조」 자체의 양 쪽 기록 모두를 그대로 일단은 열거하는 것이 필수불가결하리라 보고 아래에 제시한다.

〈표 1〉『東學史』 草稿本과 刊行本 「弊政改革案 12개조」 내용 열거표

草 稿 本[17]	刊 行 本[18]
一.人命을 濫殺한 者는 버힐 事	一.道人과 政府 사이에는 宿嫌을 蕩滌하고 庶政을 協力할 事
一.貪官汚吏는 祛根할 事	一.貪官汚吏는 그 罪目을 査得하여 一一嚴懲할 事
一.橫暴한 富豪輩를 嚴懲할 事	一.橫暴한 富豪輩는 嚴懲할 事
一.儒林과 兩班輩의 巢窟을 討滅할 事	一.不良한 儒林과 兩班輩는 嚴懲할 事
一.殘民等의 軍案은 불지를 事	一.奴婢文書는 燒祛할 事
一.종文書는 불지를 事	

---

15) 盧鏞弼,「吳知泳의 人物과 著作物」,『東亞研究』19, 1989;『'東學史'와 執綱所 研究』, 國學資料院, 2001, pp.35-74.
16) 柳永益, 앞의 책, 1998, pp.115-119.

一.白丁의 머리에 패랭이를 벗기고 갓을 씨울 事 一.無名雜稅等은 革罷할 事 一.公社債를 勿論하고 過去의 것은 并勿施할 事 一.外賊과 連絡하는 者는 버힐 事 一.土地는 平均分作으로 할 事 一.農軍의 두레法은 獎勵할 事	一.七班賤人의 待遇는 改善하고 白丁頭上에 平壤笠은 脫去할 事 一.靑春寡婦는 改嫁를 許할 事 一.無名雜稅는 一并勿施할 事 一.官吏採用은 地閥을 打破하고 人材를 登用할 事 一.○과 奸通하는 者는 嚴懲할 事 一.公社債를 勿論하고 己往의 것은 并勿施할 事 一.土地는 平均으로 分作할 事

이를 보면 대번에 많은 차이가 남을 쉬이 알 수 있다. 오히려 처음 조항부터가 많은 차이가 나기 때문에, 도리어 두 개가 전혀 별개의 문건이 아닐까 여겨질 정도이다. 그렇기 때문에 좀 더 내용상의 동일성 혹은 차이점 등을 확연히 알기 위해서는 별도로 그 내용을 비교해봄이 유익하다고 믿어, 이를 작성하여 비교표로 제시하여 보이면 다음과 같다.

〈표 2〉『東學史』草稿本과 刊行本「弊政改革案 12개조」내용 비교표

조	草稿本	비교	刊行本	조
1	人命을 濫殺한 者는 버힐 事	×		
		×	道人과 政府 사이에는 宿嫌을 蕩滌하고 庶政을 協力할 事	1
2	貪官汚吏는 祛根할 事	△	貪官汚吏는 그 罪目을 査得하여 一一嚴懲할 事	2
3	橫暴한 富豪輩를 嚴懲할 事	○	橫暴한 富豪輩는 嚴懲할 事	3
4	儒林과 兩班輩의 巢窟을 討滅할 事	×	不良한 儒林과 兩班輩는 嚴懲할 事	4
5	殘民等의 軍案은 불지를 事	△		
6	종文書는 불지를 事	△	奴婢文書는 燒祛할 事	5
7	白丁의 머리에 패랭이를 벗기고 갓을 씨울 事	△	七班賤人의 待遇는 改善하고 白丁頭上에 平壤笠은 脫去할 事	6
		×	靑春寡婦는 改嫁를 許할 事	7
8	無名雜稅等은 革罷할 事	○	無名雜稅는 一并勿施할 事	8
9	公社債를 勿論하고 過去의 것은 并勿施할 事	△	公社債를 勿論하고 己往의 것은 并勿施할 事	11
10	外賊과 連絡하는 者는 버힐 事	△	○과 奸通하는 者는 嚴懲할 事	10
11	土地는 平均分作으로 할 事	○	土地는 平均으로 分作할 事	12

---

17) 吳知泳,『東學史』草稿本, 국사편찬위원회 소장, 소장번호 C 17-4-v.1~v.4.
18) 吳知泳,『東學史』刊行本, 永昌書館, 1940, pp.126-127;『吳知泳全集』上, 亞細亞文化社, 1992, pp.148-149.

12	農軍의 두레法은 奬勵할 事	×		
		×	官吏採用은 地閥을 打破하고 人材를 登用할 事	9

〈비교의 범례 : ○-거의 동일한 경우, △-유사한 경우, ×-상이한 경우〉

　조목의 자구字句까지 동일한 경우는 사실 하나도 없다고 해야 옳을 터인데, 문제는 유사한 것 외에 전혀 상이한 경우도 6 조항이나 된다는 점이다. 이러한 상황임에도 불구하고 이들 기록을 그대로 금과옥조金科玉條처럼 믿고 좇는다면 이는 결코 학문으로서의 영역을 넘어서는 태도라고 지적해서 과하지 않을 듯하다.

　특히 여기에서의 논의와 관련하여 비켜갈 수 없는 사실은, 동학군의 주장 가운데 (앞서 다른 연구자들의 주장에서 거듭 강조되고 있었던) 과부의 재가 허용 내용이 초고본草稿本에는 포함되어 있지 않고 간행본刊行本에만 등재되어 있다는 점이라 하겠다. 이는 결국 『동학사東學史』 기록 전체에 대한 신뢰성에 직결되는 문제인 동시에, 동학군이 과부의 재가 허용을 주장했었는지 아닌지 여부에도 관건이 되는 것으로, 결코 누구도 이를 역사적 사실로 받아들이기는 어려운 것으로 판단해야 옳은 게 아닐까 싶다. 따라서 기록상으로 동학군이 과부의 재가 허용을 주장했는지 여부조차 확인하기 어려운 상태에서, 이를 그렇다고 믿고 이들의 주장이 갑오개혁의 의안에 반영된 것이라고 주장함은 재고再考의 여지가 많다고 생각한다.

　더군다나 『동학사東學史』 간행본刊行本에만, 동학군의 이른바 「폐정개혁안 12조」 가운데 과부의 재가 허용과 관련하여 그 내용이 '청춘과부靑春寡婦는 개가改嫁를 허許할 사事'라고 등재되어 있는데, 그 내용조차도 다음의 갑오개혁의 의안과는 적지 않게 다른 내용임을 비교해보면 금방 알 수가 있다.

　　(8)의안議案 8 : 과부재가寡女再嫁 물론귀천無論貴賤 임기자유사

任其自由事 (1894년 음력 6월 28일;양력 7월 30일)[19]

　　말하자면, 동학군의 「폐정개혁안」에 들어 있었다고 오지영吳知泳이 주장했고 그 이후 일부 연구자들이 그대로 믿고 따르는 '청춘과부靑春寡婦는 개가改嫁를 허許할 사事'라는 항목은 이 의안의 내용과는 그 핵심의 내용에 있어 차이가 나지 않나 생각되는 것이다. 즉 갑오개혁의 의안에서는 '과녀의 재가는 귀천을 논하지 말고 그 자유의사에 맡기라'고 하여서, 과녀의 연령을 제한함이 없이 그것도 신분의 귀천을 논하지 말고 재가를 그야말로 그녀의 자유의사에 맡기라는 것인 데 반하여, 동학군이 주장했다는 것은 단지 대상을 청상과부靑孀寡婦로 한정하고 또한 개가改嫁를 일방적으로 허용하자는 것일 뿐 신분에 관한 것도 또한 그 자유의사의 반영 여부에 관한 구체적인 내용도 전혀 없이 허용하는 것 자체에만 국한되어 있는 것으로 판단된다. 그러므로 종래에 주장되어 온 바처럼 동학군의 주장이 갑오개혁에 반영되어 과부의 재가 허용 의안이 채택되었다고 하는 주장은 별반 증거로 들 만한 것이 없기 때문에 과히 신용할 바가 되지 못한다고 생각한다.

---

19) 軍國機務處 [編], 「議案存案(第一)」, 서울대학교 규장각도서 도서번호 17236; 柳永益, 『甲午更張硏究』, 一潮閣, 1990의 〈資料 3〉 「軍國機務處 議定案」 참조.

제3절 천주교의 과부 실태 파악과 이들의 재가에 대한 적극적인 권유 표명

　개화기 과부의 재가 허용 문제에 관한 지금까지의 연구들을 섭렵하고 이와 관련된 수많은 기록들을 검토하면서 저자著者는, 천주교 관계 인사들이 이에 대해서 어떻게 실태를 파악하고 있었으며, 어떠한 태도를 취하고 뭐라고 언급하고 있었는지가 궁금하였다. 하지만 갑오개혁 이전의 한국 사회에서 과부의 재가 허용 문제에 대해 거론했다고 해서 많은 연구자들이 누구나 인용하는 글들 속에는, 당시 한국 사회에서 살면서 과부의 재가에 대해 실태를 파악하고 거론했던 천주교 관계 인사들의 언급이나 기록이 거론되는 것을 미처 본 적이 없다. 그래서 여기에서는 개화기 과부의 재가와 관련하여 지금까지 전혀 언급된 바가 없었던 천주교 관계 인사들의 이에 대한 실태 파악과 개혁 방안 제시에 대해 하나하나 밝혀 보려는 것이다.
　저자著者가 무엇보다도 먼저 가장 중점적으로 살핀 기록은 샤를르 달레의 『한국천주교회사韓國天主敎會史』였는데, 그 자신이 「머리말」에서, "『한국천주교회사』는 선교사들의 편지와 그들이 번역하여 보낸 조선 사람들의 보고들로 꾸며졌다. 다른 자료는 있을 수가 없다. … 이 책을 쓰는 중에, 흔히는 선교사들의 편지들을 간추리지 않고 전문全文을 인용하였다. 그 결과로 길어지기도 하고 반복도 된다. 그러나 이 자그마한 단점은 그 편지들 자체가 가진 흥미로써 상쇄되고도 남음이 있을 것 같았다. 그 편지들을 쓴 분들은 대부분 얼마 후에 피로써 신앙을 증명하였는데 교우 독자들은 순교자들이 자신의 이야기나 다른 순교자들의 이야기를 하는 것을 듣는 것이 기쁠 것이다[20])"라고 하였다. 이러한 데에서 알 수 있듯이 선교사들의 편지 그리고 그들이 번역하여 보낸 조선 사람들의 보고들을 간추리지 않고 전문을 대체로 인용하여 이 책이 꾸며졌기 때문에 원래 자료에 기록된 당시의 모습 즉 있었던 그대로의 생생한 것들이라서, 이 책의 기록들을 믿고 취할 수가 있다고 생각하였기 때문이었다.

달레가 인용한 이런 기록들 가운데서 당시 사회의 과부들의 실태와 이에 대한 천주교 관계 인사의 입장을 잘 드러내 주는 것 중의 하나는, 한국에 들어와 활동하면서 전교뿐만 아니라 우리말을 연구하여 『조선어연구』를 저술하고 나한한사전羅漢韓辭典을 편찬함은 물론 배론 성요셉신학교의 운영을 맡아 신학생 교육에도 전념하였던 뿌르띠에Pourthie 신부神父[21])가 적어 보낸 「1862년 11월 8일자의 서한」의 아래와 같은 대목이다.

---

20) 샤를르 달레, 『韓國天主敎會史』上, 안응렬・최석우 역주, 한국교회사연구소, 1979, pp.15-18.
21) 그가 배론 성요셉신학교에서 한 활약에 대해서는 노용필, 「예수성심신학교의 사제 양성 교육」, 근・현대한국가톨릭연구단 지음, 『한국 근・현대 100년 속의 가톨릭교회』(상), 가톨릭출판사. 2003, pp.81-82;『한국 근・현대사회와 가톨릭』, 韓國史學, 2008, p.22 참조.

(9)(가)과부들은 이 나라에서 꽤 수효가 많은 계층을 이루고 있습니다. 왜냐하면 특히 양반 집에서는 여인이 재혼을 하지 않기 때문입니다. 그들의 처지는 비참하고 동정과 보호를 받아야 마땅한 것으로 인정되고 있습니다.
(나)이 수령(守令)이 하루는 모든 과부를 군청으로 오라는 명령을 내렸으므로 이들은 관장이 동정하는 마음으로 그들의 처지를 개선하기 위해 무슨 일을 하려는가 보다고 생각하고 모두 그가 부르는 대로 갔습니다. 수령은 과부들이 모인 것을 보고는 각자의 주소 성명을 적고 대략 이와 같은 연설을 했습니다. "여러분이 재혼을 했다면 남편들과 합심해서 세금을 내는 데 이바지하였을 것이고 따라서 조정에 봉사하였을 것이요. 그런데 지금은 반대로 친정집에 홀로 있으니 여러분은 국가에 무익한 존재들이며 공공번영에 조금도 협력을 하지 않고 있소. 여러분을 임금님의 합당한 신민으로 만들기 위해 본관(本官)은 여러분에게 특별한 세금을 물게 해야 되겠다고 생각했소. 그러니까 여러분은 관장에게 베 두 필을, 봄에 한 필 가을에 한 필씩 바치도록 하시오."(이 삼베들은 길이가 40자 이상이 됩니다) 깜짝 놀라고 어안이 벙벙한 여인들 가운데에서는 뜻밖의 일로 몇 마디 소근대는 소리가 들렸으나 아무도 선뜻 "내겠습니다" 하고 대답하는 사람이 없었습니다. 그러자 수령은 말을 계속했습니다. "세금을 내지 않겠다는 사람들은 반대편으로 가서 서시오." 여인들은 하라는 대로했습니다만, 거의 모두가 반항하는 사람들 쪽으로 가서 늘어섰습니다. 수령은 세금을 내겠다고 약속한 여인들은 집으로 돌려보내고 다른 여인들은 옥에 가두었습니다.
(다)그러나 옥에 갇힌 과부는 공공연히 알려진 매음굴에 갇힌 여인이나 다름없습니다. 투옥된 과부들의 부모는 체면이 손상되지 않기 위해서 희생을 치르기를 서슴지 않았고, 그 여인들을 구해내기 위해 요구된 삼베 필들을 관장에게 갖다 바쳤습니다.
(라)이렇게 석방된 그 과부들은 잔인하게 복수를 하기로 결심했는데, 그 잔인한 방식은 이 나라의 풍속에 잘 알려진 것입니다. 이 수령의 어머니가 조금 전에 아들을 보려고 서울에서 그 고을로 내려와 있었습니다. … 그러나 그 부인의 계획을 알게

된 과부들이 길에서 기다리고 있다가 가마에 덤벼들어 부인의 옷을 완전히 벗기고 빈정거리고 아주 상스러운 조롱을 퍼부었습니다. 불쌍한 관장은 창피를 감추기 위해 집안에 들어박혔습니다. 그러나 어머니에게 당하게 했고 또 그로 인해 온 가문에 당하게 한 치욕이 조선 사람들의 눈으로 볼 때 결코 씻어지지 않을 것입니다. 그 사람은 명예를 훼손당한 사람입니다[22]

이 편지글 전체를 저자著者가 편의상 4부분으로 나누었는데, (가)와 (다) 부분은 당시 과부들에 대해 뿌르띠에 신부가 어떻게 파악하고 있었는지를 극명하게 드러내 주는 부분이고, (나)와 (라) 부분은 당시 과부들이 자신들에게, (저자著者가 나름대로 명명하자면) 과부 특별세 베 2필을 부당하게 납세토록 한 수령의 조치와 그에 대한 과부들의 집단행동에 대해 기술해 놓은 것이라 할 수 있겠다. 이 가운데서 (나)와 (라) 부분의 사건은 당시 사회에서 과부들이 자신들의 사회적 불이익을 이겨내기 위해 얼마나 처절한 삶을 살아야 했는가를 여실히 보여주는 것이라 하지 않을 수 없다고 본다.

당시 과부들이 수령에게 내야했던 과부 특별세의 수량이 베 2필이라고 하면, 당시의 일반 장정들이 군대에 나가는 대신 내던 군포軍布가 1필이었던 것과 비교해도 얼마나 커다란 부담이 되는 것이었는지 금방 드러난다. 꼼짝없이 수령에게 이를 내야만 했던 이들이 택한 복수의 방법은, 그 수령의 어머니를 옷을 벗겨서 알몸으로 만들어 모멸감을 주는 것이었는데, 이럴 정도로 그들의 분노는 감내하기 힘든 것이었다고 하겠다. 그만큼 이 당시, 즉 뿌르띠에Pourthie 신부가 이 편지글을 작성한 시점이 1862년으로, 이 때가 간지干支로 임술년壬戌年이어서 임술민란壬戌民亂이라고

---

[22] 「뿌르띠에Pourthie 신부의 1862년 11월 8일자의 서한」; 샤를르 달레, 앞의 책 下, 안응렬·최석우 역주, 한국교회사연구소, 1980, pp.334-335.

이름이 붙여질 정도로, 전국적으로 민란民亂이 번져 나가 정국이 걷잡을 수 없을 소용돌이에 빠져들었던 때이므로 이런 상황이 벌어질 수도 있었던 것으로 보인다.23) 수령의 부당한 가렴주구苛斂誅求에 민의가 집단적인 행동으로 옮겨져도 수령이 어찌할 수 없는 상황이었기에 과부들의 보복 행동이 과감하게 현실화될 수 있었으며, 그만큼 당시에 평민들의 세력이 무시하지 못할 정도로 사회적으로 대두되고 있었음을 여실히 보여주는 단적인 사건이었다고 헤아려진다.

이상과 같은 일련의 이 사건을 기록하면서 뿌르띠에Pourthie 신부가 당시에 직접 겪으면서 파악하고 있었던 과부들의 실태에 관한 기술은 (가)와 (다) 부분에 있어 크게 주목된다. 즉 당시에 과부들이 꽤 많은 수효가 있었지만, 특히 양반집 여인은 재혼을 하지 않았는데 그들은 보호받아 마땅한 것으로 여겨지고 있었다고 하였다[(가)]. 뿐더러 옥에 갇힌 과부는 공공연히 매음굴에 갇힌 여인이나 다름없었기 때문에 그들의 부모들이 체면을 손상되지 않으려고 삼베를 수령에게 내는 희생을 무릅썼다고 했다[(다)]. 이는 특히 양반 과부들의 재혼이 허용되지 않는 당시의 실태를 정확히 파악한 것이었으며, 옥에 갇힌 과부들이 매음굴에 갇힌 여인과 다름없었다고 기술하고 있는 것은 투옥된 과부들을 관리들이 비인격적으로 함부로 다루는 당시의 관행을 적나라하게 엿보게 해주는 것이라 하겠다.

당시에 사목 현장에서 이런 일들을 접하였던 뿌르띠에Pourthie 신부로서는 과부들의 이러한 실태에 대해 있었던 그대로 기록을 남겼다고 보여 지며, 아울러 그가 이렇게 써서 보낸 편지글들은 이것들을 모두 읽고 정리하여 『한국천주교회사韓國天主敎會史』를

---

23) 당시의 상황 전개와 천주교회의 발전에 대해서는 노용필, 「민중과 더불어 커가는 교회」, 『한국천주교회사 교실』, 순교자 현양 천주학당, 천주교 서울대교구 순교자현양회, 2001; 이 책의 제2부 제4장 참조.

저술한 샤를르 달레에게도 커다란 영향을 주었을 성싶다. 샤를레 달레가 『한국천주교회사』의 「서설序說」에서 꽤 많은 분량의 글을 작성하면서 부제副題를 달기를 '조선의 역사, 제도, 언어, 풍속, 습관에 관하여'라고 한 데에서도 여실히 파악할 수 있듯이, 풍속 가운데서 특히 「여성들의 처지 ― 결혼」이라는 항목을 설정하여 아래와 같이 과부들의 재가에 관해 언급하기에 이르렀고, 이 내용에 뿌르띠에Pourthie 신부의 글도 적지 아니 일조를 했을 것으로 여겨지기 때문이다.

(10)(가)남녀간의 부당한 불평등은 한쪽 배우자가 죽어서 마침내 결혼이 해소된 뒤에도 계속된다. 남편은 아내가 죽은 뒤 몇 달 동안만 반기상半期喪을 입고 이내 재혼할 수 있다. 아내는 반대로, 특히 상류계급에 있어서는, 평생을 두고 죽은 남편을 서러워하고 복을 입어야 한다. 정숙한 과부라면 아무리 젊었을지라도, 재혼을 하는 것은 수치가 될 것이다. 1469년부터 1494년까지 왕위에 있은 성종成宗은 개가한 양반 부인이 낳은 아들들에게는 과거에 응시하는 것을 금하였고, 그들에게 어떠한 관직을 주는 것도 금지하였다. 오늘날도 이들은 법률에 의하여 서자로 간주되고 있다.
(나)(A)조선 사람들처럼 난폭하게 정열적인 국민에 있어서는, 이 불공평한 재혼 금지로부터 필연적으로 중대한 풍기 문란이 결과 된다. 젊은 양반 과부는 재혼은 하지 않지만, 거의 모두가 공공연하게 또는 비밀리에 자기들을 부양하여 주겠다는 자의 첩이 되어 있다. …(중략)… 어떤 때는 청상과부들이 자기들의 절개를 더 잘 증명하고 자기들의 명성과 명예를 아무도 건드리지 못하게 하기 위하여, 남편의 장례식이 끝나면 이내 자살하는 것을 볼 수도 있다. 양반들은 그런 모범적인 부인들을 극구 칭송하고, 거의 언제나, 그 여자의 장한 행위를 기념하기 위한 비석이나 사당 같은 공공 기념물을 세울 허락을 왕에게 얻어낸다. (B)20년 전에, 내란이 임박하였다는 막연한 소문이 나라 안

에 퍼져서 천주교인인 과부들은 만약에 무장 군중이 자기들 집에 가까이 오면 자살을 할 수 있도록 허가하여 달라고 선교사에게 요청하여, 신부는 그런 경우에도 자살은 하느님께 대한 무서운 죄라는 것을 그들에게 이해시키는 데 매우 힘이 들었다.
(다)(A)평민에게는 재혼이 법률이나 관습으로 금지되어 있지 않다. 부자 집안에서는, 이 점에 있어서도 다른 점에 있어서와 마찬가지로, 자존심에서 양반들을 본받으려고 하는 일이 꽤 있다.
(B)그러나 가난한 집안에서는, 남자는 음식을 만들어줄 사람이 있어야 하는 필요에서, 여자는 굶어 죽지 않으려는 필요에서 이런 종류의 결혼을 하는 일이 꽤 흔하다24)

이 글을 통해서 당시의 과부들의 재가와 관련된 실태에 대해 참으로 정확히 기록하고 있음을 충분히 목도하게 되는데, 논의의 편의상 크게 3부분으로 나누었다. (가)부분에서는 과부 특히 상류층의 재혼은 아무리 젊었을지라도 수치로 여겨지며, 성종의 금지 이래로 재가한 부인의 아들은 관직이 금지된다는 사실을 적고 있으며, (나)부분에서는 양반 과부들의 재혼 금지에 따른 풍기문란에 대해서 벌어진 모든 경우를 기술하고 있는데, 약물 투여와 같은 방법으로 행해진 강제적인 경우나 납치당해 수절이 깨지는 경우 등등 당시의 실태를 파악하여 그대로 서술하고 있으며, 이를 피하는 수단으로 자살이 횡행하는 실정에 대해서도 적어 두고 있는 것이다.

이렇듯이 (가)와 (나) 부분이 양반 과부에 관한 것인데 반해, (다)부분에서는 평민 과부에 대해 서술하고 있는데, 평민 과부들은 굶어 죽지 않기 위해 재혼의 길을 택할 수밖에 없는 경우가 '꽤 흔하다'고 하였다. 그러므로 경제적인 기반이 전혀 없는 평민 과부들의 경우는, 양반들의 경우와는 판이하게 달리 당시에

---

24) 샤를르 달레, IX 여성의 처지, 「서설」, 『韓國天主教會史』 上, 1874; 안응렬·최석우 역주, 앞의 책, 1980, pp.195-197.

도 생존을 위한 수단으로서 재가를 하는 경우들이 많았음을 알려 준다고 하겠다.

이러한 일반적인 상황에 대한 기술 역시 당시 과부의 재가에 대한 실태를 파악하는 데에 크게 참조가 되지만, 달레의 이 글에서 특히 주목해 보아야 할 부분은 (나)의 (B)부분에 적혀져 있는 것이다. 천주교인 과부들이 내란의 와중에서 취한 태도와 이에 대한 신부들의 이에 대한 입장이 있었던 그대로, 어느 기록에서도 쉽사리 찾아 볼 수 없는 기록이 전해지고 있어 무엇보다도 주의 깊게 곰삭혀 보아야 할 대목이라 생각한다. 내란이 임박했다는 소문에 천주교인인 과부들이 자신들의 정조를 지키기 위해 자살할 수 있게 허가해 달라고 선교사들에게 요청했고, 이에 대해 신부들이 그럴 경우에도 자살은 하느님께 대한 무서운 죄라는 것을 이해시키는 데 매우 힘이 들었다는 내용인데, 이로써 개화기 한국 천주교의 과부 재가에 대한 실태 및 교회의 입장이 웅변되고 있다고 가늠된다.

이러한 현실 속에서 그러면 한국 천주교회가 취한 결단은 어떤 것이었을까? 천주교 교인인 과부들이 정절을 지키기 위해 자살을 마다하지 않겠다는 데에 대해, 신부들이 자살이 하느님께 대한 무서운 죄라는 것만을 강조해서는 전혀 그들에게 자그마한 위로도, 해결 방도의 실마리도 제시해 준 게 전혀 아니었을 것이다. 그렇기 때문에 한국에 와서 실제로 사목을 담당하고 있었던 사제들은 숙고를 거듭한 끝에 많은 논의를 거쳐 이 문제에 대한 교회의 입장을 정리하여 제시하기에 이른다. 아래의 글이 바로 그것이다.

(11) 성교회법에 동정童貞 지키고자 하는 자가 혼자 스스로 결단하지 못하는 법이라. 마땅히 탁덕鐸德(신부神父)와 자세히 의논하여 할 것이니, 그 허락 없으면 허원許願을 도무지 마음대로

못하며, 수정守貞하고자 하는 내외도 이 법과 같이 할 것이니라. 과부寡婦된 사람이 개가하지 아니하는 것이 원래 이 나라 풍속이 아니라 새로 시작한 것이다. 또한 성교회 규구規矩가 아니니, 여러 번 영육靈肉에 크게 해로운 것이라. 과부 된 사람이 그 풍속을 좇지 말고, 다만 영육의 이익을 돌아보아 원의대로 개가하기를 권하고 권하노라. 친정이나 시집이나 조금도 말리지 못할 것이니, 누구와도 의논하지 말고, 혹 말로나 별법別法으로 말리려 하면, 양심에도 걸리고 벌도 면하지 못할 줄로 알리라25)

장경일張敬一(베르뇌Berneux) 주교의 명의로 반포된 이「장주교 윤시 제우서張主敎 輪示 諸友書」는 1857년 제4대 조선 교구장으로 임명된 장경일(베르뇌) 주교가 3월 25일 한국 교회 창설 이후 최초로 이루어진 성성식이 끝난 후 이 기회를 활용하여 개최한 조선교구 제1차 시노두스Synodus의 결과를 작성한 서한이었다. 이때에는 라틴어뿐만 아니라 일반 신자들을 위해 한글로도 작성하여 한국의 모든 천주교 신자들에게 두루 제시되어 반드시 지키도록 강조했던 내용들이었는데, 한국 천주교회에서는 최초로 교구장이 문헌 형태를 갖춰 반포한 지역 교회 규범서이며, 구체적이고 체계적이며 강제적 실행 규범을 담고 있는 신자 지도서였던 것이다.26)

이러한 교회의 규범서이자 신자 지도서를 한국 교회 최초의 시노두스를 마치고 1857년에 반포하면서, 그 내용에 적지 않은 부분을 할애하여 위의 (11)에 제시된 바와 같이 동정童貞과 과부寡婦의 재가再嫁에 대해 언급하고 정리한 것은 당시의 상황에서 교

---

25) 장경일張敬一(베르뇌Berneux 주교),「장주교 윤시 제우서張主敎 輪示 諸友書」, 1857;『순교자와 증거자들』, 한국교회사연구소, 1982, p.173. 이 글은 한국교회사연구소 편,『베르뇌(S.F.Berneux, 張敬一)문서』, 1995, pp.494-499에도 게재되어 있다.
26) 장동하,「한국교회 교구 시노드의 역사와 평가」,『교구 시노드』2001년 사목연구소 세미나, 가톨릭대학교 신학대학 사목연구소, 2001, pp.33-40.

회내적으로도 이에 대한 명백한 정리가 절박했기 때문으로 새겨지는데, 여기에서 특히 과부의 재가에 대해서 매우 명확하면서도 단호한 입장을 표명하고 있음을 간과해서는 안 된다고 믿는다. 다름 아니라 과부의 재가 금지는 이 나라의 원래 풍속도 아니려니와 성교회의 규구規矩도 아니며 영육간靈肉間에도 해로운 것이니, 과부들의 개가를 권하고 또 권한다고 선포한 것이었다. 또한 친정이나 시집이나 말리지 못할 것이며, 누구와도 의논하지 말라고 권하였고, 나아가 말로나 별법別法으로 말리려 하면 양심에도 걸리고 벌도 면하지 못할 줄로 알 것을 강하게 선언하였던 것이다.

  한국 천주교회의 공식적인 이런 입장을 한글로 작성하여 주교主敎의 명의로 널리 폈으므로, 적어도 당시의 천주교 교인들은 어느 하나의 예외 없이 이를 잘 전달받아 숙지하게 되었을 것임에 틀림이 없다. 따라서 천주교 교인들에게 있어서는 더 이상 과부寡婦의 재가再嫁가 거릴 것이 없는, 적어도 교회법상으로는 합당한, 나아가서 오히려 교회에서는 강력히 권유하는 바가 되었던 것이라고 하겠다.

  교회의 규정집이자 신자 지도서에서 이렇게 규정하고, 교회의 지도자들이 이를 강력히 권유하고 있었다고 해서, 당시 한국 천주교인들 사이에서 이 규정이 그대로 지켜져서 천주교인들 사이에서마저도 과부의 재가가 자유롭게 이루어졌던 것은 아니었던 듯하다. 이런 정황을, 이후 1887년에 배포된 「한국교회지침서」에서도 아래와 같이 과부의 재가에 대한 언급을 재차하고 있는 데에서 헤아릴 수가 있기 때문이다.

  (12) 「동정」
  동정은 완전함을 표상하는 훌륭한 모습 중 하나이다. 그러나 지금까지 조선에서는 박해와 외교인들의 납치 위험, 유혹의 위험, 등등 여러 중대한 이유들 때문에 젊은이들이 관례적으로 혼인을 해야만 했으며, 더욱이 영원 동정을 서원하는 것은 더욱 불가했다.

아이가 없는 젊은 과수들은 타락한 남자의 매복에 늘 노출되기 때문에(사악하고 타락한 세대) 반드시 재가할 것을 명하는 바이며, 이에 부모나 시부모가 이유 없이 또는 소위 '체면' - 이것은 마귀가 만들어낸 것임 - 이라는 것을 핑계로 반대하면 이들을 벌해야 한다.

우리가 신앙의 자유를 누리지 못하는 한 여전히 위험은 줄어들지 않을 것이기 때문에, 겸손되이 정숙함을 갖춰 하느님 마음에 들기보다는 스스로 두드러져보이고자 하고 멋대로 살고자 하는 몇몇 무모한 젊은 선교사들이 때로는 자만심으로 가득하여 고집을 부리고도 싶겠으나 모든 선교사는 각자 이런 조선의 관습을 지켜야 할 것이다.

그러나 진정한 소명을 가진 이나 덕인, 올곧은 취지를 가진 이, 등을 접하게 되면 주교님께 상의를 드리고 주교님의 허락을 기다려야 할 것이다. 허락이 떨어지지 않으면 청원자들은 혼인을 해야만 하며, 필요한 경우에는 성사 주는 것을 거부해서라도 이들을 혼인시켜야 할 것이다27)

---

27) Article II Des Vierges, Coutumier de la Mission de Coree, Seoul, 1887, pp.43-44. 『한국교회지침서』로 번역되는 이 교서는 1887년에 서울에서 프랑스어로 출판되었다. 저자는 장동하, 「한국교회 교구 시노드의 역사와 평가」, 앞의 책, 가톨릭대학교 신학대학 사목연구소, 2001, p.46에

'·동정 허원은 한국 사회의 사정으로 아직 허락할 수 없다.
 ·자녀가 없는 청상과부에게는 재혼을 권한다.'

라는 구절 등이 있음을 처음으로 보고, 이후 이를 주목하게 되었으며, 원문의 정확한 내용을 파악해 볼 수 있기를 늘 고대하여 왔다. 하지만 저자는 프랑스어를 전혀 공부해 본 적이 없어 거의 불가능에 가까운 일이었는데, 최근에 한국교회사연구소 고문서실의 신혜림 선생의 도움으로 이 부분을 원문에서 찾을 수 있었기에, 신 선생께 고마움을 전한다. 더욱이 동 고서실의 강이연 박사께서는 이를 직접 번역해주는 노고를 기꺼이 베풀어 주셨고, 또한 저자가 이를 직접 인용할 수 있게끔 허락해 주었다. 이 자리를 빌어 이 사실을 밝히고 아울러 감사의 뜻을 전하는 바이다.

1884년 9월에 당시의 블랑Blanc 주교는 조선교구 제3차 시노두스를 마치고 여기에서 다루어진 내용들을 중심으로 새로운 규정의 필요에 따라「한국교회지침서」를 공포하고, 이 교령을 1887년에 프랑스어로 편찬하여 서울에서 이를 인쇄하고 배포하였는데[28], 위의 내용은 그 중의 일부이다. 거듭 과부의 재가와 관련하여 "아이가 없는 젊은 과수들은 타락한 남자의 매복에 늘 노출되기 때문에 반드시 재가할 것을 명하는 바이며, 이에 부모나 시부모가 이유 없이 또는 소위 '체면' — 이것은 마귀가 만들어낸 것임 — 이라는 것을 핑계로 반대하면 이들을 벌해야 한다."까지 강력하게 규정함으로 비추어, 교회가 과부의 재가를 강하게 권유하는 정도에 머물지 않고 더 나아가 명령하다시피하고 있음이 분명하다.

이럴 정도로 천주교회가 당시 과부의 재가에 대해 앞장서서 강하게 권하거나 명하는 입장을 취하고 있음은 더 말할 나위가 없는 사실이었다. 그렇지만 그렇다고 해서, 앞서 살핀 1857년에 반포된「장주교 윤시 제우서」의 규정이 이미 있음에도 불구하고 또 다시 1884년에「한국교회지침서」를 통해 이렇듯이 강한 논조로 과부의 재가에 대해 거듭 강조하고 있는 것 자체가, 오히려 역설적이지만 당시에 천주교인들 가운데 과부들의 재가가 그녀들의 의사대로 자유롭게 이루어졌다고 할 수는 없는 국면을 보여주는 게 아닌가 싶다.

또 한편으로는 비록 그렇다고는 할지언정, 이렇듯이 과부의 재가를 한글로 된 일반 신자용 지도서 등에서 강하게 권유하고 있었던 사실 자체는 그 의의가 적지 않다고 새겨야 한다고 생각한다. 비록 천주교인들에 국한된 것이라는 한계도 있음을 인정해야 하겠지만, 갑오개혁에서 공식적으로 과부의 재가가 자유의사에

---

28) 장동하, 앞의 글, 2001, pp.44-46.

맡겨지게 되기에 훨씬 앞서서 천주교회 내에서 과부의 재가가 적극적으로 권해지거나 명해지고 있었다는 사실 자체는 역사에 기억되어 마땅하리라 본다. 앞으로 더 많은 자료의 발굴을 통해 입증해야 할 일이긴 하더라도, 적어도 당시 사회에서 천주교 관계 인사들의 과부 재가에 대한 실태 언급과 이에 대한 개선 방안의 제시가 가지는 의미를 이제는 제대로 평가해야 할 시점에 왔다고 보며, 나아가 갑오개혁의 의안에서 과부 재가 허용을 공식적으로 채택하게 되는 데에는 이러한 천주교 인사들이 제시한 개선 방안의 영향 역시 혹 관련이 있지 않았을까 하는 것이다.

제4절 개화기 외국인들의 눈에 비친 과부 재가의 실상

이제는, 앞서 필자가 이 글을 통해서 개화기 과부의 재가와 관련하여 시도해보겠다고 밝힌 것 중 셋째, 갑오개혁의 의안에서 과부의 재가 허용이 공식적으로 반포된 이후 과부들의 재가 실태는 과연 어떠했는지를 구체적인 기록들을 통해 제시해 보아야할 차례이다. 이를 위해 가장 적합한 방법의 하나는, 당시 한국에 들어와서 당시 사람들의 실제 생활 모습을 목격하고 남겨놓은 외국인들의 견문기 혹은 여행기를 조사하여 이를 알아보는 것이라고 할 수 있을 것이다. 그럼으로써 그들의 눈에 비친 과부 재가의 실태를 조망해 봄으로써, 그 실태를 정확히 파악해 보고자 한다.

먼저 살필 것은, 1890년 연말에 두 번에 걸쳐 한국을 방문하였던 때의 견문기를 모아서 1895년에 책을 출간했던 새비지A. Henry Savage가 아래와 같이 그 책 속에서 언급한 대목이다.

(13) 상류층의 과부는 재혼이 허용되지 않는다. 만약 그가 자신의 죽은 남편을 여전히 사랑하고 있다는 것을 보이고자 한다면, 그는 자문自刎 즉 자신의 목을 찌르거나 날카로운 칼로 자신의 몸을 베는 식의 단순히 열녀라고 여겨지는 간명한 행동을 함으로써 가장 빠르고 용이하게 저 세상의 남편을 뒤쫓아 가는 노력을 해야 한다. … 하류 계층은 대단히 현실적이다. 이 계층의 여성들은 20명의 남편과 사별할지라도 결코 자신의 목숨을 끊는 생각을 잠시라도 하지 않고 곧바로 21번째 결혼 생활에 들어갈 것이다29)

이를 보면 새비지Savage는 상류층과 하류층으로 나누어 과부들의 재혼 실태에 대해 쓰고 있음을 알 수 있는데, 상류층의 과부는 재혼이 허용되지 않을뿐더러 정절을 지키기 위해 기꺼이 자결을 실행에 옮기곤 한다고 했고, 하류층은 대단히 현실적이므로 자결할 생각조차도 하지 않고 곧 바로 재혼한다고 하였다. 그 만큼 상류층 과부들은 재혼을 하지 않고 살아가는 데 비해 하류층의 과부들은 식생활을 해결하여 살아남기 위해서도 재혼의 길을 택한다는 의미일 것으로 판단된다. 따라서 이러한 새비지Savage의 글을 통해, 우리는 당시에 상류층의 과부는 여전히 뿌리 깊은 유교적인 관습에 따라 재혼을 거의 하지 못하지만, 하류층은 현실적인 생활을 영위하기 위해서도 재혼을 흔히 하고 있음을 알게 되었다.

이에 덧붙여 새비지Savage는 혼례식과 과부에 대해 더 많은 사실들을 조사하여 적어두어서, 이런 문제를 둘러싼 당시의 실상을 헤아림에 큰 도움을 주고 있는데, 아래의 대목들이 그러하다.

---

29) A. Henry Savage - Landor, *Corea or Cho-sen : The Land of the Morning Calm*, William Heinemann, London, 1895; 신복룡·장우영 옮김, 『고요한 아침의 나라 조선』, 집문당, 1999, p.72.

(14) 「혼례식」
…(중략)… 여자에게 남편이 얼마나 중요하며 그의 평안과 행복을 얼마나 생각하는지는 양반층의 여자가 과부가 되었을 때 자신이 살아 있는 한 상복을 입고 생전의 남편을 떠올리면서 눈물을 흘리는 것으로 충분히 알 수 있다. 재혼은 허용되지 않는다. 신분이 낮은 계층에서는 현실적으로 이 규칙이 일관되게 지켜지지 않는다. 이것은 법이 아니고 단지 관례일 뿐이다.
「과부」
또한 많은 조선의 여자들은 나이와 몸이 아직 젊은 때 남편을 잃게 되면 그가 어디로 가거나 홀로 살아가기보다는 남편과 함께 하기 위해 자살을 한다. 그러나 만일 아들이 태어나면 그를 키워야 하고 그가 자라서 가장이 될 때까지 그 아들을 그의 주인으로 생각한다30)

새비지Savage가 여기에서도 주목할 만한 것을 기록해 두고 있음을 발견할 수 있다. 재혼이 허용되지 않지만, '신분이 낮은 계층에서는 현실적으로 이 규칙이 일관되게 지켜지지 않'으며, 이는 '법이 아니고 단지 관례일 뿐'이라고 지적하였을 뿐만 아니라 어린 나이에 과부가 되면 대체로 남편과 함께 하기 위해 자결하지만31), '만일 아들이 태어나면 그를 키워야 하고 그가 자라서 가장이 될 때까지 그 아들을 그의 주인으로 생각한다'고 했다. 따라서 이른바 '삼종지도三從之道' 즉 혼인 전에는 자신의 아버지

---

30) 신복룡·장우영 옮김, 앞의 책, 1999, pp.144-146.
31) 이렇듯이 젊은 과부의 자살이 자주 일어나는 것에 대한 기록으로는, 시기가 약간 뒤의 것이기는 하지만 다음의 것도 찾아진다. .
"젊어서 과부가 된 여인이 목을 칼로 찌르고 자살하는 사건도 자주 일어나는데, 이런 죽음으로 그녀의 남편에 대한 절개와 덕을 사람들에게 증명해 보이는 것이다. 비록 살아남는다 해도 재혼은 금지되어 있다. 이 전통은 그 역사가 매우 깊어 코레아의 여성이 과부가 될 경우 팔자를 고쳐 보겠다는 생각은 꿈에도 하지 못할 일이다." 아손 그렙스트, 『코레아 코레아』, 1905; 김상열 역, 미완, 1986, p.160.

를, 혼인해서는 남편을 따르다가, 남편이 사망한 후에는 아들을 따라야 한다는 유교적인 습속을, 당시의 과부들이 어찌나 철저히 지키고 있는지를 극명하게 전해주고 있다고 하겠다. 따라서 이러한 기록에 비추어서, 1894년 갑오개혁으로 과부의 재가를 법적으로 허용했다고 해서 곧바로 모든 게 변화될 것은 결코 아니었다고 해야 옳을 것이다.32)

한편 당시 한국의 과부 재가 실태에 대한 또 다른 기록은 비숍 Isabella Bird Bishop의 견문기에서 찾아볼 수 있는데, 그녀는 영국 지리학회의 회원이면서 여행기 작가였기에, 다른 서양인들과 사뭇 다른 면모를 전하고 있다. 더군다나 그녀는 1894년에서 1897년까지 한국을 4번이나 방문하여 그 체재기간이 2년에 달할 정도였으므로, 많은 사실들을 자세히 정리할 수 있었던 것이다.33) 당시 과부의 실태에 관한 그녀의 정리는, 다음의 대목이 바로 그것이다.

(15)과부는 생애 내내 소복을 입는다. 만일 그녀에게 아들이 없다면, 그녀 남편을 위한 제사 의례를 올리는 아들의 역할을 해야 한다. 과부의 재혼은 예절에 맞는 것으로 여겨지지 않아 왔다. 하지만 과부가 재산을 상속받았다면, 그녀에게서 빼앗으려는 끈덕진 요구를 면하기 위해 재혼을 하기도 하지만, 어떤 경우에든 그녀는 통례적으로 강탈당하거나 돌보아지지 않게 된다.34)

---

32) 이런 점과 관련하여서는 조선후기의 사회제도 및 신분 변화에 관한 宋俊浩,「身分制를 통해서 본 朝鮮後期社會의 性格의 一面」,『歷史學報』133, 1992, pp.36-37의 지적이 크게 참조될 수 있다.
33) 李光麟,「비숍 女史의 旅行記」,『震檀學報』71·72 合倂號, 1991;『開化期研究』, 一潮閣, 1994, p.183.
34) Isabella Bird Bishop, Korea and Her Neighbours Vol.2, London, 1898, pp.88-89; 近世 東亞細亞 西洋語 資料叢書 32, 景仁文化社, 2000, pp.416-417.

이에 의하면, 과부는 아들이 없으면 죽은 남편의 제사를 아들을 대신해서 지내는 역할도 해야 했다는 것이다. 그리고 재혼이 예에는 어긋나지만, 남편의 상속받은 재산을 빼앗으려는 끈질긴 요구를 벗어나기 위한 방편으로 재혼을 하기도 한다고 밝혀두고 있는 것이다. 이는 다른 기록에서는 전혀 찾아보기 힘든 당시 과부의 재가 실태에 관한 증언으로서 매우 요긴한 것이라 생각되는데, 여기에서 남편의 유산을 빼앗으려고 했다는 끈질긴 요구는 아무래도 상류층 남편 쪽 문중의 경우였다고 헤아림이 타당할 것으로 보인다. 따라서 이는 분명 상류층의 과부 경우도 때로는 유산을 지켜내기 위해서 다른 남성과의 재혼을 감행하기도 했던 당시 상황을 알려주는 것으로 풀이된다. 그리고 이로 미루어, 갑오개혁의 의안 선포를 계기로 법률적으로 과부 재가가 허용됨으로써, 그 영향을 받아 상류층 일부에서도 변화의 조짐이 보이기 시작했다고도 짐작된다.

이상과 같은 외국인들의 견문기 기록 등에 나타난 바를 분석해 봄으로써, 1894년 갑오개혁에서 법률상으로는 과부의 재가를 허용하였기에 일부 변화의 조짐이 나타나기도 했지만, 여전히 관습적으로는 자유롭게 과부들의 재가가 이루어지기 어려운 실정에 있었음을 구체적으로 밝히게 되었다고 생각하는데, 이러한 상황은 일제日帝가 우리나라를 강점한 이후에도 별반 달라지는 것은 아니었다. 이렇게 규정을 지을 수 있는 명백한 자료로는, 일제日帝 때 조선총독부朝鮮總督府에서 행한 실태조사 보고서에 기록되어 있는 아래와 같은 내용을 제시하는 바이다.

(16) 「호주戶主의 생사生死가 부분명不分明한 때는 그 가독家督은 어떻게 하는가」
… 또 종적불명자의 배우자는 사망의 추정으로 재혼을 할 수 있지만 이는 오직 남자에게만 해당한다고 할 수 있다. 조선 성

종成宗 이후 과부의 재가를 엄격히 금지해서 재가를 한 자는 없었고, 지금은 그 금지가 해제되었지만(개국開國 503년(1894) 6月 28日 의안議案「과부寡婦의 재가再嫁를 자유自由케 하는 건 件」 참조), 중류층 이상에서는 과부의 재가는 사람의 지탄을 받아서 공연히 재가를 한 자는 없는 듯하다. 그러나 하류 사회에서는 생활상의 사정과 사람의 이목을 중시하는 중류사회와 같지 않아서 실제에서는 사망의 추정 후는 물론, 그 전이라도 바로 새 남편에게 몸을 맡기는 자가 적지 않다. 그렇지만 본래부터 그것을 관습으로 볼 수는 없다35)

    1910년에 조선총독부朝鮮總督府에서 조사하여 보고서로 작성했던 것을 1912년에 다시 조사하여 재작성한『관습조사보고서慣習調査報告書』에 기록되어 있는 바이므로36), 중류층 이상의 과부들이 사람들의 지탄 때문에 공공연히 재가를 할 수 없는 당시의 관습이 사실임에 틀림이 없다고 하겠는데, 이 기록에서도 역시 앞서 거론한 외국인들의 눈에 비친 과부들의 재가 실태와 거의 다른 바가 없음을 알 수 있다. 그러므로 1894년에 갑오개혁을 통해 과부의 재가가 법률상으로 허용되었다고는 하지만, 극히 일부의 변화 조짐 외에는 여전히 그 이후에도 관습적으로는 이루어지기 어려운 사회적 분위기에 있었다고 함이 지극히 옳겠다.

---

35) 朝鮮總督府,『慣習調査報告書』; 1912, 정긍식 역,『國譯 慣習調査報告書』, 한국법제연구원, 1993, p.106. 이는 제1장「총칙」의「第八 失踪에 관한 規定이 있는가」라는 항목 가운데 세부 내용에 조사되어 있는 것이다.
36) 정긍식 역, 앞의 책, 1993, p.51의「일러두기」참조.

제5절 맺는 말

지금까지 개화기 과부의 재가와 관련하여, 실증적인 면을 강조함은 물론 새로운 자료를 발굴하여 인용하고 그 실태를 정확히 파악하는 등 3가지 점을 염두에 두면서 이를 집중적으로 검토해 보았다. 그 결과 다음과 같은 사실들을 밝히게 되었노라고 정리할 수 있을 듯하다.

첫째, 과부의 재가 허용에 관한 동학군의 주장이 갑오개혁의 의안에 반영되었다고 볼 수 있는 근거가 과연 있는가 하는 점에 대해서, 실증적인 접근을 강조하면서 검토해 보았는데, 이에 대해서는 지극히 근거가 박약하다는 결론에 도달할 수 밖에 없었다. 동학군이 과부 재가 허용을 주장하였다는 근거로 제시되어 온 「폐정개혁안 12개조」의 내용이, 저자 오지영吳知泳 자신의 자필自筆 초고본草稿本과 간행본刊行本에 있어서 차이가 날 뿐더러, '청춘과부青春寡婦의 개가改嫁를 허許할 사事'라는 항목은 초고본草稿本에는 전혀 등재되어 있지 않고 동학 관련 여타의 어느 기록에서 찾을 수가 없이 유일하게 그의 간행본刊行本에만 보이는 것이므로 이것을 전적으로 신용하여, 마치 동학군이 이를 주장하였던 것처럼 논의함 자체가 그리 신용되지 않는다고 생각하였다. 더욱이 이와 같이 거의 근거가 없어 보이는 이 항목이, 동학군이 주장하여 갑오개혁에 반영되었던 것으로는 더더욱 받아들일 수가 없음을 지적하였던 것이다.

둘째, 개화기 과부의 재가와 관련하여 지금까지 본격적으로 언급된 바가 없었던 천주교 관계 인사들의 이에 대한 실태 파악과 개혁 방안 제시에 대해 새로운 자료의 발굴을 통한 해석을 시도하였는데, 베르뇌 주교가 1857년 반포한 「장주교 윤시 제우서」와 블랑 주교가 1887년에 내린 「한국교회지침서」 등에서 이에 대해 매우 적극적으로 권유하거나 교회법을 거론하며 명령하다시피 하고 있었음을 밝혀 낼 수 있었다. 그 가운데서도 특히 한글로까지 작성하여 전국에 배포하였던 「장주교 윤시 제우서」에서, "과부 된 사람이 그 풍속을 좇지 말고, 다만 영육의 이익을 돌아보아 원의대로 개가하기를 권하고 권하노라. 친정이나 시집이나 조금도 말리지 못할 것이니, 누구와도 의논하지 말고, 혹 말로나 별법으로 말리려 하면, 양심에도 걸리고 벌도 면하지 못할 줄로 알리라"고 선언한 것은 이후 천주교인들에게는 적지 않은 영향을 끼쳐 과부의 재가를 더 이상 금기시하지 않게 되는 데에 영향을 끼쳤을 것이 자명하다. 갑오개혁의 의안에서 과부 재가 허용이 법률상 공식적으로 채택되기 이전에, 이와 같이 이미 한국 내에서 천주교를 중심으로 이런 구체적인 내용들이 확산되고 있었다는 것은 하나의 사실로 역사에 기록될 만하다고 하겠다.

셋째, 갑오개혁의 의안에서 과부의 재가 허용이 공식적으로 반포되기 전후 시기의 과부들의 재가 실태는 과연 어떠했는지를 구체적인 기록들을 통해 찾아봄으로써, 실태 파악의 중요성을 지적하려고 하였는데, 당시 한국을 방문하여 견문기를 남긴 새비지

Savage·비숍Bishop 등의 기록에서 이를 찾아 제시할 수 있었다. 그리하여 갑오개혁의 의안에서 과부의 재가가 허용되었다고는 하지만, 그 이후에도 관습적으로 재가가 잘 이루어지기 어려운 실정에 있었음을 구체적으로 제시할 수 있었다. 이는 종래에 개설서에서조차도, 그 의안의 선포 이후 과부의 재가가 마치 자유롭게 이루어졌던 것처럼 서술하고 있는 데에 대한 정면적인 문제의 제기라 하겠다.

끝으로 한 가지 덧붙여 거론하고 싶은 점은, 개화기에 천주교 내에서 과부의 재가 실태 파악을 정확히 내리고 이에 대해 주교의 교서와 지도서를 통해 과부의 재가를 매우 적극적으로 권유하거나 명령하다시피 하고 있었는데, 당시 천주교회 밖의 다른 어떤 집단이나 인물들은 전혀 과부의 재가 허용을 드러내 놓고 거론하지 못하고 있는 상황이었으므로, 이를 당시 천주교가 한국사회에 끼친 역사적 공헌의 하나로 거론할 법한데, 과연 이후 오늘날까지 천주교회 내에서 이를 그렇게 인식하고 있었는가 하는 것이다. 다음과 같은 글이 이를 헤아리는 데에 하나의 실마리가 될 듯하다.

(18)5.조선의 제일 악풍이었던 축첩제도와, 조혼, 강혼, 이런 폐풍을 고치기 위하여 혼배성사의 신성을 절대 주창하였고 신도들 사이에는 이 폐풍을 전연 투철시키기 위하여 혼인연기를 정하며 엄중한 처벌로써 그 위반되는 것을 막아 왔다.
과거 조선 풍속에 8, 9세 된 아이를 17,8세 된 규수에게 장가를 보내는 그런 야만적 풍습을 상대로 남자는 만 14세, 여자는 만20세로 혼인의 연기를 정하여 그 연기 전으로 절대 혼인을 허하지 않았고 10년 전에 그 법규를 정정하여 남자는 만16세, 여자는 만14세로 하였다.
조혼과 강혼에서 생긴 조선의 폐해는 말할 수 없다. 그로써 축첩이란 비인간적 행동이 생겼고, 가정불화, 재산탕진, 부부이별,

자살, 온갖 죄악의 현실이 첩생되었다.
가톨릭의 1부1처주의는 조선의 이 악풍을 고쳐왔고 남녀의 평등을 자연적으로 주창하여 왔다37)

   1935년에 한국 천주교 창설 150주년을 기념하여 발표한 이 글에서 김성학 신부(1897년 12월 8일 서품, 1870.3.3-1938.9.8)는, 천주교가 사회 폐습에 대한 개혁에 커다란 공헌을 했음을 손꼽으면서, 축첩제도와 조혼·강혼 등의 폐풍을 혼배성사의 신성을 절대 주창하여 개혁하였을 뿐만 아니라 1부1처주의를 지향함으로써 남녀의 평등을 주창하였다는 점을 들고 있다. 이 글이 발표된 1935년 당시에, 천주교 창설 150주년을 맞이하여 천주교에서는 교황청에서 때맞추어 파견한 특사의 참석 하에 전국 규모의 대대적인 행사를 거행하였으며, 이를 계기로 당시의 가장 대표적인 일간지인 『동아일보』와 『조선일보』에서 천주교가 사회적 폐단의 개혁에 끼친 영향 등 다방면에 걸쳐 그 역사적 공헌에 대해 여러 차례 사설 혹은 특집으로 대대적인 보도를 통해 높이 평가하고 있었으므로, 교회 내에서도 매우 고무되어 있었던 분위기였다.38) 그러므로 천주교회가 이미 주교의 교서와 지도서를 통해 거듭 과부의 재가를 적극적으로 권유하거나 명하여 이를 둘러싼 사회적 폐단을 고치는 데에 천주교가 앞장섰었다는 사실을 여기에서 의당 거론했을 성싶은데, 그러나 전혀 거론치 않고 있는 것이다.
   이렇듯이 이런 점을 거론하지 않은 것은, 1935년 당시에도 아직 천주교회의 구성원들이 한국천주교회의 역사에 대한 정확한

---

37) 김성학, 「가톨릭은 朝鮮文化의 先導者」, 『가톨닉硏究』 朝鮮가톨릭 世紀牛紀念特輯, 1935年 9·10月 合倂號, p.167.
38) 盧鋪弼, 「1930년대 '한국사회에 미친 천주교의 영향' 논의 ―주요 일간지의 보도 내용을 중심으로―」, 『한국근현대사연구』 27, 한국근현대사학회, 2003; 이 책의 제3부 제4장 참조.

인식을 채 지니고 있지 못했음을 여실히 보여준 것이었다고 지적할 수도 있을는지 모르겠다. 하지만 천주교회 내에서 주교의 교서 혹은 지침서로 여러 차례에 걸쳐 과부의 재가를 강하게 권하고 명하였을지라도 오히려 그만큼 당시까지도 과부의 재가가 교회 내에서조차도 자유롭게 이루어지지 못할 정도로, 과부의 재가에 대한 종래의 사회적 관습이 워낙 뿌리 깊게 자리 잡고 있었음을 도리어 드러내 비추어주는 게 아닐까 한다.

제3장
1910년대 임성구의 신극 운동과 천주교

제1절 머리말

저자著者가 처음 임성구林聖九(1887-1921)라는 인물에 대해서 관심을 갖기 시작한 것은, 10여 년 전 우리나라 연극사演劇史에 관해 공부해보면서였는데, 특히 지금도 이를 생생히 기억하는 것은 이두현李杜鉉의 『한국신극사연구韓國新劇史研究』의 앞부분에 게재된 사진 자료들 중 「임성구林聖九의 걸인乞人 잔치」라는 제목의 사진[1]을 보면서, 이 사람은 왜 이런 잔치를 벌였을까? 하는 생각을 가졌던 때문이었다. 다만 이두현李杜鉉의 앞 저서 본문의 내용 가운데, "그는 가난한 집에 태어나 어려서 천자문千字文을 배웠을 뿐 종현鍾峴 성당聖堂 뒷문 근처(그는 카토릭신자信者였다고 한다)에서 백형伯兄 인구仁九와 함께 과일전을 하며 가계를 도왔으나 일본인극장에서 일하게 되면서부터 …[2]"라 했음에서, 혹

---

1) 李杜鉉, 『韓國新劇史研究』增補版, 서울大學校 出版部, 1986, 資料 vi. 여기에 게재된 사진의 상단에는 특히 '俳優의 施惠'라고 적혀 있다.
2) 李杜鉉, 앞의 책, 1986, p.51.

그가 천주교 신자였기에 이런 자선행위를 했던 것이 아닐까 막연히 생각하였을 뿐이었다. 이두현의 앞 저서에는 '그는 카토릭신자信者였다고 한다'는 말 외에는 더 이상 이에 대한 언급이 없었으므로 그러하였다.

잊고 지내다가 작년에 『가톨릭청년』을 뒤지던 중, 그 1964년 8월호 가운데서 우연히 「알고 보면 교우敎友인 혁신단革新團의 임성구林成九」라는 글을 발견하여 읽어보게 되었다. 그 결과 그가 분명 천주교 신자였고, 그랬기에 이런 자선 활동慈善 活動도 했음을 비로소 이해할 수가 있게 되었다. 하지만 이 글에서는 그의 이름의 가운데서 '성聖'자字가 아닌 '성成'자字로 표기되어 있기도 했을 뿐더러, 근거를 명확히 제시하지 않고 써내려간 듯해서, 약간 신용하기에 주저하지 않을 수 없었다. 그래서 좀더 그에 대해 알아보기 위해, 한국교회사연구소에서 펴낸 『한국가톨릭대사전』 구·신판을 모두 뒤져보았으나, 여기에서도 그에 관한 항목을 전혀 찾아볼 길이 없었다.

그러던 차에 이두현의 저서에 인용된 글들을 하나하나 검토해 보기로 하였는데, 그 중 안종화安鍾和의 『신극사新劇史이야기』를 접하게 되면서, 이두현의 글에는 인용조차 되지 않은 많은 사실들을 알게 되었다. 특히 그가 「자서自序」뒤에 특별히 「집필내용執筆內容에 관關해서」라는 짤막한 글을 통해서, 자신이 일찍이 연극演劇을 보기 시작하였는데, 결국 연예계演劇界에 투신하였고 이후 목격하고 조사한 사실史實을 정리한 것이라 밝히고 있음에 솔깃하였다. 더욱이 자신이 직접 임성구林聖九의 영결식永訣式에도 참석했을 뿐만 아니라 이 사실史實을 수집하는 데에도 임성구林聖九의 협조가 있었음을 밝히고 있어[3], 다른 점은 차지하고라도 임

---

3) 安鍾和,「執筆內容에 關해서」,『新劇史이야기』, 進文社, 1955, p.8에 다음과 같이 되어 있다.
"筆者, 일찍이부터 觀劇을 즐겨했으며, 그 後, 劇界에 投身한 以來로 演

성구의 생애 그 가운데서도 그에게서 직접 들었을 뿐만 아니라 자신이 현장에서 목격한 바 있는 임성구의 천주교 교인으로서의 활동상에 관한 한은 적어도 매우 신용할 만한 기록들이라고 여기게 되었다.[4]

그래서 이 기록들을 줄기로 삼아, 1910년대 임성구의 활동과 그에게 준 천주교의 영향에 관해 정리해보기로 하였다. 그렇기 때문에 이 글은 자료의 부족 등 여러 가지 면에서 한계가 있으나[5], 다만 한국천주교회사의 어느 한 페이지에서도 잘 다루어 주

劇人들과 거지반 다 接觸했고, 또한 目擊하여 調査하였던 故로, 이 內容은 當時 그대로의 내눈에 비친 史實이다.

己未 直後, 先驅者들의 大部分은 世上을 떠나고, 韓昌烈과 林聖九 두 분의 永訣式에도 參禮하였던 記憶이 어제와 같이 떠오르며 感慨가 깊다. 當時는 金順漢, 林雲瑞, 安硬鉉, 高炳穋, 金基鎬, 李致萬, 林容九 諸氏까지도 參禮했었다. …(중략)… 그리고 이 史實을 蒐集하기까지에 있어서는 協調을 해주신 분으로는 文秀星時代로부터의 「唯一團」, 또는 「新劇座」를 거쳐온 羅孝鎭과 李基世, 林昌九, 朴昌漢, 金小浪 諸先輩들이 있다"

4) 林聖九의 신극 활동이 최초였다는 기존의 학설에 대해, 安鍾和, 앞의 책, 1955에 보이는 여러 기록의 문제점을 치밀하게 조목조목 제시하면서 비판적으로 정리한 연구로 양승국, 「한국 최초의 신파극 공연에 대한 再論」, 『한국근대연극비평사연구』, 태학사, 1996; 『한국 신연극 연구』, 연극과 인간, 2001이 있다. 이 연구에서는 지금까지의 林聖九에 관한 기록들을 종합적으로 검토하여 결론적으로, "安鍾和의 앞의 책, 1955에만 근거하여 「불효천벌」로 한국 신파극의 기점을 삼는 견해는 재고되어야 한다." 등의 견해를 피력하였는데, 이에서 著者 역시 시사 많은 바가 적지 않다. 그렇지만 양승국의 이런 연구들에서도 역시 林聖九의 신극 운동에 준 천주교의 영향 등을 지적하거나 그 관련 기록들이 잘못되었다고 비판한 적은 결코 없다.

5) 양승국, 앞의 책, 1996, p.454 및 앞의 책, 2001, p.44에 보면, "… 『신극사 이야기』는 안종화 특유의 입담을 섞어 이것을 완전한 이야기체로 구성하여 놓은, 말 그대로 '이야기'인 것이다. 1902년 생인 그가 자신이 10세 미만이었던 시절의 다른 사람의 일을 20년이 지난 시점에서 어떻게 알 수 있었겠는가. 결국 안종화는 모든 이야기를 다른 사람들로부터 들은 것을 재구하여 기록한 셈인데, 그 이야기의 그럴듯한 상황 묘사

지 않은, 이름 없는 평신도의 삶을 조망한다는 정도의 의미는 있지 않을까 여긴다. 주제 넘는 표현이지만, 1910년대의 암울한 식민지 시대를 살았던 한 젊은 천주교도의 고뇌에 찬 삶을 이해하는 데에 조금이나마 보탬이 되었으면 할 따름이다.

와 소설체의 내용 전개에 의해 읽는 사람으로 하여금 마치 모든 사실이 실제와 부합되는 것과 같은 착각에 빠지게 만드는 것이다."고 하여, 안종화의 앞의 책, 1955에 대해 혹평을 하고 있으므로 안종화의 기록을 그대로 전부 신용하는 데에는 주의를 요한다.
비록 이야기체로, 다른 사람들로부터 들은 것을 재구하여 기록하였다고 할지언정, 안종화의 기록 모두를 신용할 수 없다고는 생각되지 않는다. 특히 구술문화와 문자문화에 관계에 대해서는 월터 J. 옹Walter J. Ong, 이기우·임명진 옮김, 『구술문화와 문자문화』, 문예출판사, 1995 그리고 구술과 한국문학의 서사적인 전통과의 상관성에 대해서는 김현주, 『구설성과 한국서사전통』, 월인, 2003을 참조하면, 구술한 내용의 사실성 및 서사문학적인 의미 등을 인정할 수 있지 않나 생각한다. 더욱이 동서 고금의 어느 나라 역사 속에서의 찾아지는 수많은 기록과 저술, 특히 특정 개인의 생애와 그 활동에 관한 연구에서 그에게서 직접 듣고 동시대인이 구술한 내용이 결코 학문적으로 의미가 없지 않음은 재론의 여지가 없을 듯하다. 그렇더라도 구술한 내용 모두를 전혀 틀림이 없는, 그래서 오로지 순전한 사실로 여길 수 없음도 역시 자명하다.

제2절 임성구의 출신 및 성장 배경

임성구林聖九는 대대로 내려오는 독실한 천주교 신자의 후손으로서 박해 속에 자라났기 때문에 족보도 밝히지 않았다고 한다.6)

---

6) 「알고보면 敎友인 革新團의 林成九」, 『가톨릭 청년』 1964년 8월호, p.25에 보면 다음과 같이 기록되어 있어, 이런 사실을 전해주고 있다.
"임성구가 태어난 곳은 서울 초동에 있는 궁터난 오남매 중 둘째로 태어난 성구는 대대로 내려오는 독실한 천주학쟁이 따라서 대대로 박해 속에 자라난 탓인지 족보도 밝히지 않는다."
한편 『姓氏의 고향』 개정·증보판, 中央日報社, 2002, p.1643에 보면, 「平澤林氏」 항목에 林聖九를 거론하며,
"근대 문화예술계에서도 林氏는 두각을 나타낸다. 林聖九는 李人稙의 뒤를 이어 1911년 극단 革新團을 조직, 金陶山·金小浪·朴昌漢 등의 배우를 이끌고 서울에 이어 최초의 지방공연을 가졌다. 남자를 여자역에 대신시켰으며, '法之法', '六穴砲强盜', '義兄殺害' 등을 공연, 신파극의 테두리 안에서 1921년 혁신단이 해산될 때까지 연극 활동에 일생을 마쳤다"
라고 기록되어 있다. 이를 토대로 전국에 흩어져 있는 平澤 林氏 후손들을 대상으로, 前 순천대 임행진 교수를 통해 수소문을 해보기도 하였

현재의 명동성당 뒷동네인 초동에서 태어났으나 곧 조실부모하여 형인 인구仁九와 함께 5남매의 둘째로서 그 곳에서 과일 가게를 하며 동생 용구容九 등과 여동생 등과 더불어 극히 빈한한 생활을 하였다고 한다.

이렇듯 교육을 많이 받을 처지가 못되었으므로 어려서 서당書堂에 나가 천자문千字文을 뗀 정도였지만7), 천주교 신자로서 집 인근 명동성당을 드나들면서 한글도 익혔고, 그러면서 사제司祭들로부터 서구사상과 새로운 지식을 얻었던 것으로 전해진다.8) 이런 그가 소년기를 보내면서 첫째는 많은 독서讀書를 통해서, 둘째는 문명개화의 세태를 목도하면서 지적으로 크게 성장하였던 것 같다.

으나 아직 그 후손을 찾지는 못하였다.
다만 安鍾和의 앞의 책, 1955, p.43에 따르면,
"그가 후일 연극계에서 세상을 떠날 때까지도 불행히 후손이 끊인 채 작고하였다."
고 했으므로, 직계 후손은 없었던 것이 틀림없다.

7) 安鍾和,「少年時의 林聖九」, 앞의 책, 1955, p.28에
"임성구의 태생은 초동 궁터 안이다. 그 가문은 알 길 없으나, 극히 빈한한 가정에서 자랐다. 五남내 중에 둘째이다. 일찌기 서당에서 천자(千字) 한 권을 떼었을 뿐, 소년 시대에는 역경(逆境)에서 자랐다."
라고 서술되어 있음이 이와 관련하여 참조된다. 아울러 앞의 「알고보면 教友인 革新團의 林成九」, 1964, p.25에
"조실부모한 성구는 일찍부터 그의 형과 함께 명동 성당 뒷문 쪽에서 과일 가게를 열어 생계를 유지하였다 한다."
는 기록도 참조된다.

8) 앞의 「알고보면 教友인 革新團의 林成九」, 1964, p.25에 아래와 같이 쓰여져 있어 이런 점을 엿볼 수 있을 듯하다.
"어려서 서당에 나가 천자문 한 권밖에 배운 것이 없는 성구였지만 아침저녁 뾰쪽당, 종소리에 이끌려 부지런히 신공드렸고 한글을 익혔으며, 공과책이나 성경으로서 서구적인 표현을 배웠다. 그리하여 그리스도정신에 입각한 착실한 인간으로 자라났으며 뾰쪽당을 맡아보는 주교와 신부들에게 서구사상과 새로운 지식을 얻음에 주저하지 않았다"

그가 소년기에 과연 구체적으로 어떤 책을 읽었는가에 관해서는 안종화安鍾和의 증언이 있는데, 우선 들 수 있는 것이 『삼국지三國志』였다.

> (1)성구는 그 영민한 머리의 슬기가 놀라웠다. 일을 계획함에 있어서도 비교적 조직적이며 빈 틈이 없이 치밀하였다. …(중략)… 여기에 비록 성구는 나이 젊다 하지만 조숙한 머리였다. 일찍 고생하였고, 또 약삭빠른 두뇌이다. 사람을 조종하는 품이 일을 모사하는 계획의 결단성과 조리하는 수완이 출중하였다. 당시는 여염가에서도 구소설舊小說책을 세놓는 집이 있었음에, 성구는 일찍 언문체의 삼국지三國志 한 질도 몇 번인가 읽었다. 역경인 소년기에 읽었던 이 삼국지! 여기에서 받은 지식도 적지 않았다9)

임성구가 역경을 겪으면서도 소년기에 언문체의 『삼국지』 한 질을 몇 번인가 빌려 읽어서, 여기에서 적지 않은 지식을 얻었다는 것이다. 그럼으로써 안종화가 보기에는 임성구가 '사람을 조종하는 품이 일을 모사하는 계획의 결단성과 조리하는 수완이 출중'한 것으로 비쳤다고 하였다. 여기에서 안종화가 말하는 '계획의 결단성과 조리하는 수완'이란, 훗날 혁신단革新團을 결성하는 과정이나 그 이후의 운영상에서 나타난 바를 의미하는 것이라 생각되는데, 비단 이는 결성이나 운영에서뿐만 아니라 혁신단의 공연 내용 자체에도 적지 않이 영향이 끼쳐, 그 연극이 역사물歷史物이 적지 않이 있었던 것과도 상통하는 바가 있었다고 보여진다.

이렇듯 『삼국지』를 읽음으로써 임성구는 중국中國의 고대古代 역사에 대한 관심을 충족시키는 한편으로는, 서양의 근세近世 역사에 대한 깊은 관심을 기울여서 『태서신사泰西新史』를 읽기도

---

9) 安鍾和, 「林聖九의 家政」, 앞의 책, 1955, pp.45-46.

하였다. 이는 아래의 안종화의 증언에서 분명히 알 수 있다.

> (2)성구는 상대방과 기가와의 분별을 하기 어려울 무렵에 입을 열기 시작했다. 비록 얕은 목소리일망정 불을 토하는 듯한 시국담이 흘러나왔다. 이 조국의 모든 비분참상을 개탄하고, 때로는 격하고, 때로는 강개해서 남의 나라의 문명개화에 뒤지는 것을 탄식하는 품이, 학식이 높은 청년지사 같았다. 취중이라 하지만 순한이나 창렬이나 운서 명구까지도 의외로 놀랐다. 여태껏 명구와 추축을 하여 오면서도 이러한 설화는 오늘이 처음 듣는 마당이었다. 치경으로서도 잡담 이외에 감히 대꾸할 지식이 없었다. 모두 처음 듣는 말이었고, 다시 한번 성구를 바라보았다. 훌륭한 애국자로 보였다. 더욱이 성구의 입으로서는 태서泰西의 역사까지 간간이 인용해 말했다. 이것은 성구로서「태서신사泰西新史」를 읽어두었던 총명이었다. 이 태서신사는 건양建陽 연간에 북경北京서 우리 언문(한글)체로 발간한 상하 두 권이었다. 이 책자의 내용은 세계 만국의 지리와 역사 각국의 국체와 영웅들의 출신을 기술한 책이었다. 이러한 책자들의 내용을 이 좌중의 일행이 알 리가 만무했다. 설사 망발될 소릴 꺼냈다 할지라도 좌중은 알 도리가 없는 지식이었다. 숨을 죽이고 듣는 그들로서는 어안이 벙벙할 뿐이다. 무턱 대놓고 알아듣는 거와 같이 고개를 끄덕일 수도 없는 노릇이었다10)

이 장면은 임성구가 혁신단을 구성하고 처음 연극을 상연하기 위해 자금이 필요하였는데, 자신의 처지로서는 전혀 불가능하자 이를 조달하기 위해 자본을 어느 정도 대줄 의향이 있는 김치경金致景을 설득하는 장소에서 벌어진 광경이다. 분위기가 무르익자 드디어 임성구가 입을 열어 시국담을 하며, 다른 나라의 문명개화에 뒤지는 우리의 현실을 개탄하는 말을 함으로써 학식이 높은 청년지사처럼 보였다는 묘사인데, 여기에서 서양의 역사를『태서

---

10) 安鍾和,「聖九와 金致景의 對面」, 앞의 책, 1955, p.85.

신사泰西新史』에서 간간이 인용해 말함으로써 좌중을 압도하였다는 것이다.

여기에서 임성구가 읽었다고 하는 『태서신사』는 원래 영국인英國人 마간서馬懇西의 원저原著로 같은 영국인英國人 이제마태李提摩太가 한역漢譯한 것을 청淸나라의 채이강蔡爾康의 술고述稿로, 별서명別書名 『태서근백년래대사기泰西近百年來大事記』라 해서 1895년에 중국에서 간행된 것이었다. 그것을 우리나라에서는 『태서신사泰西新史』 언역諺譯 원元·형亨·리利·정貞 4권으로 나누어 건양建陽 2년(1897)에 학부學部 편집국編輯局에서 발행하였다.11) 그 「서문」의 첫머리는 "이 글은 어두운 집의 등불이오 흐미흔 나루에 쥬즙이니 질뎡ᄒ야 말ᄒ면 또 백성구ᄒᄂ …"하는 구절로 시작되고 있어, 서양근세사西洋近世史의 파란만장한 역사 속에서 어떤 인물이 어찌 활약하였으며, 따라서 각 나라의 역사가 변화되어 온 모습을 전할뿐만 아니라 또한 각 나라의 개혁이 어떻게 이루어져 왔는가를 서술하고 있는데, 특히 이런 내용상의 특징은 그 목차에서, "데오권 졔도를 곳침이라 데륙권 샹편 영국이 젹폐를 곳침이라 일 데륙권 하편 영국이 젹폐를 졔흠이라"했음에서 잘 드러나고 있다.

이런 내용의 『태서신사』를 읽음으로 해서, 임성구는 서양의 역사에 대한 해박한 지식을 갖추게 되었음은 말할 것도 없고, 거기다가 새로운 사회를 건설하기 위한 개혁이 이루어지지 않으면 어느 나라의 사회도 발전할 수 없음을 절박하게 깨닫게 되었다고 보인다. 『태서신사』 독서를 통해 이런 의식을 지니게 된 임성구

---

11) 이 책은 현재 국회도서관에 소장되어 있으며, 古제111412號 4册 朝 50-86으로 분류되어 있다. 직인은 朝鮮總督府圖書館 1935년 2월 25의 것과, 대한민국 국회도서관 기증등록 763084 (1988. 12. 19) 의 것이 모두 찍혀 있는데, 이 가운데 앞의 것은 원본의 소장일을, 나중 것은 복사본의 기증일을 찍은 것으로 판단된다.

는, 결국 당시 우리 사회에 대해서도 깊은 우려를 하게 되고, 이를 벗어나기 위해서도 문자 그대로 '혁신革新'이 반드시 필요함을 느끼게 되었던 것 같다. 그렇기 때문에, 뒤에서 상론하는 바대로 당시 사회의 여러 폐습을 고치기 위해 신극운동을 전개하면서 그 극단의 명칭을 혁신단革新團으로 정하게 되는 것이라 하겠다.

이렇듯이 『삼국지』 · 『태서신사』 등의 독서를 통해 세계적 사회 개혁의 필요성에 대해 눈을 뜨게 된 임성구는, 또 다른 한편으로는 당시 사회의 문명개화의 세태를 목격하게 되면서 견문見聞을 넓힘과 아울러 사회 변화의 추세에 발맞추어 나가려는 노력을 기울이기에 이르게 된다. 다음의 기록에서 이를 충분히 헤아릴 수 있다.

(3) 14,5세되는 소년기부터는 변전하는 시류時流에 싸여 문명개화의 세태를 목도하였다. 이 불우했던 임소년은 남달리 재질이 뛰어났다. 또 터득이 빨랐다
그에게 들은 후일담이지만, 광무 4년 경인철도京仁鐵道 개통식은 소년의 몸으로 제일 먼저 남대문 정거장에 달려나가 바라보았다. 그 광경도 보기 위한 목적이었겠지만, 소년답지 않게 그 시대의 이면을 생각해 보는 것이었다. …(중략)… 이러한 새문명의 새로운 문화적 시설과 더불어 세대를 알고 자란 「임」의 소년시대. 또 때로는 국난인듯한 돌발사건에 어른들의 주고 받는 말을 유심히 새겨듣는 이 영민한 머리의 소년, 또 여유있는 가정의 자제들이 신학을 배우러 학교에 드나드는 모습을 바라보는 이 소년의 마음 ―.
거리에서 거리로 떠도는 동안 임소년은 실로 견문見聞의 산 교육을 쌓았다. 그는 이윽고 20의 고개를 넘게 되자 그의 입지할 수 있는 천품이 역경의 소년시대에 한층 더 도야陶冶되어 의지가 굳어갔다. 만약 남과 같은 순조로운 환경에서 학문을 닦았던들, 후일 극계에서 한층 더 큰 풍운을 일으켰을지도 모른다. (이것은 후일 극계의 삼대 인물이었던 거장들 입에서도 이구

동성으로 정평이 있었던 것이다)12)

　이 글의 처음 부분에도 안종화安鍾和 자신이 밝혀 둔 바대로, 이 글은 임성구林聖九 자신에게서 직접들은 회고담을 써놓은 것으로, 임성구가 광무光武 4년(1900) 경인철도京仁鐵道 개통식을 직접 목격하고 시대적 변화를 체감하였다는 사실을 전해주고 있다. 특히 '때로는 국난인 듯한 돌발사건에 어른들의 주고받는 말을 유심히 새겨듣는' 그러면서 '거리에서 거리로 떠도는 동안 실로 견문見聞의 산교육을 쌓았다'는 것이다. 그렇기 때문에 1900년 어간부터 그 이후의 파란만장한 역사의 현장 속에서, 비록 학교를 다니지는 못하는 처지였지만, 민족의 현실을 직접 겪으면서 지니게 된 그의 감회는, 뒤에서 상론할 바와 같이 신극新劇 활동에도 곧바로 영향을 주어, 애국계몽운동으로서의 측면을 강하게 해주는 것으로 생각된다.

　한편 가난하여 학교를 다닐 수는 없었던 그에게 있어, 앞 기록의 표현 그대로 '여유 있는 가정의 자제들이 신학을 배우러 학교에 드나드는 모습을 바라보는 마음'은 착잡하기 그지없었을 것이다. 이를 벗어나기 위해서도 신극운동이전부터도 임성구는 독학으로,『삼국지』를 빌려서 읽거나『태서신사』도 열심히 독파하여 이에서 얻은 지식을 얻었었고, 그 지식을 신극운동을 펼치면서도 자랑스러이 드러내기도 하였던 것인데, 이러한 그의 행동에 대해서는 상반된 두 종류의 평가가 있었던 것으로 보인다.

　하나는『매일신보每日申報』의 그것으로, "재능과 기예는 가위 신배우로의 귀풍골을 가졌다 하겠으되, 학식을 닦지 못하여 언어 행동에 무식을 노출함이 한가기 결점이라 하겠으되, 신분을 가지기는 극히 신중하13)"였다는 것이다. 이는 그가 비록 학식을 닦

---

12) 安鍾和,「少年時의 林聖九」, 앞의 책, 1955, pp.28-30.
13) 이는『每日申報』1914년 2월 11일자의「林聖九」(藝壇一百人, 十二)에 보

지 못하여 언어 행동에 무식함을 드러내는 결점이 있었다는 것은 지적하면서도, 행동을 매우 신중하게 하는 일면이 있다는 것을 인정해주는 평가였다고 하겠다. 또 다른 하나는, 아래와 같은 평가인데, 이는 자신의 지식을 뽐내기를 주저하지 않는 임성구에 대해 탐탁하게 여기지 않은 당시 일본 유학생 출신들의 평가를 그대로 묘사한 것으로 판단된다.

> (4)백남은 일재와 더불어 기회만 닿고 보면 임성구의 연극의 시대에 떨어진 면을 지도해 보려고 했다. 혁신단과 제휴해서 좋은 작품을 제공하고 그들의 무대를 향상시켜보려는 계획을 품고 한번은 일재와 동반해서 단성사에서 공연 중인 임성구를 찾았던 일이 있었다. 그러나 막상 면담面談해본 결과 백남과 일재는 실망했다. 이 완강하고도 자존심이 강한, 임성구는 두사람에게 예禮로써 맞아들일 생각은 추호도 없었다. 오히려 그 태도와 언행은 이 두사람 지식인에게 오만하고도 불쾌한 인상을 주었다. 먼저도 말하였거니와 임성구란 청년은 무학한 심리에서인지는 몰라도 상대방이 지식이 있는 사람인 듯하고 보면 그를 안중에 두지 않았다. 만약 누구든지 혁신단의 연극을 이러니 저러니 하고 비평한다면 대뜸 그의 입에서는 함부로「연극론」이 쏟아져 나온다. 나중에 구미의 연극, 문호의 연극론까지도 두서없이 인용하는 성격이었다. 이러한 응수에 지식 있는 청년들은 아연해 들을 뿐으로 이상 더 대꾸할 수 없는 노릇이었다14)

이 글에 따르면, 일본 유학을 마치고 돌아온 윤백남尹白南(1888-1954)과 조일재趙一齋(1863-1944)가 '임성구의 연극의 시대에 떨어진 면을 지도해 보려고 해서' 임성구와 제휴를 하려 했는데, 완강하고도 자존심이 강한 임성구는 이들을 예로써 맞아들일 생각이 추호도 없었을 뿐만 아니라 그야말로 '무학한 심리에서인지

이는 가운데 있는 구절의 일부이다.
14) 安鍾和, 앞의 책, 1955, pp.184-185.

는 몰라도 상대방이 지식이 있는 사람인 듯하고 보면 그를 안중에 두지 않았'기 때문에 '오만하고 불쾌한 인상을 주어' 결과적으로 결렬되고 말았다는 것이다.15) 임성구에 대한 이들의 이런 평가는, 이후 일본 유학생 출신 인물들이 주름잡게 되는 이후의 연극계에서도 계속되는 평으로 자리잡혀 있었던 듯하다.

임성구에 대한 이러 저런 평가 가운데서 한 가지 더 주목하고자 하는 점은, 앞의 글 (4)의 마지막 부분에 보이는 '대뜸 그의 입에서는 함부로 「연극론」이 쏟아져 나온다. 나중에 구미의 연극, 문호의 연극론까지도 두서없이 인용'하였다는 대목이다. 비록 고등 학문을 외국에 나가서 공부하거나 하지는 못했지만, 외국 유학생들 앞에서 전혀 아랑곳하지 않고 자신의 지식을 드러내려는 이런 행동이 그들에게는 오만하고 불쾌한 인상을 주었음이 틀림없고 또한 다소 무모해 보이는 느낌을 주는 것 역시 부인하기는 어려울 것이다. 그렇지만 다만 그 자신이 비록 독학을 통한 것이지만, 적어도 문맥 그대로 '구미의 연극, 문호의 연극론까지도' 인용하고 있는 점만은 눈여겨볼 필요가 있는 게 아닌가 싶다. 외국 유학생 출신들의 그것과는 수준의 차이가 분명히 났었을 것이고 그래서 비록 이 글에서조차도 '두서없이'라는 단서 붙어져 있었겠지만, 그래도 임성구 자신이 일본 방문을 하였을 때16)에 일본어로 된 책들을 통해서라고 짐작되는데 외국의 연극론도 일부 접했었기에, 이를 지적으로 수용하여 그가 신극운동에 나서게 되는 배경의 일단을 이루게 되는 것으로 생각해 볼 수 있을 것 같다.

---

15) 林聖九를 설득하려던 이들은 실패하게 되자, 결국 林聖九의 신극활동을 '邪劇'이라 몰아붙이며 '正道의 演劇'을 상연하기 위해서 1912년부터 극단 文秀星을 결성하여 활동하기에 이른다. 李杜鉉, 앞의 책, 1986, pp. 71-73 참조.
16) 『매일신보』의 기록에 따르면, 林聖九는 1914년 6월 17일에 渡日하였다가, 같은 해 10월 10일에 돌아온 것으로 되어 있다.

제3절 혁신단의 결성과 임성구의 신극 운동

임성구林聖九가 혁신단革新團을 결성하게 되었던 것은 어떤 배경에서였을까? 여기에는 종합적으로 살피면 첫째, 당시에 벌어지고 있었던 국권 상실에 대한 위기감 그리고 둘째, 당시 미신 팽배와 같은 사회적 폐단에 대한 개혁 의지 등이 작용하였던 것으로 보인다.

이 가운데 먼저 임성구가 절감하고 있었던 국권 상실에 대한 우려는 광무光武 11년(1907)에 벌어진 이른바 구식군대舊式軍隊의 해산 과정에서 벌어진 유혈극을 직접 목격하고 겪으면서 지니게 되었던 것 같다. 즉 8월 1일에 한국군韓國軍과 일본군日本軍 사이에 벌어진 충돌로 인한 공포로 뒤덮인 장안의 분위기 속에서 피비린내 나는 하루를 넘길 때, 임성구는 이 광경들을 위험을 무릅쓰고 거리에서 목격하였었는데, 그 이튿날 그 혈전에서 부상당한 해산병解散兵 젊은이와 직접 대면하게 됨으로써 더욱 비분강개한 마음을 지니게 되었다는 것이다. 그래서 이 울분을 풀기 위해서도 혁신단革新團을 결성하고서는 군사극軍事劇을 주로 하였고, 이 때 이 해산병 젊은이를 그 군사극의 나팔수로 기용하였을 정도였다고 한다.17) 이런 임성구의 국권 상실에 대한 위기감은 倭에 대한 적개심으로 불타면서 신극운동을 하려는 마음을 굳히게 되었던 것으로 보이는데, 이는 특히 다음과 같은 안종화安鍾和의 글에서 여실히 드러나고 있다.

(5)이웃간이지만 벌써 성구의 집은 동네서 주목이 되었다. 그들이 중구난방으로 밑도 끝도 없이 탕탕 주고받는 울분이란 당시

---

17) 安鍾和의 「解散兵 젊은이」, 앞의 책, 1955, pp.30-34에 있는 다음의 글에 이런 상황의 전개 과정이 잘 묘사되어 있다.
"광무 十一년 八월 초하루날 사태이다. 왜제倭帝의 마음놓고 들어덤비자는 흉모의 한가닥 실로 그 간계 교묘한 수단으로 광무제光武帝를 움직여 한국군의 무장해제武裝解除이다. 이것이 마지막 팔을 끊는 군대해산인 것이다. …(중략)… 그러면 이 해산병과 임성구의 기극과 무슨 연관이 있는가? …(중략)…
이래서 八월 一일 대낮부터 벌어진 한일병 충돌이었고, 이로 인해서 거리의 인심은 흉흉하고, 공포에 덮였던 한성 장안은 피비린내 나는 하루를 넘기었다. 이러했던 비분 처참사를 성구는 위험을 무릅쓰고 거리에서 거리로 목도하였던 것이다. 그 이튿날 성구는 형 인구와 함께 초전골 정명구鄭明九의 집을 찾았다. 용무는 돈 융통건으로 임운서林雲瑞를 만나기 위한 심방尋訪이었다. 평소 정명구와는 한집안 같이 드나들었고, 후일 연극을 일으킴에 있어서 적지 아니한 협조자의 한 사람이었던 교분이다. 이 날은 정명구로서 임씨 형제를 맞아들이는 태도가 매우 수상스러울 만큼 불안스러운 기색이 떠돌았다. 뒷방으로부터 젊은 사람의 신음소리와 함께 가냘픈 울음소리가 새어 나왔다. …(중략)…
그러나 성구로서는 한번 작정한 일이면 기어코 결행하는 성미라, 우겨서 명구로 하여금 먼저 골방 젊은이에게 내통하게 하였다. 그 골방 젊은이는 신음하면서도 성구 형제를 맞아주었다. 그와의 말에서 그의 내력을 물었다. 그는 병역 1년의 경력을 가진 일 졸병이라 한다. 고향은 용인龍仁이라 하며, (그의 성명은 잊었음) 편모슬하에 독신인 젊은 청년이었다. 후일 그가 혁신단革新團 무대 위에서 군사극軍事劇 진중陣中 장면의 나팔수로서 유명했던 젊은 연기자였다."

누구나 흉중에 간직한 뼈있는 토심이었고, 어느 구석엘 가나 왜倭에 대한 적개심은 같았다. 그것이 그 시대 민의民意의 한 가닥이라 볼 수 있겠다. 이러한 무렵이 성구의 기극起劇이다18)

여기에서 임성구가 터뜨리는 "울분이란 당시 누구나 흉중에 간직한 뼈있는 토심이었고, 어느 구석엘 가나 왜倭에 대한 적개심은 같았다"는 이 구절이 당시의 분위기를 있었던 그대로 전해주는 것이라 믿어진다. 그래서 이러한 당시의 민의民意를 바탕으로 하여서 임성구가 혁신단을 결성하여 신극운동을 벌이게 된다는 것이다.

그랬기 때문에 더욱이 임성구는 군사극에 치중했으며, 무대의 군복들도 구한국시대의 군복들을 착용하게 했고, 이 때 바로 자신과 직접 만났던 해산병解散兵 젊은이를 단원團員으로 발탁하여 무대에서 가슴이 찢어지도록 진군進軍 나팔을 불게 하였다는 것이다. 그러므로 임성구를 위시한 당시 혁신단의 단원들에게 있어서 이러한 군사극 공연은 뜻 깊은 무대였는데, 심지어 적진敵陣을 왜병倭兵으로 가상하고 열렬한 애국적인 대사臺詞와 용감한 우리 한국군의 돌격전으로 둘러 꾸민 내용의 연극을 하였던 것이라 한다.19)

---

18) 安鍾和,「韓昌烈과 林聖九」, 앞의 책, 1955, pp.73.
19) 이런 점들은「國恥直後의 劇界」라는 제목의 安鍾和, 같은 책, 1955, p.135에 아래와 같이 적혀져 있다.
   "이때부터는 성구가 군사극軍事劇에 치중했다. 무대의 군복들도 구한국시대의 군복들을 착용했다. 단지 우리나라 국기國旗만을 무대 진중陣中장면에 꽂지 못했을 뿐이다. 왜 이 강토는 넘어가고 말았는가. 우리나라의 국방國防 군대를 가져보지 못했던 포한抱恨에서 비록 연극무대일망정 젊은 기운의 분통을 외쳐보자는 의도였다. 이때는 해산병 출신의 젊은이도 단원으로 참가해서 무대에서 가슴이 찢어지도록 진군進軍나팔을 불었다.
   당시 혁신단원의 군사극軍事劇 무대란 뜻깊은 연극들이다.
   겉으로 보면 일본 신파의 군사극을 모방한 듯 하면서도 기실은 적진敵陣을 왜병倭兵으로 가상假想하고 열렬한 애국적인 대사臺詞와 용감한 우리 따라서 임성구가 펼쳤던 혁신단 결성을 통한 신극운동은, 1907년 구식군대의 해산 이후 지니게 된 이러한 국권 상실에 대한 위기감이 결정적 배경의 하나라고 보인다. 그리고 나아가 당시의 사회 일각에서 팽배해지고 있던 일제에 대한 적개심의 표출이 크게 작용하였다고 해서 온당하리라고 생각한다.

그리고 임성구로 하여금 신극운동에 나서게 한 또 하나의 배경으로서는 당시 미신 팽배와 같은 사회의 폐단에 대한 개혁 의지를 꼽을 수 있는데, 당시에 부녀자들이 복술卜術이나 무녀巫女들의 굿을 믿고 따르는 민간의 폐습에 대해 개탄을 금치 못하면서, 연극으로써 국민을 각성시키고 교도해보려는 뜻에서이기도 하였던 것이다.20)

  한국군대의 돌격전으로 은근히 둘러 꾸민 연극을 했다. 그러나 아직 왜경倭警이 미쳐 눈뜨지 못했을 때이라 한낱 「시바이」 라고 해서 일종 연극무대로만 간과하고 그다지 신경을 쓰지 않았을 때이라고 보겠다.
  혁신단 무대에는 날이 갈수록 신인新人 단원이 늘었다. 혁신단 무대를 한 번 보고 난 젊은이고 보면 즉석에서 무대에 뛰어 오르고 싶은 충동을 받았다. 한번 무대에서 애국적인 부르짖음을 외쳐보았으면 했다."

20) 이런 林聖九 자신의 생각에 대해서는 「民智에 慨嘆」에 개탄이라는 제목으로 安鍾和가 쓴 앞의 책, 1955, pp.37-39의 아래의 내용에서 잘 드러나 있다.
  "당시 또 하나의 성구로 하여금 개탄하고 마음 아프게 하는 사실이 있었으니, 그것은 장안에 열병 퍼지듯 나날이 성행해 가는 복술卜術과 무녀巫女들의 굿이었다. 나라는 기울어져 가는 이 판국에, 집집마다 무녀를 불러들이는 우매한 부녀들! 이 망국적인 미신을 숭상하는 모습을 바라볼 때에 그는 슬펐다. 이 민지를 언제 깨우치나 하는 선각자다운 개탄이었다.
  일찍 소년시에 남산南山에 올라가서 국사당國事堂에 벌어진 나인들의 굿까지도 목도했던 그였다. (20세기 문명은 새 시대에 있어서 아직도 꿈에서 깨어나지 못하고 혹세무민하는 무리들! 게으른 놈이 근면할 줄 모르고 굿으로 재수를 바란단 말이 될 수 있는 노릇이며, 중병의 근원을 굿으로 퇴치한다는 수작이 가당이나 한 노릇이냐?) 하고 성구는 가지가지의 망국적인 모습을 바라볼 때 진실로 한심함을 느꼈다. …(중략)…이러

이런 견지에서 보면 임성구가 혁신단이란 명칭을 택한 것 자체도, 역시 이러한 창단의 목적과 깊은 관련이 있었던 것임을 헤아릴 수 있겠다. 혁신단革新團이라는 명칭에 굳이 '혁신革新'을 넣게 된 이유에 대해서는 아래의 기록이 주목된다.

> (6)성구는 어느 정사政事에 드나든다는 한 사람을 찾아보고 자기의 단체 조직하려는 취지를 설명한 후 단명에 대한 것을 의론했던 결과 「혁신革新」이란 두자를 이용키로 하였다. 『혁신단! 혁신단 일행』하고 불러본 후 자기도 뜻에 맞았다. 이 단명團名까지도 순한, 창렬, 운서에게만은 내통했다[21]

여기에서 특히 어느 "정사政事에 드나든다는 한 사람을 찾아보고 자기의 단체 조직하려는 취지를 설명한 후 단명에 대한 것을 의론했"다고 하였는데, 이 '어느 정사에 드나든다는 한 사람'이 누구인지를 구체적으로 알 길은 전혀 없지만, 다만 애국지사愛國志士의 하나를 지칭하는 것으로 보여진다. 말하자면 당시 사회에 혁신을 불러일으키기 위해서 혁신단이란 명칭을 택하여 썼던 것이며, 그만큼 당시에 전개되고 있던 애국계몽운동의 영향을 크게 받고 있었음을 알려주는 것이라 하겠다.[22]

한 양상을 바라보는 청년 성구는 연극으로써 이 국민은 각성시키고 교도해보려는 뜻을 한층 더 굳게 하였다."
21) 安鍾和,「起劇同志들」, 앞의 책, p.55.
22) 이런 혁신단 명칭 채택의 의미는 「알고보면 教友인 革新團의 林成九」, 앞의 책, 1964, p.24에 보면
"혁신! 혁신! 개화를 배경으로 하는 한국은 모든 것이 혁신되어야 하였다. 그러므로 누구보다 앞서 혁신을 부르짖은 林成九는 혁신단을 만들었다."
라 있음에서도, 그리고 安鍾和, 앞의 책, 1955, p.121에도 보면,
"먼저 식탁 앞에 일어선 김봉의, 열렬한 환영사는 경상도 사투리로 씩씩하게 들렸다. 그는 여러 해 동안을 두고 정사政事 등사에 쫓아다니며 연설演說 경험도 가졌던 관계로 능변能辯이었다. 그 환영사 요지는 이러했다. 우리나라에 처음으로 창립을 보인 혁신단은 그 명칭의 자의字意 해석과

이러한 점을 살피면서 염두에 두어 좋을 또 하나의 사실은, 임성구가 혁신단을 결성하기 이전에 애국계몽단체로서 이미 자신회自新會와 신민회新民會가 결성되어 있었는데, 이들의 단체 명칭에도 '자신自新'과 '신민新民'이란 구절이 포함되어 있었다는 점이다. 구체적으로 자신회自新會만을 예를 들어 보더라도, 이 단체는 나인영羅寅永·오기호吳基鎬 등이 1907년에 결성한 것으로, 1905년에 체결된 이른바 을사조약乙巳條約에 앞장섰던 박제순朴齊純 등의 을사오적乙巳五賊을 처단하기 위해 만든 단체였는데, 그 「취지서趣旨書」에서 "국가도 새로워지지 않으면 반드시 망하고 사람도 새로워지지 않으면 반드시 죽게 되는 것이니 스스로 새로워져야 한다"라 해서 '자신自新'이란 구절을 그 명칭에 넣은 것이었다.23) 이러한 애국계몽단체의 명칭에 보이는 '자신自新' 혹은 '신민新民'과 혁신단革新團의 '혁신革新'이 깊은 연관이 있었음을 부인할 어떠한 이유도 찾기 어렵지 않나 한다. 요컨대 그만큼 당시에 전개되고 애국계몽운동의 영향을 깊게 받으면서 연극 분야에서 임성구는 혁신단을 결성하여 신극운동을 벌이게 되는 것이라고 보인다.24)

그렇기 때문에 자연히 그 연극의 실제 공연 내용에서도, 혁신

  같이 훌륭한 연극을 해서 우매한 민중을 일깨워주는 사명使命에 감사하단 말과 또한 앞으로 선진국가에 뒤지지 않을 만큼 더욱 더 훌륭한 무대를 통하여 국내혁신國內革新 운동에 이바지 해 달라는 뜻 있는 격려의 환영사였다."
라고 하였음에도 잘 헤아릴 수가 있다.
23) 盧鏞弼,「대한제국기 自新會 관련 고문서에 대한 검토」,『한국근현대사연구』 5집, 1996, p.82.
24) 林聖九의 이러한 활동에 대해 「알고보면 敎友인 革新團의 林成九」, 앞의 책, 1964, p.24에 보면
  "민중의 소리를 외치고, 겨레의 분노를 무대에서 폭발시켜 민족의 지향할 바를 가르치고, 봉건주의의 타파, 미신 무속의 배격, 박애정신의 실천을 도모한 이가 임성구다"라고 한 평가가 있음도 참고할 만하다.

단이 그야말로 혁신을 지향한다고 하는 이러한 특징은 여실히 잘 드러났다고 보여지는데, 종합적으로 살피면 대략 다음의 3가지 점을 꼽을 수 있을 것으로 생각된다. 첫째는 명칭에 버금가게 애국계몽愛國啓蒙의 내용들을 그 주제로서 주로 다루고 있었다는 점, 둘째는 가정에서의 여성들의 역할을 중시하는 이른바 가정극家庭劇을 위해 신문연재新聞連載 소설小說을 극화劇化하기도 하였다는 점, 그리고 셋째로는 최초로 지방地方 순회巡廻 공연公演을 하였을 뿐더러 또한 최초로 자선慈善 공연公演도 하였다는 점 등이 그것이다.

첫째, 혁신단에서 무엇보다도 애국계몽의 내용들을 그 주제로서 주로 다루고 있었다는 점은, 아래와 같은 글의 지적에서 잘 가늠된다.

(7-가) 그 임성구와 그 일행 혁신단은 앞서 것 외에도 「눈물」 「카츄샤」 「추월색秋月色」 「장한애長恨愛」 「상옥루雙玉淚」 「정부원情婦怨」 등等 허다한 작품을 상연하였지만 「미신무녀후업迷信巫女後業」 같은 연극은 미신의 타파를 부르짖었다. 그뿐인가 신소설을 배경으로 하는 권선징악과 애국애족심의 고취 정의, 의협, 의분의 토로로 망국의 서러움을 무대상에서 아낌없이 털어놓아 민중과 함께 비분강개하였던 것이다[25]

(7-나) 초창시발초 혁신단 연극의 성격과 그 경향을 말할 것 같으면, 주로 애국적愛國的인 것과 권선징악이다. 또는 미신타파迷信打破 등의 것인데, 일방 상류가정上流家庭의 측첩蓄妾의 폐해까지도 풍자한 연극을 보이었다. 그리하여 관중으로 하여금 무대를 통하여 선악의 분별과 인과응보因果應報 또는 정의감正義感, 의협義俠, 의분義憤의 마음등을 일으키게 했다.

애국적인 연극의 일례로는 의병義兵대장 전녹두全綠豆를 주인공으로 한 연극이 연흥사에서 즉시 상연되었다. 전녹두 의병대장

---

[25] 「알고보면 教友인 革新團의 林成九」, 앞의 책, 1964, p.29.

은 적이 항복하면 살리겠다는 감언에도 굴지 않고 일편단심 애국의 정신으로 꿋꿋히 뻗는 장렬한 의병 항쟁抗爭의 사실史實을 취급한 연극이었다26)

그 공연의 실제 내용이 (가)에서, 미신의 타파뿐만 아니라 "권선징악과 애국애족심의 고취 정의, 의협, 의분의 토로로 망국의 서러움을 무대상에서 아낌없이 털어놓아 민중과 함께 비분강개하였던 것"이라고 들었고, 또한 (나)에서는 "주로 애국적愛國的인 것과 권선징악 … 미신타파迷信打破 (그리고) 선악의 분별과 인과응보因果應報 또는 정의감正義感, 의협義俠, 의분義憤의 마음 등을 일으키게 했다"고 정리하여 전해 주고 있음이 실제 면모를 살피는 데에 긴요하다. 그만큼 혁신단革新團에서는 실제 공연을 통해 권선징악은 물론이고 '애국애족심의 고취(가)' 혹은 '애국적인 것(나)' 즉 애국계몽의 내용을 주로 다루고 있었다고 하는 점은 재론의 여지가 없어 보인다.

한편 혁신단 공연의 내용상 특징으로서 둘째로 들 수 있는 것은, 가정에서의 여성들의 역할을 중시하는 이른바 가정극家庭劇을 위해 신문연재新聞連載 소설小說을 극화劇化하였다는 점인데, 이는 방금 본 (가)에서 '신소설을 배경으로 하는 권선징악' 운운한 것이나, 그리고 (나)에서, "일방 상류가정上流家庭의 축첩蓄妾의 폐해까지도 풍자한 연극을 보이었다. 그리하여 관중으로 하여금 무대를 통하여 선악의 분별과 인과응보因果應報 또는 정의감正義感, 의협義俠, 의분義憤의 마음등을 일으키게 했다"거니 하는 것과 불가분의 관련이 있다. 이 점에 대한 보다 구체적인 언급은 안종화安鍾和의 다음 글에 보인다.

(8)당시 병합 직후 「대한매일大韓每日」은 매일신보每日申報로 제

---

26) 安鍾和, 앞의 책, 1955, p.144.

호가 바뀌어 유일의 일간日刊신문이었다. 신문에 연재소설이 실리어 많은 독자의 환영을 받았다. 하몽何夢 이상협李相協의 「눈물」과 「우중 행인」 등의 장편이 연재되었던 것이다. 이것을 읽고 성구로서는 무대에도 가정극이 필요했음을 느끼었다. 여기에 적합한 연극의 소재로서는 신문소설이다. 여자 관객을 많이 이끌기 위해서는, 아니 앞으로 가정부인에게 이 신연극의 무대를 보이자면 이 소설극이 제일 적당함을 깨달았다. 그리하여 첫 소설극으로 「눈물」을 선택하였다. 이것이 국내에서 처음으로 장편소설을 각색해서 연극화演劇化한 시험이라 하겠다27)

여기에서 눈에 띄듯이 『매일신보』 연재의 신소설 「눈물」을 각색하여 공연하였는데, 국내에서는 처음으로 행해진 것이라 하였다. 무대에서도 가정극家政劇이 필요함을 인식하였기에 가능한 일이었는데, 그것은 여자 관객을 많이 끌기 위함이기도 하였지만, 가정부인들에게 이 신연극의 무대를 보이기 위함이었다는 것이다. 방금 앞서 인용한 글 (7)과 연결을 지워 덧붙이자면, 임성구는 상류 가정의 축첩蓄妾 폐해를 널리 알리고 이를 개혁하기 위해서도 이런 내용의 가정극家政劇을 굳이 공연하려 하였던 것이라 하겠다.

또 한편 혁신단革新團 공연의 내용상 특징으로서 셋째로 들 수 있는 점은, 최초로 지방地方 순회巡廻 공연公演을 하였을 뿐더러 또한 최초로 자선慈善 공연公演도 하였다는 사실이다. 임성구의 혁신단이 최초로 지방 순회 공연을 하였다는 기록은, 당시의 『매일신보』를 위시한 여러 언론 기관에서 보도하고 있는 바였는데28), 더욱이 그것도 단순한 지방 순회 공연이 아니라 거의가 자선 공연이었으므로 많은 이들의 찬사를 한 몸에 받았음이 틀림없다. 그 가운데서도 가장 주목된 것은 어느 누구도 해본 적이 없

---

27) 安鍾和, 「新聞小說의 劇化와 妓女 觀客」, 앞의 책, 1955, p.155.
28) 당시 『매일신보』의 기사에는 일일이 열거할 수 없을 만치 혁신단의 지방 순회 공연을 보도하고 있을 정도이다.

는 걸인 잔치를 벌였다는 점이었다고 한다. 이를 알려주는 상세한 기록은 여럿이 찾아지는데29), 그 중 가장 대표적인 것을 꼽을라치면 안종화의 아래 글을 역시 들어야 할 것 같다.

(9)당시 하나밖에 없는 매일신보 사진반의 「막네슘」 터뜨리는 소리가 객석 구석에서 펑 펑 들려왔다. 이튿날 매일신보지상에는 사회면 전판을 혁신단 자선흥행의 기사로 꽉 채웠다. 무대면과 임성구의 모습, 또 낮에 치루었던 걸인들의 잔치장면 소개였다. 당시 신문 보도로서는 「눈물」 연극 상연 후로 다음가는 대서특서였다. 신문을 통해서, 또는 거리의 군중의 입을 통해서 이 자선흥행의 소문은 장안에 쫙 퍼졌고, 연일 관중으로 연흥사 극장은 장사의 열을 지었다.
이때부터 국내 사회에서는 혁신단의 존재를 달리 보았고, 임성

---

29) 林聖九의 지방 순회 공연과 자선 공연에 대해서는 「알고보면 敎友인 革新團의 林成九」, 앞의 책, 1964, p.29에 있는 다음의 것도 간략하지만 참조가 된다.
"그가 한국 최초로 지방 순연도 하였지만 시설 없는 인천의 야천 가설극장에서 무리를 무릅쓰고 강행한 것도 연극의 발전은 물론이려니와 보다 많은 민중의 계몽을 잊을 수 없었기 때문이며 인천의 공연은 하루에 끝났으나 바로 그 다음날이 매국노 이완용이 명동 언덕에서 자객에게 찔린 1909년의 일이다. 그 다음해인 1910년 그는 한국 최초의 자선 연극을 열어 소위 거지잔치를 연 사실이다. 연극 『눈물』을 상연하여 그 수입금 전체를 가지고 광목을 사서 200명분의 솜옷을 밤새워 만들고 연흥사演興社에서 세숫물을 준비하고 비누를 나누어주어 그들을 말끔하게 하고서는 준비된 떡을 나누어주었다. 당시 매일신보는 이 갸륵한 사업을 대서특필하였으며 사회에서는 임성구 일개인이 문제가 아니라 연극 자체에도 경이와 동경의 문으로 바라보았던 것이다."
다만 여기서는 일일이 열거하지 않겠지만, 『매일신보』 등에 보면 자세히 보도되고 있었는데, 이 『매일신보』의 기사 내용을 구체적으로 정리하여 소개한 연구로는 李杜鉉, 앞의 책, 1986, pp.56-58이 참조된다.
한편 1910년대 『매일신보』의 기사 내용에 보이는 연극 관련의 것들을 모두 모아 정리한 것으로는 양승국, 「1910년대 매일신보 소재 연극관련 기사 색인」, 앞의 책, 2001, pp.309-332가 크게 참조된다.

구란 이름도 높아질 대로 올라갔다. 사회유지들도 비록 신파극이지만 신연극에 관심을 가지고 이것을 계기로 해서 별도의 관객의 발길을 개척해 놓는 기틀이 되었다. …(중략)… 이때야말로 조국의 연극문화를 위하여 장래할 이 땅 극단劇團에 선봉이 되고자 학문한 지식청년들의 발걸음이 바쁘게 움직이기 시작한 국내 연극문화의 개화를 가져오려는 여명黎明이라 하겠다30)

이를 보면, 『매일신보』에 혁신단의 자선 공연과 걸인 잔치에 관한 대대적인 보도가 이루어짐으로써, 소문이 장안에 퍼져서 연극 흥행에도 성공을 거두었을 뿐만 아니라 혁신단의 존재를 사회에서 달리 보게 되고 임성구의 지명도 훨씬 높아졌다고 하였다. 더욱이 '국내 연극문화의 개화를 가져오려는 여명黎明'이었다고까지 평가하였던 것이다. 이럴 정도로 임성구의 지방 순회 공연, 그것도 걸인 잔치는 당시 사회에 크게 반향을 불러일으키며 특히 주목을 받았으며, 신극운동 자체에 커다란 족적을 남긴 사건이었다고 생각된다.

---

30) 安鍾和, 앞의 책, 1955, pp.161-162.

제4절 천주교가 임성구의 신극활동에 미친 영향

임성구林聖九의 이상과 같은 신극활동에 천주교는, 그러면 어떤 영향을 미쳤던 것일까? 이 점에 대해 살피면서 가장 먼저 떠올릴 수 있는 것은, 당시의 관행적으로 신극의 공연 과정에 그 극단劇團의 단장團長이 최종 한 막을 남겨놓고 일장 연설을 하게 되어 있었는데, 임성구 역시 늘 이 연설을 행했다는 점이다. 임성구가 행하는 연설의 광경에 대해 묘사해 놓은 아래의 글이 주목된다.

(10)최종 한 막을 남겨놓고 단장이 일장 연설을 하게 되니 이 때 임성구가 지닌 모든 지식이 웅변으로 변하여 그의 지식과 언변은 다시 한 번 연극 이상으로 관중을 열광시켰고 자극시켰음은 말할 필요조차 없다. 청산유수격으로 흘러나오는 서양의 문물제도며, 역사, 과학, 연극론은 그가 교회에서 얻은 신앙과

함께 서양사상이 번득거렸고, 틈틈이 읽어둔 지식은 십이분 활
용되어 그야말로 도산 안찬호가 말하듯 사회개혁을 위한 교육
은 학교 교육이 가장 빠르고 더 효과적인 것은 연설이지만 그
보다 더 나은 것이 연극이라 하였지만 학교 교육이란 받아보지
도 못한 임성구가 연설과 연극을 통해 민중 계몽에 나선 것이
얼마나 놀라운 사실인가31)

이에 따르면, 연설 과정에 나오는 "청산유수격으로 흘러나오는
서양의 문물제도며, 역사, 과학, 연극론은 그가 교회에서 얻은 신
앙과 함께 서양사상이 번득거렸고, 틈틈이 읽어둔 지식은 십이분
활용되어" 관중을 열광시켰다는 것이다. 앞서 이미 살펴 두었듯
이 임성구가 읽었다고 하는 『삼국지』와 같은 역사 소설은 물론
『태서신사』 같은 서양 근대의 역사서에서 얻은 지식을 충분히
활용되었음이 틀림이 없겠다. 게다가 현재의 명동성당 뒷동네에
거주하던 소년시절부터 천주교 신자 임성구에게는, 이 글에서와
같이 역시 천주교 교회에서 얻은 신앙과 함께 서양사상이 영향을
적지 않게 미쳤을 것임을 누구나 인정하기 어렵지 않을 듯하다.

또한 그가 신극운동을 하면서 권선징악과 미신타파 등을 부르
짖었다고 함도 역시 앞서 이미 살핌 바가 있는데, 여기에도 천주
교의 영향이 있었다는 증언이 있다. 앞서 밝힌 바대로 임성구 생
전에 그와 누구 못지않게 많은 대화를 나누었고, 또 그로부터 많
은 자료를 넘겨받았던 안종화安鍾和의 다음 얘기는 이 문제, 즉
그의 신극운동에 얼마나 천주교가 커다란 영향을 미쳤던가를 밝
히는 데에 매우 결정적인 실마리를 우리에게 던져주고 있다.

> (11) 그는 일찍 「카토릭」교에 입문하여 영세를 받고, 후일 그가
> 연극한 무대로 보아도 권선징악勸善懲惡과 미신타파를 외쳤다.

---

31) 「알고보면 敎友인 革新團의 林成九」, 앞의 책, 1964, pp.27-28.

앞으로 그의 연극 자취에 들어나겠지만 여기에 하나 실례로는 「미신무녀휴업」이란 연극을 볼 수가 있겠다. 순전히 무녀 타도의 연극이었다. 또 무대에서 성가聖歌를 이용한 것으로 보아도 짐작할 수 있겠다32)

임성구가 천주교 신자로서 신극운동을 펼치면서 권선징악과 미신타파를 외쳤다는 것인데, 실례로 「미신무녀휴업」을 들면서 이것이 순전히 무녀 타도의 연극이었음을 언급한 것이다.33) 그런데 그 다음에 매우 놀라운 기록을 남기고 있는 것을 결코 간과해서는 아니 될 것인데, 바로 이 '무대에서 성가聖歌를 이용한 것으로 보아도 짐작할 수 있겠다'고 한 대목이라 하겠다. 천주교의 성가를, 무녀 타도의 연극에서 이용할 만큼 임성구는, 철저한 천주교 교인으로서의 삶을 살고 있었다고 해서 지나침이 없을 듯하다. 그리고 천주교 신자로서 임성구가 보인 일면은, 1910년 국권을 침탈 당하고 나서 한 동안 연극 활동을 쉬던 당시에도, 통분한 가슴을 누르려고 열심히 천주께 기도를 올렸다는 증언에서도 충분히 읽을 수 있다.34)

---

32) 安鍾和, 「民智에 慨嘆」, 앞의 책, 1955, p.39.
33) 이런 점은 바로, 양승국, 앞의 책, 1996, pp.484-485 및 앞의 책, 2001, pp.82-83에서, 『매일신보』 1910년 10월 6일 및 10일의 기사에 혁신단이 '新演劇을 設行ᄒ고' 그리고 '風俗의 善良ᄒ 材料를 硏究ᄒ야'라고 한 대목을 들어 이때의 풍속 교정의 의미와 그 때의 신연극의 실체가 무엇이었는지를 밝혀야 한다고 지적한 바와 짝할 수 있다고 본다.
34) 이는 역시 林聖九의 많은 일화를 기록한 다음과 같은 安鍾和의 회고담, 앞의 책, 1955, p.134에서 잘 드러난다.
"혁신단 일행은 이렇게 천하가 변하기까지에 인천이후로 광무대와 단성사에서 두어차례 개막을 가졌던 것이나 병합이 발표되자 임성구는 한동안 연극행동을 쉬었다.
초동草洞 성구집에는 몇몇 간부단원인 창력, 순한, 운서등이 매일 같이 모일 적이면 통분한 눈물을 흘리었다. 꽁하고 암했던 창렬로서도 술 한 잔 얼근해지고 보면 가슴을 두드리고 엉엉 울었다. 순한도 창렬을 끼어 더욱이 임성구의 신극운동에 있어서 가장 커다란 업적의 하나인 지방 순회 공연과 자선 공연도 천주교 교인으로서의 삶과 떼려고 해도 결단코 뗄 수 없는 연유가 있다고 보여진다. 다음의 글에서 이를 헤아릴 수가 있을 듯하다.

(12) 성구는 혁신단원을 연흥사 윗층에 모아놓고 혁신단으로서 자선 흥행할 것을 제의했다. 순순히 그의 입에서 풀려나오는 말에는 단원 일동이 감동하고도 남음이 있었다. 걸식자도 우리들의 동포이다. 동포가 동포를 구제함이라 마땅히 우리들이 해야할 노릇이다. 혁신단 연극이란 비단 민중을 깨우치기 위한 무대만을 가진 것이 목적이 아닐 것이다. 성구의 자신이 「카톨릭」 신자였고, 또 한 가지로서는 소생所生이 없었던 탓인지는 모르겠다. 그는 얼마 전에 인천仁川 용동 거리에서 남루한 걸애에게 옷을 한 벌 사 입히고 눈물로 되돌아섰던 기억도 아직 가지고 있다35)

안고 울었다. 통분한 가슴을 누르려고 성구는 열심히 천주께 기도를 올리었다. 할적이면 칼날 같은 창렬의 성미는 이내 폭발해서 성구에게까지 폭언하고 대들었다.
'단장! 나라가 망한 뒤에 기도는 올리면 무얼하는것요? 우리들 연극도 그만 치워버리지' 그러나 성구도, 순한도, 운서도 말문이 막히었다. 창렬의 대드는 말은 주정이 아니었고 실로 가슴 아픈 피끓는 말이었다. 이것은 후일 혁신단 말기 성구가 한창렬의 매장식 할 때에도 당시를 회고하고 눈물로 이야기했다. 아직도 당시 장례식에 참렬했던 생존자들의 기억이 생생할줄 안다."
이 얘기 가운데, 동지 한창렬이 임성구에게 했던 "나라가 망한 뒤에 기도는 올리면 무얼하는 것요?"라는 말을, 임성구가 한창렬의 장례식에서 회고하였다는 표현과 또 이를 "아직도 당시 장례식에 참렬했던 생존자들의 기억이 생생할줄 안다"고 했음에서 이 말은 틀림없는 사실이었다고 본다.
35) 安鍾和, 앞의 책, 1955, p.159. 이외에도 安鍾和의 책 곳곳에 보면, 林聖九의 자선 행위에 대한 대목이 가끔 있는데, 인천 공연 때의 일로서는 p.134의 기록이 참조된다.

임성구가 혁신단의 단원들을 모아 놓고 자선 공연을 하자고 설파하면서 동포 구제를 위함이라 우리가 마땅히 해야 할 일을 하는 것이라 했다는 것이다. 이 얘기를 하면서, 안종화가 덧붙여 놓은 "혁신단 연극이란 비단 민중을 깨우치기 위한 무대만을 가진 것이 목적이 아닐 것이다. 성구의 자신이 「카톨릭」 신자였고, 또 한 가지로서는 소생所生이 없었던 탓인지는 모르겠다."라고 한 대목을 주목할 필요가 있다고 본다.

안종화가 비록 단정 짓지는 않았지만, 임성구가 혁신단을 이끌고 지방 순회 공연을 하면서 그랬거나, 서울에서의 공연에서 그랬거나 자선 행위로서 걸인 잔치를 연 것이, 그 자신이 천주교 신자였다는 것과 무관하지만은 않아 보인다고 생각한다.36) 방금

---

36) 이 점에 대해 언급하면서 관련하여 빼놓을 수 없는 사실 하나는 林聖九의 부인 역시 독실한 천주교 교인이었다는 점이라고 여기고 있다. 林聖九와 그 부인의 가정 살림살이에 대해서까지도, 安鍾和는 앞의 책, 1955, p.43에 아래와 같이 소상히 기록을 남겨주었다.
"성구는 二十이 넘으며 적시 성례하였기 때문에 이미 아낙을 거느린 몸이었고, 그의 부인도 함께 천주교 신자였다. 성구의 방은 건너방이었다. 십자가와 성모「마리아」 초상이 벽에 걸려 있다. 성구 四 남매는 한 집안에 살았다. 안방은 인구내외였고 아랫방은 어린 용구와 막내 매제가 있었다. 성구의 부인은 매우 현숙한 여인이다. 시동생들에겐 자애로운 어버이와 같았고 사아즈버니 되는 인구내외도 극진히 받드는 여인이었다. 그는 성당聖堂에 나아가면 조그마한 마음의 허물이라도 참회하는 고백을 잊지 아니한, 말하자면 지나칠 정도의 착한 부인이었다. 또 성구의 칼날 같이 팩한 성격으로도 비교석 가정에서 화목히게 가업을 돕는 편이었다."
이런 독실한 그의 부인의 역할 역시 그의 연극 활동에 커다란 후원자로서의 그것이었다고 여겨지는데, 자선활동 특히 걸인 잔치와 관련해서는 두말할 나위가 없이 그 부인의도움은 무엇보다도 결정적이었을 것이다. 더욱 더 이런 생각을 지니게 되는 것은, 安鍾和가 남겨 놓은 걸인 잔치와 관련된 상세한 기록 가운데는 앞의 책, 1955, pp.159-160에 다음과 같은 대목이 있기 때문이다.
"그리하여 부랴부랴 서둘러서 자선 행사의 막을 열었다. 그러나 여기에 특기할 것은 먼저 수입을 본 연후에 걸인잔치가 아니었고 「눈물」 상연시 대 성황이었던 수입금을 송두리째 털어서 광목廣木으로 이백 명분의 솜

앞에서 보았듯이, 국권 상실 뒤 낙심한 가운데서도 천주께 기도를 열심히 올렸다고 하는 것, 그리고 무녀 타파를 위한 연극에 천주교 성가聖歌를 이용하였다고 하는 증언 등이 이를 뒷받침해 준다 해서 좋지 않나 한다.

옷을 지었다. 이 바느질 품에는 4·50처에 분배해 주어서 재빨리 재봉을 해내도록 하였다. 성구의 집에서도 만들었고 단원 가정에도 분배해서 봉사했다. 그리고 쌀 한 가마를 풀어서 떡을 만들었다. 여기에도 전 단원의 가정이 동원되었다."

부인과 단원들의 집의 도움으로 200명분의 광목 솜옷과 쌀 한 가마니를 떡을 빚는 일을 하였음을 기록해 놓았는데, 이런 부인의 도움은 모두 임성구 부인의 주관으로 이루어 졌을 것임은 상상이 어렵지 않을 것이다. 애초부터 천주교 교인인 부인의 동의가 없고, 헌신적인 봉사가 없었다면 林聖九의 신극운동은 말할 것도 없고 걸인 잔치는 생각조차 하기 곤란하였을 것이다. 따라서 이러한 林聖九의 부인의 활동과 그 생애는 (비록 그녀의 구체적인 성명 등을 현재로서는 알 길이 없지만) 이 시기 가톨릭 여성운동사의 한 칸을 차지해 마땅한 사례라고 보아 틀림이 없겠다.

제5절 맺는 말

　임성구林聖九는, 지금까지 살펴온 바와 같이 혁신단革新團을 결성하여 의욕적으로 지방 순회 공연과 자선 공연을 함으로써 많은 찬사와 환호를 한 몸에 받고 있었다. 그러다가 1920년에 들어서서는, 서양식의 활동 사진을 가미한 이른바 연쇄극連鎖劇을 준비하기도 하였지만, 별반 흥행에 성공을 거두지 못하고 실패하면서 쇠퇴를 면치 못하게 되는 모양인데, 이 무렵부터 임성구와 함께 활동을 시작했던 안종화安鍾和는,

> 혁신단 말기에는 한창렬이 세상을 떠났고, 임성구도 폐환肺患이 악화되어 혁신단은 재기 불능에 빠졌다[37]

라고 해서, 혁신단이 말기에는 결국 재기 불능 상태에 빠졌었노라고 술회하고 있다. 그 후 임성구 자신은 폐환이 악화되어 끝

---

37) 安鍾和, 앞의 책, 1955, p.104.

내, 1921년 11월 22일에 영면永眠하고 말았다.38)

이러한 일생을 살았던 임성구의 신극운동은 한마디로, 애국 계몽과 우리 사회의 혁신을 이루기 위한 취지로 혁신단을 결성함으로써 시작되었다가 그 쇠퇴와 짝하여 삭으러들였던 것인데, 그의 이러한 신극활동에는 그 자신 천주교 신자로서의 신앙생활이 적지 않게 영향을 끼쳤다고 보여진다. 무녀들의 미신 행위를 타파하기 위한 연극을 공연하면서 천주교 성가聖歌를 불렀다든지, 국권 상실 후 혁신단革新團 단원團員들 앞에서 천주께 기도를 열심히 했다든지 하는 면면이 그렇다고 하겠다. 더욱이 그의 신극운동에 있어, 생존시에 신문지상을 통해서까지 일생 가운데 가장 찬사를 받았던 걸인 잔치 역시 천주교 신앙에서 비롯된 것이었다고 하여 옳겠다.

따라서 저자著者는, 한국천주교회사의 한 페이지에서, 1910년대의 암울한 일제 강점기를 살았던, 대중적으로 널리 알려진 대표적인 천주교 교인을 꼽으라면 임성구林聖九를 들 수 있다고 생각한다. 또한 연극 활동과 함께 걸인 잔치를 통해 드러난 그의 천주교 신자로서의 삶은 역시 신극 운동가로서의 그것 못지않게 함께 기억될 수 있으리라고 본다.

---

38) 『매일신보』 1921년 12월 22일의 기사 참조.

제4장
1930년대 '한국사회에 미친 천주교의 영향' 논의
― 주요 일간지의 보도내용을 중심으로 ―

제1절 머리말

이 글 제목에서 대상을 주요 일간지로 국한한 점에 대해서부터 설명하고자 한다. 여기에서 말하는 주요 일간지는 구체적으로는 『조선일보朝鮮日報』와 『동아일보東亞日報』를 가리키는 것인데, 다른 신문들도 발행되고 있었다고는 하지만 당시에 가장 사회적 영향력이 큰 것이 이 두 일간지였으므로1), 이들에서 보도한 내용 가운데 천주교의 역사적 공헌에 대해 다룬 기사에 대한 검토만으로도 충분히 이 글 작성의 소기의 목적을 이룰 수 있다고 보기 때문에 대상을 이렇게 한정한 것이다.

물론 방금 말한 이 글 작성의 소기의 목적이라고 함은, 다름 아니라 이 주요 일간지들의 보도 내용에 대한 검토를 통해 천주교의 역사적 공헌에 대해 어떻게 인식하고 있는가를 자세히 살펴봄으로써, 이를 토대로 과연 천주교가 역사적으로 어떠한 공헌을

---

1) 당시의 이런 상황에 대해서는 崔埈,「民間二大紙의 爭霸戰」, 『韓國新聞史』, 一潮閣, 1960, pp.304-308에 잘 서술되어 있다.

했는가를 구체적으로 정리하여 제시해보려는 데에 있다. 말하자면 이 글의 목적은 주요 일간지의 보도 내용에 대한 분석을 통해서 천주교의 역사적 공헌이 과연 무엇이었는지를 살펴보려는 것이다.

제2절 1930년대 주요 일간지의 천주교의 역사적 공헌에 대한 보도의 배경과 천주교회의 입장

그러면 주요 일간지들이 1930년대에 이르러서 천주교의 역사적 공헌에 대해 상세하게 보도한 것은 어떤 배경에서였을까? 이를 헤아림에 있어서, 우선 시기 한정의 문제 즉,『조선일보』와 『동아일보』보도 내용 가운데서도 대상 시기를 1930년대로 한정하게 된 이유를 밝힐 차례인 듯하다. 그 이유의 첫째는 이 일간지들이 1920년 3월 6일자와 4월 1일자로 앞 다투어 창간이 되었다가는 1940년에 이르러 일제의 탄압에 의해 각각 폐간되므로[2], 그 이전과 이후는 그러므로 전혀 상관이 없다는 점이다. 그리고

---

[2] 崔埈,「植民統治時代의 言論鬪爭」,『法政論叢』15, 1968;『韓國新聞史論攷』, 一潮閣, 1976, p.334 및 p.350. 그리고 차배근,「수난기(1910-1945)」, 차배근 · 오진환 (외),『우리신문100년』, 현암사, 2001, pp.104-109 및 pp.136-140 참조.

둘째는 이상하다고 여겨질 만큼 주로 1931년과 1935년을 전후한 시기에만 천주교의 역사적 공헌에 대해서 집중적으로 보도하여 다루고 있기 때문이다.

그러면 주요 일간지들이 왜 1931년과 1935년을 전후한 시기에 집중적으로 천주교의 역사적 공헌에 대해서 다룬 것일까? 여기에는 기사의 문맥에 겉으로 그대로 드러나는 외면적인 이유와, 당시 상황에서 글로는 드러내놓고 쓰지 못했지만 속으로 품고 있는 내면적인 이유가 따로 있었던 것이 아닐까 생각한다. 물론 이 내면적인 이유는 오늘날의 관점에서 낱낱이 파악하기는 쉽지 않겠지만, 외면적인 이유를 살피고 나서 헤아려보면 그 저변에 깔린 의도를 짐작할 수 있을 듯하다.

첫째의 외면적인 이유는, 당시 이 주요 일간지의 보도에 따르면 그것은 다름 아니라, 1931년이 천주교 조선교구朝鮮敎區 창설創設 100주년이 되는 해였고, 또한 1935년이 천주교 전래傳來 150주년이 되는 해였으므로, 이때에 이를 기리기 위해 대대적인 행사가 있었기 때문이었다. 특기할 만한 점은, 이런 사실들은 『조선일보』와 『동아일보』의 기사, 그것도 일반 보도 기사 혹은 기자 개인의 이름으로 된 이른바 기명記名 기사가 아니라, 신문사의 공식적인 의견인 「사설社說」에서도 그대로 전하고 있을 정도였다는 것이다. 1931년의 것을 먼저 제시하면 아래와 같다.

(1-가) 「천주교백년기념天主敎百年紀念」
캐트릭파派 기독교基督敎―세칭천주교회世稱天主敎會에서는 그의 조선천교일백년朝鮮傳敎一百年을 기념紀念하려고 나마법황대리羅馬法皇代理로 『아치·레숍·무니』 씨氏가 십일일十一日로 경성京城에 들어오게 되엇고 …(중략)… 천주학天主學과 『천주학天主學장이』의 별명別名으로 오래동안 인민人民의 조소嘲笑 지척指斥의 대상對像조차되든 기독교구교파基督敎舊敎派가 이제로서 전교백년傳敎百年의 기념紀念을 한다는 것은 애우라지 심상尋常치 아니한

감개感慨를 자아냄이 잇다3)
(1-나)「천주교백년제天主教百年祭」
이십육일二十六日에는 천주교天主教의 조선교구朝鮮教區 창설백년기념식創設百年記念式이 열린다. 이 기념식記念式을 위하야는 나마교황羅馬教皇으로부터의 대사大使가 입경入京하야 제반절차諸般節次를 주장主掌하고 잇다4)

여기에서 보듯이 『조선일보』 1931년 9월 13일 「천주교백년기념」이란 제목의 「사설社說」에는, 나마법황 즉 로마 교황의 대리가, 조선전교 100년을 기념하기 위해 입경하였는데, 이렇듯이 전교 100년을 기념한다는 것이 심상치 않은 감개感慨를 자아낸다고 하였던 것이다(가). 그런데 이 『조선일보』 의 「사설」에서 1931년이 천주교 전교 100년이라고 한 것은 잘못이다. 당시 『동아일보』 1931년 9월 26일자 제목을 「천주교백년제」라고 한 「사설」에서는, 이 날에 로마 교황 대사의 주관으로 천주교의 조선교구 창설백년기념식이 열렸다고 하고 있음에서 그렇다. 따라서 1931년은 천주교 조선 교구 창설 100년이었고, 이때를 기하여 두 신문에서는 이를 대대적으로 보도하였던 것이라 하겠다.

한편 1935년은 천주교 전래 150주년이었으므로, 이를 계기로 또 한 차례 천주교의 역사적 공헌에 관한 보도를 본격적으로 하였다. 이를 살필 수 있는 당시의 신문 기사를 일부 소개하면 다음과 같다.

(2)「천주교天主教와 조선朝鮮」
금시월이일今十月二日에 천주교조선전래백오십주년天主教朝鮮傳來百五十周年을 기념기념記念라는 성대盛大한 회합會合이 평양平壤서 개최開催되게 되어서 나마법왕羅馬法王의 특파대사特派大使가 참가

---

3)『朝鮮日報』 1931년 9월 13일자 조간 제1면 「社說」.
4)『東亞日報』 1931년 9월 26일자 조간 제1면 「社說」.

參加하게 되었고 내외각지內外各地로부터 육천여명六千餘名의 신도信徒가 래집來集하야 동교同敎의 과거過去의 업적業績을 찬양讚揚하게 되엇다5)

   천주교의 조선전래150주년을 기념하는 회합이 평양에서 개최됨을 알리는 이 기사를 필두로 이후 상세한 보도가 뒤를 잇게 되는데, 따라서 1935년 당시 천주교의 역사적 공헌에 대한 주요 일간지의 대대적인 보도는 이 행사를 계기로 이루어지기에 이르렀음이 분명하다. 그러므로 외면적으로는 1935년에 행해진 주요 일간지의 천주교에 대한 역사적 공헌 거론은 이 행사를 계기로 이루어진 것이었다고 하겠다.

   그러면 이러한 외면적인 이유 외에도, 『조선일보』·『동아일보』에서 천주교의 역사적 공헌에 대해 다룬 내면적 이유는 어디에 있었던 것일까? 이를 헤아림에는 일차적으로는, 앞의 기록들에서의 공통점, 즉 1931년과 1935년의 행사가 모두 나마법왕羅馬法王 즉 로마 교황의 대사가 입국함으로써 진행되고 있음을 특별히 다루면서 그 공헌을 일일이 거론하고 있음을 간과해서는 안 된다고 본다. 환언하자면, 로마 교황의 대사가 파견되어 이루어지게 된 행사를 계기로 이러한 보도를 하고 있다는 것 자체가 지니는 의미가 나름대로 따로 있다는 생각이다. 그 의미는, 천주교의 역사적 공헌을 기술하면서 취한 아래와 같은 구체적인 표현들을 살피면 더욱 잘 드러날 것 같다.

   (3-가)그 뿐아니라 금일今日까지라도 선교원외宣敎員外에 교육敎育과 자선사업慈善事業으로 조선朝鮮에 많은 공헌貢獻이 잇는 것을 간과看過하지 못할 것이다.
   우리는 그들의 꾸준한 일세기년一世紀年의 노력努力과 희생犧牲

---

5) 『東亞日報』 1935년 10월 2일자 조간 제1면 「社說」.

을 축祝하는 동시同時에 그들의 사업事業이 앞으로도 조선朝鮮과 조선인朝鮮人을 위해 행복幸福을 가져 오는데 많은 공헌貢獻이 잇기를 비는 바다6)

(3-나)우리는 그들이 조선문화사상朝鮮文化史上에 중대重大한 공헌貢獻을 한 것을 인정認定하노니 그는 계급階級을 타파打破하는 사상思想을 길러 주엇다는 것이고 또 여러 가지 새 문화文化를 수입輸入하게 하엿다는 것이다. 금후今後에도 그 교도敎徒들이 조선朝鮮사람의 참된 복리福利에 공헌貢獻하기를 우리는 바란다7)

이를 자세히 보면 천주교가, '조선에 많은 공헌이 잇는 것을 간과하지 못할 것', '조선과 조선인을 위해 행복을 가져 오는데 많은 공헌이 잇기를 비는 바다(가)'라 했을 뿐만 아니라, '조선문화사상에 중대한 공헌을 한 것을 인정하'고 '조선 사람의 참된 복리에 공헌하기를 우리는 바란다(나)'고 해서 그 역사적 공헌을 누차에 걸쳐 강조되고 있음이 읽혀진다. 그만큼 천주교에 대해 보도하면서, 그 역사적 공헌을 강조함은 물론, 이를 통해서 '조선과 조선인을 위해 행복을', '조선 사람의 참된 복리'를 희구하는 입장을 보다 분명히 촉구하는 의미도 있었음이 분명하다고 생각한다.

이렇듯이 '조선과 조선 사람의 행복 혹은 참된 복리'를 내세운 것 이상으로 당시로서는 일간지의 내용에서 더 이상의 민족적 측면을 부각시키기는 어려웠을 것이 틀림없어 보인다. 따라서 당시 주요일간지가 1931년과 1935년에 각기 천주교의 조선교구 창설 100주년 그리고 전래 150주년을 계기로 그 역사적 공헌을 대대적으로 다룬 데에는, 그 때의 행사를 로마 교황의 대사大使가 주관함을 계기로 해서, 외교적 분쟁을 피하기 위해서도 일제日帝가 보도 통제를 할 수 없는 상황을 이용하여 우리 민족의 정신적인 측면을 부각시키려 한 점도 있었지 않았나 한다. 이것이 바로, 당시의 주요 일간

---

6) 『東亞日報』 1931년 9월 26일자 조간 제1면 「社說」.
7) 『東亞日報』 1935년 10월 2일자 조간 제1면 「社說」.

지 『조선일보』와 『동아일보』가 일제히 「사설」 등을 통해서 천주교의 역사적 공헌을 크게 다룬 내면적 이유였다고 보인다.

이러한 배경 속에서 이루어졌던 천주교의 역사적 공헌에 대한 대대적인 주요 일간지의 보도에 힘을 얻어, 천주교 교회 내에서도 매우 고무되어 있었던 듯하다. 당시 조선 천주교 평양교구장 목요안 주교가 천주교 전래 150주년 기념식에서 행한 「답사答辭」에서도 이런 분위기가 역력한데, 지금까지의 공헌을 다음과 같이 나름대로 정리하고, 앞으로의 발전도 다짐하고 있다.

> (4)천주교가 조선에 드러오든 그날부터 허무한 미신을 타파하고 썩은 도덕을 바로잡고 신문화를 수입하여 남녀의 차별과 상전노복의 제도를 업시하며 조혼과 온갖 음탕한 폐습을 바로 잡으며 학교와 양로원과 고아원과 병원과 시약소 갓흔 자선긔관을 설시하야 그리스도의 박애사상을 전하며 조선말과 조선글을 다시 살녀낸 이런 공적은 조선사회에 잇서서 부인할 수어는 사실입니다마는 우리는 이후부터 더한층 열성과 희생적 로력으로 선조들이 끼처준 이 위대한 사업에 발전을 긔하려고 합니다8)

간략히 압축적으로 정리되어 있는 이 말을 통해서, 천주교의 역사적 공헌에 대해서 천주교 교회 내에서는 이를 어떻게 파악하고 있었는지가 잘 드러난다. 첫째, 미신을 타파하고 도덕을 바로잡는 신문화를 수입하였다는 점, 둘째, 남녀의 차별과 상전노복의 제도를 없애고 조혼과 온갖 음탕한 폐습을 바로 잡은 점, 셋째, 학교와 양로원 등의 기관을 설립 운영함으로써 교육 및 자선사업을 통해 그리스도의 박해사상을 전한 것, 그리고 넷째, 조선말과 조선의 글을 다시 살려낸 점등을 꼽고 있다. 정리하면, (1)신문화 수입, (2)사회적 폐습 교정, (3)교육 및 자선사업, (4)한글 보급을

---

8) 平壤敎區長 목주교, 「答辭」, 『가톨릭硏究』 朝鮮가톨닉世紀牛特輯號, 1935년 9·10월합병호, p.41.

천주교의 역사적 공헌으로 들고 있는 것이다.

그러면 이 같은 점들은, 과연 당시 주요 일간지에서 이루어지고 있었던 천주교의 역사적 공헌에 대한 인식과 궤를 과연 같이 하는가? 거의가 대체로 일치한다고 보여지는데, 과연 그런가 하는 점을 지금부터 하나하나 살펴보려고 한다. 당시『조선일보』와『동아일보』의 보도 내용을 심층적으로 분석함으로써 이를 이루려 시도할 것이다.

제3절 천주교의 사상적 및 종교적 공헌에 대한 주요 일간지의 인식

천주교의 사상적 및 종교적인 공헌에 대한 주요 일간지의 보도 내용으로서 가장 최초의 것이면서도 또한 종합적으로 거론하고 있는 것은 다음의 글이라 여겨진다. 비록 기자 일 개인의, 이름을 밝히고 작성하는 이른바 기명記名 기사이기는 하지만, 천주교의 사상적 및 종교적 공헌에 관해 쓰고 있을 뿐만 아니라 그 두 가지 측면을 연결지워 거론하였고, 또한 거기에다가 민족성民族性 문제까지를 한꺼번에 지적하고 있는 글이라 더욱 주목된다고 하겠다.

(5)「의혈義血로 꾸며진 조선천주교사朝鮮天主教史」(四)
조선인朝鮮人의 민족성民族性을 보면 자고自古로 사고력思考力이 만하 연구研究하고 근본문제根本問題까지 해득解得하고저 하는 특성特性을 가지고 잇는 것이다. 진천뢰振天雷라는 대포大砲라던지 거북선船이라던지의 발명發明을 보거나 현대現代 외국유학생

外國留學生들의 외국문물外國文物과 별다른 사상思想을 알아 끌어드리는 것을 보면 천주교天主敎가 조선朝鮮에 드러온 원인原因은 조선인朝鮮人의 성질性質에 비롯하고 그 기회機會로 말하면 천주교서적天主敎書籍이 차차 만하지든 중국中國과의 밀접密接한 관계關係이었다. …(중략)…
물론 불유선도儒佛仙道의 학설學說이 결코 인생人生과 우주宇宙의 근본문제根本問題에 대對하야 해답解答을 충분充分히 주지 못한다. 그런 고故로 천주교리天主敎理가 환영歡迎을 바든 것은 첫재 천주교天主敎는 천계天啓로조차 우주宇宙와 인생人生의 모든 문제問題를 해답解答하는 유일唯一한 교敎인 까닭이고 둘째로는 조선朝鮮사람의 머리가 특特히 근본문제根本問題를 잘 연구硏究하는 특질特質이 잇는 까닭이라 할 것이다9)

우리 민족의 민족성을 사고력이 많아 연구하고 근본문제까지 해득하고자 하는 특성을 지니고 있다고 규정하면서, 천주교의 수용도 이러한 민족성의 바탕 위에서 이루어진 것이라고 하였다. 기왕의 유교·불교·도교의 학설로는 인생과 우주의 근본문제에 대한 해답을 충분히 얻을 수가 없는 것으로 여겨 천주교를 수용하였다는 것인데, 그 이유는 천주교야말로 다른 종교와는 달리 '우주와 인생의 모든 문제를 해답하는 유일한 교인 까닭'이라고 할 정도이다. 천주교를 이같이 당시의 일간지에서 그 역사적 공헌을 높이 평가하고 있었던 것은, 극히 이례적이라고 할 수 있는데, 특히 당시에 일각에서 제기되고 있었던 한국인 스스로의 민족성에 대한 평가와는 완연히 상반되는 대목이 있음으로 해서, 더욱 그러하다고 하겠다.

당시에는 이미 이광수李光洙의 「민족개조론民族改造論」(『개벽開闢』1922년 5월호)과 최남선崔南善의 「역사歷史를 통하여서 보는

---

9) 姜奉吉, 「義血로 꾸며진 朝鮮天主敎史」(四), 『東亞日報』1931년 11월 5일자 제5면.

조선인朝鮮人」(『조선역사朝鮮歷史』, 1931) 등이 저술되어, 한국의 민족성에 대해 논의를 제기하면서, 주로 비판적으로 이를 보면서 그 개조를 부르짖고 있는 상황이었던 것이다. 더욱이 최남선의 경우, 결점으로서 여러 가지를 꼽는 가운데, 사상적인 면에서의 낙천성을 들면서, 그 결과 사고의 기능이 위축하여 의식적으로 역사를 추진시키려는 노력이 적어서 혁명적 정화를 볼 수 없는 역사가 되었다고 하였다.

  이런 식의 민족성 파악에 대한 통렬한 비판을 통해 이미 극복되었으므로 오늘에 이르러서는 과히 크게 재론의 여지조차도 없어졌다고 해서 지나치지 않을 것이다.10) 그러나 당시로서는 지극히 찾아보기 어려울 정도로 이와 같은 민족성의 파악에 거의 정반대의 입장에 서있는 것이 방금 앞서 본 기사의 내용이며, 그런 만큼 천주교의 사상적 및 종교적 측면에서의 공헌을 높이 평가하고 있는 것으로 파악된다. 천주교의 수용이 띠는 역사적 공헌에 대해 이렇듯이 높이 평가하는 글은, 당시에 주요 일간지에 게재된 것으로는 방금 앞의 글 (5)「의혈로 꾸며진 조선천주교사」이것만 있는 것이 결코 아니고11), 아래와 같은 역사학자歷史學者 문

---

10) 李基白,「民族的 힘의 認識」,『韓國人의 發見』, 1962;『民族과 歷史』新版, 1994, pp.131-142. 이외에도 李基白의 같은 책「Ⅳ. 民族性論」篇에는 이와 유사한 글이 몇 편 더 실려 있다.
11) 『朝鮮日報』1931년 9월 21일자 석간 제2면에 실린 기사「카톨릭教 腥風肉泥의 百年史」(1) '百年前 北京에서 朝鮮人 손으로 傳敎, 리승훈의 전교로 맹렬히 확대되고 정부의 탄압으로 피의 긔록이 시작'의 다음과 같은 구절도 이러한 면이 여실히 잘 드러나는 것 중의 하나이다.
  "『예수교』가 처음 조선에 들어온 경로에 대하야는 럭사가歷史家와 문헌文獻에 따라서 다소 틀이는 점이 잇고 임진란壬辰亂 당시에 일본군대軍隊의 편으로 전래된 것이라는 말도 잇으나 외국으로부터 전하야 온 것이 아니라 조선사람이 외국에 가서 전하야 온 것이 분명하니 이것은 금일의 조선청년들이 외국에 가서 과학을 배우고 사상思想을 수입하는 것과 가티 조선사람으로서의 자랑거리인 동시에 민족성民族性의 한 특질이다."

일평文一平(1888 -1939)의 글 역시 그러하다.

> (6)태서문물泰西文物의 전래傳來를 고찰考察할 때 천주교天主敎의 관계關係를 떠나서는 설명說明할 수 없으니 왜 그러냐하면 그네 선교사宣敎師들이 문물전파文物傳播의 매개자媒介者가 되었음이다. 다만 조선朝鮮에 있어서는 무슨 까닭인지 천주교의 선교사가 학문學問이나 기술技術의 전파 혹은 매개자된 실례實例가 매우 드물었다. 그렇지만 단순單純히 주자학朱子學에 의依하여 통일統一된 그 당시當時 사상계思想界에 있어서 천주교의 전래는 확실히 일대혁명一大革命임에 어김없었다12)

이를 보면, 태서문물 즉 서양문물의 전래를 고찰할 때뿐만 아니라 우리의 근대사를 논할 때에도 천주교가 서로 '떠나지 못할 관계'였음을 설파하고 있음을 알 수 있다. 더욱이 천주교 순교자들을 '이름 없는 성聖 이차돈異次頓'으로 비견하며, 후일의 천주교가 이들의 피를 거름으로 성장하였음을 지적하였고, 조선을 서양 문화와 연결시켜준 것도 이 무명의 순교자들임을 알아야 한다고 말하였던 것이다.

그만큼 천주교의 전래가, 한국 근대사에서 차지하는 비중이 막중했음을 지적한 것이라 이해해도 전혀 과장이 아닐 것인데, 심지어 '주자학朱子學에 의하여 통일된 그 당시 사상계에 있어서 일대혁명一代革命임에 어김 없었다'라는 표현까지도 구사하였다. 한마디로 그는 한국 천주교 순교자들의 역사적 역할에 대해서 근대사近代史와 그야말로 '떠나지 못할 관계'임을 토로하며, 이럴 정도로 천주교의 수용이 당시 조선으로서는 사상적인 면에서 '일대혁명'적 사건이었음을 지적하고 있는 것이다.

---

12) 文一平, 「天主敎의 殉敎者」, 「銷下漫筆」, 『朝鮮日報』 1936년 8월 15일자 석간 5면; 『湖岩全集』 제3권, 朝鮮日報社, 1939; 『湖岩文一平全集』 隨筆紀行篇, 民俗苑, 1994, p.461.

이러한 당시의 인식들을 토대로 하여, 『조선일보』의 사장社長 방응모方應謨는 그 내용에 있어 다소 추상적이며 의례적인 투의 것이기는 하지만 다음과 같은 내용의 「축사祝辭」를 1935년 평양平壤에서 개최된 천주교 조선전래 150주년 기념식장에서 행한 것으로 되어 있다. 그리하여 천주교의 역사적 공헌을 한껏 치켜세워 말하였던 것이다.

> (7)쇄국의 조선을 사상적으로 몬저 개척한 것도 천주교요 고립의 조선을 문화적으로 세계 련결시킨 것도 또한 이 천주교입니다. 오늘날 一백五十주년 긔념성전을 당하야 남겨노흔 업적의 위대한 것을 생각할 때 천주교의 과거 성공을 축하함과 함께 일로부터 압날에 더욱 만흔 업적을 끼처주기를 바랍니다13)

사상적으로 조선을 개척한 것도 천주교요, 문화적으로 세계로 연결시킨 것도 천주교라는 평가를 담은 이 연설은 당시 천주교 관련 인사들에게 매우 고무적인 것이었을 것임은 말할 것도 없을 것이다.14) 뿐더러 이와 같이 주요일간지의 사장이 행한 연설에

---

13) 朝鮮日報 社長 方應謨, 『가톨릭硏究』 1935년 10월호 (제2권 제11호), pp. 64-65.
14) 이러한 언론의 천주교의 사상적 및 종교적 공헌에 대한 매우 우호적인 평가가 연속되는 가운데, 金聖學 神父(알릭스, 1870-1938.9.8, 서품 1897년)는 아래의 글을 통해 천주교의 의견을 대변한다고 할 주장을 교회 내에서도 제기하였다고 보인다.
"百五十년전에 가톨릭이 우리 동반도에 수입된 이래로 우리 민족에게 문명과 교화의 문을 일반적으로 열어 주엇다 하여도 과한 말이 아닐 것이다.
一.진리와 참종교는 스사로 사람의 정신을 개발하여 의지를 견고케 하며 량심을 바르게 하는 신비한 능이 잇는 것이다. 이것은 가톨닉이 조선에 수입됨으로부터 우리 선조들이 행하고 당해온 력사 곳 치명복자들 순교사가 우리에게 혁혁히 가르치며 증명하는 것이니 길게 말할 필요가 업다. …(중략)… 전세계 선교사의 자랑이다.
二.가톨릭교는 조선에다 상호부조하는 박애정신과 인류애의 사상을 주입

서, 천주교의 사상적 및 문화적 공헌에 대한 높은 평가가 나오는 분위기였기에, 기자 일 개인의 기명記名 기사에서도, 신문사의 공식적 의사 표현인 「사설社說」에서조차도 그것이 이어지고 있었던 것으로 보아 지나침이 없다고 하겠다.

식혔다. …(중략)…
본긔자도 五六十년간 체험한 바로써 길게 말하지 안는다." 金聖學, 「가톨닉은 朝鮮文化의 先導者」,『가톨릭硏究』 朝鮮가톨닉世紀半特輯號, 1935년 9·10합병호, pp.165-166.

제4절 천주교의 문화적 공헌에 대한 주요 일간지의 인식

　천주교의 역사적 공헌 가운데 특히 문화적인 면에서의 그것에 관해서는 크게 보아서는, 첫째 새로운 문물 수용 및 신문화 건설 부문에서의 그것, 둘째 교육·자선 분야에서의 그것 그리고 셋째 한글 보급 측면에서의 그것으로 나누어 살필 수 있다고 본다. 물론 이들이 하나하나 동떨어진 것은 전혀 아니었지만 당시 주요 일간지의 보도 내용을 일일이 검토해보면, 이렇게 나누어 기술한 경우가 더러 있기 때문인데 다음이 그 하나의 예이다.

　　(8)더구나 천주교는 민족과는 물론 정부와도 중대한 관계를 가지어 조선력사상에 허다한 관계와 사건을 만드러 노앗슴은 두말 할 것도 업지만 신문화新文化의 수입 자선사업慈善事業 문자보급 文字普及 등 만흔 업적과 공훈을 든리운 것도 천주교에서는 자랑이래도 조곰도 과언이 아닐 것이다. 이와 가티 조선문화사업

과 조선력사상에서 허다한 업적을 남긴 천주교가 조선에 전래한
지 한세기반 동안을 거러오는 동안에 …(하략)…15)

조선에 전래한지 한 세기 반 곧, 150년 동안 천주교가 조선역
사상에 특히 문화사업과 관련하여 많은 업적과 공훈을 손꼽으면
서, 『조선일보』에 실린 한 기자의 기명記名 기사에서 '신문화의
수입·자선사업·문자보급'을 들고 있는 것이다. 당시에 이 3가
지 분야의 것이 천주교가 문화적인 면에서 우리 역사에 끼친 공
헌이라고 여긴 단적인 예라고 보아서 좋을 듯하다. 이를 실마리
삼아, 당시 주요 일간지에서는 이 3가지 점들에 대해 보다 구체
적으로 과연 어떤 측면들을 거론하고 있었는지 살펴보기로 한다.

(1) 새로운 문물 수용 및 신문화 건설 부문

서양의 새로운 문물을 수용함에 있어 천주교가 역사적으로 공
헌을 했다함을 부정할 이는 오늘날에 이르러서는 어느 누구도 없
겠지만, 이런 사실을 이미 1930년대에도 우리나라의 주요 일간지
에서 인정하고 있음을 아는 이는 도리어 지금은 거의 없는 것 같
다. 대표적인 일간지인 『조선일보』와 『동아일보』의 「사설社說」
에서조차도 이런 사실을 본격적으로 거론하고 있었으니, 다음과
같음이다.

(9-가) 광해인조光海仁祖의 지음에 연경燕京을 거치어 조선朝鮮에
들어오는 태서泰西의 문물文物은 왕왕往往히 천주교天主教의 경
전經典과 그 신앙信仰의 도道를 석거오든 것이니 이는 일반—般
이 모다 아는 바이오. 그 연대年代는 실實로 이천칠팔십년이전

---

15) 金晚烱,「天主教朝鮮傳來百五十年懷古」(一),『朝鮮日報』1935년 9월 30
일자 조간 제4면.

二百七八十年以前의 일이다. 그러나 백인白人의 선교사宣敎師가 혹或 황해黃海의 험험險한 물결을 가루질르고 요동遼東의 거친 벌판을 건너와서 서조선西朝鮮의 벽지僻地에 그 홍도弘道의 씨를 뿌리고 한성漢城의 골목에도 그 가만한 발자최를 옴기든 것은 일백년一百年의 세월歲月을 가젓다는 것이다16)
(9-나)천주교天主敎가 조선인朝鮮人으로 하야금 구라파歐羅巴의 정신적精神的급及물질적物質的 문명文明에 접촉接觸하게 하는 최초最初의 자극刺戟을 주엇슴은 불무不誣의 사실事實이요 또 그들 교도중敎徒中에서 서학수입西學輸入의 선편先鞭을 든 공功을 우리는 잊지 못할 것이다17)

이 보도에 의거하면, 조선에 들어오는 서양의 문물은 때때로 천주교의 경전과 그 신앙의 도를 섞어오던 일은 '일반이 모두 아는 바'라고 했음은 물론이려니와, '서조선의 벽지에 그 홍도의 씨를 뿌리고 한성의 골목에도 그 가만한 발자최를(가)' 남겼다고 하였던 것이다. 더욱이 천주교가 조선인으로 하여금 서유럽의 정신적 및 물질적 문명에 접촉하는 최초의 자극을 주었음이 '불무不誣의 사실' 즉 '없는 것을 있는 것처럼 말하거나 있는 것을 없는 것처럼 말할 수 없는 사실'이라 하며, 천주교인 중에서 '서학수입의 선편을 든 공을 우리는 잊지 못할 것이다(나)'라 할 정도이다.

이렇듯이 천주교의 새로운 문물 수용 및 신문화 건설 부문에서의 공헌에 대해서는 주요일간지에서는 공감대를 형성하고 거의 같은 논조의 글을 게재하고 있었던 것인데, 이런 과정에서 순교자殉敎者들의 사회적 역할에 대해서까지도 거르지 않고 여지없이 거론하고 있었다. 이 점은 아래에서 충분히 잘 우러나오고 있다.

---

16) 『朝鮮日報』 1931년 9월 13일자 조간 제1면 「社說」.
17) 『東亞日報』 1931년 9월 26일자 조간 제1면 「社說」.

(10) —백五十년전—조선 땅에 떠러진 한알의 『보리씨』, 당에 무치매 썩은 듯하엿지만은 싹이 나고 이삭이 패어 오늘날 천주교의 융성한 선교宣教를 보게 되엇다. …(중략)… 얼마나 만흔 순교자殉教者가 잇엇고 그들의 흘린 성혈聖血이 오늘 조선의 신문화 건설과 얼마나 크게 관련되어 잇는가를 도라볼 때 실로저 一만여 천주교도 학살虐殺의 『페이지』에 이르러 다시금 감개가 일지 안흘 수 없다. …(중략)… 이것은 한 교리의 선포에 앞선 히생만이 아니라 신문화 조선을 나키 위한 산전産前의 일대진통陣痛이엇음은 이들의 흘린 피가 결국에 숨은 나라 조선이 각국과 수호조약을 체결하게 하고 신교의 자유가 용인되게 하고 신문화수입의 봉화烽火가 되게 하야 오늘의 문화의 바탕이 되고 조선의 방방곡곡에 십자가를 단 뾰쪽집과 학교, 병원을 보게 된 것이다.

― ― ―

그들 一만여명의 순교자—새조선 탄생의 씨앗이 된 거룩한 히생자들에게 영원한 복이 잇으라!
역사歷史는 이들에게 영광을 돌린 것이다18)

마치 천주교 교회 내에서 발행하는 어떤 발간물을 보듯이, 이 글에서는 순교자殉教者들의 희생을 높이 기리고 있다. 이는 분명 『동아일보』에 게재된 것인데, 이렇게 말할 정도로 지극히, 천주교의 역사적 공헌에 대한 극찬을 숨기지 않은 것이라 하겠다. 순교자들이 흘린 성혈聖血이 '조선의 신문화 건설과 얼마나 크게 관련'되어 있는지를 강조하며, 이들의 희생이 '신문화 조선을 낳기 위한 산전産前의 일대진통陣痛'이었다고 새기면서, 결국 '신문화 수입의 봉화烽火가 되게 하여 오늘의 문화의 바탕이 되'었다는 평가였다. 그리고 '1만 여명의 순교자—새 조선 탄생의 씨앗이 된 거룩한 희생자들'에게 영원한 복이 있기를 빌며, 역사가 이들에게 영광을 돌릴 것이라 예단하고 있는 것이다.

---

18) 『東亞日報』 1935년 10월 2일자 제2면.

(2)교육·자선사업 분야

방금 앞서의 글 (10)에서는 이렇듯이 신문화 수입의 봉화가 되었던 천주교의 활동이 결실을 맺기에 이르러서 종국에는, '조선의 방방곡곡에 십자가를 단 뾰족 집과 학교, 병원을 보게'되었다고 했는데, 이는 결국 천주교가 교육·자선 사업 분야에서도 크게 역사에 공헌하였음을 아울러 지적하고 있는 대목이라 하지 않을 수가 없겠다. 이 점은 『동아일보』의 「사설社說」에서도 다음과 같이 거듭 지적되고 있는 사실이었다.

> (11)또 금일今日 조선朝鮮을 연구硏究하고 이를 서양西洋에 소개紹介한 공공의 대부분大部分을 또한 불독佛獨 각선교사各宣敎師에게 아니드릴 수 없다. 그뿐아니라 금일今日까지라도 선교원외宣敎員外에 교육敎育과 자선사업慈善事業으로 조선朝鮮에 많은 공헌貢獻이 잇는 것을 간과看過하지 못할 것이다[19]

이를 봄으로써, 어느 누구나 이에서 쓰여 있는 바대로, 그야말로 천주교의 독일과 프랑스 선교사들이 '교육과 자선사업으로 조선에 많은 공헌이 잇는 것을 간과하지 못할 것이다'라 말할 도리밖에는 없다고 하겠다. 당시에 교육·자선 사업 분야에서 이루어진 구체적인 천주교의 공헌은 이루 다 말하기 어려울 정도이나, 몇몇 가장 대표적인 것만 교육 분야와 자선사업 분야로 나누어 잠시 거론하기로 한다.

교육 분야에서는 1855년에 세운 최초의 신학교 배론 성요셉 신학교를 통해 근대 교육을 펼치기 시작한 것[20] 그리고 1866년

---

19) 『東亞日報』1931년 9월 26일 조간 제1면 「社說」.
20) 이에 대한 가장 최근의 연구 성과로는 노용필, 「예수성심신학교의 사제 양성 교육」, 『인간연구』제5호, 가톨릭대학교 인간학연구소, 2003; 『한국 근·현대 가톨릭 100년』(상), 가톨릭출판사, 2003; 『한국 근·현대 사회와 가톨릭』, 한국사학, 2008을 참조하기 바란다.

에 서울에 일반 학교를 세워 문맹 퇴치를 위한 교육을 시작한 것21) 등을 꼽을 수 있으며, 한편 자선 사업 분야에서는 1857년에 이미 도시에 시약소施藥所를 설치하여 가난한 이들을 위한 의료복지를 펼친 것22) 등을 예로 들 수 있겠다.

(3) 한글 보급 측면

앞서 제시한 바 있는 기록 (8)에서 보았듯이, 『조선일보』에 실린 기사에서 천주교의 문화적인 측면에서의 공헌에 대해 거론함에 '신문화新文化의 수입·자선사업慈善事業·문자보급文字普及'을 들고 있는 데에서, '문자 보급'이 거론되었음은 이미 주지의 사실이다. 이는 방금 앞에서 말하였던 것처럼, 일반 학교를 세워 문맹 퇴치를 위한 교육을 펼치기도 했던 사실과 전혀 불가분의 관계에 있었다고 해서 온당할 것이다.

천주교가 '문자 보급' 즉 한글 보급에 끼친 공헌에 대한 이러한 언급이 더 이상 당시의 주요일간지에서는 거론되지 않고 있다. 그렇지만 당시의 천주교 교회 내에서는 이 점을 대단히 강조하여 부각시키고 있었는데, 이는 아래의 글들에서 그러하였다.

(12-가)7..조선문화의 개발도 가톨릭의 공헌이다. 첫재 조선의 글인 『한글』을 보편화식혓고 서양문화의 첫길도 모다 우리 가톨릭 신자의 손으로 북경천주교 신부들로부터 수입하엿다. 천문, 지리에 대한 서적과 시계, 지남철, 망원경, 의학, 약품등 그

---

21) 盧吉明, 「迫害期·開化期의 韓國天主敎會와 社會開發」, 한국천주교회창설 2백주년기념 『한국교회사논문집』 I, 한국교회사연구소, 1984, pp.198-201 및 심흥보, 『한국 천주교 사회 복지사』, 한국천주교중앙협의회, 2001, p.44 참조.
22) 최석우, 「한국 가톨릭과 의료 사업의 전개」, 『韓國敎會史의 探究』, 한국교회사연구소, 1982 등 참조,

것이다. …(중략)…
본긔자는 七十에 갓가온 로둔이나 이번 우리 큰경사에 늣김과 깁븜을 못참어 몃가지 긔록한 것이 독자제현께 참고가 된다면 다행으로 알겟다23)
(12-나)오늘날 조선의 문화가 요 만큼된 그 토대가 가톨릭의 은공이라 뉘가 부인하랴. 이제 몃 가지 례를 들러 보자.
一.조선의 보배요 세계의 자랑인 『한글』 부흥운동은 전연 가톨릭의 은공이다.
가톨릭이 조선에 드러오든 그 당초부터 교회서적을 이 한글로 번역 혹은 저술하야 일반에게 읽도록 한 것이 곳 『한글』을 민중화하엿고 조선의 국어로 도로 살렷고 조선민족의 말로 차저 주엇다 …(하략)…24)

이 글 가운데, 특히 주목되는 바는 '조선의 글인 한글을 보편화시켰'다느니[가], '가톨릭이 조선에 들어오던 그 당초부터 교회서적을 이 한글로 번역 혹은 저술하야 일반에게 읽도록 한 것이 곧 한글을 민중화하였'다느니[나]하는 대목이다. 한글 보급에 천주교가 크게 공헌하였다는 사실을 주장하면서, 단순히 이유를 제시한 것이 아니라, 구체적으로 매우 결정적이라고 생각할 수 있는 측면을 제시하였기 때문이다.

이런 주장의 타당성 여부를 가리기 위해서는 한국천주교회사에서 거론되는 정약종丁若鍾과 그의 한글본 교리서 발간 등에 관련된 약간의 지식을 요한다. 정약종(아우구스티노, 1760-1801)이 1801년 신유박해辛酉迫害 때 순교하기 전까지 부지런히 교리를 가르치면서 교회 내의 여러 책을 번역하기도 하고, 또 이를 토대로 한글로 스스로 저술한 것도 있었는데, 이런 그의 저술 가운데

---

23) 金聖學, 앞의 글, pp.167-168.
24) 無名鳥, 「朝鮮의 新文化는 어데서? 뉘가?」, 『가톨릭硏究』 朝鮮가톨닉世紀半特輯號, 1935년 9·10월합병호, pp.171-172.

대표적인 것이 『쥬교요지』 상·하 2권이었다. 그가 이렇게 한글로 교리서를 저술한 이후로는 신입 교우들이 그 책을 읽음으로써 많은 것을 배우고 있었다는 당시 교인들의 증언이 그들의 편지글 속에 생생히 살아 남아있다.25)

이외에도 한글로 되어 있는 교리서 중의 또 하나는 『교요서론』이었다. 이 책은, 중국에서 활약하던 예수회 소속의 신부 남회인南懷仁Ferdinand Verbiest이 1668년에 저술한 『교요서론敎要序論』의 한글 번역으로서, 그 원본 『교요서론』은 이미 이승훈李承薰(1756-1801)에 의해 우리나라에 소개되었던 것으로 여겨지는데26), 이외에도 1802년에는 이미 『성경직해聖經直解』와 『성경광익聖經廣益』 등의 한글 번역이 이루어졌고, 필사본으로 전해질뿐만 아니라 목판인쇄본木版印刷本으로 출간되기까지 함으로써 많은 천주교 신자들이 이를 통해 한글을 익혀 천주교의 교리를 받아들이고 있었음이 당시의 실제였다고 보아 옳겠다.27)

따라서 당시에는 한글본 교리서로서 『쥬교요지』 외에도 여러 종류의 필사본과 인쇄본이 있었고, 이를 통해 천주교의 기본 교리를 체득함은 물론, 그런 과정에 자연히 천주교 교인들은 한글을 익혀 보급하기에 다다랐던 것이다. 그렇기 때문에, 이런 점을 염두에 두고 살피면, 앞서 1930년대의 주요 일간지에서도 천주교가 한글 보급에 공헌이 있다고 한 점을 이해할 수 있고, 나아가 천주교 교회 내에서 제기되고 있었던 앞의 기록 (12-가, 나)에서와 같은 천주교가 한글 보급에 크게 공헌하였다는 주장도 전혀

---

25) 「신미년(1811)에 조선 천주교 신자들이 북경 주교에게 보낸 편지」;윤민구 역주, 『한국 초기 교회에 관한 교황청 자료 모음집』, 가톨릭출판사, 2000, p.245.
26) 盧鏞弼, 「丁若鍾의 '쥬교요지' 와 利類思의 '主敎要旨' 比較 硏究」, 『韓國思想史學』 19집, 2002, pp.322-325; 이 책의 제1부 제2장.
27) 盧吉明, 앞의 논문, 1984, pp.181-183.

설득력을 가지지 못한다고는 결코 할 수 없을 것이다.

제5절 천주교의 사회적 공헌에 대한 주요 일간지의 인식

　천주교의 사회적인 측면에서의 공헌에 대해 언급한 주요 일간지들의 기사는 크게 보아 제사 폐지를 위시로 한 미신 타파와 관련된 것들, 조선 양반 사회에서 관행적으로 행해져 온 여러 가지의 사회적 악폐, 그리고 종래의 사회에서 엄격히 지켜져 내려온 양반과 상민 사이의 계급 차별 타파 등으로 나눌 수 있을 듯하다. 이렇게 3가지로 나눌 수 있는 근거는 당시 『동아일보』에 보도된 아래의 글에서 충분히 찾을 수가 있다.

　　(13)그의 손에 들어온 성경책은 그 후 우리 조야朝野에 이름을 나리든 다산茶山 정약용 丁若鏞선생 등 명문거족이오 심오한 인생관의 파악에 열중한 이들에게 크게 환영되엇으니 이는 실로 과거 조선의 一대 고질이라 할 유교사상의 침륜과 반상班常 엄별과 악폐에서부터 계급해방의 봉화로서 사람은 다 같은 하느

님의 아들이라는 웨침은 그 첫 구절에서부터 이들의 심장을 울 렷든 것이다[28]

이에서 들고 있는 조선사회 고질이라는 것이 유교사상의 침륜 즉, 인륜 침해, 양반과 상민의 엄격한 차별 그리고 사회적 악폐인 데, 이런 상황 속에서도 다 같은 하느님의 아들이라고 외침으로 써 이들의 심장을 울리게 만들었으므로, 천주교가 사회적으로도 공헌한 바가 크다는 지적이다. 이 가운데 사회적 악폐에 대해서 구체적으로는 논하지 않았지만, 혼인 관행에서 드러난 여러 종류 의 폐습과 관련된 것을 지칭하는 것으로 헤아려진다. 물론 이러 한 사회적 폐단들이 세부적으로 들어가면 서로 상통하는 점들이 적지 않지만, 논의의 전개상 이렇게 3개 분야로 나누어 살펴봄이 무익하지 만은 않을 것으로 여긴다.

(1)제사 폐지

천주교의 역사와 관련하여 제사 폐지 문제는 너무나 널리 잘 알려져 있는 것이므로, 과히 자세히 언급할 필요조차 없을지도 모른다. 하지만 당시 주요 일간지에서 아래에 보이듯이 '조정朝廷 과 지배군支配群'이 극히 이에 대해 위험시했다는 점에서도 이 를 소홀히 다룰 문제는 아닐 것으로 보아, 잠시 거론하고자 한다.

> (14-가)주자가례朱子家禮에 가장 존중尊重하는 신주神主를 훼철毁 撤하여 제사祭祀를 폐지廢止하므로 조정朝廷에서 그네 천주교도 天主敎徒를 사학인邪學人이라고 위험시危險視하여 금압禁壓 및 박 해迫害를 더하였었다. 그리하여 몇 번이나 유혈流血의 참극慘劇 을 빚어내게 되었고 이것이 일전一轉하여 병인양요丙寅洋擾같은

---

[28] 『東亞日報』 1935년 10월 2일자 제2면.

국제파란國際波瀾을 자아냄에 미처서는 서래西來의 천주교天主敎가 조선근대사朝鮮近代史와 서로 떠나지 못할 관계關係를 맺게 되었다29)

(14-나)형식상形式上으로 나타난 것으로 하여서는 조선祖先의 제사祭祀를 지내지 안는다는 것이 당시當時의 지배군支配群으로 보아서는 괴상망측怪常罔測하고 대역부도大逆不道의 일까지도 되는 것이지마는 그 당시當時 제도制度에 대불만大不滿을 가진 민중民衆들에게는 그 규범規範을 깨틀이는 것도 그리 무서운 것이 아니엇엇다. 그와 같이 되어서 천주교天主敎는 요원燎原의 화火와 같이 조선각지朝鮮各地에 전파傳播되엇으니 치자계급治者階級이 창황실조蒼皇失措하게 되엇던 것은 도리어 당연當然한 일이라고 하지 아니할 수 없엇던 것이엇다30)

『주자가례朱子家禮』에서 가장 존중하는 신주神主를 모시지 않고 제사를 지내지 않는다는 것은 조선의 양반사대부兩班士大夫들로서는 도저히 하루도 상상을 할 수조차도 없는 일이었는데31), 이런 일을 윤지충尹持忠 등 천주교의 교인들이 실행에 옮기게 되자, 조정朝廷은 조정朝廷대로 이를 위험시하여 금지시키고 박해를 가했으며(가), '지배군' 즉 양반사대부들은 이를 '괴상망측하고 대역부도의 일'로 여겼던 것이다. 그리고 조정朝廷의 탄압으로 천주교

---

29) 文一平, 「天主敎의 殉敎者」, 「銷下漫筆」, 『朝鮮日報』1936년 8월 15일자 석간 5면; 『湖岩全集』 제3권, 朝鮮日報社, 1939; 『湖岩文一平全集』 隨筆紀行篇, 民俗苑, 1994, p.461.
30) 『東亞日報』1935년 10월 2일자 조간 제1면 「社說」.
31) 이렇게 여길 수 있는 가장 기본적인 근거는 『朱子家禮』의 맨 처음 권인 「通禮」의 맨 첫 머리에 '이 편에 쓰여진 것은 모두 이른바 집에서 날마다 사용하는 常禮이니 하루라도 닦지 않을 수 없다(朱熹 지음, 『주자가례』, 임민혁 옮김, 예문서원, 1999, p.41)'라고 한 데서 찾을 수 있다. 이「通禮」에서는 조상의 신주를 모셔놓고 제사를 올리는 祠堂의 규정 자체에 대해서 상세히 정리해둔 것이므로, 무엇보다도 우선적으로 지켜야 되는 내용이었다.

는 박해를 당하고 말았지만, '당시 제도에 크게 불만을 가진 민중들에게는 그 규범을 깨뜨리는 것도 그리 무서운 것이 아니었'으므로(나), 결국에는 지배층이 당황하게 되고 말았다고 지적하였다.

제사 폐지에 대한 천주교 교인들이 취한 이러한 족적足跡을, 당시에 잡신雜神을 모시는 행위를 비롯한 여러 종교적 행태를 들면서 미신타파와 연결을 지워 풀이한 천주교 교회 내의 의견도 있지만32), 여하튼 조상 숭배의 한 표현으로서 오늘날 천주교에서 지방紙榜과 신주神主를 모시는 것만을 금하고 제사를 지내는 것을 오히려 금지하지 않는 것을 보면, 꼭 제사 지내지 않는 것을 꼭 미신타파로 간주할 이유는 없는 듯하다. 현재는 그럴지언정 당시로서는 윤지충尹持忠이 돌아간 모친母親의 신주神主 모시기를 거부하며 제사 폐지를 주장한 것 자체가, 공과功過를 따지기 이전에 역사적으로 정말 커다란 사건이었음에는 틀림이 없다. 굳이 과실過失이라고 할 이유가 없을 바에는, 앞의 (14-가,나)『조선일보』와 『동아일보』의 기사에 보이는 당시의 인식 — 천주교의 사회적 공헌의 하나로 제사 폐지를 드는 것을 부인할 결정적인 이유 또한 없는 것 같다.

---

32) 金聖學, 앞의 글, 1935, p.167에서 천주교의 역사적 공헌을 열거하면서 다음과 같은 지적을 하였는데, 여기에서 제사를 모시지 않는 것을 곧바로 미신타파로 연결 짓는 것은 반드시 꼭 사실과 일치한다고는 볼 수 없는 측면도 있지 않나 한다. 다만 여러 토속적인 신앙 행태에 대해서는 '미신적'이라는 비판이 일부 있다.
"六.미신타파이다. 가톨릭이 제一선에서 봉화를 든 것이 이 미신타파이다. 첫순교자 윤지충, 권상연의 순교한 원인이 여기에 잇섯다. 부모의 위패를 불살으고 제사와 초종이단을 아니하엿다는 그 원인으로 사형을 밧엇다. 그때부터 무당, 판수, 점쟁이, 성황당, 온가 토못사신에게 제하는 그른 비인간적 폐습을 곳치기에 파란을 거듭한 결과 오늘날 조선에서 이 폐습이 거의 업서진 것을 보와서도 부인할 수 업는 사실이다."

(2)사회적 악폐 제거

관행적으로 행해져 옴으로써 많은 이들에게 고통을 주었던 여러 가지 사회적 악폐에 대한 제거 역시 천주교의 사회적 측면에서의 공헌임을 설파한 당시 주요일간지의 기사 내용의 일부는 이미 앞의 (13)에서 살핀 바가 있었다. 이 점을 보다 구체적으로 살핌에 있어, 이러한 일련의 사회적 악폐를 제거함으로써 조선에는 비로소 새로운 윤리관이 형성되기에 이르렀다고 한 다음의 글이 더욱 요긴한 실마리를 제공해줄 것이다.

(15) 一七八四년 천주교의 조선전래는 문화사상 일대이채를 더하엿습니다. …(중략)… 천주교가 조선사람에게 새윤리관을 보여주고 조선사회에 새문화의 씨를 뿌려준 百五十년간의 그은 공에 대하여서도 우리 조선사람이 한 가지로 명감하야 마지 아니하는 바입니다. 천주교의 조선전래는 그리스도의 거룩한 사랑에 의하야 조선이 서양과 연결을 짓게 되는 시초하고 볼 수 잇습니다. 천주교를 통해서 조선 사정이 서양에 알려지게 되는 동시에 서양문화가 무더오게 된 것도 이때부터라고 생각합니다33)

여기에서도 우리에게 '새 윤리관'을 보여주고, '새 문화의 씨'를 뿌려준 것을 천주교의 커다란 공헌으로 들고 있음이 역력하다. 따라서 이러한 '새 윤리관'과 '새 문화'가 들어오고 뿌리내리게 된 것은, 한마디로 이전의 사회적 폐습을 천주교가 앞장서서 제거하려 했기 때문이라는 발언이라고 보인다.34)

---

33) 朝鮮日報 社長 方應謨, 『가톨릭硏究』 1935년 10월호 (제2권 제11호), pp.64-65.
34) 이 발언의 의미를 방금과 같이 헤아릴 수 있음은 아마도, 無名鳥, 앞의 글, p.172에 보이는 다음의 구절과 연결지워 볼 때 거의 잘못이 없을 듯하다. "그외에 장례나 혼례에 허무하고 복잡한 례식과 조혼의 폐단과 부모표준의 혼례를 고처 주엇스며 풍수(風水)이니 죽은 사람에 대하야 온갓 미신의 풍습을 폐지 식혓스며 성황당이니 가택신이니 대감이니 산천초목에

그러면 천주교가 폐지시키려 했던 사회적 폐습 가운데 가장 대표적인 것은 무엇이었다고 들 수 있는가? 그것은 다름 아니라 축첩제도蓄妾制度와 조혼早婚 혹은 강혼强婚 등 여성들의 혼인과 관련된 많은 유형의 폐단들이었던 것으로 생각된다. 이를 헤아려 봄에 요긴하다고 여겨지는 것은 다음과 같은 기록들이다.

(16-가)五.조선의 제일 악풍이엿든 축첩제도와, 조혼, 강혼, 이런 폐풍을 곳치기 위하야 혼배성사의 신성을 절대주장하엿고 신도들사이에는 이 폐풍을 전연 투철식히기 위하야 혼인년긔를 정하며 엄중한 처벌로써 그 위반되는 것을 막어왓다. …(중략)… 가톨릭의 一부一처주의는 조선의 이 악풍을 곳처왓고 남녀의 평등을 자연적으로 주창하여 왓다35)

(16-나)혼배는 세속에(서)도 대사이고, 교우에게는 성사인데, 어찌하여 경솔히 여기며, 도리어 더구나 법의法意를 거스리려 하느냐? 중간에 여러 가지 폐단이 일어났으니, 깨우치지 아니할 수 없어, 마치 관면寬免없이 외인과 혼인하며, 내력과 지체를 속이며 정혼하였다가 큰 연고없이 퇴혼退婚하며, 억혼抑婚하고자 하여 교사한 거짓말로 꾸미고, 회뢰賄賂하며 꾸짖고 훼방하며, 억지 쓰는 것을 무수히 하며, 아무쪼록 이를 취하는 거만한 죄로써 딸자식을 보냄같은 것을 불가불 고칠 것이라. …(중략)… 구세일천팔백오십칠년 팔월 초이일(救世一千八百五十七年八月初二日) 감목(監牧) 시메온 각 공소에 돌려볼 지니라36)

기록 (가)에 보면, 관행적으로 행해져 오던 축첩제도蓄妾制度, 어

제들이등 것이던지 무당 판수의 속임이라던지 이런 음사(陰祀)의 악풍을 곳치게 하엿다. 그뿐아니라 조상신위이니 제사례법이니 하든 관염도 차차 박약하여 다. 이 모든 신문화 신도덕 신륜리를 조선에 수입식힌 가톨릭의 백五十년 이바지에는 이 강산의 민족이 춤추고 깁버할 것이다."
35) 金聖學, 앞의 글, 1935, p.167.
36) 張敬一, 「장주교張主敎 윤시輪示 제우서諸友書」, 한국교회사연구소 편, 『순교자와 증거자들』, 한국교회사연구소, 1982, pp.172-173.

린 나이의 여성을 혼인시키는 조혼早婚 그리고 혼인 당사자인 여성 자신의 의견과는 전혀 무관하게 강제로 혼인시키는 강혼强婚 등에 대해, 천주교에서는 이런 폐풍들을 단호히 근절시키려 하였던 사실을 역사적 공헌의 하나로 들고 있음을 알 수가 있다. 다만 이 글에서는 이러한 주장의 근거를 구체적으로는 제시하지는 않고 있지만, 일부일처一夫一妻를 위시한 여성의 혼인과 관련된 점들이 실제로 당시 천주교 교회 내에서는 적어도 지켜지고 있었기 때문이라고 생각된다.

한편 이러한 사회적 폐풍에 대해 천주교가 취하고 있었던 태도를 극명하게 보여주는 증거로서는 기록 (나)의, 장경일張敬一(베르뇌) 주교가 천주교 교우에게 제시하고는 반드시 지킬 것을 요구한 이른바 「장주교張主教 윤시輪示 제우서諸友書」에서 명백히 찾아진다. 특히, "내력과 지체를 속이며 정혼하였다가 큰 연고 없이 퇴혼退婚하며, 억혼抑婚하고자 하여 교사한 거짓말로 꾸미고, 회뢰賄賂하며 꾸짖고 훼방하며, 억지 쓰는 것을 무수히 하며, 아무쪼록 이를 취하는 거만한 죄로써 딸자식을 보냄 같은 것을 불가불 고칠 것"이라고 한 대목에서 여실히 잘 드러나고 있다고 하겠다.

비록 이 같은 천주교의 여성 혼인과 관련된 사회적 폐풍에 대한 개혁 의지가 당시 사회에 크게 영향을 끼쳤다고는 단언해 말하기는 어렵지만, 적어도 천주교 교회 내에서는 주교主教의 교서敎書로서 하달되었으므로 거의 예외 없이 받들어 지켜졌을 것으로 보아 오히려 무리가 없을 듯하다.37) 당시 사회 전반에 커다란

---

37) 그렇기 때문에 천주교의 역사적 공헌의 하나로 여권 신장을 들어 강조하는 無名鳥, 앞의 글, 1935, p.172의 다음과 같은 글이 천주교 교회 내에서 발표되기도 하였다고 보인다.
"三.녀권女權을 회복 식혓다. 유교의 근본 사상이 부인의 인권을 전연 무시하야 삼종지도三從之道이니 七거지악七去之惡이니하야 야만적 사상을 가르첫다. 조선사회도 여긔에 물들녀 녀자의 인권을 무시하엿고 축첩 제도를 숭배하엿다. 한 제왕이 三천궁녀이니 사대부士大夫이니 량반이니

반향을 불러일으키지는 설령 못했을지언정, 천주교 교도들 사이에서 만이라도 이런 사회적 폐풍에 대한 개선이 이루어지고 있었다고 함은 지적할 수 있으며, 그렇기 때문에 이런 측면을 고려하여 1930년대의 주요일간지에서 이를 천주교의 사회적인 면에서의 공헌으로 들어 기술하였던 것이라 보아 옳을 것 같다.

(3)계급 타파

천주교의 역사적 공헌 가운데 가장 큰 것으로 들어지고 있었던 부분이 다름 아닌 계급 타파였다. 이는 천주교 교리 자체에서 누구나 천국에 갈 수 있다고 가르침에서 기인하는 것이었는데, 이 점에 대해서는 『동아일보』의 「사설社說」에서도 특히 아래와 같이 구체적이면서도 상세하게 기술하고 있을 정도였다.

> (17)일천칠백팔십사년一千七百八十四年에 조선朝鮮에 들어 왔으니 때는 정조正祖 때이엇다. 계급階級을 타파打破하는 것은 그들이 천부天父의 복음福音을 선전宣傳하고 만인萬人이 다 하나님의 아달이라는 것으로 충분充分히 증명證明할 수 잇는 것이엇다. 그들이 십자가十字架를 들고 평등平等을 주장主張할 때에 조선朝鮮의 민중民衆은 환호歡呼하고 용약勇躍하는 것이엇다. …(중략)… 우리는 그들이 조선문화사상朝鮮文化史上에 중대重大한 공헌貢獻을 한 것을 인정認定하노니 그는 계급階級을 타파打破하는 사상思想을 길러 주엇다는 것이고 또 여러 가지 새 문화文化를 수입輸入하게 하엿다는 것이다38)

상놈이니 할 것 업시 二三인의 첩을 가지기는 가톨릭사상에 一夫一婦주의보다도 더 용이하엿다.
가톨릭은 혼배의 신성과 녀자의 인권을 주창하야 오늘날 부인의 지위를요 만침이라도 회복 식혀노핫다."
38) 『東亞日報』 1935년 10월 2일자(제5330호) 조간 제1면 「社說」.

이렇듯이 천주교가 조선朝鮮 문화사文化史에 중대한 공헌을 한 것을 인정하겠다고 하면서 가정 먼저 들고 있는 게 '계급을 타파하는 사상을 길러 주었다는 것'이었다. 더욱이 '계급을 타파하는 것은 그들이 천부의 복음을 선전하고 만인이 다 하나님의 아달이라는 것으로 충분히 증명할 수 잇는 것이엇다. 그들이 십자가를 들고 평등을 주장할 때에 조선의 민중은 환호하고 용약하는 것이엇다'고 했을 정도였던 것이다. 그러므로 천주교가 우리 나랑 역사에 끼친 역사적 공헌의 하나로 이 계급 타파를 들어 말함이 마땅하고 하겠는데39), 이러한 계급 타파의 구체적인 예로써 들어지는 것이 다음과 같은 백정 출신의 황일광 알렉시스의 경우였다.

(18) 「천주교의 신분 평등」
황일광 알렉시스는 백정의 집에서 태어났다. 이들은 읍내나 동네에서 멀리 떨어져 살아야 하며, 아무와도 일상적인 교제를 할 수 없었다. 천주교에 입교하자 교우들은 그의 신분을 잘 알고 있으면서도 형제처럼 대하였다. 어디를 가나 양반집에서까지 그는 다른 교유들과 똑같이 집에 받아들여졌는데, 그로 말미암아 그는 자기에게는 자기 신분으로 보아, 사람들이 너무나 점잖게 대해 주기 때문에, 이 세상에 하나 또 후세에 한, 이렇게 천당이 두 개가 있다고 말하였다. 〈조선 천주교회사〉 40)

---

39) 계급 타파를 통한 천주교의 역사적 공헌에 대해서, 천주교 교회 내에서는 無名鳥, 앞의 글, 1935, p.172에서 아래와 같이 거론하고 있다.
"二.계급타파階級打破인 인도주의를 조선사람의 머리에 박어준 그것이다. 량반상놈, 상전조복, 이런 계급이 잇서서 상놈과 노복은 인권이 업서 량반, 상전의 부속물이 되엿고 량반, 상전은 만능이엿섯다. 가톨릭사상이 들어와 사람은 령혼이 잇서 다 천주의 자녀이니 한형제동포인 것을 가르첫다. 그래서 다른 나라에서도 그러하엿지만 조선사회에서도 가톨릭의 사상을 평민계급이 쉽게 환영하엿고 량반계급이 백척한 리유가 그것이다."
40) 구덕회 (외), 「Ⅶ. 근현대사의 흐름」, 『(고등학교) 국사』, 교육인적자원부, 2002, p.367 하단의 인용문.

이 글은 2002년 3월 제7차 교육과정의 시행과 동시에 배포되어 교재로 쓰이는 현행 『고등학교 국사』 책 가운데 근현대의 사회 변동에 관해 서술하고 있는 부분에 인용되어 있는 인용문이다. 우리나라에서 간행된 국사 교과서에서 천주교에 관해 언급하면서, 이렇듯 구체적인 예를 들어 신분 평등을 천주교에서 주장하고 이것이 실행에 옮겨졌음을 서술한 것은 최초의 일인데, 원문을 그대로 인용한 것이 아니고 압축한 것이긴 하지만 원문의 뜻이 대체로 그대로 살려져 있는 것으로 보인다.41) 딱히 꼬집어 말할 수 없을지는 몰라도, 아마도 앞서 인용한 바 (17)의 글에서, 계급 타파를 천주교의 가장 큰 역사적 공헌으로 꼽는 것과 같은, 동일한 평가의 기준에서 이를 서술한 것으로 보인다. 따라서 천주교의 역사적 공헌 가운데 계급 타파를 드는 것은, 고등학교의 학생들도 학교에서 널리 배울 정도로42) 이제는 일반적이고 자연

---

41) 이해를 돕기 위해서, 이 글의 원문을 샤를르 달레, 『한국천주교회사』 상, 1874; 안응렬·최석우 공역, 한국교회사연구소, 1979, pp.473-474에 보이는 그대로 인용해 보이면 아래이다.
"내포內浦 지방의 홍주洪州에서 난 황일광黃日光 알렉시스는 백정의 집안에서 태어났는데, 이 계급이 조선에서는 어떻게나 멸시를 당하는지, 거기 속하는 사람들은 종들보다도 더 낮게 다뤄지는 지경이다. 그들은 인류 밖에 있는 품위를 잃은 존재로 다뤄진다. 그들은 읍내나 동네에서 멀리 떨어져 따로 살아야 하며, 아무도 일상적인 교제를 할 수 없었다. …(중략)…
천주교를 배우자 마자 그는 기꺼이 받아들였고, 천주교를 더 자유롭게 신봉하기 위하여 동생과 함께 고향을 떠나 멀리 경상도로 가서 살았다. 거기서 외교인外教人들에게 그들의 신분을 숨기고 교우들과 연락하기가 더 쉬웠다. 교우들은 그의 신분을 잘 알고 있었다. 그러나 그것 때문에 그를 나무라기는 고사하고 애덕愛德으로 형제 대우를 하기를 게을리 하지 않았다. 어디를 가나 양반 집에서까지도 그는 다른 교우들과 똑같이 집에 받아들여졌는데, 그로 말미암아 농담조로 자기에게는 자기 신분으로 보아, 사람들이 그를 너무나 점잖게 대해 주기 때문에, 이 세상에 하나 또 후세에 하나, 이렇게 천당이 두 개가 있다고 말하였다."
42) 이와 관련하여서는 구덕회 (외), 「Ⅶ. 근현대사의 흐름」, 앞의 책, 교육

스런 일이 되었노라고 해서 좋지 않나 싶다.

인적자원부, 2002, p.367의 서술 부분에 다음과 같이 되어 있음을 참조할 수 있을 것이다.
"「평등 의식의 확산」
19세기에 들어와 평등 의식이 확산되기 시작하면서 종래의 신분 제도에 서서히 변화가 나타났다. 여기에는 종교의 힘이 컸다. 처음에는 서학으로 전래되었던 천주교와 이어 등장한 동학, 그리고 개신교의 전파는 사회 변화에 많은 영향을 끼쳤다.
(가)조선 후기에 전래되기 시작한 천주교는 19세기 중엽에 교세가 확장되어 평등 의식의 확산에 기여하였다. 초기에 신도의 중심을 이루었던 양반은 조상 제사 문제로 교회에서 멀어지고, 점차 중인과 평민의 입교가 증가하였다. 특히, 부녀자 신도가 많았다.
(나)동학은 현세를 말세로 규정하고 천지개벽에 의한 미래의 이상 세계가 반드시 도래한다고 하는 사회 혁명적 예언으로 백성들에게 호응을 얻었다. 동학의 인내천 사상은 적서 차별, 남존여비를 부정하는 인간 평등주의로서 평민층 이하의 지지를 받을 수 있었다.
(다)개신교는 포교의 수단으로 각지에 학교를 설립하고 의료 사업을 전개하여 많은 효과를 거둘 수 있었다. 19세기 말에 전래된 개신교는 선교 과정에서 한글의 보급, 미신의 타파, 남녀 평등 사상의 보급, 근대 문명의 소개 등을 통하여 사회와 문화면에서 많은 영향을 끼쳤으며 애국 계몽 운동에도 이바지하였다."
이를 보면, 천주교가 신분 제도의 변화에 따른 평등 의식의 확산에 기여하고 있는 점만은 분명히 서술하여 인정하고 있음을 볼 수 있다. 다만 그 뒤에 이어서 동학은 '적서 차별, 남존여비를 부정하는 인간 평등주의'를, 개신교는 '한글의 보급, 미신의 타파, 남녀 평등 사상의 보급, 근대 문명의 소개 등을 통하여 사회와 문화면에서 많은 영향을 끼쳤'다고 한 것이, 사실의 여부와 관련하여 학생들의 인식에 상당히 혼선을 빚을 가능성이 있음을 지적하고 싶다.

제6절 맺는 말

지금까지 1930년대의 주요일간지 『조선일보』 와 『동아일보』 에 나타난 천주교의 역사적 공헌에 관한 대목들을 정리해보았는데, 그 결과 천주교의 사상적 및 종교적, 문화적 그리고 사회적 공헌에 관해서 기사화하여 보도하고 있었음을 알 수 있었다. 그 내용을 압축하면 다음과 같다.

첫째, 사상적 및 종교적 공헌에 대해서는, 역사학자 문일평文一平이 『조선일보』 에 기고한 글에서 천주교의 수용이 당시 조선의 사상적인 면에서 '일대혁명一代革命' 적 사건이었다고 지적하였음이, 그리고 더욱이 『동아일보』 의 기사에서, '우주宇宙와 인생人生의 모든 문제問題를 해답解答하는 유일唯一한 교교敎' 라고 평가하고 있었음도 특히 주목되었다. 그만큼 천주교의 수용이 사상적으로나 종교적으로 우리나라에 공헌하였음이 당시에 널리 인식되고 있었음을 대변해준다고 하겠다.

둘째, 문화적인 면에서의 천주교의 공헌과 관련하여서는, 당시 보도된 『조선일보』의 기사에 의거해서, 새로운 문물 수용 및 신문화 건설 부문, 교육·자선 사업 분야 그리고 한글 보급 측면으로 나누어 살펴보았다. 그리하여 천주교 순교자들의 희생이 '신문화 조선을 낳기 위한 산전産前의 일대진통陣痛'이었다든가, '교육과 자선사업으로 조선에 많은 공헌이 있는 것을 간과看過하지 못할 것이다'라든가, '문자 보급文字普及 등 만흔 업적과 공훈을 든리운 것도 천주교에서는 자랑이래도 조곰도 과언이 아닐 것이다'라든가 하는 기사를 통해, 이를 입증할 수 있었다.

셋째, 천주교의 사회적인 측면에서의 공헌에 대해서는, 제사 폐지, 사회적 악폐 제거 그리고 계급 타파로 구분하여 1930년대 『조선일보』와 『동아일보』 기사 내용을 통해 검토해보았다. 그래서 제사 폐지에 관해서는, '그 당시 제도制度에 대불만大不滿을 가진 민중民衆들에게는 그 규범規範을 깨뜨리는 것도 그리 무서운 것이 아니엇엇다'라는 기사, 그리고 그 밖의 계급 타파 등에 관해서는 '실로 과거 조선의 일대 고질이라 할 유교사상의 침륜과 반상班常 엄별과 악폐에서부터 계급해방의 봉화로서 사람은 다 같은 하느님의 아들이라는 웨침은 그 첫 구절에서부터 이들의 심장을 울렷든 것이다'라는 기사가, 가장 이를 잘 대변해주는 것으로 꼽을 수 있다고 하겠다.

이와 같이 1930년대 『조선일보』와 『동아일보』에 나타난 기사들을 중심으로 천주교가 우리나라에 수용된 이후 역사상에 남긴 공헌에 대해 상세히 검토해 보았다. 이러한 저자著者의 정리가 그것을 제대로 평가해 내는 데에 자그마한 시금석試金石 같은 구실이라도 할 수 있기를 기대해본다.

찾아보기

ㄱ

가톨릭청년　　　475
간도　　　306
갑오개혁(갑오경장)
　　　430~442, 446~448, 460, 461, 464~469
강경복　　　267~268
강완숙　　　265, 267, 268, 273, 274
강원도　　　278, 282
강학　　　43, 44, 53, 54, 58, 59, 227, 228
강혼　　　469, 470, 537, 538
강희제　　　94, 95, 136, 141~146, 148~153, 160, 161, 171~173
개신교　　　270, 361
개종　　　146, 303, 304, 320, 321, 322, 325
건안왕　　　22~27, 35, 36
경국대전　　　262
경기도　　　268, 379
경상도　　　278, 282, 307
경신박해　　　330
계급 타파　　　539~541, 544
고아원　　　211, 515
과부 재가　　　431, 435, 438, 439, 443, 455, 460, 461, 464, 465, 467, 468
괘서　　　306
교구제　　　395, 396, 402, 403, 425
교리서　　　81, 85~88, 91, 92, 94, 95, 99~104, 126, 127, 132~134, 137, 160, 164, 165, 170~175, 177~179, 188~191, 193, 194, 196, 198, 236, 237, 247, 283, 317, 326, 327, 529, 530
교민범법단속조례
　　　343, 357, 362
교민조약　　　343, 357~359
교민화의약정　　　343, 357, 360, 361
교우촌　　　279, 317, 319, 320, 349
교정청　　　436, 437, 442, 443
교황　　　19, 166, 168, 169, 184, 186, 222, 269, 280, 281, 380
구베아Gouvea　　　210, 229, 240, 241, 242, 250~253
구식군대　　　487, 490
구여기(구태소)　　　23, 24, 36
군국기무처　　　436, 437, 442, 443
군정　　　311
궁녀　　　268, 285, 376
권상연　　　243~246
권일신　　　52, 58, 227, 232, 240
권철신　　　52, 58, 227, 274
그라몽de Gammmont
　　　230, 231
금위영　　　339
기해박해　　　284, 286, 294, 299
김건순　　　99, 179, 180
김대건　　　283, 290~294, 299, 329
김만식　　　354
김범우　　　232, 244
김병국　　　310
김병기　　　310, 331
김병익　　　339
김사집　　　196
김성학　　　470
김연이　　　267, 268
김좌근　　　309, 310, 339
깔래Calais　　　349
꾸랑Courant　　　82

ㄴ

나바위　　　293
나인영　　　492

나한한사전	449		매일신보	484, 494~497
남경문	294		메스트로Maistre	290
남당	97, 98, 172, 173		명도회	121, 126, 273
남종삼	345, 346, 349, 382		명성왕후	364
내포	265, 268		모곡	311

ㄷ

다블뤼Daveluy　81, 291, 292, 302, 318, 321, 327, 328
달단어　146
대동정로　59
대모　367~370
대왕대비　261, 263, 264, 266, 272, 278, 286, 287, 338~340
도교　121, 123, 124, 128, 247, 390, 423~425, 518
동경대전　388, 396, 409, 410, 413, 423, 426
동당　95, 97~99, 172, 173
동아일보　9, 470, 508, 510~513, 515, 516, 524, 526, 527, 532, 535, 539
동정　275, 276, 322, 323, 350, 455~458
동학군　436~438, 440~443, 446, 447, 467, 468
두만강　306, 343

ㄹ

라틴어　150, 280, 290, 291, 328, 456
러시아　150, 151, 153, 342~348, 364, 381
로즈Rose　350, 351
리델 Ridel　212, 349~351

ㅁ

마레스까Maresca　329
마카오Macau　22, 142, 280
만물진원　164, 180, 208

모방Mobant　279, 281, 290
묄렌도르프Möllendorf
　　　353
문영인　267, 268
문일평　431, 432, 435, 520, 543
뮈텔Mutel　82, 365, 372, 420
미신 타파　532
민란　291, 304, 306~308, 310~313, 315, 333, 336, 452
민중　264, 298, 397, 423, 492~494, 499, 501, 502, 529, 534, 539, 540, 544

ㅂ

박 마르타　341, 364, 365, 375
박제순　492
박희순　285
방서　92, 93, 306
방응모　521
방타봉de Ventavon
　　　230
배교　124, 128, 233, 234, 248, 266, 286, 294, 296, 297
배론　229, 269, 328, 449, 527
베르뇌Berneux　208, 290, 302, 315, 319, 321~328, 339, 456
벨로네de Bellonet
　　　351
병오박해　294, 296, 298, 329
병원　515, 526, 527
병인박해　193, 197, 342, 347, 349, 379, 380, 382
병인양요　342, 347, 352, 383, 533
부대부인　340~342, 345, 352,

356, 363~374, 376~383
북경조약　　　313, 330
북당　　　　　97, 99, 101, 173, 174, 230
분서　　　　　39
불교　　　　　121, 123, 124, 128, 166, 168, 169, 184, 185, 221, 247, 257, 389, 390, 392, 423~425, 510
불라두Bouladoux 357
브뤼기에르Bruguiere 280, 281
블랑Blanc　　 208, 353, 459
비숍Bishop　　469
뿌르띠에Pourthie 310, 314, 327, 328, 449, 451~453
삐낭Pinang　　328

ㅅ

삼국지　　　　480, 483, 484, 497
삼정　　　　　311
상민　　　　　311, 317~319, 423, 436, 532, 533
상재상서　　　287~289, 299
상주　　　　　278, 311~313
상해　　　　　211~291
새남터　　　　254, 267, 286, 294
새비지Savage　462, 463
샤스땅Chastan 281
서방요기　　　92, 94, 99, 144, 160, 173
서북지방　　　334, 335
서소문　　　　275
서양화　　　　97
성경　　　　　34, 209, 270, 369, 532
성경광익　　　530
성경직해　　　85, 530
성교간요　　　92~95, 102, 177
성교전서　　　103, 178
성리학　　　　37, 228, 270, 389,

390, 424, 430, 431
세도정치　　　308~310
속분서　　　　39
속수사고전서　162
손병희　　　　399, 400
쇄국정치　　　343
수운행록　　　417, 418
숲정이　　　　275
시노두스Synodus 321, 456
시약소　　　　515, 528
시천주　　　　398~401, 406, 408, 413, 414, 423
신민회　　　　492
신분 평등　　　540, 541
신유박해　　　179, 180, 187, 194, 196, 229, 248, 265, 267, 269, 275, 278, 279, 285, 298, 529
신자교계제도　101, 176, 235, 237~242, 252
신축교안　　　360, 361
신학교　　　　283, 325, 327, 328, 527
신해박해　　　128, 250, 254
신후담　　　　51, 258
십계　　　　　110, 119, 126, 168, 184, 244, 245, 358

ㅇ

아관파천　　　364
안변교안　　　357
안정복　　　　47, 49~52, 54, 58, 224, 225, 227
안종화　　　　475, 480, 481, 484, 488, 494, 496, 499, 502, 504
압록강　　　　252, 306
앵베르Imbert　282
양광선　　　　92~94, 120, 143, 154, 164
양명학　　　　37~39, 42~45, 51~54, 56~59, 227
양반　　　　　80, 186, 187, 196, 197, 231, 273, 274, 277, 380,

	381, 432, 436, 450, 452~454, 532	을사조약	492
		의금부	254, 267, 379
양인	197, 380, 381	의주	138, 252, 285
양화진	351	이가환	52, 227, 229, 266
역법	90, 91, 143, 154, 164, 166	이경도	274, 275, 277
		이경언	274~277
연기	95, 172	이광수	518
영국	314, 333, 345, 347, 352, 411, 415, 464, 482	이규경	47, 49, 58
		이돈화	418, 419, 421
예수회	81, 83, 88, 95, 98, 99, 101, 127, 132, 136, 142, 160, 165, 167, 170, 171, 173, 174, 209, 225, 530	이벽	52, 58, 230~232
		이상백	433
		이선근	383, 436, 437, 441, 442
오가작통법	261~264, 285, 287, 298	이수광	18, 20, 39, 46, 47, 49, 58, 221~223
오기호	492	이순이	269, 274~277, 299
오지영	418, 419, 421, 444, 447, 467	이승훈	52, 58, 100~102, 133, 137, 139, 173~176, 178, 227, 229~233, 235, 258, 266, 283, 538
옥천희	137, 139, 174, 175		
왕족	26, 27, 197, 273~275, 277, 339, 381, 382		
		이양선	313
용담유사	388, 396, 405~407, 415, 423, 426	이익	50~54, 56, 58, 59, 69, 223~228, 258
우술림	294	이인	273
운현궁	339, 365~367, 369	이재용	283
원산항	344	이존창	266, 268
유계춘	307	이탁오	31, 38~45, 54, 58
유관검	269	인내천	389, 398, 399, 423, 427, 542
유교	31, 225, 258, 287, 390, 400, 423~425, 431, 518		
		일부일처	538
유몽인	46, 47, 58	임술민란	307, 313, 451
유민	262, 306, 308	임치백	294
유중철	275, 276		
유진길	279, 280, 285	ㅈ	
유항검	269, 275		
윤동규	51	자신회	492
윤유일	230, 240~242, 250, 253	잔반	196, 306, 307
		장주교 윤시 제우서	322, 323, 456, 459, 468
윤지충	218, 220, 243~246, 258, 416, 534, 535		
		전라도	243, 265, 269, 282, 307
을묘박해	254		
을미사변	364	전장운	348
을사박해	229, 232, 235		

전주	265, 269, 275, 276	진주민란	307
정감록	392, 407, 423		
정보록	80, 81, 84, 85	**ㅊ**	
정약용	52, 58, 120, 227, 230, 232, 236, 267, 532	창덕궁	339
		책문	252
정약전	52, 58, 227, 232, 267	척사윤음	287
		천도교	388, 399
정약종	52, 58, 81~89, 102, 103, 105, 106, 109, 121, 124~129, 178, 185, 186, 227, 229, 247~249, 254, 258, 268, 279, 283, 299, 529	천문학	98, 141, 150, 172
		천인	380
		천주정교약징	90~92, 94, 95, 99, 161, 173
		천진	333, 350, 351, 353
정준시	357~359	천학전개	92~95
정하상	81, 82, 85, 279, 283~285, 287~290	청일전쟁	443
		초횡	19~21, 39~42, 44, 45, 49, 58, 222
제사 폐지	532, 533, 535, 544	최남선	518, 519
제주교안	360	최방제	283, 290, 291
조병식	355	최시형	400, 404, 411
조병현	284	최양업	283, 290, 291, 293, 320, 326, 327, 329
조상 숭배	535		
조선교구	82, 282, 456, 459, 511, 512, 514	최인길	250, 252, 253
		최제우	388~390, 393~397, 399~401, 404~406, 408~411, 413~421, 423, 425, 427, 428
조선대목구	281		
조선일보	383, 432, 470, 508, 510~513, 515, 516, 521, 524, 528, 535		
		최창현	236, 250, 262, 266
		최필공	262, 266
조선총독부	465, 466	최필제	262
조신철	279, 290	최형	348
조인영	284, 287	축세록	37~39, 44, 45, 58
조혼	437, 469, 470, 515, 537, 538	축첩제도	469, 470, 537, 538
		충청도	254, 265, 268, 269, 278, 282, 285, 293, 307, 349, 381
주문모	252~254, 258, 265, 267, 268, 274, 275, 279		
		치명일기	365, 386, 383
주자가례	533, 534	치외법권	361
주자학	53~55, 59, 228, 398, 425, 520	칠극	210, 224~226, 244, 245
중인	162, 182, 187, 189, 196, 197, 224, 279, 380, 381, 383	**ㅋ**	
		코고르당Cogordan	353, 354
지봉유설	18, 20, 39, 46, 48, 221, 223		
지상천국사상	392		
지황	250, 252, 253		
진산 사건	220, 243, 250		

ㅌ

탕약망Adam Schall
　　　　98, 133~136, 142~144,
　150, 152, 163, 173
태서신사　　　480~484, 499

ㅍ

파리외방전교회　191, 195, 290, 340
페레올Ferreol　291
페롱Feron　　321, 324, 349
평민　　　　　162, 187~190, 193,
　196~198, 308, 319, 360, 381,
　452, 454
평안도　　　　335
폐정개혁안　　438, 444, 446, 447,
　467
포교지　　　　281, 321, 324, 326,
　328, 349, 350
포도대장　　　331, 332
포도청　　　　272, 293, 279
포접제　　　　396, 401~403, 425
퐁트네Fonteney 362
풍응경　　　　24, 25, 36~38, 44,
　45, 58
프랑스　　　　88, 101, 174, 181,
　181, 235, 282, 283, 285, 286,
　293, 302, 314, 333, 342, 343,
　345~349, 351~356, 361, 362,
　377, 411, 415, 527
플랑시]de Plancy 355, 361
필사본　　　　38, 81, 105~108,
　186, 191, 193~196, 208, 213,
　214, 327, 418, 530

ㅎ

한국교회지침서 457, 459, 468
한국서지　　　80, 191, 192, 208,
　214
한국천주교회사 132, 133, 139, 195,
　235, 343, 347, 449, 452, 453,
　476, 505, 529
한글 보급　　　515, 523, 528~531,
　544
한글 필사본　　181, 191~193, 196,
　208~214
한미조약　　　352
한불조약　　　342, 352~356, 359,
　360, 362, 380
한성부　　　　348, 379
한신애　　　　186, 187, 194, 267,
　268
한이형　　　　294
해서교안　　　361, 362
향회　　　　　312, 313
혁신단　　　　475, 480, 481, 483,
　485, 487~497, 501, 502, 504,
　505
현석문　　　　286, 291, 294
홍경래　　　　307
홍교만　　　　268
홍기문　　　　432, 433, 435
홍낙안　　　　218~220, 255~257
홍대용　　　　95, 97, 98, 172
홍봉주　　　　345, 348
홍정하　　　　54, 55, 59
홍콩　　　　　210, 289
화전　　　　　306
황사영　　　　88, 102, 103, 120,
　118, 229~232, 264, 269, 271,
　299
황일광　　　　540
황해도　　　　254, 293, 307, 345,
　361
회두　　　　　128, 238, 248, 296,
　368, 372
회장　　　　　326, 121, 126, 262,
　268, 286
후천개벽사상　392
흠천감　　　　92, 136, 141, 144,
　148, 152
흥선대원군 3　38~340, 342, 343,
　345~349, 356, 363, 365,
　371~374, 382, 383

저자　노용필(盧鏞弼) 다니엘

현재 전북대학교 인문한국(HK) 연구 조교수
가톨릭대학교 인간학연구소 연구교수,
덕성여자대학교 인문과학연구소 연구전임강사,
서강대 · 세종대 · 충북대 · 경남대 · 신구대 강사 역임

서울 동성고등학교 졸업
서강대학교 문과대학 사학과 및
동 대학원 석사 · 박사 졸업(문학박사, 한국사전공)

〈저서 목록〉
『한국고대사회사상사탐구』 (한국사학, 2007)
『신라진흥왕순수비연구』 (일조각, 1996)
『신라고려초정치사연구』 (한국사학, 2007)
『최승로상서문연구』 (공저, 일조각, 1993)
『조선시대 서울 사람들』 (1 · 2) (공저, 어진이, 2001)
『한국 근 · 현대 사회와 가톨릭』 (한국사학, 2008)
『'동학사'와 집강소 연구』 (국학자료원, 2001)
『개화기 서울 사람들』 (1 · 2) (공저, 어진이, 2004)
『개화기 지방 사람들』 (1 · 2) (공저, 어진이, 2006)
『대한제국기 서울 사람들』 (공저, 어진이, 2004)
『대한제국기 지방 사람들』 (공저, 어진이, 2006)
『한국현대사담론』 (한국사학, 2007)
『한국문화사의 이해』 (공저, 신구문화사, 2006)
　외 다수.

韓國史學研究叢書 8

한국천주교회사의 연구

초판 1쇄 인쇄   2008년 12월 24일
초판 1쇄 발행   2008년 12월 29일

지은이 / 노용필
펴낸이 / 노용필

인쇄·제본 / 준프로세스

펴낸곳 / 韓國史學
등록번호 / 제300-2004-184호   일 자 / 2004년 11월 24일
주   소 / 서울시 종로구 익선동 34번지 비즈웰 911호
전   화 / 02·741·4575   팩 스 / 02·6263·4575
e-mail/people-in-korea@hanmail.net
우체국 계좌번호/ 010892-01-001421 / 예금주 어진이

 * 저자와의 협의 하에 인지는 생략합니다.
** 韓國史學은 한국사학의 발전에 기여할 전문서적을 만드는 곳으로,
   평생 오로지 한국사학의 올바른 기틀을 세우기 위해 사셨던
   李基白 선생님의 학덕을 기리고 이으려고
   펴낸이가 설립하였습니다.

ISBN   978-89-956753-8-0   93910

값: 30,000원